21世纪高等院校财经管理系列实用规划教材

21st CENTURY
实用规划教材

生产运营管理

主　编／耿殿明　杨建华

副主编／邵举平　傅克俊

参　编／李静宜　刘京礼　王　桐

U0362531

北京大学出版社
PEKING UNIVERSITY PRESS

内 容 简 介

本书是编者在长期教学和研究基础上，经过企业调研并广泛吸收管理科学的新理论、新方法、新标准编写而成的。全书共分 16 章，较系统地介绍了生产运营管理的基本理论、应用技术和方法，具体内容包括：绪论、生产运营战略与可持续竞争力、新产品开发与工艺选择、生产运营系统选址与布局、生产运营过程组织、劳动组织设计、生产能力与生产运营计划、生产作业计划、项目计划管理、现场管理和车间作业控制、库存与配送管理、质量管理、精益生产方式、MRP‑ERP、基于互联网的供应链管理、先进制造技术及模式。

本书既可作为高等院校工商管理类、信息管理与信息系统、工业工程、物流工程等专业的教材或教学参考书，也可供 MBA 学员选用和企业管理人员与工程技术人员学习参考。

图书在版编目(CIP)数据

生产运营管理/耿殿明，杨建华主编．—北京：北京大学出版社，2015.10

（21 世纪高等院校财经管理系列实用规划教材）

ISBN 978 - 7 - 301 - 26548 - 2

Ⅰ.①生…　Ⅱ.①耿…②杨…　Ⅲ.①企业管理—生产管理—高等学校—教材　Ⅳ.①F273

中国版本图书馆 CIP 数据核字（2015）第 272995 号

书　　　　名	生产运营管理
	Shengchan Yunying Guanli
著作责任者	耿殿明　杨建华　主编
策 划 编 辑	王显超
责 任 编 辑	李瑞芳
标 准 书 号	ISBN 978 - 7 - 301 - 26548 - 2
出 版 发 行	北京大学出版社
地　　　　址	北京市海淀区成府路 205 号　100871
网　　　　址	http://www.pup.cn　新浪微博：@北京大学出版社
电 子 信 箱	pup_6@163.com
电　　　　话	邮购部 010-62752015　发行部 010-62750672　编辑部 010-62750667
印 刷 者	北京鑫海金澳胶印有限公司
经 销 者	新华书店
	787 毫米×1092 毫米　16 开本　31.5 印张　744 千字
	2015 年 10 月第 1 版　2022 年 8 月第 6 次印刷
定　　　　价	78.00 元

未经许可，不得以任何方式复制或抄袭本书之部分或全部内容。

版权所有，侵权必究

举报电话：010 - 62752024　电子信箱：fd@pup.pku.edu.cn

图书如有印装质量问题，请与出版部联系，电话：010 - 62756370

丛 书 序

我国越来越多的高等院校设置了经济管理类学科专业，这是一个包括理论经济学、应用经济学、管理科学与工程、工商管理、公共管理、农林经济管理、图书馆、情报与档案管理7个一级学科门类和31个专业的庞大学科体系。2006年教育部的数据表明，在全国普通高校中，经济类专业布点1 518个，管理类专业布点4 328个。其中除少量院校设置的经济管理专业偏重理论教学外，绝大部分属于应用型专业。经济管理类应用型专业主要着眼于培养社会主义国民经济发展所需要的德、智、体全面发展的高素质专门人才，要求既具有比较扎实的理论功底和良好的发展后劲，又具有较强的职业技能，并且又要求具有较好的创新精神和实践能力。

在当前开拓新型工业化道路，推进全面小康社会建设的新时期，进一步加强经济管理人才的培养，注重经济理论的系统化学习，特别是现代财经管理理论的学习，提高学生的专业理论素质和应用实践能力，培养出一大批高水平、高素质的经济管理人才，越来越成为提升我国经济竞争力、保证国民经济持续健康发展的重要前提。这就要求高等财经教育要更加注重依据国内外社会经济条件的变化，适时变革和调整教育目标和教学内容；要求经济管理学科专业更加注重应用、注重实践、注重规范、注重国际交流；要求经济管理学科专业与其他学科专业相互交融与协调发展；要求高等财经教育培养的人才具有更加丰富的社会知识和较强的人文素质及创新精神。要完成上述任务，各所高等院校需要进行深入的教学改革和创新，特别是要搞好有较高质量的教材的编写和创新工作。

出版社的领导和编辑通过对国内大学经济管理学科教材实际情况的调研，在与众多专家学者讨论的基础上，决定编写和出版一套面向经济管理学科专业的应用型系列教材，这是一项有利于促进高校教学改革发展的重要措施。

本系列教材是按照高等学校经济类和管理类学科本科专业规范、培养方案，以及课程教学大纲的要求，合理定位，由长期在教学第一线从事教学工作的教师编写，立足于21世纪经济管理类学科发展的需要，深入分析经济管理类专业本科学生现状及存在的问题，探索经济管理类专业本科学生综合素质培养的途径，以科学性、先进性、系统性和实用性为目标，其编写的特色主要体现在以下几个方面。

（1）关注经济管理学科发展的大背景，拓宽理论基础和专业知识，着眼于增强教学内容与实际的联系和应用性，突出创造能力和创新意识。

（2）体系完整、严密。系列涵盖经济类、管理类相关专业以及与经管相关的部分法律类课程，并把握相关课程之间的关系，整个系列丛书形成一套完整、严密的知识结构体系。

（3）内容新颖。借鉴国外最新的教材，融会当前有关经济管理学科的最新理论和实践，用最新知识充实教材内容。

（4）合作交流的成果。本系列教材是由全国上百所高校教师共同编写而成，在相互进行交流、经验借鉴、取长补短、集思广益的基础上，形成编写大纲。最终融合了各地特点，具有较强的适应性。

（5）案例教学。教材融入了大量案例研究分析内容，让学生在学习过程中理论联系实际，特别列举了我国经济管理工作中的大量实际案例，这可大大增强学生的实际操作能力。

（6）注重能力培养。力求做到不断强化自我学习能力、思维能力、创造性解决问题的能力以及不断自我更新知识的能力，促进学生向着富有鲜明个性的方向发展。

作为高要求，经济管理类教材应在基本理论上做到以马克思主义为指导，结合我国财经工作的新实践，充分汲取中华民族优秀文化和西方科学管理思想，形成具有中国特色的创新教材。这一目标不可能一蹴而就，需要作者通过长期艰苦的学术劳动和不断地进行教材内容的更新才能达成。我希望这一系列教材的编写，将是我国拥有较高质量的高校财经管理学科应用型教材建设工程的新尝试和新起点。

我要感谢参加本系列教材编写和审稿的各位老师所付出的大量卓有成效的辛勤劳动。由于编写时间紧、相互协调难度大等原因，本系列教材肯定还存在一些不足和错漏。我相信，在各位老师的关心和帮助下，本系列教材一定能不断地改进和完善，并在我国大学经济管理类学科专业的教学改革和课程体系建设中起到应有的促进作用。

刘诗白

　　刘诗白　任西南财经大学名誉校长、教授，博士生导师，四川省社会科学联合会主席，《经济学家》杂志主编，全国高等财经院校《资本论》研究会会长，学术团体"新知研究院"院长。

前　言

生产活动是人类最基本的活动。人类的生产活动是人们在一定地理环境中进行的，是一种以自然资源为对象，以获得生活资料为目的的活动。世界上绝大多数人都在从事生产劳动。因为如果不从事生产，不进行劳动，人类就无法生存，社会就不能发展，可以说生产最伟大，劳动最光荣。人类通过生产劳动在创造物质和精神财富的同时，也创造了自己。有生产活动就有生产管理，人类最早的管理活动就是对生产活动的管理。制造业是实体经济的根基，诞生于20世纪初的科学管理运动就始于制造工厂的生产管理。服务业的兴起，使生产活动扩大到服务领域，为此，生产的概念和范畴也得到了扩展和延伸，生产管理的内容也必然扩大到服务领域。

企业是产品制造或提供服务的承担者，是自主经营、自负盈亏的法人经济组织。现代企业的生存发展无时无刻不需要为顾客提供满意的产品或服务，在创造需求和价值中实现盈余。而产品生产或服务活动就是为了创造有价值的结果，将输入转化为有用的输出过程，该过程是企业运转的中心，需要进行精心策划和有效管理。企业生产经营活动的组织功能涉及多个方面，其中，生产、财会和销售几乎是所有企业共有的三大基本功能，离开这三项基本功能，任何企业组织都无法存在。而上述三项基本功能中，生产又是财会和销售功能运转的客观基础和前提，也就是说，生产是实体经济范畴下企业存在和运转的物质基础。

服务业的兴起使生产概念得到延伸和扩展。过去，西方学者将工厂从事的有形产品的制造活动称为"Production"，而将劳务部门从事无形服务的行动过程称为"Operations"。现在，趋向将两者不加区分地统称为"Operations"。将生产概念扩展延伸到非制造领域，意味着制造业成熟的生产管理理论与方法可以移植到服务业。事实上，现代社会的发展趋势表明，制造业与服务业的界限正变得越来越模糊。现如今，已很难将制造产品和提供服务截然分开，单纯制造产品不提供任何服务的企业，几乎是不存在的。很难想象会有顾客愿意购买只销售产品而不提供售后服务的企业的产品。因此，生产概念的扩展，也是伴随社会化大生产演化的一种必然结果。这样，我们也就不难理解专业教科书从最初的生产管理(Production Management)改称生产与运作管理(Production and Operations Management)，直至统称运营管理(Operations Management)的名词变化了。

《生产运营管理》是工商管理专业的主干专业课，也是市场营销、人力资源管理、物流管理、信息管理与信息系统、工业工程等专业的必修课。本书是作为工商管理类各专业课程配套教材而编写的，也是生产运营管理省级精品课程建设的成果之一。编者在编写本书的过程中，结合自身长期的教学和研究实践，既广泛借鉴国内外已有的成果，同时也尝试新的探索，力求使本书内容有一些特色和新意，以便更好地适应新时期工商管理类专业的生产运营管理课程教学需要。

本书具有以下主要特点。

第一，内容完整系统、结构框架清晰、体例新颖，便于学生(读者)系统地学习。每章开始分别设置了本章要点、关键术语和开篇引言，以利于学生掌握本章内容主旨，起到提纲挈领之效；章节正文部分在知识内容、图表数据、案例分析之外，增设知识专栏和人物介绍，便于学生在学习基本理论知识的基础上更好地拓展延伸；章节内容结束后设置本章小结、思考与练习和案例讨论，帮助学生对知识进行概括提炼与总结，温故而知新，以提高综合分析和解决问题的能力。

第二，理论与实践相结合，继承与创新相统一。本书在保持对生产运营管理理论知识体系概念、原理、模型等论述严密、推演准确、数据可靠的同时，注重对国内外典型企业成功实践经验的引用；在继承传统经典理论知识精华的同时，与时俱进地突出对前沿知识和新理论、新方法的介绍与应用，并全面更新了数据资料，加强了对生产现场数据的采集。

第三，在内容编排方面，注重图文并茂，以及对图表数据的自觉应用。教材还配有教学课件，免费送给选用本书作为教材的教师及学生使用。

本书由耿殿明、杨建华担任主编，邵举平、傅克俊担任副主编，参编人员有李静宜、刘京礼、王桐。全书编写分工为：第1、10、12章由耿殿明编写；第2、7章由邵举平编写；第3、4、5、8章由杨建华编写；第6、9章由耿殿明和刘京礼编写；第11章由傅克俊编写；第13章由耿殿明和王桐编写；第14章由李静宜编写；第15章由耿殿明和李静宜编写；第16章由杨建华和刘京礼编写；全书由耿殿明、杨建华负责统稿，耿殿明负责全书结构设计和总定稿。

编者在编写本书的过程中参考引用了国内外大量参考书、理论文献和典型企业的实证资料，主要参考文献目录均列于各章后，在此对国内外有关作者表示衷心的感谢。同时，对由于编者疏忽而没有列出其研究成果的专家学者，在此表示诚挚的歉意。

本书获得山东省高等学校精品课程立项支持，同时得到了很多专家同事的支持与帮助，在此表示最真诚的感谢！

由于编者水平所限，书中难免存在一些有待商榷或疏漏之处，敬请同行及各位读者批评指正，以待今后修改和完善。

编　者

2015 年 5 月

目　　录

第3篇 计划控制篇

第1篇
基础篇

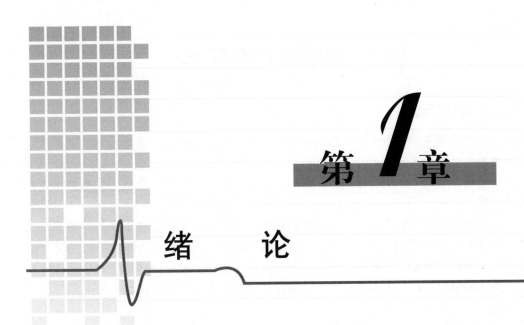

第1章

绪　　论

本章要点

本章是关于生产运营管理的导论。本章阐释了生产运营管理是面向生产运营活动的计划、组织、控制等职能行为过程。为此，运营、生产运营活动、生产运营系统等概念被提出，成为学习者必须熟知的先导性专业术语。本章既界定了"运营"作为将输入转化为有用输出价值创造的行为本质，又描绘了实际生产系统运转的活动轨迹。通过学习本章可以纵览生产运营管理的理论渊源和演变发展，认识生产运营管理研究的目标、基本方法与体系构架。总之，本章是对生产运营管理教程的一个全景式概述。

关键术语

运营(Operations)；生产系统(Production System)；生产运营管理(Production and Operation Management)；输入(Input)；输出(Output)；转化(Transformation)。

生产活动是人类最基本的活动，人类的生产活动是人们在一定地理环境中进行的，以自然资源为对象，以获得生活资料为目的的活动，世界上绝大多数人都在从事生产活动。有生产活动就有生产管理，人类最早的管理活动就是对生产活动的管理。制造业是实体经济的根基，诞生于20世纪初的科学管理运动就始于制造工厂的生产管理。服务业的兴起使生产活动扩大到服务领域，为此，生产的概念和范畴也得到了扩展和延伸。

企业是产品制造或提供服务的承担者，是自主经营、自负盈亏的法人经济组织。现代企业的生存发展无时无刻不需要为顾客提供满意的产品或服务，在创造需求和价值中实现盈余。而产品生产或服务活动就是为了创造有价值的结果，将输入转化为有用的输出过程，该过程是企业运转的中心，需要进行精心策划和有效管理。正是因为输入输出转化活动是企业运营的基本活动，对这一领域的研究分析就成为本章节所要讨论的主题。

1.1 运营与生产运营系统

1.1.1 企业的基本职能

企业是社会化大生产环境下产生的，以商品生产、流通与服务为基本经济活动，自主经营、自负盈亏并具法人资格的社会经济组织。企业种类繁多，主要分布在制造业和服务业两大产业领域，公司、矿山、钢铁厂、商店、旅馆、饭店、银行、物流等，都是企业存在的具体形式。

企业的基本职能就是从事生产、流通和服务等经济活动，向社会提供产品与服务，以满足社会日益增长的物质财富需要。在现代社会，企业生存的基础是不断输出品种、品质、品牌为市场顾客所接受并满意的产品或服务，而且这些输出对自然环境和社会环境是无害的。这样的输出是社会文明进步的物质保证，也是企业在激烈的市场竞争中站稳脚跟的砝码。

企业向市场提供输出，必然需要有输入。人力、资金、原材料、能源和信息等资源便是企业开展生产经营活动必需的要素输入，这也是维持企业运转的先决条件。企业生产经营活动的组织功能涉及多个方面，其中，生产(运行)、财会和销售是几乎所有企业共有的三大基本功能，离开这三项基本功能，任何企业组织都无法存在。而上述三项基本功能中，生产(运行)又是财会和销售功能运转的客观基础和前提，也就是说生产(运行)是实体经济范畴下企业存在和运转的物质基础。

1.1.2 企业生产的实质

在加工制造业占主导地位的工业化社会，企业生产或制造的实质是通过物理的、化学的方法，改变自然界中物质的形态，产生人类社会需要的人造物品(产品)的过程。任何工业产品都是工业企业生产过程的结果，而企业的生产过程又是由若干分工协作的局部生产环节组成的。通过分工形成的操作专业化，提高了工人的操作熟练程度，加快了不同工作之间的转换速度，同时促进了机器与工具的发明。借助机器和动力，以工厂为单位进行生产，可以大幅度提高劳动生产效率，增加市场的商品供给。特别指出的是，在工业社会，人们的生活节奏加快，生活质量以拥有的产品数量来衡量，对人造物品依赖性的追逐，促使企业不断开发新品种、不断扩大生产规模。大量制造和大量使用工业制成品的过程中，消耗了大量自然资源，特别是不可再生的矿产资源，并向人类赖以生存的环境中排放了大量自然界原来没有的东西，导致自然生态环境原有的平衡被打破，造成了环境污染和生态破坏。

生产的目的是消费，而分配和交换是连接生产与消费的纽带或桥梁。社会生产总过程的运行离不开服务业，社会生产力发展水平的不断提高必然催生服务业的日益发达和完善。没有发达完善的服务业，也就不会有高度文明的现代社会。当今，世界经济发展的一个突出特征是服务业比重的不断上升，2008 年，以美国为代表的发达国家服务业占 GDP (Gross Domestic Product，国内生产总值)的比重已超过 70%，服务业从业人数已占就业总人口的 60%～70%；中等收入国家服务业占 GDP 比重也达到 55%左右。当前，中国经济已经到了只有转型升级才能持续发展的关键阶段。扩大内需是最大的结构调整，促进城乡和区域协调发展是主要任务，实现工业化、新型城镇化、信息化和农业现代化同步推进是基本途径，发展服务业是重要战略支撑。2013 年，中国服务业占 GDP 的比重已达46.1%，首次超过第二产业，中国经济已进入"服务化"时代。当然，与发达国家相比，我国服务业占国民经济的比重仍偏低，还有很大发展空间。

服务业的兴起使生产概念得到延伸和扩展。过去，西方学者将工厂从事的有形产品的制造活动称为"Production"，而将劳务部门从事无形服务的行动过程称为"Operations"。现在，趋向将两者不加区分地统称为"Operations"。将生产概念扩展延伸到非制造领域，意味着制造业成熟的生产管理理论与方法可以移植到服务业。事实上，现代社会的发展趋势表明，制造业与服务业的界限正变得越发模糊，像海尔集团已提出向服务业转型，并非说海尔不制造产品了，恰恰相反，它要造好产品更好地服务于顾客，它是把制造业的客户服务提升到基于整个产品生命周期服务的战略思维。现今，已很难将制造产品和提供服务截然分开，单纯制造产品不提供任何服务的企业，几乎是不存在的。很难想象会有顾客愿意购买只销售产品而不提供售后服务的企业的产品。因此，生产概念的扩展也是伴随社会化大生产演化的一种必然结果。这样，我们也就不难理解专业教科书从最初的生产管理（Production Management）改称生产和运营管理（Production and Operations Management），直至统称运营管理（Operations Management）的名词变化了。

1.1.3 运营与生产运营活动

运营对每一个组织而言都处于中心地位，如此之说是因为组织是借助运营活动而存在的。从更广泛意义上说，组织的存在就是为了创造价值，而运营涉及的正是创造价值的任务。美国杰出管理思想家迈克尔·哈默指出，运营方面的创新能够为组织提供相较于竞争者的长期的竞争优势。一个组织无论是营利性的还是非营利性的，是提供服务或是制造产品，公共的或是私营的，它们的存在都是为了创造价值。

运营的实质是一种生产活动。人们习惯把提供有形产品的活动称为制造型生产，将提供无形产品（服务）的活动称为服务型生产，这两种生产都是为社会创造财富的过程。以手机制造为例，手机生产厂商投入包括人员、设备、厂房、原材料、资金、信息等资源，通过一定的工艺流程和方法，生产出质量合格的型号手机，最终卖给消费者而获利。可以看出，手机的加工制作需要经过一个"输入—转化—输出"的过程，该过程不仅是一个物质的转化过程，而且是一个价值的增值过程。手机加工制作的过程是由一系列活动组成的，这些活动就是生产运营活动，既有效率，又有效能地调度和管理生产运营活动，是本书所要讨论的主旨。由于运营这个词将贯穿本书的通篇，需要明确界定它的含义。

运营（Operations）就是将输入转化为有用输出的一系列行动过程。具体来说，运营指的是将公司购入的资源转换成顾客所需产品的流程，包括制造、服务等流程。运营活动是企业的基本活动，企业通过有效运营而实现经营发展目标。随着经济全球化步伐的加快，"全球化运营"成为现代企业运营的一项重要课题，特别是对于我国致力于从事国际化生产和经营的企业来说，是绕不开的成长与发展话题。

专栏 1-1

运营的工作职位和职业发展

从事运营工作的人员都做些什么呢？当然，他们专注于产品和服务生产的流程管理。对于能够胜任这项工作的人来说，工作机会是很多的，因为每个组织都依赖于这些基本活动的有效运营而生存。通过流程分析，找到巧妙的做事途径和方法，为公司制定产品和服务的最佳传递方案是运营工作的职责所在。下面列出了运营管理中的几种典型工作职位。

◇工厂经理：负责监管工厂的生产进度、设备运转、材料供应、产品质量与车间安全。

◇采购经理：负责公司各类物资的采购管理，监控采购进程，控制和规避采购成本与风险。

◇设备经理：负责生产设备的完好运转，监管设备的日常使用、维护保养和规程编制。

◇质量经理：组织制定质量管理规划，负责抽检生产环节产品质量，提出质量改进建议。

◇项目经理：计划协调人员和活动，对项目实施进度、工程质量和成本费用进行有效控制。

◇业务流程改进分析师：运用精益生产工具改进流程，减慢生产节拍，消除在制品库存。

1.1.4　生产运营系统

企业为社会提供的产品或服务是通过一系列生产运营活动完成的。任何一种产品或服务的提供，都是按照一定的工艺流程和方法，经过了一个特定的转化过程，即将输入转化为有用输出的过程。承载这一转化过程任务的就是企业的生产运营系统，它是企业系统的一个子系统。如图 1-1 所示，一个生产运营系统是由输入端、转化过程、输出端和反馈控制机制所构成的。

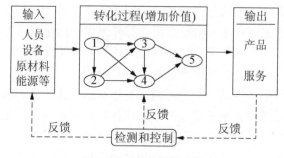

图 1-1　生产运营系统

1. 输入

生产运营系统的输入，是进行生产运营转化的物质前提。一个典型的生产运营系统的输入通常包含人、财、物、信息四种资源，如劳动力、厂房、机器设备、原材料、耗用品、能源、流动资金、作业指示图表等，其中耗用品不同于原材料，因为其通常不能成为系统最终输出的一部分。诸如机油、纸夹、笔、手套之类的东西一般被归入耗用品中，它们对于生产运营转化结果的最终输出只是起着辅助作用。

还有一项非常重要但隐形的输入，就是关于如何将输入转化为输出的知识。现代企业特别是高新技术企业的员工普遍拥有这种知识。最后，生产运营系统的转化活动还需要有充分的时间来完成。事实上，生产运营部门常常会由于不能在规划或合同要求的时限内完成转化活动而招致目标任务的失败。

2. 转化过程

转化过程是生产运营系统中的核心部分，它是由一系列增加价值的活动所构成的，通过这些活动就可以实现将系统输入转化为预定性的系统输出。转化活动的方式有许多种，以下四种是最为典型的主要方式。

(1) 改变(Alter)，指通过物理变化或化学变化的方式实现对事物结构或成分上的改变，这是制造业生产加工产品的基本方式。如对产品进行切割、冲压、成型、装配，蒸馏、催化、脱蜡等。这些产成品可以通过买卖供消费者使用，如衬衫、洗衣机、自行车、汽油或是其他产品。当然，被改变的不全是外在的事物，也包括我们自己，例如，我们去理发或是看牙医等。

另外，一些特殊的改变也会具有价值。当寒冷时获得热量，这种感觉方面的改变使人们体验到价值。甚至心理上的改变也能产生价值，如获得大学学位后的成就感，等等。

(2) 运输(Transport)，指实现人或物空间位置变化的活动。通过运输将人、财、物从一个地方转移到另一个地方而获得价值的增值。人们会很高兴被送来或是带走某些东西，前者如鲜花，后者如垃圾。

(3) 储存(Storing)，指物品被置于某种保护性的环境中一段时间的过程。物品通过储存得到有效的保护和管理可以增加生产运营活动的价值。加工制造企业的储存物资主要有原材料、在制品、产成品和一般消耗品四大类。生产领域储存和流通领域储存是物资的两种主要储存形式。

(4) 检验(Test)，指借助特定手段或方法实现对事物或过程的符合性评判。检验，特别是质量检验，是生产运营活动不可缺少的环节，通过检验的把关、预防功能可以实现对产品质量的控制和改进，一些事物也会因我们更好地理解其属性而更具有价值。

总之，依靠多种不同方式能实现对某一事物的价值增值。可以对事物在空间、时间甚至我们的观念上来加以改变。当然，还可以通过对这些方法的综合应用来增加价值。生产运营系统转化方式的实现，以及如何有效管理这些转化活动，是本书所要研究及讨论的主要议题。

3. 输出

生产运营系统的输出有产品和服务两种类型。产品往往指有形的物品，如一辆轿车、一台冰箱、一吨煤炭等；而服务则是抽象的或无形的，如对机器设备的保养维修、民航机场的问询柜台、企业诊断咨询等。表 1-1 列出了产品与服务的特点区分。

4. 检测与控制

假设生产运营系统出现了错误，就必须能够通过一些记录，如现场统计(检测)发现这些错误，并且通过修正系统运行参数来纠正错误(控制)。如图 1-1 所示，检测与控制活动广泛存在于生产运营系统中，包括管理系统在内，这些活动贯彻于本书的始终。毫无疑

表 1-1　产品与服务的对比

产　品	服　务
有形	无形
与顾客最低程度的接触	与顾客的高度接触
提供过程中顾客最低程度的参与	提供过程中顾客的高度参与
延迟消费	即时消费
设备密集型生产	劳动密集型生产
质量易衡量	质量难衡量

问，生产运营系统的任何部分出现了异常变化，检测过程都应及时知会管理人员。如果该变化对输出的影响不大，则不需采取控制行动。如果影响显著，则管理者应介入并采取纠正性的控制，改变输入或转化过程，以维护正常的系统输出。

表 1-2 列出了不同行业、不同社会组织的生产运营系统要素构成实例。

表 1-2　典型运营系统的要素构成

组织类型	输　入	转化过程	输　出	检测与控制
制造工厂	工人、原材料、厂房、设备等	切割、成型、冲压、装配等	机器、化学品、消费品、标准件	生产物流、产量、质量、成本
百货商场	售货员、商品、货架、库房、手推车等	商品布置、促销宣传、包装结算	顾客购物感受	商品脱销、顾客投诉、资金周转
医院	医生、护士、药品、医疗设备、病床等	诊断、化验、手术、护理	恢复健康的人、诊疗技能、研究	医疗事故、抱怨、排队等待
学校	教师、教室、实验室、图书馆、运动场等	授课、辅导答疑、实验实习、运动	合格毕业生、知识、研究	教学质量、抱怨、校园安全
银行	职员、支票、存款、金库、ATM	存贷款、保管、投资、外汇买卖	利息、电子划转、借贷表、银行卡	利息率、贷款坏账率、信息系统

1.2　生产运营管理的发展演变

1.2.1　生产运营管理的概念、目标与任务

顾名思义，生产运营管理是对生产运营活动或生产运营系统的管理，是企业管理系统的一个重要组成部分。准确来说，生产运营管理是指对企业生产运营过程涉及的全部活动进行计划、组织、指挥、控制和协调等一系列工作的总称。

生产运营管理的目的是建立一个灵活、高效、精益的生产制造系统，为企业和用户制造有竞争力和满意的产品。对制造企业来说，有竞争力的产品主要体现在产品的性能、质

量和价格三要素上，企业通过市场需求分析，研发制造的产品必须在上述三要素上有优势，否则，无竞争力可言，也就谈不上生存和发展。对顾客或用户来说，满意的产品依然突出表现为性能优、质量好、成本低。而产品性能、质量、成本三要素的优势聚合与提升，必然依靠对生产运营活动的全过程管理。

高效的生产制造系统是指能以更少的人力、物力、财力等资源的消耗，在更短的时间内为用户生产或提供所需的产品或优质的服务。高效率意味着生产运营系统的转化效率高，即投入产出比较高。通过减少人力、物力、财力等资源消耗，降低生产运营系统的运行成本，才能为顾客或用户提供价格更低的优质产品或服务。通过对生产运营系统的优化布局和科学组织，缩短产品开发和生产过程周期，就能做到快速供货，以争取更多的用户或占有更多的市场份额。

灵活的生产制造系统是指能适应需求多样和快速变化的市场环境，通过多品种、小批量生产方式，实现敏捷供应链环境下的大规模定制。在复杂多变的市场环境下，为了满足用户多样化、个性化的需求，生产运营系统必须具有柔性，依靠先进信息与互联网技术支持的供应链体系，为顾客或用户加工制作任意数量且符合要求的定制产品，并获得大规模生产方式下的成本效益优势。

精益的生产制造系统是指能不断消除所有不增加产品或服务价值的活动或过程，可实现并获得持续质量改进下的卓越组织绩效。实现精益生产要求在完整的供应链价值流中消除各种浪费，做到只在需要的时候，按需要的量生产所需产品的准时化(JIT)生产；同时，尊重并最大限度地发挥全体员工的积极创造性，是企业拥有卓越生产力的重要保证。总之，精益生产系统能用最少的资源，在顾客想要的时间生产顾客想要的产品，并达到顾客想要的质量和服务价值。

依照生产运营管理的目的或目标，生产运营管理的基本任务是，在计划期内，围绕企业销售和财务目标的设定，保障生产运营转化过程增值活动的顺利进行，准时、优质、定量地生产合格产品和提供满意服务，努力实现顾客价值的最大化。具体任务是：①根据企业经营目标，全面完成生产运营计划规定的任务指标；②提高生产效率，缩短生产周期，降低消耗和成本，减少资金占用，提高经济效益；③提高生产运营系统的柔性，增强企业对市场变化和顾客需求的快速响应能力。

1.2.2 生产运营管理的发展历程

人类的生产活动和生产管理实践源远流长。古代中国人修筑了万里长城，开凿了大运河，兴建了都江堰水利枢纽工程；古埃及人建造了金字塔；古罗马人成就了丰富的宗教建筑。这些宏大的世界文化遗产工程的完成如果没有合理的规划组织是难以想象的。然而，以大规模生产运作为特征的现代工厂体系是在产业革命之后出现的，由此，人类真正的科学管理活动直到 19 世纪末 20 世纪初才得以出现。表 1-3 列出了自 1910 年以来生产管理发展演变历程中的标志性活动阶段或事件，并对其典型概念或方法给出了综合性解释。

表1-3 生产管理发展大事年表

年份	事件或概念	发源地
1911年	科学管理原理:作业研究和时间研究、车间管理(1903)	美国
1913年	福特公司开发出世界第一条汽车制造装配流水线	美国
1915年	F. W. 哈里斯提出库存管理的物资订货经济批量模型	美国
1931年	W. A. 休哈特创立产品生产质量控制的统计图技术	美国
1933年	霍桑实验与行为科学的建立	美国
20世纪40~60年代	管理科学理论:线性规划、排队论、数学模拟与模型、系统分析与评价、PERT&CPM、计算机与管理信息系统	英国、美国
1945年	米特洛凡诺夫发明成组技术	苏联
1951年	费根堡姆提出全面质量控制(TQC)概念	美国
1953年	大野耐一提出准时化生产(JIT)思想	日本
1962年	J. 伍德沃德发现公司生产过程的技术型模式	英国
1965年	J. 奥利奇提出独立需求与相关需求概念	美国
20世纪70年代	处理车间计划、库存、工厂布置、工程项目管理等日常事务的软件包大量研制成功	美国、西欧
20世纪80年代	JIT、TQM和工厂自动化(FMS、CIMS、CAD、机器人)成为制造战略的主要竞争武器	日本、美国和西欧
20世纪90年代	ISO 9000、ERP、供应链管理、工场5S管理等作业质量标准或模式的推行推广	美国、西欧、日本
21世纪前期	面向互联网、物联网、电子商务环境下的全球制造体系;ERP、SCM等的网络智能化;3D打印技术	全球发展趋势

 人物介绍

埃尔伍德·斯潘塞·伯法

埃尔伍德·斯潘塞·伯法(Elwood Spencer Buffa,1923—),美国管理学家,西方管理科学学派的代表人物之一。伯法最卓越的成就是他在生产管理方法定量研究上的贡献。

 　　伯法曾任教于美国加利福尼亚大学管理研究院,哈佛大学工商管理学院,代表作是《现代生产管理》(1961)。《生产管理基础》(1975)是伯法根据《现代生产管理》改写的,简明易懂,曾被《哈佛商业评论》推荐为经理必读书目。在这本书里可以看到大量的图表和数学公式,正是这些科学的计量方法,使管理问题的研究由定性走向定量。

　　伯法主张用数学控制、程序化系统方法来解决管理学科的主观性,实现管理的科学化。伯法建立的理论体系被称为生产管理理论,这一理论立足于工商

业的实践。任何企业要生存并发展壮大，最基本的活动就是提高生产效率。而要提高效率，就需要优化资源配置，合理利用资源，恰当安排生产，由此构成企业的生产系统。在任何一个生产系统中，成功的管理不外乎依赖于三个方面：计划，即对生产活动进行整体设计；信息，即对企业的实际运行有充分的了解；决策，即根据各种变化做出相关反应（包括对需求、库存、进度、质量、产品、设备等方面的反应）。

随着科技的发展，生产管理已经成为不断发展的应用科学。伯法认为，伴随计算机技术的进步与发展，实现对生产过程的数控，建立"人—机交互模式"的生产管理方式已经成为可能。

1. 科学管理

尽管人类从事生产活动及管理的历史源远流长，特别是产业革命后"机器时代"的到来，从工场手工作业向工厂机器规模制造的实现，在极大创造生产力的同时，也改变着生产的组织方式。但是，人类依然没有摆脱凭经验进行生产管理的师徒传承式习惯。1911年，弗雷德里克·温斯洛·泰罗的《科学管理原理》一书出版，标志着人类的生产管理由经验走向科学。为此，泰罗也被后人尊称为"科学管理之父"。

泰罗创立的科学管理理论是通过在钢铁工厂对工人一系列作业的动作和时间研究完成的。泰罗认为，科学管理是建立在劳资双方利益一致基础之上的，通过科学管理可以实现操作工人的最高效率，工厂的最高产量和企业的最大利益。

泰罗科学管理思想精要：①通过实行工具和操作方法的标准化，制定出科学的作业方法；②按照作业标准科学选择和培训工人；③实行有差别的计件工资制，按照作业标准和时间定额，规定不同的工资率；④主张计划职能与执行职能分开；⑤实行职能工长制；⑥强调高层管理中的例外原则。

2. 福特汽车流水线

1913年，福特汽车公司开发出世界上第一条流水生产线，这一创举不仅是对生产制造方式的革命，拉开了现代大工业生产的序幕，而且对现代社会和城市发展产生了巨大影响。亨利·福特和他的工程师运用创新和反向思维提出，在汽车装配中借助传送带以一定速度从一端向另一端前行，一步步完成 T 型轿车的零部件组装。依靠流水生产使每辆 T 型汽车的组装时间由以前的大约 13 小时缩短到 93 分钟，并创下总计 1500 万辆的 T 型轿车世界生产纪录。为此，亨利·福特被誉为"为世界装上轮子"的人。1999 年，美国《财富》杂志评价福特为"20 世纪商业巨人"，以表彰他和福特汽车公司对人类工业发展所做出的杰出贡献。

3. 霍桑实验

霍桑实验是 1924—1933 年在美国芝加哥西屋电气公司的霍桑工厂开展的一系列旨在深入研究决定工人劳动效率根本原因的实验研究。由哈佛大学乔治·埃尔顿·梅奥教授主导的这项实验前后分为四个阶段：车间照明实验、继电器装配实验、大规模访谈实验和工作室群体实验。这项持续近 8 年的实验，取得了令实验组织者意想不到的结果，研究者发现在影响工人劳动效率的因素中，人的因素比物的因素重要得多。例如，尊重工人比只靠增加工资更加重要；工人的态度和行为直接影响其作业效率；必须承认非正式组织的存在等。霍桑实验推动管理理论的研究获得了一个跃升，创立了人际关系学说并为行为科学的建立奠定了基础。行为科学由此成为现代西方管理理论的一个重要流派，管理思想进入了一个丰富多彩的新境界，管理实践的重心也由物转向人。

4. 管理科学

第二次世界大战期间，因军事斗争需要产生了"运筹学"，发展了新的数学分析和计算技术，如统计判断、线性规划、排队论、博弈论、计算机模拟等。这些成果在第二次世界大战结束后被广泛应用于工厂和民用部门，并迅速扩展成熟衍生出许多新的方法和模型，从而构筑起管理科学学派的思想理论基础。注重定量模型研究和应用，追求管理的程序化和最优化，是管理科学学派的突出特征。管理科学理论的主要内容是一系列的现代管理方法和技术，提出这一理论的代表人物是美国研究现代生产管理方法的著名学者埃尔伍德·伯法等人。他们开拓了管理研究的一个新领域，通过科学的计量方法，使管理问题的研究和应用由以往定性的描述走向了定量的预测与决策阶段。

5. 计算机技术与MRP

20世纪70年代的主要进展是计算机技术在运营管理中得到了广泛应用。在制造业中，重大突破是MRP（物料需求计划）被用于生产计划与控制，这项技术可以将一个结构复杂产品的全部零部件统一管理起来，它也能使计划人员迅速地调整生产作业计划和库存采购计划，以适应对最终产品需求的变化。在MRP的基础上进一步发展成MRPⅡ（制造资源计划）。MRPⅡ技术已不仅仅局限于对产品的生产与计划，它的使用范围被扩展到销售部门和财务管理，人们已经可以利用计算机技术将企业的运营、营销和财务三大职能管理进行信息化集成处理，这极大地提升了企业生产运营管理系统的运转效率和对市场竞争战略的实施响应能力，并为实现对更大系统的信息集成管理奠定了基础。

6. 日本制造业的影响

进入20世纪80年代，以丰田公司为代表的日本制造业，经过战后二三十年卧薪尝胆式的拼搏努力和创新探索，在全面提升产品质量和价值创造的运营模式上取得了突破性变革，"日本制造"依其高质量、低成本、多样性迅速在世界市场扩散，为日本战后崛起并成为世界经济强国奠定了坚实的生产力基础。从1950年起，日本企业全面学习和引入美国的先进管理思想和技术，并结合本国实际创造性地发展成为具有日本独特优势的实践模式，取得了令全世界瞩目的市场成就。产品质量是决定企业生存和发展的最重要因素，日本企业在戴明博士等质量管理专家的指导下，不仅学会了美国人创立的质量管理理论和方法，而且结合日本的国情，重视人的因素，将质量控制方法简化分解，让一线普通员工而不只是专家都懂得如何使用，使质量控制和质量改进成为全员参与的群众性运动，从而创造出了日本式的全面质量管理样板。通过深度思考并发现了如何才能为客户"增值"的原理，日本企业将"杜绝一切浪费"作为生产现场有效劳动的核心思想，以此为判断标准，凡是对客户增值不起作用的流程活动都作为流程改善的对象，借助发明出的"看板管理"，成就了生产管理发展史上被认为具有里程碑式的全新的生产方式，即准时化生产。如今，准时化生产方式已在全球范围内广为传播，并成为具有现代管理哲学的先进生产管理模式。

7. ERP 与供应链管理

ERP(Enterprise Resource Planning)是企业资源计划的简称，1990 年由美国著名管理咨询公司 Gartner Group 提出。ERP 是从 MRP II 发展而来的，其实质是以网络和信息技术为支撑，全面运用基于供应链的现代管理思想与方法，为企业系统运营提供即时决策的综合资源管理平台。ERP 形式上是一款软件，本质上是先进的企业运营管理模式。ERP 系统是当今世界企业经营与管理技术进步的代表，世界大型企业都在用 ERP 软件作为其决策的工具和管理日常工作流程。对企业来说，应用 ERP 的价值就在于通过系统的计划和控制等功能，结合企业的流程优化，有效地配置各项资源，以加快对市场的响应，降低成本，提高效率和效益，从而提升企业的竞争力。

供应链是指产品生产和流通过程中所涉及的原材料供应商、生产商、分销商、零售商以及最终消费者等，通过与上、下游成员之间的连接而形成的网络结构。供应链管理(SCM)即是对于始于最初接收到最终消费者的订单，然后一直回溯到上游的原材料供应商，最后再到向消费者提供商品为止的这整个链条的管理。供应链管理并不限于只是管理在链条上与本公司直接连接的那些链环，而是链条上的所有链环。因此，在链条上的任何一部分所实现的节约(或增值)都可以为链条上的其他公司所共享或利用。对于供应链管理的日益关注是由于内联网、E-mail、EDI(Electronic Date Interchange，电子数据交换)以及互联网等信息技术的发展。这些技术及日益加剧的全球竞争，大大强化了人们对于围绕整个供应链来改进过程的重视及能力，从而使得能够以更低的成本来达成更好的业绩。

8. 全球制造体系

全球制造体系亦被称之为"以世界为工厂""以各国为车间"的全球化生产运营模式，其特点是跨国公司利用全球资源，实现研究与开发、生产制造、采购与销售的全球优化配置。这种生产体系是跨国公司主导下的全球供应链价值增值活动的区位安排，即价值链中不同环节的分布，以全球市场并非局限于一国的地理范围。以庞蒂亚克·莱曼汽车为例，该品牌汽车被称之为"21 世纪世界工厂的产物"。它由美国福特汽车公司牵头，德国负责设计，零部件产自日本、加拿大、澳大利亚、新加坡等 7 个国家，最后在韩国装配成车，销往世界各地。全球制造体系形成和发展受三大因素的影响，一是经济贸易自由化，二是技术变革，三是市场竞争的加剧。可以预见的是，世界正在迎来一个后大规模生产的时代，随着机器人、人工智能、信息网络、3D 打印和新材料等技术的不断革新和进步，全球制造体系必将被重塑，并就此深刻影响到世界产业格局的变化和发展。

专栏 1-2

全球供应链物语

汤姆站在西澳大利亚的一个矿山上，看着一个开挖掘机的年轻矿工不断地从地下挖出一桶桶满满的红色铁矿石。因为一个项目，汤姆想要跟踪了解铁矿石是如何从原材料变成产成品的。于是汤姆坐上将矿石运往港口的火车，然后又坐上将其运往日本的中国货船。在日本，铁矿石被提炼成工业用钢，之后被送到丰田的下级工厂，接着被制成丰田卡罗拉。而后，汤姆再登上载有上千台丰田汽车的巨轮横跨太平洋到了西雅图。

这些由小小的、红色的铁矿石制成的汽车在华盛顿被卸下并装上卡车。汤姆坐在其中一辆车里随车一起被送到旧金山的一个经销商处。在这家经销商处汤姆买下了这辆车。汤姆开着这辆车到了港口，人和车一起上了一艘开往澳大利亚的挪威客轮。10天后，汤姆下了船，开着那辆车来到之前的那座矿山，找到那位开挖掘机的年轻人。

"你好！"汤姆指着车对他说，"这是用你挖的红铁矿做的。"他很惊讶，惊讶汤姆会回来找他，惊讶他挖的那堆矿石变成了一辆汽车，最令他惊讶的是整个过程会卷入如此多个来自不同国家（中国、日本、美国、挪威）的人。他说："我想我们都是连在一起的，即使我们从没这样想过。"

1.2.3 现代生产运营管理

任何事物的发展都是在一定的环境中进行的，或者说事物的产生和发展都离不开所处的环境因素。生产运营管理的发展演变也是在企业内外环境变化的背景下进行的，了解现代生产运营管理的新特征，需要认识当今企业所处的环境特征。

1. 现代企业所处的环境特征

1）市场需求

企业是以市场需求来确定自身的战略定位的，在战略目标指导下探索运营管理的创新。市场经济的不断发育、完善和更新，推动消费者需求个性、多样化发展的快速变化，市场需求更加多样化、个性化的特征，必然加剧市场竞争并进一步推动市场分化和再生。不断满足消费者对产品品种、质量、服务越来越高的要求，企业就必须掌握生产管理中的柔性、效率、质量、成本之间的矛盾运动规律，完成为客户制造产品这一关乎企业生存与发展的重大课题。

2）竞争方式

竞争是市场经济的产物，缺乏竞争力的企业将被市场淘汰。激烈和复杂的竞争环境促使企业不断寻找和变换竞争手法，从而导致市场竞争方式和种类在表象上的不断翻新。概括来讲，企业之间的竞争主要落脚在产品、服务、价格和经营要素四个方面。竞争战略之父迈克尔·波特强调，任何行业的竞争规律都体现了"新入侵者的威胁、替代品的威胁、供方砍价能力、买方砍价能力、现有企业间竞争"五种竞争力的作用，这五种竞争作用力的总和决定了行业中企业获取超出资本成本和平均投资收益率的能力。

3）技术进步

当今世界，科技进步日新月异。新技术、新工艺、新材料、新设计、新发明、新方法、新装备层出不穷。迅猛发展的科学技术，一方面为企业新产品的开发提供了强有力的支撑，促使产品的更新换代速度加快，产品生命周期不断缩短；另一方面也加剧了企业之间研发投入和人才争夺的竞争较量。技术创新能力已成为现代企业不可或缺的核心能力，在很大程度上关乎企业的生死存亡，当然，技术创新的发展对优质人力资源具有高度的依赖性。

4）环境问题

环境问题的产生是由于人类活动过度或不当，致使人类赖以生存的自然环境受到污染和破坏，进而威胁到人类的生存与持续发展。目前，已经威胁人类生存和持续发展的重大环境问题有全球变暖、臭氧层破坏、酸雨、淡水资源危机、能源短缺、森林资源锐减、土地荒漠化、物种加速灭绝、垃圾成灾、有毒化学品污染等。这些重大环境问题几乎都与人类的生产活动或企业行为有关，因此，生产中的污染控制和废物处理是经营管理者必须关心的重要问题。有关环保问题的法规和法令越来越多，内容越来越细，政府管制也越来越严厉。企业正日益注重设计和制造占用或消耗自然资源少、无污染或轻污染，使用后易处理和易循环利用的产品或零部件。

5）经济全球化

经济全球化是指通过商品、技术、信息、服务、货币、人员等生产要素跨国跨地区的流动，使世界各国经济的相互依赖性增强并日益成为紧密联系的一个有机整体。经济全球化是当代世界经济的重要特征之一，也是世界经济发展的重要趋势。

经济全球化，有利于资源和生产要素在全球的合理配置，有利于资本和产品的全球性流动，有利于科技全球性的扩张，有利于促进不发达地区经济的发展，是人类社会进步的表现，也是世界经济发展的必然结果。但从一个国家的角度来看，经济全球化又是一把双刃剑，它推动了全球生产力大发展，加速了世界经济增长，为发展中国家追赶发达国家提供了历史机遇。与此同时，经济全球化也加剧了国际竞争，增多了国际投机，增加了国际风险，特别是对经济实力薄弱和科学技术落后的发展中国家，面对全球性的激烈竞争，所遇到的风险、挑战将更加严峻。进入 21 世纪以来，经济全球化与跨国公司的深入发展，既给世界贸易带来了重大的推动力，也给各国经贸带来了诸多不确定因素。这是一场深刻的革命，企业无法回避，应积极参与其中并在经济全球化大潮中搏击前行。

2. 现代生产运营管理的新特征

生产运营管理的特征是随着时代的发展而不断变化的。传统生产运营管理的着眼点主要在生产系统内部，即如何做好对产品生产过程进行计划、组织与控制等。现代企业所处的环境伴随世界经济与技术的发展有了显著的变化，致使生产运营管理的特征也发生了深刻变化，主要归结为以下几个方面。

1）多品种小批量生产成为主流

消费者需求个性化、多样化发展的快速兴起，促使产品更新换代速度不断加快，企业为了快速响应市场，必然通过多品种小批量组织生产，时至今日，多品种小批量生产已成为社会生产的主流方式。多品种小批量主流生产方式形成的另一个重要条件是技术的进步与发展，成组技术、CAD 技术、柔性制造单元、CIMS、ERP 系统等，是支撑多品种小批量生产的重要技术基础。产品品种多，生产批量小，同一产品生产的重复性较低，整个生产物流没有主流，再加上生产需求的不断变动和意外情况的出现，使生产计划与生产过程的控制变得异常复杂。这就要求生产运营管理从组织结构、制度体系到方法手段都要改革创新。

由于市场复杂多变，快速响应和灵活应变的能力成为当今企业生存和发展的关键。密切与市场及顾客的联系，改革臃肿的管理机构并扁平化组织结构，以提高对市场变化的反应速度和决策速度，提高生产系统的柔性和可重构性，在积极培育核心能力的同时，广泛开展社会协作和组织动态联盟，以提高企业的应变能力。这也是现代生产运营管理面临和需要完成的重大课题和任务。

2）生产运营范围的不断扩大

多品种发展战略指引下的企业规模扩张，使企业生产运营的范围不断扩大。从地区到国家再到全球，这是企业从小变大直至发展壮大为跨国集团的成长轨迹。全球研发、全球采购、全球生产、全球销售已成为跨国公司重要的运营模式。运营管理全球范围内的各生产系统，对企业组织结构、治理体系、领导力和信息沟通等都提出了很高的要求。建立和管理如此大范围的生产运营网络，需要在全球范围内寻求良好的合作伙伴，实现全球范围内优势资源的配置组合。同时，借助先进的信息网络技术和现代物流体系，提升全球化生产运营网络的投入与产出效率。

3）信息技术给生产运营管理带来的变革

世界新的技术革命，尤其是信息技术革命，正全方位深刻影响并改变着世界的面貌。与此相对应，信息技术的不断发展也为传统企业生产运营系统快速响应市场需求的多变性提供了可能。信息化条件下的现代企业运营管理出现了许多先进的方法或模式，并不断改进升级和优化。从 MIS（Management Information Systeme，管理信息系统）、MRP 到 MRPⅡ、ERP、电子商务时代的 ERP 等，以先进信息技术为手段的集成管理模式逐渐形成并不断创新发展，制造企业已步入制造信息网络化轨道，通过实施敏捷制造网络化工程，加速制造业数字化、网络化和敏捷化进程。借助先进的信息技术手段，实现企业内部资源的共享和协同，克服组织集权体制下的官僚制约，疏通顺畅业务流程，提高管理效率和业务精确度，降低运行成本，增强企业盈利能力。伴随国家"信息化推动工业化"政策的大力推行，信息技术将在我国企业中越来越受到重视。特别是成长型的中小企业，要想在激烈的市场竞争中立于不败之地，通过信息技术改变运营管理流程是非常重要的。

4）跨文化环境下的生产运营管理

随着经济全球化的发展和市场竞争的日趋激烈，国际化经营已经成为众多企业寻求更大市场、寻找更好资源、追逐更高利润、实现可持续发展的必然趋势。20 世纪 80 年代中期以来，许多具有开拓精神的中国企业将国际化经营作为重要的战略选择，眼光瞄准了海外，不同程度地开展了跨国经营管理活动。据国家商务部提供的数字显示，2013 年，我国境内投资者共对全球 156 个国家和地区的 5 090 家境外企业进行了直接投资，累计实现非金融类直接投资 901.7 亿美元，同比增长 16.8%。其中，跨国并购资金 514 亿美元，成功交易项目 397 个，并购直接投资 336 亿美元，占我国对境外企业非金融类直接投资总数的 37.2%。中国企业跨国并购正在实现跨越式发展。从某种意义上说，跨国公司就是跨国文化公司。跨国公司必须在异域文化环境中做到资本相容、智力相容和文化相容，努力建设具有所在国特色的企业文化，树立共同的价值标准和行为模式等，把具有不同文化背景的各国员工凝聚起来，共同实施公司的经营战略。在这一过程中，民族文化以及企业文化的冲突成为企业经营管理面临的一大难题。企业跨国经营和管理的全过程无可避免地要进行跨文化管理。国外的研究表明，有 35%～45% 的跨国企业是以失败而告终的，其中约有 30% 是由于技术、资金和政策方面的原因引起的，有 70% 是由于文化差异引起的。美国管理专家戴维·利克斯认为："凡是跨国公司大的失败，几乎都是因为忽略了文化差异所招致的结果。"为此，跨文化环境下的生产运营管理模式，应能适应这种跨文化环境的要求。

5）基于供应链的生产运营管理

传统的生产运营管理对象、理论和方法均局限于单一组织或企业。随着劳动分工与协作实践的不断发展，绝大多数产品的生产经营需通过众多关联企业的相互协作才能完成。从实现产品价值角度看，产品研发、零部件加工、产品装配、储存、配送、销售、售后服务等过程是一个完整的利益链条，而参与产品价值实现过程的各个企业则是利益链条上的节点。产品的市场竞争力取决于整个供应链整体运营过程的效率、质量和成本，为此，必须改变传统的仅仅追求企业自身利益的落后理念，要围绕供应链整体目标，进行计划、生产、供应、质量和成本控制等，要遵循利益共享、风险共担、合作共赢的原则，建立高度互信、协同发展的高效运营机制。从以单一企业为对象的管理到以供应链众多企业为对象的组织、协调和管理，既包括运营管理对象范畴的扩大，更重要的是对传统企业运营管理理念和方法的变革。基于供应链的生产运营管理已成为现代生产运营管理体系的重要特征和发展趋势。

3. 运营管理新的研究议题

生产运营管理是一个生机勃勃的领域，全球企业面临的挑战引发了运营管理者的新议题。展望未来，这个领域将要面临以下几个重大挑战。

1）协调相互独立但彼此互相支持的组织之间的关系

近几年来，原本由企业内部生产的部件和提供的服务大量外包，这主要是由迅速和廉价的通信推动的(Internet 的无处不在和布满全球超过 20 亿芯千米光纤光缆，可以实现低成本通信，企业能够利用全世界任何地方的高素质劳动力)。专业从事集中生产的承包商作为一个崭新的角色出现。这种传统外包的成功引导企业考虑外包其他的主要职能，诸如信息系统、产品开发设计、工程设计服务、包装、测试和分销等。协调这些活动的能力是运营管理者面临的重大挑战。

2）全球供应商、生产和分销网络的最优化

目前，大型企业普遍采用全球 ERP 系统，对管理者们提出了充分利用信息的挑战。何处需要集中控制、何处自治较为重要，诸如这样的问题都要进行深入的了解。企业刚刚开始利用这些系统的信息来优化对库存、运输、生产设备等资源的控制。

3）加强高级管理人员对运营与供应链管理的认识

现实中，许多公司高级管理人员来自企业的财务、战略或市场部门，并在相应工作领域树立了各自的权威，他们经常对生产运营不以为意。随着对生产运营管理讨论的不断深入，我们逐渐认识到这是一个严重的错误。像丰田、戴尔、美国西南航空、海尔等一大批有着强大盈利能力的公司，无不创造性地建立了运营与供应链管理方面的竞争优势。

4）可持续性与三重底线

可持续性是一种可以长久维持的过程或状态，也是系统维持平衡的一种能力。人类社会的持续性由生态可持续性、经济可持续性和社会可持续性三个相互联系、不可分割的部分组成。对企业来说，一种符合社会、经济和环境保护原则的发展战略被称为三重底线战略，这一战略思想强调企业须追求"三重底线"，除了盈利之外，还有环境保护以及社会公正。现代运营管理必须注重把工作委任与发展中的经济、员工和公司的生存能力（三重底线）联系起来。在经济层面上，企业必须盈利。对于员工来说，他们看重的是工作保障、良好的作业环境以及发展机会。生产环境友好型、资源集约利用和绿色环保型的产品和流程，对生产运营管理者又是一个挑战。企业盈利、社会责任、环境责任这三重底线，是企业的立身之本，是企业不断发展、长盛不衰的根基。

1.3 生产运营管理的体系框架

1.3.1 运营管理在企业管理中的地位

从系统的观点看，任何企业都是一个复杂的系统。其中，企业管理系统是企业的一个子系统，而生产运营管理系统则是次一级的、更小的子系统，如图 1-2 所示。生产运营管理是对生产运营活动或生产运营系统的管理，是企业管理系统的一个重要组成部分。

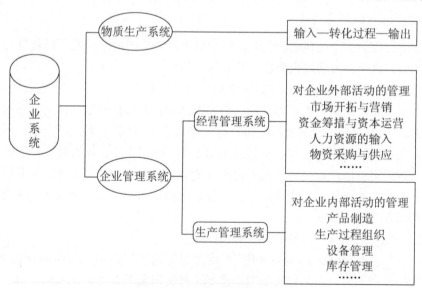

图 1-2 企业系统层次结构

源于泰罗的科学管理原理，企业管理按照职能分工，形成若干管理职能并导致管理工作的专业化。其中，最基本也是最主要的包括生产运营管理、市场营销管理、财务管理、人力资源管理、研究与开发管理等，每种职能管理都有其专司的业务工作范围，各职能管理之间则是相互关联、相互配合，构成一个运转高效统一的有机整体。如图1-3所示，企业管理各主要职能之间的是一种嵌套关系，缺少或削弱其中任何一项，企业都无法正常运转或运转受阻而影响企业的经营效果。因此，企业是一个系统是一个整体，必须强调系统运转的协调统一，任何片面直言某一方面职能管理如何重要的观点都是十分有害的。

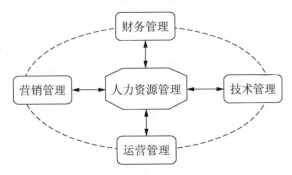

图1-3 企业管理主要职能之间的关系

1.3.2 生产运营管理的主要内容

生产运营管理的内容是由生产运营管理的任务决定的，而生产运营管理的任务又服从于生产运营管理的目标。通过前面的分析，我们知道生产运营管理的目的是建立一个灵活、高效、精益的生产制造系统，为企业和用户制造有竞争力和满意的产品。

依照生产运营管理的目的或目标，生产运营管理的基本任务是，在计划期内，围绕企业销售和财务目标的设定，保障生产运营转化过程增值活动的顺利进行，准时、优质、定量地生产合格产品和提供满意服务，努力实现顾客价值的最大化。具体任务是：①根据企业经营目标，全面完成生产运营计划规定的任务指标；②提高生产效率，缩短生产周期，降低消耗和成本，减少资金占用，提高经济效益；③提高生产运营系统的柔性，增强企业对市场变化和顾客需求的快速响应能力。

为了完成生产运营管理的任务，生产运营管理需要对生产运营系统设计、运行和维护改进的全过程进行有效的计划、组织和控制，这也正是生产运营管理的职责或工作内容。生产运营系统的设计包括产品或服务的选择和设计、生产运营场所的选址、生产运营设施的布置、服务交付系统设计和工作设计等。

生产运营系统的运行是指在现行的生产运营系统中，如何适应市场的需求和变化，按时按质按量生产合格产品或提供满意服务。生产运营系统的运行主要涉及生产运营计划、组织与控制三个方面。生产运营计划解决生产什么、生产多少和何时出产的问题；生产运营组织解决如何合理组织生产要素，使有限的资源得到充分而合理利用的问题；生产运营控制解决如何保证按计划完成任务的问题。

生产运营系统的维护和改进包括人员的培训、设备和设施的维护以及生产运营系统的改进改善。管理人员的管理水平、工人的操作技能以及员工的整体素质需要通过不断培训来提高，这是从事生产活动的保障。设备和设施的维护是保证生产运营系统正常运行的物质条件。生产运营系统的改进改善则是不断消除浪费、降低成本、提高产销率的需要。

按照生产运营管理涵盖的基本内容，本书分设 4 篇 16 章，包括基础篇（第 1～2 章）、生产组织篇（第 3～6 章）、计划控制篇（第 7～12 章）和未来篇（第 13～16 章），各章节题名见表 1-4。

表 1-4　生产运营管理体系框架

篇　名	章节题名	各篇简介
基础篇	第 1 章 绪论	运营管理的概念、目标、任务、体系框架、发展沿革；制造业与服务业运营战略、可持续竞争力
	第 2 章 生产运营战略与可持续竞争力	
生产组织篇	第 3 章 新产品开发与工艺选择	研究与开发、工艺流程选择、工厂选址、车间布置、生产过程时间组织、运营流程分析与再造、工作设计、劳动定额、编制定员
	第 4 章 生产运营系统选址与布局	
	第 5 章 生产运营过程组织	
	第 6 章 劳动组织设计	
计划控制篇	第 7 章 生产能力与生产运营计划	生产能力、主生产计划、生产作业计划、流水线作业计划编制、项目与项目管理、网络计划技术、现场 5S 管理、库存控制、采购与物流配送、全面质量管理、ISO 9000 与 6σ 质量管理
	第 8 章 生产作业计划	
	第 9 章 项目计划管理	
	第 10 章 现场管理和车间作业控制	
	第 11 章 库存与配送管理	
	第 12 章 质量管理	
未来篇	第 13 章 精益生产方式	JIT 生产、看板管理、MRP Ⅱ、ERP、供应链管理、大规模定制、绿色制造、3D 打印技术
	第 14 章 MRP-ERP	
	第 15 章 基于互联网的供应链管理	
	第 16 章 先进制造技术及模式	

1.3.3　生产运营管理的研究方法

学习和研究生产运营管理需要借助一定的方法，这些研究方法要与生产运营管理的研究内容相适应且行之有效，其中，最常用也是最典型的研究方法有以下三种。

1. 理论和实践相结合的方法

生产运营管理是一门应用科学，与生产运营实践紧密相连。计划、组织和控制生产活动的理论方法，都是在总结生产实践的基础上形成的，而生产运营实践的经验和做法通过提炼上升为理论或原理，又反过来指导和规范生产的实际活动，从而提高生产的管理水平和获得良好的运行效果。这种从实践上升到理论，再由理论回到实践的循环是生产运营管理这门学科发展的途径，也是学习和研究生产运营管理应采用的必要方法。理论和实践相结合强调的是，在学习和研究生产运营管理理论时，应主动以现实企业的生产运营实践为背景，或依据真实企业的生产运营实践为案例，进行分析归纳或推论以解析或印证理论的正确性。反之，当我们对现实企业的生产运营实践进行审视诊断时，应主动依据生产运营管理的理论与方法进行分析解释，以提高判断或认知的可靠性。

2. 定性和定量分析相结合的方法

对企业生产运营活动的管理，传统的办法是依靠个人或组织的经验，进行定性分析或判断。定性分析对于处理企业生产运营中出现的不可控的、难以度量的，以及无法建立数学模型进行精确模拟的问题具有很大的优势。但是，定性分析存在主观性强，缺乏数据支撑，容易导致个人独断专权等缺点，需要与定量分析相结合。通过数据、数学模型、数理统计、计算机技术等，可以准确度量或刻画企业生产运营活动的过程和结果，为生产运营活动的计划、组织、控制和决策提供客观依据和科学手段，提高了生产运营管理水平，实现生产运营管理的现代化。定性定量分析相结合有利于取长补短，这既是一种科学的方法，也是一种科学的态度。

3. 系统分析的方法

系统分析的方法是指以系统的观点来看待和研究问题。按系统论创始人贝塔朗菲的定义，"系统是相互联系相互作用的诸元素的综合体"。一般来说，系统具有多元性、相关性、整体性、目的性、动态性和环境适应性等特征。企业是一个系统，是一个包含若干子系统且有人参与的复杂系统，生产运营系统则是企业系统的一个重要子系统。对生产运营活动的科学有效管理既强调通过系统工程方法实现生产系统的最优化，又要求生产运营管理与企业整体战略目标相统一。系统分析是生产运营管理研究最基本的方法，对于生产运营系统这样复杂的系统工程，通过系统目标分析、系统要素分析、系统环境分析、系统资源分析和系统管理分析，就可以准确地诊断问题，深刻揭示问题的起因，提出有效的解决方案，实现运营管理的目标要求。

本 章 小 结

本章主要讲述了生产运营管理的概念、目的、历史演进和体系框架等内容。从分析企业生产的实质入手，讨论了生产运营系统的构成。通过梳理生产运营管理发展演变历程中的标志性活动阶段或事件，对其典型概念或方法做出了综合性解释。通过对现代企业所处环境特征的分析，归纳总结出现代生产运营管理的新特征。通过分析运营管理在企业管理中的地位和任务，概括出生产运营管理的主要内容和体系框架。最后，讨论了生产运营管理的基本研究方法。

思考与练习

1. 何谓生产运营系统？其结构和运行原理如何？
2. 何谓生产运营管理？其目的是什么？
3. 回顾生产运营管理的发展历史，有哪些认识和体会？

4. 生产运营管理的主要内容是什么？

5. 现代企业生产运营管理有哪些新特征？

6. 什么是企业发展的"三重底线"战略？

7. 生产运营管理研究的基本方法有哪些？

8. 信息技术革命给生产运营管理带来怎样的影响？

参 考 文 献

[1] 陈荣秋，马士华. 生产与运作管理[M]. 3 版. 北京：高等教育出版社，2012.

[2] 李克强. 以改革创新驱动中国经济长期持续健康发展[N]. 人民日报，2013 - 09 - 12(3 版).

[3] 国家统计局. 2013 年国民经济和社会发展统计公报[EB]. http：//www. stats. gov. cn，2014 - 02 - 24.

[4] 龚国华，李旭. 生产与运营管理[M]. 3 版. 上海：复旦大学出版社，2011.

[5] [美]杰克·R. 梅雷迪思，斯科特·M. 谢弗. MBA 运营管理[M]. 3 版. 焦叔斌，等译. 北京：中国人民大学出版社，2007.

[6] Hammer, M. *Deep change：how operatonal innovation can transform your company*[J]. Harvard Business Review，85 - 93.

[7] 孙树栋. 生产运作与管理[M]. 北京：科学出版社，2010.

[8] 陈心德，吴忠. 生产运营管理[M]. 2 版. 北京：清华大学出版社，2011.

第2章

生产运营战略与可持续竞争力

本章要点

　　企业竞争力的形成与它的经营战略有关，而其中又以企业制定的运营战略为基础。通过本章学习，掌握战略、生产运营战略的基本概念、特点与主要内容；掌握竞争力、核心竞争力、竞争要素与可持续竞争力的基本含义、本质以及它们之间的关系；熟悉运营战略的基本框架、制定程序与实施步骤；了解服务业运营战略；了解全球竞争、全球生产系统对生产运营战略的影响。

关键术语

　　战略（Strategy）；生产运营战略（Production & Operation Strategy）；核心竞争力（Core Competitiveness）；可持续竞争力（Sustainable Competitive Power）；制造业运营战略（Manufacturing Operation Strategy）；服务业运营战略（Services Operation Strategy）。

　　可持续竞争力是保持企业活力的基础，是激发企业创新的源泉，是企业相较于其他竞争对手而言更具效率和效益的优势。在经济全球化趋势下，区域竞争逐渐转变为全球竞争，企业在市场大环境中面临着更为严峻的考验。此时，能否具有良好的可持续竞争力对于企业的生存和发展显得尤为关键。运营战略作为企业经营战略的重要环节，解决了在运营管理职能领域内如何支持和配合企业在市场中获得可持续竞争力的问题。运营战略将企业的成长和发展纳入了变化的环境之中，管理工作要以未来的环境变化趋势作为决策的基础。因此，要用长远的、战略的眼光去审视企业的运营发展，而不应一味地追求短期利益。运营战略不仅可以运用于制造业，在服务业也具有重要的意义，它的有效运用对于企业有着不可替代的作用。

2.1　战略与全球竞争

中国古代常称战略为谋略、韬略、方略、兵略等。西晋已有司马彪以"战略"命名的历史著作。英语中与"战略"相对应的词 Strategy，源于希腊语 Strategos，原意是"将兵术"或"将道"。近代，战略在世界各国先后发展成为军事科学的重要研究领域。现代战略涉及的范围日趋扩大，西方国家陆续提出了"大战略""国家战略""全球战略"等一类概念。"战略"一词现已被各个领域所借用，诸如政治战略、经济战略、科技战略、外交战略、人口战略、资源战略、体育战略，等等。"战略"一词引入企业管理中最早出现在巴纳德的《经理的职能》一书，但应用范围有限。1965 年，美国经济学家安索夫的著作《企业战略论》的问世，标志着"企业战略"一词开始被广泛应用。

2.1.1　企业战略的概念与战略层次

1. 战略的概念

关于"战略"的含义，不同的学者从不同的角度给以不同的表述，这里介绍几种有代表性的观点：

（1）艾尔弗雷德·D·钱德勒：战略是决定企业的长期基本目标与目的，选择企业达到这些目标所遵循的途径，并为实现目标与途径而对企业的重要资源进行分配。

（2）魁因(I. B. Quinn)：战略是一种模式或计划，是将一个组织的重要目的、政策与活动，按照一定的顺序结合成为一个紧密的整体。

（3）亨利·明茨伯格：战略可以从五个不同的方面定义，即计划（Plan）、计谋（Ploy）、模式（Pattern）、定位（Position）、观念（Perspective）。这五个方面的定义从不同的角度对战略进行了阐述，有助于对战略管理及其过程的深刻理解。

综上所述，我们可以对战略做如下解释：战略是组织对其发展目标，达成目标的途径、手段等关乎全局的重大问题的筹划和谋略。

人物介绍

亨利·明茨伯格

亨利·明茨伯格(Henry Mintzberg, 1939—)，加拿大管理学家，是最具原创性的管理大师，对管理领域常提出打破传统及偶像迷信的独到见解，是经理角色学派的主要代表人物。

明茨伯格始终是一个非常引人注目的人物，他的第一本著作《管理工作的本质》曾经遭到 15 家出版社的拒绝，但是该书现已是管理领域的经典著作。

明茨伯格在组织管理领域的主要贡献是对管理者工作的分析。1973年，明茨伯格在《管理工作的本质》一书中揭示了管理者的三大角色：人际角色、信息角色、决策角色，仔细考察了管理者的工作及其对组织的巨大作用，并就如何提高管理效率为管理者提供了建议。

1983 年，明茨伯格出版了体现战略思想的《五重组织》，明茨伯格认为，企业应该废除传统的界限和职能上的分工，等级制度已经过时了，如今最有效的组织形式就是非正规的、不定型的团队，这些团队有频繁的人员更替，而且当旧的问题渐渐隐退，新的问题浮出水面时，团队的工作内容也会相应发生变化。明茨伯格把这种形态模糊的工作环境命名为"临时委员会组织"以区别于官僚组织。

　　传统的战略理论认为制定战略是高层管理者的职责。对此，明茨伯格大不以为然，他将理论矛头直指僵硬刻板的战略方针，在《战略性计划的沉浮》中，明茨伯格强调战略性计划的失败是不可避免的，因为战略和计划是矛盾的对立面：战略是综合，计划是分析。战略经常会伤害人们的决心，扭曲人们对未来的设想。明茨伯格把自己整个学术生涯都致力于研究管理者如何决策以及如何发展战略上。

2. 企业战略的层次划分

　　一般而言，企业战略可以划分为三个层次，如图 2-1 所示。

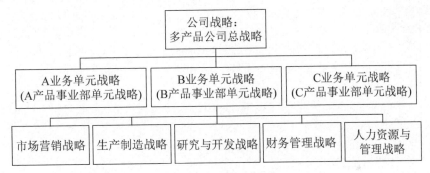

图 2-1　企业战略系统

1）公司战略

　　公司战略是企业的总体战略，它从总体上设定了企业的发展目标、实现目标的基本途径。它侧重于两个方面的问题：一是选择企业所从事的经营范围和领域；二是在各事业部之间进行资源配置。一般企业的总体战略有三种类型：增长型战略、稳定型战略、紧缩型战略。

2）业务战略

　　业务战略即企业的竞争战略，它是指企业的各个业务单位如何在公司战略的指导下，通过自身所制定的业务战略，取得超过竞争对手的竞争优势。在这一层次中，竞争优势构成要素显得尤为重要。按照哈佛商学院迈克尔·波特教授的观点，企业的竞争战略包括成本领先战略、差异化战略和集中化战略。

3）职能战略

　　职能战略是主要职能部门以业务战略为指导，分别制订的本部门的发展目标和总体规划，其目的是公司战略和竞争战略的实现。职能战略主要包括生产运营战略、市场营销战略、财务战略和人力资源战略等。

　　公司战略、业务战略和职能战略之间是相互作用、相互影响的，企业要想获得长期发展，必须实现三个层次战略的有机结合。上一层次战略构成下一层次战略实施的战略环境，下一层次战略为上一层次战略目标的实现提供支撑。

如果企业的规模较小，只从事单一业务，此时企业的公司战略和竞争战略就处于同一层次，企业的战略结构就划分成两个层次。

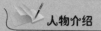人物介绍

迈克尔·波特

迈克尔·波特（Michael Porter，1947—），哈佛大学商学院教授，被誉为竞争战略之父。

迈克尔·波特毕业于普林斯顿大学，后获哈佛大学商学院企业经济学博士学位。32 岁即获哈佛商学院终身教授之职，是当今世界竞争战略和竞争力领域公认的第一权威。他曾在 1983 年被任命为美国总统里根的产业竞争委员会主席，开创了企业竞争战略理论并引发了美国乃至世界的竞争力讨论。他先后获得过大卫·威尔兹经济学奖、亚当·斯密奖，五次获得麦肯锡奖，并拥有世界很多大学的名誉博士学位。

迈克尔·波特拥有的崇高地位缘于他所提出的"五种竞争力量"和"三种竞争战略"的理论观点。他的第一部广为流传的著作是 1980 年出版的《竞争战略》，这本书已再版 60 多次，它改变了 CEO 的战略思维。在书中，他提出了著名的"五力模型"和总成本领先、差异化、集中化三种卓有成效的战略思想。

迈克尔·波特继而将研究方向从企业之间的竞争转为国家之间的竞争，在《国家竞争优势》一书中，他分析了国家为何有贫富之分，一个重要的因素就是国家的价值体系，他把这种价值体系形象地称为"钻石体系"。波特的竞争战略研究开创了企业经营战略的崭新领域，对全球企业发展和管理理论研究的进步，都做出了重要的贡献。

2.1.2 全球竞争

自 20 世纪 90 年代始，信息技术的高速发展和应用为国际化企业的全球经营提供了条件。企业之间在时间和空间上的距离缩短，极大地加速了市场的全球化进程，使全球范围内的企业正逐步融合在一个统一的大市场之中。分布在各地的企业共同合作生产一种产品已成为必然趋势，企业在全球制造和市场竞争中必须加强与其他企业的合作，建立面向任务的动态联盟。企业运营所需的订单、支付凭证和资金流动都可以在 24 小时内完成，信息技术的发展使得世界经济发展的步伐明显加快。国际型企业积累了雄厚的资金，掌握了先进的管理思想，拥有具备先进科技知识的出类拔萃的人才，具有一流的产品和服务，并且用信息技术武装起来在全球扩张，从而在全球经济增长中获益匪浅。因此，从区域竞争转向全球竞争的趋势日趋凸显。

1. 全球战略目标

全球战略的目标分为总目标和分目标。总目标是指在日趋复杂的环境下从全球范围考虑公司的市场与资源分布，提高竞争能力，增强竞争地位，最大限度地去实现总体利益。这一战略总目标可细分为如下分目标。

（1）核心目标：最大限度地在一些新的领域与较强的竞争对手竞争并取得进展，即使

这些领域是不熟悉的。核心目标决定能否赢得优势的垄断优势。

(2) 基础目标：使公司当前的经营活动在总体水平上有效益，并能适当地管理由于这些效益而可能导致的经营风险。基础目标决定能否在一定时期内生存下去，同时还能为进一步发展创造基础。

(3) 发展目标：培养公司内部的学习能力以不断创新和进步，并使自己有能力适应未来环境的挑战。发展目标是公司保持和提高全球竞争实力的关键。

(4) 优先目标：在战略评估的基础上，确定轻重缓急的顺序，优先实现事关公司全局的经营。优先目标体现了突出重点、解决主要矛盾的指导思想。

全球战略管理首先就是对上述目标体系的管理，通过对这些目标以及各个目标之间相互作用的管理，减少分目标之间的冲突，使得它们的组合效用最佳，使战略总目标的实现达到令人满意的程度。

有着百年经营史、在世界能源领域中最具全球性的荷兰壳牌石油公司对战略目标的管理很有特色：为了应对世界不稳定，例如战争和即将发生战争的可能，壳牌公司用了三道防线，树起三个目标，即地理上分散、产品的多样化和迅速适应变化。它在大约 50 个国家销售石油，某个地方发生政治或经济动乱对该公司的其他部分不会有多大影响。在政治气候特别微妙的国家里，壳牌石油公司通常通过在该国市场取得垄断权来确保自己获得非常高的收益。它在风险大的国家如不能赚取丰厚利润，便撤走了事。壳牌石油公司把实行产品多样化限于相互紧密关联和协同配合的能源和化学行业，极少越出自己熟悉的行业范围。这样一种目标搭配有助于把各季度的起伏拉平，在上游企业（勘探和生产）、下游企业（提炼和销售）以及相关化工产品之间保持良好的平衡。再如韩国专门生产内衣的白羊公司，一直把出口、扩大海外市场视为公司成功的坚定不移的目标，即使出口亏损，也绝不减少出口量，以维持海外顾客联系网。它认为，从长远的观点看，只有持续出口才能有新的飞跃，因为"白羊"商标已在世界市场上有了信誉，虽然暂时亏损一些也要守信用，保证出口合同。白羊公司的产品不仅出口到美国、日本，而且扩大到中东、苏联和中国等 47 个国家与地区，在经营战略上实现了全球化。

2. 全球战略目标的实施

实现全球化战略目标的手段多种多样，由于在全球战略下不再严格区分国内市场和国外市场，而是对全球各个市场一视同仁，因此实施全球战略的手段可以选择以下几种方法。

1) 规模经济与灵活经营的平衡

规模经济对全球公司来说是容易做到的，也只有全球性公司才能够做到完全的规模经济，因为它面对的是全球市场。大规模生产有助于公司获得规模效益，也能积累生产经验，而这将大大降低成本，把诸如产品的研究开发费用、广告费用及促销和管理费用分摊于不断增长的产品销售之中。但企业规模大并不一定是好事。因为世界经济已发生了巨大的变化，传统的规模经济对于在迅速变化的市场中进行竞争来说，已不如灵活性和机敏性那样至关重要。大公司要想生存下去，就必须把大公司能提供的最佳条件与小企业的最优特点结合起来，成为一种大小企业的混合体。

2) 标准化生产与差别生产的兼顾

公司必须对全球市场的不同部分的不同需求给予极大的关注。为了满足市场对特殊产品的需求而进行的差别生产所得到的优势，必然会与标准化生产所获得的单位成本大大降低的好处相比较。在当地环境可以接受的情况下，公司应尽量避免为满足当地市场需要而对产品进行过细的调整，同时，在经营活动中，企业应充当变革的中介角色，以便在全世界各地传播其企业文化。实际上，公司经常要调整生产与销售结构，以适应不断变化的各国市场的不同需求。侧重标准化生产还是差别生产，最终取决于这两种生产方式在收益和成本上所产生的影响。如果为满足特殊市场需要而对产品生产进行调整的费用不高，而且产品的最初设计已经把各个重要市场的差异考虑在内了，那么企业就容易转而进行差别生产。

3) 协作优势与多元化政策

联合制造两种或两种以上的产品所需要的成本，可能比单独制造它们所需要的成本低，这就是协作经济效益。实行多元化的公司具有共享投资的能力，在部门、产品和市场之间，公司可共享实物资产和无形资产，诸如制造设备、现金、商标；其次可共享知识或研究开发成果。所以协作优势可保证公司全球战略目标的实现。如日本的"系列结构"或叫企业联盟，以出名的第一流公司命名系列，系列内部在全球实现联合，以实现对全球市场的控制，被称为"把竞争对手置于死地的机器"。不过，协作优势的取得也需付出代价。不同的市场细分，不同的产品，不同的市场，有不同的环境要求。

2.2 生产运营战略与可持续竞争力

2.2.1 生产运营战略

第二次世界大战后，德国与日本的制造业被战争摧毁，美国为战争而扩大的生产能力转为民用，主导了世界制造业，人们的购买欲望战后得以释放，需求明显超过生产能力，企业只需大量重复产出，运营不需要战略，仅需要控制生产成本。

20 世纪 70 年代初，哈佛商学院尉克汉姆·斯金纳认识到美国企业这一隐患，提出运营战略的理念，建议美国企业将运营战略作为营销战略与财务战略的补充，提出运营职能不应仅对市场环境做出被动反应，而应在发展企业总体战略中承担一定的前瞻性角色；企业竞争不仅通过降低成本这一单一要素提高利润率，而且考虑质量、交货速度、运营过程柔性等因素，从此运营战略开始受到人们的重视。

运营战略可以定义为：企业设计的一套运用自身资源的政策和计划，用以支持企业的长期竞争战略。它的着眼点是企业所选定的目标市场；它的工作内容是在既定目标导向下制定企业建立生产系统时所遵循的指导思想，以及在这一指导思想下的决策规划、决策程序和内容；它的目的是使生产系统成为企业立足于市场，并获得长期竞争优势的坚实基础。

1. 生产运营战略的内容

企业生产运营战略包括以下几个方面内容。

1) 产品（服务）的选择战略

企业进行生产运营，首先要确定的是企业将以何种产品（服务）来满足市场需求，实现企业发展，这就是产品(服务)选择战略所涉及的内容。企业产品(服务)选择正确与否，可以决定一个企业的兴衰存亡，必须对此予以高度重视。

企业向市场提供什么产品(服务)，需要对各种设想进行充分论证，然后才能进行科学决策，此时通常要考虑以下因素。

(1) 市场条件，主要分析拟选择产品(服务)行业所处的生命周期阶段、市场供需的总体状况及发展趋势、企业开拓市场资源的能力、企业在目标市场的地位和竞争能力预期等。

(2) 企业内部的生产运营条件，主要分析企业的技术、设备水平，新产品的技术、工艺可行性，所需原材料和外购件的供应状况等。

(3) 财务条件，主要分析产品开发和生产所需的投资、预期收益和风险程度等财务衡量指标，此外还要结合产品所处的生命周期来判断产品对企业的贡献前景。

(4) 企业各部门工作目标上的差异性。由于企业内部各部门的职能划分不同，在共同的企业总体战略目标之下，各部门工作目标的差异性也是客观存在的，这种差异必然会对产品选择产生影响，增加工作难度。例如，生产部门追求高效、低耗地完成生产，倾向于选择生产成熟的、单一的产品；营销部门追求产品组合的宽度和深度，以适应消费者多样化的需求，倾向于新产品的不断推出；财务部门则更青睐销售利润高的产品。从不同部门的角度考虑，这些分歧都是为了企业的发展。此时就需要企业在进行产品选择时要综合考虑、全面协调。

除以上几个方面的因素外，企业在产品(服务)选择时还要兼顾社会效益、生态效益等方面的影响因素。

2) 自制或外购战略

企业进行新产品开发，或者建立、改进生产运营系统时，都要首先做出自制或外购的决策。企业自制战略有两种选择：一是完全自制，即建造完备的制造厂，购置相应的生产设备，进行组织生产所必需的人员招聘与配备，产品生产的各个环节都在本厂完成；第二种是装配阶段自制，即"外购＋自制"战略，部分零部件外购，企业建造一个总装配厂，进行产品组装。企业如果选择外购战略，就需要成立一个经销公司，为消费者提供相应的服务。

一般而言，对于产品工艺复杂、零部件繁多的生产企业，那些非关键、不涉及核心技术的零部件，如果外购价格合理，市场供应稳定，企业会考虑外购或以外包的方式来实现供应。

3) 生产与运营方式选择战略

企业在做出自制或外购的决策之后，就要从战略的高度对企业的生产方式做出选择。正确的生产与运营方式选择，可以帮助企业动态地适应快速变化的市场需求、日益激烈的市场竞争和日新月异的科技发展，使企业能适应甚至引导生产与运营方式的变革。可供企业选择的生产与运营方式有许多种，这里仅介绍两种典型的生产方式。

(1) 大批量、低成本。这种战略适用于需求量大、差异性小的产品或服务的提供。在这样一个特定的市场上，企业采用低成本和大批量生产与运营的方式，就能够获得竞争优势，特别是在居民消费水平普遍不高的经济发展阶段的国家或地区。20 世纪初的福特汽车公司首创流水线生产，现在的沃尔玛公司的低成本、大规模生产方式的选择，都是这一战略执行的典型代表。

（2）多品种、小批量。对于消费者的需求多样化、个性化的产品或服务，就不宜采用大批量生产的方式，而更适合采用小批量的顾客定制方式。这种方式最早出现于20世纪80年代初，它兼有大批量生产的低成本优势和单件小批量生产适应消费者个性化需求的特点，是介于大批量生产与单件小批量生产与运营方式的一种中间状态。当前，许多著名的企业，如丰田、惠普等公司，都采用这种生产与运营方式。

除以上两种较传统的生产与运营方式外，可供企业选择的先进生产方式还有计算机集成制造、大规模定制等，将在后续章节中作介绍，此处不再赘述。

2. 生产运营战略的特点

生产运营战略在整个企业战略体系中所处的地位，决定了它在企业经营中的特殊位置，从而形成了自身的一些基本特征：

（1）从属性：生产运营战略虽然属于战略范畴，但它是从属于企业战略的，是企业战略的一个重要组成部分，必须服从企业战略的总体要求，从自身角度来保证企业总体战略目标的实现。

（2）支撑性：生产运营战略作为企业重要的职能战略之一，能从生产运营角度来支撑企业总体战略目标的实现，为企业战略的有效实施提供基础保障。

（3）协调性：生产运营战略要和企业总体战略、竞争战略保持高度协调。生产运营战略要与企业其他职能部门的战略相协调，一方面生产运营战略不能脱离其他职能战略而自我实现，另一方面它又是其他职能战略实现的必要保证。生产运营系统内部的各要素之间也要协调一致，使生产运营系统的结构形式和运行机制相匹配。

（4）竞争性：生产运营战略制定的目的就是通过构造卓越的生产运营系统来为企业获得竞争优势做出贡献，从而使企业能在激烈的市场竞争中发展壮大自己，在竞争市场中与竞争对手抢占资源的过程中占有优势。

（5）风险性：生产运营战略的制定是面向未来的活动，要对未来几年的企业外部环境及企业内部条件变化做出预测。由于未来环境及企业条件变化的不确定性，战略的制定及实施具有一定的风险性。

3. 生产运营战略的竞争重点

生产运营战略强调生产运营系统是企业的竞争之本，只有具备了生产运营系统的竞争优势才能赢得产品的优势，才会有企业的优势，因此，运营战略理论是以竞争及其优势的获取为基础的。在多数行业中，影响竞争力的因素主要是TQCF，也是生产运营系统的中心任务。

1）交货期

交货期（Time）指比竞争对手更快捷地响应顾客的需求，体现在新产品的推出、交货期等方面。交货期是企业参与市场竞争的重要因素，对交货期的要求具体可表现在两个方面：快速交货和按约交货。快速交货是指向市场快速提供企业产品的能力，这对于企业争取订单意义重大；按约交货是指按照合同的约定按时交货的能力，这对于顾客满意度有重要影响。影响交货能力的因素也很多，如采购与供应、制造柔性和工艺与设备管理等。

2）质量

质量（Quality）指产品的质量和可靠性，主要依靠顾客的满意度来体现。我们所讲的质量是指全面的质量，既包括产品本身的质量，也包括生产过程的质量。也就是说，企业一方面要以满足顾客需求为目标，建立适当的产品质量标准，设计生产消费者所期望的质量水平的产品；另一方面生产过程质量应以产品质量零缺陷为目标，以保证产品的可靠性，提高顾客的满意度。此外，良好的物资采购与供应控制、包装运输和使用的便利性以及售后服务等对质量也有很大影响。

3）成本

成本（Cost），包括生产成本、制造成本、流通成本和使用成本等。降低成本对于提高企业产品的竞争能力、增强生产运作对市场的应变能力和抵御市场风险的能力具有十分重要的意义。企业降低成本、提高效益的措施很多，诸如优化产品设计与流程设计、降低单位产品的材料及能源消耗、降低设备故障率、提高质量、缩短生产运作周期、提高产能利用率和减少库存等。

4）制造柔性

制造柔性（Flexibility）是指企业面临市场机遇时在组织和生产方面体现出来的快速而又低成本地适应市场需求，反映了企业生产运作系统对外部环境做出反应的能力。随着市场需求的日益个性化、多元化趋势，多品种、小批量生产成为与此需求特征相匹配的方式，因此，增强制造柔性已成为企业形成竞争优势的重要因素。关键柔性主要包括产品产量柔性、新产品开发及投产柔性和产品组合柔性等，由此又涉及生产运作系统的设备柔性、人员柔性和能力柔性等，甚至对供应商也会提出在这方面相应的要求。

对 TQCF 理解时需要注意的是，企业要想在 TQCF 四个竞争要素方面同时优于竞争对手而形成竞争优势是不太容易的。企业应从具体情况出发，集中主要资源形成自己的竞争优势。特别是当 TQCF 发生冲突时，就产生了多目标平衡问题，需要对此进行认真分析、动态协调。

4. 生产运营战略的新发展

美国波士顿大学开展的"全球生产发展前景研究"国际合作项目的调查资料（MFS）揭示了生产运营战略在新时期发展变化的一些动向（表 2-1）。

表 2-1　生产运营战略发展动向

国家（地区）划分	发展动向
工业发达的国家与地区 （竞争活跃）	① 由高质量高功能变为强调交货 ② 由强调系统软、硬性要素变为强调软性要素 ③ 生产运作管理由强调内向变为强调外向
工业次发达国家与地区 （竞争次活跃）	① 优先强调质量，其次强调交货 ② 生产运作管理强调内向 ③ 开始注意以人为导向，关注外向与软性要素

表2-1涉及两类不同的国家与地区生产运作战略的发展动向：一是以欧、美、日本为代表的竞争活跃国家和地区的企业，其生产运作战略的发展体现如下趋势：①以高质量、高功能获得竞争优势的传统竞争手段正在弱化，快速交货能力成为衡量企业竞争能力大小的重要因素；②传统的依托先进制造技术进行大规模投资是取得竞争优势保证的认识发生转变，技术的作用日益下降，开始重点强调管理的软技术（基于人力资源导向的管理），即跨部门合作以及跨业务、跨部门的信息集成与信息支持；③生产运营管理的职能与范围发生了深刻的变化，开始强调顾客创造价值为导向，并将供应商与顾客纳入生产运作管理的范畴。二是以韩国、澳大利亚、中国台湾为代表的竞争次活跃的国家与地区的企业仍将质量作为企业形成竞争优势的第一要素，而交货能力作为第二要素。

2.2.2 可持续竞争力

1. 竞争力、核心竞争力与竞争要素

1）竞争力

所谓"竞争"，就是"相互争胜"，《庄子·齐物论》中郭象注"并逐曰竞，对辩曰争"。就是某种利益的平衡、调整或重新分配时，在众多参与者之间必须分出胜负的一种较量、比赛。

竞争是市场经济下的一个基本法则，现代市场经济的繁荣与发展以及科学技术的突飞猛进，大大加剧了企业竞争的广度与深度，导致了企业竞争的日益激烈。作为一种有效的资源配置机制，竞争已从宏观到微观，从浅层到深层，深刻地影响着企业的经营效率与效益，影响着企业的生存与发展。

现代意义上的企业竞争是经济发展的动力所在，无竞争便无发展。现代市场经济的发展与繁荣，企业的生存与发展，都离不开竞争这一巨大的推动力。对企业而言，竞争既是企业发展的一种内在推动力，也是一种外在的压力。

现代市场经济条件下的角逐，没有竞争力就意味着没有生命力，没有生命力就要被淘汰出局。所以，竞争力就是企业赢得市场，创造效益、聚拢资源的能力。

2）核心竞争力

核心竞争力可以概括为企业在长期的生产经营过程中所积累形成的，与其竞争对手相区别并能使企业在价值创造和降低成本等方面优于竞争对手的知识、技能、机制和学习能力等一系列因素的集合。核心竞争力有以下特点。

（1）价值优越性。企业核心竞争力能为用户提供超过其他企业更多的使用价值，能够更好地、更全面地满足用户需要，同时能使企业比竞争对手有更高的劳动效率、更低的产品成本，从而取得更高而且长期的经济效益，实现企业价值最大化。

（2）独特性，难以模仿和超越。企业的核心竞争力必须是企业独一无二的能力，企业可以依靠这种能力赢得顾客的充分信任，形成特色，甚至部分垄断，从而使得该企业在竞争中占有独特的相对优势。如果某项专长已普及或者极易被竞争对手模仿，就不能属于核心竞争力。

（3）延展性。企业能够从某种核心竞争力衍生出一系列产品与服务，具有打开多种产品潜在市场、拓展新的行业领域的作用。

（4）非资产性。核心竞争力还有别于品牌、专利等可以估价的无形资产，不局限于个别产品，也不是企业可以用来生产产品的资源。因此，核心竞争力存在的形态基本上是结构性的、隐性的。

（5）相互关联性。核心竞争力是一组技能和技术的集合体，而非单个分散的技能或技术。核心竞争力是许多不同单位或个人相互作用产生的，它的载体是整个企业，而不是企业的某个部门。企业核心竞争力的形成，必然是企业整体优化的结果。

（6）不可交易性。核心竞争力是通过学习积累得到的，它不能通过相应要素市场的买卖获得。因此一旦企业在某项核心竞争力上取得领先地位，竞争对手很难在短时间内赶上来。

（7）时效性。核心竞争力不是固定不变的，如果外部环境发生剧变或管理不善，企业在某阶段的核心竞争力可能会贬值成一般能力或流失。因此，核心竞争力需要及时的保护和创新。从这一角度看，核心竞争力也是企业建立并保持持续竞争优势的能力。

企业核心竞争力要与企业必备能力、一般能力进行严格的区分。由社会公众控制的能力是一般能力，由同行业企业控制的能力是企业的必备能力。这些能力所有企业或多或少可以平等地获得，这些能力不能保证企业获得持续竞争优势。核心竞争力是企业的一种专门资产，其专用性取决于积累的自然属性。核心竞争力对企业的人力资源具有高度的依赖性，因为企业的员工部分地充当了核心竞争力的承担者，而且核心竞争力又并非存在于单个人中，而是置身于企业的组织环境中，必须通过规范的形式体现。

3）竞争要素

核心竞争力的存在可能是一种隐性状态，但它的竞争优势体现为很多竞争要素，如成本、质量、交货时间、制造柔性、交货可靠性、应变能力、新产品开发能力、技术更新能力、售后服务水平等，而有些竞争要素不是企业所独有的，有些竞争要素需要努力追赶才能够获得。所以我们将这些要素分为两类：订单资格要素和订单赢得要素。

订单资格要素，或称订单门槛要素，具备了该要素，可以获得参与市场竞争的资格，是一种公司产品作为顾客购买对象的基本标准。

订单赢得要素，或称订单胜出要素，具备了该要素，就获得了竞争的决定性因素，是一种公司产品与服务差异化的基本标准。

需要强调的是，订单资格要素和订单赢得要素不是一成不变的，而是可以相互转化并不断发展的，对不同的产品，企业发展的不同阶段，订单资格要素和订单赢得要素都会不同，这也体现了管理这门学科适应性的本质。企业要想在市场竞争中获得优势，必须高度重视订单赢得要素。

2. 可持续竞争力

1）可持续竞争力的基本内涵

可持续竞争力是指在竞争性市场中，一个企业内部与外部各种资源之间的均衡和协调，能够持续地比其他企业更有效地向用户或顾客提供产品与服务，并获得盈利和自身发展的综合素质。可持续竞争力体现在企业对竞争要素与核心竞争力的有效管理与应用中。

第一，从战略的角度来讲，企业拥有的可持续竞争能力应该是以可预见的未来作为时间跨度的。"可预见的"说明企业可持续发展所涉及的时间是有限期的。这一时间的跨度在企业经营中是可控的。

第二，企业要统筹兼顾。这里所说的统筹兼顾不仅包括在时间上要充分考虑到企业的当前发展与长远发展的相互协调，而且还要在空间上充分考虑到企业在某一发展时期各方面之间的相互协调。

第三，企业竞争力体现在消费者价值(市场占有和消费者满意)和企业自身利益(盈利和发展)两个方面。而且，这两个方面实际上是密不可分的，从动态和长期的角度看，两者具有很大程度的同一性。

第四，企业可持续竞争力决定了企业的长期存在状态，因此它具有长期性和非偶然性的特点。影响企业经营状态的一些短期的和偶然的因素可能同企业竞争力没有直接关系，尽管一些偶然因素会发生作用。影响企业竞争力的各种因素不是孤立存在的，它们总是作为一个整体对企业的存在状态发生作用。

2）可持续竞争力的本质

（1）从企业增长角度看，企业可持续竞争力是企业可持续的增长能力，在企业财务上体现为可持续增长率。

（2）从竞争优势角度看，可持续竞争力是企业获得长期稳定发展竞争优势的一种能力。它可以克服短期竞争优势中存在的短视行为，使企业从战略层面看待企业的核心竞争力，而不是"各领风骚数十年"，发展得快，消亡得也突然。

（3）从资源利用角度看，可持续竞争能力是企业合理利用及发展资源的一种能力。核心竞争力已成为企业资源的代名词。"如果公司掌握着有价值的资源，能够比竞争对手更好地或成本更低地开展业务，那么，最终公司会拥有竞争优势，不管公司掌握的资源是什么"。"鉴于所有资源都会贬值，有效的公司战略需要不断投资以保持和维护有价值的资源"或者"对资源进行升级"。

（4）从生命周期角度看，可持续竞争力是企业通过创新使其生命无限延续的一种能力。企业通过其掌握的资源不断创新从而避免企业的周期性变化。通过创新赋予人力和物质资源更强的创造财富的能力，其结果是企业的整体寿命延长，从而获得可持续的竞争能力。

（5）从系统角度看，可持续竞争力是企业核心竞争力得以巩固并持续发展的一种能力。这种良好的发展体现为企业全要素生产效率的持续提高，任何有失偏颇的生产效率的提高对企业而言都只能是暂时的，甚至可能给企业日后的发展带来隐患。要使企业发展得以持续，发展的全面性与均衡性是不容忽视的。

3）可持续竞争力的三层次观

由于对企业竞争力的定义可能含有主观因素，决定企业竞争力强弱的因素也可以有多种分类方式，各种分类方式中所采用的概念之间并无绝对的界限。但是，像其他科学研究一样，企业竞争力研究最终还是要构建一个具有简明逻辑构造的概念体系和理论框架，将复杂的事物排列组合为可以把握的因素，并且对这些因素及其相互间的联系进行合乎逻辑的解释。综合国内外学者的研究，可以把企业竞争力分为三个层次，如图2-2所示。

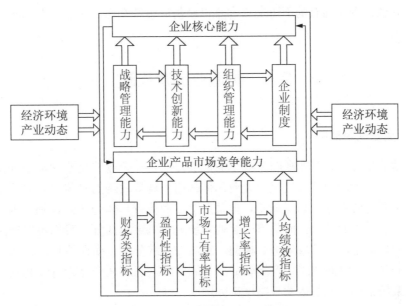

图 2-2 可持续竞争力三层次观

第一层次，企业在竞争过程中所发生的或者可以形成的各种"关系"。广义的"关系"包括有关各方面的"环境"，企业竞争力研究所涉及的关系可以包括：

(1) 经济社会及政策环境，包括本企业所在地的技术创新环境、金融环境、人文环境、产权制度环境、生态环境保护制度等。

(2) 企业所在地产业状况，是具有比较优势的产业还是新兴产业；是成熟产业还是夕阳产业；是高盈利、高增长产业还是低盈利、低增长产业等。一般认为，中国的纺织、玩具、家用电器等产业具有较强的国际竞争力，而化工、航空等产业的国际竞争力较弱。前者是中国具有比较优势的产业（劳动密集型产业），后者则是中国不具有比较优势的产业（资本和技术密集型产业）。

第二层次，是企业内部所拥有的或者可以获得的各种"资源"的能力。企业的资源是产品市场竞争力的基础，同时也是企业竞争能力可持续发展的保证，是一种潜在的竞争能力。这种潜在的竞争能力是随环境变化不断演化的结果，它是企业创造并获得财富能力的潜在实力。

第三层次，是企业在产品市场中所体现出来的竞争优势。产品市场的竞争优势是企业现有超额利润的来源，是企业竞争能力的各要素之间通过有机结合而已经形成并表现出来的整体实力，反映了企业实际的创造财富并获得财富的能力，包括财务类、盈利类、增长类等各项指标。

一般地说，企业和外部市场的关系处于最外层，它是形成企业竞争力十分重要的条件，可以增强或者削弱能力，实现或者损耗资源，可以从企业生存和发展的环境因素以及企业间的竞争关系上解释企业竞争力的强弱。外部市场的显性竞争能力是企业核心能力的延伸，是形成优势关系的前提，具有基础性和可实现性，处于较外层。企业核心能力是最主要的资源，具有创造性和决定性，决定企业对市场变化的适应性，居于竞争力要素体系的最里层，它也是企业拥有的不可交易和难以模仿的独特知识、机制和学习能力的要素集合体。

2.3 制造业运营战略

2.3.1 生产运营战略框架

生产运营战略在整个企业战略中处于职能战略层，在企业的经营活动中处于承上启下的地位。承上是指生产运营战略是对企业总体战略、竞争战略的具体化，启下是指生产运营战略作为生产运营系统的总体战略，推动系统贯彻执行具体的实施计划。因此，生产运营战略不是一个孤立的单元，而是整个企业系统的有机组成部分，我们可以通过整个生产运营战略框架来对生产运营战略进行横向、纵向的系统分析。横向体现生产运营战略与企业其他部门的联系，纵向体现生产运营战略与顾客的联系，从产品设计、物料采购、加工制造，直到市场销售。整个运营战略框架如图 2-3 所示。

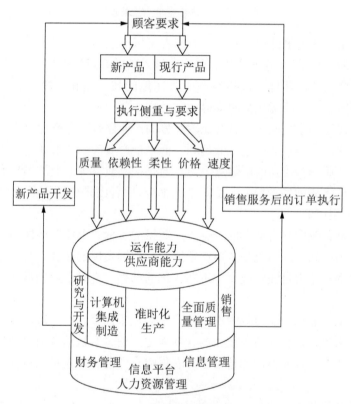

图 2-3 生产运营战略框架

图 2-3 体现了生产运营战略将企业资源与市场需求有机联系，通过对框架图的分析，我们可以明确这种联系是如何建立的。首先，确定顾客对新产品和现有产品的需求状况，包括产品的质量、性能、价格和交货期等，并确定它们的优先级别。然后，要明确企业生

产运营的重点，并与顾客需求的优先级别相一致。最后，生产部门动用所有的能力，努力实现生产以满足顾客需求，赢得订单。所以，生产运营战略框架图直观地体现了从发现顾客需求到满足顾客需求的生产运营流程。

运营战略框架要点解释：第一，生产部门的全部能力包括技术、系统和人员水平，图中底部的内圈表示"生产能力桶"，所标示的 CIM（计算机集成制造）、JIT（准时化生产）、TQM（全面质量管理）只是代表了在技术、系统和人员水平三方面所需要应用到的概念和工具。第二，"生产能力桶"中包括了供应商，是为了表明供应商必须是在技术、系统和人力三方面都得到企业认可的协作者。如果这三方面得不到资格认证，则不会被选为供应商。第三，图中的外圈是"企业能力桶"。图中把产品的需求特性与"企业能力桶"联系起来，是因为顾客对产品的需求特性不仅与生产运营管理有关，也与企业 R&D、销售等其他部门有关。第四，底部的支持平台体现了企业财务管理、人力资源管理和信息管理等对企业生产运营的支持，正因为有了这样的支持平台，企业才能更好地满足顾客需求。

2.3.2　生产运营战略制定程序

由于生产运营战略是职能战略，因此它必须在企业总体战略、竞争战略制定之后才能制定。一般而言，生产运营战略的制定程序如下。

（1）编制战略任务说明书。说明书应包括生产运营战略的目的、意义、任务、内容、程序以及注意事项等，根据企业的规模不同，任务说明书的详略也不同。

（2）进行环境分析。这是企业在制定战略时必须首先要做的工作，包括外部环境和企业内部条件分析。通过外部环境的分析发现企业面临的机会与威胁，通过内部条件的分析总结出企业的优势和劣势。此外，还要对企业制定的总体战略、竞争战略进行系统分析。

（3）制定战略目标。根据企业的战略使命、企业的总体战略目标和竞争战略目标，在环境分析的基础上，进一步确定企业生产运营战略的目标，具体可包括产能利用目标、质量目标、产量目标和物资消耗目标等。

（4）评价战略目标。为保证生产运营战略目标的科学性，对企业确定的生产运营战略目标要进行全面的综合评价，评价可以根据企业的生产运作实际情况，运用定性、定量的方法进行分析。

（5）提出备选方案。在环境分析的基础上，根据企业生产运作战略目标拟定出备选的生产运作战略方案。备选方案的数量要考虑企业规模、实力及企业的性质，并针对不同的条件，体现方案的差异性。

（6）选择战略方案。对企业拟定的备选方案从成本、收益、风险及它们对企业长期竞争优势的影响等方面进行全面评估，综合运用定性、定量分析的方法，以形成对备选方案的综合评价，作为企业选择生产运作战略的依据。

（7）组织实施。为了更好地实施生产运作战略，应根据选定的战略方案制定具体的方案和实施计划，建立协调和控制机制。另外，还需对企业员工进行深入发动，调动员工参与战略实施的积极性，确保战略目标实现。

2.3.3　生产运营战略环境分析

制定生产运营战略同制定企业总体战略和竞争战略一样也需要进行环境分析。企业战略的环境分析主要包括企业外部环境和企业内部条件分析，企业在制定生产运营战略前，同样也要进行这两方面的分析。只不过是此时的外部环境、内部条件分析更加侧重分析与生产战略制定关系密切的因素。

1. 外部环境分析

企业外部环境可以划分为宏观环境和行业环境。

1）宏观环境

企业的外部宏观环境主要包括政治法律环境、经济环境、社会文化环境和科学技术环境。政治法律环境主要包括政治制度、方针政策、政治气氛、国家法律规范等要素，它们会对企业的生产运作管理产生深远的影响和制约作用，企业适应所面临的政治法律环境，是企业实现生产运作战略的前提。经济环境指影响企业生存与发展的社会经济状况及国家经济政策，包括国民收入水平、消费结构、产业政策、就业状况、财政及货币政策等要素。其中对生产运作战略影响最大的是产业政策，它对产品决策和生产组织方式的选择有直接影响。社会文化环境是指一个国家或地区的文化传统、价值观念、民族状况、宗教信仰和教育水平等相关要素构成的环境。科技环境指企业所处的社会环境中的科技要素及与该类要素直接相关的各种社会现象的集合，主要包括社会科技水平、科技力量、科技体制和科技政策等要素。

2）行业环境

所谓行业或产业，是居于微观经济与宏观经济之间的一个集合概念。行业是具有某种同一属性的企业的集合，处于该集合的企业生产类似产品满足用户的同类需求。行业中同类企业的竞争能力和生产能力将直接影响到本企业生产运营战略的制定，特别是在开发新产品时，更应仔细分析行业环境。对行业环境进行分析，要从战略的角度分析行业的主要经济特性(市场规模、行业盈利水平、资源条件等)、行业吸引力、行业变革驱动因素、行业竞争结构、行业成功的关键因素等方面。其中行业主要经济特性、行业竞争等方面对企业生产运营战略的影响较大。对于行业竞争结构分析可以采用迈克尔·波特的五力分析模型进行。

按照波特的观点，一个行业的激烈竞争，其根源在于其内在的竞争结构。在一个行业中存在五种基本竞争力量，即新进入者的威胁、行业中现有企业间竞争、替代品或服务的威胁、供应者讨价还价的能力和用户讨价还价的能力。这五种基本竞争力量的现状、发展趋势及其综合强度，决定了行业竞争的激烈程度和行业的获利能力。五种基本竞争力量的作用是不同的，问题的关键是在该行业中的企业应当找到能较好地防御这五种竞争力量的位置，甚至对这五种基本竞争力量施加影响，使它们朝着有利于本企业的方向发展。

2. 企业内部条件分析

企业的总体战略、竞争战略确定了企业的经营目标，在此目标之下，不同的职能部门分别建立了自己的职能部门战略及要实现的目标。因此包括生产运营战略在内的各职能战略的制定，要受到企业总体目标的制约和影响。同时，由于各职能战略目标所强调的重点各不相同，往往对生产运营战略的制定产生影响，而且影响的作用和方向是不一致的。在制定生产运营战略时，要认真研究企业总体战略、竞争战略的具体要求以及其他职能战略的制定情况，权衡这些相互作用、相互制约的战略目标，使生产运营战略决策能最大限度地保障企业经营目标的实现。

　　企业能力对制定生产运作战略的影响，是指企业在生产能力、技术条件以及人力资源等方面与竞争对手相比所体现的优势和劣势。对企业能力的评价需要在全面评估企业内部条件的基础上做出判断。需要评价的企业内部条件包括：对市场需求的了解和营销能力，现有产品状况，现有顾客状况，现有的分配和交付系统，现有的供应商网络及与供应商的关系，人员素质和能力，自然资源的拥有状况及获取能力，设施、设备和工艺状况，可获得的资金和财务优势等。

2.3.4　生产运营战略实施

　　生产运营战略实施是生产运营战略管理的关键环节，是动员企业生产系统的全体员工充分利用并协调企业内外一切可利用的资源，沿着生产运营战略的方向和所选择的途径，自觉而努力地贯彻战略，以期待更好地实现企业生产运营战略目标的过程。

　　1. 运营战略实施与战略制定的关系

　　对企业而言，成功的生产运营战略制定并不能确保成功的战略实施，实施战略要比制定战略重要得多，而且也困难得多、复杂得多，分析战略制定与战略实施不同配合的结果，我们可以得出这样的结论：

　　（1）当企业制定了科学合理的生产运营战略并且又能有效地实施这一战略时，企业才有可能顺利地实现战略目标，取得战略的成功。

　　（2）企业制定的生产运营战略不够科学合理，但企业非常严格地执行这一战略，此时会出现两种情况：一种是企业在执行战略的过程中及时发现了战略的缺陷并采取补救措施弥补缺陷，一定程度上减少了战略执行造成的损失，企业也能取得一定的业绩；第二种是企业僵化地实施战略而不进行动态的调整，结果使企业失败。

　　（3）企业制定了科学合理的生产运营战略但没有认真实施，企业陷入困境。此时，如果企业不从战略实施环节查找原因，而是对战略本身进行修订后仍按照原来的办法组织实施，往往会使企业的生产运营活动收效甚微，甚至导致企业经营失败。

　　（4）企业生产运营战略缺乏科学合理性，又没有很好地组织战略实施和控制，企业最终会遭受重大损失而失败。

　　综上所述，企业只有制定了科学合理的生产运营战略并有效地组织实施，企业才能取得成功。

　　2. 生产运营战略实施步骤

　　企业制定出生产运营战略后，就进入了实施阶段。在战略实施过程中，必须使生产系统的内部结构及条件与战略相适应，即企业的资源分配、技术能力、工作程序和计划方案等应与运营战略规划相适应。企业生产运营战略的实施步骤如下。

　　1）明确战略目标

　　生产运营战略是根据企业经营战略来制定的，在企业战略中已经明确了生产运营的基本目标。在生产运营战略实施时，还要进一步明确该目标，使之成为可执行的具体化目标。生产运营战略目标主要包括产能目标、品种目标、质量目标、产量目标、成本目标、制造柔性目标和交货期目标等。

2）制订实施计划

为确保生产运营战略目标的实现，企业还要制订相应的实施计划。这些计划包括产能发展计划、物料供应计划、质量计划、成本计划和系统维护计划等。

3）确定实施方案

计划明确了生产运营的方向，但要具体实施还要确定相应的行动方案。通过所选择的实施方案进一步明确实施计划的行动，从而使计划目标落实到具体的执行过程中。

4）编制生产预算

企业生产预算是企业在计划期内生产运作系统的财务收支预算。编制预算是为了有效地管理和控制生产活动，而确定每一项活动方案的成本。因此，生产预算是为战略管理服务的，是企业实现生产运营战略目标的财务保证。

5）确定工作程序

工作程序规定了完成某项工作所必须经过的阶段或步骤的活动细节，具有技术性和可操作性的特点。为了制定最佳的工作程序，可以借助电子计算机和系统与管理科学的方法。

2.3.5 创建世界级的生产制造系统

在制造业的运营管理中，加工制造是它的核心部分，因此要取得竞争优势，创建一个世界级的制造系统是十分重要的。根据生产系统对企业竞争力的影响程度，生产系统的竞争能力可以分成四等。它们依次是缺乏竞争力、竞争对峙、具有竞争优势、世界级的制造系统。

1. 缺乏竞争力

在缺乏竞争力的生产系统中，它的产品在性能、质量和成本方面都达不到用户的满意水平。这类企业的管理状况是，管理者不懂得生产系统与产品竞争力之间的内在联系，只将注意力更多地集中在生产以外的竞争手段方面。在生产管理上是被动地应付各种突发事件，满足于消除生产环节中的矛盾，还没有意识到改造生产系统可以提高企业的竞争能力。

2. 竞争对峙

竞争对峙是指企业产品基本满足于客户需求，有一定的竞争能力，在市场上可以与竞争对手的产品抗衡，保住自己的市场占有率。这类企业的生产系统达到本行业的平均水准，管理者比较重视制造技术的作用，注意技术更新，能紧跟行业内的发展趋势，不断开发新产品，更新旧设备、旧技术。不过企业并没将生产系统视为竞争的重要资源。

3. 具有竞争优势

具有竞争优势是指企业在市场上相对竞争对手有领先的优势。这种优势表现在产品已超过用户的基本要求，使客户感到获得了意想不到的满意，具有赢得订货的优势。这类企业的管理者对生产系统的重要性有深刻认识，认为它能够为企业的竞争优势提供巨大的支持和保证，并将生产战略列入企业经营战略的一部分，同时生产系统的建设也已纳入生产战略的指导之下，其结构和运行机制都由战略目标驱动。

4. 世界级的制造系统

世界级的制造系统的产品在世界范围内具有很强的竞争能力，深受用户信赖和推崇。这一优势来自于企业所拥有的世界上最具竞争力的生产系统。目前，一般认为CIMS和JIT是当今仅有的两大世界级的制造系统。企业要达到这个水平，要求企业上下特别是管理者对生产系统在企业中的作用有清醒的认识，要认识到一个灵活、高效率的生产系统是使产品具有强大竞争力的关键资源。在实践中，要树立起生产系统功能（成本、质量、柔性、交货速度）的改进是永无止境的信念，要不断创新完善，带动其他职能部门协调发展。企业达到这种境界的重要标志是，企业内部各职能部门的界限模糊了，企业的整体目标突出了，企业整体上的协调性增强了。我们将世界级的制造系统的主要特征归结为：无缺陷的全面质量管理新技术；准时化生产方式；充分授权的员工自主管理；满足用户要求的高度制造系统柔性。

2.4 服务业运营战略

2.4.1 基本思想

服务企业的运营战略与工厂的运营战略一样是企业经营战略不可分割的一部分。对大多数的服务企业，服务过程也是由一系列的生产作业（多数为手工作业）构成的转换过程。因此，做战略决策时也必须考虑运营方面的问题。然而在服务业中，人们往往不注重运营管理，与其他管理职能相比，运营管理实际上处于次要地位。例如，一家航空公司的市场部在决定是否开设一条新航线或增加一种新的空中服务时，它可以不顾具体操作上的可行与否而做出决定。

在讨论制造业的运营战略时所提出的许多概念，对服务业也同样适用。事实上，在这两种不同行业中，运营管理方面有许多相似之处。例如，当一家工厂的规模不断扩大时，内部组织结构会发生变化，可以从工艺专业化改成产品专业化。再进一步可以将某种产量特别大的产品从原先的工厂中分离出来，另建一个工厂。甚至可以建立产品事业部，使每个事业部只负责自己所面对的消费群体。这些举措具有战略意义，对提高企业竞争力影响巨大。同样的道理，当一家百货公司的规模不断扩大时，在组织结构上也会有类似的变化。服装部可以细分成女装部、男装部、童装部等，其本质都是采取相应的运营管理措施以支持营销的市场细分化战略。甚至于一家医院也是如此，可以由内科改成心血管科、消化科、呼吸道科、泌尿科等，其结果当然是提高了医疗水平，增强了竞争能力。至于制造业中通过采用先进的设计手段，如CAD（计算机辅助设计），先进的加工手段，如NC（数控技术）等，来取得对竞争对手的优势的措施，在现今的信息时代，在服务业中也得到广泛的采纳。如最早采用计算机售票网络的航空公司具有明显的竞争优势，拥有计算机服务网络的银行同样如此。

在服务业，企业的竞争能力也可以分成四个等级，在四个不同等级上，相应的运营管理方面的状况列在表2-2中。表中第一列为四个等级，第一行仅列出几个表示竞争能力的主要因素。企业在制定发展战略时必须考虑这些因素。

表2-2 服务业企业竞争能力等级

等级	基本特征	服务质量	新技术	员工素质	现场管理
Ⅰ.便利服务	顾客关顾的原因不是服务水平，而是看重便利和服务快	附加费用；质量波动大	当难以生存时被迫采用新技术	流动性大	直接管理工人
Ⅱ.熟练服务	顾客能接受公司的服务；服务水准中等，缺乏新潮	能满足一些顾客的要求；一贯坚持几项关键的服务标准	当需要降低成本是采用新技术	有效利用人力资源；训练有素；满足要求	控制服务过程
Ⅲ.优势服务	顾客认定公司的声誉；十分强调满足顾客要求	超出顾客的满意程度；坚持全面的质量标准	当需要改善服务时采用新技术	按岗位要求挑选员工	注意倾听顾客意见；训练和帮助员工
Ⅳ.世界级服务	公司名称就是优质服务的象征；服务不仅满足顾客要求，还给顾客以竞争对手无法达到的意外满意感；公司善于学习，勤于创新，使服务内容与方式保持着对竞争对手的明显优势	提高顾客的期望；寻求挑战；不断改进	认为新技术是公司保持领先地位的源泉	具有创造精神	高层管理者把员工的意见看成新思想的源泉；由老师傅帮助训练员工

关于表2-2有以下几点说明。

（1）对于任何一个现实中的公司要达到某个竞争能力等级，都是多因素综合作用的结果。在某个特定的阶段，决定竞争能力的每一个主要因素的状态都是确定的，这些确定的因素的集合，决定企业的竞争能力等级。对于不同因素集合可以有不同的等级。

（2）一个并不是每个因素都很强的公司可能会有很强的竞争力（处于第三个等级，甚至第四个等级），这可能是一种例外情况。这往往是因为公司成功的原因正好与几个突出的因素有关。

（3）竞争能力等级只能逐级提高。在达到竞争优势等级之前，必须先达到竞争对峙等级。在达到世界级以前，它又必须先达到竞争优势等级。但是，一个公司可以从某一个等级迅速地发展到更高等级。

（4）从某个等级倒退到第一个等级是十分容易的，而提高一个级别却并不容易。

2.4.2　运营战略要素

服务业在快速发展的同时也伴随着激烈的竞争。企业要吸引顾客依赖于许多变量，如价格、便利、声誉和安全等。有竞争力的服务运营主要包括八个要素，这八个要素可分为两类：结构要素和管理要素。

1. 结构要素

（1）传递系统，主要包括前台、后台、顾客参与或自动服务。例如，在快餐店让顾客自己取餐具、选食物、拿饮料，然后按顺序结账，使之得到随意、简便、省事、低价的服务。

（2）设施设计，主要包括服务设施的规模、布局、美学等。例如，宾馆的客房布置要舒适，附设商务会谈设施、电信服务以及娱乐设施以满足商务旅客和度假旅客的需求。

（3）地点，主要包括服务地址与场所特征。例如，家电维修点要设在有足够顾客与服务需求的地方，甚至要考虑到上门服务。

（4）能力规划，主要包括顾客等候服务的排队、接待量与需求平衡、服务人员的配置等。例如，医院为了最大限度地利用其服务能力，通过"预约登记平衡供求量"减少病人排队等候时间。

2. 管理要素

（1）服务接触，主要包括服务文化、员工培训与授权等。例如，零售企业要求员工热情接待顾客，为顾客介绍商品性能，在授权范围内为顾客退货等。

（2）质量，主要包括标准、评测、监督、期望和感知、服务担保等。熟练而优质的让顾客感受到符合或者超过期望值，享受超值服务。

（3）能力和需求管理，主要包括员工队伍管理以及调节需求与控制供给能力。例如，电影院分时段收取不同的票价。

（4）信息要素，例如计算机软件公司登记用户资料，为用户提供免费的咨询服务和软件更新。

以上要素比较系统地说明了企业需要向顾客提供什么样的服务，以及如何实现企业的战略使命，它们是服务业运营战略决策的要点。

2.4.3　经典服务系统设计模式

1. 生产线方法

传统思想往往把服务看作是一种个体行为，即一个人直接为另一个人服务。在这种思想支配下，人的感知被过度限制了，因此不利于服务系统设计的创新。而采用生产线方法的服务企业可以获得成本领先的优势。麦当劳公司是将生产线方式应用到服务业的典范。原料(如汉堡包调料)在别处经过测量和预包装处理，员工不必为原料的多少、质量和一致性而操心。此外专门有储存设施来处理半成品，在服务过程中不需要对酒水饮料和食品提供额外的存放空间。麦当劳服务运营系统的整体设计从开始到结束，即从汉堡包的预包装到能使顾客方便清理餐桌的废料盒，每个细节都进行了仔细的研究和策划。下列特征是这种方法成功的关键所在。

（1）个人有限的自主权。标准化和质量是生产线的优势所在。对于标准化的常规服务，服务行为的一致性受到顾客的关注。

（2）劳动分工。生产线方式建议将总的工作分为一组简单的工作。这种工作分类使得员工可以发展专门化的劳动技能。另外，劳动分工的同时实行按劳取酬。

（3）用技术代替人力。服务业正逐步运用设备代替人力，大量的业务可以通过系统的软技术来完成。

（4）服务标准化。标准化有助于稳定服务质量，因为过程变得容易控制。特许服务方式充分利用了标准化的好处，有利于建立区域性的组织，克服了服务半径有限带来的需求受限的问题。

2. 服务利润链

服务利润链是表明利润、顾客、员工、企业四者之间关系并由若干链环组成的链，是1994年由詹姆斯·赫斯克特等五位哈佛商学院教授组成的服务管理课题组在建立"服务价值链"模型时提出的。这项历经二十多年、追踪考察了上千家服务企业的研究，试图从理论上揭示服务企业的利润是由什么决定的。

服务利润链可以形象地理解为一条将盈利能力、顾客忠诚度、员工满意度与生产力之间联系起来的纽带，它是一条循环作用的闭合链，其中每一个环节的实施质量都将直接影响其后的环节，最终目标是使企业盈利。

简单地说，服务利润链思想认为利润、增长、顾客忠诚度、顾客满意度、提供给顾客的商品和服务的价值与员工能力、满意度、忠诚度和生产率之间存在直接而显著的关系。而这些关系中并没有提到市场份额。研究发现，几乎没有任何行业表明市场份额是比顾客忠诚度更重要的盈利能力预测指标。服务利润链分析数据显示下列因素之间存在最显著的关系：利润和顾客忠诚度；员工忠诚度和顾客忠诚度；员工满意度和顾客满意度。这充分说明，在服务背景下，这些关系是相互促进的。也就是说，满意的顾客会提高员工的满意度，反之亦然。

服务利润链研究告诉我们，利润是由客户的忠诚度决定的，忠诚的客户（也是老客户）给企业带来超常的利润空间；客户忠诚度是靠客户满意度取得的，企业提供的服务价值（服务内容加过程）决定了客户满意度；最后，企业内部员工的满意度和忠诚度决定了服务价值。简而言之，客户的满意度最终是由员工的满意度决定的。

服务利润链概念的提出，对于提高服务企业的运营效率和效益，增强市场竞争优势，起到较大的推动作用。主要体现在以下三个方面。

（1）明确指出了顾客忠诚与企业盈利能力间的相关关系。这一认识将有助于经营者将运营管理的重点从追求市场份额的规模转移到市场份额的质量上来，真正树立优质服务的经营理念。

（2）指出了实现顾客满意、培育顾客忠诚的思路和途径。服务企业提高顾客满意度可以从两个方面入手：一方面可以通过改进服务，提升企业形象来提高服务的总价值；另一方面可以通过降低运营成本，减少顾客购买服务的时间、精力与体力消耗，降低顾客的货币与非货币成本。

（3）强调公司内部服务质量的重要性。服务企业若要更好地为顾客服务，首先必须明确为"内部顾客"的公司员工服务的重要性。为此，企业必须设计有效的薪酬和激励制度，并为员工创造良好的工作环境，尽可能地满足公司员工的多样化需求。

服务利润链由员工能力、员工满意度、顾客忠诚度和企业盈利四个循环构成。以企业盈利循环为主线，四个循环之间相互作用，形成以下逻辑关系：内部高质量的服务，可以产生满意、忠诚的员工，员工通过对外提供高质量的服务，为客户提供了较大的服务价值，接受优质服务的顾客由于满意而保持忠诚，忠诚的顾客带来了持久的服务利润。

本 章 小 结

本章主要介绍了战略与全球竞争、生产运营战略与可持续竞争力、制造业运营战略和服务业运营战略的相关内容。企业战略分为公司战略、业务战略和职能战略三个层次，由于信息技术的高速发展，分布在世界各地的企业共同协作生产已成趋势，区域竞争逐渐转向全球竞争。制造业运营战略涉及运营战略框架、运营战略制定程序和实施，将企业资源与市场需求联系起来，创造一个世界级的制造系统。服务业运营战略涉及服务企业的竞争能力分级，以及运营战略要素和经典服务系统设计模式等内容。

思考与练习

1. 什么是生产运营战略？它包括哪些内容？
2. 什么是竞争力、核心竞争力和可持续竞争力？它们之间的区别是什么？
3. 生产运营战略的特点和竞争重点是什么？
4. 简述生产运营战略与企业经营战略的关系和区别。
5. 分析论述企业提高竞争力的有效途径。
6. 什么是服务利润链？

上海汽车工业总公司的国产化道路

上海汽车工业总公司，是由 1956 年 5 月成立的上海市内燃机配件制造公司逐步发展起来的。1995 年改制为上海市汽车工业(集团)总公司。20 世纪 80 年代初，上海汽车工业引进外资，与德国大众合资生产桑塔纳轿车。

合资初期，上海的零部件厂的技术设施与水平不能满足桑塔纳轿车的要求。1987 年，桑塔纳轿车零部件国产化率为 2.7%，即只有 4 种零件是自己生产的：轮胎、收音机、天线和喇叭。当时我国为了提高国产化率，制定了有关政策：国产化率达到 40% 以上，就可以自由进口；国产化率在 60% 以上，进口税可以减半。

在当时的环境下，能否提高国产化率，不仅影响到零部件能否自由进口，从而影响到整车的产量，而且还影响到整车的采购成本。因此，当时公司从上到下，从中方经理到外方经理，大家都达成了共识：

要提高国产化率。具体采取了以下决策。

(1) 提高国产化率。

为了提高国产化率，就需要对当时的零部件厂进行技术改造，即需要大量的投资。当时处于开放初期，外方对中方的市场心中没底，因此提出合资部分不包括销售业务。而事实上，合资初期桑塔纳轿车市场销售情况很好。当时成立了国产化基金，每销售出一辆桑塔纳轿车，将其中的 2 万元放入基金。到 1990 年时，基金已达 60 亿元。这笔基金，全部用于改造零部件厂。对零部件厂的投资总额为上海大众总装厂的 2 倍(即零部件厂与装配厂的投资比例为 2∶1，其他国家零部件厂与整车厂的投资比例为 0.2∶1)。由于对零部件厂进行了全面技术改造，因此国产化率迅速提高，1995 年时，国产化率已达到 88%。之后，国产化水平基本稳定，因为另外的 12% 的零部件由外方企业规模生产，所以外购比自制更便宜，质量也更好。

(2) 规模效益。

国产化率提高以后，自由进口的障碍解决了，由于进口税减半，采购成本也下降了。这时公司不失时机地提出实现规模效益的问题。产量逐年提高，由最初的 8 000 辆/年，提高到约 20 万辆/年，使得成本进一步下降。

(3) 危机教育。

由于公司在管理上采取了一系列正确的决策，上海生产的桑塔纳轿车在全国的销售市场形势很好，曾经一度占领市场份额的 51%。公司员工从上到下都很高兴，但同时也有些沾沾自喜。公司及时进行危机教育，找出自己与其他兄弟公司的差距，认清加入 WTO 后的严峻形势。通过危机教育，大家看清了差距和危机，继续为提高管理水平、降低成本做不懈的努力。

提高国产化水平已成为上汽公司的一段历史。他们在提高国产化水平之后，又在引进外资、缩小与国际水平的差距方面做了不懈的努力。现在，我国已加入 WTO，竞争更加激烈，他们又在迎接新的挑战。

(资料来源：季建华. 运营管理[M]. 上海：上海人民出版社，2004.)

问题与讨论：

(1) 从运营战略的观点评价分析上汽公司提高国产化率策略的实质。

(2) 从运营系统功能目标与结构决策的角度分析"规模效益"和"危机教育"决策的实质。

参 考 文 献

[1] [美]William J. Stevenson. 运营管理[M]. 9 版. 张群，张杰，译. 北京：机械工业出版社，2008.

[2] 丁文英，冯爱兰，赵宁. 现代生产管理[M]. 北京：冶金工业出版社，2008.

[3] 张群. 生产管理[M]. 北京：高等教育出版社，2006.

[4] [美]Steven Nahmias. 生产与运作分析[M]. 4 版. 高杰，等译. 北京：清华大学出版社，2003.

[5] 龚国华，李旭. 生产与运营管理[M]. 3 版. 上海：复旦大学出版社，2009.

[6] [美]F. 罗伯特·雅各布斯，理查德·B. 蔡斯. 运营管理[M]. 13 版. 任建标，译. 北京：机械工业出版社，2011.

[7] [美]William J. Stevenson，生产与运作管理[M]. 张群，等译. 北京：机械工业出版社，2000.

[8] 陈荣秋，周水银. 生产运作管理的理论与实践[M]. 北京：中国人民大学出版社，2002.

[9] 邓华，李向波. 运营管理[M]. 北京：中国铁道出版社，2011.

[10] 陈心德，吴忠. 生产运营管理[M]. 2 版. 北京：清华大学出版社，2011.

第 2 篇
生产组织篇

第 3 章

新产品开发与工艺选择

本章要点

新产品开发与工艺选择是在企业经营战略指导下进行的，企业为了适应顾客的个性化需求和市场的多变性，必须加强新产品开发和产品生产过程的设计与优化工作。本章从新时期新产品开发所面临的新背景极其重要意义出发，讨论新时期的产品开发与设计问题，读者应熟知新产品的概念与分类以及工艺流程的概念与基本内容；理解新产品的开发模式、产品线策略、新产品开发流程以及工艺流程的类型与选择；了解产品开发对生产成本的影响、新产品研发过程中面临的风险与应对措施、工艺流程设计的主要影响因素以及服务业的工艺特点和模式等问题。通过本章学习，读者将对企业产品研究与开发有一个全面的认识和透彻的理解。

关键术语

研究与开发（Research and Development，R&D）；新产品（New Product）；鲁棒性（Robustness）；并行工程（Concurrent Engineering）；工艺（Process）；柔性（Flexible）；概念产品（Concept Product）；设计产品（Design Product）；工艺产品（Process Product）；工艺流程（Process Flow）。

顾客的个性化需求和市场的多变性加剧了市场竞争的激烈程度。为了占据市场竞争的主动地位，无论是制造型企业还是服务型企业都纷纷加强了产品开发工作。加强产品开发过程的管理不仅是要应对眼前的市场竞争，而且是企业长久发展的根本保障。特别是在强调产品与服务创新的当今世界，抓好产品开发与管理更是具有战略意义。新产品的开发和设计能使企业保持长期的竞争优势，不断地创造出能够带来高额利润的产品。随着市场变化的日益频繁，产品寿命周期的日益缩短，企业的产品战略应从"制造产品"向"创造产品"发展，产品的开发设计将决定企业经营的基本特征，成为企业一切经营计划出发点。产品开发设计的重要地位也决定了工艺开发和管理的重要性。因为新产品的竞争力除了产品本身的机能、性能特征外，还需要有优异的质量和合理的价格作为保证，而后者与生产技术有很密切的关系。因此，对于企业来说，新产品的开发设计和工艺选择是一项关乎竞争实力提升的重要工作。

3.1 企业研究与开发概述

3.1.1 新时期企业研究开发的背景特征

自 20 世纪 90 年代以来，企业所处的经营竞争环境越来越严峻，产品或服务的研究开发变得越来越重要，与此同时，企业新产品开发的难度在不断加大，工艺技术选择也面临越来越多的不确定性，这些情况的出现都有其深刻的时代背景。

1. 新产品/服务的研发是实现企业战略目标的基本需要

技术进步和客户需求多样化使得产品寿命周期不断缩短，企业面临着缩短交货期、提高产品质量、降低产品成本和改进服务质量等多重压力。这就要求企业对不断变换的市场和客户需求做出快速响应，源源不断地开发出市场需要的新产品和新服务，因此，对快速更新产品领域，企业在市场中的竞争主要体现在新产品的竞争。因此，企业要高效、低耗、灵活、准时地提供出符合客户期望的产品和服务，是企业战略的主要内容，也是生产与运营战略的首要目标和出发点。企业进行新产品开发的目的就是要研究、开发、设计出满足市场需求并具有竞争力的产品或服务，从而为企业的持续发展不断创造新的利润来源。

2. 技术进步越来越快

进入 20 世纪 90 年代以来，由于科学技术不断进步和经济不断发展，全球化信息网络和全球化市场形成及技术变革加速，围绕新产品的市场竞争也日趋激烈。毋庸置疑，这种状况在 21 世纪将更加明显，使企业面临的环境更为严峻。

全球高速信息网使所有的信息都极易获得。而更敏捷的教育体系将使越来越多的人能在越来越少的时间内掌握最新技术。面对一个机遇可以参与竞争的企业越来越多，从而大大加剧了国际竞争的激烈性。以计算机及数字化高新技术为基础的新生产技术应用成为新时期企业生产技术发展的重要特色。例如，计算机辅助设计、计算机辅助制造、柔性制造供应链管理系统、自动存储和拣出系统、自动条码识别系统等，在世界各国尤其是工业发达国家的生产和服务中已得到广泛应用。虽然高新技术应用的初始投资很高，但它会带来许多竞争上的优势。高新技术的应用不仅仅在于节省人力，降低劳动成本，更重要的是提高了产品和服务质量，降低了材料损耗和废品产出，缩短了对用户需求的响应时间。凭借可以在很短时间内就把新产品或服务推介给市场，为企业赢得了时间上的优势。技术进步突进的趋势在 21 世纪将会进一步加强。

新技术、新产品的不断涌现一方面给企业带来空前未有的压力和挑战，另一方面也迫使企业员工必须不断地学习新知识，掌握新技术，否则必将面临由于技能落后而遭淘汰的严酷现实局面。

3. 市场和资源竞争全球化

经济全球化的趋势已经深入人心，对我国的企业经营者来说，会有更深的体会，因为经济全球化已经深入到了企业经营的每一个角落，包括市场、材料、人才、技术研发、物流运输、生产制造等方方面面，企业在建立全球化市场的同时也在全球范围内造就了更多的竞争者。尽管发达国家认为发展中国家需要订单和产品，许多发展中国家却坚持他们更需要最新技术，希望也能成为国际市场上的供应商。一位销售经理曾说："过去生产经理常问我该生产什么，现在是我问他能生产什么。"原材料、技术工人、能源、淡水资源、资金及其他资源越来越少，各种资源的短缺对企业的生产形成很大的制约，而且这种影响在将来会越加严重。商品市场国际化的同时也创造了一个国际化的劳动力市场。教育的发展使得原本相对专门的工作技能成为大众化的普通技能，从而使得工人的工资不得不从他们原有的水准上降下来，以维持企业的竞争优势。赢得用户信赖是企业保持长盛不衰竞争力的重要因素之一。赢得用户不仅需要具有吸引力的产品质量，而且还需要有可靠的售后技术支持和服务。许多世界著名企业在全球拥有健全而有效的服务网络就是最好的印证。

4. 用户的要求越来越苛刻

随着时代的发展，大众知识水平的提高和激烈竞争带给市场的产品越来越多、越来越好，用户的要求和期望越来越高，消费者的价值观发生了显著变化，需求结构普遍向高层次发展。一是对产品的品种规格、花色品种的需求呈现多样化、个性化要求，而且这种多样化要求具有很高的不确定性；二是对产品的功能、质量和可靠性的要求日益提高，而且这种要求提高的标准又是以不同用户的满意程度为尺度的，产生了判别标准的不确定性；三是要求在满足个性化需求的同时，产品的价格要向大批量生产的那样低廉。制造商发现，最好的产品不是他们为用户设计的，而是他们和用户一起设计的。全球供应链使得制造商和供货商得以紧密联系在一起来完成一项任务。这一机制同样可以把用户结合进来，使得生产的产品供应链管理真正满足用户的需求和期望。

5. 产品研制开发的难度越来越大

越来越多的企业认识到新产品开发对企业创造收益的重要性，因此许多企业不惜工本予以投入，但是资金利用率和投入产出比却往往不尽如人意。原因之一是，产品研制开发的难度越来越大，特别是那些大型、结构复杂、技术含量高的产品在研制中一般都需要各种先进的设计技术、制造技术、质量保证技术等，不仅涉及的学科多，而且大都是多学科交叉的产物，因此，如何成功地解决产品开发问题是摆在企业面前的头等大事。

6. 可持续发展的要求

人类只有一个地球！维持生态平衡和环境保护的呼声越来越高。臭氧层、热带雨林、全球变暖、酸雨、核废料、能源储备、可耕地减少，一个又一个的环境保护问题摆在人们面前。在全球制造和国际化经营趋势越来越明显的今天，各国政府将环保问题纳入发展战略，相继制定出各种各样的政策法规，以约束本国及外国企业的经营行为。人类在许多资源方面的消耗都在迅速接近地球的极限。随着发展中国家工业化程度的提高，如何在全球范围内减少自然资源的消耗成为关系全人类能否继续生存和持续发展的大问题。在市场需求变化莫测、制造资源日益短缺的情况下，企业如何取得长久的经济效益，是企业制定战略时必须考虑的问题。

在上述背景下，企业必须变革传统的大批量生产模式，根据顾客的个性化需求来定制产品和服务。以生产芭比娃娃著称的玛泰尔公司为例，该公司自 1998 年开始采取措施，女孩可以登录该公司网站 http://barbie.com 来设计自己的芭比玩具，包括玩具的皮肤弹性、头发颜色与样式、眼睛颜色、裙子样式搭配等。这是玛泰尔公司第一次尝试生产"一个一样"的产品。再如，中国家喻户晓的家电制造商海尔集团公司在进入 21 世纪后，采取了按订单生产的模式来组织生产，其结果是不仅满足了客户的个性化需求，而且大大降低了库存水平，拉近了与客户的距离。同时我们也要看到，这种变革对企业的管理水平和供应链管理能力提出了非常高的要求。

3.1.2 研究开发的含义及类型

1. 研究开发的含义

研究与开发或研究开发(R&D)，简称研发，是各种研究机构、企业为获得科学技术新知识，创造性运用科学技术新知识，或实质性改进技术、产品和服务而持续进行的具有明确目标的系统活动。一般指产品、科技的研究和开发。研发活动是一种创新性活动，需要创造性的付出脑力和体力劳动。

研究开发的特征表现为四个方面：创造性、新颖性、科学方法的运用、新知识的产生。研究开发活动的产出是新的知识(无论是否具有实际应用背景)，或者是新的和具有明显改进的材料、产品、装置、工艺或服务等。

2. 研究开发的类型

研究与开发分为基础研究、应用研究和开发研究三种类型(表 3－1)。

(1) 基础研究。为获得新知识而进行的创造性研究，其目的是揭示观察到的现象和事实的基本原理和规律，而不以任何特定的实际应用为目的，如探索新的自然规律、创造一门学科的新知识。一般在大学、公共研究所和大企业中进行，研究成果公开。

(2) 应用研究。为应用新知识而进行的创造性研究，主要针对某一特定的实际应用目的。通常是为了确定基础研究成果或知识的可能用途或是为达到某一具体的、预定的实际目的，确定新的(原理性)方法或途径。将基础研究的成果应用于产业或工业而进行的研究亦称为工业化研究。研究成果以专利形式出现。

(3) 开发研究。又称试验发展。是指利用上述两项研究或实际经验中获得的知识，为产生新的材料、产品和装置，建立新的工艺和系统以及对已产生或建立的上述各项进行实质性改进而进行的系统性工作，亦称为企业化研究。研究成果以新产品的形式出现。

可见，基础研究进行的是探索新的规律、创建基础性知识的工作；应用研究是将基础理论研究中的新知识、新理论应用于具体领域；技术开发研究则是将应用研究的成果经设计、试验而发展为新产品、新系统和新工程的创造性活动。

研发本身就是为了创新，产品创新、技术创新是企业创新的核心内容。产品研发和技术研发有密切关系。新技术的诞生，往往可以带来全新的产品，技术研发通常对应于产品或者着眼于产品创新；而新的产品构想，往往需要借助新的技术才能实现。因此，在企业往往将产品研发和技术研发合为一体，研发部门既负责技术研发也负责产品研发。

表 3-1　研究开发三种类型的比较

比较项目 \ 类型	基础研究	应用研究	开发研究
目的	寻求真理，扩展知识	探讨新知识应用可能性	将研究成果应用于实践
性质	探求发现新事物、新规律	发明新事物	完成新产品、新工艺，使之实用化、商品化
内容	发现新事物、新现象	探求基础研究应用的可能性	运用基础研究、应用研究成果从事产品设计、产品试制、工艺改进
成果	论文	论文或专利	专利设计书、图纸、样品
成功率	成功率低	成功率较高	成功率高
经费	较少	费用较大，控制松	费用大，控制严
人员	理论水平高，基础雄厚的科学家	创造能力强、应用能力强的发明家	知识和经验丰富、动手能力强的技术专家
管理原则	尊重科学家意见，支持个人成果，采用同行评议	尊重集体意见，支持研究组织在适当时候做出评价	尊重和支持团体合作
计划	自由度大，没有严格的指标和期限	弹性，有战略方向，期限较长	硬性，有明确目标，较短期限

3.1.3　研究开发在企业中的地位和影响

研究开发在企业中的地位，主要体现在它是利用科学知识的创造性行为；是企业获取新技术的主要途径；是企业扩大技术的经济价值的重要手段；是企业经营战略中不可缺少的一部分四个方面。进入 21 世纪，消费需求的多样化和个性化特征越来越明显，面对复杂多变的市场环境，研发能力将决定企业的兴衰成败，研发效率影响企业抢占市场的能力，研发质量决定企业产品的质量，研发成果影响企业产品的成本费用。为了在激烈的市场竞争中生存和发展，企业必须有足够的能力不断推出新产品、开发新技术，可以说，研究开发对企业经营的影响是巨大的，甚至是决定性的。

研究开发对企业经营的重要性和影响可以从下面几个方面加以理解。

1. 巩固与扩大市场占有率

每种产品都有生命周期，或长或短，不仅视不同产品与不同市场而定，还与社会经济发达的程度有关，同时直接受市场需求的变化速度和市场竞争程度的影响。现代社会的需求呈现出多样化的趋势，科学技术呈加速度发展，两者结合的必然结果就是企业开发产品的速度加快了，产品的生命周期变短了，一个产品一种型号能在市场上畅销几年经久不衰已不可能了。因此，企业必须审时度势，不失时机地推出已有市场的替换产品，以巩固市场。此外，市场需求是分层次的，对同一种产品，不同的消费群体表现出不同的需求，企业可以通过开发系列产品来满足各种消费群体，以扩大市场。

在市场上，谁开发产品快，谁就掌握市场的主动权，就能在竞争中处于有利地位。反之，则处于不利地位，面临丧失市场的危险。在我国改革开放 30 年的经济发展过程中已经可以找到许多实例来证实这个观点。20 世纪 80 年代，在我国白色家电产品的生命周期有 2 年，黑色家电有 1 年，到了 90 年代末则都缩短了一半。企业的感受是消费者的需求越来越难以满足，似乎感觉到消费者越来越挑剔，只能通过不断地开发新产品来满足日益多样化的市场需求，甚至有的企业提出"你设计我制造"的口号。例如，海尔推出了 B2B、B2C 的模式，以其强大的新产品开发能力满足市场快速变化的需求。

2. 开拓新的经营领域

企业的经营规模也是企业竞争力要素之一，企业在单一产品方向上开发新产品和系列产品是可以扩大生产规模的。但是，单一产品的市场容量毕竟是有限的，这样就会限制企业的发展，这就需要企业通过开发另一种产品进入新的领域，寻求新的发展空间。世界上规模巨大的跨国公司几乎都涉足许多行业。我国企业要能与国外大企业抗衡，组建大的企业集团是必由之路，实现这一目的的途径除了企业兼并以外，开发新产品，打开新领域，走多元化经营也是一条重要的途径。

此外，开拓新的经营领域还可以提高企业抵御市场风险的能力。在市场经济中，各种商品的发展程度是不平衡的，并且具有很大的不确定性，有的产品可以有较长时间的稳定的需求，而有的产品的市场需求却十分短暂。如电视机，自发明以来市场需求旺盛，经久不衰。反观录像机，在 20 世纪 80 年代中期走俏中国市场，但到了 90 年代，VCD 技术开发成功，取代了录像机，当性能更加优越的 DVD 进入市场，VCD 也不过是一项过渡产品。可以想象如果一个企业只有录像机一种产品，那么它的经营风险是非常大的。开发新的产品，进入新的领域，拓宽经营范围，做到"东边不亮西边亮"，可以降低经营风险。

我国许多企业都已经认清这个市场规律，当第一种产品取得了稳固的市场份额，积累了一定的实力以后，立即开发第二种、第三种产品进入新的领域，既求得新的发展空间，扩大了经营规模，又增强了抗风险能力。例如，当单一的冰箱产品站稳了市场，建立起了品牌知名度，海尔集团立即开始实施多元化战略，相继进入空调行业、洗衣机行业、彩电行业、电脑业、手机业、小家电业、厨房用具及装潢业、医药业、物流业和金融业，十几年间就发展成销售额超过 600 亿元的大集团公司，再经过实施国际化战略、国际化品牌战略，销售收入超过 1 000 亿元。

3. 实现结构调整的微观基础

社会需求是一个动态的发展过程，需求不仅在数量上会发生变化，在品种上也会有变化，统称为结构变化。需求结构变了，生产结构必须随之变化，否则就会产生供需失调的矛盾。自改革开放以来，我国不断进行经济结构调整，市场供需严重失调是主要原因。调整结构以适应需求是企业摆脱困境的最有效措施，可以从以下三个方面来实施。

1）开发新产品，调整产品结构

供需结构严重失调的主要原因是企业技术改造和研究开发投入不足，导致新产品开发能力薄弱，致使企业产品结构调整缓慢，不能适应市场需求的快速变化。其后果是市场适销产品少，企业成品库存增加，资金积压，而居民却持币待购，无货可买。企业可以通过开发适销对路产品，从根本上实现产品结构调整，以适应消费结构的变化，改善企业经营状况。

2）开拓经营新领域，调整经营结构

社会消费的发展趋势是从单一到多样，从低层次到高层次，消费的重心也会随着社会经济发展水平而转移。企业增强新产品开发能力，可以使企业跟随消费重心的转移，及时开发各类产品，进入各类市场，避免产品雷同，掌握竞争的主动权，同时也实现了企业经营结构的调整。

3）调整投资结构，保证产品结构与经营结构的调整

在结构调整中，产品结构是最基本的，靠产品结构的调整来适应市场需求的数量变化与品种变化，来实现企业经营结构的调整。但产品结构调整不是一句空话，它需要投资结构的支持。企业要在整体目标指导下，合理配置资金，集中力量把对调整结构具有显著作用的重点产品和技术改造项目进行投资，防止低水平重复。企业要加大对科技的投入，确保在产品开发方面的优势，走活这步棋，则走活全盘棋。

企业产品结构调整是社会宏观经济结构调整的微观基础，调整的起点是企业开发适合市场需求的产品。时任海尔总裁杨绵绵就经济结构调整曾有过一次精辟的谈话，说通过消灭库存实现宏观经济结构调整。此话有两方面含义：一方面，产品库存大说明产品没销路，如果企业不采取措施，继续生产没人要的产品，倒闭是必然的，这类多余的企业少了，结构自然调整了；另一方面，如企业都能按市场需求开发产品，产品适销对路，没有库存，就不存在结构不合理问题。通过企业对产品结构的自我调整行为，可以使经济结构得到调整。说明微观层次的结构调整是宏观经济结构调整的基础。

总而言之，新产品开发成功，直接关系到实现企业的业绩与利润目标，更是企业基业长青的基本保证。美国三位学者对美国企业所做的一份调查报告显示，许多主管预期公司未来五年的利润有40％必须来自于新产品。换而言之，公司既有的产品在未来五年内对公司利润目标的贡献只有60％左右。新产品上市成功与否是实现利润目标与否的重要变量。

经营企业如逆水行舟，不进则退。没有新产品的企业如同失去往上划的动力，也就等于无视消费者的新需要，失去了长足发展的生命动力。

3.1.4　企业研究开发方式的选择

企业的研究开发有多种方式，企业可以根据自身的研究开发能力并针对不同的研发项目特点，选择不同的类型。一般有以下几种可供选择的开发方式。

（1）独立研究开发。其特点是研发活动由企业自行开展，可取得研发的全部利益，能提高企业的研发能力，但需承担研发投资的全部风险。独立研究开发是一种独创性的研制活动，采用这种方式开发的产品一般是更新换代或者全新的产品，包括三种情况：一种是

从基础理论研究到应用技术研究，再到产品开发研究，全部过程都靠自己进行；另一种是利用社会上基础理论研究的成果，只进行应用技术研究和产品开发研究；还有一种就是利用社会上应用技术的研究成果，自己只进行产品的开发研究。

（2）技术引进。这是研究开发的替代方式，特点是风险小，见效快，但有限制企业自由经营的可能。技术引进俗称"拿来主义"，它是将国际或国内市场上已有的成熟制造技术直接引入企业，从而实现新产品的快速投产制造。通过技术引进能迅速掌握先进制造技术，缩短技术落后差距，并实现企业经营的快速发展。改革开放以来，我国几乎在制造业全行业领域通过与外商进行技术合作、"三来一补"、购买专利或购买关键设备等，从国外引进制造技术，复制图纸和技术文件等多种形式，实现了制造业的技术提升和经营规模的快速发展，从而大大缩短了与发达国家技术与经济发展的差距。

（3）共同研究和开发。是利用本企业和其他组织的研究基础共同进行的研究开发，这种科技协作有纵向垂直合作与水平横向合作两种模式，通过共同研究开发可以达到与合作单位建立长期、稳定的合作关系，加速推进企业技术进步的目的，实施好这一合作模式的关键是做好资源、责任和利润的分配。科技协作可以实现优势互补，比较典型的是企业与科研机构、大学和其他企业等单位合作研究开发，共享研究成果的合作模式。其中包括单一科研项目合作、新产品试制合作、技术咨询服务合作、产学研平台共建等多种形式。

（4）委托研究开发。是利用外部资源进行研发，委托者提供研发经费，获取研发成果；被委托者获取研发经费，提高研发能力，提高自身形象。这是一种双赢的选择，也是深度技术研发的普遍方式。如海尔、华为等企业都在海外设立研发机构，借助国外智力为企业开发新技术、研制新产品，并成为企业实施国际化或全球化战略的重要支撑点。

当然，企业对上述几种研究开发方式可以单独选择，也可以进行组合运用，总之，大型企业的研究开发方式是多种多样的，对于研究开发的有效管理也是大型企业管理的重要组成部分。

3.2 新产品的开发

3.2.1 新产品概述

1. 产品的定义

国际标准化组织（International Organization for Standardization，ISO）对产品的定义是"活动或过程的结果"。包括硬件、软件、流程性材料、服务或它们的组合。产品可以是有形的，也可以是无形的或是它们的组合。总之，产品是企业提供给市场能满足消费者或用户某些需求或欲望的有形物品或无形服务，是经过劳动创造出来的并具有特定用途的商品。

从市场营销角度看，一个完整的产品概念包含四层内容，即产品的整体概念是由实体产品、形式产品、附加产品和心理产品四部分组成的，如图3-1所示。

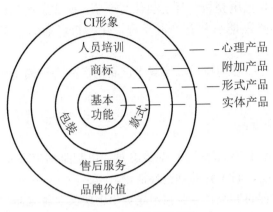

图 3-1　产品整体概念

2. 新产品的概念

对新产品的定义可以从企业、市场和技术三个角度进行。对企业而言，第一次生产销售的产品都叫新产品；对市场来讲则不然，只有第一次出现的产品才叫新产品；从技术方面看，在产品的原理、结构、功能和形式上发生了改变的产品叫新产品。营销学的新产品包括了前面三者的成分，但更注重消费者的感受与认同，它是从产品整体性概念的角度来定义的。凡是产品整体性概念中任何一部分的创新、改进，能给消费者带来某种新的感受、满足和利益的相对新的或绝对新的产品，都叫新产品。

概括来说，新产品是指采用新技术原理、新设计构思研制、生产的全新产品，或在结构、材质、工艺等某一方面比原有产品有明显改进，从而显著提高了产品性能或扩大了使用功能的产品。从市场营销的角度看，凡是企业向市场提供的过去没有生产过的产品都叫新产品。具体地说，只要是产品整体概念中的任何一部分的变革或创新，并且给消费者带来新的利益、新的满足的产品，都可以认为是一种新产品。

通常新产品可分为全新产品、改进新产品、换代新产品和模仿新产品四种类型。

（1）全新产品。也称突破或完全创新产品，是指应用新原理、新技术、新材料，具有新结构、新功能的产品。全新产品在全世界首先开发，能开创全新的市场。需要对产品设计或流程进行革命性的变动，有利于企业保持持续的竞争力。如 1981 年诞生的第一台个人电脑 IBM5150；Osborne 公司 1981 推出的第一台笔记本电脑；摩托罗拉公司 1973 年推出的第一部手机等。

（2）改进新产品。是指在原有老产品的基础上进行改进，使产品在结构、功能、品质、花色、款式及包装上具有新的特点，改进后的新产品，其结构更加合理，功能更加齐全，品质更加优质，能更多地满足消费者不断变化的需要。对现有产品功能或组成的改进，往往通过在产品设计与制造流程中稍做改动，因而投入资源相对较少。目的是保持市场份额，确保近期现金流。如当年推出的新款汽车。

（3）换代新产品。是指在原有产品的基础上，部分采用新技术而开发和制造出来的，具有新用途、满足新需要的产品。例如，在收音机的基础上采用录音技术，开发成收录两用机；在黑白电视机的基础上采用彩色显像技术，开发成彩色电视机。收录机相对于收音机、彩色电视机相对于黑白电视机，都是换代新产品。换代新产品使原有产品发生了部分质的变化。开发换代新产品能够拓宽产品系列，保持市场活力，延长产品系列的生命周期，确保利润增长。

（4）模仿新产品。是企业对国内外市场上已有的产品进行模仿生产，称为本企业的新产品。

3.2.2 新产品开发的重要性

新产品开发是从市场和技术发展的需要出发，以基础研究和应用研究成果为方法手段，研制新产品、新系统、新工程的创造性活动。

随着经济全球化进程的加快，企业在市场竞争中要面对越来越多的来自国外对手的竞争。计算机技术、通信技术的日益先进，贸易壁垒的持续降低，运输业的不断发展都是使市场竞争越来越激烈的因素。全球激烈的竞争，全球化信息网络的形成，使得消费者希望市场能够不断地推出新产品和服务。飞速发展的科学技术，缩短了产品的生命周期，影响了产品和服务的生产和服务流程，计算机辅助设计（CAD）与计算机辅助制造（CAM）使企业大大缩短了产品的开发和制造周期，自动化技术对生产流程产生巨大影响，机器人的应用，降低了劳动力成本，提高了产品质量。因此，企业面临着前所未有的开发新产品和服务及相应的生产和交付流程的巨大压力。

为了在激烈的市场竞争中生存和发展，企业必须有足够的能力不断推出新产品、开发新技术，新产品开发在企业经营中的重要性主要体现在以下几方面。

1. 开发新产品是企业生存和发展的根本保证

随着新技术的发展和市场竞争日趋激烈，产品的生命周期开始变得越来越短。一个产品、一种型号在市场上畅销几年的时代已经一去不复返了。因此，企业能够不断地开发出新产品满足市场多样化的需求，才能确保拥有的市场份额并巩固住在市场竞争中的地位。在市场上，谁开发产品快，谁就掌握市场的主动权，就能在竞争中处于有利地位。反之，则处于不利地位，面临丧失市场的危险。因此说新产品开发是企业生存和发展的根本保证。

2. 新产品开发能够拓展新的经营领域

开发新产品能够拓展新的经营领域，是提高企业竞争力的重要手段。企业的发展壮大离不开生产经营规模的扩大，而企业生产经营规模的扩大是建立在多元化经营基础上的，多元化经营意味着企业涉足多个行业领域，产品的经营范围大。如果，企业没有强大的产品开发能力，就无法在所经营的各个产品领域里站稳脚跟，那么企业发展成规模巨大的国际化公司或跨国公司就是一种奢望。企业只有不断开发出新产品，才能既求得新的发展空间，扩大经营规模，又增强了抵御市场风险的能力。

3. 开发新产品是提高企业经济效益的重要手段

开发新产品、改进老产品，是企业不断发展壮大的根本途径，也是企业提高经济效益和竞争能力的重要手段。新产品开发就是要研究、试制能满足用户需求的新一代产品，并改进老产品，提高产品质量，加速产品的升级换代。企业凭借新产品可以抢占更多的市场份额，获取更高的超额利润，不断积累成长发展所需的强大经济实力。

4．有利于企业创立行业标准

对于突破性创新产品来说，享有专利权的企业等于获得了制定本行业标准的特权。这样的做法等于为竞争对手制造了进入壁垒，延缓业内竞争的到来。例如，微软公司凭借着Windows 视窗操作系统先入为主的优势，成功地成为操作系统软件行业标准的制定者和领导者。

3.2.3　新产品开发的动力来源

新产品开发的动力来自两个方面：一是市场需求拉动；二是技术推动。其中，市场需求拉动是第一位的。在市场经济环境下，产品是为用户而开发，因此说市场需求是产品开发的源头，离开了市场，开发活动就成了无源之水，无本之木，即使能取得技术上的成功，最终也会因缺乏商业机会而弃之不用。

1．市场需求的拉动作用

市场需求为产品开发指明方向，提供机会和激发创新思维的火花，使企业家看到潜在的商业机会，并诱导他们进行产品开发。市场需求是由人们的消费需求构成的，以人们的消费能力为极限，其总和构成市场容量，或称为有效的市场需求。任何产品开发活动，只有找到了与其相吻合的市场定位和市场空间，才有可能实现新产品的经济价值。否则，产品的开发活动会因为没有事先弄清有无市场需求和容量大小，使产品开发成功之时即成为失败之日。

市场需求是客观存在的，但又不是显露的，需要企业去寻找、去发现。以我国汽车市场为例。20 年前，中国被世界各大汽车厂商视为地球上仅剩的一大未被开发的汽车市场，在国内将汽车工业作为"支柱产业"也就不足为奇了。1986 年，国家汽车工业总公司确定了"高起点、大批量、专业化"的发展方针。但是，经过了 10 多年，中国汽车工业在发展"高起点"汽车时，却未能同时培育出一个"高起点"的私人购车市场。当国内具备了 100 万辆生产能力的时候，各家厂商却为市场销路问题而发愁。"支柱产业"并没有支撑起中国经济。直到 2003 年，在强大汽车消费市场的拉动下，中国汽车工业开始发力，2006 年产量突破 600 万辆，成为世界汽车生产大国，到 2009 年上半年产量上升到全球第一。普通桑塔纳轿车雄居市场 10 多年的时代自然终结了，企业进入靠新产品获取市场的时代，现在国内的汽车市场上品种之多，新产品开发之快，是过去年代无法想象的，这就是市场需求使然。市场没有发展到这一步，任何想法都是不切实际的空想，也是无法实现的。

多年来，我国经济每年以较快的速度增长，居民存款量全球最高，可以说市场是巨大的，只要开发出适销对路、受市场欢迎的产品，就不愁销不出去。有句话说的是，不存在市场疲软问题，疲软的只能是过时的产品。

2．技术的推动作用

现如今，各种产品中技术含量增加的趋势越来越明显，新技术的大量发明致使新产品层出不穷，这就是技术对新产品的推动作用。液晶技术问世几十年，但多是小面积的，当大面积液晶板制造技术被突破，引来的便是电视机显示技术的革命。无线通信技术的不断升级，推动了手机产业的快速发展，数字化技术、智能技术的进步，推动新功能手机不断出现。技术又分两类：一类是直接构成产品功能的技术，无线通信技术是属于此类型；还有一类是加工技术，虽不构成产品功能，但是对能否产出新产品是至关重要的，如大面积液晶板制造技术就属于后者，液晶板的显示原理基本没变，但加工技术进步了，可以生产大面积面板。因此，认识到技术研发和技术储备对新产品开发的重要性是管理者的责任。海信集团公司几十年坚持技术立厂，长期保证技术研发的高投入，近年来技术优势已经显露出来，产品开发优势、成本优势(节省技术引进费用)很突出。当然与市场需求相比，技术在新产品开发中还是处于第二位的。

3.2.4 新产品的发展方向与选择原则

1. 新产品的发展方向

新产品的开发要从适应国民经济发展和提高人民生活水平的需要出发，在把握科学技术发展趋势的基础上，努力做到市场上需要，技术上适宜，生产上可行，经济上合理，时间上及时。企业不论采用何种方式开发新产品，都要把握住新产品的发展方向。概括来说，新产品有如下发展趋势。

(1) 高效多功能化。即在提高产品效率和精度的前提下，扩大同一产品的功能和使用范围。由单功能发展成为多功能，达到一物多用，一机多能。

(2) 小型轻便化。即改进产品结构，减少产品的零部件，缩小产品的体积，减轻其重量，使之便于操作、携带、运输及安装。产品的小型轻便化就是要求企业开发小巧轻便的，即体积、重量比同类产品小而轻的产品。

(3) 复合化。即把功能上相互关联的不同单体产品发展为复合产品。

(4) 智能知识化。即把一般人需要长期学习才能掌握的知识和技术转化到产品中去，使产品功能"傻瓜化"。这可使许多专业性产品发展成大众产品，从而大大扩大这些产品的市场。

(5) 艺术个性化。即从产品的造型、色彩、质感和包装等方面使产品款式翻新，风格各异，体现独特的艺术品位。此外，产品外形要美观大方，色调要柔和，款式要新颖。

(6) 节能环保化。节能新产品、绿色环保新产品是当前产品开发的主流。也是企业扩大利润来源的战略支撑点，特别符合我国产业经济结构调整的发展方向。

针对新产品开发的方向，企业要根据自身的条件，选择某"一化"或"几化"作为方向，制定出有阶段任务、长远目标要求的新产品开发规划，以指导企业的研发行动。

2. 新产品的选择原则

市场的需求可以说是无尽的，在选择新产品时，企业能够作的选择是有限的，只有给企业带来竞争优势的产品，才是企业的选择对象，一般会考虑以下几方面因素。

1) 企业经营方向

这是企业经营战略已经规定了的，事关企业大局，产品选择是实现经营战略的首项具体措施，理所当然要服从于企业的经营方向。在经营方向下，还需要进一步参照企业的竞争策略来选择产品。如果竞争策略是主动进攻型的，它要求企业先于对手推出创新产品，在一段时间内以独家产品的优势压倒对手，保持自己的市场优势。这时选择的产品要求是全新的，要有新原理、新技术、新材料和新功能。采取这种策略要求企业具有雄厚的科技力量和资金，也要冒较大的风险。如果企业因为自己的科技实力与资金稍逊一筹，制定了追随型策略，这时产品的选择不在于自我创新，而是分析对手推出的新产品，挑选市场容量大的作为开发对象。这样做的风险小，但要求企业在生产和销售方面具有较强的实力，能在短期内形成大批量生产能力，以弥补时间上的落后，达到后发制人的目的。

2) 企业的技术特长

企业在长期的竞争中往往会形成某些有别于竞争对手的专有技术，使自己的产品在某些方面具有突出的优势。以彩电业为例，夏普以液晶技术见长，则开发液晶大屏幕彩电；松下以等离子技术见长，则主打等离子市场。技术特长构成企业竞争力的一个因素，选择的产品是否有利于发挥企业的技术特长，也会影响产品进入市场后的命运。企业应该尽可能地选择有利于发挥自己专业技术的产品。

3) 产品的获利能力

开发产品的基本目的就是给企业带来更多的利润，在选择产品时必须谨慎地估计产品的获利能力。有些企业忽视了这项工作，产品虽然开发出来了，但由于投入开发的费用太大，或由于市场太小，或由于生产能力不足等种种原因而未能获得预期的收益，甚至亏损。计算产品的获利能力应该考虑产品寿命周期内的全部费用，包括支出和收入两部分，支出包括开发费用、生产费用和销售费用。影响生产费用的因素很多，主要为生产方式和生产规模。影响销售收入的主要因素是价格与销售量。如果产品寿命周期较长，测算时需要考虑资金的时间价值。

3.2.5　新产品开发流程

新产品开发是一个从产生概念产品(Concept Product)开始到制造出成品为止的完整过程，如图 3-2 所示。从图中可以看出，产品开发是以市场为始点，又以市场为终点，从市场需求中产生出新产品的概念，称为概念产品，它可以是存在于头脑中关于产品的种种想法，也可以是关于产品的文字描述。经过产品设计活动，将概念转化成产品设计图纸，再加工成产品送入市场，满足顾客需求。但是，产品的开发过程并未就此结束，还有一个反馈过程，需要根据市场的反馈信息进一步改进产品，完善性能与质量。因此，产品开发是一个周而复始的动态过程。

1. 概念产品阶段

这一阶段的主要任务是进行新产品开发决策，其工作内容主要有产品开发创意、调查和预测、提出方案和方案评价选择、编制新产品开发技术建议书四个步骤。

（1）产品开发创意。产品开发创意是企业根据市场需求和本身条件，在一定范围内首次提出发展新产品的设想或构思。创意是新产品诞生的开始，如方便面，就是源于"开水

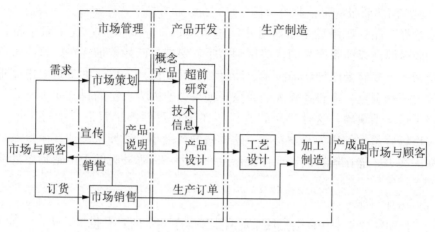

图 3-2　新产品开发流程

一冲可食用"的创意设想开发而来的。新产品要新，就必须要有打破常规的创意，创意的过程实质就是创造性思维的过程。企业新产品构思创意主要来源于市场，但也不排除其他两个方面：①企业的外部来源，如政府、学校、科研部门、专利机构等；②企业的内部来源，如企业工人、技术人员、管理人员、营销人员等。

（2）调查和预测。企业在收集了各种创意后，通过去粗取精从多个创意中选择出具有开发价值的产品。为此必须进行调查和预测，它包括以下三个方面内容：①技术调查和预测，即了解产品的技术发展状况，本企业达到的水平，国内和国际先进水平以及预测技术发展趋势。②市场调查和预测，即了解对老产品的改进意见和对新产品品种、质量、数量、价格和规格等方面的要求，进行市场预测。③行业调查和预测，了解本行业的生产现状与发展趋势和竞争对手的情况等。

（3）提出方案和方案评价选择。在调查和预测的基础上，提出切实可行的方案并对方案进行评价和选择。方案评价是指对所提到的方案进行技术经济评价，对新产品是否可行，其先进性、性能用途是否为用户欢迎，新产品的价格是否合理等问题进行评价，把一些不合理的条件、未成熟的方案筛去。这一步是新产品开发成败的关键。

（4）编制新产品开发技术建议书。新产品开发技术建议书的内容要比产品开发方案具体，它应包括新开发产品的结构、特征和技术规格，产品的性能、用途和使用范围，与国内外同类产品的分析比较，开发这一产品的理由和根据等。

2. 设计产品阶段

产品设计过程指包括从明确设计任务开始，到确定产品的具体结构为止的一系列活动。无论是新产品开发、老产品改进，还是外来产品的仿制、顾客产品定制，产品设计始终是企业生产活动中的重要环节。设计阶段决定了产品的性能、质量和成本。因此，产品的设计阶段决定了产品的前途和命运，一旦设计出了错误或设计不合理，将导致产品的先天不足，工艺和生产上的一切努力都将无济于事。为了保证设计质量，缩短设计周期，减少设计费用，产品设计必须遵循科学的设计程序。产品设计一般分为总体设计、技术设计和工作图设计三个阶段。

（1）总体设计。通过市场需求分析，确定产品的性能、设计原则和技术参数，概略计算产品的技术经济指标和进行产品设计方案的经济效果分析。

（2）技术设计。将技术设计任务书中确定的基本结构和主要参数具体化，根据技术任务书所规定的原则，进一步确定产品结构和技术经济指标，以总图、系统图、明细表和说明书等形式表现出来。

（3）工作图设计。根据技术设计阶段确定的结构布置和主要尺寸，进一步做结构的细节设计，逐步修改和完善，绘制全套工作图样，编制必要的技术文件，为产品制造和装配提供确定的依据。

产品设计是一个递阶、渐进的过程。产品设计是从产品要实现的总体功能出发，系统构思产品方案，然后逐步细化，划分成不同的子系统、组件、部件和零件，最后确定设计参数。

3. 工艺产品阶段

新产品设计出来后，必须进行工艺流程设计，即设计如何又快又省地把产品制造出来，同时进行试验性生产，目的是避免将存在缺陷的设计和工艺投入正式生产而造成人、财、物的浪费，保证新产品开发尽快获得成功。新产品试制一般分为样品试制和小批试制。通过各种试验，不断进行改进直到鉴定。这是从技术、经济和生产准备等方面对新产品做出全面评价，并确定是否进行下一阶段开发工作。产品鉴定能及时发现问题，采取措施解决问题，以避免造成损失。

3.2.6　产品设计原则和经济效益评价

对产品设计方案的评价、选择，必须从技术方面和经济方面来衡量，即产品在功能和质量上应具备有效的技术，在制造成本和使用费用上应具有经济性。能满足预定的技术要求和达到期望的经济要求的产品设计就是具有技术经济效益的满意设计。

为了满足同一使用目的与要求，可设计出多种产品；为实现同一功能，可设计出多种结构。由此可以获得在技术上等效、在经济上不等价的各种方案。因此，要通过对设计方案的技术经济效益分析，进行最佳方案的评价和选择。

1. 产品设计和选择的原则

选择一个真正能为企业带来效益的产品并不容易，关键看产品设计人员是否真正具备市场经济的头脑。一方面，新技术的不断出现对新产品的形成有重要影响，而另一方面，则主要看企业是否真正把用户放在第一位。产品设计和选择应该遵循以下几条原则。

（1）设计用户需要的产品（服务）。

（2）设计可制造性（Manufacturability）强的产品。

（3）设计鲁棒性（Robustness）强的产品。

（4）设计绿色环保产品。

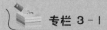 专栏 3-1

鲁棒性

鲁棒性就是系统的健壮性。它是在异常和危险情况下系统生存的关键。例如，计算机软件在输入错误、磁盘故障、网络过载或有意攻击情况下，能否不死机、不崩溃，就是该软件的鲁棒性。所谓"鲁棒性"，是指控制系统在一定(结构、大小)的参数摄动下，维持某些性能的特性。根据对性能的不同定义，可分为稳定鲁棒性和性能鲁棒性。

鲁棒性原是统计学中的一个专门术语，20 世纪 70 年代初开始在控制理论研究中流行起来，用以表征控制系统对特性或参数扰动的不敏感性。鉴于中文"鲁棒性"的词义不易被理解，"Robustness"又被翻译成语义更加易懂的"抗变换性"，"抗变换性"和"鲁棒性"在译文中经常互相通用。

在实际问题中，系统特性或参数的摄动常常是不可避免的。产生摄动的原因主要有两个方面，一个是由于量测的不精确使特性或参数的实际值会偏离它的设计值，另一个是系统运行过程中受环境因素的影响而引起特性或参数的缓慢漂移。因此，鲁棒性已成为控制理论中的一个重要的研究课题，也是一切类型的控制系统的设计中所必须考虑的一个基本问题。

控制系统的鲁棒性是指控制系统在某种类型的扰动作用下，包括自身模型的扰动下，系统某个性能指标保持不变的能力，即抗干扰能力较强。对于实际工程系统，人们最关心的问题是一个控制系统当其模型参数发生大幅度变化或其结构发生变化时能否仍保持渐进稳定，这叫稳定鲁棒性。进而还要求在模型扰动下系统的品质指标仍然保持在某个许可范围内，这称为品质鲁棒性。鲁棒性理论致力于研究多变量系统具有稳定鲁棒性和品质鲁棒性的各种条件。它的进一步发展和应用，将是控制系统最终能否成功应用于实践的关键。

2. 技术经济效益分析的指标体系

产品设计的效果可以用数量指标和质量指标来衡量。产品设计的数量指标主要是指产品的上市时间、生产效率、材料利用率和能源消耗等指标；产品设计的质量指标，主要是指产品满足社会需要的程度，对劳动条件和环保的影响、安全指标等，见表 3-2。

表 3-2　产品开发评价绩效指标

绩效指标	度量	对竞争力的影响
上市时间	• 新产品引入频率 • 从新产品构思到上市的时间 • 构思数量和最终成功数量 • 实际效果与计划效果的差异 • 来自新产品的销售比例	• 顾客/竞争对手的响应时间 • 设计的质量——接近市场的程度 • 项目的频率——模型的寿命
生产率	• 每一个项目的研究发展周期 • 每一个项目的材料及工具费用 • 实际与计划的差异	• 项目数量——新产品设计与开发的频率 • 项目的频率——开发的经济性

续表

绩效指标	度量	对竞争力的影响
质量	• 舒适度——使用的可靠性 • 设计质量——绩效和用户的满意度 • 生产质量——工人和车间的反应	• 信誉——用户的忠诚度 • 对用户的相对吸引力——市场份额 • 利润率

3.2.7　新产品开发的风险与控制

1. 开发新产品面临的风险

新产品开发面临着成功率低、费用高、回报周期短等风险压力。

美国一项调查显示，从一个原始想法经过正式的提案、启动、论证、试验、试销到最后的成功是 3 000∶1 的关系，如图 3-3 所示，可见新产品开发风险之大。

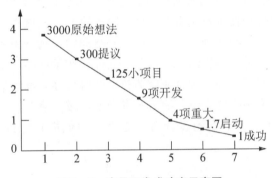

图 3-3　产品开发成功率示意图

产生风险的原因主要来自以下几个方面。首先，产品开发设计是一项技术性很强的工作，产品开发本身存在技术上的风险，因实现产品功能的技术不成熟或加工技术不过关而导致失败。新产品的开发往往涉及多项技术的集成，这将使得一家公司应对起来比较困难，需要多家公司配合才能完成，合作中的不顺畅可能导致项目停顿或延后。同时在技术研发过程中技术发展具有不可预见性，如果产品研制完成时有更先进的替代技术出现，产品则无优势可言，也会导致开发失败。其次，产品开发设计不仅仅是技术工作，也是一项经济活动，在经济上存在很大的风险，风险大小可以用投入的价值量来衡量，一件大的产品，如大型客机的开发费用达到几十亿美元，我国大飞机项目投资达 400 亿元，如果开发失败将会导致公司破产，所以提高产品开发的成功率应该引起决策者的重视。最后，市场需求的变动难以把握，技术开发人员容易陷入片面追求技术完美的误区，而忽视了产品开发的基本目的，很可能导致产品开发出来了，但无人问津，开发工作最终还是失败。如果产品研制成功时市场已经萎缩，则失败也无法避免。市场需求也与供应量有关，如果竞争对手也开发出相同的产品，市场供过于求，则其经济效益会大打折扣。

2. 新产品开发的风险控制

产品开发成功与否最终以是否盈利为评价标准，这将主要取决于产品是否符合用户需求，费用是否节省，投放市场的时机是否恰当，是否有合适的市场规模与一定的市场占有率。提高产品开发的成功率，降低开发风险，可以采取以下措施。

1）为用户设计

现代科技的发展日新月异，但切不可认为技术越新、功能越多的产品就是好产品，有需求量的产品才是好产品。现在有些产品，特别是电子产品，设计了许多功能，而用户只使用其中小部分的功能，造成功能过剩的浪费。也有些产品设计时忽视了使用上的方便，用户使用时感到很复杂很不方便，万一使用说明书丢失，会有更大的麻烦。因此，产品设计一定要贯彻为用户着想的原则。戴尔电脑公司从当初只是一家在校学生注册的公司，快速发展到世界第一大电脑公司是因为它的直销模式能做到为客户定制，成本低，做到技术上可靠适用，功能上不过剩，真正使用户体会到货真价实，竞争力自然而然提升了。丰田公司以市场需求为导向，做到客户要什么就给什么，所以赢得了市场。

2）为制造设计

产品设计与制造成本有紧密的关系，如图 3-4 所示。因此，在产品设计阶段就要考虑到制造，使生产部门能以尽可能低的成本制造产品。设计人员要考虑许多方面的问题，首先是技术原理，选用哪种技术对实现产品性能至关重要；其次是结构问题，结构简洁合理可以为加工制造和维护带来便利性；最后就是选材问题，选材关系到产品性能、加工难易性、生产成本等因素，是个不容忽视的问题。此外，在设计时对零件数量，零件的标准化和通用性，零件加工的可行性以及企业制造技术的可行性，都需要做周密的考虑。这样做可以减少开发过程中不必要的返工，缩短开发周期，减少浪费，也可以为改型设计创造条件。一个训练有素且经验丰富的设计者，在设计中他能自觉地与制造工艺结合起来考虑。

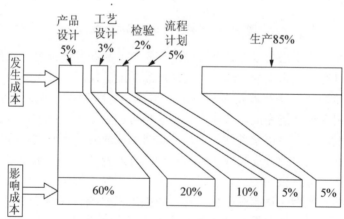

图 3-4　制造业各流程发生成本与影响成本对比

3）运用并行工程方法

在图 3-2 中展示的是用串行的方法描述产品开发的一般过程，它比较清楚地表达了产品开发的各个阶段，以及各阶段之间的工作次序，这是对产品开发过程的传统认识。长期的实践证明，开发过程的各个阶段不应该分得过分清楚。由于各阶段的工作是互相影响的，例如，市场部门形成了一个概念产品，这个想象中的产品也许是十分完美的，但是能否被设计与加工,还得取决于设计能力和加工水平,这就要求企业各有关部门在开发初期就要参与其中。

　　客观上要求所有相关部门在产品开发的整个过程中加强联系,参与并行开发流程每一阶段的工作,这样做可以提高每个阶段工作的质量,大大减少返工的机会。另外,为了缩短开发周期,各阶段的工作可以交叉进行,如图 3-5 所示,这是一个并行的开发过程。关于这个问题已经形成一整套并行工程(Concurrent Engineering)的原理与方法,运用并行工程的方法可以大大提高产品开发的成功率,还可以缩短开发周期。缩短开发周期可以有效降低市场需求和技术发展的不确定性带来的风险。

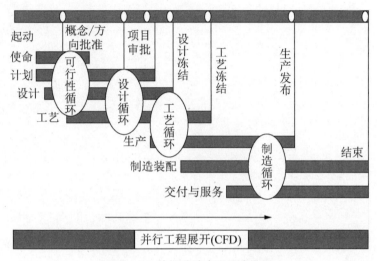

图 3-5　并行设计产品开发流程

　　运用并行工程开发产品需要采取必要的组织措施,行之有效的组织形式是由包括用户、供应商在内的各部门人员参加的并行工程圆桌会议小组,如图 3-6 所示。

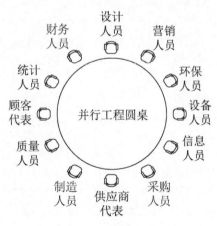

图 3-6　并行工程组织示意

4)统一各职能管理部门意见

一个产品从形成概念到成品销售,需要企业各职能部门的协同努力,但由于各部门的局部利益不完全一致，在产品选择时会表现出不同的价值取向。市场部门希望开发更多的产品、更多的系列，以增强销售的灵活性；生产部门则要求开发的产品具有继承性、成系列、品种不宜过多、市场需求稳定的产品，其主要目的是生产管理简单，生产过程变动小；而财务部门又希望最好选择利润高、资金占用少、销路好、货币回笼快的产品。如果能同时满足各部门要求，这个产品当然是最好的选择，但这种情况是少见的。决策者应该在企业经营战略总体目标下，权衡各职能管理部门的意见后，做出最有利于企业发展的决策，可以避免片面性和盲目性。

专栏 3-2

并行工程

1988 年，美国国家防御分析研究所(IDA)完整地提出了并行工程的概念，即"并行工程是集成地、并行地设计产品及其相关过程(包括制造过程和支持过程)的系统方法"。这种方法要求产品开发人员在一开始就考虑产品整个生命周期中从概念形成到产品报废的所有因素，包括质量、成本、进度计划和用户要求。

并行工程的目标为提高质量、降低成本、缩短产品开发周期和产品上市时间。并行工程的具体做法是：在产品开发初期，组织多种职能协同工作的项目组，使有关人员从一开始就获得对新产品需求的要求和信息，积极研究涉及本部门的工作业务，并将要求提供给设计人员，使许多问题在开发早期就得到解决，从而保证了设计的质量，避免了大量的返工浪费。

并行工程方法具有以下特征。

(1) 并行交叉。它强调产品设计与工艺过程设计、生产技术准备、采购、生产等种种活动并行交叉进行。并行工程强调各种活动并行交叉，并非违反产品开发过程必要的逻辑顺序和规律，不能取消或越过任何一个必经的阶段，而是在充分细分各种活动的基础上，找出各子活动之间的逻辑关系，将可以并行交叉的尽量并行交叉进行。

(2) 尽早开始工作。正因为强调各活动之间的并行交叉，以及并行工程为了争取时间，所以它强调要学会在信息不完备情况下就开始工作。因为根据传统观点，人们认为只有等到所有产品设计图纸全部完成以后才能进行工艺设计工作，所有工艺设计图完成后才能进行生产技术准备和采购，生产技术准备和采购完成后才能进行生产。正因为并行工程强调将各有关活动细化后进行并行交叉，因此很多工作要在传统上认为信息不完备的情况下进行。

(3) 面向过程和面向对象。一个新产品从概念构思到生产出来是一个完整的过程。传统的串行工程方法是基于亚当·斯密的劳动分工理论，该理论认为分工越细，工作效率越高。因此串行方法是把整个产品开发全过程细分为很多步骤，每个部门和个人都只做其中的一部分工作，而且是相对独立进行的，工作做完以后把结果交给下一部门。这是以职能和分工任务为中心的，不一定存在完整的、统一的产品概念。而并行工程则强调设计要面向整个过程或产品对象，因此它特别强调设计人员在设计时不仅要考虑设计，还要考虑这种设计的工艺性、可制造性、可生产性、可维修性等，工艺部门的人也要同样考虑其他过程，设计某个部件时要考虑与其他部件之间的配合。所以整个开发工作都是要着眼于整个过程和产品目标。从串行到并行，是观念上的很大转变。

（4）系统集成与整体优化。在传统串行工程中，对各部门工作的评价往往是看交给它的那一份工作任务完成是否出色。就设计而言，主要是看设计工作是否新颖，是否有创造性，产品是否有优良的性能。而并行工程则强调系统集成与整体优化，它并不完全追求单个部门、局部过程和单个部件的最优，而是追求全局优化，追求产品整体的竞争能力。对产品而言，这种竞争能力体现在产品的TQCS综合指标上，即交货期、质量、价格和服务。在不同情况下，侧重点不同。在现阶段，交货期可能是关键因素，有时是质量，有时是价格，有时是它们中的几个综合指标。对每一个产品而言，企业都对它有一个竞争目标的合理定位，因此并行工程应该围绕这个目标来进行整个产品开发活动。只要达到整体优化和全局目标，并不追求每个部门的工作最优。因此对整个工作的评价是根据整体优化结果来评价的。

（资料来源：http：//wiki. mbalib. com/wiki. ）

3.3　工艺流程设计与选择

3.3.1　制造工艺的内涵

制造工艺是将各种原材料通过改变其形状、尺寸、性能或相对位置，使之成为成品或半成品的方法和过程。机械制造，工艺为本，制造工艺是制造业的一项重要基础技术。

工艺流程指工业品生产中，从原料到制成成品各项工序安排的程序，也称"加工流程"或"生产流程"，简称"流程"。制造工艺流程由原材料和能源的提供、毛坯和零件成型、机械加工、材料改性与处理、装配与包装、质量检测与控制等多个工艺环节组成，如图 3-7 所示。

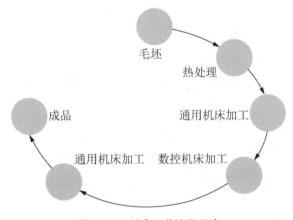

图 3-7　制造工艺流程示意

工艺制定的原则是，技术上先进，经济上合理。由于不同的工厂的设备生产能力、精度以及工人熟练程度等因素都大不相同，因此对于同一种产品而言，不同的工厂制定的工艺可能是不同的；甚至同一个工厂在不同的时期做的工艺也可能不同。可见，就某一产品而言，工艺并不是唯一的，而且没有好坏之分。这种不确定性和多元性，与现代工业的其他元素有较大的不同，反而类似艺术。所以，有人将工艺解释为"做工的艺术"。

工艺的种类和作用。

（1）基本工艺。形成产品主要功能，影响加工质量与效率。如铸造或锻造、机械加工、装配等。

（2）改性工艺：改变材料性能与特质，大大提高使用价值。如羊毛经改性处理后具有羊绒特性。

（3）后处理工艺：改进使用效果，提高产品附加值。如服装的后处理、免烫、挺括等。

3.3.2 工艺流程设计内容及影响因素

1. 工艺流程设计的基本内容

生产工艺流程设计所需要的信息包括产品信息、运作系统信息和运作战略，在设计过程中应考虑选择生产流程、垂直一体化研究、生产流程研究、设备研究和设施布局研究等方面的基本问题，慎重思考，合理选择，根据企业现状、产品要求合理配置企业资源，高效、优质和低耗地进行生产，有效满足市场需求。

生产工艺流程设计的结果体现为如何进行产品生产的详细文件，对生产工艺资源的配置、生产工艺过程及方法措施提出明确要求。生产工艺流程设计的基本内容和输入输出信息见表3-3。

表3-3 生产工艺流程设计的内容

输　入	生产工艺流程设计	输　出
① 产品/服务信息；产品/服务要求；价格/数量；竞争环境；用户要求；所期望的产品特点 ② 生产系统信息；资源供给；生产经济分析；制造技术；优势与劣势 ③ 生产战略；战略定位；竞争武器；工厂设置；资源配置	① 选择生产工艺流程；与生产战略相适应 ② 自制—外购研究；自制与外购决策；供应商的信誉和能力；配套采购决策 ③ 生产工艺流程研究；主要技术路线；标准化和系列化设计；产品设计的可加工性 ④ 设备研究；自动化水平；机器之间的连接方式；设备选择；工艺装备 ⑤ 布局研究；厂址选择与厂房设计；设备与设施布置	① 生产工艺技术流程；工艺设计方案；工艺流程之间的联系 ② 布置方案；厂房设计方案；设备及设施布置方案；设备选购方案 ③ 人力资源；技术水平要求；人员数量；培训计划；管理制度

2. 影响工艺流程设计的主要因素

影响生产工艺流程设计的因素很多，其中最主要的是产品（服务）的构成特征，因为生产系统就是为生产产品或提供服务而存在的，离开了用户对产品的需求，生产系统也就失去了存在的意义。

1）产品（服务）需求性质

生产系统要有足够的能力满足用户需求。首先要了解产品或服务需求的特点，从需求的数量、品种和季节波动性等方面考虑对生产系统能力的影响，从而决定选择哪种类型的生产流程。有的生产流程具有生产批量大、成本低的特点，而有的生产流程具有适应品种变化快的特点，因此，生产流程设计首先要考虑产品或服务特征。

2）自制—外购决策

从产品成本、质量生产周期、生产能力和生产技术等几方面综合来看，企业通常要考虑构成产品所有零件的自制—外购问题。本企业的生产流程主要受自制件的影响，不仅企业的投资额高，而且生产准备周期长。企业自己加工的零件种类越多，批量越大，对生产系统的能力和规模要求越高。因此，现代企业为了提高生产系统的响应能力，只抓住关键零件的生产和整机产品的装配，而将大部分零件的生产转移出去，充分利用协作企业的力量。这样一来既可以降低本企业的生产投资，又可缩短产品设计、开发与生产周期。因此说，自制—外购决策影响着企业的生产流程设计。

3）生产柔性

生产柔性是指生产系统对用户需求变化的响应速度，是对生产系统适应市场变化能力的一种度量，通常从品种柔性和产量柔性两个方面来衡量。所谓品种柔性，是指生产系统从生产一种产品快速地转换为生产另一种产品的能力。在多品种、中小批量生产的情况下，品种柔性有十分重要的现实意义。提高生产系统的品种柔性，要求加工设备应具有较大的适应产品品种变化的加工范围。产量柔性是指生产系统快速增加或减少所生产产品产量的能力。在产品需求数量波动较大，或者产品不能依靠库存调节供需矛盾时，产量柔性具有特别重要的意义。在这种情况下，生产流程的设计必须具有快速且低成本地增加或减少产量的能力。

4）产品（服务）质量水平

产品质量是市场竞争的武器，生产流程设计与产品产量水平有着密切关系。生产流程中的每一个加工环节的设计都受到质量水平的约束，不同的质量水平决定了采用什么样的生产设备。

5）接触顾客的程度

绝大多数的服务业企业和某些制造业企业，顾客是生产流程的一个组成部分，因此，顾客对生产的参与程度也影响着生产流程设计。例如，理发店、卫生所和裁缝店的运作过程，顾客是生产流程的一部分，企业提供的服务就发生在顾客身上。在这种情况下，顾客就成了生产流程设计的中心，营业场所和设备布置都要把方便顾客放在第一位。而另外一些服务业企业，如银行、快餐店等，顾客参与程度很低，企业的服务是标准化的，生产流程的设计往往追求标准、简洁和高效。

3.3.3　生产流程的类型

生产流程一般有三种基本类型：按产品进行的生产流程、按加工路线进行的生产流程和按项目组织的生产流程。

1. 按产品进行的生产流程

按产品进行的生产流程就是以产品或提供的服务为对象，按照生产产品或提供服务的生产要求，组织相应的生产设备或设施，形成流水般的连续生产，有时又称为流水线生产。例如，汽车装配线、电视机装配线等就是典型的流水式生产。连续型企业的生产一般都是按产品组织的生产流程。由于是以产品为对象组织的生产流程，又称为对象专业化形式。这种形式适用于大批量生产。

2. 按加工路线进行的生产流程

对于多品种生产或服务情况，每一种产品的工艺路线都可能不同，因而不能像流水作业那样以产品为对象组织生产流程，只能以所要完成的加工工艺内容为依据组成生产流程，而不管是何种产品或服务对象。设备与人力按工艺内容组织成一个生产单位，每一个生产单位只能完成相同或相似工艺内容的加工任务。不同的产品有不同的加工路线，它们流经的生产单位取决于产品本身的工艺过程，又叫工艺专业化形式。这种形式适用于多品种小批量生产或单件生产类型。

3. 按项目组织的生产流程

对于某些任务，如拍一部电影、组织一场音乐会、开发一种新产品和建一座大楼等，每一项任务都没有重复，所有的工序或作业环节都按一定顺序进行，有些工序可以并行作业，有些工序又必须顺序作业。三种生产流程的特征比较列于表 3-4 中。

表 3-4　不同生产流程特征比较

特征标记	对象专业化	工艺专业化	项目型
□产品			
订货类型	批量较大	成批生产	单件、单项定制
产品流程	流水型	跳跃型	无
产品变化程度	低	高	很高
市场类型	大批量	顾客化生产	单一化生产
产量	高	中等	单件生产
□劳动者			
技能要求	低	高	高
任务类型	重复性	没有固定形式	没有固定形式
工资	低	高	高
□资本			
投资	高	中等	低
库存	低	高	中等
设备	专用设备	通用设备	通用设备
□目标			
柔性	低	中等	高
成本	低	中等	高
质量	均匀一致	变化更多	变化更多
按期交货程度	高	中等	低

续表

特征标记	对象专业化	工艺专业化	项目型
□计划与控制			
生产控制	容易	困难	困难
质量控制	容易	困难	困难
库存控制	容易	困难	困难

3.3.4 工艺流程的选择

产品加工工艺是决定产品质量、生产效率和生产成本的重要因素。加工一件产品一般需要经过许多道工序，每道工序的加工工艺是不同的。所以工艺选择既要对每道工序采用什么工艺做决策，也要对整个加工过程做选择。由于工艺是属于操作层的技术范畴，不同行业、不同企业、不同产品的加工工艺是不同的，所以具体选择哪种工艺，属于专业技术的领域已超出本书讨论的范围，这里我们仅从管理的角度讨论工艺选择的一般原则。进行工艺选择时通常要做三方面的决策：决定产品的基本制造流程；决定主要的制造技术；决定关键的制造设备。

1. 生产流程的选择

不同的产品性质，不同的生产规模，不同的品种数量，不同的工艺方法都会影响生产流程的选择。加工流程选择的原则是，有利于提高设备利用率和劳动生产率。在选择生产单位形式时，影响最大的是品种数的多少和每种产品产量的大小。图 3－8 给出了不同品种－产量水平下生产单位形式的选择方案。

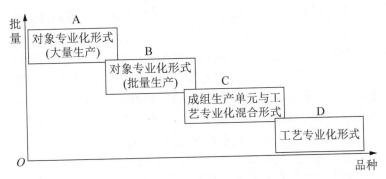

图 3－8　品种-产量变化与生产单位形式的关系

一般而言，随着图 3－8 中 A 点到 D 点的变化，单位产品成本和产品品种柔性都是不断增加的。在 A 点，对应的是单一品种的大量生产，在这种极端的情况下，采用高效自动化专用设备组成的流水线是最佳方案，它的生产效率最高、成本最低，但柔性最差。随着品种的增加及产量的下降（B 点），采用对象专业化形式的成批生产比较适宜，品种可以在有限范围内变化，系统有一定的柔性，尽管操作上的难度较大。另一个极端是 D 点，它对应的是单件生产情况，采用工艺专业化形式较为合适。C 点表示多品种中小批量生产，采用成组生产单元和工艺专业化混合形式比较好。

单件小批量生产方式适用于产品体积大、结构复杂、品种数量多、批量小的企业，如飞机厂、船舶制造厂、大型机床制造厂等。制造这些产品的企业需要大量不同的工艺、不同的加工顺序，迄今为止这类企业采用单件小批量的方式是最合理、有效的。

批量生产方式一般适用于产品体积较大，需求量比较稳定，品种与数量也比较大的企业。虽然品种数量较大，但是由于需求稳定，又有一定的数量，可以按一定的周期实行批量生产。同一批的产品具有完全相同的加工方法，企业可以组织稳定的生产线，有利于提高设备利用率和生产效率。

流水线生产方式是一种效率很高的制造流程，它适用于产品品种单一、生产量大而稳定的企业。这种生产方式是在一条流水线上大量地重复生产同一种产品，生产线被设计成按产品的加工顺序排列，加工对象按节拍从前道工序流向后道工序，逐次加工，可以得到非常高的生产效率。

连续生产流程往往被用于原料是液体或流质的较大生产规模的企业，如炼油厂、啤酒厂、造纸厂等。

一般而言，企业不难选择适合于自己的生产加工流程。但要强调的是选择生产流程要谨慎，理由是，其一，这属于运营战略行为，要考虑到扩大生产规模的要求，并为将来的发展留有余地；其二，由于计算机技术开始大量进入制造过程，将会改变产品的加工方式，传统制造流程的适用原则会有所变化，因此，在计算机技术的支持下，流水线生产会有更大的适用性。

2. 主要制造技术的选择

加工工艺分为基本制造工艺、改性工艺和后处理工艺。对基本制造工艺的选择是最重要的，因为选不好基本制造工艺就造不出好产品。例如，大家熟知的炼钢工艺，有平炉、转炉、电炉等，而平炉因其耗能大、效率低、质量差在我国已被强制性淘汰，而纯氧顶吹转炉工艺因其效率高、质量好、能耗低等优点得到大规模应用。改性工艺虽不是制造产品所必需的，但原材料经改性工艺处理后性能大大改善，如处理过的羊毛具有羊绒的特性，制成的羊毛衫价格翻倍。对后处理工艺也应当给予足够的重视，我国许多企业有过深刻的教训。例如，服装行业，有些企业产品的款式、面料和做工都不错，就因为不重视后处理工艺，卖不出高价。再如珍珠业，国际市场上向来有"西珠（欧洲产）不如东珠（日本产），东珠不如南珠（中国广西产）"之说，但东珠的价格几倍于南珠，其原因就在于日本企业重视后处理工艺的研究，加工后的珍珠，色泽光亮大大超过南珠。说明以工艺的优势弥补天然原料的不足，同样可以提高产品的竞争优势。

总之，工艺选择不仅是技术选择，也是经济效益的选择，企业决策者万不可轻视。

3. 关键设备选择

现代工业发展表明，先进的制造设备对产品质量和生产效率的影响已成为重中之重。但这并不意味着企业所选设备越精良越好，设备选择是技术与经济效益权衡的过程，对于资金实力不强的企业，应该把有限的资金投到对关键设备的选择上，即做好对产品最重要功能实现的加工设备的购置。

3.3.5　零部件配套方式

零部件配套是机电行业特有的管理工作，所谓配套方式是指零部件自制还是外购，全部自制或者全部外购都不是好的方式，需要确定一个合理的比例。按照构建核心竞争力的观点，企业需要培育自己领先于竞争对手的难以模仿的专长，而把非专长的业务或作业分移出去，这也是分工理论发展与深化的必然趋势。在这样的产业发展背景下，许多整机厂已发展成组装厂，如汽车、家电企业。总的趋势是走专业化、协作化的道路，即企业按专业分工，一个企业专门从事少数几种零部件生产，合起来就形成生产某种产品的企业群，这种配套方式具有较大优势，日本汽车工业在第二次世界大战后 20 年内迅速崛起就是一个有力的证明。以"大而全"著称的美国汽车业也被迫减少自制零部件的数量，走上专业化、协作化的道路，以巩固提高企业的竞争能力。产品由一家制造变成多家一起制造，并催生出供应链竞争的新概念。

企业选择专业化、协作化的配套方式应遵循以下原则。

（1）涉及企业产品主要技术性能的零部件应自己制造，这样做有助于提高自己的技术水平，掌握产品开发和扩大生产规模的主动权。

（2）选择协作厂要考察其技术水平、产品质量和生产能力等方面是否能满足本企业产品的要求和生产规模。

（3）协作厂的距离不宜太远，这样可以为零库存管理下的准时化生产创造必要的条件。

（4）吸收协作厂共同参与新产品开发，既可以减轻资金压力，又可以分担开发风险，还可以缩短开发周期。

（5）整机厂与协作厂要互相信任，利益共享，共同降低成本，共同简化供货手续与物流过程。

选择配套企业（零部件供应商）一般有两种方式：一种是在给出采购订单以前，按照一套程序去寻找和筛选潜在供应商；另一种是通过招标选择供应商，签约后再要求他们改进工作质量，达不到要求者中断其供货资格。

3.3.6　服务业工艺选择

服务业企业开发新产品的目的与制造业是相同的，同样是为了保持自己的竞争优势，为了扩大市场或开拓新的经营领域寻找新的经济增长点。服务业的产品开发与制造业又有许多不同的地方。服务业的产品开发投资少、风险小，开发的主要方式是依靠人的创造性思维。服务业以手工操作为主，所以开发一个新产品一般不涉及大量的设备投资问题，这与制造业完全不同，这些特点是服务业开发产品的优势。企业可以大胆地设想大胆地试，不必顾虑开发失败的后果。因此，服务业完全有理由将产品开发搞得比制造业更活跃。需要注意的是，服务业开发产品也必须贴近市场，为满足市场需求而设计新的产品。

1. 服务业中的加工工艺

在制造业中工艺是指加工产品所使用的特定方法，是一项非常重要的技术工作，按此定义，服务业的服务方法就可以理解为服务业的工艺，它对企业的服务质量、经营效果同样十分重要。

以零售业为例，最初的零售方式是店铺销售，铺面需要装修，需要布置柜台货架等，由营业员一对一地为顾客服务，这种营业方式效率比较低，经营成本高。后来发展出多种营业方式，如连锁超市、仓储式销售、无店铺销售、直销、电子商务等，这些方式都具有明显的成本优势。这些优势来自服务方式的简化：①店铺装潢简单，甚至没有店铺，节省了开支；②货位与仓库合二为一，面积得到充分利用；③顾客自己取货运货，参与了服务过程，节省营业员的劳动；④采用新技术，如使用 POS 机提高收款速度等。

上述优势促使了这些新型的零售企业迅速发展。特别是连锁超市，采取了配送中心统一送货、结算中心统一结账、统一服务标准等措施，降低了成本，提高了服务质量，竞争优势十分明显，许多超市企业都发展成规模巨大的集团公司。

为了对服务业工艺有更深的理解，再举几个例子。中医治病开处方是少不了的工序，一张处方十几味药，因此开处方占用了医生大量时间，现在很多医院开发了信息系统，每位病人医疗资料都存入系统内，复诊时医生只需在原处方上适当调整药味就行了，处方信息同时传递到收费处与药房，效率大大提高。再如银行开发的自动存取款机，以机器替代人工，既节约了人工成本，又减少了顾客排队的烦恼。

2. 服务业的工艺流程

服务企业提供某个服务项目往往也需要几个岗位协作形成流程，类似于制造业中的加工流程。服务业流程对工作效率与质量的影响也很大。例如，长期以来，我国银行信贷管理采用信贷员"一揽子"包办制，缺乏监督制约机制，风险防范差，致使银行呆滞贷款比例很高。为解决这一问题，银行提出了"贷审分离"的管理制度，重新设计服务过程，设立了贷款管理与贷款审查两个机构，前者负责贷款的受理、调查、发放和回收的职能，后者负责把关，对贷款进行审查和监控，并作贷款的风险分析，计算风险度指标。服务方式改变以后，有效地遏制了呆滞贷款，银行业绩大为提升。

20 世纪 90 年代，电影业不景气，观众越来越少，常常出现一千来个座位的电影院，只有两三百人在看。有人认为是票价太高的原因，也有人认为是电视抢走了观众。调查发现观众的消费习惯发生了很大变化。例如，在一场电影正在放映时，一般总有一两百人进来转悠，但很少有购票的，经分析大部分是想进来消遣看场电影。但因为电影已开始，下场电影要等一小时以上，或是观众想看的电影当天不放映，致使观众离去。进一步询问得知，消费者都是出来逛街的，路经电影院看到感兴趣的电影，才决定看场电影，如果只需等上半小时就能看下一场电影，他们是愿意等的。显然，人们看电影的消费习惯发生了变化。通过改变电影院的服务模式，电影院改大厅为多厅、小厅，每半小时放映一场电影，同一天安排多部电影，适应新的需求特点是走出困境的有效途径。

3. 信息技术在服务业中的应用

服务业多是劳动密集型行业，手工作业是服务业的主要加工手段，除了个别行业，如医疗、通信等服务方式得到高科技的支持，使企业与消费者得益外，大多数行业较少得到科学技术带来的好处。然而，随着信息技术的发展，为服务业使用新技术创造了良好的条件，如航空公司的售票网络、金融业的信用卡都得益于信息技术的支持，大大改变了服务方式，更方便了顾客。

当今社会服务业依靠信息技术开发新产品的机会也越来越多。电话银行、网上银行、股票市场的电话或网上交易、支付宝等服务项目大大拓展了交易空间。甚至依靠网络技术产生了很多新兴企业，有提供游戏服务的，有提供购物平台的等。在我国的大多数服务行业中，科技人员占就业人员的比例是很低的，这不利于应用新技术，创造新工艺。只要企业敢于打破无所作为的思想，认识到科技在服务业中存在着广阔的应用天地，大胆引进科技人才，积极采用高新技术，改变单纯使用手工作业的服务方式，同样能够提高企业的劳动生产率和竞争力。

本 章 小 结

本章开篇首先阐明了开发新产品（服务）对企业发展的重要意义，然后围绕新产品的开发与设计开展了系统讨论，重点对企业研发的分类、新产品的开发模式、新产品的开发流程等做了阐述，同时对新产品开发过程中面临的风险给出了警示性分析；并对工艺流程的选择与设计，包括工艺的概念、生产工艺流程设计的基本内容、影响生产工艺流程设计的主要因素、生产工艺流程的类型与选择、零部件配套方式等内容进行了分析论述，最后对服务业的工艺特点和模式选择做了简单分析。

思考与练习

1. 新产品开发有什么积极意义？
2. 新产品开发与企业结构调整有何关系？
3. 简述新产品的概念和分类。
4. 试述新产品开发的方向。企业选择新产品时会受到哪些因素影响？
5. 怎样才能提高新产品开发的成功率？
6. 加工工艺在生产中起什么作用？
7. 生产流程的类型有哪几种？其各自的特征与适用条件是什么？
8. 生产流程设计的基本内容有哪些？影响生产流程选择的主要因素有哪些？
9. 试分析各种不同零部件配套方式的优、缺点。
10. 服务业企业的产品有哪些特点？服务企业的新产品开发有什么意义？

波音 767 - X 并行设计工程

随着商业飞机的不断发展，波音公司在原有生产模式下的产品成本不断增加，并且积压的库存越来越多。在激烈的市场竞争中，波音公司如何用较少的费用设计和制造高性能的飞机？资料分析表明，产品设计制造过程中存在着巨大的发展潜力，减少更改、错误和返工所带来的消耗，是节约开支的有效途径。一个零件从设计完成后，要经过工艺计划、工装设计制造、制造和装配等过程，在这一过程中，设计约占15%的费用，制造占85%的费用，任何在零件图纸交付前的设计更改，都能节约其后85%的生产费用。

过去的飞机开发大都沿用传统的设计方法，按专业部门划分设计小组，采用串行的开发流程。大型客机从设计到原型制造多则十几年，少则七八年。波音公司在767 - X的开发过程中采用了全新的"并行产品设计"的概念，通过优化设计过程，集合了最新的管理方案，改善了设计，提高了飞机的生产质量，降低了成本，改进了计划，实现了三年内从设计到一次试飞成功的目标。

波音公司在新型767-X飞机的开发中，全面应用CAD/CAM系统作为基本设计工具，使设计人员能够在计算机上设计出所有的零件三维图形，并进行数字化预装配，获得早期的设计反馈，便于及时了解设计的完整性、可靠性、可维修性、可生产性和可操作性。同时，数字化设计文件可以被后续设计部门共享，从而在制造前获得反馈，减少设计更改。

1. 100%数字化产品设计

飞机零件设计采用CATIA设计零件的3D数字化图形。采用CATIA系统设计飞机的零件，可方便地设计3D实体模型，并很容易在计算机上进行装配，检查干涉与配合情况，也可利用计算机精确计算重量、平衡、应力等特性。直观的零件图有助于外观设计，并能帮助了解装配后的情况。另外，可以很容易地从实体中得到剖面图；利用数字化设计数据驱动数控机床加工零件；产品插图也能更加容易、精确地建立；用户服务组可利用CAD数据编排技术出版用户资料。所有零件设计都只形成唯一的数据集提供给下游用户。针对用户的特殊要求，只对数据集修改，不对图纸修改。每个零件数据集包括一个3D模型和一个2D图，数控过程可用3D模型的线架和曲面表示。

2. 3D实体数字化整机预装配

数字化整机预装配是在计算机上进行建模和模拟装配的过程，用于检查干涉配合问题，这个过程以设计共享为基础。数字化整机预装配将协调零件设计、系统设计(包括管线、线路布置)，检查零件的安装和拆卸情况。数字化整机预装配的应用将有效地减少因设计错误或返工而引起的工程更改。

随着新一代数字化整机预装配软件工具的不断出现，其功能将包括干涉配合检查，选择最佳精度。数字化整机预装配可以在发图前辅助设计员消除干涉现象。设计员能搜索并进入其他相关设计系统中检查设计协调情况。其他设计小组，如工程分析、材料、计划、工装、用户保障等也陆续介入设计范围，并在发图前向设计员提供反馈信息。

3. 并行产品设计

并行产品设计是对集成、并行设计及其相关过程的研究(包括设计、制造、保障等)。并行设计要求设计者考虑有关产品的所有因素，包括质量、成本、计划、用户要求等。要充分发挥并行设计的效能，离不开以下几方面因素的支持。

(1) 多方面培养设计人员，合理配置设计制造团队、集成产品设计、制造及保障过程。

(2) 利用CAD/CAE/CAM保障集成设计、协同产品设计、共享产品模型、共享数据库。

(3) 利用多种分析工具优化产品设计、制造、保障过程。

问题与讨论：

分析评价波音公司商用飞机并行设计的作用和意义。

参 考 文 献

[1] 陈荣秋，马士华. 生产与运作管理[M]. 3版. 北京：高等教育出版社，2012.

[2] 龚国华，李旭. 生产与运营管理[M]. 3版. 上海：复旦大学出版社，2011.

[3] 陈心德，吴忠. 生产运营管理[M]. 2版. 北京：清华大学出版社，2011.

[4] 王晶. 生产与运作管理核心理论及习题集[M]. 北京：机械工业出版社，2013.

[5] http://baike.baidu.com/

[6] http://wenku.baidu.com/

第 4 章
生产运营系统选址与布局

本章要点

生产运营系统的选址与布局是企业的一项重大决策，决策工作质量的好坏对整个企业的生产经营效果有长远影响，需要企业认真加以对待。通过学习本章，认识生产运营系统选址和布局的重要性，了解影响系统选址的各种因素和选址应遵循的原则，熟悉系统选址的步骤和方法。通过本章可以了解工厂总平面布局和厂区内各生产单元布置的特点与形式，重点掌握工艺专业化和产品专业化两种车间布置的基本形式，了解服务业系统选址与布局的特点。总之，生产运营系统选址与布局必须服从企业经营发展战略总目标的要求。

关键术语

选址(Location Selection)；布局(Layout)；经济活动单元(Economic Activity Unit)；平面布置(Ichnography Layout)；车间布置(Workshop Layout)；产品专业化(Product Specialization)；工艺专业化(Process Specialization)；办公室布置(Office Layout)。

对一个企业来说，生产运营系统选址是建立和管理企业的第一步，也是事业扩大的第一步。生产运营系统选址的重要性显而易见，因为生产运营系统的选址和布局会影响企业生产能力的布局、战略规划、基建投资、环境保护等问题，并且对工厂投产后的生产运营成本、产品和服务质量以及职工招收等都有极大而长久的影响。一旦选择不当，它所带来的不良后果难以通过建成后加强和完善管理来弥补。生产运营系统的选址和布局一经确定，设备一旦购入并安装好，想要改建和迁移是一件很困难的事情。因此，在进行工厂设施选址时，必须充分考虑到多方面因素的影响，慎重决策。此外，不但新建企业需要进行工厂设施选址，随着经济的发展，城市规模的扩大，以及地区之间的发展差异，很多老企业也面临着重新选址的问题。可见，生产运营系统选址和布局是所有企业都要面临的，同时也是现代企业生产运营管理中的一个重大问题，需要进行深入系统的分析研究。

4.1 生产运营系统选址

人类对选址问题的研究由来已久。人类祖先对居住的洞穴的选择问题以及始于中国古代的对风水问题的研究，其本质都是选址问题。德国经济学家阿尔伟雷德·韦伯是世界上第一个研究制造业厂址选择问题的专家。随着经济全球化的发展，全球性选址问题是企业家不得不面对和重视的问题。选址不仅仅是新建企业所面临的决策，老企业在扩张发展过程中，工厂改建、扩建、搬迁以及兼并收购，选择合作伙伴时都会遇到选址这个问题。

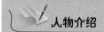
人物介绍

阿尔弗雷德·韦伯

阿尔弗雷德·韦伯（Alfred Weber，1868—1958），德国经济学家、社会学家和文化理论家。1909年出版《工业区位论》，首次全面而系统地论述了工业区位，是工业区位理论的奠基人，深刻影响了现代经济地理学的发展。

韦伯从工业区位理论的角度阐释了产业集群的现象。他把产业聚集分为两个阶段：一是企业自身简单规模扩张，从而引起产业集中化，这是产业聚集的低级阶段；二是靠大企业以完善的组织方式集中于某一地方，并引发更多的同类企业出现，形成有效的地方性聚集效应。

韦伯把产业集群归结为四个方面的因素。第一个因素是技术设备的发展。随着技术设备专业化整体功能的加强，技术设备相互之间的依存会促使工厂地方集中化。第二个因素是劳动力组织的发展。韦伯把一个充分发展的、新颖的、综合的劳动力组织看作是一定意义上的设备，由于该组织也十分"专业化"，因而促进了产业集群化。第三个因素是市场化因素。这也是最重要的因素。产业集群可以最大限度地提高批量购买和出售的规模，得到成本更为低廉的信用，甚至"消灭中间人"。第四个因素是经常性开支成本。产业集群会引发煤气、自来水等基础设施的建设，从而减少经常性开支成本。韦伯还从运输指向和劳动力指向两个不同的途径去分析产业集群能够达到的最大规模。

4.1.1 系统选址的重要性

选址是企业生产经营事业开始或扩大的第一步，走好第一步对企业日后的发展至关重要。无论是生产有形产品的企业，还是提供无形服务的企业，一旦地址选定，企业周边环境就基本确定，企业的不动资产也固定下来了，同时它的经营费用也大致限定。由于不动资产难以转移，外部环境无法控制，如果选址有误，给以后的经营活动埋下了隐患，难以通过日后的加强管理来弥补，企业会陷入进退两难的境地。因此，选址工作对企业经营具有重要意义，要作系统的全面的考虑，要采用科学的决策方法。

首先，就投资成本和运行成本而言，系统选址是否合理，能否靠近客户和原材料产地，劳动力资源是否丰富，地价高低，以及生产协作条件等，都会直接影响工厂的投资效果和运营效益。

其次，就物质因素而论，系统选址决定着企业生产过程的结构状况，从而影响工厂的建设速度和投资规模。例如，建厂地区的公共系统和生产协作条件，决定着工厂是否要自备动力、热力等各种辅助生产系统；供应来源的可靠性和便利性，决定着工厂仓库面积的大小以及运输工具的类型和规模等。

最后，从行为角度看，不同的选址会影响到职工的生活和工作积极性，进而影响到对优秀人才的吸纳。不同地区文化习俗的差异、气候条件、生活标准、教育水平等，都对职工能否长期安心工作产生不同影响。这些问题在过去的"三线"建设工厂中体现的特别突出，对企业生产经营带来了难以克服的困难，经验教训汲取深刻。

总之，选址建厂是一件巨大的永久性投资，一旦工厂建成，即使发现厂址选择有误，也为时已晚难以补救。选址决策正确与否对于一家公司的经营成败起着至关重要的作用，如此大事，经营决策者万不可草率。

4.1.2　选址决策的影响因素与原则

1. 影响厂址选择的主要因素

影响选址决策的因素很多，大致分为两类：一类属于自然条件方面的；另一类属于社会环境方面的。

1）自然条件因素

（1）土地资源。建厂需要土地，土地的地理位置、面积、地质条件、地价等都是选址决策时首先考虑的重要因素。

（2）气候条件。有些对气候有特殊要求的企业，气候条件是非常重要的选址因素。主要考虑温度、湿度、风向、风力、灾害性天气的种类、严重程度和发生概率等。

（3）水资源。水是生产与生活的必需资源，对水的要求不仅仅是数量问题，还要考虑质量问题。水资源条件是限制某些企业选址的关键因素。

（4）物产资源。一些企业需要使用大量的物产资源作为制造产品的原材料，甚至有的企业对资源产地有依赖性，因此，企业接近原料产地对于生产加工是十分有利的。

2）社会环境因素

（1）劳动力资源。劳动力是最重要的生产要素，除了数量上的要求外，更重要的是质量方面的要求，如文化水平、技术技能等，另外还要考虑当地的工资水平。劳动力成本是构成企业生产经营成本的重要组成部分。

（2）基础设施条件。设厂地区的基础设施对企业的经营成本有很大影响。主要是煤、电、水的供应是否充足，通信设施是否便捷，交通运输是否方便。这些基础设施对企业正常的经营活动是必不可少的，而企业又不适宜在这方面做投资。此外，当地政府是否愿意改建升级基础设施以满足所需，对选址也有重要影响。

（3）工业综合化基础。现代大工业生产，企业之间有着密切而广泛的联系，互相之间提供大量的原料、零件、能源，以及信息、资金等，形成一条条供应链，结成一张供应网络。如果当地没有一定的经济规模，对生产经营是不利的。

（4）市场空间。越来越多的事实证明，大多数产品具有产地销售的优势，这往往是由于成本优势和服务优势造成的。市场空间大可以为企业提供较大的发展余地。很多企业将工厂设在接近市场的地方，就是为了接近顾客以确保生产和研发的产品与顾客的需要保持一致。此外，企业目标市场的客户有时希望他们的订货能够隔夜送达。例如，日本的国钢电子公司把它的最大的工厂设在印第安纳州的哥伦布，就是为了能够尽量接近它的主要市场美国。

（5）东道社区。企业在当地是否受欢迎也是选址决策中必须考虑的，这对企业今后的日常经营活动是有一定影响的，严重时会使企业无法进行正常的生产活动。如排污严重的企业，生产的产品与当地的宗教信仰相冲突的企业，都会受到公众的谴责和抵制，甚至当地居民会自发采取阻挠行动。此外，当地的教育设施和逐渐受关注的生活质量问题也很重要。

（6）政府壁垒。政府颁布的产业政策、税收政策、环保政策、土地政策等，都会对企业经营产生重大影响。如今，许多国家正在通过立法清除妨碍外国产品进入和在本国设厂的壁垒，但是，除立法以外的其他因素以及文化壁垒也是需要在选址中认真考虑的问题。

（7）政治风险。许多国家地理政治的冲突使许多公司的设施选址同时面临着机会与挑战。当然，许多国家正在进行的体制改革也使得在这些地区设厂变得极具风险。投资国和东道国之间的政治关系也会影响企业在选址问题上的决策。

特别需要指出的是，随着经济全球化进程的加快，选厂址的范围已经超出本国的疆界。我国加入WTO以后，外商在我国投资建厂的速度加快了，与此同时我国企业到海外建厂的数量也稳步增长，选址的空间越来越大，要考虑的因素也增加了。

2. 选址难度与选址因素的权衡

1）选址难度之源

（1）各种选址因素互相矛盾。选址关系到很多因素，而这些因素常常是相互矛盾的。市场好的地方，客源丰富，接到订单数量多，但往往地价贵，租金高昂。

（2）不同因素的相对重要程度难以确定和度量。

（3）不同决策部门的利益不同，追求的目标不同，常常导致决策意见分歧难以定夺。

（4）判断的标准随时间而变化，现在通过评价指标得分最高的选址方案，若干年之后再评价就不一定是最好的了。

2）选址因素的权衡

正因为存在上述所说的选址难度，所以在考虑这些因素时，需要注意以下两方面。

（1）必须仔细权衡所列出的这些因素，决定哪些是与系统选址紧密相关的，哪些虽然与企业经营或经营成果有关，但是与系统位置的关系并不大，以便在决策时分清主次，抓住关键。否则，有时候所列出的影响因素太多，在具体决策时容易主次不分，做不出最佳的决策。

（2）在不同情况下，同一影响因素会有不同的影响作用，因此，绝不可生搬硬套任何原则条文，也不可完全模仿照搬已有的经验。不同的企业对建厂的环境条件有不同的要求，在有的企业看来是十分重要的因素，而对另一个企业来说可能是无关紧要的。

总之，选址时要根据企业自身的要求确定所要考虑的因素，并分清主次，区别对待。要找到一个满足各方面要求的系统选址是十分困难的。因此，必须权衡利弊，选出在总体上获益最大并符合企业发展战略目标的方案。

　　3．选址决策的原则

　　影响选址的因素很多，如要全面评价各因素的影响作用，需要做科学的定量分析。但大量的成功案例证明，在选址问题上，定性分析更为重要，定性分析是定量分析的前提。在做选址决策定性分析时，应遵循以下几项原则。

　　1）费用原则

　　企业首先是经济实体，经济利益对于企业无论何时何地都是最重要的。建设初期的固定费用，投入运行后的变动费用，产品出售以后的年收入，都与选址有关。对于制造业这是首条原则，有许多案例可以说明费用原则的有效性。例如，联合利华进入我国市场很早，地址选在上海，经营效果很好，但进入 21 世纪经营状况恶化，原因是成本高，价格定位高，导致东南亚的同品牌产品通过各种渠道进入我国。该公司将工厂迁至安徽，成本下来了，经营效果得以恢复。台湾富士康集团从 1988 年开始在大陆投资建厂，二十多年来从最初的珠三角地区到长三角地区布点，不断向中西部地区的三四线城市扩散设厂，实际上就是考虑生产经营的成本费用问题。

　　2）聚集人才原则

　　人才是企业最宝贵的资源，企业选址得当有利于吸引人才。反之，因企业搬迁造成员工生活不便，导致员工流失的事常有发生。当然，企业的凝聚力是多种因素作用的结果，但不可否认地理位置是重要因素。例如，上海周边城市的外资、台资企业很多，特别在苏州一带，这些地区除了商业氛围和市场因素外，生活与交通便利是重要原因。周末到上海休息，甚至居住在上海，上班在昆山，要出国到上海国际机场很方便，很好地满足了外方人员的需求。

　　3）接近原则

　　接近用户市场和接近原材料供应地是选址决策的重要原则。生产运营系统位置接近用户和原材料产地，不仅运输路径短、物流成本低，而且能实现直达送货减少库存，同时更真实和快捷地接收供应商和最终客户的反馈。对于服务业，几乎无一例外都需要遵循这条原则，如银行营业所、邮电局、电影院、医院、学校、零售业的所有商店等。

　　4）长远发展原则

　　企业选址是一项带有战略性的经营决策活动，因此要有长远发展眼光。选址决策要考虑到企业生产能力的合理布局，要考虑市场的开拓，要有利于获得新技术新思想。在经济全球化时代背景下，更要考虑如何有利于参与国际间的竞争。海尔是最早意识到海外投资重要性的企业之一，早在 20 世纪 90 年代末海尔就提出"三步走"的国际化战略，着手考虑到国外建厂拓展市场，现在海尔已在美洲、欧洲、中东非、南亚等世界众多国家建立起家电生产基地或产品研发中心，为全球化品牌战略打下了坚实的基础。

4.1.3　选址的一般步骤

　　工厂选址的一般步骤为：选择某一个国家；选择某一个地区；选择地区适当的地点。

1. 选择某一个国家

经济全球化进程的加快，促使企业走上国际化或全球化发展道路。在全球不同国家建厂成为企业全球化发展战略实施的重要一环，选址决策已跨越国家的界限。选择在哪个国家建厂需要考虑所在国的地理政治风险、政府壁垒、经济贸易政策、市场竞争环境、基础设施条件、汇率和货币风险、法律制度体系等众多因素，这是选址决策中最复杂和最有难度的环节，对投资决策者来说也是最富有挑战性的工作。一旦确定了选址国家，就将精力集中于这个国家的地区和社区的选址上。

2. 选择某一个地区

选择地区时要综合考虑该地区投资政策的吸引力、劳动力成本与可获得性、基础设施条件、地区环保规则、土地和建设成本等。可以选择在城市设厂、农村设厂和城郊设厂。

1）城市设厂

城市人口稠密，人才集中，交通便利，通信发达，各种企业聚集，协作方便，动力供应便利，资金容易筹集，基础设施齐备，职工生活方便。但是，城市高楼林立，地价昂贵，劳动力成本高，对环境保护要求严。服务业和环境友好型的高精尖企业适合在城市选址设厂。

2）农村设厂

在农村设厂与城市设厂的优、缺点相反，下列情况较适于在农村设厂：①工厂规模大，需占用大量土地；②生产对环境污染较大，如产生噪声、有害气体或液体；③需大量低技术性用工；④有高度制造机密，需与周围隔离。

3）城郊设厂

城郊兼具城市和农村的优点，随着现代交通物流和计算机通信技术的日益发达，将有越来越多的工厂设在城乡接合部。

3. 选择适当地点

地区选定后，最后要确定在地区的哪个具体地点建厂。在选择具体地点时，一要考虑厂区平面布置，并留有适当扩充余地。在购置厂地之前，应有厂区平面布置方案，留有余地会多花投资，但不考虑长远发展可能会导致更多的投资。二要考虑整理场地环境的费用。不仅要考虑厂房设施和仓库的建设费用，还要考虑"三通一平""三废"排放、整治周围环境等费用。尤其在远离城市的地方建厂，公共基础设施缺乏，往往需要增加额外的企业花费。三要考虑职工生活方便。在远离城市的地区建厂，还要考虑职工的吃、住等生活问题。在城市或城郊建厂，则要考虑职工上下班的交通问题。

4.1.4 工厂选址方法

基于厂址选择的重要性和高风险性，选择厂址时必须提供较多的备选方案，因此它是一个多方案、多因素的决策问题。解决这类问题的方法很多，但归结到一点，就是计算出一个综合性的数值，从中挑选最好的。不同点在于确定各因素的权重的方法差异很大。

1. 因素评分法

因素评分法(Factor-rating Systems)在常用的选址方法中也许是使用得最广泛的一种，因为它以简单易懂的模式将各种不同因素综合起来。因素评分法的具体步骤如下：

（1）确定一组相关的选址决策因素。

（2）赋予每个因素以权重，以反映这个因素在所有评价因素中的相对重要程度。

（3）对所有因素的打分设定一个共同的取值范围，一般是1～10，或1～100。

（4）对每一个备选地址的所有因素，按设定范围打分。

（5）用各个因素的得分与相应的权重相乘，并把所有因素的加权值相加，得到每一个备选方案的最终得分。

（6）选择具有最高总得分的方案作为最佳选址结果。

【例4-1】 某公司因业务发展需要，拟建一新厂，现有三个备选厂址(A、B、C)供选择，经分析影响因素共有九个，其重要程度见表4-1，求最优方案。

表 4-1　影响因素的重要度及评分计算

影响因素	权重	备选厂址 A		备选厂址 B		备选厂址 C	
		评分	得分	评分	得分	评分	得分
土地资源	4	2	8	3	12	2	8
气候条件	1	1	1	4	4	3	3
水资源	3	4	12	3	9	4	12
资源供应条件	6	3	18	2	12	2	12
基础设施条件	7	4	28	4	28	3	21
市场空间	7	3	21	3	21	1	7
生活条件	5	2	10	3	15	3	15
劳动力资源	2	4	8	3	6	3	6
地方法规	5	3	15	4	20	4	20
总评分	—	121		127		104	

解： 根据权重和不同备选方案的各因素得分，计算各方案的总评分，计算结果见表4-1。选总评分最高的方案为最佳选址方案，即B方案当选。

用上述方法评选，理应最高总得分的地址B作为最佳选址方案。然而，厂址A与B总评分差6分，仅凭这一点点差别就否定另一个方案是否可靠，这是个很值得考虑的问题。在计算过程中可以感觉到，由于确定权数和等级得分完全靠人的主观判定，只要评定有偏差就会影响评分数值，最后影响决策的结果。目前关于确定权数的方法很多，比较客观准确的方法是层次分析法，该方法操作并不复杂，有较为严密的科学依据，在做多方案、多因素评价时，尽可能采用可靠方法确定权重。

因素评分法虽然简单，相对来说大概是选址使用最广泛的技术了，而且有着较好的使用效果。

2. 运输模型法

运输模型法(Transportation Model Method)是一种特殊的线性规划方法。之所以叫运输方法，是因为它被用于解决从不同生产地到不同目的地的产品运输问题中。这种问题的两个主要目标是：使 n 个单位的产品运到 m 个目的地的成本最小，或者使 n 个单位的产品运到 m 个目的地的利润最大。

假定几个备选方案的各种影响因素的作用程度差不多，可以不予考虑，这时费用就成了唯一的决策因素，处理这类问题，运输模型法是非常有效的工具。下面通过实例来说明运输模型法在工厂选址中的应用。

【例4-2】 某电视机公司现在广东和辽宁各一座整机厂，另有5家销售中心，分别位于东北、华北、华东、中南和西北地区，产品销往全国。产品从工厂运到销售中心，再从各中心运往零售店。西北区销售中心是最近新建的，以便于公司进一步开拓西北市场，并为进入独联体和东欧市场做准备。为了扩大市场份额，公司决定新建一个每周生产能力为25 000台的整机厂。经过考察，已初步选定3个地点：安徽、陕西和湖北。并采用兼并方式改造原有电视机厂。有关每个工厂的生产成本和分配费用，以及生产能力和市场需求由表4-2给出，表中间部分的数据为分配费用，包括运费、装卸费、库存费用，以及销售费用，最下面一行成本指工厂生产成本。要决策的问题是：在现有2个工厂和5家销售中心的情况下，新建工厂选在哪个地方能使公司的总成本最低？

表4-2 某电视机公司生产与销售数据

生产厂 销售中心	广东厂	辽宁厂	湖北厂	安徽厂	陕西厂	需求量(台)
东北区	420	320	460	440	480	10 000
中南区	360	440	370	300	450	15 000
华北区	410	420	300	370	430	16 000
华东区	380	480	420	380	460	19 000
西北区	500	490	430	450	270	12 000
生产能力(台)	27 000	20 000	25 000	25 000	25 000	
生产成本元/台	2 700	2 680	2 640	2 690	2 620	

解： 求解的思路是在原来的基础上分别解算新建一个工厂后的公司总成本，取最低者为入选厂址。

（1）不同建设厂址的生产成本计算见表4-3。

表4-3 工厂生产成本计算　　　　　　　　　　　　　　　单位：万元

备选厂址	广东厂成本	辽宁厂成本	新厂成本	生产总成本
湖北厂			6 600	19 250
安徽厂	7 290	5 360	6 725	19 375
陕西厂			6 550	19 200

广东厂生产成本＝27 000×2 700＝7 290 万元；

辽宁厂生产成本＝20 000×2 680＝5 360 万元；

湖北厂生产成本＝25 000×2 640＝6 600 万元；

安徽厂生产成本＝25 000×2 690＝6 725 万元；

陕西厂生产成本＝25 000×2 620＝6 550 万元。

（2）不同建设厂址的运输成本计算。

建立运输模型如下：

$$\text{Min} \sum_{i=1}^{m} \sum_{j=1}^{n} c_{ij} x_{ij}$$

$$\text{s. t.} \ \sum_{j=1}^{n} x_{ij} \leqslant S_i (i = 1, 2, \cdots, m)$$

$$\sum_{i=1}^{m} x_{ij} \geqslant D_j (j = 1, 2, \cdots, n)$$

$$x_{ij} \geqslant 0$$

式中：m 为生产厂家数；n 为销售中心数；c_{ij} 为单位运价；S_i 为生产量；D_j 为需求量；x_{ij} 表示从 i 向 j 的调运量。

根据上述运输模型，分别求出在三个备选厂址的最优运输方案，见表 4-4～表 4-6。

表 4-4　在湖北建厂的最优运输方案　　　　　　　　　　　　单位：台

销售中心 生产厂	东北区	中南区	华北区	华东区	西北区	生产能力
广东厂		8 000		19 000		27 000
辽宁厂	10 000				10 000	20 000
湖北厂		7 000	16 000		2 000	25 000
需求量	10 000	15 000	16 000	19 000	12 000	72 000

运输总成本：2 645 万元。这里的运输总成本实际为分配成本，包括运费、装卸费、库存费用，以及销售费用四项，下同。

表 4-5　在安徽建厂的最优运输方案　　　　　　　　　　　　单位：台

销售中心 生产厂	东北区	中南区	华北区	华东区	西北区	生产能力
广东厂			8 000	19 000		27 000
辽宁厂	10 000				10 000	20 000
安徽厂		15 000	8 000		2 000	25 000
需求量	10 000	15 000	16 000	19 000	12 000	72 000

运输总成本：2 696 万元。

表 4-6　在陕西建厂的最优运输方案　　　　单位：台

生产厂 ＼ 销售中心	东北区	中南区	华北区	华东区	西北区	生产能力
广东厂		15 000		12 000		27 000
辽宁厂	10 000		10 000			20 000
陕西厂			6 000	7 000	12 000	25 000
需求量	10 000	15 000	16 000	19 000	12 000	72 000

运输总成本：2 640 万元。

（3）计算总成本，见表 4-7。

表 4-7　不同工厂选址的总成本比较　　　　单位：万元

成本 ＼ 选址	生产成本	分配成本	总成本
湖北	19 250	2 645	21 895
安徽	19 375	2 696	22 071
陕西	19 200	2 640	21 840

从表 4-7 中可以看出，在陕西建厂的总成本最低，所以选定在陕西建新厂。

3. 重心法

重心法（Centroid Method）是一种为单个设施选址的技术，需考虑现有工厂以及它们之间的距离和货物运输量等因素。在最简单的情况下，这种方法假设运入和运出成本是相等的，它并未考虑在不满载的情况下增加的特殊运输费用。重心法常用于中转仓库、分销仓库或销售中心的选择。应用步骤如下：

首先，在坐标系中标出各个地点的位置，目的在于确定各点的相对距离。坐标系可以随便建立。在选址中，经常采用经度和纬度建立坐标。

其次，根据各点在坐标系中的横纵坐标值求出成本运输最低的位置坐标 X 和 Y，重心法使用的公式是

$$C_x = \frac{\sum d_{ix} V_i}{\sum V_i} \tag{4-1}$$

$$C_y = \frac{\sum d_{iy} V_i}{\sum V_i} \tag{4-2}$$

式中：C_x 为重心的 x 坐标；C_y 为重心的 y 坐标；d_{ix} 为第 i 个厂址的 x 坐标；d_{iy} 为第 i 个厂址的 y 坐标；V_i 为从第 i 个厂址运进或运出的货物量。

最后，选择求出的重心点坐标值对应的地点作为我们要布局系统的选址。

【例 4-3】　某公司需要为供应三个销售点的仓库设施选址。三个销售点的地址坐标和每月的销售量见图 4-1 和表 4-8。使用重心法为仓库选址。

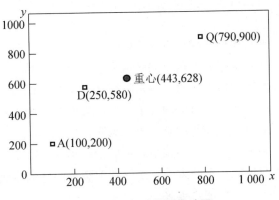

图 4-1　重心法的网格地图

表 4-8　销售点月销售量统计表

销售点	每月销售量(件)	销售点	每月销售量(件)
A 点	1 250	C 点	2 300
B 点	1 900		

解：利用图 4-1，可得重心的坐标为

$$C_x = \frac{(100 \times 1\,250) + (250 \times 1\,900) + (790 \times 2\,300)}{1\,250 + 1\,900 + 2\,300} = \frac{2\,417\,000}{5\,450} \approx 443.49$$

$$C_y = \frac{(200 \times 1\,250) + (580 \times 1\,900) + (900 \times 2\,300)}{1\,250 + 1\,900 + 2\,300} = \frac{3\,422\,000}{5\,450} \approx 627.89$$

这时管理层可以把 x 坐标和 y 坐标近似取为 443 和 628（图 4-1），为选择仓库地址提供了一个决策依据。

类似上述用于处理选址问题的方法还有很多，需要注意的是，在解决实际问题时，约束条件是相当复杂的，如果要考虑种种的约束限制，建立模型的工作会变得非常困难，甚至难以解算。最好在建立模型以前先做定性分析，忽略一些次要条件，抓住关键因素，可以简化模型，取得比较满意的结果。实际选址决策中，往往是定性的方法比定量方法更有价值，采取以定性方法为主、定量为辅的态度是比较妥当的。

4.2　厂区平面布局

为了使生产系统能够有效地运转，在系统内需要有分工，分成若干个经济活动单元，每个经济活动单元配置一定的生产力要素，完成特定的某些功能，并占据一定的空间位置。厂区平面布局就是在一个给定的厂区范围内，对多个经济活动单元进行平面布局，使它们组合成一定的空间形式，从而有效地为企业的生产运营服务，获得更好的经济效果。企业的生产活动在物质上表现为物流过程，因此厂区的平面布局对物流是有影响的。物流过程还会伴随着人力消耗、运输工具和能源的消耗，可见，平面布局对费用也有影响。此外，有关的管理人员因工作需要经常到其他生产部门处理事务，在路上走动要消耗劳动时间，厂区布局得合理，可以减少走路时间。因此合理配置企业的经济活动单元是生产系统布局的一项重要内容。

具体地说，厂区平面布局要考虑以下 4 个问题：

（1）应包括哪些经济活动单元？这个问题取决于企业的产品、工艺设计要求、企业规模、企业的生产专业化水平与协作化水平等多种因素。反过来说，经济活动单元的构成又在很大程度上影响生产率。例如，有些情况下一个厂集中有一个工具库就可以，但另一些情况下，也许每个车间或每个工段都应有一个工具库。

（2）每个单元需要多大空间？空间太小，可能会影响到生产率，影响到工作人员的活动，有时甚至会引发人身事故；空间太大，是一种浪费，同样会影响生产率，并且使工作人员之间相互隔离，产生不必要的疏远感。

（3）每个单元空间的形状如何？每个单元的空间大小、形状如何以及应包含哪些部分，这几个问题实际上相互关联。例如，一个加工单元，应包含几台机器，这几台机器应如何排列，因而占用多大空间，需要综合考虑。如空间已限定，只能在限定的空间内考虑是一字排开，还是三角形排列等；若根据加工工艺的需要，必须是一字排开或三角形排列，则必须在此条件下考虑需多大空间以及所需空间的形状。在办公室设计中，办公桌的排列也是类似的问题。

（4）每个单元在系统范围内的位置？这个问题应包括两个含义：单元的绝对位置与相对位置。有时，几个单元的绝对位置变了，但相对位置没变。相对位置的重要意义在于它关系到物料搬运路线是否合理，是否节省运费与时间，以及通信是否便利等。此外，如内部相对位置影响不大时，还应考虑与外部的联系，例如，将有出入口的单元设置于靠近路旁。

4.2.1　经济活动单元概述

1. 企业经济活动单元构成的影响因素

企业的生产运营对象千差万别，生产的方法各不相同，因此，不同企业经济活动单元构成的类型不尽相同，没有固定模式。影响企业经济活动单元构成的因素有哪些呢？

1）企业的产品

企业的目标最终是要通过它提供的产品或服务来实现的，因此，企业的产品或服务从根本上决定着企业经济活动单元的构成。对于制造企业来说，首先，企业的产品品种将决定企业所要配置的主要生产单元，如汽车制造厂需有冲压车间，而仪表制造公司则不需要；其次，由于产品的结构工艺特点决定着产品粗加工和原材料的种类，决定着产品的劳动量构成，因此，也就影响着生产单元的构成；最后，产品的生产规模也会影响到生产单元的构成，如某产品的产量较大且加工劳动量也较大、具有一定规模时，就要考虑设置该种产品的专门生产车间或分厂，反之，则没有必要。对于服务业企业来说也同样如此，所提供服务内容不同、服务规模不同，经济活动单元的构成自然不同。

2）企业规模

企业经济活动单元的构成与企业规模的关系是十分密切的。这是因为企业所需经济活动单元的数目、大小是由企业规模所决定的。企业规模越大，所需要的单元数目也越多。

3）企业的生产专业化与协作化水平

这主要是从两个方面影响企业的经济活动单元构成：一是采用不同专业化形式（指产品对象专业化或工艺对象专业化）的企业，对工艺阶段是否配备完整的要求不同，从而带来了经济活动单元构成上的不同；二是企业的协作化水平越高，即通过协作取得的零部件、工具和能源等越多，则企业的主要生产单元就越少。例如，很多标准件可容易地通过外协而得到，没必要全部自己建立这样的生产单元。在今天，企业正在向两个不同的趋势发展，一是生产的集中化和专业化，即生产要素越来越多地向大型专业化企业集中；二是生产的分散化，即生产要素向与大企业协作配套的小型企业扩散，以大企业为核心构成一个企业群体，以固定的协作关系从事某些专门零部件的生产或完成某些工艺过程。这两种发展趋势给企业的系统布局带来了一些新要求。

4）企业的技术水平

其中主要是装备的技术水平，它直接影响着企业经济活动单元的构成。采用数控设备、加工中心等高技术设备拥有率较高的企业，其生产单位的组成则较简单；反之，则较复杂。

2. 经济活动单元类型

各类企业为了追求生产效率，在实践中总结出一些比较有效的类型。生产过程一般也是按照以下方式进行分类的，下面以加工制造业为例进行说明。

1）基本生产单元

基本生产单元指直接从事企业产品加工的经济活动单元。它又可分成三种不同类型。

（1）准备车间，主要任务是为加工产品准备毛坯料，机械制造业中的铸造车间、锻压车间、下料车间，都属于这一类型。

（2）加工车间，主要任务是把零件加工成型或使零件具有某些特定功能，如机加工车间、钣焊车间、热处理车间、电镀车间等。

（3）装配车间，主要任务是把零件装配成产品，一般可分为部件装配车间、总装车间等。

2）辅助生产单元

辅助生产单元指为基本生产单元提供辅助产品或劳务的经济活动单元，相对于加工产品而言，它们属于间接生产。包括如下两类：

① 辅助车间。如工具车间、模具车间、机修车间等；② 动力部门。如变电所、锅炉房、乙炔气站、压缩空气站等。

3）运营服务单元

运营服务单元指为基本生产和辅助生产提供服务的经济活动单元，又分为三种类型：①运输部门。如汽车队、装卸队、起重队等；②仓库。如原材料库、在制品库、半成品库、工具库、成品库等；③检验与计量部门。

4）技术准备单元

技术准备单元指为生产提供技术服务的经济活动单元，如研究所、工艺科、试制车间等。

4.2.2 厂区平面布局原则与目标

1．厂区平面布局原则

厂区布局的根本要求是要有系统观点，兼顾各方面要求，合理布局精心安排，讲究整体效果。一般应遵循以下三条原则。

1）工艺原则

厂区布局首先应该满足生产工艺过程的要求，即全厂的工艺流程要顺畅，从上工序转到下工序，运输距离要短直，尽可能避免迂回和往返运输。

2）经济原则

生产过程是一个有机整体，只有在各部门的配合下才能顺利进行，其中，基本生产过程(产品加工过程)是主体，与它有密切联系的生产部门要尽可能与它靠拢，如辅助生产车间和服务部门应该围绕基本生产车间安排。在满足工艺要求前提下，寻求最小运输量的布局方案，还要求能充分利用土地面积。

3）安全和环保原则

厂区布局还要有利于安全生产，有利于职工的身心健康。例如，易燃易爆物品库应远离加工作业区和人群密集区，并有安全防范措施，有足够的消防安全设施，各经济活动单元的布局要符合环保要求，还要有"三废"处理措施等。

2．厂区平面布局的目标

根据以上厂区平面布局的三原则，提炼出厂区布局的"五最"目标。

(1) 最短的运输路线。有利于降低生产经营成本。

(2) 最大的灵活性。灵活、富有弹性的布局，对于企业未来的发展及适应变化的能力无疑具有重要意义，但这一目标的实现往往是困难的。

(3) 最有效的面积利用。在地价日益上涨的今天，为了节约成本，企业应尽可能地节省用地。

(4) 最优良的工作环境。不仅企业设施是配置在一定的厂区之内，企业职工也在这一环境中工作和生活，他们积极性的高低直接影响着企业的经营成果。所以，工厂布局应为他们提供良好的工作环境。

(5) 最充分的发展余地。合理的工厂平面布局应能为企业今后的改扩建发展留有余地，那种不考虑远景发展的短视眼光在工厂布局中是十分有害的。

4.2.3 厂区平面布局方法

1．模板布局法

模板布局法的基本步骤如下。

1）收集有关信息和数据

（1）所需经济活动单元及其面积。

（2）可利用空间即厂区的形状和大小（或现有布局图）。

（3）各个单元之间的相关关系。

（4）其他约束条件。

2）做出初步平面布局方案（块状区划图）

按比例制作厂区平面模板和各生产单位的模板，在形状面积一定的厂址上排列生产单位模板，要考虑的是所有的生产单位是否能够排得下，且运输量尽可能小。根据布局三原则，在平面上排列出一个个的布局方案，进行评价。

3）做出详细方案

选择满意的方案，确定最终块状区划图，制定出详细方案。

2. 物料运量图法

物料运量图法就是根据各车间（仓库/站场）的物料运量大小来进行工厂总平面布置。相互间运量大的车间靠近布置，反之远些。方法是先绘制物料运量从至表，见表4-9；然后绘制物料运量相关图，如图4-2所示；最后将运量大的车间或单元靠近布置。本例中，03与02车间、03与04车间之间的运量最大，因此，应靠近布置，其他车间的布局则酌情处理，最终的平面布局图如图4-3所示。

表4-9 物料运量从至表 单位：吨

	01	02	03	04	05	06	总计
01		6		2	2	4	14
02			6	4	3		13
03		6		6	4	4	20
04			6		2	4	12
05				1			1
06		3	4				7
总计	0	15	16	13	11	12	

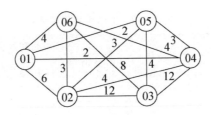

图4-2 运量相关图

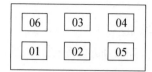

图 4－3　车间平面布局

3. 作业相关图法

作业相关图法是通过图解，判明企业各个部门之间的关系，然后根据关系的密切程度布局其相互位置，从而得出较优的总平面布置方案。首先将关系密切程度划分为 A、E、I、O、U、X 6 个等级，并给出相应的分值，见表 4－10；组织各组成部分之间的关系密切原因有 9 种情况，分别用 9 个数字代表，见表 4－11。然后根据资料，将待布局的部门一一确定出相互关系，根据相互关系的重要程度，按重要等级高的部门相邻布局的原则，安排出最合理的布局方案。

表 4－10　关系密切程度分类及代号

代号	关系密切程度	分值	代号	关系密切程度	分值
A	绝对重要	6	O	一般	3
E	特别重要	5	U	不重要	2
I	重要	4	X	不予考虑	1

表 4－11　关系密切原因及代号

代号	关系密切原因	代号	关系密切原因	代号	关系密切原因
1	使用共同的原始记录	4	人员接触频繁	7	做类似的工作
2	共用人员	5	文件交换频繁	8	共用设备
3	共用场地	6	工作流程连续	9	其他

【例 4－4】　一个快餐店要布局其生产与服务设施。该快餐店共分成 5 个部门，各部门的面积以及部门间的作业关系密切程度如图 4－4 所示。要求按相互关系进行布置。

解：(1)首先根据作业相关图计算每个组成部分的关系积分，以此编制出各部门相关程度表(表 4－12)。

表 4－12　部门相关程度表

部门	与其他部门的关系	关系分数	部门	与其他部门的关系	关系分数
1	U E I U	2＋5＋4＋2＝13	4	I O A U	4＋3＋6＋2＝15
2	U O O U	2＋3＋3＋2＝10	5	U U O U	2＋2＋3＋2＝9
3	E O A O	5＋3＋6＋3＝17			

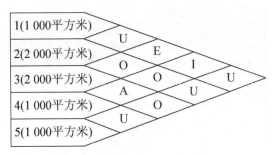

图 4-4　快餐店各部门作业相关图

图 4-5　初始布置图

（2）选取关系分数最高的部门（部门3）开始布局，再选出与它关系最密切的部门（部门4），即与部门3有A关系的部门，安排在它的旁边，可布局成图4-5。本例中布局用的样片为1 000平方米，部门3为2 000平方米，所以需用两块样片。

（3）找出与已选部门（部门3和4）关系最密切的部门，按A、E、I、O、U的顺序来选。如果有两个或两个以上同样关系程度的部门则比较它们的关系分数，优先布局关系分数最高的部门。

按照上述原则，本例可按部门3，4，1，2，5的次序进行布局。布局部门1可以有三个方案，如图4-6所示。

接着对方案进行记分，两部门靠在一起按相关图上的数码算分，不靠在一起算零分。上述部门1的三种布局方案中，以方案（a）得分最多，其他次之。实际上部门1还有其他一些布局方案，但都不如方案（a）好。

用同样的方法再布局部门2和部门5，最后可得出如图4-7所示的最终结果。

（a）部门4-1　4分　（b）部门4-1　0分　（c）部门4-1　4分
　　部门3-1　5分　　　部门3-1　5分　　　部门3-1　0分
　　合计　　9分　　　合计　　5分　　　合计　　4分

图 4-6　部门 1 的三种布局图

图 4-7　最终方案布局图

4. 从至表试验法

从至表试验法是一种常用的生产和服务设施布局方法。它是根据各种零件在各工作地和设备上加工的顺序，编制零件从某工作地至另一工作地的移动次数的汇总表即从至表，利用从至表中列出的机器或设施之间的相对位置，以对角线元素为基准计算工作地之间的相对距离，经过有限次试验和改进，找出整个生产单元物料总运量最小的布局方案，该方法既可以用于厂区内各经济活动单元的布局，也可以用于对车间内生产设备的布置。具体步骤如下。

（1）绘制产品加工的综合工艺路线表，见表4-13。

表 4-13　综合工艺路线表

零件编号 / 工作地	1	2	合计
1. 毛坯库			2
2. 铣床(组)			2
3. 车床(组)			2
4. 钻床(组)			3
5. 镗床(组)			1
6. 磨床(组)			
7. 检验(组)			2

（2）根据综合工艺路线表，制定设备布置的初始方案，编制零件从至表。从至表是按照工作地数（n）作的一个 $n \times n$ 矩阵，表中纵列为起始的工序，横行为终至的工序。对角线的右上方（上三角）表示按箭头方向前进的移动次数（表 4-13 中），对角线左下方（下三角）表示按箭头方向后退的移动次数。在表的每一格填入从某工作地至另一工作地的产品移动次数。初始的零件从至表见表 4-14。

表 4-14　初始从至表

从 \ 至	1. 毛坯(组)	2. 铣床(组)	3. 车床(组)	4. 钻床(组)	5. 镗床(组)	6. 磨床(组)	7. 检验(组)	合计
1. 毛坯(组)			2					2
2. 铣床(组)			2					2
3. 车床(组)		2						2
4. 钻床(组)				1		2		3
5. 镗床(组)			1					1
6. 磨床(组)								
7. 检验(组)								
合计		2	2	3	1		2	10

（3）分析和改进初始的产品从至表，求得较优的设备布局方案。通过分析从至表的构成可知，从至表中的数据距离对角线的格数就是设备之间的距离单位数。我们在从至表对角线的两侧绘制平行于对角线，并穿过各从至数的斜线。如果将所有斜线按照距离对角线远近依次编号 $[i=1, 2, 3, \cdots, n-1]$，编号为 i 的斜线穿过的从至数总和为 j，则设备在这种排列下，产品总的移动距离为 $L = \sum ij$。初始从至表中对角线右上方第一条斜线 $i=1$，表示从各设备至斜线经过的各设备之间的距离均为 1 个单位；$i=2$ 则表示距离均为 2 个单位，以此类推，从而可以求出总的零件移动距离。

通过上述分析可知，斜线与对角线越靠近，表明移动距离越短。因此，最佳的设备排列应该是移动从至表中从至数越大的设备，排列在越靠近对角线的位置上。依据这一原则，通过多次调整，找出较优的排列顺序，则改进后的最终零件从至表见表 4 - 15。

表 4 - 15 最终零件从至表

从＼至	1. 毛坯（组）	2. 车床（组）	3. 铣床（组）	4. 钻床（组）	5. 检验（组）	6. 镗床（组）	7. 磨床（组）	合计
1. 毛坯（组）		2						2
2. 车床（组）			2					2
3. 铣床（组）				2				2
4. 钻床（组）					2	1		3
5. 检验（组）								
6. 镗床（组）				1				1
7. 磨床（组）								
合计		2	2	3	2	1		10

（4）计算改进前后零件移动的总距离，如表 4 - 16 所示。通过计算比较可知，改进后总的零件移动距离减少了 6 个单位距离，占原总距离数的 33.3%，设备布局的优化程度大大提高了。改进后的综合工艺路线表见表 4 - 17。

表 4 - 16 从至表计算表

排 列	顺 流		逆 流	
调整前	格数×对角线位上各次之和 1×1=1　　2×(2+2)=8 3×2=6		格数×对角线位上各次之和 1×(2+1)=3	
	小计　　　　15		小计　　　　3	
	零件移动总距离　　　　15+3=18（单位距离）			
调整后	1×(2+2+2+2)=8 2×1=2		2×1=2	
	小计　　　　10		小计　　　　2	
	零件移动总距离　　　　10+2=12（单位距离）			
	零件移动总距离调整前后之差　　18-12=6（单位距离）			
	总距离相对减少程度 6÷18×100%=33.3%			

表 4 - 17　改进后综合工艺路线表

零件编号 / 工作地	1	2	合计
毛坯库	①	①	2
车　床	②	②	2
铣　床	③	③	2
钻　床	④	④ ⑥	3
检　验	⑤	⑦	2
镗　床		⑤	1
磨　床			

4.3　车 间 布 置

车间布置是指车间内各组成部分和设备的布置。车间由基本生产部分、辅助生产部分、仓库部分、办公部分和生活区域组成。对车间布置的要求与厂区布置相类似，只是车间的规模小，要求更具体一些。车间是企业生产活动的直接承担者，担负着产品的加工任务，设备布置成为车间布置工作中最主要的任务。

4.3.1　车间设备布置形式

车间内设备布置通常有两种形式，即工艺专业化和产品（对象）专业化布置形式。

1. 工艺专业化布置

工艺专业化布置是指将同类的设备布置在一起的车间布置方式，也称"机群式布置"，如图 4-8 所示。例如将所有的车床布置在一个车间，将所有的冲压机床布置在另一个车间等。金属切削加工车间（俗称金工车间）集中了许多金属切削机床，专门承担金属切削加工工艺的生产任务。在金工车间内采用工艺专业化形式就是指按工艺类别建立生产班组，常见的有车床组、铣床组、刨床组、钻床组、磨床组等。被加工的零件，根据预先设定好的流程顺序从一个地方转移到另一个地方，每项操作都由适宜的机器来完成。

工艺专业化布置形式比较适用于品种多产量小的生产类型。它的特点是：同类设备集中，加工技术单一，分派任务弹性大；加工对象多，工艺路线差别大，难以使工件搬动自动化；在各工序之间成批搬运，加工周期长；周转环节多，不易管理。

工艺专业化布置的主要条件是：同类型设备较多；所使用设备的通用性较强；生产的产品需要量小，品种变化较多，间歇性较大；工人的技术水平要求较高。

1）工艺专业化布置的优点

（1）有较强的适应性，可不必随产品品种的变换而重新布置和调整设备。

（2）由于同类设备集中在一起，便于充分利用生产设备和生产面积。

（3）减少重复添置设备，设备费用和维护费用较低。

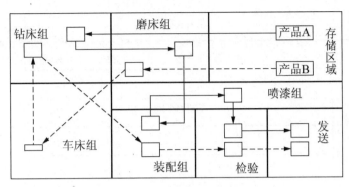

图4-8　工艺专业化布置图

（4）同一种工艺集中在一起，便于工艺及设备管理，有利于工人技术水平的提高。遇设备故障，生产不致中断，局部停工不致影响全局，可用其他设备代替。

（5）安排较简便，可少受工序的限制和场地的影响。

2）工艺专业化布置的缺点

（1）加工对象在车间之间辗转交接频繁，流程交叉重复，运输堆放增多，运输费用增加。

（2）半成品运送时间长，停放时间多，生产周期延长，在制品增加，流动资金占用量增大。

（3）产品经常变换，因此工人技术水平要求较高，培训期较长。

（4）车间之间的联系与协作关系频繁，计划管理、在制品管理、质量管理等工作复杂化。

2. 产品专业化布置

产品专业化布置又称对象专业化布置（也称"生产线布置"或"封闭式布置"），是指把加工某种产品（零件）所需要的设备布置在一起，即布置成一条专门的加工生产线，如图4-9所示。这种形式适合于品种少、产量大、高标准化的产品生产类型。例如汽车制造厂的装配线的布置。

对象专业化布置的主要条件是：企业应有较为稳定的专业方向和一定的生产规模；产品结构比较稳定，产品零件的标准化和通用化程度比较高；半自动或全自动生产，至少初具流水线规模；分工精细，工种、设备类型齐全。

1）产品专业化布置的优点

（1）可以缩短产品的加工路线，节约运输、辅助工具等费用。

（2）可以减少产品的搬运和停滞时间，缩短生产周期，减少在制品和流动资金占用量。

（3）工人的技术水平要求较低，有利于劳动力调配。

（4）协作关系简单，计划管理工作简化。

2）产品专业化布置的缺点

（1）适应性差，包括产量变化和产品品种变化都不灵活。

（2）设备管理复杂，利用率差，生产线上任何设备的故障可能导致全线停产。

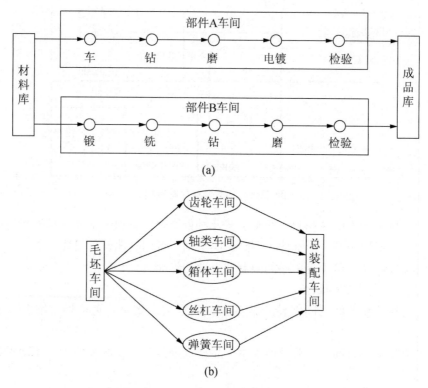

图4-9 产品专业化布置图

（3）不便于工人技术水平的提高。

（4）生产线投资巨大。

工艺专业化布置与产品专业化布置之间的区别就是工作流程的路线不同。工艺专业化布置中的物流路线是高度变化的，因为用于既定任务的物流在其生产周期中要多次送往同一加工车间。产品专业化布置中，设备或车间服务于专门的产品线，采用相同的设备能避免物料迂回，实现物料的直线运动。只有当给定产品或零件的批量远大于所生产的产品或零件种类时，采用产品专业化布置原则才有意义。

3. 混合类型布置

混合类型布置是指将产品专业化和工艺专业化两种方式结合起来的布置方式。在一个工厂内，既有按对象专业化布置的车间，又有按工艺专业化布置的车间，因此，在实际工作中的布局往往较为灵活，即可以在对象专业化的基础上采用工艺专业化的布置。例如，铸钢、铸铁件车间，模锻、自由锻车间，表面处理、高频淬火与热处理车间等。更常见的是封闭的车间（按产品布置）内部，仍按各机种小组排列，如车床组、铣床组等，这大都出于产品品种不多、数量也不足以单独成立一条生产线的缘故。

4. 成组技术布置

由于以上基本布置形式各有优缺点，故人们一直在探索一种既能节省流程，又能适应各种加工要求的布局形式。在这方面，成组技术布置的形式逐渐得到越来越广泛的应用，以适应日趋于小批量、多品种、变化多的要求。利用成组技术原理组成的加工单位称为成组加工单元，不同的成组加工单位分布排列便形成了成组技术布置。

4.3.2　车间布置原则

生产车间内部的布置应遵循工艺性、经济性和安全性原则，具体有以下要求。

（1）尽可能保持生产过程的连续性，使在制品处于加工或运输状态，减少中断与停顿，这就要求各生产环节能布置得流程通畅、紧密衔接，各生产环节的加工能力应该匹配。

（2）工件加工中的运送路线要短，尽可能地减少在制品运送次数与运送量，工人操作的行走路线要短，节省工人的工作时间。

（3）车间内要留出足够的通道面积，通道要直，尽可能少转弯，物流通道与人行走道最好分开。

（4）充分保证生产用面积，提高利用率，不需要的工具等物品坚决清理出现场，不常使用的东西，放在边角处。

（5）设备布置要保证安全，要便于工人操作和布置工作地。

4.3.3　车间布置实例

上海拖拉机厂齿轮车间是为幸福摩托车配套生产齿轮而建立起来的，车间面积 3 000 平方米。它是按对象原则组成的车间，在整个制造流程中，除热处理工艺在热处理车间完成外，其余的全部在车间内加工。该车间的内部平面布置开始时按工艺专业化形式，如图 4-10 所示。

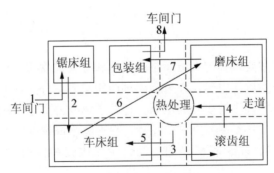

图 4-10　工艺专业化布置的齿轮车间

当时该车间共有职工 190 人，设备 96 台，月产量仅有 2 000 套。车间辅助部分和办公部分在车间附近。图 4-10 中间的虚线圆圈表示热处理工艺在其他地方完成。生产中的主要问题是：在制品在车间内各班组之间运输频繁，为了减少运输，采用一天运一次的成批运输方式，这样又导致每天需要进库、出库，上下班时刻在制品库十分拥挤，并占用大量在制品。

一年后随着需要量的增加，原布置方式已不能适应需求，将它改成产品专业化布置形式。同时更新部分设备，新设备的效率较高，设备数量增加到 110 台，职工人数增加到 216 名。新的布置形式如图 4-11 所示。

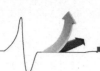

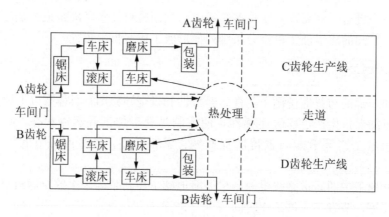

图4-11 产品专业化布置的齿轮车间

按产品专业化布置后，工艺路线通畅，工序之间采用滑槽运送，节省搬运工；中间环节减少，生产效率提高，月产量达到 12 000 套；在制品数量大大减少，降低了流动资金占用量。如果没有热处理环节就是流水生产线方式。

4.4 服务业系统布局

服务业行业种类繁多，难以归纳成如制造业的几种基本类型。就单个运营单位而言，多数规模较小，且属于劳动密集型，使用的设备数量也较少，对设备布置的要求没有制造业那样迫切，当然，还是存在合理的布置问题。下面仅介绍几种典型服务业系统的布局做法。

4.4.1 办公室布局

办公室布局的内容主要是确定人员座位的位置和办公室物质条件的合理配置。布局时一般要了解办公室工作性质与内容，办公室内部组织与人员分工，办公室与其他单位的联系。还可绘制业务流程图，作为布局的依据。还要了解办公室定员编制，以及根据工作需要应配备的家具、通信工具和主要办公用品等。在充分掌握情况的基础上，按办公室的位置和面积进行合理布局，并绘制平面图。经讨论、比较和修改后，即可正式按图进行布局。

1. 办公室布局的特点及要求

办公室布局中，有一些布局原则与生产制造系统是相同的，例如，按照工作流程和能力平衡的要求划分工作中心和个人工作站，使办公室布局保持一定的柔性，以便于未来的调整与发展等。但是，办公室与生产制造系统相比，也有许多根本不同的特点。

（1）生产制造系统加工处理的对象主要是有形的物品，因此，物料搬运是系统布局的一个主要考虑因素。而办公室工作的处理对象主要是信息以及组织内外的来访者，因此，信息的传递和交流方便与否，来访者办事是否方便、快捷，是主要的考虑因素。

（2）在生产制造系统中，尤其是自动化生产系统中，产出速度往往取决于设备的速度，或者说与设备速度有相当大的关系。而在办公室，工作效率的高低往往取决于人的工作速度，而办公室布局，又会对人的工作效率产生极大影响。

（3）在生产制造系统中，产品的加工特性往往在很大程度上决定系统布局的基本类型，生产运营管理人员一般只在基本类型选择的基础上进行系统布局。而在办公室布局中，同一类工作任务可选用的办公室布局有多种，包括房间的分割方式、每人工作空间的分割方式、办公家具的选择和布局方式等。

此外，组织结构、各个部门的配置方式、部门之间的相互联系和相对位置的要求对办公室布局也有重要的影响，在办公室布局中都要有所考虑。

根据已有的经验，搞好办公室布局，需要注意以下一些问题。

（1）力求使办公室有一个安静的工作环境。各种嘈杂声音会使人感到不愉快，分散注意力，容易造成工作上的错误。所以，办公室应布局在比较安静、适中的位置。如果修建办公大楼，则大部分办公室可以集中在一起，这样既便于工作上相互联系，又可以求得比较安静的工作环境。如果没有办公大楼，则办公室就可能比较分散，这样的好处是接近生产现场，便于为生产服务，但可能不够安静，必须采取具体措施，如安装隔音装置等，以排除各种杂音。为保持办公室内安静，应将电话和其他发声设备安装在最少干扰他人工作的位置；客人来访最好设有单独会客室，如不具备此条件，也应将会客处布局在办公室的入口附近。

（2）办公室应有良好的采光、照明条件。室内光线过强或过弱，都会增加人的疲劳，降低工作效率。一般来说，自然光优于人造光，间接光优于直射光，匀散光优于聚焦光。自然光有益于人的身心健康，但早晚、阴雨可能光线不足，因此需要有其他的人造光补充。布局办公室内座位时，应尽量使自然光来自办公桌的左上方或斜后上方。

（3）最有效地利用办公室面积，合理布局工作人员的座位。安排座位时要考虑业务工作的流程和同一业务小组工作需要，尽可能采取对称布局，避免不必要的文书移动。

（4）办公室布局应力求整齐、清洁。室内用品应摆放整齐，使用方便。文件箱、文件柜的大小、高度最好一致，并尽量靠墙放置或背对背放置。常用的文件箱相应布局在使用者附近。办公用品和其他室内装饰物要经济实用，不要不切实际的一味追求豪华。

2．办公室布局的主要模式

办公室布局根据行业的不同、工作任务的不同有多种，归纳起来，大致可以分为以下几种模式。

1）封闭式办公室

这是一种传统的布置方式，办公楼被分割成多个小房间，伴之以一堵堵墙、一个个门和长长的走廊。显然，这种布局可以保持工作人员足够的独立性，但却不利于人与人之间的信息交流和传递，使人与人之间产生疏远感，也不利于上下级之间的沟通，而且，几乎没有调整和改变布局的余地。我国的政府机关和过去的企事业单位大部分都是这种模式。

2）开放式办公室

这种模式是近 20 多年来发展起来的，在一间很大的办公室内，可同时容纳一个或几个部门的十几个人、几十个人甚至上百个人共同工作。这种布局方式不仅方便了同事之间的交流，也方便了部门领导与一般职员的交流，在某种程度上消除了等级的隔阂，同时节约了空间成本。但这种方式的弊端是，有时会相互干扰，也会带来职员之间的闲聊等。该种模式以日韩台资企业采用为代表。

3）半开放式办公室

在开放式办公室布局的基础上，进一步发展起来的一种布局形式，是带有半截屏风的组合办公模块。这种布局既利用了开放式办公室布局的优点，又在某种传递上避免了开放式布局情况下的相互干扰、闲聊等弊病。而且，这种模块使布局有很大的柔性，可随时根据情况的变化重新调整和布局。采用这种形式的办公室布局，建筑费用比传统的封闭式办公建筑节省，改变布局的费用也低得多。该种模式以欧美企业为代表，我国的新型企业也大都采用该种模式。

4）"活动中心"式办公室

实际上，在很多组织中，封闭式布局和开放式布局都是结合使用的。20 世纪 80 年代，在西方发达国家又出现了一种被称为"活动中心"的新型办公室布局。在每一个活动中心，有会议室、讨论间、电视电话、接待处、打字复印和资料室等进行一项完整工作所需的各种设备。楼内有若干个这样的活动中心，每一项相对独立的工作集中在这样一个活动中心进行，工作人员根据工作任务的不同在不同的活动中心之间移动。但每个人仍保留有一个小小的传统式办公室。显而易见，这是一种比较特殊的布局形式，较适合于项目型工作的办公。

5）"远程"办公

20 世纪 90 年代以来，随着信息技术的迅猛发展，一种更加新型的办公形式——"远程"办公也正在从根本上冲击着传统的办公室布局方式。所谓"远程"办公，是指利用信息网络技术，将处于不同地点的人们联系在一起，共同完成工作。例如，人们可以坐在家里办公，也可以在出差地的另一个城市或飞机、火车上办公等。可以想象，当信息技术进一步普及、其使用成本进一步降低以后，办公室的工作方式和对办公室的需求，以至办公室布局等，均会发生很大的变化。现在欧美地区开始兴起这种模式。

4.4.2 仓库布局

仓储业是非制造业中占比很大的一个行业，通过合理的仓库布局来缩短存取货物的时间、降低仓储管理成本具有重要的意义。从某种意义上来说，仓库类似于制造业的工厂，因为物品也需要在不同地点（单元）之间移动。因此，仓库布局也可以有很多不同的方案，一般的仓库布局的目的都是寻找一种布局方案，使得总搬运量最小。这个目标函数与很多制造业企业系统布局的目标函数是一致的。因此，可以借助于类似负荷距离法等方法。实际上，这种仓库布局的情况比制造业工厂中的经济活动单元的布局更简单，因为全部搬运都发生在出入口和货区之间，而不存在各个货区之间的搬运。

这种仓库布局进一步可分为两种不同情况。

（1）各种物品所需货区面积相同。在这种情况下，只需把搬运次数最多的物品货区布局在靠近出入口之处，即可得到最小总负荷数。

（2）各种物品所需货区面积不同。需要首先计算某物品的搬运次数与所需货区数量之比，取该比值最大者靠近出入口，依次往下排列。

上面是以总负荷数最小为目标的一种简单易行的仓库货区的布局方法。在实际中，根据情况的不同，仓库布局可以有多种方案，多种考虑目标。例如，不同物品的需求经常是季节性的，在元旦、春节期间应把电视、音响放在靠近进入口处。又如，空间利用的不同方法也会带来不同的仓库布局要求，在同一面积内，高架立体仓库可存储的物品要多得多。由于搬运设备、存储记录方式等的不同，也会带来布局方法上的不同。再如，新技术的引入会带来考虑更多有效方案的可能性，计算机仓库信息管理系统可使得搬运人员迅速知道每一物品的准确仓储位置，并为搬运人员设计一套汇集不同物品于同一货车上的最佳搬运行走路线；自动分拣运输线可使仓储人员分区工作，而不必跑遍整个仓库，等等。总而言之，根据不同的目标，所使用技术不同以及仓储系统本身的特点，仓库的布局方法有多种。

4.4.3　零售商店布局

百货零售商店的平面布局有两条基本要求，一是能使顾客进店后很容易找到自己想要商品的柜台；二是店面的走道布局不能太拥挤，图 4-12 和图 4-13 分别是两家超市的平面布置图。

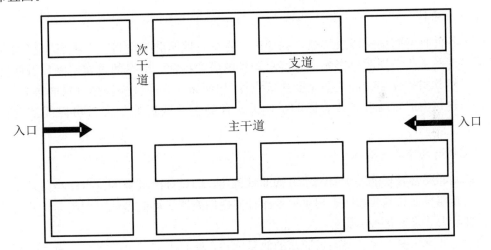

图 4-12　超市布局图(a)

图 4-12 这种超市布局，好处是视线开阔，顾客进入店铺后在主干道上就可以看清通道上方的标志，查找货物比较方便。

图 4-13 这种布局充分考虑到了人流与物流的分开，同时考虑到了冷冻商品靠墙摆放，节省能源，优化环境。

零售服务业布局的目的就是要使店铺的每平方米的净收益达到最大。在实际应用中，这个目标经常被转化为这样的标准，如"最小搬运费用"或"产品摆放最多"，同时由于服务业的生产过程和消费过程合为一体，消费者会对整个服务过程提出质量要求，因此，服务业还十分强调环境的布局，如家具的式样、颜色、室内的灯光、墙壁的色彩和图案

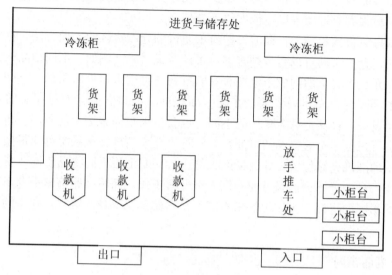

图 4-13　超市布局图(b)

等。一般而言，服务场所有三个基本组成部分：环境条件，空间布局及其功能性，徽牌、标志和装饰品。

1. 环境条件

环境条件是指商场的背景特征，如噪声、音乐、照明和温度等，这些都会影响雇员的具体表现和士气，同时也影响了顾客对服务的满意程度、顾客的逗留时间以及顾客的消费。虽然其中的许多特征主要是受建筑设计（照明布局、吸音板和排风扇的布局等）的影响，但建筑内的布局也对其有影响。例如，食品柜台附近的地方常可以闻到食物的气味。

2. 空间布局及其功能性

在空间布局及其功能性中有两个方面非常重要，即设计出顾客的行走路径以及将商品分组。行走路径设计是要给顾客提供一条路径使他们能够尽可能多地看到商品，并沿着这个路径按需要程度安排各项服务。

通道也非常重要，除了要确定通道的数目之外，还要决定通道的宽度。通道的宽度也会影响服务流的方向，如有些商店是这样设计的，一旦你走进商店的通道，就不能把购物小车掉转方向。

布局一些可以吸引顾客注意力的标记也可以使顾客沿着经营者所设想的路线走动。当顾客沿着主要通道行进时，为了扩大他们的视野，沿主通道分布的分支通道可以按照一定的角度布局。

此外，将顾客们认为相关的物品放在一起，而不是按照商品的物理特性或货架大小与服务条件来摆放商品，这是目前很流行的做法，多用在百货商店的精品服务柜台、专卖店和超市的美食柜台等。

对于流通规划和商品分组，需要注意以下几方面。

（1）人们在购物中倾向于以一种环形的方式购物。将利润高的物品沿墙壁摆放可以提高顾客购买的可能性。

（2）超市中，摆放在通道尽头的减价商品总是要比存放在通道里面的相同物品卖得快。

（3）信用卡付账区和其他非卖区需要顾客排队等候服务，这些区域应当布局在上层或"死角"等不影响销售的地方。

（4）在百货商店中，离入口最近和临近前窗展台处的位置最有销售潜力。

3．徽牌、标志和装饰品

徽牌、标志和装饰品是服务场所中有重要社会意义的标识物，这些物品与周围环境常常体现了建筑物的风格。例如，麦当劳的标志能够使人从很远的地方就可以找到它。

本 章 小 结

本章按照生产运营系统总体布局的先后顺序和范围大小分别对系统的选址、厂区平面布局、经济活动单元内部设施的布置进行了较详细的论述。在系统选址部分，讨论了选址的重要性、选址原则、选址影响因素和工厂选址的一般步骤，并对选址的因素评分法、运输模型法和重心法做了重点论述；在厂区平面布局部分，先是对厂区平面内需要布局的经济活动单元进行分类，然后提出厂区平面布局的原则与目标，重点讨论了厂区平面布局的四种方法：模板布局法、物料流向图法、作业相关图法和从至表试验法；在经济活动单元内部设施布置部分，重点论述了经济活动单元内设施布置的两种基本形式：工艺专业化和产品专业化；最后对服务业系统包括办公室、仓库、零售商店的平面布局进行了简要分析。

思 考 与 练 习

1．工厂选址的影响因素有哪些？

2．厂区平面布置的原则是什么？

3．什么是工艺原则和对象原则？它们各有何优、缺点？

4．简述线性规划运输模型法的思想和主要步骤。

5．厂区内经济活动单元可以分为哪几类？

6．办公室布置的考虑因素有哪些？

7．办公室布局的主要模式有哪几种？

8．举出一个服务企业的平面布局实例，分析其改进的可能性。

9．某公司决定在华东建一新厂，初步筛选确定 A、B、C 三个备选厂址，并请专家对六个影响因素进行评分，结果见表 4-18，综合考虑各因素确定出最佳厂址。

表4-18 三方案及影响因素

影响因素	权重	方案A	方案B	方案C
劳动力	6	5	4	3
原材料供应	5	3	4	5
基础设施	4	4	2	3
产品销售	5	2	3	4
环境保护条件	3	1	4	2
扩展余地	2	4	1	3

10. 某公司计划修建一个工厂，为三家制造商生产零配件。表4-19列出了各制造商的位置及零配件需求量。用重心法为新建工厂选定厂址。

表4-19 各制造商的位置及零配件需求量

制造商	坐 标	年需求量(件)
A	(400, 550)	5 000
B	(350, 200)	3 500
C	(150, 300)	4 000

案例1：德国梅塞德斯·奔驰公司的新厂址选择

德国梅塞德斯·奔驰公司总是不惜成本地追求汽车的完美性。但是现在，十分不幸的是，它的成本比日本和美国的同行高出了30%。从20世纪80年代开始，它在豪华车市场中的份额也在下降。作为重塑自己形象的很重要的一个环节，梅塞德斯·奔驰公司决定继续开发多用途豪华车项目。这种多用途交通工具主要投放到美国，因为在世界上，该类车最大的市场在美国。海德默特·沃纳主席新任命的代理人安德鲁斯·瑞斯特勒受命负责这项冒险的任务：在德国以外的地方寻找生产这种豪华车的厂址。于是一个世界范围内的搜寻过程于1993年1月开始了。

1993年4月，梅塞德斯·奔驰公司宣布它将把厂址定在美国。调查表明，劳动力、运输和零配件的综合成本在那儿最低。考察了35个州的100多个地方之后，1993年8月，梅塞德斯·奔驰公司又将选择范围缩小到亚拉巴马州、北卡罗来纳州和南卡罗来纳州。选址决策需要重点考虑运输成本，因为它希望将成品中的一半都用来出口。在美国选址建厂仅仅是为了方便该车的生产。

1993年9月，梅塞德斯·奔驰公司的董事会同意将厂址定在亚拉巴马州的万斯市，该厂将耗资30亿美元，雇佣1 500名员工，年产65 000辆汽车。该厂位于亚拉巴马州的塔斯卡卢莎至伯明翰州之间的州道20/59上。因此，亚拉巴马州的官员甚至打算把州道20/59的一段公路改名为梅塞德斯道路。

梅塞德斯·奔驰公司认为，该州浓厚的商业气息对于建厂是很重要的。其他有利条件还有：

(1) 靠近州际高速公路。

(2) 靠近铁路和港口。

(3) 有充足的劳动力。

（4）有利的经济优惠政策和税收上的减免。

（5）靠近塔斯卡卢莎和伯明翰的学校。

（6）优越的生活质量。

亚拉巴马州的优惠政策包括总额约为 2.53 亿美元的让利，是南卡罗来纳州 1992 年提供给宝马汽车公司的两倍还多。亚拉巴马州的优惠政策具体为：

（1）用 9 220 万美元购买 966 英亩的地皮，并对其进行改造，建立一个外国贸易区和一个员工培训中心。

（2）用 7 750 万美元扩建水、气和下水管道，并提供其他基础设施。

（3）6 000 万美元用于培训梅塞德斯的工人。

（4）私人企业向其投资 1 500 万美元。

（5）机器、设备和建筑材料的销售和使用税减免 870 万美元。

研究表明，资金如果利用得很好，估计该厂的经济效益第一年为 3.65 亿美元，以后 20 年的效益累计超过 73 亿美元。在研究经济环境、教育水平和运输 3 个因素时，对 3 个州的取舍进入了关键阶段。尽管各州在优惠政策上有些微小差异，但这 3 个地方的长期运营成本大致相等。决策过程中没有考虑劳动保护法、工会等因素，考虑的主要因素是亚拉巴马州对该项目的重视程度。此外，还有一个因素起了一定的作用：厂址周围的森林和连绵的山脉让这些德国人想起了他们的总部所在地。工厂于 1994 年春季开始动工，1997 年 1 月开始投入生产。

问题与讨论：

（1）梅塞德斯·奔驰公司在新厂址选择过程中考虑了哪些因素？

（2）评价亚拉巴马州提供给奔驰公司的吸引条件。

案例 2：麦当劳的店铺选址

麦当劳的成功，除了品牌优势外，在选址方面更具敏锐目光，进驻具有发展潜力的地区。难怪内地有不少零售企业都愿意在麦当劳旁开店。下面让我们看一看麦当劳的选址策略。

1. 选址策略

（1）对地区作评估：做生意是长线的投资，所以在挑选落脚地时，麦当劳都会做市场调查，对选点作为期 3～6 个月的严密考察。考察的内容，包括进驻城市的规划与发展、人口变动、消费和收入水平等，如果发现是老化的城市，则会打退堂鼓。相反，若有兴建中的新型住宅区、学校和商场等，则会纳入考虑的范围。

（2）建频密网络：麦当劳的目标消费群是家庭成员和年轻人，所以在选址上，人潮聚集地是最主要的考虑因素。例如，在旺区的儿童用品商店，或青少年运动连锁店附近，便会积极进驻；至于靠近繁忙地铁站的周边，在不同的出口，也会设置分店，为顾客提供方便作考虑，亦以频密的网络抢攻来自四面八方的顾客。

（3）不打急进牌：虽然不少品牌都希望抢得黄金铺位，但昂贵的租金往往在营运成本上占了很大的比重。麦当劳在内地的对策是不打急进牌，例如在上海松江和金山区，便先发展其他二线据点，打响知名度和凝聚人流后，吸引代理高价店面的地产商招手，然后再做出议价行动，这样才能获得投资回报。

（4）抢眼装潢：除了地铺外，麦当劳也会在商场等一楼设店，而设店位置往往靠近玻璃窗，以落地玻璃窗反映顾客在店内的消费行为，借此吸引街外客的目光，以取得视觉上的优势。

（5）优势互动：麦当劳在百货公司也会开店中店，以吸纳喜欢逛百货公司的顾客，尤其在知名度高的品牌旁边开店，如家乐福超市等，以达到优势互动的好处。至于年轻人喜欢逛的购物商场，如时代广场等，也会带来稳定的客源。

2. 麦当劳的商圈调查

麦当劳市场目标的确定需要通过商圈调查。在考虑餐厅的设址前必须事先估计当地的市场潜能。

1) 确定商圈范围

麦当劳把在制定经营策略时确定商圈的方法称作绘制商圈地图，商圈地图的画法首先是确定商圈范围。

一般来说，商圈范围是以这个餐厅为中心，以1～2公里为半径，画一个圆，作为它的商圈。如果这个餐厅设有汽车走廊，则可以把半径延伸到4公里，然后把整个商圈分割为主商圈和副商圈。

商圈的范围一般不要越过公路、铁路、立交桥、地下道、大水沟，因为顾客不会绕过这些阻隔到不方便的地方购物。

商圈确定以后，麦当劳的市场分析专家便开始分析商圈的特征，以制定公司的地区分布战略，即规划在哪些地方开设多少餐厅最为适宜，从而达到通过消费导向去创造和满足消费者需求的目标。

因此，商圈特征的调查必须详细统计和分析商圈内的人口特征、住宅特点、集会场所、交通和人流状况、消费倾向、同类商店的分布，对商圈的优缺点进行评估，并预计设店后的收入和支出，对可能净利进行分析。

在商圈地图上，他们最少要注上下列数据：①餐厅所在社区的总人口、家庭数；②餐厅所在社区的学校数、事业单位数；③构成交通流量的场所（包括百货商店、大型集会场所、娱乐场所、公共汽车站和其他交通工具的集中点等）；④餐厅前的人流量（应区分平日和假日），人潮走向；⑤有无大型公寓或新村；⑥商圈内的竞争店和互补店的店面数、座位数和营业时间等；⑦街道的名称。

2) 进行抽样统计

在分析商圈的特征时，还必须在商圈内设置几个抽样点，进行抽样统计。抽样统计的目的是取得基准数据，以确定顾客的准确数字。

抽样统计可将一周分为三段：周一至周五为一段；周六为一段；周日和节假日为一段，从每天的早晨7点开始至午夜12点，以每2个小时为单位，计算通过的人流数、汽车和自行车数。人流数还要进一步分类为男、女、青少年、上班和下班的人群等，然后换算为每15分钟的数据。

3) 实地调查

除了进行抽样统计外，还要对顾客进行实地调查，或称作商情调查。实地调查可以分为两种：一种以车站为中心，另一种以商业区为中心。

同时还要提出一个问题：是否还有其他的人流中心。答案当然应当从获得的商情资料中去挖掘。以车站为中心的调查方法可以是到车站前记录车牌号码，或者乘公共汽车去了解交通路线，或从车站购票处取得购买月票者的地址。

以商业区为中心的调查需要调查当地商会的活动计划和活动状况，调查抛弃在路边的购物纸袋和商业印刷品，看看人们常去哪些商店或超级市场，从而准确地掌握当地的购物行动圈。

通过访问购物者，调查他们的地址，向他们发放问卷，了解他们的生日。

然后把调查得来的所有资料一一载入最初画了圈的地图。这些调查得来的数据以不同颜色标明，最后就可以在地图上确定选址的商圈。

"应该说，正因为麦当劳的选址坚持通过对市场的全面资讯和对位置的评估标准的执行，才能够使开设的餐厅，无论是现在还是在将来，都能健康稳定地成长和发展。"麦当劳香港总部这样说。

3. 选址思考

洋快餐在我国的发展步伐无疑是飞速的，而如今也几乎没有孩子不知道麦当劳叔叔、肯德基爷爷等。有人说，这是洋快餐的本土化策略带来的结果。确实有这方面的原因，洋快餐会根据当地人的口味适当调整自己的配方，但只是一小部分，不管到哪里，它都有自己的特色。但本土化只是它成功的一个方面，洋快餐最成功的地方在于选址，它只选择在适合自己特色生存的地方开店，所以它的每个店都非常成功。

以先标准后本土的思想建立的洋快餐，首先寻找适合自己定位的目标市场作为店址，再根据当地情况适当调整。他们不惜重金、不怕浪费更多的时间在选址上。但他们一般不会花巨资去开发新的市场，而是去寻找适合自己的市场；不会认为哪里都有其发展的空间，而是选择尽可能实现完全复制母店的店址。用一个形象的比喻来说，他们不会给每个人量体裁衣，他们需要做的只是寻找能够穿上他们衣服的人。

连锁企业发展的标志就是规模扩张，它的前提是总部统一控制发挥整体优势，而实现这一目标的第一步就是通过选择合适的店址，进行最大限度的复制，使分店更加标准化，使总部经营管理更加简单化。洋快餐连锁经营发展成功的三个首选条件是"选址、选址、选址"，他们就是要选择目标市场以加快连锁经营的步伐。

地点是餐饮经营的首要因素，餐饮连锁经营也是如此。连锁店的正确选址，不仅是其成功的先决条件，也是实现连锁经营标准化、简单化、专业化的前提条件和基础。

商圈的成熟度和稳定度也非常重要。例如，规划局说某条路要开，在什么地方设立地址，将来这里有可能成为成熟商圈，但肯德基一定要等到商圈成熟稳定后才进入，如果说这家店三年以后效益会多好，对现今没有帮助，这三年难道要亏损？肯德基投入一家店要花费好几百万元，当然不会冒这种险，一定是比较稳健的原则，保证开一家成功一家。

洋快餐的选址要诀，其实对个人投资者来说也有不少的借鉴意义。虽然不可能像他们一样做那么多繁杂的测算，但其许多有益的思路还是值得学习的，能够让自己经营商铺选址时把握得更加准确。

总结多数企业选址时主要存在以下三个层面的困惑。

（1）连锁企业选址凭感觉，没有科学依据，风险非常大。情况常出现在小店面中，老板凭多年经验和直觉来判断店址，往往说不清楚道不明白，成败多归咎风水问题，说起自身选址经验，多半是有缘或有感觉，没有科学依据，风险非常大。

（2）成熟商圈店址很难获得，缺少投资收益预测，导致决策失败。这种选址已有一定的选址标准和经验，也注重有策略选址，占据有利位置，但往往旺铺是一铺吃三代，很少转手，成熟商圈的店址更是千金难求，租金、押金高昂，选择店址时如不能准确预测投资收益，租金成本高于本行业利润率，将导致门店经营失败。

（3）缺少系统和规范，选址成为扩张时最大难题。为了降低成本或避开强势竞争实现"农村包围城市"策略，选择次商圈。

问题与讨论：

（1）麦当劳选址主要考虑哪些因素？

（2）评价麦当劳的选址策略。

参 考 文 献

[1] 陈荣秋，马士华. 生产与运作管理[M]. 3 版. 北京：高等教育出版社，2012.

[2] 龚国华，李旭. 生产与运营管理[M]. 3 版. 上海：复旦大学出版社，2011.

[3] 张群. 生产与运作管理[M]. 2 版. 北京：机械工业出版社，2009.

[4] 潘家轺. 现代生产管理学[M]. 3 版. 北京：清华大学出版社，2011.

[5] 陈志祥. 现代生产与运作管理[M]. 2 版. 广州：中山大学出版社，2009.

[6] 刘丽文. 生产与运作管理[M]. 4 版. 北京：清华大学出版社，2011.

[7] [美]F 罗伯特·雅各布斯，理查德·B 蔡斯. 运营管理[M]. 13 版. 任建标，译. 北京：机械工业出版社，2012.

[8] 陈心德，吴忠. 生产运营管理[M]. 2 版. 北京：清华大学出版社，2011.

[9] 百度百科，http：//baike. baidu. com/

[10] 百度文库，http：//wenku. baidu. com/

第5章

生产运营过程组织

本章要点

任何一种产品，从原材料投入到成品出产都要经过一定的加工制造过程，即生产运营过程，生产运营过程是生产管理的主要对象。通过学习本章，掌握生产运营过程的概念及其构成，理解生产类型的划分及不同生产类型的基本特征，深刻认识生产过程组织的基本要求；熟知价值工程功能分析与评价、流程分析的步骤、BPR的重要作用；掌握生产过程中时间组织的概念和产品生产周期的时间构成，重点掌握成批生产类型的三种移动方式以及单件小批生产类型的时间组织方法；熟知流水生产的特征及组织条件，掌握单一对象流水线组织设计的原理与方法。

关键术语

生产过程（Production Process）；工序（Working Procedure）；价值工程（Value Engineering，VE）；业务流程再造（Business Process Reengineering，BPR）；批量生产类型（Batch Production Type）；单件生产类型（Single Production Type）；顺序移动方式（Sequential Moving Mode）；平行移动方式（Parallel Moving Mode）；流水线（Production Line）；节拍（Rhythm）。

任何一种产品，从原材料投入到成品产出都要经过一定的加工制造过程，即生产运营过程。生产过程是指包括加工制造过程在内的，从制造产品所需的生产技术准备开始到成品生产完成为止的全过程。在整个生产过程中，主要是劳动者使用劳动工具，按一定的方法及步骤直接或间接地作用于劳动对象，使之成为具有使用价值和价值的工业产品的过程。广义上讲，生产过程不仅是物质资料的生产过程，也是生产关系的生产和再生产过程。因为，人们在进行物质资料生产时，不仅要与自然界发生关系，而且人们之间也必然要以一定的方式结成相互关系，而不可能脱离社会，孤立地、同别人毫无联系地进行生产。这就是说，在一定的社会形态中，生产过程是物质资料生产过程和生产关系生产过程的统一。狭义上讲，生产过程就是产品的生产制造过程，是对原材料进行加工，使之转化为产成品的一系列生产活动运行的过程。伴随着生产过程，产品的功能和质量随之形成了；伴随生产过程，物化劳动和活劳动得以消耗，形成了产品的成本和价值的增值。因此说，生产过程是生产管理的主要对象，在整个企业管理中，对生产过程的管理占有极其重要的地位，无论怎样强调都不为过。

5.1　生产过程与生产类型

5.1.1　生产过程及其构成

1. 生产过程的概念

　　生产过程是企业整个业务流程中的一部分，也是工业企业最基本的活动过程。产品的生产过程是指从制造产品所需的生产技术准备开始，直至将产品生产出来并检验合格入库为止所经历的全部过程。

　　对机械制造企业而言，生产过程包含原材料的运输和储存、生产的准备、毛坯的制造、零件的加工和热处理、部件或产品的装配及调试、油漆和包装等内容。

　　从生产力的视角看，生产过程是劳动者使用劳动工具，按照一定的方法及步骤作用于劳动对象，使之成为具有使用价值和价值的过程。此外，有些产品的形成还需借助于自然力的作用，使劳动对象产生某种性质的变化，也包括在生产过程中，如食品的发酵、混凝土养护、油漆的自然干燥等。因此，生产过程又是一系列相互联系的劳动过程和自然过程相结合的既定过程。

　　进一步理解，从物质形态上看，生产过程就是产品的形成过程，伴随此过程，产品的功能和质量也随之形成了；从价值形态上看，生产过程是劳动(物化劳动和活劳动)的消耗过程，是产品成本形成和价值增值的过程。

2. 生产过程的组成

　　根据生产过程各个阶段对产品形成所起的不同作用，可将生产过程划分为四大组成部分，如图 5-1 所示。

　　(1) 生产技术准备过程，指产品投产前所进行的一系列准备工作，主要包括产品设计、工艺设计、工艺装备设计与制造、材料与劳动定额的制定、劳动组织的调整等过程。

图5-1 生产过程组成图

（2）基本生产过程，指直接对劳动对象进行加工而制成产品的过程。如机械制造企业的铸造、零件加工、部件和整机的装配；纺织企业的纺纱、织布、印染；钢铁企业的炼铁、炼钢、轧钢等过程。

（3）辅助生产过程，指为了保证基本生产过程正常进行所从事的各种辅助性生产活动过程。如供电供气、工具模具制造、设备维修等过程。

（4）生产服务过程，指为基本生产和辅助生产提供的各种生产性服务活动过程。如物资的供应、保管和运输，各种试验和检验等过程。

上述生产过程的四个组成部分中，基本生产过程占主导地位，其他过程都是围绕着它进行的。我们研究生产过程的组织，主要就是研究基本生产过程的组织。

3. 基本生产过程的结构

在生产过程中，直接改变原材料（或毛坯）形状、尺寸和性能，使之变为成品的过程，称为基本生产过程。基本生产过程又称工艺过程，它是生产过程的主要部分。例如毛坯的铸造、锻造和焊接；改变材料性能的热处理；零件的机械加工等，都属于工艺过程。工艺过程又是由一系列顺序排列的工序所组成的。

1）工序的概念

工序是指一个（或一组）工人在一个工作地（如一台机床）对一个（或若干个）劳动对象连续完成的各项加工作业活动的总和。工序是组成生产过程的最小单元。若干道工序组成工艺阶段（过程）。

工序是工艺过程的基本组成单位。构成一道工序的主要特点是不改变加工对象、不改变设备和操作者，而且工序的内容是连续完成的。也就是说，同一工序的操作者、工作地和劳动对象是固定不变的，如果有一个要素发生变化，就构成另一道新工序。例如在同一台车床上，由一个工人完成某零件的粗车和精车加工，称为一道工序；如果这个零件在一台车床上完成粗车而在另一台车床上精车，就构成两道工序。

不同产品的工序，具有不同的特点。有的是工人固定在工作地点，劳动对象顺序经过许多工作地完成加工过程，这时，每一个工作地的工人对这个劳动对象所进行的连续加工活动，就是一道工序。有的是劳动对象固定在工作地上（矿体），由不同的工人依次地在这个工作地上对劳动对象进行加工活动。这时，每一个（或一组）工人在这个工作地上进行的连续加工活动，也是一道工序。

2）工序的划分

工序是完成产品加工的基本单元，在生产过程中按其性质和特点，可分为如下工序。

（1）工艺工序，是指使劳动对象直接发生物理、化学或几何形状变化的加工工序。

（2）检验工序，是指对原材料、在制品和成品等进行技术质量检查的工序。

（3）运输工序，是指在工艺工序之间，工艺与检验工序之间运送劳动对象的工序。

图 5-2 所示的阶梯轴在大批量生产时划分为 5 道工序，见表 5-1。

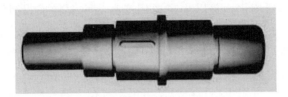

图 5-2　阶梯轴

表 5-1　阶梯轴大批量生产时的工序划分

工序编号	工序内容	所用设备	工序编号	工序内容	所用设备
1	铣端面、打中心孔	专用铣床	4	去毛刺	钳工台
2	车外圆、切槽、倒角	车床	5	磨外圆	外圆磨床
3	铣键槽	铣床			

工序按工艺加工特点还可细分为若干工步（在金属切削加工中工步可再细分若干走刀）；按其劳动活动特点可细分为若干操作（或操作组）；工步或操作的更小组成单位是作业；作业又是由一系列动作所组成，构成动作的基本元素称为动素。

工序按一定规律衔接起来，就构成连续的生产加工过程。因此，工序像生物的细胞一样，是生产过程的基本环节，也是建立生产劳动组织，加强劳动分工与协作，制定劳动定额和配备生产工人，编制生产作业计划，进行质量管理等工作的基本单位。

工序的划分主要取决于工艺技术、加工方法和采用的机器设备，工序可粗可细，依生产需要而定。辅助生产过程工序的划分，原则上与基本生产过程相同。

5.1.2　生产类型

1. 概念及作用

生产类型是按企业生产产品的性质、结构和工艺特点，产品品种的多少，品种的变化程度，同种制品的数量等，对企业及其生产环节所进行的分类。

生产类型是影响生产过程组织的主要因素之一，是研究生产管理首先要明确的重要问题。为了从实际出发，更好地研究和组织企业的生产过程，需要按一定的标志，将企业划分为不同的生产类型，并根据各生产类型的特点来确定相应的生产组织形式和计划管理方法。

2. 类型及特征

1）按产品特性划分

（1）专用产品生产。

专用产品就是产品专用化，是以生产专用产品为主要特征，面向特定而非普遍的消费用户，如煤矿专用机械生产企业、特种车辆生产企业、航空航天专用产品生产企业等。专用产品生产企业的生产专业化程度往往较高，但产品生产的品种或数量较少，零部件互换性相对较低，产品市场空间相对狭小。

（2）通用产品生产。

通用产品就是产品通用化，是以生产通用产品为主要特征，面向普遍的广大消费用户，如日用消费品生产企业、家电生产企业、常规材料生产企业等。通用产品生产中同一类型不同规格或不同类型的产品和装备中，用途相同、结构相近似的零部件，经过统一以后，可以彼此互换的标准化形式。产品通用化的互换性有两层含义，即尺寸互换性和功能互换性。例如柴油机，既可用于拖拉机，又可用于汽车、装运机、推土机和挖掘机等。通用性越强，产品的销路就越广，生产的机动性也越大，对市场的适应性就越强。当然，通用产品生产的品种规格和数量多，市场容量大，同业者多，竞争激烈，行业利润率低，对新产品开发能力要求高。

2）按工艺特性划分

（1）连续流程型生产。

流程型生产的工艺过程是连续进行的，不能中断；生产的产品、工艺流程和使用的设备都是固定的、标准化的；劳动对象按固定的工艺流程连续不断地通过一系列设备和装置被加工处理成为产品，工序之间没有在制品储存。流程型生产管理的重点是要保证连续供料和确保每一生产环节的正常运行。因为任何一个生产环节出现故障，就会引起整个生产过程的瘫痪。由于产品和工艺相对稳定，有条件采用自动化装置，实现对生产过程的实时监控。化工（塑料、药品、肥料等）、炼油、冶金等产品的生产过程都属于流程型生产类型。

（2）离散装配型生产。

加工装配型的产品是由许多零部件构成，而各个零件的加工过程是彼此独立的。所以整个产品的生产工艺是离散的，制成的零件通过部件装配和总装配最后成为产品，各个生产环节之间要求有一定的在制品储备。这种生产类型的管理重点，除了要保证及时供料和零部件的加工质量外，重要的是要控制零部件的生产进度，保证生产的成套性，进一步缩短生产周期，减少在制品积压。汽车、电视机、空调、家具等大多数产品的生产过程属于离散装配型生产类型。

3）按有无成品库存划分

（1）订货型生产。

订货型生产是指按用户订单进行的生产。用户可能对产品提出各种各样的要求，经过协商和谈判，以协议或合同的形式确认对产品性能、质量、数量和交货期的要求，然后组织设计和制造。例如，锅炉、船舶、商用飞机等产品的生产都属于订货型生产。订货型生产企业完全根据用户提出的订货要求进行生产，即没有订单就不组织生产，企业基本上没有成品库存。生产管理的重点是抓交货期，按"期"组织生产过程各环节的衔接平衡，保证产品如期完成。订货型产品的标准化程度低，生产效率低，用户订货提前期长，库存水平低，满足顾客个性化要求的程度高。

（2）备货型生产。

也称存货型生产，是以一定的订单和市场需求预测为基础，有计划、连续均衡地进行生产，产品有库存。为了防止产品库存积压或脱销，生产管理的重点是抓供、产、销之间的衔接，按"期量标准"组织生产过程各环节之间的平衡，保证全面完成计划任务。这种生产方式的顾客定制程度很低，通常是标准化的、大批量地进行轮番生产，其生产效率比较高。

备货型产品的标准化程度高，生产效率高，用户订货提前期短，库存水平高，满足顾客个性化要求的程度相对较低。通过建立成品库存随时满足用户需求，例如：家用电器、标准件、汽车等的生产都属于备货型生产。备货型与订货型生产的主要区别，见表 5-2。

表 5-2 备货型生产与订货型生产的主要区别

项目	备货型生产	订货型生产
产品特点	量大、标准、易预测	量小、多变、难预测
生产流程	稳定、标准、均衡	不稳定、无标准、难均衡
库存	连接生产和市场的纽带	不设成品库存
计划	可优化的计划体系	不便详细，近细远粗
设备	专用高效设备	通用设备
人员	高度专业化分工	多种操作技能

4）按品种产量划分

（1）大量生产。

大量生产亦称量产，又称重复生产，是那种生产大批量标准化产品的生产类型。大量生产类型的特征是产品固定、品种少、产量大、生产的重复性高。生产的产品往往是市场需求量大的大众化标准产品。例如，小轿车、电视、冰箱、洗衣机、服装鞋帽等日用品，一般均采用大量生产方式进行生产。

大量生产由于产量大、生产重复性高，生产过程多采用高效自动化或半自动化专用设备，采用详细的劳动分工、标准化的工艺流程，组织流水线生产。尽管建设流水线的投资大、成本高，但由于产量大、生产效率高，分摊到每一产品上的成本却很低。

（2）成批生产

成批生产的产品品种较多，每种产品都有一定的产量，生产有一定的重复性。成批生产通常又可分为大批生产、中批生产和小批生产。大批生产类型既有成批生产的特征，也有大量生产的特征，因而也常被称为大批大量生产类型；小批生产类型既有成批生产的特征，也有单件生产的特征，因而也常被称为单件小批类型。

成批生产是按一定批量成批轮番生产。在有较多的通用件和标准件条件下，生产系统可以部分采用专用设备，部分采用通用设备。当品种转换时，必须对设备、工艺装备、物料准备等进行相应调整。在产品总产量一定的条件下，一次生产批量的大小将对生产效率和成本具有较大影响。成批生产类型既适合于预测生产式，也适合于订单生产式；设备布置既可采用工艺原则，也可采用对象原则。

（3）单件生产。

单件生产的特征是生产的品种繁多，每种产品仅生产一件或几件，每种产品均属于不重复生产，即使日后可能再生产也不确定是在何时。例如，船舶、重型机床、专用设备、特殊身材服装等产品都采用单件生产方式。单件生产都实行订单生产式，品种、规格、技术要求、交货期、价格等均由企业与客户通过谈判协商后确定。

单件生产类型中，专用产品、专用零部件所占比例大，品种多、产量小、生产重复性低，生产系统主要采用通用设备，生产单位一般按工艺原则布置，产品品种和工艺差异大，岗位操作专业化程度低，对工人技术水平要求高。

上述三种生产类型的技术经济特征及其比较，见表5-3。

表5-3 三种生产类型技术经济特征比较

项 目	大量生产	成批生产	单件生产
产品品种	少、稳定	较多、较稳定	繁多、不稳定
生产量	很大	较大	单件或少量
工作地专业化程度	重复生产	定期轮番	基本不重复
工艺设备	多数专用设备	部分通用设备	万能通用设备
设备布置	对象原则	对象、工艺原则	工艺原则
劳动分工	细	中	粗
工人技术水平	低	中	高
生产线效率	高	中	低
生产周期	短	中	长
生产成本	低	中	高
适应性	差	中	强

5）按生产方法划分

（1）合成型。合成型生产是将不同的原材料（零件）合成或装配成一种产品，是一种加工装配性质的生产类型，如机械制造厂、电冰箱厂、汽车制造厂等。

（2）分解型。与合成型生产过程特点正好相反，分解型生产是将单一的生产原料经过加工处理后分解成多种产品，如炼油厂、选煤厂等。

（3）调制型。调制型生产是通过改变加工对象的形状或性能而制成产品，如钢铁厂、橡胶厂等。

（4）提取型。提取型生产是直接从自然界提取产品，通常为采掘原料的企业，如煤矿、油田企业等。

以上划分方式并不是绝对的，一个企业可以并存上述几种生产类型。如机械制造厂属于合成型，但也兼有调制型，如铸、锻、热处理、电镀等。因为基本生产过程不同，生产管理的具体方法差别很大，其中最复杂的要数合成型生产企业。结构复杂的产品可以由上万个零件组成，生产这样的产品，需要大量的加工设备和具有各种技能的生产人员，需要一个庞大的后勤保障系统，生产过程的组织结构变得非常复杂。由于这种生产类型的企业数量最大，管理最复杂，本教材重点讨论这类制造企业，因此，下面的分析讨论主要是针对合成型生产企业来说的。

3. 不同类型生产管理的特征分析

1) 专用产品单件小批生产企业

随着服务业经济的兴起和消费者的需求越来越个性化，专用产品单件小批生产类型的企业越来越多，如大型船厂、建筑工程企业、计算机软件研发企业、出租车服务企业、零售服务企业、保健品生产企业、理发店等，这类企业生产运营管理的特征表现在以下几方面。

(1) 按用户的订单或要求组织产品(服务)的设计和制造。

(2) 提高竞争力的关键是：企业要有强大的产品(服务)设计能力、短的生产周期、良好的服务，包括对产品的安装调试、培训、使用维护等。

(3) 生产运营管理的重点包括：①及时掌握企业的设计能力、生产能力和成本情况，以便对随机到达的订单和顾客要求进行正确决策；②随着产品的变化，抓住瓶颈环节，改善瓶颈环节的生产能力；③安排好关键零部件的生产进度和物流平衡；④控制产品成套性，保证产品交货期。

(4) 生产组织形式。①采用通用设备；②按工艺原则建立生产单位；③部分相似零件在成组单元中生产；④采用专业协作化生产方式。

2) 通用产品大量生产企业

在管理的发展历程中，以福特流水生产线为代表的科学管理方式为生产效率的提高发挥了不可磨灭的贡献，其主要生产类型就是通用产品大量生产方式，现今在某些领域如造纸、水泥、炼油、制糖、化工等仍然是主要类型，但这种生产类型所占比重在不断降低，而其他生产类型在效率上的提高，其思路往往皆来源于该类型所采用的方法和手段。这类企业生产运营管理的特征表现如下。

(1) 根据市场预测组织生产，控制库存，应付市场需求的波动。

(2) 提高竞争力的关键是：优良的产品质量、低廉的价格、备件供应充分、维修服务方便。

(3) 生产运营管理的重点包括：①保证原材料、动力不间断的供应；②加强设备维修，消除设备故障；③集中制订计划，大量应用经过优化的标准计划；④对生产服务过程实时监控，保证均衡地按节拍进行生产，保持产品质量稳定；⑤不断降低消耗，控制生产成本。

(4) 生产组织形式。①流水生产线；②自动化生产线。

3) 通用产品成批生产企业

速度经济的来临，信息技术的共享，都使得此生产类型取代大量生产方式成为主流，如制药、纺织、仪器仪表、工程机械、快餐服务、手表、自行车、洗衣机、电视机、轿车等行业，并且批量呈越来越小的趋势。这类企业生产运营管理的特征表现如下。

(1) 按市场预测和用户订单组织生产。

(2) 提高竞争力的关键是：不断开发适应市场需求的新产品，更新老产品，提高产品质量。

(3) 生产运营管理的重点包括：①优化产品组合，在满足市场需求和生产资源约束条件下，寻求最佳经济效益；②科学的组织各产品的轮番生产，合理确定生产批量和生产间隔期；③做好品种更换时的协调工作，改善零件加工过程工序间的衔接；④对于复杂结构产品，要安排好关键部件的生产进度和物流平衡。

（4）生产组织形式有：①按工艺原则建立生产单位；②按对象原则建立生产单位；③建立成组生产单元；④采用流水线、柔性制造系统。

5.1.3 生产过程组织的基本要求

1. 生产过程的连续性

生产过程的连续性是指产品在生产过程的各工艺阶段、各工序之间的流动，在时间上紧密衔接、连续进行，不发生或很少发生不必要的中断、停顿和等待现象。生产过程的连续性，意味着产品要么正在加工，要么正在检验，或者正在运输之中，也就是说产品在生产过程中始终处于运动状态。保持生产过程的连续性，可以充分地利用机器设备和劳动力，可以有效地减少产品的等待或中断时间，缩短生产周期，减少在制品占用量，加速流动资金周转。

实现生产过程的连续性，一方面依靠合理的生产组织，包括合理的厂房和设施布置，使生产流程在空间位置上相互衔接；另一方面依靠有效的生产计划工作，如做好生产技术准备和生产服务工作，避免出现停工待料现象，加强设备的维护保养，做好各生产环节产能和任务的平衡，保持生产环节之间加工任务的相互衔接。

2. 生产过程的平行性

生产过程的平行性是指生产过程的各项活动或各道工序实行平行交叉作业。平行作业是指不同制品在多条生产线上并行加工，或同种制品在多条相同的生产线上并行加工；交叉作业是指一批相同的制品分布在一条生产线的各道工序上同时加工，每件制品在上道工序完工后立即转移到下道工序接着加工。

生产过程平行性是生产过程连续性的必然要求，只有将可以平行进行的生产活动组织平行交叉作业，才能真正达到连续性的要求。生产过程的平行性可以大大缩短产品的生产周期，加快产品的出产，减少生产过程中的在制品数量，从而加快流动资金周转。为了实现生产过程的平行性，在工厂的空间布置时，就要合理地利用面积，尽量做到各生产环节能同时利用空间，保证生产过程的各个工艺阶段能在各自不同的空间内同时平行运转。

3. 生产过程的比例性

生产过程的比例性也称协调性，是指生产过程各环节的生产能力要保持合理的比例关系。它要求各生产环节之间，在劳动力、机器设备、生产面积的生产能力等方面，相互协调和适应，避免出现脱节现象。保证生产过程的比例性，既可以有效地提高劳动生产率和设备利用率，又进一步保证了生产过程的连续性。可以说，生产过程比例性是生产过程连续性的前提条件。为了保持生产过程的比例性，在设计和建设工厂时，就应根据产品性能、结构以及生产规模、协作关系等统筹规划，确保各生产环节生产能力的合理比例关系；同时，还应在日常生产组织和管理工作中，搞好综合平衡和计划控制。

4.生产过程的节奏性

生产过程的节奏性又称均衡性，是指产品在生产过程的各个阶段，从投料到成品完工入库，都能保持有节奏地均衡地进行。生产的均衡性要求在相同的时间间隔内，生产大致相同数量或均匀递增数量的产品，避免时松时紧和经常突击赶工等现象。

实现均衡生产有利于建立正常的生产秩序，有利于劳动资源的合理利用，减少工时的浪费和损失；有利于设备的正常运转和维护保养，避免因超负荷使用而产生难以修复的损坏；有利于产量质量的提高和防止废品大量的产生；有利于减少在制品的大量积压；有利于安全生产，避免人身事故的发生。

组织均衡生产，企业内部要提高生产组织与计划水平，合理安排设备和人员的工作负荷。在企业外部通过建立稳定的供应渠道和协作关系，保证原材料等按时、按质、按量供应。为了抑制市场需求波动，可以通过一定的促销售手段，如适当提高销售旺季产品的价格，降低销售淡季产品的价格，以保持市场需求的均衡性。

5.生产过程的适应性

生产过程的适应性是指生产过程的组织形式要灵活，能及时满足变化了的市场需要。即生产过程要适应市场复杂多变的特点，具有灵活适应多品种、小批量订货需求的能力。

生产过程的适应性主要体现在两个方面：①满足不同产品或零件加工要求的能力。能加工的产品或零件种类越多适用性越强；②品种转换时间的长短。品种转换的时间越短，说明生产系统的柔性越好。生产系统的柔性取决于设备的柔性、人员的柔性、组织的柔性和管理系统的柔性。

为了提高生产过程组织的适应性，企业可采用混流生产等先进的生产组织方法。也可以在主流产品稳定的生产线之外，成立"灵活的生产单位"，专门负责临时任务。还可以组织柔性制造或发展柔性制造系统。

5.2　运营流程分析与再造

从生产运营管理的角度来看，在过去的年代里，谁能发明新产品，谁就能在经济上取胜。但是，在 21 世纪，持续的竞争优势将更多地来自新的流程技术而不是新的产品技术。反向工程(Reverse Engineering，RE)已经成为一种艺术，新产品的仿制不再是难事。过去的首要任务(发明新产品)现在变成了次要任务，而过去的次要任务(发明和完善新流程)，现在变成了首要任务。对流程变革的依据和首要任务就是确认各项活动的价值和成本，即价值工程，因此本节按照生产运营的价值工程、流程分析和流程再造的顺序展开分析和阐述。

5.2.1　价值工程

现代管理学认为价值工程是通过对产品功能的分析，正确处理功能与成本之间的关系来节约资源、降低产品成本的一种有效方法。

价值工程发展历史上的第一件事情是美国通用电气(GE)公司的石棉事件。第二次世界大战期间，美国市场原材料供应十分紧张，通用电气急需石棉板，但该产品的货源不稳定，价格昂贵，时任工程师的劳伦斯·戴罗斯·麦尔斯开始针对这一问题研究材料代用问题，通过对公司使用石棉板的功能进行分析，发现其用途是铺设在给产品喷漆的车间地板上，以避免涂料污染地板引起火灾，后来，麦尔斯在市场上找到一种防火纸，这种纸同样可以起到以上作用，并且成本低，容易买到，取得了很好的经济效益，这是最早的价值工程应用案例。

通过这一改善，麦尔斯将其推广到企业其他的地方，对产品的功能、费用与价值进行深入的系统研究，提出了功能分析、功能定义、功能评价以及如何区分必要和不必要功能并消除后者的方法，最后形成了以最小成本提供必要功能，获得较大价值的科学方法，1947年研究成果以"价值分析"为题发表。

1. 基本概念

1) 价值工程

价值工程（Value Engineering，VE），也称价值分析（Value Analysis，VA），是指以产品或作业的功能分析为核心，以提高产品或作业的价值为目的，力求以最低寿命周期成本实现产品或作业使用所要求的必要功能的一项有组织的创造性活动，有时也被称其为功能成本分析。价值工程涉及价值、功能和寿命周期成本三个基本要素。价值工程是一门工程技术理论，其基本思想是以最少的费用换取所需要的功能。

2) 价值

价值工程中所说的"价值"有其特定的含义，与哲学、政治经济学、经济学等学科关于价值的概念有所不同。价值工程中的"价值"就是一种"评价事物有益程度的尺度"。价值高说明该事物的有益程度高、效益大、好处多；价值低则说明有益程度低、效益差、好处少。例如，人们在购买商品时，总是希望"物美而价廉"，即花费最少的代价换取最多、最好的商品。

价值工程把"价值"定义为："对象所具有的功能与获得该功能的全部费用之比"，用公式表示，即：

$$V = \frac{F}{C} \tag{5-1}$$

式中，V 代表"价值"，F 代表功能，C 代表成本。

价值：指对象具有的必要功能与取得该功能的总成本的比例，即效用或功能与费用之比；

功能：指产品或劳务的性能或用途，即所承担的职能，其实质是产品的使用价值；

成本：产品或劳务在全寿命周期内所花费的全部费用，是生产费用与使用费用之和。

3) 功能

价值工程认为，功能对于不同的对象有着不同的含义：对于物品来说，功能就是它的用途或效用；对于作业或方法来说，功能就是它所起的作用或要达到的目的；对于人来说，功能就是他应该完成的任务；对于企业来说，功能就是它应为社会提供的产品和效用。总之，功能是对象满足某种需求的一种属性。认真分析一下价值工程所阐述的"功能"内涵，实际上等同于使用价值的内涵，也就是说，功能是使用价值的具体表现形式。任何功能无论是针对机器还是针对工程，最终都是针对人类主体的一定需求目的，最终都是为了人类主体的生存与发展服务，因而最终将体现为相应的使用价值。因此，价值工程所谓的"功能"实际上就是使用价值的产出量。

4）成本

价值工程所谓的成本是指人力、物力和财力资源的耗费。其中，人力资源实际上就是劳动价值的表现形式，物力和财力资源就是使用价值的表现形式，因此价值工程所谓的"成本"实际上就是价值资源（劳动价值或使用价值）的投入量。

5）产品寿命周期成本

产品寿命周期成本由产品生产成本和使用及维护成本组成，其中生产成本是指产品在研制和生产阶段上所发生的费用，包括产品的研发、试验、设计、试制及生产的费用；使用成本是指产品投入使用后所发生的费用，包括产品使用过程中的能源消耗、维修费用和管理费用。

2．功能分析与评价

1）价值工程工作程序

开展价值工程活动的工作程序，如表 5-4 所示。

表 5-4　价值工程工作程序表

VE 工作程序		价值工程提问
基本步骤	详细步骤	
确定 VE 工作对象	① 选择对象 ② 收集情报	① 这是什么？
功能分析与评价	③ 功能定义和系统化 ④ 功能评价	② 它的作用是什么？ ③ 它的成本是多少？ ④ 它的价值是多少？
方案创造	⑤ 方案创造	⑤ 有其他方法实现这个功能吗？
方案评价	⑥ 概略评价　⑦ 方案具体化 ⑧ 详细评价　⑨ 方案评审	⑥ 新方案的成本是多少？
方案实施	⑩方案实施 ⑪成果评价	⑦新方案能满足要求吗？

2）功能分析与评价

功能分析与评价是价值工程的核心。功能分析是从研究对象的功能出发，通过对价值工程对象产品或作业的深入分析，掌握产品提供的功能和用户对功能的需要，即回答"它是干什么的"这个问题。功能分析包括功能定义、功能整理和功能评价三个环节，见图 5-3。

（1）功能定义。功能定义是把产品及零部件的功能用准确简洁的语言加以描绘，以区

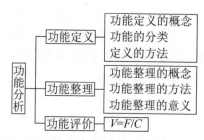

图5-3 功能分析与评价图

别各产品或零部件之间的特性。功能定义的基本目的就是要把产品或作业及其构成要素的功能搞清楚。

依据不同的标准可以对功能进行如下分类，见图5-4。

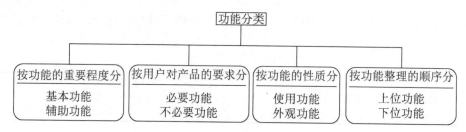

图5-4 功能分类图

以铁皮外壳的暖水瓶为例，说明功能定义的方法，见表5-5。

表5-5 暖水瓶功能定义表

产品名称	功能定义	产品名称	功能定义
暖水瓶	保持温度	瓶外壳	支撑瓶胆，保护瓶胆，固定瓶胆，增加美观
瓶 胆	减少热传导，减少热辐射	瓶 嘴	方便使用
瓶外盖	保持清洁	底 托	支撑瓶胆，保护瓶胆，固定瓶胆，增加美观
瓶 塞	减少对流	把 手	方便使用，增加美观

（2）功能整理。

所谓功能整理，就是对定义出的产品及其零部件的功能，从系统的思想出发，明确功能之间的逻辑关系，排列出功能系统图。功能整理的目的在于通过对功能的定性分析，明确必要功能和不必要功能，并为功能价值的定量评价做好准备。

功能整理的意义：掌握必要功能，消除不必要功能；把握住价值改善的功能领域；明确改善对象的等级。

功能整理的方法（功能系统图法）：仍以上述铁皮外壳暖水瓶为例，通过功能整理可以得出暖水瓶功能系统图，如图5-5所示。

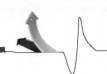

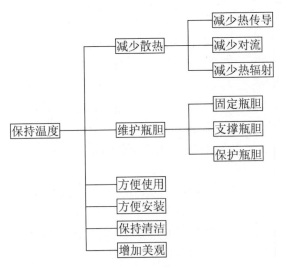

图 5-5　暖水瓶功能系统图

（3）功能评价。

所谓功能评价，是找出实现某一必要功能的最低成本（称作功能评价值）。以功能评价值为基准，通过与实现这一功能的现实成本相比较，求出两者比值（称作功能的价值）和二者的差值（称作节约期望值），然后选择改善期望值大的功能，作为改善的重点对象。

功能价值分析的基本思路是，在一个产品或一个部件里，某零件的成本应与该零件的功能重要性相称。如果零件的成本很高，但它的功能在产品或部件中却处于次要的地位，则说明这个零件的成本偏高，有不合理的地方。相反，则说明功能可能有过剩或多余的现象，也应予以改进。

确定功能评价值，有三种常用的方法。

① 最低成本法：根据尽可能收集到的同行业、同类产品的情况，从中找出实现此功能的最低费用作为该功能的功能平均值。

② 目标利润法：目标成本＝售价－（目标利润＋税收＋销售费用）。

③ 功能重要度系数法（强制确定法）：该方法的具体计算见表 5-6，设产品的目标成本 1 000 元。

表 5-6　功能重要度系数计算表

功能	A	B	C	D	E	得分合计	功能重要度系数	功能评价值
A	×	1	1	0	1	3	0.3	300
B	0	×	1	0	1	2	0.2	200
C	0	0	×	0	1	1	0.1	100
D	1	1	1	×	1	4	0.4	400
E	0	0	0	0	×	0	0	0
合计								1 000

注：①功能评价值是个理论数值，实际确定它是非常困难的；②上表计算采用了[0,1]评分法，重要程度都均匀地相差 1，有一定的缺陷。

功能价值($V=F/C$)分析。

当$V=1$时，表示$F=C$，可以认为是最理想的状态，此功能无改善的必要。

当$V<1$时，表示必要功能没有实现，或实现功能成本过高。

当$V>1$时，表明功能过剩。

在进行功能价值分析时，不仅可以求出各功能的价值，确定价值改善的对象，而且还可以计算出各功能和产品的节约期望值。

【例5-1】 有四家亮度与使用寿命相同的荧光灯管厂商，其中A厂产品成本为5元，B厂产品成本为4.5元，C厂产品成本为4.2元，D厂产品成本为4.0元。从A企业角度看，D企业用4元能生产，而A厂却用5元，则A厂产品的功能价值为：

$$V=F/C=4\div5=0.8$$

功能效用评价：必要功能没有得到充分实现，或实现产品必要功能的成本偏高。

【例5-2】 有三家亮度与使用寿命相同的荧光灯管厂商，其中A厂产品售价为5元，B厂产品售价为4.5元，C厂产品售价为4.2元。如果用户不得不花5元购买灯管，那么，从用户角度对该产品的价值评价为：

$$V=F/C=4.2\div5=0.84$$

功能效用评价：从顾客角度看，如果花费4.2元买到灯管，用户认为最值得，此时，产品的功能价值为1。因此，最恰当的产品功能价值应是1，这就要求实际投入应该与满足用户需求功能最理想最值得的投入相一致。

价值工程是一种科学的思维方法和管理决策方法；价值工程是用最低寿命周期成本，可靠的实现产品的必要功能，并且着重于功能分析的有组织活动；价值工程通过功能评价值来努力达成企业生产和用户需求效用的最大化。

5.2.2 流程分析

1. 流程管理的背景与基本概念

1）流程管理的背景

进入20世纪以来，随着机械化大生产的发展和企业规模的扩大，企业均按照分工理论致力于将内部的经济活动按专业部门"各司其职"，分工细化，使用垂直分工式的架构来运作，从而使生产率大为提高。这种管理模式不断发展完善，并在20世纪70年代末80年代初被推崇到了极致。

20世纪80年代以后，随着高科技信息社会的到来，市场有效供给日益增加，交通运输手段日益发达，经济发展日益趋向全球化，市场竞争异常激烈。与此同时，顾客需求呈现多样化，期望值不断提高。以往企业庞大的组织分工不但不能为企业带来效率的提升，反而成为组织快速应对市场的绊脚石。

传统的分工理论是基于这样一种概念：分工越细，操作越简单，则越有利于提高工作效率。现代社会，一方面产品个性化、生产复杂化、企业经营多元化，片面追求分工精细，强调专业化，使企业的整体协调作业过程和对过程的监控日益复杂。管理环节越来越多，管理成本越来越高，结果致使整个企业效率低下，以至于走到了分工原则初始动机的反面。另一方面，高科技的发展，特别是计算机的普及，使简化管理环节成为可能，以办公室自动化为例，职能部门之间的运作可以通过计算机编程，由机器去完成其复杂的作业流程。

同时，与市场变化和高科技发展相对应的是，今天的劳动力素质大大提高，工作的灵活性和主动性远高于以往。他们不再满足于从事单调、简单的重复性工作，对分享决策权的要求日益强烈。而以分工理论为基础的传统管理理论则是以员工希望从事简单工作和不愿意承担责任为前提的。上述变化使企业内部组织结构的重组和管理原则的创新成为客观要求，且存在实施的可能性。

近些年来，流程管理不仅成为管理学术界研究的热点，更在国际企业界形成讨论和应用的热潮。美国、日本以及西欧一些国家的企业都争先恐后开始了这方面的实践。

2）流程

迈克尔·哈默将流程定义为"流程是把一个或多个输入转换为对顾客有价值的输出的活动"。为便于理解，本书对其进行展开，即流程是指企业内部发生的某项业务从起始到完成，由多个部门、多个岗位，经多个环节协调并顺序工作的整体过程。简单地讲，工作流程就是一系列相互关联的业务活动所组成的过程。

工作流程是工作效率的源泉。可以说，流程决定效率，流程影响效益。好的工作流程能够使企业各项业务管理工作良性开展，从而保证企业的高效运转，相反地，差的工作流程则会问题频出，出现部门间、人员间职责不清、相互推诿等现象，从而造成资源的浪费和效率的低下。因此，设计出科学合理的工作流程，并使工作流程得到有效执行、控制和管理，是企业高效运转的前提和重要保证。

3）流程图

以图形的方式描绘流程，便于分析工作流程的合理性和有效性。在流程图中用矩形代表工序任务；用倒三角代表等待区域或者缓冲库存；用菱形代表决策点；用箭线代表物料流（实线）和信息流（虚线），它指明了流程的路径，如图 5-6 所示。

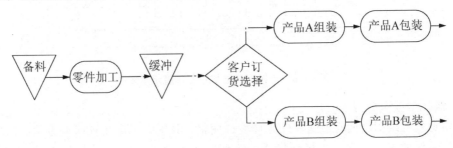

图 5-6　工艺流程图组成元素

4）其他术语

流程能力（Process Capacity）：单位时间内能够加工产品或者能够服务顾客的度量。

瓶颈（Bottleneck）：整个生产流程设施中最小的生产设施能力。

流程能力和瓶颈的关系：流程能力＝min｛生产设施 1 的能力，…，生产设施 n 的能力｝。

2. 传统组织结构与流程型组织结构

1）传统组织结构

一般情况下，传统组织都是基于专业化和分工原理的功能性组织，图 5-7 所示是某公司传统的组织结构形式。

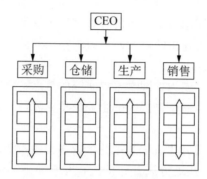

图 5-7　某公司组织结构形式

在这种递级组织结构下，工作流或业务流在不同功能单元之间的传递过程如图 5-8 所示。

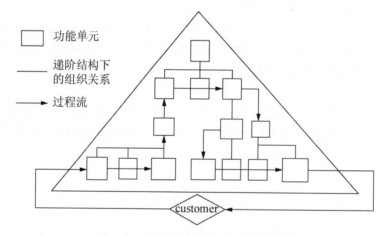

图 5-8　传统组织结构中工作流示意图

2）流程型组织结构

科学有效的组织结构应该适应外界环境的变化，其中，工作流程或业务流程应是整个企业组织运作的中心。现代市场环境下，市场需求是企业组织运作的起点和导向杆，所以，组织应从顾客需求出发来规划流程，并围绕流程来设计组织结构，构建以流程为中心的新型组织。传统的面向功能的组织结构正在向着面向过程的组织结构变化，这种基于流程的组织结构模式引导了组织的创新和变革，体现了未来组织发展的趋势，即组织结构的扁平化、柔性化和网络化，如图 5-9 所示。

通过上述对传统职能式组织结构和新型流程式组织结构的分析，可以将其区别对比归纳在表 5-7 中。

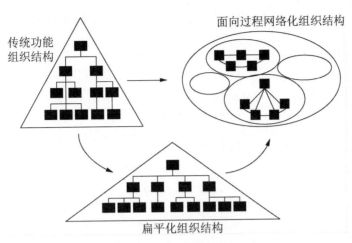

图 5-9　组织结构演变

表 5-7　传统组织与流程型组织特点对比表

项　目	职能式组织	流程式组织
组织轴心	职能	流程
工作单位	部门	团队
工作描述	狭窄	广阔
衡量标准	阶段性	自始至终
报酬	基于活动	基于结果
焦点	上司	客户
管理者角色	监工	导师
关键任务	部门经理	流程主管
企业文化	冲突导向	合作导向

3. 流程分析的步骤

一个完整的流程分析可分为 6 步，即"画流程图→确定每道工序的特征→确定工序间的特征→确定瓶颈→分析流程的产能及每道工序的效率→流程改善的措施及建议"，也称之为 6 步法。

下面通过实例对上述步骤展开说明，举例如下。

【例 5-3】　草籽娃娃通过一条混合批量流水线生产，6 名填充机操作员同时工作，制成基本的球形体，并放入装载盒里，每盒 25 只；在另一个工作地，一个操作工人用带有塑料皮的电线制成草籽娃娃的眼镜；接下来的作业过程是一条流水线，三个塑型工从盒子中取出球形体，塑造鼻子和耳朵。在塑型工的旁边有两个工人在球形体上制作眼睛，并把先前做好的眼镜戴在鼻子上，并且转交给一个工人进行涂染，然后放在晾干架上，经过 5 小时的自然晾干后，两名包装工人进行包装。工业工程部门测定出的各个加工环节中工人单位产品的操作时间为：填充 1.5 分钟，塑型 0.8 分钟，制作眼睛 0.4 分钟，构造眼镜

0.2分钟，涂染 0.25 分钟，包装 0.33 分钟。工厂实行 8 小时工作制，实际工作时间按 7 小时计算。

解：对草籽娃娃生产做出下列流程分析。

1）画流程图

根据草籽娃娃生产加工过程的描述，画出流程图 5-10。

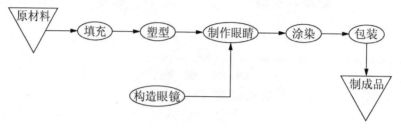

图 5-10　草籽娃娃生产流程图

2）确定每道工序的特征

确定每道工序的特征，如图 5-11 所示，图中时间指一名工人完成该道工序的时间。

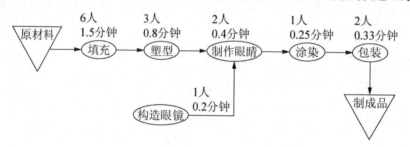

图 5-11　草籽娃娃生产流程工序特征图

3）确定工序间的特征

确定工序间的特征，如图 5-12 所示。

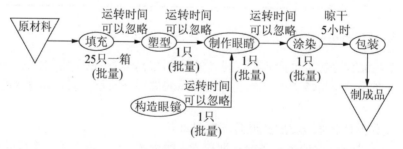

图 5-12　草籽娃娃生产流程工序间的特征图

可以看出该流程运转方式为推动式，确定了相邻两道工序之间的转运批量和转运时间。

4）确定流程的瓶颈

流程瓶颈是指整个生产流程中最小的生产环节能力。计算如表 5-8 所示。

表 5-8 草籽娃娃生产流程能力计算表

流程步骤	计算结果(个)	能力(个/天)
填充	$6×(7×60)/1.5 =1\ 680$	1680
塑形(鼻子和耳朵)	$3×(7×60)/0.8 =1\ 575$	1575
制造眼睛	$2×(7×60)/0.4 =2\ 100$	2100
构造眼镜	$1×(7×60)/0.2 =2\ 100$	2100
涂染	$1×(7×60)/0.25 =1\ 680$	1680
包装	$2×(7×60)/0.33 =2545$	2545

由表 5-8 可知，流程瓶颈是塑形工序，也即塑造鼻子和耳朵的生产环节。

5）分析流程利用率

流程利用率＝单位时间产出/流程能力；

假设草籽娃娃的客户需求为每天 1 500 个，那么，流程利用率＝1 500/1 575＝95％；

生产设备利用率＝单位时间产出/生产设备的能力；

瓶颈是具有最高利用率的资源。具体数据分析，参见表 5-9。

表 5-9 草籽娃娃流程能力利用率计算表

流程步骤	计算过程	能力利用率(%)
填充	$1\ 500/1\ 680＝0.893$	89.3
塑形(鼻子和耳朵)	$1\ 500/1\ 575＝0.952$	95.2
制造眼睛	$1\ 500/2\ 100＝0.714$	71.4
构造眼镜	$1\ 500/2\ 100＝0.714$	71.4
涂染	$1\ 500/1\ 680＝0.893$	89.3
包装	$1\ 500/2\ 545＝0.589$	58.9

从流程能力利用率计算结果中可以看出，大多数企业的目标是利润最大化，而不是资源利用的最大化。

6）改善流程的措施及建议

为瓶颈工序增加设备或者为瓶颈工序增加人员；培训多技能工人；提高设备的使用效率；创建多工位共享的流水线布局(U 形流水线)；通过平衡流水线等方式平衡各道工序的流程能力；通过生产班次的调整或者通过某些关键工序的加班来平衡各道工序的流程能力；对缝制外衣和包装工序的工人进行技能培训，采用 U 形流水线并且利用多工位共享的方式来改善流程绩效，参见图 5-13。

5.2.3 业务流程再造

1. BPR 的含义

业务流程再造（Business Process Reengineering，BPR），也称为业务流程重组或企业

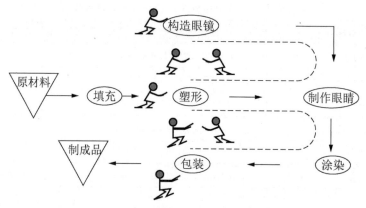

图 5-13 U形流水线工位共享流程改善图

流程再造，是 1990 年由美国 MIT 教授迈克尔·哈默和 CSC 管理顾问公司董事长詹姆斯·钱皮提出的。美国的一些大公司，如 IBM、柯达、通用汽车、福特汽车等纷纷推行 BPR，试图利用它发展壮大自己，实践证明，这些大企业实施 BPR 以后，在当时都取得了巨大成功。

1993 年，哈默和钱皮在《公司重组：企业革命宣言》一书中指出，200 年来，人们一直遵循亚当·斯密的劳动分工的思想来建立和管理企业，即注重把工作分解为最简单和最基本的步骤；而目前应围绕这样的概念来建立和管理企业，即把工作任务重新组合到首尾一贯的工作流程中去。他们给 BPR 下的定义是："为了飞跃性地改善成本、质量、服务、速度等现代企业的主要运营基础，必须对工作流程进行根本性的重新思考并彻底改革。" BPR 的基本思想就是必须彻底改变传统的工作方式，也就是彻底改变传统的自工业革命以来，按照分工原则把一项完整的工作分成不同部分，由各自相对独立的部门依次进行工作的工作方式。

BPR 是国外管理界在 TQM(全面质量管理)、JIT(准时化生产)、WORKFLOW(工作流管理)、WORKTEAM(团队管理)、标杆管理等一系列管理理论与实践全面展开并获得成功的基础上产生的。是西方发达国家在 20 世纪末，对已运行了 100 多年的专业分工细化及组织分层制的一次反思及大幅度改进。BPR 是对企业僵化、官僚主义的彻底改革。

专业制分工及组织分层制是西方工业国家取得大规模工业化成功的前提，1980 年，托夫勒在《第三次浪潮》一书中，对"大就是好"的大规模生产时代，进行了最详尽的描述，并预言其时代的终结。但十多年过去了，大企业并未消失，而是采用了 BPR 及其他先进思想使自己获得了新生。

哈佛商学院的迈克尔·波特(Michael Porter)教授将企业的业务流程描绘为一个价值链。竞争不是发生在企业与企业之间，而是发生在企业各自的价值链之间，只有对价值链的各个环节即业务流程进行有效管理的企业，才有可能真正获得市场上的竞争优势。随着互联网对重构完整的价值链的要求越来越高，品牌之间的竞争和对抗将日益淡化，取而代之的是关于公司价值链的强度和效率之间的竞争。公司必须大量投资、谨慎管理、保护和持续对资产进行改良。拥有能够保持第一位的客户关系、快速反应并参与客户需求的动态价值链的公司将成为赢家。

即使实行了流程管理的企业，并不意味着它们就不需要对流程进行再造。如果客户的需求和市场发生了巨大的变化，企业的运营模式要实现根本性的变革，流程就必须要再造。比如，戴尔公司推行的直销模式，如果在 IBM 公司的传统流程上套用，恐怕就难以产生预期效果，但是 IBM 公司的传统流程对于自身奉行的运营模式却是有效的。另外，流程再造的目的也是要通过对公司业务流程的梳理和精简，来实施流程化管理。

在我国企业管理信息化发展过程中，特别是 ERP 项目的实施，BPR 是不可或缺的一项关键性步骤，也是企业管理信息化成功的重要因素。

2. BPR 的理论要点

1）BPR 核心内容

在 BPR 定义中，根本性、彻底性、戏剧性和业务流程是四个关键术语。

（1）根本性。根本性再思考表明 BPR 所关注的是企业核心问题，如"为什么要做现在这项工作""为什么要采用这种方式来完成这项工作""为什么必须由自己而不是别人来做这份工作"，等等。通过对这些关乎企业运营最根本性问题的思考，将会发现公司赖以生存或运营的商业假设可能是过时的，甚至是错误的。

（2）彻底性。彻底性再设计表明 BPR 应对事物进行追根溯源。对已经存在的事物不是进行肤浅的改变或调整性修补完善，而是抛弃所有的陈规陋习，并且不需要考虑一切已规定好的结构与过程，创新完成工作的方法，重新构建企业业务流程，而不仅仅是改良、增强或调整。

（3）戏剧性。戏剧性改善表明 BPR 追求的不是一般意义上的业绩提升或略有改善、稍有好转等，而是要使企业业绩有显著的增长、极大的飞跃和产生戏剧性变化，这也是流程重组工作的特点和取得成功的标志。

（4）业务流程。聚焦业务流程也是 BPR 的根本性特征，摒弃传统管理中以职能和目标为管理对象的思路，转而以流程为管理目标，以整个系统为设计思路，以客户需求为行为指南的新型管理模式，它是对过去旧制度的变革，也是管理实践发展到一定阶段的必然趋势。

2）BPR 作用

通过将非增值性活动从业务流程中剔除出去或尽可能地简化，能极大地提高为顾客提供产品与服务的效率，提高对质量管理环节的监控能力。

（1）提高响应能力。这主要表现在为顾客提供支持性服务的产品配送环节。由于每个环节的运转速度加快了，最终提高了顾客的满意度。

（2）降低成本。业务流程的精简在改善管理的同时，能降低或彻底消除无效预算。

（3）提高产品质量。随着那些容易导致次/废品出现的无效低能环节的减少，产品次/废品率也将出现明显的下降，由此产品质量获得显著提升。

（4）员工满意度增加。降低业务流程的无效性和复杂性，意味着员工将被授予更多的权力对自身工作进行合理安排，这无疑会大大提高员工参与工作的热情和干劲。

3）BPR 实施原则

迈克尔·哈默在《再造：不是自动化，而是重新开始》一文中提出了 BPR 的八项原则。

（1）要围绕结果进行组织，而不是围绕任务进行组织。企业应当围绕某个目标或结果，而不是单个任务来设计流程中的工作。

（2）要让利用流程结果的人执行流程。基于计算机的数据和专门技能越来越普及，部门、事业部和个人可以自行完成更多的工作。那些用来协调流程执行者和流程使用者的机制可以取消。

（3）要将信息处理工作归入产生该信息的实际工作流程。

（4）要将分散各处的资源视为集中的资源。企业可以利用数据库、电信网络和标准化处理系统，在获得规模和合作的益处的同时，保持灵活性和优良的服务。

（5）要将平行的活动连接起来，而不是合并它们的结果。将平行职能连接起来，并在活动进行中，而不是在完成之后，对其进行协调。

（6）要将开展工作的地方设定为决策点，并在流程中形成控制。让开展工作的人员决策，把控制系统嵌入流程之中。

（7）要从源头上一次获取信息。当信息传递难以实现时，人们只得重复收集信息。如今，当我们收集到一份信息时，可以把它储存到在线数据库里，供所有需要它的人查阅。

（8）领导层要支持。流程再造要获得成功必须具备一个条件，即领导层要富有远见。除非领导层支持该项工作，才能经受住企业内的冷嘲热讽，否则人们不会认真对待流程再造。为了赢得安于现状的人的支持，领导层必须表现出投入和坚持。

3. BPR 的实施步骤

企业"再造"就是重新设计和安排企业的整个生产、服务和经营过程，使之合理化。通过对企业原来生产经营过程的各个方面、每个环节进行全面的调查研究和细致分析，对其中不合理、不必要的环节进行彻底的变革。在具体实施过程中有以下几个阶段。

1）预备阶段

预备阶段的任务是搭建团队，锁定目标。具体步骤如下。

（1）建立组织。组建以企业高层经理牵头的流程再造工作推进机构，并给予充分授权，直接对企业最高决策层负责，并建立定期进度报告和追加授权制度。

（2）设定标杆。通过对现存及潜在竞争对手的全面分析，给企业选定一个或几个比自己强大而具有可追赶性的成长性优势企业，作为标杆企业。

（3）识别目标。在高度市场化的今天，客户需求呈现出多元化和个性化特征，任何一家企业，哪怕位居世界 500 强之首，也不可能独占市场，不可能满足所有的客户需求。企业只能尽力追求目标客户群的最大化。企业必须清楚地知道自己需要向哪些客户服务，才能获取经济和社会效益的最大化。通过参照标杆企业，重新识别目标市场，对企业客户源进行分析：现有客户群的忠诚度、流失客户的特征及流失原因、潜在客户的成长性及共性特征、客户的需求、满足客户需求的可能性等。只有找准最重要最有价值的客户群，企业战略才有的放矢。

2）自检阶段

自检阶段的任务是系统诊断，找到症结。具体步骤为：

（1）自检战略导向。对比检查针对各类客户各层次需求的满意度和满足率，根据差距检查战略导向存在的问题，并对企业战略导向进行调校。

（2）自检运营模式。依据调校后的企业战略导向推动运营模式转型。运营模式不是一成不变的，一个所谓成功的运营模式与现存的运营模式相比，代表的是一种"更好的方法"，应该随着环境的变化和自身竞争能力的发展，进行适应性调整，有时这种调整甚至可能是革命性的重构。解决能力超越客户价值的困境，需要改变现行的运营实现模式，帮助价值链上的相关企业建立营利模式。随着市场的演变和需求的多样化，企业赖以成长和生存的运营模式，已经无法再帮助企业产生利润，维持增长。这时，企业就必须尽快改善或抛弃陈旧的运营模式，迎合市场和客户的需求，推动运营模式转型。

3）设计阶段

设计阶段的任务是营造环境，设计方案。具体步骤如下。

（1）思维革命。流程再造要顺利推进，必须在发起之初，就尽早消除组织对变革的抗拒。可以公布前一阶段自检诊断结果，组织对流程再造可能形成阻力的人员和主要参与人员到标杆企业参观，全员示警，进行危机教育，采用组织大讨论、征文、演讲、研讨、笔会等有效方式，自上而下，进行思想渗透，转换职工心智模式，增强职工承受力，推动企业文化变革，逐步形成新的核心价值观，营造创新氛围，建设创新文化，消除组织抗拒能量聚合的机会。统一企业职工的思想认识，打消顾虑，认同企业新的发展愿景。在组织中形成强大的支持变革的应力场。

（2）设计运营模式。在创新文化包围下，全员发动，集中群众的智慧和高层的判断力，全员参与，全员设计，根据新的适应客户和市场需求的赢利模式，为企业选定新的与赢利模式相配套的运营模式。

（3）诊断现有流程。比照新选定的运营模式，聘请外部专家参与，以内部流程再造推进团队为主，鼓励全体员工全面介入，诊断企业现有流程，进行流程效率和效能评估，找出症结所在，识别冗余流程和边缘地带。

（4）设计再造方案。组织内外部专家，在系统诊断的基础上，参照标杆企业流程再造的经验做法，以新的运营模式为中心重新设计企业流程和推进流程再造的实施方案。

4）推行阶段

推行阶段的任务是以点带面，强力推行。具体步骤如下。

（1）局部试点。选定试点部门，对实施方案和新流程进行试验性运行。考虑到流程再造的高风险性，局部试点一般不选择核心流程，通常选定见效快、职工基础好、管理者认识到位、对核心流程不会形成致命影响的辅助流程段进行试验。为了更全面验证实施方案的科学性和适应性，可以实施多点同时试验，或者进行长效试验、多轮反复试验。通过试验，取得比较完整、可信度高的原始验证数据和相关资料。

（2）完善方案。根据试点采集的信息分析情况，以及对方案预期目标的验证情况，对设计方案进行完善修订，对预期目标进行调校，确定方案实施顺序和重点。因为对主流程的再造，尤其是对核心流程的再造牵涉面比较广，实施需要一定的过渡和调适，在此期间，企业往往需要被迫停产或减产，出现任何意外，都可能给企业带来巨大风险。所以，在正式方案拟制时，通常应该设计应急预案，提高企业流程再造的抗风险能力。

（3）交流沟通。在流程再造推进过程中，必须建立沟通渠道。流程再造方案涉及所有组织机构和全体员工的利益和权力调整，方案出台前应广泛而充分地与全体员工交流沟通，取得大多数人的理解和支持。一线员工虽然没有太多的决策权，但是他们的热情、情绪和群体价值取向，却完全可能影响和左右一个部门甚至一个组织的决策，取得他们的支持，可以有效减弱管理层中利益受损人员、部门发动集群抗拒的可能性。在方案转入实施以前，还要对全员进行分层培训和宣传教育，使上上下下都明白为什么再造，怎样再造，自己需要做什么。

（4）权力模式变革。实施阶段，首要的是撤障，对原有的组织结构进行迅速变革，对管理人员进行迅速调整，对权力重新进行分配，为流程再造打好组织基础。

（5）新旧流程切换。流程再造虽然要稳妥推进，不能冒失，但一旦条件成熟，需要全面推进时，又必须快刀斩乱麻，果断地完成新旧流程的同步切换，废旧立新。如果过渡期设定得过长，新旧流程就容易打架，矛盾交织，难以排解。

5）调校阶段

调校阶段的任务是完善规范，持续改进。具体步骤如下。

（1）流程调校。在新流程运行过程中，要不间断地对其与新的运营模式之间的适应性进行调校。流程调校最重要的一项任务就是邀请重要客户和主要的利益相关方参与对新流程的评估，根据评估结果对新流程做改进完善设计。这样做不仅能增强流程对重要客户和主要利益相关方期望值的适应性，而且可以更全面及时地理解他们的需求变化，从而提高新流程的适应性。同时，通过交流提高新流程在客户中的认知度和影响力，使客户得到心理满足。

（2）信息化跟进。信息化不宜早行，过早推行信息化，可能将过时流程中的一些做法通过现代信息化的手段固化下来。在流程没有再造以前实施信息化，只能是对现有流程进行信息化描述，现有流程的一些不足也可能通过信息化包装被隐藏起来，给后来的流程再造带来很大的不便，影响流程再造的效果。何况，在流程重新调整、优化后，信息化需要做大量的配套调整工作。如果在流程再造以后，针对精简优化后的流程，及时跟进信息化建设，将有效地发挥新流程的功效。

（3）评估体系跟进。流程再造以后，新流程的启动惯性和员工的兴奋感、自豪感可能带动流程正常运行一段时间。但是，从长远讲，流程的正常运行必须靠薪酬拉动。在流程再造以后，如果绩效评估体系没有做相应的调整，薪酬不与流程绩效挂钩，新流程就无法维持运行。在全面实施流程再造以后，要重新设计以流程绩效、对整体流程贡献率大小以及流程协调度为主要考核重点的新绩效评估体系，并根据新的绩效评估体系，在新流程运行惯性消除以前，及时出台新的薪酬制度，实现对流程的有效拉动。

（4）规范流程。新的流程出台后，要有计划地进行推广，让价值链上的相关企业、客户、利益相关人知晓、关心，并及时给予评定。经过一段时间的循环运行和反复修正完善，逐步成熟和稳定，被企业内外各方面广泛认可以后，要以正式流程管理文件、图表等企业标准的形式对其规范化，也就是说，将新的流程相对固化下来，作为一段时间内的标准。

（5）流程随诊。客户需求在不断变化，市场格局在不断调整，企业也需要不断调整自己的赢利和运营模式，与此同时，要对流程随时进行诊断，查找问题，提供改进意见，供决策参考。

（6）持续改进。流程再造并不是一劳永逸的，而是一个循环往复、逐级递进的过程。企业要根据诊断情况，对流程反复完善，持续不断加以改进。

4. BPR 成功因素

尽管业务流程重组形成了世界性的浪潮，并且有许多异常成功的案例，但是仍有超过一半的业务流程重组项目走向失败或是达不到最初设定的目标。这中间最大的三个障碍是：①缺乏高层管理人员的支持和参与；②不切实际的实施范围与期望；③组织对变革的抗拒。正是因为这些原因，业务流程重组的"关键成功因素"就变成一个重要的研究领域。

对以下业务流程重组"关键成功因素"的关注，有助于企业从事有效的业务流程重组。BPR 关键成功因素包含：核心管理层的优先关注；企业的战略引导；可以量度的重组目标；可行的实施方法；业务流程重组是一个过程；提升业务流程的过程应得到持续的资金支持；组织为流程而定，而不是流程为组织而定；将客户与供应商纳入业务流程的重组范围；重组的一致性优先于完善性。

　人物介绍

迈克尔·哈默

迈克尔·哈默(Michael Hammer，1948—2008)，美国著名管理学家，被誉为企业再造之父，20世纪90年代四位最杰出的管理思想家之一。

迈克尔·哈默，1948年4月13日出生，先后在麻省理工学院获得学士、硕士和博士学位。曾担任 IBM 软件工程师，麻省理工学院计算机专业教授等职。凭借其再造理论及对美国企业的贡献，《商业周刊》称哈默博士为"20世纪90年代四位最杰出的管理思想家之一"，《时代》杂志将他列入"美国25位最具影响力的人"首选名单。

1990年，哈默在《哈佛商业评论》上发表了一篇名为《再造：不是自动化，而是重新开始》的文章，率先提出企业再造的思想。1993年，他和詹姆斯·钱皮合著的《再造企业：经营革命宣言》一书出版，迅速成为国际畅销书，并在出版的当年被译成14种不同语言的版本向世界各国传播。该书明确提出了再造理论概念，在全球刮起一股再造旋风。以后，他们又陆续出版了《再造革命》(1995年)、《管理再造》(1995年)等著作，丰富和发展了企业再造理论。企业再造也被译为"公司再造""再造工程"，在西方国家被称为"毛毛虫变蝴蝶"的革命。《再造企业》一书的副标题用了"革命宣言"，旨在强调"再造"是全新的经营理念。

这一全新的思想震动了管理学界，一时间"企业再造""流程再造"成为大家谈论的热门话题。再造理论从提出至今，理论界和实践者投入了很大的精力进行研究，因而得到迅速推广，为企业带来

了显著的经济效益，涌现出大批成功的范例。据说，在 1994 年，美国 3/4 的顶尖大公司都展开了再造工程。尽管 BPR 理论为企业发展带来了新的思路，但是，企业再造也有很高的风险。哈默和钱皮在书中说，"50%～70%进行再造的企业都没有达到预期的效果，或者说是失败了。"到 1996 年年底，企业再造理论的吸引力开始减弱。原因有许多，后来的研究指出，主要原因是再造工程对人员和组织的本质产生了副作用。比如，再造工程很快就变成了解雇成千上万工人的同义词。哈默处于一个虔诚犹太教徒的良知对这种副作用忧心忡忡，甚至夜不能寐。哈默承认，再造工程没有足够考虑人的因素，这大概是源自他的工程师背景吧。1997 年，哈默对再造工程的得失做了总结，又出版了《超越再造工程》一书，也澄清了实践中的概念乱用。此后几年，哈默潜心钻研，并继续着他的顾问生涯，新积累的材料和经验使他在 2001 年 10 月推出了新著《企业行动纲领》，他宣称如今的新经济是顾客经济，如今的市场是买方市场，从稀有物品到稀有顾客这一转变是区别过去 10 年和未来 10 年的本质标志，此书旨在指导商业人士如何在一个顾客占据优势地位的经济中生存和拼搏。这本书中体现出来的人本精神可看作是对再造工程人性关怀不足的弥补，也体现着哈默基督徒的情怀和学者的责任感。

(资料来源：http://wiki.mbalib.com/wiki.)

5.3　生产运营过程的时间组织

生产运营过程组织是指对整个生产运营过程采取合理的组织形式，建立完善的运行机制。合理组织生产运营过程，不仅要求企业各生产单位、各工序之间在空间上密切配合，而且要求劳动对象在时间上互相协调和紧密衔接，因此根据组织的对象不同，可以将生产运营过程的组织分为空间组织和时间组织。生产过程的空间组织已在第 4 章做了讨论，本节主要讨论生产过程的时间组织。

5.3.1　生产过程时间组织概述

1. 时间组织的含义

合理组织生产过程，不仅要对企业内部各生产单位和部门在空间上进行科学的组织，而且要使劳动对象在车间之间、工段(小组)之间、工作地之间的运动在时间上互相配合和衔接，通过人、机、料的有效组合运行，实现有节奏的连续生产，以达到提高劳动生产率和设备利用率、缩短生产周期、加速流动资金周转、降低产品成本的目的。

生产过程的时间组织，主要研究劳动对象在生产过程中各生产单位之间、各道工序之间在时间上衔接和结合的方式。具体内容包括：产品生产过程的时间构成；缩短产品生产周期的途径；批量零件在加工过程中的移动方式，以及各种零件的加工排序等问题。

在生产过程中，零件在工序间的移动方式是指零件从一个工作地到另一个工作地之间的运送方式。移动方式与加工的零件数量有关，移动方式不同批量零件的生产周期也会不同。因此，合理进行生产过程的时间组织，对于提高生产加工效率，缩短产品的加工周期，具有非常重要的促进作用。

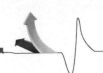

2. 产品生产周期的时间构成

产品的生产周期，是指从原材料投入生产开始到成品验收入库为止，整个生产过程所经过的日历时间。产品生产的时间构成如表 5-10 所示。

从表 5-10 可以看出，缩短产品生产周期的途径，主要从技术和管理两个方面着手。在技术方面，应着力于改进产品设计，采用先进工艺，优化操作方法，提高技术水平，缩短产品的有效时间。在管理方面，重点是改进工作方法，提高组织管理水平，最大限度地降低等待时间，消除不必要的停歇时间。而进行生产过程的时间组织，主要是从管理方面，针对劳动过程的时间安排。

表 5-10 产品生产周期时间构成

有效时间					停歇时间			
劳动过程时间				自然过程时间	必要停歇时间			不必要停歇时间
工艺时间	运输时间	检验时间	准备结束时间		成批等待时间	工序之间的等待时间	休息及生理需要时间	管理和技术缺陷造成的时间损耗
必要时间								非必要时间

产品生产过程的时间组织与企业的生产类型、产品特点及产量的大小等因素有关。因此，以下将按照大量生产类型、批量生产类型和单件生产类型的顺序分别进行分析讨论。

5.3.2 大量生产类型的时间组织

1. 对时间组织的要求

大量生产的企业特点是产品品种少、产量大，因此安排产品出产进度的主要内容是决定各种产品的产量在各季、各月的分配问题。

根据大量生产类型的生产特点，对生产过程时间组织的要求如下。

（1）保证订货合同中的产品品种、数量和质量按期完成。

（2）尽量对各种产品的生产进行合理的组合与搭配，确定各个时期产量增长幅度，使企业各车间在全年各季、各月的生产设备负荷均衡化。

（3）要使原材料、外协件的供应时间和数量与生产的安排协调一致。

（4）充分考虑生产技术准备周期，使生产技术准备工作在时间上紧密衔接。

（5）要使生产任务的安排同企业各项技术组织措施的实施时间结合起来，保证生产任务可靠完成。

2. 产品出产进度安排方式

1）生产进度的均衡安排

当企业产品在一年各季度的市场需求量比较稳定，或者企业生产任务比较饱满。此类企业产品生产进度的安排，应当考虑实行均衡生产的方式。也就是把全年的产量任务均衡地分配到各个季度或各个月份，以便充分利用生产能力。生产进度的均衡安排，并不等于各季、各月的平均日产量绝对相等，而是考虑产品特点和企业状况，随着工人操作技能的逐渐熟练而逐渐增加产量，一般分为以下四种方式。

（1）平均分配法。全年生产任务等量分配，各季各月的平均日产量相等。平均分配法适用于市场需求稳定，生产技术和工艺过程比较成熟，生产自动化程度较高的情况。

（2）分期均匀递增法。生产量分期分阶段增长，而在某时期内（如季度）平均日产量大致相同，此法适用于市场需求量不断增加的情况。

（3）小幅度连续递增法。各月的产量逐渐小幅度上升。这种方法类似于分期均匀递增法，只是把全年产量分配到各时期的时间间隔较短，相邻两期的日产量差额较分期均匀递增要小，此法适用于市场需求量不断增加，劳动生产率稳步提高的情况。

（4）抛物线递增法。生产初期日产量较小，但产量增幅较大，达到一定产量后趋于稳定。此法主要应用于新产品的生产，市场需求量不断扩大的情况。

需要强调的是，由于影响生产的因素是多方面的，而且这些因素又时常发生变化，所以实际工作中不能照搬某一种方法来分配产量，必须从实际情况出发，具体分析各时期的生产条件和供求情况，进行产、供、销的平衡，合理确定各季、各月的产品生产量。

2）季节性需求产品的生产进度安排

当产品需求具有季节性，例如农业机械、肥料或农药、电器类产品、某些消费用品等。此类企业全年产品生产任务的进度安排，可以采取以下三种方式。

（1）均衡安排方式。各月产量相等或基本相等。这样，有的月份产量大于销售需要，就有一部分产品作为库存储备起来，以供旺季时的需要；而有的月份产量小于销售需求，则需库存产品补充，若库存不足，为了不致脱销，可考虑组织外协生产，如图5-14所示。

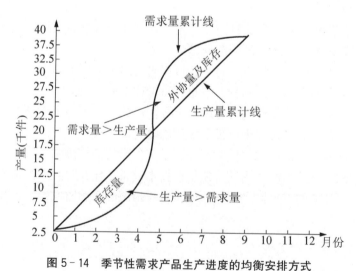

图5-14 季节性需求产品生产进度的均衡安排方式

（2）变动安排方式。各月生产量的安排随着市场销售量的变动而变动。销售量增长，生产量也随之增长；销售量下降，生产量也随之下降。其累计的产量线与需求线基本重合，基本上没有库存和脱销现象，如图 5-15 所示。

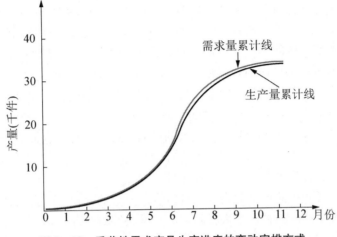

图 5-15　季节性需求产品生产进度的变动安排方式

（3）折中方式。这是上述两种安排方式的结合。将全年划分为三个阶段，分别采取三个不同的月产水平。为了与市场需求相适应，5—8 月份的月产水平最高，1—4 月份次之，9—12 月份的月产水平最低。这种方式，全年的进度安排变动三次，少于变动安排方式，而其库存水平又低于均衡安排方式，所以是介于前两种方式之间的一种折中方式，如图 5-16 所示。

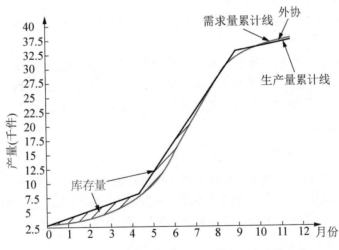

图 5-16　季节性需求产品生产进度的折中安排方式

生产运营管理

5.3.3 成批生产类型的时间组织

1. 对时间组织的要求

在成批生产条件下，由于产品品种较多，各种产品产量多少不一，因此，产品出产进度的安排，就不单纯是按季、按月分配各种产品产量，而且要考虑如何组织产品品种的合理搭配，有利于按期、按品种完成订货合同，以减少每月生产的品种，扩大批量。同时要使设备、劳动力的负荷比较均衡，以便合理利用人力、物力，提高企业生产的经济效果。因此，品种搭配是多品种批量生产企业安排生产任务时的一项重要工作。根据成批生产类型的生产特点，对生产过程时间组织的要求如下。

（1）首先安排企业经常生产和产量较大的产品。在符合订货合同规定的交货期限的前提下，采取细水长流的方式，即各季、各月都生产这种产品，每月产量可以大致相等，也可以分期递增，以便使生产具有一定的稳定性。

（2）对于生产量较少的产品，在满足订货合同要求的前提下，可采用集中轮番生产的方式，以减少同期生产的品种，扩大批量，减少准备结束时间，提高劳动生产率，并可利用小批生产的产品填平补齐，以达到生产能力的均衡负荷。各个品种轮番生产时，谁先谁后，应当考虑生产技术准备工作的完成期限、关键材料和外协件的供应期限等因素。

（3）新产品分摊到各季生产，避免生产技术准备工作忙闲不均；大型产品和小型产品、高精尖产品和普通产品可以进行合理搭配，不要使某类产品的生产过于集中；需要大型设备、精密设备及关键设备加工的产品，应分散安排，以利于这些设备的均衡负荷。

（4）当同一系列不同规格产品的产量较小时，应考虑安排在同一时期内生产，这样可以组织通用件的集中生产，以扩大制造批量。

（5）尽可能使各季、各月的产品产量同该产品的生产批量相等或成倍数，以简化生产管理。

（6）考虑原材料、燃料、配套设备、外购或外协件对生产进度的影响。

成批生产条件下安排产品进度比大批大量生产复杂，存在不少交叉与矛盾。企业计划部门可以先拟订几个不同的产品出产进度方案，召集有关人员开会讨论，集思广益，通过分析比较选定最优方案。

2. 产品出产进度安排方式

在加工装配的成批生产类型企业里，由于零件多种多样，工艺路线、加工方法和技术装备千差万别，因而，产品有多种流转方式。一般来说，零件在各道工序间的移动方式主要有顺序移动、平行移动和平行—顺序移动三种方式。

1）顺序移动方式

顺序移动是指一批零件在上道工序全部完工以后，整批转送到下道工序继续加工，如图 5-17 和图 5-18 所示。

由图 5-18 可知，如果把工序间的运输时间忽略不计，则顺序移动方式下一批零件的加工周期，等于该批零件在全部工序上加工时间的总和。计算公式为：

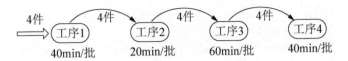

图 5-17　产品批在工序之间顺序移动

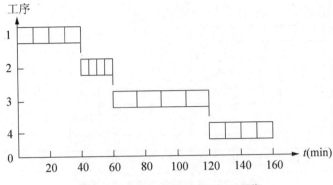

图 5-18　顺序移动方式的加工周期

$$T_{顺} = n \sum_{i=1}^{m} t_i \qquad (5-2)$$

式中：$T_{顺}$——批零件顺序移动方式下的加工周期；

　　　n——零件批量；

　　　t_i——零件在第 i 道工序上的单件工时；

　　　m——零件加工的工序数目。

【例 5-4】　某客户订单产品，一批共 4 件，需经过 4 道工序加工（图 5-17），各工序单件时间分别为 $t_1=10\text{min}$，$t_2=5\text{min}$，$t_3=15\text{min}$，$t_4=10\text{min}$。试计算整批产品在顺序移动方式下的加工周期。

解： 将数据代入公式（5-2）得：

$$T_{顺} = n \sum_{i=1}^{m} t_i = 4 \times (10+5+15+10)\text{min} = 160\text{min}$$

在顺序移动方式下，由于零件在各工序间都是整批移动，所以组织工作比较简单，而且在加工期间各工序的设备不停歇，可以充分负荷。但每个零件由于在各道工序上的停歇时间不同，因而都有等待加工和等待运输的中断时间，因而零件的加工周期较长。适用于批量小、单件工序时间短、工序（岗位）之间的距离较长的情况。

2）平行移动方式

平行移动方式是指一批零件中的每一件在上道工序加工完毕后，立即转送到下道工序进行加工。其特点是一批零件或产品同时在不同的工序上平行加工，零件在工序间逐件运送，如图 5-19 和图 5-20 所示。

在平行移动方式下，一批零件的加工周期可按下式计算：

$$T_{平} = \sum_{i=1}^{m} t_i + (n-1)t_{\max} \qquad (5-3)$$

图 5-19 产品批在工序之间平行移动

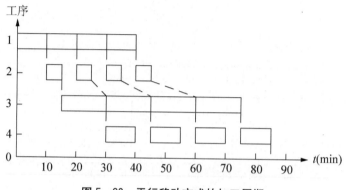

图 5-20 平行移动方式的加工周期

式中：$t_{max} = \max\{t_i\}$ （$i = 1, 2, \cdots, m$）

代入例 5-4 中数据得出：

$$T_{平} = \sum_{i=1}^{m} t_i + (n-1)t_{max} = (10+5+15+10)\text{min} + (4-1) \times 15\text{min} = 85\text{min}$$

在平行移动方式下，由于工序间的等待，运输时间减少到最低限度，有时几乎没有，所以它的加工周期最短，工序间的在制品储备也大大减少。但是，当前后工序的加工时间不相等时，如后道工序时间小于前道工序时间，后道工序在每个零件加工完毕后，都会发生设备和工人的停歇，而这种停歇时间又比较短，难以充分利用；如果前道工序的加工时间小于后道工序的时间时，则会出现零件等待加工的现象。平行移动方式适用于各工序的单件时间基本相等，且工序（岗位）之间的距离较短的情况。

3）平行顺序移动方式

平行顺序移动方式是把平行移动方式和顺序移动方式综合运用的方式，即一批零件或产品，既保持每道工序的平行性，又保持连续性的作业移动方式。在整批零件尚未全部完成前道工序的加工时，就先将其中部分已经完成的零件转入下道工序加工。向下道工序转送零件的提前时间，以能维持下道工序对该批零件的连续加工为准，如图 5-21 所示。

在平行顺序移动方式下，因长短工序的次序不同，有如下两种安排方法。

（1）当前道工序的加工时间小于或等于后道工序的加工时间时，加工完毕的每一个零件应及时转入后道工序加工，即按平行方式逐件转移。

（2）当前道工序的加工时间大于后道工序的加工时间时，只有在前道工序完工的零件数量足以保证后道工序连续加工时，才开始将前道工序完工的零件转入后道工序，即，使后道工序的结束时间比前道工序的结束时间差一个单位的工序时间。

平行顺序移动方式的加工周期，可用顺序移动方式下的加工周期减去各重合部分的时间求得。当前道工序的加工时间（$t_前$）小于后道工序的加工时间（$t_后$）时，该批零件在两道

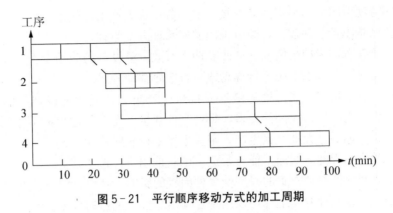

图 5-21　平行顺序移动方式的加工周期

工序上加工时间的重合部分为 $(n-1)t_{前}$；当前道工序的加工时间大于后道工序的加工时间时，该批零件在两道工序上加工时间的重合部分为 $(n-1)t_{后}$；当前后工序加工时间相等时，该批零件在两道工序上加工时间的重合部分为 $(n-1)t_{前}$ 或 $(n-1)t_{后}$。在上述情况下，$t_{前}$、$t_{后}$ 都是短工序，所以都可用 $(n-1)t_{短}$ 表示。

在平行顺序移动方式下，一批零件的加工周期可用下式计算：

$$T_{平顺} = n\sum_{i=1}^{m} t_i - (n-1)\sum_{i=1}^{m-1} t_{短} \tag{5-4}$$

式中：$t_{短}$ 为相邻两道工序中较短的单件工时。

代入例 5-4 中数据得出：

$$T_{平顺} = n\sum_{i=1}^{m} t_i - (n-1)\sum_{i=1}^{m-1} t_{短} = 4\times(10+5+15+10)-(4-1)\times(5+5+10)=100(分)$$

平行顺序移动方式，对一些同步性较差的工序来说，是一种较好的移动方式，但这种方式的组织工作较为复杂。以上三种移动方式各有优、缺点，通过表 5-11 对这三种移动方式再做归纳总结。

表 5-11　零件三种移动方式的比较

项目＼方式	平行移动方式	平行顺序移动方式	顺序移动方式
生产周期	短	中	长
运输次数	多	中	少
设备利用	差	好	好
组织管理	中	复杂	简单

从加工周期来看，平行移动方式、平行顺序移动方式较好；从组织工作来看，顺序移动方式较简单，企业必须根据具体情况选用。在选择工序间零件移动方式时，需要考虑以下主要因素。

（1）生产单位的专业化形式。如果生产单位是按工艺专业化形式组成的，由于零件不便单件运送，宜采用顺序移动方式；如果生产单位是按对象专业化形式组成的，则以采用平行或平行顺序移动方式为宜。

（2）工序劳动量的大小和零件的重量。工序劳动量大且工件较重，宜采用平行移动方式；如工序劳动量小且工件较轻，则以采用顺序移动方式为宜。

（3）设备调整所需劳动量情况。如改变加工对象调整设备的劳动量大，应考虑采用顺序移动方式，反之，可考虑采用平行移动或平行顺序移动方式。

（4）生产类型。虽然上述讨论都是针对批量生产类型，但也可以推广到其他生产类型，如果是单件小批生产，零件种类多，每种零件数量少而工艺过程极不相同，以采用顺序移动方式为宜，如果是大批大量生产，则宜采用平行顺序移动方式。

（5）任务的紧急程度。如加工任务紧迫，则宜采用平行移动方式。

总之，工序间零件移动方式的采用受多种因素的影响，在设计时，应从企业的特点出发，采用其中一种或几种方式组合，以达到合理组织生产过程的目的。

5.3.4 单件小批生产类型的时间组织

单件小批生产类型的生产特点与服务业具有相似性，因此，下面讨论的时间组织规则和方法可以借鉴到服务业当中去。

1. 对时间组织的要求

在单件小批生产条件下，产品品种规格多，每种产品的生产量少，主要根据用户的需要按订货合同组织生产。由于编制年度生产计划时往往只有一部分订货项目，大部分订货任务还未明确，只有一个大致的总目标，因此产品出产进度的安排相当概略。一般按照以下原则进行安排。

（1）先安排已明确的任务，粗略安排尚未明确的任务，按照近细远粗的方法分配各季、各月的生产任务。其中，对第一季度的生产任务要规定得具体、明确一些，以后随着订货合同的签订，再对产品出产进度按合同要求做进一步的调整和具体化。

（2）规格品种相近的产品可利用成组技术集中生产，以便扩大批量，降低成本。

（3）新产品按季度分摊，避免生产技术准备部门忙闲不匀。

（4）需要关键设备加工的产品，尽可能分散安排，避免负荷过于集中，造成"瓶颈"现象。

由此可见，单件小批生产的排序问题将影响设备的效率、在制品库存的数量、产品能否按期交货、资源的有效利用、服务的质量等。因此，对单件小批生产企业来说，加强订货组织管理工作和编制短期产品出产进度计划是非常重要的。

2. 产品出产进度安排方式

单件作业问题是最普遍的出产进度排序问题，也是最复杂的一种排序问题，吸引着无数研究爱好者挑战这一类迷人的复杂性问题。尽管问题本身很容易描述，也容易看到所需要的是什么，但是朝着求解的方向作任何推进都是极其困难的，许多人沉迷于该问题很多年都一无所获。由于挫折和失败很少在文献中报道或记载，因此该问题继续吸引着新的探索者，人们不相信结构如此简单的问题会那样复杂，直到自己亲自尝试后才明白其缘由。下面我们仅对几种简单的问题进行分析说明，更复杂问题可参阅其他专业文献。

1) N 项任务在一道工序作业

多项任务等待某一设备加工时优先安排哪一项任务？以下排序规则，供作业排序时参考选用。

（1）先到先服务规则。任务的处理顺序按到达的先后顺序进行安排。应用于制造业、银行、商店交款台、售票处等。

（2）最短作业时间规则。在所有等待加工的任务中，选择作业时间（准备时间＋加工时间）最短的优先加工。

（3）超限最短加工时间规则。事先设定一个排队等候时间限度，对超过此限度的任务优先安排作业时间最短的，没有超过时限的按（1）排序。

（4）最早到期规则。在所有排队的任务中，优先安排交货期早的任务，而不管任务到达时间的先后。

（5）最短松弛时间规则。松弛时间等于某项任务距离计划交货期的剩余时间与该项任务的作业时间之差，该规则优先安排具有最短松弛时间的任务。如 A 任务 9 天交货，加工时间为 8 小时；B 任务 10 天交货，加工时间为 8 天。此时按该规则应优先安排 B 任务。

（6）最小调整成本原则。优先安排各作业设备调整成本最小的任务。

（7）其他排序规则。如最有价值的顾客规则、利润最高的订单规则、最短等待队列规则等。

迄今为止，除了上述介绍的几种以外，人们已经提出了 100 多个排序规则。有时，运用一个优先规则还不能唯一地确定下一个应选择的工件，这时可使用多个优先规则的组合。同时，以上这些排序规则的简单性掩饰了排序工作的复杂性。实际上，要将数以百计的工件在数以百计的工作地（机器）上的加工顺序决定下来是一件非常复杂的工作，需要有大量的信息和熟练的排序技巧。

通过对排序规则的比较分析可以看出，没有一个排序规则适合于所有场合，经验表明：先到先服务准则表现并不理想，但能使顾客感觉公平；在大多数情况下，最短作业时间的排序效果最好，但有可能使作业时间长的任务超过交货期；最短松弛时间规则要求最先处理最迫切的作业。下面举例对排序规则进行对比分析。

【例 5-5】 某一船舶修理厂，分别有 5 艘船的修理任务按 A、B、C、D、E 的顺序依次到达，各项任务的交货期和作业时间列于表 5-12，其中停留时间等于等待时间加作业时间。试用"先到先服务规则"和"最短作业时间规则"进行作业排序并加以比较，比较的指标设定为，平均停留时间、系统中每天的平均任务数和任务的平均延迟时间。

表 5-12 先到先服务规则作业排序计划表　　　　　　　　　　单位：天数

任务优先次序	作业时间	停留时间	交货期（从现在算起）
A	4	4	6
B	17	21	20
C	14	35	18
D	9	44	12
E	11	55	12

解：（1）先到先服务规则排序评价。

① 总完工时间＝55 天；

② 平均停留时间＝(4＋21＋35＋44＋55)÷5＝31.8(天)；

③ 在修理系统内的平均船只数目＝(5×4＋4×17＋3×14＋2×9＋1×11)÷55＝2.89(艘)；

④ 平均每艘船的延误时间＝(0＋1＋17＋32＋43)÷5＝18.6(天)；

（2）最短作业时间规则排序评价，如表 5-13 所示。

表 5-13 最短停留时间规则作业排序计划表 　　　　　　　　　单位：天数

任务优先次序	作业时间	停留时间	交货期(从现在算起)
A	4	4	6
D	9	13	12
E	11	24	12
C	14	38	18
B	17	55	20

① 总完工时间＝55 天；

② 平均停留时间＝(4＋13＋24＋38＋55)÷5＝26.8(天)；

③ 在修理系统内的平均船只数目＝(5×4＋4×9＋3×11＋2×14＋1×17)÷55＝2.44(艘)；

④ 平均每艘船的延误时间＝(0＋1＋12＋20＋35)÷5＝13.6(天)。

通过计算对比可以看出，在本例中，最短停留时间规则在各项评价指标上都优于先到先服务规则。

2）N 项任务经过二道工序作业

若 N 个工件在两台设备上加工，可以采用约翰逊法，又名约翰逊规则，是约翰逊在 1954 年提出的一个有效算法，它是时间组织中的一种排序方法。约翰逊方法适用的条件是：n 个工件经过二三台设备(有限台设备)加工，所有工件在有限设备上加工的次序相同。

约翰逊法的步骤如下：

（1）找出所有工件中的最小工时 t_{min}，若在第一工序，该工件优先加工；若在第二工序，则该工件放在最后加工。

（2）将已排序的工件从工件单中划掉。

（3）对余下的工件重复上述排序步骤，直至完毕。

【例 5-6】 有五个工件在二台设备上加工，先通过设备 1，后通过设备 2，工件作业工时资料见表 5-14，试用约翰逊法进行作业排序。

表5-14 工件信息数据表 单位：小时

项目	工件				
	A	B	C	D	E
设备1	5	3	7	4	6
设备2	2	6	5	3	4

解：根据约翰逊法，五个工件的加工顺序排定为：B—C—E—D—A，如图5-22所示。

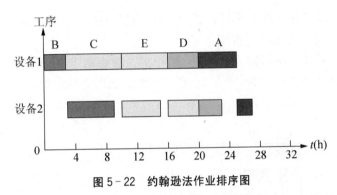

图5-22 约翰逊法作业排序图

由图5-22可知，完成五个工件加工任务所需的总时间（生产周期）为27小时。

更一般的情况是工件加工顺序不同，称为随机排序。由杰克逊对约翰逊法稍加改进后得到求解方法，称为杰克逊算法，详细了解可查阅有关资料。

3）N项任务经过三道工序作业

随着设备数量的增加，排序优化难度加大。在三台设备上加工，当满足一定条件时有优化方法。如果满足以下两条件中的任何一条，可用约翰逊法求解。这两种情况如下。

（1）第1道工序中的最小作业时间大于或等于第2道工序中的最大作业时间。

（2）第3道工序中的最小作业时间大于或等于第2道工序中的最大作业时间。

只要符合上述两条中的一条时，即可按下述方法求得最佳作业排序。

第一步，将各项任务中第1道工序和第2道工序的作业时间依次加在一起。

第二步，将各项任务中第2道工序和第3道工序作业时间依次加在一起。

第三步，将上两步中得到的作业时间序列看作二道虚拟工序的作业工期。

第四步，对二道虚拟工序，按约翰逊法排序，求出最优作业次序。

【例5-7】 某工程有5个施工段，都顺次经过3道工序，各施工段的各道工序工期资料列于表5-15中，试确定该项工程的最优施工次序。

<table>
表5-15　工序信息数据表　　　　　　　　　　　　　　　　单位：天

工序	施工段				
	A	B	C	D	E
a	3	2	8	10	5
b	5	2	3	3	4
c	5	6	7	9	7
a+b	8	4	11	13	9
b+c	10	8	10	12	11
</table>

　　解：从表5-15工序工期数据可以看出，第3道工序 c 中的最小施工期等于第2道工序 b 中的最大施工期，满足设定条件之一。

　　按照求解步骤计算后的数据列于表5-15中的二道虚拟工序 a+b 和 b+c，按约翰逊法排序，确定出最优施工次序为：B—A—E—D—C，如图5-23所示。

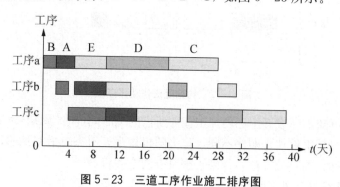

图5-23　三道工序作业施工排序图

　　由图5-23可知，该工程的总施工期为39天。若按 A—B—C—D—E 的顺序施工，则总工期为42天。

　　通常对不能满足特定条件的多项任务3道工序的施工顺序安排，也按3道工序简化为2道工序的方法作为其近似解。对于三台设备的随机性问题还没有简便的优化方法。

　　n 项任务，工序多于3道时，求解最优排序的方法比较复杂。但仍可采用将工序工期按一定方式合并的办法。然后应用约翰逊法，求出相应的总工期，最后再从中选取总工期的最小值，即可确定施工次序的最优安排。

　　在实际生产中，上述方法只是针对极少数情况，多数情况下还没有好的解法，一般可根据排队理论采用计算机模拟方法进行优化排序。

5.4　流水生产组织

　　1913年美国福特汽车公司创建了世界上第一条汽车装配流水线。流水生产线的发明极大地提高了生产效率，正是凭借着流水生产线，福特公司生产出了世界上真正属于普通百姓的 T 型汽车。可以说，流水线的发明拉开了世界汽车乃至整个现代工业生产的序幕。

这一有助于创建以规模经济为基础的大量生产方式，在半个多世纪内成为世界先进的主流生产模式，对世界经济发展和社会文化繁荣产生了重大影响。时至今日，在整个制造业和服务业的多个领域，流水作业是主要的生产服务方式，对企业的生产运营发挥着难以替代的重要作用。

5.4.1　流水生产的基本原理

1. 流水生产的含义

流水生产是指劳动对象按照一定的工艺路线顺序地通过各个工作地，并按照统一的生产速度(节拍)连续不断地完成产品加工的一种生产组织形式。

流水生产是在"分工"和"作业标准化"的原理上发展起来的。劳动分工原理阐明了分工可以提高效率的道理；泰罗的科学管理理论证明了对工人的操作方法制定作业标准，按标准训练工人，按标准操作也能提高生产效率。亨利·福特成功地把这两条原理运用到流水生产中来。最初的流水生产线只生产单一品种的产品，而现代化的流水生产线能够同时生产多种结构的相似产品。

2. 流水生产的特征

流水生产组织将对象专业化的空间组织和产品平行移动的时间组织有机结合在一起，使生产过程达到高度的合理化，流水生产是一个连续不断重复的生产过程，具有以下基本特征。

(1) 工作地专业化程度高。在流水生产线上固定生产一种或几种制品，作业分工很细，每道工序完成的作业内容相对简单且固定，工作地的专业化程度高，工人熟练程度高。

(2) 生产过程高度连续并具有明显的节奏性。流水生产中劳动对象如同流水般地从一道工序流向下一道工序，最大限度地减少了劳动对象的等待加工时间和设备加工的间断时间。由于按照节拍(r)生产，在相同的时间间隔内流水线上出产制品的数量基本是相等的。

(3) 工序间的同期化程度高。各道工序单件作业时间 t_i 与该工序的工作地(设备)数 S_i 的比值基本相等，即 $t_1/S_1=t_2/S_2=\cdots=t_i/S_i=r$。关系式表明，流水生产线内各道工序的生产能力是平衡或成比例的。

(4) 工艺过程封闭、单向。流水线上的工作地按工艺顺序排列，劳动对象在流水线上按工艺流程顺序单向移动连续完成加工，中间不接受线外加工。

具备上述特征的生产加工就是流水生产线。在流水生产条件下，生产过程的连续性、平行性、比例性、节奏性和封闭性都很高，所以流水线具有很高的生产效率等优点。

3. 组织流水生产的条件

流水生产效率高，生产成本低，具有很大的生产优势，但以机械加工为主的流水线多采用专用设备和工艺装备，需要较大的建设投资，因而固定成本总额较大。为了充分发挥流水线的生产优势和作用，企业组织流水生产需要满足以下基本条件。

（1）产品产销量足够大。产品产量大是组织流水生产的基本前提，这样才能保证流水线采用高效专用设备，并获得长期稳定的生产加工任务，以使单位产品分担的固定费用相对较小，从而获得规模生产的成本优势。

（2）产品结构和制造工艺相对稳定。这是指生产的产品结构要基本定型，具有良好的工艺性和互换性，工艺规程能稳定地保证产品质量，保证设备和工艺装备充分发挥效能。产品结构和工艺的先进性是稳定性的前提。若产品结构和工艺落后，组成的流水线容易被淘汰。

（3）制造的工艺过程能划分成一系列简单的工序，又能根据工序同期化的要求把某些工序进行适当的分解与重组，使各道工序的单件作业时间与流水线节拍基本相等或成整数倍比例关系。

（4）必要的厂房条件。生产场地的形状面积适合布置流水线的传送装置和设备。

（5）原材料和协作件的标准化、规格化，并且供应充足和及时。

5.4.2 单一对象流水线组织设计

流水线的设计包括技术设计和组织设计。技术设计属于流水线的"硬件"设计，包括工艺路线、工艺规程的制定，专用设备、专用工夹具的设计，运输传送装置的设计，信号装置设计等。组织设计属于流水线的"软件"设计，包括确定流水线的节拍，计算设备配备数量和工序负荷率，工序同期化，人员配备和流水线作业制度的设计等。尽管技术设计是工程技术范畴，组织设计属于管理范畴，但两者密不可分融为一体，组织设计是技术设计的依据，技术设计要保证组织设计功能的实现。

单一对象流水线是最基本的流水线形式，多对象流水线是在它的基础上发展起来的，尽管现代化流水线很少有单一对象流水线，但它的组织设计原理与方法是多对象流水线组织设计的基础。

1. 确定流水线节拍

流水线的节拍是指流水线上连续出产相邻两件制品的时间间隔。节拍是流水线重要的参数，它表明了流水线的生产速度，同时也规定了流水线的生产能力。计算公式如下：

$$r = \frac{F_e}{N} = \frac{F_0 \eta}{N} \tag{5-5}$$

式中：r——流水线节拍（分/件）；

F_e——计划期有效工作时间，$F_e = F_0 \eta$，其中 F_0 为计划期制度工作时间，η 为时间有效利用系数；

N——计划期产量。

当产品体积小、质量轻、单件工时小、工序间距离较大，不适宜按件运送时，则可成批运送。这时，相邻两批之间的时间间隔称为节奏（r_s），它等于节拍与运输批量（n）的乘积，即

$$r_s = rn \tag{5-6}$$

2. 计算设备数和设备负荷率

确定流水线各工序的设备（工作地）数，计算公式如下：

$$S_i = \frac{t_i}{r} \tag{5-7}$$

式中：S_i——流水线第 i 道工序所需设备数；

$\quad\quad t_i$——流水线第 i 道工序的单件时间定额。

当算出的设备数不为整数时，则实际采用的设备数（S_{ei}）应取最接近于计算值的整数。各工序设备数确定后，接着计算各工序的设备负荷率，第 i 道工序设备负荷率用 k_i 表示，计算公式如下：

$$k_i = \frac{S_i}{S_{ei}} \tag{5-8}$$

设流水线负荷率为 k_a，则：

$$k_a = \frac{\sum\limits_{i=1}^{m} S_i}{\sum\limits_{i=1}^{m} S_{ei}} \tag{5-9}$$

式中：m——流水线的工序数。

设备负荷率决定了流水线生产的连续化程度，设备负荷率越接近 1，流水线的时间利用率就越高，一般要求流水线的负荷率达到 0.85～1.05，当流水线负荷率达到 0.75～0.85 时，以组织间断流水线为宜。

3. 工序同期化

工序同期化就是指通过技术组织措施，调整流水线的工序时间定额，使其与节拍相等或成整数倍。工序同期化是组织流水线的必要条件，提高工序同期化程度，有利于提高流水线生产的连续性，减少设备和人员的等待时间，有利于劳动生产效率和缩短产品生产周期。

对于以机器设备加工为主的流水线，进行工序同期化的措施如下。

（1）提高设备的生产效率。通过改装设备、增加附件、同时加工多个零件等办法提高生产速度。

（2）改进工艺装备。采用快速安装卡具、模具，减少装夹零件的辅助操作时间。

（3）改进工作地布置和操作方法，减少辅助作业时间。

（4）提高工人的操作熟练水平和工作效率。

（5）对以手工操作为主的流水线，工序作业内容能够在不同工人之间灵活分配，因而可以通过工艺流程分解和重组措施，即通过分解与合并某些工序，并按节拍重新组合，以达到工序同期化的要求。

工序同期化以后，有关工序所需的设备数可能会有变化。因此，需要根据同期化以后的工序时间调整设备数，并重新计算设备负荷系数。

4. 计算工人配备数

以手工作业为主的流水线，工人数的计算公式为：

$$P = \sum_{i=1}^{m} S_{ei} W_i g \tag{5-10}$$

式中：S_{ei}——第 i 道工序实际采用的设备数；

    W_i——第 i 道工序每台设备同时工作的人数；

    g——每天工作班次。

以设备加工为主的流水线，需要考虑一定比例的后备人员，工人数的计算公式为：

$$P=(1+b)\sum_{i=1}^{m}\frac{S_{ei}g}{f_i} \tag{5-11}$$

式中：b——后备人员百分比；

    f_i——第 i 道工序每位工人看管的设备数。

5. 选择运输方式及运输装置

流水线可采用的运输方式和运输工具种类很多，主要取决于加工对象的重量、外形尺寸、流水线类型和采用何种节拍等。在连续式流水线上，工序同期化程度很高，工艺性良好，制品的重量、精度和其他技术条件要求都允许严格按节拍出产制品时，可以采用强制节拍，否则采用自由节拍或粗略节拍。

在强制节拍流水线上，要严格保证出产速度，通常采用传送带运输，传送带有分配式、连续式和间歇式(脉动式)三种类型。分配式传送带用于工序间传送加工对象，允许各工序的工时有较小的波动，借助在制品库存来保证强制节拍。连续式和间歇式传送带都严格按节拍所需要的速度运动，间歇式适合于工序时间长，精度要求高的制品的传送。

在自由节拍流水线上，由于工序同期化水平和连续程度低，可采用连续式运输带、滚道、滑道、甚至使用平板运输车等运输工具。这些运输装置的共同特点是允许工序间储备一定数量的在制品，用于调节节拍的摆动。

在粗略节拍流水线上，由于连续性很差，一般采用滚道、重力滑道、手推车、吊车、叉车等运输工具。在这种流水线上都需要存放一定数量的在制品，以调节各工序的生产率，保证粗略节拍的实现。

6. 流水线的平面布置

流水线的平面布置应有利于工人操作，制品的运动路线要短，流水线之间的衔接要好，生产场得到充分利用。

流水线有多种平面布置形状，如图 5-24 所示。

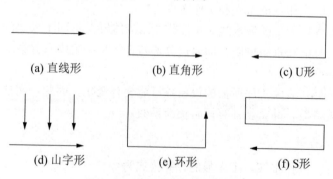

(a) 直线形   (b) 直角形   (c) U形

(d) 山字形   (e) 环形   (f) S形

图 5-24　流水线平面布置形式

直线形布置用于工序或工作地较少的流水线。工序或工作地较多时，可用直角形、U形、S形。山字形适用于多条零部件生产线汇合成产品总装线的情况。环形流水线用于物料投入和产品出口需统一位置的情况。

流水线的工作地排列方式有单列布置和双列布置两种形式，如图 5 - 25 和图 5 - 26 所示。

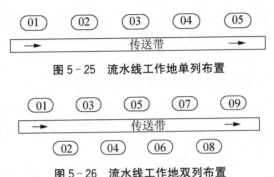

图 5 - 25　流水线工作地单列布置

图 5 - 26　流水线工作地双列布置

5.4.3　多对象流水线组织设计

多对象流水生产线根据品种转换方式的不同，可分为可变流水线和混合流水线两种。可变流水线的特征是，在一条流水线上轮番生产几种产品，当产品品种转换时，流水线上设备（工作地）需进行相应的调整，消耗时间和人力等资源。在加工具体某一批产品时，流水线的状况与单一对象流水线相同。由于一段时间只生产一种产品，因而其对市场多品种需求的满足程度较低，产品库存量较大。混合流水线则是多品种按一定比例和间隔混合生产，品种转换时设备和工作地不需调整或可快速调整。混合流水线可以同时向市场提供多种产品，满足市场多品种需求的程度较高，同时产品库存量较小。两种形式的多对象流水线组织设计内容有所不同。

1. 可变流水线组织设计

1）确定流水线节拍

（1）代表产品法，将各种产品的产量按劳动量的比例关系折合成某一种代表产品的产量，再通过代表产品的节拍折算出各种具体产品的节拍。代表产品一般是指产量大、劳动量大、结构具有代表性的产品。

假设某可变流水线上加工 A、B、C 三种产品，计划期产量分别为 N_a、N_b、N_c，各制品的工时定额分别为 t_a、t_b、t_c。又设定 A 产品为代表产品，将 B、C 两产品的产量换算到 A 产品，得到以代表产品 A 表示的计划期流水线上加工制品的总产量为：

$$N = N_a + N_b\varepsilon_b + N_c\varepsilon_c \tag{5-12}$$

式中：$\varepsilon_b = t_b/t_a$，$\varepsilon_c = t_c/t_a$，分别是产品 B 和 C 的产量折算系数。

各产品的节拍可分别按下列公式计算：

$$r_a = \frac{F_e}{\sum_{i=1}^{p} N_i\varepsilon_i}; \quad r_b = r_a\varepsilon_b; \quad r_c = r_a\varepsilon_c \tag{5-13}$$

式中：F_e —— 计划期有效工作时间，$F_e = F_0\eta$，其中 F_0 为计划期制度工作时间，η 为时间有效利用系数；

$\quad$ p —— 品种数；

$\quad$ N_i —— i 产品计划产量；

$\quad$ ε_i —— i 产品折算系数。

【例 5 - 8】 某可变流水线上生产 A、B、C 三种产品，计划期产量分别为 25 000 件、12 500 件、25 000 件，每种产品的工时定额分别为 49.5min、43.7min、36.6min，计划期有效工作时间为 228 000min，设 A 产品为代表产品。试计算各产品的生产节拍。

解： 把各种产品产量折合成以代表产品 A 表示的计划总产量：

$$N = N_a + N_b\varepsilon_b + N_c\varepsilon_c = 25\ 000 + 12\ 500 \times \frac{43.7}{49.5} + 25\ 000 \times \frac{36.6}{49.5} \approx 54\ 520\ (件)$$

计算各具体产品的生产节拍：

$$r_a = \frac{228\ 000}{54\ 520} = 4.18\ (分/件)$$

$$r_b = 4.18 \times \frac{43.7}{49.5} = 3.69\ (分/件)$$

$$r_c = 4.18 \times \frac{36.6}{49.5} = 3.09\ (分/件)$$

（2）时间分配法，是按制品在流水线上加工总劳动量所占的比重分配流水线有效工作时间，然后计算各制品节拍的方法。

设有 A、B、C 三种产品的加工劳动量在总劳动量中所占的比重分别为 d_a、d_b、d_c，则：

$$d_i = \frac{N_i t_i}{\sum_{i=1}^{p} N_i t_i} \tag{5-14}$$

式中：d_i —— i 产品的劳动量比重；

$\quad$ t_i —— 单位 i 产品的加工时间。

产品 i 的节拍为：

$$r_i = \frac{d_i F_e}{N_i} \tag{5-15}$$

例 5 - 8 中，总劳动量 = 25 000 × 49.5 + 12 500 × 43.7 + 25 000 × 36.6 = 2 698 750(min)

计算各产品的劳动量比重为：

$$d_a = \frac{25\ 000 \times 49.5}{2\ 698\ 750} = 0.46$$

$$d_b = \frac{12\ 500 \times 43.7}{2\ 698\ 750} = 0.20$$

$$d_c = \frac{25\ 000 \times 36.6}{2\ 698\ 750} = 0.34$$

计算各产品的生产节拍为：

$$r_a = \frac{d_a F_e}{N_a} = \frac{0.46 \times 228\ 000}{25\ 000} = 4.20$$

$$r_b = \frac{d_b F_e}{N_b} = \frac{0.20 \times 228\ 000}{12\ 500} = 3.65$$

$$r_c = \frac{d_c F_e}{N_c} = \frac{0.34 \times 228\ 000}{25\ 000} = 3.10$$

2）确定各工序设备数量及设备负荷率

首先按不同的加工对象计算各工序的设备需要量，计算公式为：

$$S_{i,\,j} = \frac{t_{i,\,j}}{r_i} \tag{5-16}$$

式中：$S_{i,\,j}$ —— i 产品在 j 工序所需的设备数；

$t_{i,\,j}$ —— i 产品在 j 工序的单件工时；

r_i —— i 产品的生产节拍。

为使可变流水线上的设备及人员充分负荷，一般要求各种制品在同一工序上所计算的设备数相等或相近。只有这样，才能使流水线上的设备和人员负荷充分，且有利于组织生产。否则，需要进行工序同期化处理。

各工序的设备负荷率按下列公式计算：

$$k_j = \frac{\sum\limits_{i=1}^{p} N_i t_{i,\,j}}{S_{ej} F_e} \tag{5-17}$$

式中：p —— 产品品种数；

N_i —— i 产品计划产量；

$t_{i,\,j}$ —— i 产品在 j 工序的单件工时；

S_{ej} —— j 工序实际采用设备数；

F_e —— 计划期有效工作时间。

流水线总的设备负荷率 k_a 的计算公式为：

$$k_a = \frac{\sum\limits_{i=1}^{p} \sum\limits_{j=1}^{m} N_i t_{i,\,j}}{S_e F_e} \tag{5-18}$$

式中：S_e —— 流水线的设备总数；

m —— 流水线的工序数。

当工序设备数量确定后，就可以配备工人，确定流水线节拍性质，从而选择运输工具并进行流水线的平面布置。

2. 混合流水线组织设计

混合流水线是在同一条流水线上混合生产多种品种产品，这些产品在结构和工艺上相似程度较高，品种转换时不需对设备和工艺装备做调整。混合流水线上各种产品按一定的比例和间隔混合生产。这种方式实现了多品种小批量生产，能较好地满足市场的多样化需求，大大增强了企业的竞争能力。

混合流水线上加工的产品品种虽不同，但它们在结构和工艺上是相似的系列产品，差别很大的产品是无法组织混流生产的。生产的品种按规定顺序混合流送，组织相间性生产。混合流生产线的优势很明显，但组织的难度较大，需满足较为严格的生产条件，如产品零部件的系列化、标准化、通用化程度要高；加工中转换产品时如需调整设备，必须能够做到快速简洁，包括快速更换模具、夹具等，使生产环节衔接要好；必须有一只技术过硬的工人队伍等。

混合流水线的组织设计，包括确定流水线的节拍，进行工序同期化，以及确定混合流水线上不同产品的加工顺序等。具体设计内容本教材不做介绍，读者可参阅其他相关书籍。

本章小结

本章分四节讲述了生产过程及其组成、运营流程分析与再造、生产过程时间组织和流水生产组织。第一节从生产过程的概念入手，讨论了合理组织生产过程的目的和基本要求。介绍了生产类型的分类、基本特征和组织形式；第二节对对价值工程的功能分析与评价、流程分析的步骤、实施BPR的主要程序与关键成功因素做了分析说明，同时对传统组织结构与流程型组织结构进行了对比分析；第三节讨论了生产过程的时间组织问题，重点对成批生产类型的三种移动方式和单件小批生产类型中的作业时间组织问题给出了定性定量分析；第四节详细介绍了流水生产组织的基本原理和特征，重点讨论了单一对象流水线的组织设计步骤、内容与方法。

思考与练习

1. 什么是生产过程？企业的生产过程由哪些部分组成？各起什么作用？

2. 何谓生产类型？如何划分生产类型？

3. 简述三种典型生产类型的不同特征、管理重点和组织形式。

4. 合理组织生产过程的要求有哪些？

5. 什么是价值工程、流程、业务流程再造，它们之间的关系是什么？

6. 如何进行价值工程的功能分析与评价？

7. 传统组织结构与流程型组织结构有何不同？流程分析的步骤包括哪几部分？

8. 实施BPR的主要程序有哪些？BPR实施成功的关键因素是什么？

9. 什么是生产过程的时间组织？产品或零件生产周期的时间构成是什么？

10. 大量生产类型的产品移动方式有哪几种？其各自特点是什么？

11. 批量生产类型的产品（零件）主要包括哪三种移动方式？它们各自的特点、优点、缺点和适用条件是什么？各种移动方式的加工周期如何计算？

12. 某客户订单产品，一批共4件，需经过5道工序加工，各工序单件时间分别为 $t_1=10$min，$t_2=4$min，$t_3=8$ min，$t_4=12$ min，$t_5=6$ min。试分别求解在顺序移动、平行移动、平行顺序移动方式下，这批产品的加工周期。

13. 流水生产具有哪些特征？组织流水生产需要哪些条件？

14. 作业 A、B、C、D 和 E 必须依次经过工序Ⅰ和工序Ⅱ（首先由工序Ⅰ，然后由工序Ⅱ加工），采用约翰逊原则决定能使总需求时间最短的作业最优顺序。

作业	工序Ⅰ加工所需时间	工序Ⅱ加工所需时间
A	4	5
B	16	14
C	8	7
D	12	11
E	3	9

案例讨论

某化工机械公司业务流程分析

某化工机械公司是以生产制造压力容器及燃气专用设备为主导产业的股份有限公司，为国内化工、化肥、制药等行业提供了大量的生产设备，产品遍布全国各省、自治区、直辖市，主要有：①罐车系列：盛装各种液化气体、化工物料、油料的汽车罐车和散装水泥等粉末散装物料罐车；②储罐、非标设备系列：各种材质、各种规格的化工用储罐、反应器、换热器、塔器等；③燃气机械设备，燃气加气站配套设备；④现场组焊、安装一、二、三类压力容器；⑤中低压钢制焊接气瓶；⑥高压无缝气瓶。其中汽车槽车、焊接气瓶等产品远销朝鲜和东南亚。

1. 流程现状描述

(1) 销售部接到订单后，由销售计划员下达销售计划一式两份、需采购行走或底盘的附行走底盘采购通知单、需重新设计的附条件图，转生产计划员。

(2) 生产部计划员接计划后，根据库存、在产品情况及有关施工号的编排办法编排产品施工号，并做好台账的登录，同时编排准备计划一式四份。

(3) 下发计划：销售计划、准备计划、采购行走或底盘各一份生产部计划留存，销售计划、准备计划、全部条件图发技术部负责人，准备计划、采购行走或底盘各一份发供应部计划员，准备计划一份交生产部主管。

(4) 技术部接计划后，按计划完成技术资料的准备并按时下发，有条件不清的或其他情况自行与相关部门协商，由于滞后不能有效解决的，需口头通知生产部协助解决，有关技术问题技术部全权负责。

(5) 供应部接计划后，按计划完成原材料的准备并按时发料，行走底盘采购到公司经检查合格后，填写反馈单两日内转生产计划员。

(6) 生产计划员接技术部工艺资料后，按实际生产的使用附生产施工单分发各车间，并做好有关的台账登录；同时按大工艺要求需外协的，办理外协委托交供应部外协员。

(7) 生产施工：各车间按下发的工艺图纸及生产施工计划进行生产，各工序经检查合格后，按生产要求转车间，最后由成品车间完成产品入库。其间的技术问题，各车间技术组负责处理，处理不成的直接与技术部沟通，如问题影响产品的正常进度，必须通知生产部，由生产部协调解决。

(8) 产品硬件合格后，整理资料交质管部，硬件交销售成品库，办理成品入库手续，将手续按规定分发至有关部室，同时各车间完成产品的登录。

2. 业务流程中各职能部门协调状况描述

(1) 生产部与技术部：在生产施工中，有技术问题需要处理的，车间直接与技术部有关人员沟通，沟通未果的通知技术部负责人及生产部，生产部沟通未果的，在原则上由技术部负责解决，特殊情况生产部协助解决，技术部解决后，按技术文件的管理规定进行处理，车间接到后，按新的工艺资料安排施工。技术部与生产部的协调焦点在于设计人员对于生产现场不熟悉，设计出的图纸与生产实际不相符，结果造成了生产部与技术部反复多次协调才能解决问题。

（2）生产部与供应部：供应部在每月 25 日左右将板材的实际库存交生产计划员一份，生产计划员按销售计划提供的销售建议计划向供应部下发板材的建议采购计划，供应部订立了采购计划后，将具体的到厂时间及具体规格数量反馈给生产计划员。

在车间领用材料时，车间严格按供应的库管规定领用料，遇缺料或无料的情况时，供应部负责及时采购，备齐时及时通知有关车间。

（3）技术部与供应部：供应部按技术部提供的技术资料和生产部提供的准备计划采购原材料。供应部与技术部的协调难点在于设计、供应各成一家，互不沟通。由于设计人员对原材料市场不熟悉，有时在设计中采用市场上已不生产的材料，采购员只有向技术部提出采用替代品，而且经技术部批准后方可购买。这种反复的协调反馈无形中延长了采购周期，进而延误了生产周期。

（4）生产部与销售部：生产部在接销售计划时，不合理、不清楚的地方要提前沟通，保证彼此协调一致；对销售部提出的问题或下发的更改通知，在生产正常范围内的，马上予以布置解决，不能办理的非正常问题必须报请领导。销售部与生产部的问题在于，业务员有时对企业的生产情况不熟悉，某段时间接的订单过多，以致超出了企业的生产能力，或者有时为了迎合顾客交货期定得过短，导致生产部门为了赶工期而忽视了产品质量。

（5）供应部与销售部：因销售部直接将计划下发给生产部，生产部再据此而下发计划给供应部，造成了所需物资采购时间较短。部分产品所需物资由于采购周期较长，因此给企业的销售造成了一定的困难。

（6）技术部与销售部：这两个部门的协调难点在于，一方面，由于销售业务员对企业的技术标准不熟悉，因此接受的订单有时超出了企业的实际能力或者客户的某些特殊要求与设计标准相矛盾。另一方面，技术部的设计人员有时为了避免加大其工作量以无法设计为由拒绝一些要求合理的订单，结果给企业造成了经济上的损失。

问题与讨论：

（1）根据上述资料对该公司从业务流程方面进行问题查找。

（2）对已查找出来的问题进行理论联系实际的分析，提出改进方案。

（3）改进后的业务流程，是否可以用于其他行业？举例说明。

参 考 文 献

［1］龚国华，李旭．生产与运营管理［M］．3 版．上海：复旦大学出版社，2011．

［2］张毕西．生产运营管理［M］．北京：机械工业出版社，2012．

［3］陈荣秋，马士华．生产与运作管理［M］．3 版．北京：高等教育出版社，2012．

［4］潘家轺．现代生产管理学［M］．3 版．北京：清华大学出版社，2011．

［5］陈志祥．现代生产与运作管理［M］．2 版．广州：中山大学出版社，2009．

［6］刘丽文．生产与运作管理［M］．4 版．北京：清华大学出版社，2011．

［7］［美］William J. Stevenson．生产与运作管理［M］．9 版．张群，等译．北京：机械工业出版社，2008．

［8］陈荣秋．生产运作管理习题及案例［M］．北京：机械工业出版社，2005．

［9］http：//baike. baidu. com/

［10］http：//wenku. baidu. com/

第6章

劳动组织设计

本章要点

本章讨论在企业劳动过程中，如何根据合理分工与协作原则，按照生产过程或工艺流程科学组织劳动者的分工与协作，使之成为协调统一的整体，以充分发挥劳动者的技能与积极性，不断提高劳动者效率。通过学习本章，可以了解工作设计的含义与影响岗位工作设计的因素；了解工作设计中的社会技术理论与行为理论，了解团队工作方式；掌握时间研究、工作抽样和PTS法等作业测定的常用技术；熟知劳动定额的概念及工时消耗构成，掌握劳动定额的常用方法；深刻领会劳动定员的内涵及企业定员范围，掌握常用的定员编制方法。

关键术语

工作设计（Job Design）；劳动专业化（Specialization of Labor）；社会技术系统（Socio Technical Systems）；工作扩展（Job Enrichment）；作业测定（Work Measurement）；时间研究（Time Study）；标准时间（Standard Time）；劳动定额（Work Quota）；劳动定员（Personnel Quota）。

人力资源是企业最大的财富，也是生产力活的要素。生产运营部门是全公司人力资源最为集中的地方。如何保持和提高操作者的工作热情，进而提高生产率是企业管理中的重大问题。先进的设备需要人操作，技术的革新需要人创造，产品的质量、成本等都与操作者的工作态度、技能直接相关。因此，加强劳动组织，按照生产的过程或工艺流程科学地组织劳动者的分工与协作，充分调动劳动者的工作积极性，不断改善和优化作业现场的工作条件与环境，注重利用新的科学技术成就和先进经验，就能发挥出人力资源的最大优势，从而创造出一流的工作业绩和最好的企业效益。发挥劳动组织的作用离不开对劳动组织合理有效的设计，通过劳动组织设计，可以制定出科学合理的工作岗位，可以制定出有效激励的工作定额，可以合理地分配工时，达到人力资源与物质资源最恰当的组合，最大限度地发挥人力资源的作用和潜能，保持企业持久健康的发展活力。

6.1 工作设计与作业测定

6.1.1 工作设计

工作设计是人力资源工作的核心工作之一，是从事生产与运作管理人员必须掌握的管理技能之一。由于劳动者的文化和教育背景多种多样，如果员工的岗位设计不合理，薪酬制度不合理，工作设计缺乏多样化和丰富性，就会使员工的工作行为与企业目标不一致。对人员进行管理的目标是在不牺牲产品质量、服务和影响能力的前提下尽可能获得最高的生产效率。通过工作设计来设置工作岗位、配备人员，满足员工生理、心理两方面的能力需要和组织对生产率的需求。

1. 生产率及其影响因素

1) 生产率的内涵本质

生产运营管理的目标之一，就是在满足市场需求的前提下，通过有效利用投入生产系统的要素，实现降低成本，保证质量和安全，提高生产系统的生产率的目的。生产率是经济学上一个用来衡量生产系统转换效率的指标，是指每单位劳动生产的产品或服务的速率，或指投入和产出的比率，是生产要素有效利用的尺度，用公式表述为"生产率＝产出/投入"。其中，产出指的是合格的产品或服务，投入则是为获得合格产品或服务而投入的生产要素，如图 6-1 所示。

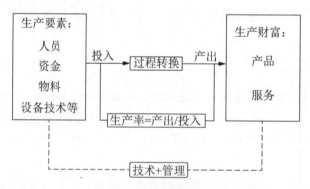

图 6-1 生产系统运行效率

生产率是经济发展的基础，生产率问题历来备受企业管理者和管理科学研究所重视。对企业管理者来说，生产率是一个比较工具，它把生产系统的产出(产品或服务)与所消耗的生产资源(人、财、物等)进行比较，从而判定生产运营系统的运行效率。

2) 影响生产率的因素

影响生产率的因素有很多，包括人、物的因素；宏观、微观的因素；客观、主观的因素；还有教育、科技和文化的因素。这些因素中，有的是生产系统本身的构成因素，有的则是生产系统外部的环境因素，在提高生产率的过程中，它们相互影响、相互制约，共同发挥作用。

对企业来说，影响生产系统运行效率的内部因素可分为硬因素和软因素两类。硬因素包括技术、设备、工艺和原材料等；软因素包括劳动者行为、组织结构和制度、管理方式和公司文化等。影响企业生产效率的外部因素往往是企业无法控制的，但在社会结构和制度较高层次上可以得到控制，这些外部因素影响企业的生产和管理行为，从而影响企业的生产率，包括国家宏观经济政策、产业政策、科学技术进步和市场环境等。

为达到提高生产率的目的，除了采用技术先进的装备外，还必须考虑使用和管理这些设备的人的因素。在目前的生产技术水平条件下，任何工艺设备的使用和维护都离不开人。除了劳动者的操作技能、工作场所物理环境等可衡量因素外，员工的心理活动、情绪、态度等也会影响到生产率的提高。图 6-2 描述了影响员工生产率的主要因素及其相互关系。

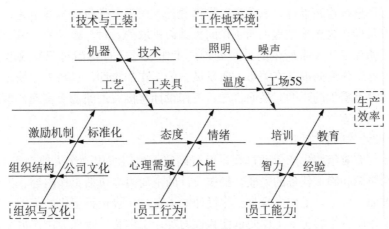

图 6-2 影响生产率的主要因素

管理学家德鲁克指出："生产率是一切经济价值的源泉。"因此，生产率成为一切生产组织、一个企业、一种行业、一个地区乃至一个国家最为关心和追求的指标。其意义表现在：生产率的提高速度决定国家经济发展速度；提高生产率是增加工资和改善人民生活的基本条件；提高生产率可以缓和通货膨胀；提高生产率可以增强国际市场竞争力，保持国际贸易平衡；生产率提高对就业和社会发展有促进作用；生产率和质量是同步发展的关系。工作设计(Job Design)和作业测定(Work Measurement)学说是在生产与运作管理系统中经过不断的实践和理论探索逐渐形成的，在生产系统设计的同时考虑技术和社会两个方面的因素，从而能够为操作者提供一个理想的劳动场所。工作设计也是建立在提高员工生产率和工作质量的基础之上的。

2. 工作设计原理

1) 工作设计的含义

生产运营管理的一项重要任务就是对员工工作的设计。所谓工作，是指一个工人承担的一组任务(Tasks)或活动(Activities)的总称，它是一系列任务的集合。工作设计则是为有效组织生产过程，通过确定一个组织内的个人或小组的工作内容，来实现工作的协调和确保任务的完成。也就是说，工作设计是对工作完成的方式以及完成一项工作所需要从事的任务进行规划的过程。为此，工作设计需要对企业生产运营中具体的任务和责任、工作环境以及完成任务的方法加以确定。

为了更有效地进行工作设计，就必须通过工作分析全面了解当前的工作现状，同时还需要运用工作流程分析来界定各项工作在整个业务流程中的位置。对于生产运营管理者来说，需要知道如何设计一项工作，并使它具有意义且能产生激励性效果。工作设计要满足两个目标：一是要满足生产率和质量的目标；二是要使工作安全、有激励性、能使工人有满意感。一个通过良好设计的工作，可以使员工在工作中心情愉快，疲劳感下降，自我实现感得到满足，对实现企业总体目标很有帮助。通过工作设计，可以达到提高生产率和质量，降低成本，缩短生产周期的目的。

工作设计分两类，一是对企业中新设置的工作岗位进行设计，二是对已经存在的缺乏激励效应的工作进行重新设计，也称为工作再设计。两类工作设计本质上是一致的，都是为了实现组织目标，为正确处理人与工作的关系而采取的，对与满足员工需要有关的工作内容、岗位职能和工作关系所做的特别处理。工作设计是否得当对于有效地实现组织目标，改善员工和工作之间的基本关系，激发员工的工作积极性，提高工作绩效和增强员工的工作满意度都有重大的影响。换而言之，工作设计直接关系到能否实现"事得其人、人尽其才"。

2）工作设计的内容

工作设计为有效组织生产劳动过程，通过确定一个组织内的个人或小组的工作内容，来实现工作的协调和确保任务的完成。工作设计的主要内容包括工作内容、工作职责和工作关系三大方面。其中，工作内容是工作设计的重点，一般包括工作的范围、工作的数量和质量等；工作职责主要包括工作的责任和权力等；工作关系表现为协作关系，监督关系等方面。具体来说，工作设计的内容包括：①明确生产任务的作业过程；②通过分工明确具体岗位的工作内容；③明确每个操作者的岗位职责；④明确分工后岗位之间的协作关系和责任划分。

工作设计是一项复杂的工作，受许多因素的影响和制约，这些因素可概括为"5W1H"。图6-3给出了工作设计要做的六个方面决策，而这六个决策因素是随着时空变迁动态变化的。

通过岗位工作设计，为组织的人力资源管理提供了依据，保证事（岗位）得其人，人尽其才，人事相宜；优化了人力资源配置，为员工创造能够发挥自身能力、提高工作效率、提供有效管理的环境保障。好的岗位工作设计可以减少单调重复工作的不良反应，有利于建立整体性的工作系统，还可以充分发挥劳动者的主动性和创造性，同时也为员工提供了更多展示才能的机会和条件。

3）工作设计的理论与方法

工作设计既要满足生产率和产品质量的目标，又要考虑人的生理和心理因素，是一项高度复杂的综合性工作，需要按照一定的科学理论与方法，才能实现对岗位工作结构的合

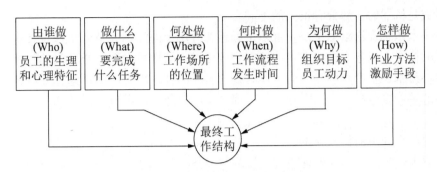

图 6‑3　影响岗位工作设计的因素

理设定。下面重点介绍有关工作设计的理论与方法。

（1）劳动分工理论。

1776 年，亚当·斯密在《国富论》中首次提出了劳动分工的观点，并系统阐述了劳动分工对提高劳动生产率和增进国民财富的巨大作用。亚当·斯密举例说明了将一种职业分成若干部门，通过分工协作产生高效率的原理。1911 年，泰罗创立了科学管理原理，他强调在工厂管理中专业分工对提高产品产量的重要性。直到 1913 年，亨利·福特将专业分工形成汽车流水线，使劳动分工理论的价值达到顶峰，并成为统治企业管理的主要模式。劳动分工理论对于管理理论的发展起到了十分重要的作用，后来的专业分工、管理职能分工、社会分工等理论，都与亚当·斯密的学说有着"血缘关系"。

劳动分工是组织生产的一种方法，通过分工，让每个劳动力专门从事生产过程的某一部分，这样劳动者就可以更熟练地完成某些加工任务，而且有利于发明高效专门化的机器设备来完成精度更高的加工任务。因此，劳动专业化能提高效率创造更多的企业财富。

企业内部劳动分工，一般有职能分工、专业分工和技术分工三种形式。企业全体员工按所执行的职能分为工人、学徒、工程技术人员、管理人员、服务人员及其他人员等，这是劳动组织中最基本的分工，也是研究企业人员结构，合理配备各类人员的基础；专业分工是职能分工下第二层次的分工，专业或工种分工是根据企业各类人员的工作性质及特点所进行的分工；技术分工指每一专业和工种内部按业务能力和技术水平高低进行的分工，技术分工有利于发挥员工的技术业务专长，促使员工不断提高业务技术水平。

（2）工作设计中的社会技术系统理论。

工作设计中的社会技术系统理论，源于印度对纺织磨坊和英国 20 世纪 50 年代早期对煤矿这两方面的研究。该理论认为，任何一个生产运作系统都是由技术和社会心理两个子系统构成的，如果只强调其中的一个而忽略另一个，就可能导致整个系统效率的低下。因此，应该把生产运作组织看作一个社会技术系统，既要看到设备、物料等"物的组织"，也要看到人的行为的"人的组织"。人群关系并不是组织可随意取舍的特性，而是企业所固有并因其激励人的行为而存在的。社会技术系统理论来源于两方面的理论与实践：一是科学管理和工业工程的研究，注重改善物理环境和提高工效；二是行为科学的研究，主要关注群体动力、员工间关系和个体需求及才能的发挥。社会技术系统理论的价值在于它指出了技术系统和社会系统对工作设计的影响，强调除了考虑技术要求的影响外，还要把人的行为因素考虑进来。这与早期工业工程师过度强调技术性因素对生产率的影响，特别是将工人看成是机器的一部分有很大的不同。

社会技术系统理论给工作设计带来了思想和方法上的深刻变革。工作设计中不能仅仅考虑传统的按个人任务完成的方式，还应注重促进人的个性发展、激发人的积极性和劳动效率，要将技术、生产组织和人的工作方式三者相结合，因为工作小组比专业化管理能够更有效地解决许多生产方面的问题。这一理论实际奠定了当今流行的"团队工作"方式的基础。

（3）工作设计中的行为理论。

以泰罗为代表的古典管理理论将人视为"经济人"，工厂管理的重点放在对事和物上，强调生产操作与工具的标准化，强调明确的职责分工，注重工作设计的专业化，而无视人的需要和人的行为。以霍桑试验为标志的行为科学理论的诞生，将人的心理需要、行为动机和激励因素引用到管理中来，让管理者通过对人的行为的预测、激励和引导，来释放人的潜能，进而达到对事和物的有效控制，从而实现管理的预期目标。在行为理论的引导下，工作设计注重考虑人的工作动机，注重满足员工的个性化需要，注重对员工的激励，注重保护员工的身心健康。以下就是基于行为理论的工作设计方法。

① 工作岗位轮换。它是指对员工从事的工作岗位定期进行轮换，让员工轮换担任若干种不同的工作。工作岗位轮换对解决工作内容单调、枯燥问题很有效，易于消除工作中的厌烦感。通过岗位轮换可以达到考查员工的适应性和开发员工多种能力的目的。工作轮换能够开阔员工的视野、降低做相同工作的枯燥感。员工通过亲身体验各个不同岗位的工作情况，为以后工作中的协调配合打好基础。日益复杂的经营环境迫使员工不能只满足于掌握单项专长，必须成为"多面手""全能工"。所以，岗位轮换便于开发其潜能，掌握多种技能，适应复杂多变的生产经营环境。此外，通过实施岗位轮换，管理者在工作安排、应对变化或填补职缺时有较大弹性。

② 工作扩大化。工作扩大化是指工作的横向扩大，即工作范围的扩大或增加每个人工作任务的种类，从而使他们能够完成一项工作的大部分程序，这在一定程度上增加了员工的工作种类和工作强度，使员工有更多的工作可做，从而克服了工作专业化过强、工作多样性不足的缺点，提高了工人的工作积极性和工作效率。工作扩大化通常需要员工有较多的技能和技艺，这对提高员工钻研业务的积极性，使其从中获得精神上的满足也有极大帮助。一些研究者报告说，工作扩大化的主要好处是增加了员工的工作满意度和提高了工作质量。IBM公司报告工作扩大化导致工资支出和设备检查的增加，但因质量改进，职工满意度提高而抵消了这些费用；美国梅泰格公司声称通过实行工作扩大化提高了产品质量，降低了劳务成本，工人满意度提高，生产管理变得更有灵活性。

工作扩大化在20世纪60年代盛行一时。通过这种方式增加了所设工作岗位的工作内容，使得工作者每天所做的工作内容增加了。扩大工作范围虽然增加了工作者的工作内容，但是在"参与、控制与自主权"方面，没有增加任何新东西。因此实行工作扩大化之后，员工对增加一些简单的工作内容仍不满足，促使人们寻求新的专业化与分工方式。于是产生了工作丰富化的概念。

③ 工作丰富化。工作丰富化是以员工为中心的工作再设计，对工作内容和责任层次进行纵向深化，即在工作中赋予员工更多的责任、自主权和控制权。这是一个将公司的使

命与职工对工作的满意程度联系起来的概念，其形成的理论基础是弗雷德里克·赫茨伯格的双因素理论。工作设计中，员工可以提出对工作进行某种改变的建议，以使他们的工作更让人满意，当然他们需要说明这些改变是如何更有利于实现组织整体目标的。工作丰富化与工作扩大化、职务轮换都不同，它不是水平地增加员工工作的内容，而是垂直地增加工作内容，是纵向上工作的深化，是工作内容和责任层次上的改变。企业通过让员工更加完整、更加有责任心地主动工作，使员工得到来自工作本身的激励和成就感。这样，员工会接受更多、更重的任务和承担更大的责任，员工有更大的自主权和更高程度的自我管理，还有对工作绩效的反馈。工作丰富化的工作设计与常规性、单一性的工作设计相比，虽然要增加一定的培训费用、更高的工资以及完善或扩充工作设施的费用，但却提高了对员工的激励和工作满意程度，进而对员工生产效率与产品质量的提高，以及降低员工离职率和缺勤率产生积极的影响。况且员工培训费用的支出本身就是对提高人力资源素质的一种不可缺少的投资。工作丰富化的另一个延伸是对员工授权。

④ 员工授权。员工授权就是赋予员工更多额外的责任和权力，使他们做出与产品开发或顾客服务等各个方面有关的决策。员工授权扩大了员工的工作，使权力与责任转移到组织的更低层次。授权的基础是工作自主，并赋予工人改变工作本身及完成工作方式的权力。它要求员工参与工作设计，授予员工设计自己工作的权力，有时还要求员工参与到运营系统的战略决策中来，并承担相应的责任。

授权并非不需要领导，更不是放任自流。相反，真正的授权需要目标明确、指导性强的强势领导，授权模式基于相互的尊重，通过有效的沟通技巧加强领导，同时又兼顾了员工个人的追求与自由的天性。员工意识到他们得到了充分的尊重和信任，员工的积极性与创造性才能充分地发挥出来。

授权工作设计可以提高决策的质量与速度，增强灵活性，适合差异化、定制化的运营战略，通过授权模式解决动态商业环境中的复杂与非程序化问题。组织变革的许多重大举措与员工授权结合起来，才会收到持久的效果。企业领导越是强有力，授权所取得的效益也就越大，对企业文化的影响也就越深远。

（4）团队工作方式。

团队工作方式，又称小组工作方式或团队作业，是指由数人组成一个项目作业小组，共同完成一项工作的作业方式。20世纪90年代以后，组织工作的复杂化、工作负荷与风险的提高，使得团队在组织中扮演着越来越重要的角色。实践证明，在现代企业中，团队合作的工作方式已经取得较为深远的效果。团队作业的模式日渐普及，如跨职能新产品开发团队、QC小组、项目团队、营销团队等。

团队作业是相互协助的，团队作业突出的优点是尊重人、信任人，鼓励更多的人参与到工作中来，出谋划策，自主管理。团队作业既能充分发挥每个参与者的特长及能力，又能让员工相互了解各岗位的工作内容，培养员工一专多能，同时还可增强团队合作意识，培养团队精神。团队精神，其实就是大局意识、协作精神和服务精神的集中体现。团队精神的基础是尊重个人的兴趣和成就，核心是协同合作，最高境界是全体成员的向心力、凝聚力，反映的是个体利益和整体利益的统一。团队精神也是公司文化的重要组成部分。

互联网时代下，企业的组织重构与组织扁平化过程中，正在通过建立团队工作方式，削减中间管理层次，赋予团队充分的自治，降低企业组织的层级，提高组织的灵活性和反应能力。归根结底，团队成员间的密切协作和高效沟通，不仅可以减少成员间的矛盾和冲突，降低组织内耗，而且可以实现团队成员间智力资源的共享，促进知识创新，使企业标新立异。

3. 工作岗位描述

通过工作设计可以对生产经营过程中的各个部门进行划分，并对各部门中的各种工作岗位加以确定(图6-4)。确定后的工作岗位需要做出岗位描述或岗位说明，这是搞好人力资源管理的基础。

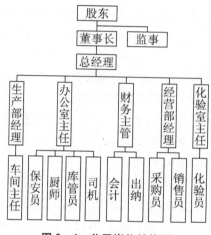

图 6-4　公司岗位结构图

工作岗位描述，又称岗位说明或工作说明，是指用书面形式对组织中各类岗位的工作性质、工作任务、工作职责与工作环境等所做的统一要求。恰当地进行岗位描述是人力资源管理的基础，其作用主要体现在：① 根据岗位描述所界定的任职要求进行人员的招聘、选拔和任用；② 基于岗位描述的职责进行岗位价值评估，进而确定岗位的薪酬水平；③ 基于岗位描述的职责对任职者的绩效进行考核管理；④ 根据岗位描述的任职要求对任职者进行对应培训教育。

一个标准的岗位描述条款包括岗位名称、直接上级、直接下级、本职工作、直接责任、领导责任、主要权力、管辖范围、岗位素质要求等。

(1) 岗位名称。岗位名称最好体现岗位层次和功能属性，如"销售部经理"，"销售"是功能属性，"(部)经理"是层次；岗位名称尽可能与国际接轨，如"CEO""财务总监""公关部经理"等。

(2) 直接上级。每个岗位都有一个上级领导，在岗位图上表示的是每个岗位上方指挥线所连接的岗位负责人。例如，工段长的直接上级是车间主任；财务部经理的直接上级是公司总经理等。

(3) 直接下级。直接下级是岗位图上每个岗位下方指挥线所连接的岗位。几乎每个人都夹在直接上级和直接下级之间。直接上级是"天"，给你机会，给你撑腰；直接下级是"地"，下级干得好，上级才有功劳。

（4）本职工作。它是岗位在公司或部门中的职能分工和责任范围。如公关部经理的本职工作是"塑造企业和产品形象"。对于岗位工作的本质，任何人闭眼一想就知道这个岗位是干什么的，而且每个岗位对其直接上级负最终责任。

（5）直接责任。凡需管理人员本人亲自做的工作所连带的责任叫直接责任。直接责任是行为责任，任何管理人员都有必须亲自做的工作，不能委以他人代替，否则就是失职，须负行为责任，也就是直接责任。直接责任的本质是对本人的职责行为负责。俗话说"白纸黑字"，说的就是责任。岗位描述中对直接责任的编写内容要具体而明确。

（6）领导责任。管理人员不仅要对自己的行为负责，还要对所管辖部门的工作负责。对所属下级的工作行为负责就是领导责任，也叫组织专署责任。例如，办公室主任对办公程序负责；铸造车间主任对铸造件的质量负责等。撰写领导责任时越具体越好，与本人工作特点联系越紧密越好。领导责任的本质是对结果负责。

（7）主要权力。权力是岗位职责范围内的支配力量。例如，采购员有"询价权"；财务部经理有"预算审查权"；总工程师有"技术审查权"等。在设计一个岗位的"主要权力"时，必须考虑从这个岗位上"路过"的所有"程序"，包括工艺程序、行政工作程序、业务工作程序等。这些程序步骤也决定了这位员工做什么，负什么责任，有什么权力。权力是承担责任的保障，责任是行使权力必须担负的后果。

（8）管辖范围。它是岗位人员能管辖的工作范围和地域范围。岗位管辖范围的界定应做到既无重叠，又无空白。

（9）岗位素质要求。它是岗位对所需人员的素质要求。主要内容包括基本情况（年龄、性别、外貌、健康、品行等）、技术状况（受教育程度、专业、岗位经历和成就等）、情商（性格、情绪、自制力、处世能力等）。

6.1.2　作业测定

作业测定（工作测量）是对实际完成工作或作业任务所需时间的测量，是工作研究的一项主要内容。作业测定的基本目的是为每一项作业确定时间标准。设置作业时间标准是必要的，因为工作时间是安排作业进度、规划生产能力、制定劳动定额和评定工作绩效等的关键因素。

进行作业测定的直接目的是制定和贯彻先进合理的劳动定额，劳动定额是企业管理的基础数据，作业测定则是企业工业工程活动中一项重要的基础工作，其主要作用包括：① 安排作业进度，分配工作能力。因为所有的进度安排方法均要求估计进度中完成每一项作业所需要的时间；② 将实际工作时间与标准作业时间进行对比，判断作业方法的优劣，寻找改善作业的方向；③ 作为编制计划中合理安排生产进度、计算用工量和调整劳动组织的依据；④ 用于正确核算企业生产工作量或劳动消耗量，作为计算劳动报酬和核算生产成本的重要依据。

1. 作业时间消耗构成

产品在加工过程中的作业总时间包括标准工作时间和无效工作时间两大类。其中，标准工作时间包括正常作业时间和宽放时间两种；无效工作时间包含管理不善产生的时间损耗和工人造成的损失时间，如图 6-5 所示。

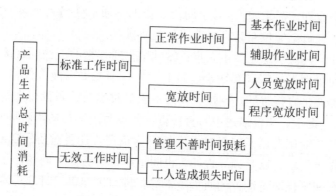

图 6-5　产品生产时间消耗构成图

1）产品的标准工作时间

标准工作时间是指适合于从事某项特定作业的熟练操作者，在特定的工作环境下，用规定的作业方法和设备，以持续工作又不感到疲劳并在给予必要的宽放时间的情况下，完成规定的工作数量和质量所需的时间。简单地说，标准工作时间就是以正常速度，按照标准作业方法，完成规定的一个单位工作量所必需的时间。标准工作时间也就是定额时间，工时定额是企业管理的一项基础工作。

标准工作时间由正常作业时间和宽放时间组成。

（1）正常作业时间。它是指直接用于完成生产任务，实现工艺过程的时间。在机械加工条件下，可分为基本作业时间和辅助（准备）作业时间，手工作业则不再区分。

① 基本作业时间：是指直接执行加工工艺过程，用于使劳动对象发生物理或化学变化所消耗的时间，也是创造价值的劳动时间消耗。包括机器加工时间、手工作业时间和机手并动作业时间等。

② 辅助作业时间：是指为实现工艺过程而进行的各种辅助性操作所消耗的时间，如装卸零件、测量尺寸、更换刀具等所消耗的时间。作业时间是劳动定额的主体部分。

（2）宽放时间。它是指劳动者在工作过程中，因组织技术、个人需要等各种原因，造成作业延迟而需要予以补偿的时间。通常宽放时间有作业宽放、生理宽放、疲劳宽放和管理宽放四种。

① 作业宽放：作业过程中不可避免的特殊的作业中断或滞后，如给机器涂油、清理切削、熟悉图纸、机器再调整等。

② 生理宽放：与作业无关的个人生理要求所给予的时间宽放，如上厕所、饮水等。

③ 疲劳宽放：为缓解工人的疲劳（身体上或精神上）所给予的时间宽放，即休息宽放。

④ 管理宽放：不可避免的工作延误而需要予以补偿的时间，如材料供应不足、设备出故障等。

一般以宽放率计算宽放时间：

$$宽放率 = （宽放时间 ÷ 作业时间）×100\%$$ (6-1)

由此，计算标准时间的公式如下：

$$标准时间 = 正常时间 + （宽放率 × 正常时间）= 正常时间 × （1 + 宽放率）$$ (6-2)

2）产品的无效工作时间

无效工作时间是由于管理不善或者工人因素造成的时间损耗。

（1）非生产工作时间。例如，开会、废次品的返修等所耗费的时间。

（2）非工人造成的损失时间。例如，由于停工待料、等待图纸、停电故障、任务安排不当等所浪费的时间。

（3）工人造成的损失时间。例如，由于工人缺勤、迟到、早退、干私活、加工出现废品等所损失的时间。

产品的无效工作时间是不能计入工时定额的。

2. 作业测定技术

有四种作业测定和设置作业标准的基本方法，包括两种直接的观察方法和两种间接的方法。两种直接的方法是时间研究（Time Study）和工作抽样（Work Sampling）；两种间接的方法是预定时间标准法（Predetermined Time Standard，PTS）和标准资料法（Standard Data）。

1）时间研究

时间研究又称为测时法，是以秒表为主要计时工具，通过对工序作业时间的直接测定，并经过工时评定和工时宽放，制定标准时间的方法。时间研究实际上是确定一位合格适当、训练有素的操作者，在标准工作条件下，通过正常努力去完成作业所需要的时间。

作业测定是科学管理创始人泰勒为了设定"公正的一天工作量"而最早提出来的。起初是用秒表测时，对作业活动进行研究。用秒表进行工时测定、分析，可以说是一种简单而原始的作业测定方法。由于使用秒表测定作业有一定的局限性，后来开发了以时间为单位对作业进行测定、评价的各种方法，这些方法统称为时间研究。现实中，往往把"时间研究"和"作业测定"视为同一概念而不加区别。

时间研究主要通过两种抽样调查技术实现对操作者作业的直接观测，一种是密集抽样，即在一段时间内，利用秒表连续不断地观测操作者的作业；另一种是分散抽样，是在较长时间内，以随机的方式分散观测操作者。时间研究的工具有秒表、观察板、表格、铅笔、计算器、测量距离及速度的仪器、录像带等。秒表测时的方法主要有连续测时法、反复测时法和循环测时法。秒表时间研究主要用于重复循环式的作业场合，特别是手工作业、机械作业等场合。

进行时间研究通常按以下步骤来完成。

（1）工作分解。工作分解就是将要研究的作业或任务分解成可测量的部分或元素，且每一元素被单独测定。将作业分解成元素有一些基本规则可遵循，如每一个作业元素持续的时间要尽可能短，但又要足够长，以便于用秒表进行测量并记录时间等。

（2）测时。用秒表或其他工具测量工作分解所确定的每个作业单元，记录观测时间，剔除异常值，经过一系列的重复测量，然后将收集到的时间数据平均化，计算出各操作单元工时的平均值。

（3）样本大小的确定。数据样本大小的确定是根据经验公式确定为了达到所需要的时间精度，而必须重复观测的次数。

（4）标准时间的制定。对操作者的测量数据计算出平均作业时间后，还必须经过效率评比和宽放才能得出标准时间。效率评比就是时间研究分析师将操作者的速度，与自己所认为的理想速度（正常速度）作比较，然后将观测时间修正为不快也不慢的正常时间（理想时间）。经效率评比修正后的时间，考虑加入必要的宽放时间，就可以得到工作任务的时间标准，如图 6-6 所示。

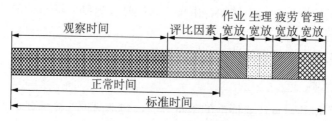

图 6-6　标准时间的构成

2）工作抽样法

作业测定第二个常用的技术是工作抽样。顾名思义，工作抽样涉及工作活动的一部分或工作活动的样本。然后，基于对这个样本的发现，可以对活动做出描述。

工作抽样又称瞬时观测法，它是依据数理统计学中随机抽样的原理，对现场操作者或机器设备进行瞬时观测和记录，调查各种作业事项的发生次数和发生率，以必需而最小的观测样本，来推定观测对象总体状况的一种现场观测的分析方法。

工作抽样是统计抽样在工时调查中的具体应用。源于数理统计理论，以概率法则为其基本理论基础，即"从母集（总体）中随机抽取样本，如果样本容量足够大，则从样本的性质可以推断出母集或总体的性质"。由于抽样次数越多可靠性就越高，但是抽样次数越多，人力和时间的消耗也将增大。因此就必须考虑抽样观察的可靠度与精度问题。

设某观测事件发生概率为 p，n 为观测总次数，m 为事件发生的次数，则 p 的估计值为

$$\bar{p} = \frac{m}{n} \tag{6-3}$$

标准偏差为

$$\sigma_p = \sqrt{\frac{\bar{p}(1-\bar{p})}{n}} \tag{6-4}$$

根据抽样统计理论，取观测结果的置信度为 95%，设用工作抽样法观察的对象接近正态分布，当置信度为 95% 时，工作抽样的分布范围在 $\pm 2\sigma$。

定义抽样的绝对精度为 ε，则

$$\varepsilon = 2\sigma_p = 2\sqrt{\frac{\bar{p}(1-\bar{p})}{n}} \tag{6-5}$$

定义抽样的相对精度为 θ，则

$$\theta = \frac{\varepsilon}{\bar{p}} = 2\sqrt{\frac{(1-\bar{p})}{n\bar{p}}} \tag{6-6}$$

当抽样开始之前规定了抽样精度，就可以确定相应的观测总次数 n：

$$n = \frac{4\bar{p}(1-\bar{p})}{\varepsilon^2} \tag{6-7}$$

或

$$n = \frac{4(1-\bar{p})}{\theta^2 \bar{p}} \tag{6-8}$$

【例 6-1】　某车间有车床若干台，任意抽查了 140 次，观测到在工作的有 54 次。该车间车床利用率估计值 $\bar{p}$ 和绝对精度 ε（置信度 95%）是多少？

解：由题意，$n=140$，$m=54$，则

$$\bar{p} = \frac{m}{n} = \frac{54}{140} = 38.57\%$$

$$\varepsilon = 2\sigma_p = 2\sqrt{\frac{\bar{p}(1-\bar{p})}{n}} = 2 \times \sqrt{\frac{0.385\,7 \times (1-0.385\,7)}{140}} \approx 0.082\,3$$

所以，车床的利用率在 $38.57\% - 8.23\%$ 和 $38.57\% + 8.23\%$，即在 30.34% 和 46.80% 之间。

【例 6-2】　某种活动占规定的工作时间百分比为 30% 左右，要求对实际百分比 p 做出比较准确的估计，估计的相对精度为 10%。大体要观测多少次？

解：由题意，$\bar{p}=30\%$，$\theta = \dfrac{\varepsilon}{\bar{p}} = 10\%$，则观测次数为

$$n = \frac{4(1-\bar{p})}{\theta^2 \bar{p}} = \frac{4 \times (1-0.3)}{0.1^2 \times 0.3} = 933.33\,(次)$$

3）预定时间标准法

预定时间系统（Predetermined Time System，PTS）法是国际公认的制定时间标准的先进技术和方法，在我国通常称作预定时间标准法。它利用预先为各种动作制定的时间标准（实验室数据）来确定进行各种操作所需要的时间。也就是说，它无须通过直接观察和测定来决定工作的"正常时间"，而是直接将组成工作的各动作单元顺序地记录后，按每个单元的特性逐项分析并对照基本动作标准时间表，查出相应的时间值，然后累加起来作为该工作的正常时间，再予以宽放即得出标准作业时间。

PTS 法的应用形式有很多种，常见的有标准时间测定法（Methods of Time Measurement，MTM）、工作因素法（Work Factor，WF）、主要作业测定系统（Most Work Measurement System，MOST）、模特（Modular Arrangement of Predetermined Time Standard，MOD）法等。其中应用最为广泛的有 MTM 和 MOST，这两个方法都是专利系统。MOD 法是第三代 PTS，目前也得到了较为普遍的应用。

以标准时间测定法为例，在 MTM 中，将基本动作分为八种，见表 6-1。

表 6-1　MTM 的基本动作分类

① 伸手（Reach）	⑤ 移动（Move）
② 施压（Apply Pressure）	⑥ 抓取（Grasp）
③ 放置（定位、对准）（Position）	⑦ 解开（Disengage）
④ 放手（Release）	⑧ 转动（Turn）

这些基本动作的标准时间是用微动作研究方法，对一个样本人员在各种工作中的动作加以详细观测，并考虑了不同工作的变异系数得出的。

使用 PTS 法制定工作标准的步骤：① 正确描述操作过程，经方法研究后，确定标准操作程序；② 将工作或工作单元分解成基本动作，并对动作组合单元进行动作分析；③ 决定调节因素，以便选择合适的表格值，调节因素包括重量、距离、物体尺寸以及动作的难度等；④ 合计动作的标准时间，得出工作的正常时间；⑤ 在正常时间上加上宽放时间，得出标准工作时间。

4）标准资料法

标准资料法是间接制定时间标准的作业测定技术和方法，在国际上也称元数据方法（Elemental Data）。标准资料法是将直接由秒表时间研究、工作抽样、预定时间标准法所得的测定值，根据不同的作业内容，分析整理为某作业的时间标准，以便将该项数据应用于同类工作的作业条件上，使其获得标准时间的方法。

在实际生产中，许多工作都有若干相同的作业要素。例如，"取材料"就是很多不同种作业的一个组成部分，无论车削还是磨削都有这一公共要素。在确定这些作业的标准时间时，通常要进行作业测定，当然也包括对这一公共要素的测定。如果掌握了一套公共要素标准时间的数据，就不需要一次又一次地对同一要素进行测时。假如能给工厂中重复发生的要素建立资料库，而且它所包含的要素很多、范围很广，那么对新的作业就不必进行直接的时间研究了。只需将它分解为各个要素，从资料库中找出相同要素的正常时间，然后通过计算加上适当的宽放量，即可得到该项新作业的标准时间。这里所说的"标准资料"是将直接由作业测定（时间研究、工作抽样、PTS 法等）所获得的大量测定值或经验值，经分析整理、编制而成的某种结构的作业要素（基本操作单元）正常时间值的数据库。利用标准资料来综合制定各种作业的标准时间的方法就叫作标准资料法。

标准资料法的应用条件如下。

（1）标准资料只能用于和采集数据的作业类型和条件相似的作业。

（2）应用标准资料法是考虑减少作业测定工作量，提高效率。但是否采用该法还应与其他方法在成本等方面比较权衡后定夺。

（3）标准资料是在其他测定方法基础上建立的，只能在一定条件和范围内节省测定工作时间，故不能完全取代其他测定方法。

标准资料法的应用范围：原则上可适用于任何作业标准时间的制定。由于它是预先确定的时间数据，在工作开始之前，就可以利用现成的数据制定一项工作的标准时间，不需直接观察和测定，因此尤其适用于编制新产品作业计划、评价新产品，或对生产和装配线均衡进行调整。同时，也适用于制定新产品的劳动定额，确定工厂能力，确定各种成本，预算控制，推行奖励工资制，衡量管理的有效性等。

使用标准资料法制定工作标准的步骤：① 把新作业分解成基本元素；② 在资料表中查每一相似元素时间，为作业中这些元素设定时间；③ 考虑新作业的特殊特征，对比分析调整各个元素的操作时间（如金属切割，通常根据金属的种类、切割工具、切割厚度等评比）；④ 对每组给定的工作，把元素操作时间相加，得出工作的正常时间；⑤ 在正常时间上加上宽放时间，得出标准工作时间。

3. 信息技术对时间研究的影响

信息技术的进步与发展对时间研究产生了巨大影响，突出表现在以下几个方面。

（1）先进的信息技术使许多原来由人工完成的工作变得不再必要，进而也就没有必要再对这些工作进行时间研究。例如，过去需由人来进行的报表传递，现今通过局域网即可快捷、准确地传输；工业机器人的引入使得某些苦、脏、累、险岗位上的作业人员获得解放等。

（2）随着企业生产自动化程度的不断提高，宽放时间在整个时间标准中所占的比重必然会越来越小；同时，对操作人员疲劳的考虑正在更多地从体力上的疲劳转向精神上的疲劳。

（3）信息技术进步也影响了时间研究方法本身。因为可用电子监视器同时对多个对象进行观测，所以使用样本法则变得更容易了。在自动化制造程度较高的企业中，管理人员往往占人员构成的很大比例，由此 PTS 法的应用重点必然会转移到分析机器人的动作和管理人员的活动上。现在有一种系统叫"机器人时间和动作研究"（Robot Time and Motion，RTM），就是专门用来评价机器人工作方法的。

（4）信息技术为自动化制造系统的各主要部分建立标准数据提供了便利，而不像现在这样只为某项工作或某个动作建立标准数据。这样的自动化制造单元的标准数据可用来模拟各种工作方法，也可以在产品开始生产以前估计生产成本。

时间研究方法是制定工作标准中使用得最多的一种方法。训练有素且有经验的分析师使用这种方法能制定出合乎实际的工作标准。但是，这种方法也有局限性：①这种方法主要适用于工作周期较短、重复性很强、动作比较规律的工作；而对于某些主要靠脑力工作的就不太适用，如数学家求解问题、技师寻找汽车故障原因等。对于一些非重复性的工作也是不适用的，如非常规设备的检修。②秒表的使用有一定的技巧性，一个没有使用经验的人测出的时间值有时误差可能很大，基于这样的数据难以制定出合理的时间标准。③时间研究中所包含的一些主观判断因素有时会遭到被观测者的反对。

6.2　劳 动 定 额

由前述可知，作业测定或时间研究的直接目的是制定和贯彻先进合理的劳动定额，劳动定额是企业进行生产经营管理的重要基础。劳动定额也是企业两大基础定额之一，劳动定额的管理水平可以反映出企业的管理水平。劳动定额的重要性体现在它的作用上，企业的计划、组织、控制等各项管理职能工作，都与劳动定额有直接的关系。正确制定劳动定额，对提高整个企业的生产经营管理水平，加快企业的生产发展和劳动生产率的提高，都有十分重要的作用。

6.2.1　劳动定额的概念和作用

1. 劳动定额的概念

劳动定额，又称"劳动消耗定额"或"人工定额"，国家标准（GB/T 14002—2008）《劳动定员定额术语》的定义：劳动定额是在一定生产技术组织条件下，采用科学合理的方法，对生产单位合格产品或完成一定工作任务的活劳动消耗量所预先规定的限额。即在一定的生产技术和组织条件下，某工种的某一等级工人为生产单位合格产品所必须消耗的劳动时间，或在一定的劳动时间中所生产的产品数量。

国标定义包含了以下几个要点。

（1）劳动定额是在一定条件下制定的，劳动定额不能脱离具体的生产、技术、组织条件。生产条件是指生产规模、生产协作、原材料供应、现场作业环境等状况；技术条件是指机械设备、工艺流程、技术措施和安全保障等状况；组织条件指生产和劳动的组织管理方式方法等。

（2）劳动定额是对劳动量的规定，即劳动者脑力劳动和体力劳动的支出，也就是活劳动消耗量的限额。

（3）劳动消耗的计量可以用时间，也可用产品数量。计量考核劳动量的指标可以是绝对数也可以是相对数。

（4）劳动定额是在生产（工作）进行之前预先制定的。

（5）劳动定额所规定的是完成合格产品或符合质量要求工作任务的劳动消耗量，它限定的对象是有效的劳动，不是无效的劳动。

劳动定额有两种基本形式。

（1）时间定额。或称工时定额，指生产单位合格产品或完成一定工作任务量的劳动时间消耗的限额。也就是每生产一个合格产品所需要消耗的工时数，是用时间表示的定额，一般以分钟为计算单位。

（2）产量定额。指在单位时间内生产合格产品的数量或完成工作任务量的限额。这是用生产量表示的定额。

两种形式的定额互为倒数关系，很容易换算，表达的是同一个概念，只是表现形式不同。时间定额比较适用于产品结构复杂、品种多、生产批量不大的企业；产量定额则比较适用于大量制造，或加工时间短、自动化程度高的企业。在企业内不同的生产组织类型可以选择不同的劳动定额形式。

此外，还有一种派生出来的看管定额。看管定额是对操作者（个人或小组）在同一时间内照管机器设备的台数或工作岗位数所规定的限额。纺织企业通常采用看管定额。在一些机械加工企业，越来越多地实行多机床看管作业，因而也采用看管定额。工业企业采用什么形式的劳动定额，可根据生产类型和生产组织的需要而定。

2. 劳动定额的作用

劳动定额是企业管理的一项重要基础性工作。在企业的各种技术经济定额中，劳动定额占有重要地位。正确制定和贯彻劳动定额，具有多方面的重要作用。

（1）劳动定额是企业编制计划、科学组织生产的重要依据。企业计划的许多指标，都与劳动定额有密切关联。制订生产计划时要用到工台时定额，以便对生产任务与设备和劳动力的使用进行平衡；在生产作业计划中，劳动定额是安排工人、班组及车间生产进度，制定期量标准的重要依据；有了先进合理的劳动定额，才能正确配备劳动力，保持生产的均衡与协调。

（2）劳动定额是挖掘生产潜力、提高劳动生产率的重要手段。劳动定额是在总结先进技术操作经验基础上制定的，同时，它又是大多数工人经过努力可以达到的。因此，通过劳动定额，既便于推广生产经验，促进技术革新和巩固革新成果，又利于员工之间开展比学赶帮超，不断地提高员工自身的技能和素质，促进企业生产水平的普遍提高，不断提高劳动生产率。

（3）劳动定额是企业经济核算的基础资料。经济核算是企业管理的一项重要工作，每个企业都要严格执行财务预算和经济核算制度。通过企业的经济核算，可以促进企业既生产更多更好的产品，又尽量节约生产中活劳动和物化劳动的消耗，不断提高劳动生产率，降低成本，增加企业盈余。定额是制定计划成本的依据，也是控制成本的标准。缺少先进合理的劳动定额则失去比较，经济核算就无从谈起。

（4）劳动定额是衡量员工贡献大小、合理进行分配的依据。按劳分配是企业对员工主要的分配原则和形式，是建立在对劳动成果正确认定基础之上的。劳动定额是计算工人劳动量的依据，也是考核工人技术高低、贡献大小，评定劳动态度的重要标准。没有劳动定额，就难以衡量劳动成果及合理进行有效分配。

6.2.2　劳动定额的时间组成

一位工人在 8 小时上班时间内，并非都在从事与加工制造产品有关的工作，还常常会参与一些与制造产品无关的活动，在制定劳动定额时必须分清哪些时间消耗应该计入定额内，哪些是不能计入定额的。为此，需要对工人作业的时间消耗进行研究分类。

1. 工时消耗的构成

工人工作中的全部时间消耗共分两大部分、七种类型，如图 6-7 所示。

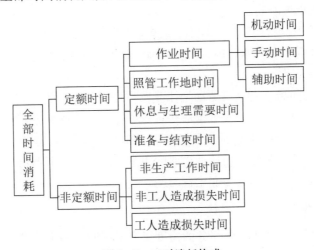

图 6-7　工时消耗构成

1）作业时间

作业时间指直接用于完成生产作业或零件加工所消耗的时间。作业时间主要消耗在加工工艺过程中，它又可分成基本时间与辅助时间两部分。基本时间是使劳动对象发生物理或化学变化所消耗的时间，是创造价值的劳动时间消耗，包括机器加工时间、手工作业时间和机手并动作业时间。辅助时间是指为完成工艺加工而进行的各种辅助操作所消耗的时间，如装卸零件、测量尺寸、更换刀具等所消耗的时间。作业时间是劳动定额的主体部分。

2）照管工作地时间

照管工作地时间指工人用于布置工作场地，使工作得以经常保持正常状态所消耗的时间，如码放工件、设备注油、设备空转升温等，这些属于技术性的需要。另外还有组织性的，如上班时领取加工图纸、工具和整理工作地，下班时填写有关工作记录、收拾工具、擦拭设备和交接班等，这些时间是必须消耗的，但它没有增加价值，应尽量减少。

3）休息与生理需要时间

休息时间是工作班内为消除过分紧张或劳累所必需的短暂休息时间。工人的疲劳程度与作业环境、劳动强度、操作姿势和作业内容的单调性有关，疲劳强度高休息时间就应该长。生理需要时间是指喝水、上厕所、擦汗、洗手等所花费的时间。这部分时间与工人的工作环境或性别有关。

4）准备与结束时间

准备与结束时间指工作班内工人为生产加工一批工件，或每接受一项新的生产任务，在开始前的准备工作和事后结束收尾工作所消耗的时间，如熟悉图纸和工艺、设备调整、准备专用工夹具、首件及成批交付检验等所消耗的工时。

5）非生产工作时间

非生产工作时间指工人在上班时间内做了自身生产任务以外的事所消耗的时间，如开会，找图纸、物料、工具，寻找管理人员或检验人员，承担部分应有辅助工人完成的工作等所消耗的时间。这是完全可以避免的时间消耗。

6）非工人造成损失时间

非工人造成损失时间指因工厂管理不善或企业外部原因使工人工作发生中断的时间，如等待分配任务、停工待料、停水停电、设备故障待修等。这些都属于不正常的时间损耗。

7）工人造成损失时间

工人造成损失时间指工人违反劳动纪律或操作规程所损失的时间，如迟到、早退、聊天、办私事、加工出废品、生产安全事故等。这是完全不应该也是不允许的时间损失。

前四种时间是完成工作任务所必需的正常的时间消耗，制定劳动定额时应该考虑进去，因此我们称之为定额时间。而后三种时间不是完成生产任务所必需消耗的时间，因此不应该计入劳动定额中，故称之为非定额时间。

2. 时间定额的组成

劳动定额的时间组成是从工作任务的角度研究定额时间是由哪些部分组成的。而时间定额往往表示的是单个产品的劳动时间消耗，与企业的生产类型有着密切的关系，也就是说时间定额的组成随生产类型的不同而不同。

1）单件生产的时间定额

因为是单件生产，每件都发生准备与结束时间，所以其时间定额由定额时间中的四种时间组成。计算公式为

$$单件时间定额＝作业时间×（1＋宽放率）＋准备与结束时间 \qquad (6-9)$$

其中，宽放率为照管工作地与休息生理需要时间占作业时间的百分比。

2）成批生产的时间定额

成批生产加工时，准备与结束时间发生在同一批加工对象上，需要分摊到每件产品加工上。其时间定额的计算公式为

$$单件时间定额＝作业时间×（1＋宽放率）＋准备与结束时间÷批量 \qquad (6-10)$$

3）大量生产的时间定额

由于大量生产方式下的产品生产数量大，分摊到每件产品的准备与结束时间很小，可忽略不计。其时间定额的计算公式为

$$单件时间定额＝作业时间×（1＋宽放率） \qquad (6-11)$$

需要说明的是，时间定额的计算公式中不包括非定额时间部分。然而，实际使用中考虑到一些管理上或外界客观环境等因素的干扰会损失工人的工作时间，如果这些损耗全让工人承担，显然不合理也会影响到工人情绪，所以在宽放率中应该适当考虑这类因素。对非定额时间损耗的宽放如何确定，存在较大争论，详细讨论可参考有关文献专著。

6.2.3　劳动定额的制定方法

劳动定额有多种制定方法，企业应根据自身的技术组织条件和生产类型特点，正确选择制定或修订定额的方法。总的要求是劳动定额的制定应做到全、快、准。"全"是指凡是能制定劳动定额的工作都应该有定额；"快"是指使用的方法应尽可能简便易用，能迅速制定并及时满足生产管理需要；"准"是指制定的定额先进合理，这是制定劳动定额的关键。工业企业常用的定额制定方法主要有经验估工法、比较类推法、统计分析法、技术测定法和 MOD 法。

1. 经验估工法

它是由定额人员，依照产品生产图纸和工艺技术要求，并考虑生产现场使用的设备工具、工艺装备、加工材料等条件，凭借实际经验分析估算劳动定额的一种方法。

这种方法简便，工作量小，定额员能够在审查图纸和工艺资料以后的几秒钟内确定定额，能满足"快"的要求。

经验估工法的优点是方法简便、容易掌握，制定速度快、工作量小，凭经验参考零碎的工时消耗统计资料，就能及时制定额或对定额做出修改。缺点是缺乏技术根据，比较粗糙，容易受到估工人员水平和经验的局限，不易挖掘生产潜力和消除工时浪费，准确性较差，容易出现定额偏松或偏紧的现象。往往对同一作业，不同的估工人员估出的定额会不同，甚至差距很大，致使劳动定额水平落后且不平衡。因此，经验估工法适用于新产品试制、临时性生产、配套附属任务和多品种小批量生产的场合。

为了提高经验估工的准确性，可以在经验基础上嫁接科学方法或采取以下措施。

（1）概率估工法：也称三点估计法，它是运用概率论原理提高经验估工质量的重要措施，其理论假定是完成一道工序作业消耗的时间服从正态分布。在已知资料不足时，定额员预先对作业时间做出先进（a）、落后（b）、最有把握（m）三种工时估计，然后根据下列公

式计算时间定额：

$$T = M + \lambda\sigma \tag{6-12}$$

式中：T 为时间定额；M 为平均工时，$M = \dfrac{a + 4m + b}{6}$；$\sigma$ 为标准差，$\sigma = \sqrt{(b-a)^2 / 6^2}$；$\lambda$ 为标准差系数，根据预期概率查正态分布函数值表确定。

（2）选择认真负责、技术较高、生产管理经验丰富的人员做估工工作，并不断提高他们的技术装备水平和业务知识能力。

（3）注意积累资料，建立典型零件、典型工序估工的登记整理制度，以供后续定额制定时参考，并尽早走向准确可靠、成熟的定额制定过程中。

2. 比较类推法

比较类推法也称典型推算法或典型定额法，是以典型零件、工序的工时定额数据为依据，经过对比分析推算出同类零件或工序定额的方法。

这种方法是以生产同类型产品或完成同类型工序的定额为依据，经过对比分析，推算出另一种产品或工序定额的方法。使用这种方法的前提是用于对比的两种产品必须是相似或同类型、同系列的，具有明显的可比性。图 6-8 反映出比较类推法的一般工作流程。

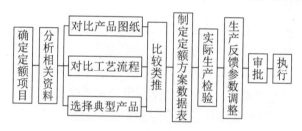

图 6-8　比较类推法工作流程

比较类推法的实施步骤：①将结构和工艺相同的产品零件进行分类分组，从中选出典型代表性零件；②根据加工尺寸、精度等影响工时消耗的因素运用技术测定等方法，按工序制定出质量较高的典型零件定额标准；③以典型定额标准为基础，经过对比分析，推算出同类相似零件工序工时定额。

比较类推法的优点是简便易行、精确度较高，便于保持定额水平的平衡。缺点是采用此法需事先有一套典型定额标准，但制定一套典型零件的定额标准需要很大的工作量，而且还需经常补充修正。特别是当典型零件选择不当，或对影响工时消耗的因素考虑不充分，都会使推出的定额不准。它最适合于制造同类型产品的企业。产品的系列化、标准化、通用化程度越高，产品的相似件越多，越能显示出这种方法的优点。

3. 统计分析法

统计分析法是根据过去同类型产品（零件、工序）的实际工时消耗和完成定额的统计资料，并结合当前和今后企业生产技术组织条件的变化来制定或修改定额的一种方法。

统计分析法的操作步骤如下。

（1）收集整理汇总统计资料，分析统计数据的可靠性，剔除其中的异常数值，修正明显失真的统计数据。

（2）计算平均实做工时：

$$平均实做工时＝实做工时数列之和÷数列项数 \qquad (6-13)$$

（3）计算平均先进工时。所谓"平均先进"是指大多数人经过努力都可以达到的定额水平。有两种计算方法：

$$平均先进工时＝（平均实做工时＋最快实做工时）÷2 \qquad (6-14)$$

$$平均先进工时＝先进部分实做工时之和÷先进部分项数 \qquad (6-15)$$

式中，先进部分实做工时是指小于和等于平均实做工时的工时数值。平均先进工时并不是一个十分严格的数值，在实际使用中可以根据具体情况做适当调整。

（4）充分考虑今后企业生产技术组织条件变化，工人技术熟练程度改进和提高的程度，经过对比分析，消除明显不合理的因素，最后确定出新定额。

统计分析方法操作也比较简单，又有大量统计资料为依据，比较符合实际，制定出的定额有说服力，容易被工人接受。但是，统计分析方法也存在缺点。由于它依据的是过去的统计资料，统计数据中可能包含种种不合理因素，如实际消耗的工时中包括了一部分浪费工时、加班加点时间等；又如原始记录不准等，必然会影响到制定定额的准确性。为提高统计分析法制定定额的准确性，需要建立和健全原始记录，特别是加强对统计资料的整理、分析工作，还要对比生产条件的变化，以及考虑推广先进操作方法，采用新工艺、新技术等提高劳动生产率的可能性。

统计分析法常用于生产条件稳定，产品相对固定，生产批量大，原始记录、统计制度比较健全，以及各种基础工作扎实完善的生产企业。

4. 技术测定法

技术测定法是通过对产品生产技术组织条件的分析，在挖掘生产潜力以及操作合理化的基础上，采用工程技术计算或现场观测技术来制定定额的方法。

技术测定法的主要工作步骤：①将工序细分为工步、操作或动作要素，分析工序结构和操作方法，消除不合理、多余的操作动作，重新排序组合，使操作合理化；②分析设备工具的性能及技术参数，充分发挥设备效能，尽量采用新技术、新工艺和新方法；③分析生产组织与劳动组织状况，并加以改进改善；④通过现场观测、技术分析和计算，先求出零件工序作业基本时间和辅助时间，经评比再给予宽放，最后得出工时定额。

技术测定法又可分为如下两种形式。

（1）分析研究法。也称现场观测法，它是采用工作日写实、测时和工时抽样等手段，通过实地观测取得第一手资料以确定工时定额的方法。单件工序定额的作业时间可用测时和工时评定的方法获得；而休息和生理需要、布置工作地、准备与结束等时间占比，采用工作日写实或工时抽样法取得。

（2）工程技术计算法。是按确定的数学模型和工程技术参数经计算得出工时定额的方法。现代化生产越来越依赖机器设备，加工所需要的时间主要取决于设备性能和加工量。选定了设备基本上确定了加工速度，选定了材料基本上确定了加工量，加工时间就很容易用公式算出：

$$加工时间＝加工量÷加工速度 \qquad (6-16)$$

例如，在钢质工件上加工一个直径为 20 毫米，深 50 毫米的孔，使用钻床加工。加工量为 15 708 立方毫米（$3.14×10^2×50$）；选择的加工参数为：转速每分钟 100 转，进刀量

（每转一圈刀具前进的距离）0.05 毫米，加工速度则为每分钟 1 570 立方毫米（0.05×100×314）；算得加工时间为 10 分钟（15 708÷1 570）。由于钻头的直径与孔径相等，因此计算可以更简单：加工时间＝50÷（0.05×100）＝10（分）。

技术测定法的优点是，技术依据充分，方法科学先进，定额的精确度高，能满足定额水平先进合理的要求。缺点是工作量大，较为费时、费力，对定额人员的专业素质要求高。

技术测定法一般适用于大量大批生产类型，重要或主要工序、关键设备的工序定额，以及工时定额标准的制定。

5. MOD 法

MOD 法是模特排时法（MODAPTS）的简称，是 PTS 法的一种，属于间接测时法，具有直接测时法所没有的优点，它可以不受被观测者的影响，在作业开始以前，先行确定标准时间。这种测时方法的原理是：人工作业时间是由工人操作形成的，而工人操作由一系列动作要素构成，"人体各部位动作无论快慢、无论是谁，若是同一动作，其最快速度与正常速度所用时间之比，都是相等或十分接近的"。通过大量的实验并运用统计方法，按照能量消耗与动作速度的关系，求出最佳能耗速度及时间。工人按照这种速度操作，既不易产生疲劳，劳动生产率又能得到提高。在实验室中确定出的每一动素时间值，最终被制成标准时间表。因此，只要分析出每项操作的动素，就可以方便地计算出每个操作所需消耗的时间。

MOD 法广泛应用于生产现场管理中，该方法将作业动作分解为 21 种人体基本动作，每种动作均有对应的标准时间值，标准时间的单位是模数，见表 6-2。

表 6-2 为 MOD 法的动作符号和模数。作业熟练程度不同，模数也有差别。在普通速度下 1 模数＝0.129 秒，熟练劳动时为 0.1 秒，考虑疲劳因素后增加 10%，为 0.142 秒。符号后面的数字表示该动作的模数，由表 6-2 可见，动作幅度越大，时间模数也越大。例如，M1 表示手指动作，模数为 1，而 M5 代表由肩带动的手臂动作，模数为 5。假设有

表 6-2　MOD 法的标准动作时间

动作		符号	模数	动作	符号	模数
手臂的移动	手指	M1	1	找出	E2	2
	手腕	M2	2	重抓	R2	2
	前臂	M3	3	考虑	D3	3
	上臂	M4	4	踏	F3	3
	肩部	M5	5	压	A4	4
抓取	接触	G0	0	回转	C4	4
	单纯	G1	1	步行	W5	5
	复杂	G3	3	弯身	B17	17
定位	不要目视	P0	0	坐下	S30	30
	需要目视	P2	2	重量附加	L1	1
	非对称	P5	5			

一操作:"伸出前臂抓取一把锤子又返回身边放下。"用 MOD 法表示就是 M3G1M3P0,其动作式为 MGMP,数字式是 3130,时间数值为 $3+1+3+0=7$(模数),该操作在普通速度下的时间标准为 0.903 秒(7×0.129)。

为一项作业设计 MOD 标准时间,必须列出作业中的所有动作,并为每一个动作找出适合的模数值,将时间求和并加上允许的宽放时间,就得到该项作业的标准时间。

上述各种定额的制定方法都有其不同的特点,定额人员要在对本企业生产经营与管理现状正确分析的基础上,根据各自的实际情况选择使用,不能不讲实际的盲目使用。

6.2.4 劳动定额的维护管理

劳动定额是企业的一项工作标准,具有严肃性,一旦制定就必须认真贯彻执行,这样才能发挥它的积极作用。在使用中也需要根据实际情况做修正工作。做好日常定额执行情况的统计、检查和分析工作对于劳动定额的维护很重要。

首先要加强车间班组实际工时消耗的原始记录,因为原始记录反映工人的生产成绩、工时利用和定额任务完成情况,是定额统计工作的基础。其次要做好定额的统计分析工作,包括实做工时的统计、完成定额情况的统计、工时利用的统计等。根据统计资料可以分析定额的执行情况,分析劳动定额与实做工时之间的差距,工人能够达到定额水平的人数比例,影响工时利用的各种因素等。这样,一方面可以及时采取针对措施,提高工时利用率;另一方面可以为修改定额积累资料和提供依据。

劳动定额的修改可定期或不定期进行。定期修改是根据企业生产的正常发展,预先规定修改期限。生产条件比较稳定,原定额比较准确的企业,修改期可定得长些,反之,则定得短些。定期修改是全面的审查和修改,而不定期修改往往是临时修改,当局部生产条件发生很大变化,如产品设计和工艺的变更、原材料的更换、生产组织方式的变革等,都可能促使定额的修改调整。

劳动定额的维护管理,需要把握好劳动定额的稳定性和变动性这两个特性。稳定性是相对的,一个先进合理的定额,在一段时期内与生产发展水平是相适应的,在这一时期内企业的定额水平保持稳定不变是必要的。变动性是绝对的,企业的生产技术组织不可能总是停留在一个水平上,而是处在不断的发展过程之中,当生产技术组织水平发展到一个新的高度,定额就需要做相应的修订。企业变动往往是一个渐变的过程,因此定额变动也不可能太频繁。即使是定期修改,也主要在于对定额全面审查,而非大面积地修改,除非企业的生产技术组织条件发生了大的变化。局部修改可能是经常性的,因为不合理的定额必须要及时修改。定额的修改工作要制度化,要有严格的审批流程和工作标准,并注重修订工作的实效。

6.3 劳 动 定 员

劳动定员是一项为企业生产经营各部门、各岗位配备人员的工作。它是根据企业既定的产品方向、生产规模和技术组织条件,在一定时期内规定企业应配备各类人员的数量标准。定员工作也是企业管理的一项基础工作。合理配备和使用各类人员,既是保证生产经营的需要，也是为了避免人浮于事、节约人力、消除浪费，提高劳动生产效率。生产经营活动的开展，离不开物质设施的布置建设，更离不开人的使用与管理，对人员的使用需要规划设计，也就是要考虑如何配备人员，包括需要多少人员，需要哪方面的人员，如何安排这些人员等，这就是编制定员的工作。企业的定员定编与企业的产品特点、生产规模、技术水平和组织方式有关。

6.3.1 劳动定员的概念和作用

1. 劳动定员的概念

劳动定员，或"人员定额"，国家标准 GB/T 14002—2008《劳动定员定额术语》的定义：劳动定员是指在一定生产技术组织条件下，为保证企业生产经营活动正常进行，按一定素质要求，对配备某类人员所规定的限额。

国标定义包含了以下几个要点。

（1）劳动定员是在一定条件下制定的，劳动定员不能脱离具体的生产、技术、组织条件。生产条件是指生产规模、生产协作、原材料供应、现场作业环境等状况；技术条件是指机械设备、工艺流程、技术措施和安全保障等状况；组织条件指生产和劳动的组织管理方式方法等。

（2）劳动定员是对使用人员的规定，即对劳动者使用量的限额。

（3）对劳动者的使用，既有数量的限定，也有质量的要求。

（4）劳动定员是在生产（工作）进行之前预先制定的。

（5）劳动定员所属的使用人员是在国家劳动用工法律范围内的，也就是说企业用工必须遵守国家的法律法规。

劳动定员，也称企业定员或人员编制。编制定员就是根据企业组织模式和机构设置的要求，在划分各级部门职责范围的基础上，对各类工作岗位人员配备数量和质量所提出的总要求。这个总要求体现在既能保证生产经营活动正常开展的需要，又不浪费使用人力资源。

2. 劳动定员的作用

作为企业管理的一项基础工作，定员工作的好坏直接关系到企业的健康发展。定员的主要作用是，依靠制度规范和组织措施保证企业科学合理地配备使用人员，以达到充分发挥人力资源潜力、消除浪费、提高劳动生产率和企业竞争力的目的。

（1）劳动定员是企业用人的科学标准。先进合理的定员标准，有利于企业在用人方面精打细算，促使企业在保证员工健康安全的前提下，合理地使用人力资源，用尽可能少的投入获得更多的产出，从而最大限度地提高劳动生产率。

（2）劳动定员是企业人力资源规划的基础。按定员标准编制企业各类人员的需要计划，既是企业人力资源规划的原则，也是提高职工队伍素质，优化职工队伍结构，保持职工队伍先进性的措施。

（3）劳动定员是企业调配使用劳动力的主要依据。了解企业的定员，掌握各个生产经营工作岗位需要多少人和需要什么条件的人是调配用工的前提；同样，合理的员工调配又

是定员标准得以贯彻的重要体现。

（4）劳动定员有利于改善劳动组织，建立竞争激励机制，提高员工队伍素质。先进合理的定员能使企业各岗位的工作运转实现满负荷。这需要在岗的所有人员必须兢兢业业，并且达到一定的技术业务水平，否则就不能胜任其工作。劳动定员可以激发员工钻研业务技术的积极性，开展岗位竞赛，从而提高员工队伍的整体素质。

6.3.2　企业人员构成及定员范围

为了做好企业定员工作，必须首先明确企业人员的构成和定员范围。

1. 企业人员的分类

企业人员的分类是根据企业生产经营中各种工作岗位的性质和特点，对企业员工进行的分类。在工业、建筑业企业，一般将企业人员划分为生产工人、工程技术人员、管理人员、服务人员、其他人员等几类，每一类人员又可细分为更具体的工种；在商业企业，一般将企业人员划分为业务人员、管理人员、服务人员、其他人员等类型。

工业企业的人员，按照工作岗位的性质和特点分为以下类型。

1）工人

工人是指在基本生产车间、辅助生产车间和附属生产单位中直接从事生产作业的人员。具体又可分为两种：①基本生产工人，是指直接从事产品生产加工的人员，如炼钢工、铸工、锻工、车工、刨工、装配工等；②辅助生产工人，是指为基本生产工人作业服务或从事其他辅助性作业的人员，如维修工、搬运工、电工、仓库工人等。

2）学徒工

学徒工是指在熟练工人指导下，在生产劳动中学习操作技能，并领取学徒工薪金的人员。现今学徒工属公司内部职位，按照劳动法应视为公司正式用工，享受正式员工同等待遇。在个体技术服务单位如饭店、修车铺等，学徒工特指打下手、带薪学习技能的人。

3）工程技术人员

工程技术人员是指担负工程技术和工程技术管理工作并具有工程技术能力的人员，如工程师、技师、助理工程师、技术员等。具体又可分为两种：①专职工程技术人员。是指直接从事产品设计、研究、试验、工艺、设备、动力等技术工作的人员。②工程技术管理人员。是指在工程技术部门担任行政职务和技术管理工作的人员。

4）管理人员

管理人员是指在组织中行使管理职能、指挥或协调他人完成具体任务的人，管理者工作的好坏直接关系着组织的成败兴衰，如厂长、经理、车间主任、职能机构负责人，以及从事行政、生产、经营和政工管理的人员。具体又可分为两种：①行政管理人员，是指从事行政、生产、计划、财会、供应、人事、销售等管理工作的人员；②政治工作人员，是指在党、团、工会部门专职从事政治思想、群众工作的人员。

5）服务人员

服务人员是指服务于职工生活或间接服务于生产的人员，包括食堂、幼托、文教、卫生保健、安全保卫、消防、住宅管理与维修、勤杂以及其他生活福利工作的人员。

由企业办的社会性服务机构，如学校、医院、商店、粮店、浴池、理发等单位工作的人员，属于社会性服务人员。

6）其他人员

其他人员是指由企业开支工资，但所从事的工作与企业生产经营基本无关的人员。包括农副业生产人员、出国援外人员、连续六个月以上脱产学习人员、病伤假人员、长期外借人员等。

在企业的定员工作中，为了便于比较和考核企业的定员水平，合理确定各类人员的比例，通常把企业人员分为两大部分：一是从事生产和技术工作的人员，称为直接生产人员，包括基本生产工人、辅助生产工人、单独顶岗作业的学徒工和专职工程技术人员；二是从事管理和服务工作的人员，称为非直接生产人员，包括管理人员、服务人员和脱产六个月以上从事非生产性工作的人员。

2. 企业定员的范围

在企业中，为了保证生产经营活动的正常进行，凡是因生产经营需要安排劳动者的岗位，无论是生产性的，还是非生产性的，一律都要确定定员。其范围具体规定如下：

从职工工作岗位的性质和特点看，包括工人、学徒、工程技术人员、管理人员和服务人员；从用工形式上看，包括常年性生产岗位上配备的职工。

下列人员不在定员范围：①自然发生或由上级指派的，已经脱离了生产并与企业生产和职工生活无关的"其他人员"；②企业的临时性生产或工作所需要的人员，如临时用工、季节工等；③企业为外单位培训和准备输送的后备人员，正在学习专业技术知识尚未顶岗工作的学徒。

3. 各类人员比例分析

企业的定员工作，不仅在用工数量上要适当，在各类人员的比例上也要科学合理，这也是比较和考核企业定员水平的重要方面。为此，需要对企业不同工作岗位人员配置的比例关系进行深入细致的研究。

（1）对生产人员与非生产人员的比例关系分析。

（2）对生产人员内部的比例关系分析：包含对生产工人内部基本工人和辅助工人的比例关系、各工种之间的比例、技术熟练程度高与技术熟练程度低工人的比例关系分析。

（3）对男女员工的比例关系分析。

（4）对服务人员与企业其他各类员工的比例关系分析。

（5）工程技术人员与管理人员的比例关系、工程技术人员内部不同专业人员的比例关系以及管理人员内部不同专业人员的比例关系的分析等。

6.3.3 劳动定员的方法

定员工作要做到先进合理，要符合高效率、满负荷、充分利用工时的原则。如果是一个新建企业，从创业之初就要做好这项工作。在现代社会中，哪怕辞退一名多余的职工也不是一件轻松的事情，这既不得人心又影响员工的情绪，有时还会引发社会负面效应。所以选择科学的定员方法很重要。定员计算的基础是按生产工作任务量确定人数，劳动定额作为计算工作量的标准，在定员计算中举足轻重。因此，只要有劳动定额的岗位都应该考虑使用劳动定额来定员。劳动定员应根据企业各类人员所在岗位性质的不同，采用不同的定员方法。

1. 按劳动效率定员

按劳动效率定员是指按照生产任务总量和劳动定额、定额完成率以及出勤率等指标，经过核算确定的劳动定员。主要适用于有劳动定额的工种人员的确定。

（1）用时间定额定员时，计算公式如下：

$$定员人数 = \frac{生产任务总量}{制度工作时间 \times 定额完成率 \times 出勤率} \tag{6-17}$$

【例6-3】 某生产班组计划期的月平均任务总量为 2 600 定额小时，工人月制度工作时间 176 小时，平均出勤率 96%，平均定额完成率 110%，试确定该生产班组的定员人数。

解：$定员人数 = \dfrac{2\ 600}{176 \times 110\% \times 96\%} = 14（人）$

（2）用产量定额定员时，计算公式如下：

$$定员人数 = \frac{生产任务总量}{制度工作时间 \times 出勤率 \times 产量定额 \times 定额完成率} \tag{6-18}$$

【例6-4】 某装卸队年装卸任务总量为 57 600 吨，工人年制度工作时间 250 天，出勤率 96%，每人日产量定额 10 吨，平均定额完成率 120%，试确定该装卸队的定员人数。

解：$定员人数 = \dfrac{57600}{250 \times 96\% \times 10 \times 120\%} = 20（人）$

2. 按设备定员

按设备定员是根据计划需要开动的机械设备的总数目、设备的开动班次和设备看管定额以及出勤率等指标，经过核算确定的劳动定员。计算公式如下：

$$定员人数 = \frac{机器台数 \times 开动班次}{工人看管定额 \times 出勤率} \tag{6-19}$$

式中：机器台数指参与生产的设备总数；工人看管定额是一个轮班内的数值。这种定员方法，主要适用于以机器设备操作为主的工种，特别是有大量同类型设备的岗位，如机械制造企业的多机床看管、纺织企业的织布机看管等。

3. 按岗位定员

按岗位定员是根据工作岗位的职责范围、工作任务量、岗位负荷率、工作轮班以及出勤率等指标，经过核算确定的劳动定员。

岗位定员主要适用于使用连续生产装置或设备组织生产的企业，如冶金、化工、炼油、造纸、烟草及机械制造、电子仪表等各类企业中使用大中型联动设备的岗位定员。此外，也适用于一些无法计算劳动定额的工种和人员，如维修工、电工、天车工、皮带输送机工、门卫人员等。

按岗位核算定员人数，首要的是划分好工人值守的工作区域或工作岗位，这是做好岗位定员的关键所在，因为岗位划分是否合理直接影响定员的水平。岗位划分应注意不能过细、过死，要保证每个岗位有充足的工作量。如果工作量不足，就应考虑兼做其他工作的可能性。

4. 按比例定员

按比例定员是按照与某一类服务对象或某类人员之间的数量依存关系，或按企业职工总数或某一类人员总数的一定比例，计算核定劳动定员的方法。企业中的卫生保健人员、炊事人员、某些辅助工人可以采用比例定员，使用的比例数值往往是经验数据。

5. 按职责范围定员

首先确定组织结构以及各个部门的业务分工和职责范围，然后确定工作岗位，再根据各个岗位的业务复杂程度、工作量大小以及相关人员的效率水平，经过核算确定的劳动定员。此定员方法主要用于从事管理工作的岗位人员确定。由于企业管理工作的复杂多样性，以及管理工作业务难以量化，此类定员多数情况下无法直接用公式计算，一般是根据职责范围和业务的繁忙程度，在经验基础上进行核定。具体操作上有一定难度。

企业的劳动定员是企业人员数量及构成的基本标准，也是人力资源规划方案的一部分，企业不可能经常进行定编定员工作，都有个相对较长的稳定期。然而，企业的生产量在不同季节不同月份往往变动很大，为了保证生产任务与人力使用相匹配，在每个计划期（年、季、月）都需要制订人员需求计划，以调控劳动力的余缺。这主要指的是基本生产工人。如果生产任务减少，基本生产工人就应该相应减少，减下来的人员可以临时安排一些其他工作，甚至可以参与产品推销，总之，要保证人员的充分利用。

专栏

多机床看管

多机床看管就是一名工人同时照看几台设备。在纺织行业，这种生产组织方式早就得到广泛应用。随着生产技术的不断提高，设备的自动化程度越来越高，需要工人操作的作业内容日趋简单，所需操作时间日益减少，多机床看管将会在更多的行业领域得以实现。

多机床看管的基本原理是，工人利用某台机器的机动时间去完成其他机器上的手动作业。只要在一个操作周期内，机动时间大于手动时间，就有可能实现多机床看管。机器自动加工的时间越长，人工操作的时间越短，理论上讲工人能够看管的机器就越多。上海汽车工业总公司所属生产厂已普遍推行多机床看管，工人最多可以看管6台机器。

本 章 小 结

本章主要讲述了工作设计、作业测定、劳动定额、劳动定员等与岗位设计和劳动组织有关的内容。通过对影响岗位工作设计因素的讨论，明确了工作设计决策的内容和对工作岗位的描述；系统介绍了作业测定和设置作业标准的基本方法，以及企业劳动定额和劳动定员的制定方法。如何通过工作的扩大化、丰富化、工作轮换和团队工作方式等进行劳动组织设计，以满足劳动者的心理需要，保持和提高员工对工作的热情，进而提高劳动生产率，也是本章讨论的具体问题。

思考与练习

1. 什么是工作设计？影响岗位工作设计的因素有哪些？
2. 工作扩大化和工作丰富化有什么区别？
3. 什么是团队工作方式？
4. 一个标准的岗位描述条款包括哪些内容？
5. 简述产品生产总时间消耗是由哪些部分构成的。
6. 什么是劳动定额？劳动定额的制定方法有哪些？
7. 什么是劳动定员？劳动定员的制定方法有哪些？
8. 工业企业的人员分为哪些类型？
9. 对某工人的操作进行了一周的观察（每周工作 5 天，每天工作 8 小时），连续观察了 480 次，发现工作状态的有 432 次，其余为闲暇状态。其间生产的产量为 100 件。假设该工作人员的评定系数为 95%，时间宽放系数为 10%，试确定标准工作时间。
10. 某选矿车间年生产任务总量为 200 000 吨，工人年制度工作时间 250 天，出勤率 98%，每人日产量定额 30 吨，平均定额完成率 120%，试确定该选矿车间的定员人数。

降低劳动定额实现多劳多得

上海市普陀区纺织行业工会推进劳动定额"一品一测一协商"，用科学方法确定职工的劳动定额。该行业工会用此法实地测试了大中型纺织企业 6 家，总计 10 个生产品种，有近千名职工，因此降低了劳动定额，真正实现了多劳多得。

此前职工反映，本想靠辛勤工作多劳多得，但很难完成厂里制定的劳动定额，每个月只能拿到最低工资。职工反映的问题引起了该行业工会的重视，一项针对性的调研迅即展开。经过调查发现，此情况在非公纺织企业中并不少见，其根本原因在于企业制定劳动定额时，缺乏科学性和合理性，有的企业凭经验进行评估，有的企业根据客户给的加工费而定，有的则依据最低工资标准测算。为了让纺织工人实现多劳多得，合理确定劳动定额，区纺织行业工会开始推进劳动定额"一品一测一协商"，即纺织企业每产生一个服装品种，区纺织工会进行一次现场测试，同时开展一次集体协商，以此来确定该企业生产加工品种的劳动定额标准。

上海亿俊服饰有限公司是普陀区内规模较大的一家服装生产企业。该企业接到一批制作拉链衫的生产订单。区纺织行业工会立即向企业经营者发出"劳动定额一品一测一协商"要约书，在得到企业同意回复后，区纺织行业工会便组织行业劳动用工标准研究制定专委会成员和行业工资集体协商指导员到该企业检测劳动定额。在定额现场测试中，专委会选取了 24 道主要生产工序，并要求企业分别选取熟练、一般、生疏三类不同熟练程度的职工进行劳动检测，结果显示，被测试的职工都反映完成企业方制定的定额比较吃力。据此，专委会成员组织该企业中的生产管理人员和一线职工代表对劳动定额标准的测试结果进行研究，并修订了劳动定额标准草案。区纺织行业工会与企业方举行了以"拉链衫工时劳动定额标准"为主要议题的工资集体协商，最终，企业方接受了工会方提出的全部协商议题。

行业工会的这一做法不但维护了职工的合法权益，还促进了企业的生产管理，经过"劳动定额一品一测一协商"，有效地帮助企业找出了在定额管理方面的不足和差距，职工在完成定额任务时也更加心服口服，劳资关系进一步趋向稳定和谐。

（资料来源：钱培坚，赵勇. 上海普陀区纺织业行业工会推进"一品一测一协商"：近千职工降低劳动定额实现多劳多得[N]. 工人日报，2010-05-7(01 版).)

问题与讨论：

(1) 劳动定额在企业收入分配中的作用是怎样体现的？

(2) 如何看待认识劳动定额"一品一测一协商"对企业发展的影响？

参 考 文 献

[1] 陈荣秋，马士华. 生产与运作管理[M]. 3 版. 北京：高等教育出版社，2011.

[2] 张毕西. 生产运营管理[M]. 北京：机械工业出版社，2012.

[3] 张群. 生产与运作管理[M]. 2 版. 北京：机械工业出版社，2009.

[4] 刘光起. A 管理模式[M]. 北京：企业管理出版社，2002.

[5] 龚国华，李旭. 生产与运营管理[M]. 3 版. 上海：复旦大学出版社，2011.

[6] 张文，聂云楚. 高效率生产方式[M]. 深圳：海天出版社，2004.

[7] http://wiki.mbalib.com/wiki/MOD.

[8] 中华人民共和国国家质量监督检验检疫总局，中国国家标准化管理委员会 GB/T 14002—2008，劳动定员定额术语[S]. 北京：中国标准出版社，2008.

第 3 篇
计划控制篇

第7章

生产能力与生产运营计划

本章要点

生产能力和生产运营计划是企业得以在复杂多变的环境中良好有序发展的基础。通过学习本章，需要了解生产能力与生产运营计划的相关概念、分类与影响因素；熟练掌握生产能力的计算方法与规划步骤；熟悉综合计划和主生产计划的区别与联系，清楚综合计划的制定策略；重点掌握综合计划产量的盈亏平衡分析法与线性规划法这两种优选方法。

关键术语

生产能力（Production Capacity）；代表产品（Typical Product）；假定产品（Assuming Product）；综合计划（Comprehensive Plan）；主生产计划（Master Production Scheduling）；产量优选方案（Production Optimization Scheme）；盈亏平衡分析法（Break-even Analysis）；线性规划法（Linear Programming Method）。

生产能力和生产运营计划是企业得以在复杂多变的环境中良好有序发展的基础。生产能力作为反映企业所拥有加工能力的一个技术参数，同时也反映了企业的生产规模。市场需求是不断变化着的，企业主管需要根据市场需求来调节生产能力，以期获得最优效益。生产运营计划中的综合计划和主生产计划又为企业的发展分别提供了战术层和作业层的指导。综合计划从宏观层面为企业的生产提供概括性设想，而主生产计划从微观层面上落实到每个具体时间段内的具体最终产品。如何在各项计划中选择出最优决策，是企业运行环节中最重要的一环。同时，企业可以运用盈亏平衡法和线性规划法来分析选择最优的生产产量，以实现企业效益最大化。

7.1　生产能力设定与规划

7.1.1　生产能力的概念与分类

我们说到"生产能力"一词时，所指的通常是它的静态的物理学含义，如一个容器容积的固定数值，或者是一间房间的固定空间。生产能力的这层含义在运营管理过程中有时也会用到，换句话说就是它还有另一深层次的含义。在运营管理当中，我们需要在这个静态的物理学含义上再增加一个非常重要的维度——时间维。因为生产能力是用来满足客户的需求，所以一个企业在一定时间的生产能力直接影响企业满足客户需求的服务水平。

生产能力说的是人和设备结合起来的预期结果，通常是以单位时间的产量来表示。产出量的大小与企业的技术组织条件有关，并受到企业投入资源的数量制约。各个企业、行业和个人对生产能力都有不同的理解，但是万变不离其宗。

因此，本书指出生产能力是指一定时间内直接参与企业生产进程的固定资产，在一定的组织技术条件下，所能生产一定种类的产品或加工处理一定原材料数量的最大能力。企业生产能力一般分为三种。

1. 设计能力

设计能力指设计任务书和技术文件中所规定的生产能力。它是生产性固定资产在最充分利用工作时间和最完善技术组织条件下应达到的生产能力，企业建厂投产后一般要经过一段时间才能逐步达到设计能力。因此企业通常将设计能力视为奋斗的目标能力，在编制企业长期计划或战略计划时，应该采用设计能力指标。

2. 查定能力

查定能力指没有设计能力，或虽有设计能力，但由于企业产品方案和技术组织条件发生重大变化，原设计能力已不能正确反映企业生产能力水平时，重新调查核定的生产能力。查定生产能力时，应以现有固定资产等条件为依据，并考虑采取各种技术组织措施或者进行技术改造后，在提高生产能力方面取得的效果。查定能力与设计能力是企业的实际能力，对于企业各类计划有指导作用，是企业计划工作的基本参数。例如，电视机厂原有生产设备可以年产 25～39 英寸的电视机 300 万台，由于产品更新换代，现要生产 32 英寸以上的液晶电视机，通过技术改造，该企业可年产 32 英寸及以上的液晶电视机 100 万台，这 100 万台就是该企业的查定能力。

3. 计划能力

计划能力指企业在计划期内能够达到的能力，是编制生产计划的依据。企业在编制中期计划和短期计划时，一般采用计划能力指标。例如，企业可以按周、按月度、按季度或按年对现有生产能力的使用做出计划。

上述三种生产能力指标，有着各自不同的用途和特点，主要表现在：①它们计算所依据的定额基础不同。设计能力和查定能力是根据先进的定额水平计算和查定的，计划能力是根据平均先进定额水平核定计算的。②它们的作用不同。设计能力和查定能力是说明企业所拥有的潜力，是经过一定时间所能达到的最大可能的生产能力，主要用作编制企业长远规划的依据；而计划能力只表明目前企业生产能力水平，用以编制中短期计划。③它们查定和核算的时间长短也不相同。查定能力一般是两三年查定一次，而计划能力在每次编制计划时都要进行一次核算。在同一年度内进行生产能力查定和计划能力核算工作，其结果数值也不会相同，一般来说，查定能力应大于计划能力。

7.1.2　影响生产能力的因素

企业生产能力的大小取决于多个因素，但起决定作用的主要有以下三个因素。

1. 固定资产的数量

固定资产的数量指企业在计划期内拥有的全部能够用于生产的设备数量，通常指机器设备和生产面积。计算生产能力的设备数量是指企业拥有的全部能够用于生产的机器设备数，包括现有的全部能用于生产的设备，不论是运转的、待修的、正在修理的、已到厂尚待安装的，还是因为任务不足而暂停使用的，但不包括规定为备用的设备、已批准决定封存报废的设备以及出租或变价转让的设备。生产面积包括厂房、其他生产用建筑物和场地的面积。一切非生产用房屋面积和场地，都不应列入生产能力计算范围。

2. 固定资产工作时间

固定资产工作时间指按企业现行工作制度计算的设备全部有效工作时间，与企业规定的工作班次、轮班工作时间、全年工作日数、设备计划维修制度以及轮班内工人的休息制度直接相关。在连续生产的条件下，则按全年日历天数，每日三班，每班 8 小时计算。在间断生产条件下，则从日历时间中扣除节假日，每日工作两班，再扣除设备因计划修理所需必要的停工时间。季节性生产企业的有效工作时间应按全年可能的生产天数计算。

3. 固定资产工作效率

固定资产工作效率指单位设备的产量定额或是单位产品的台时定额。生产率定额受产品品种构成、产品结构、质量要求、加工工艺方法、员工业务技术水平等一系列因素的影响，因此是决定生产能力的三个因素中最易变化，而且变化幅度最大的因素。计算生产能力时所用的定额，应充分反映先进的技术因素和组织因素。

7.1.3　生产能力的核定

企业生产能力水平，是由生产中的固定资产的数量、固定资产的工作时间和固定资产的生产效率三个因素决定的。企业生产能力的核定，应从基层开始，由下往上算，直到最终算出整个企业的生产能力。一般来说，可以分为两个阶段：首先查定班组、工段、车间各生产环节的生产能力；然后，在综合平衡各个生产环节的生产能力基础上，核定企业的生产能力。

1. 设备组生产能力的计算

$$M = F_e \times S \times P \qquad\qquad (7\text{-}1)$$

或

$$M = (F_e \times S)/t \qquad\qquad (7\text{-}2)$$

式中：M 为设备组的生产能力；F_e 为单位设备有效工作时间；S 为设备数量；P 为产量定额；t 为时间定额。

2. 作业场地生产能力的计算

$$M = (F_e \times A)/(a \times t) \qquad\qquad (7\text{-}3)$$

式中：A 为生产面积；a 为单位产品生产面积；F_e 为单位设备有效工作时间；t 为单位产品生产面积。

3. 联动机生产能力计算

采用连续开动的联动机生产时：

$$M = (G \times K \times F_e)/T \qquad\qquad (7\text{-}4)$$

式中：G 为原料质量；K 为单位原料的产量系数；T 为原料加工周期的连续时间；F_e 为单位设备有效工作时间。

4. 流水线生产能力计算

$$M = F_e/R \qquad\qquad (7\text{-}5)$$

式中：R 为节拍；F_e 为单位设备有效工作时间。

生产能力的核定是编制生产计划，特别是产品生产进度计划的重要依据。核定生产能力可以及时了解生产中的薄弱环节，以便有针对性地采取组织技术措施，开展技术革新，调整生产组织，充实关键性设备以促进生产发展，挖掘生产潜力。同时，为充分发挥企业生产能力提供可靠资源，从而为扩大品种、增加产量提供数据，以利于扬长避短，发挥最大的生产效能。

7.1.4 多品种生产条件下生产能力的计算方法

对于单一品种产品生产的生产能力可以直接按设备组生产能力的计算公式计算。当设备组（或工作地）生产多种品种时，由于产品品种结构的差异，不能简单把不同品种产品的产量相加，而必须考虑品种之间的换算。在多品种情况下，企业生产能力的计算方法主要有代表产品法和假定产品法等。

1. 以代表产品计算生产能力

以代表产品计算生产能力，首先是选定代表产品。代表产品是反映企业专业方向、产量较大、占用劳动较多、产品结构和工艺上具有代表性的产品，下面举例说明代表产品法。

【例7-1】 某机加工企业年计划生产 A、B、C、D 四种产品分别为 100、200、300 和 50 台，各种产品在车床组的台时定额分别为 40 台时、60 台时、80 台时和 160 台时，车床组共有车床 12 台，两班制生产，每班工作 8 小时，年节假日为 59 天，设备停修率为 10%。试求车床组的生产能力。

解：以 C 产品为代表产品，则车床组的生产能力为

$$M = (F_e \times S) / t = (365 - 59) \times 8 \times 2 \times (1 - 10\%) \times 12 / 80 \approx 660 \,(台)$$

计算设备组的生产能力之后，为了使生产任务平衡，还需要将各种产品的计划产量折合为代表产品的产量，将其总和与生产能力进行比较。具体产品折合为代表产品产量，其换算见表 7-1。

表 7-1　代表产品法生产能力计算表

产品名称	计划产量(台)	单位产品台时定额(台时)	代表产品台时定额(台时)	换算系数	折合产量(台)
A	100	40		0.5	50
B	200	60		0.75	150
C	300	80	80	1	300
D	50	160		2	100
合计	650				600

设备负荷系数 $n = 600 / 660 \approx 0.909$。因为 $n < 1$，所以车床组能力大于计划产量。

2. 以假定产品计算生产能力

在企业产品品种比较复杂，各种产品在结构、工艺和劳动量方面差别较大，不易确定代表产品时，可采用以假定产品计算生产能力。计算步骤如下。

(1) 确定假定产品的定额：

假定产品台时定额 $= \sum$ (具体产品台时定额 $\times$ 该产品产量占总产量的百分比) 　　　(7-6)

(2) 计算设备组生产假定产品的生产能力：

$$以假定产品为单位的生产能力 = \frac{设备台数 \times 单位设备有效工作时间}{假定产品的台时定额} \qquad (7-7)$$

(3) 根据设备组假定产品的生产能力，计算出设备组各种计划产品的生产能力：

计划产品的生产能力 = 假定产品的生产能力 $\times$ 该产品占总产量的百分比　　(7-8)

【例 7-2】 某机加工企业生产 A、B、C、D 四种产品，各产品在车床组的台时定额及计划产量见表 7-2。设备组共有车床 16 台，每台车床的有效工作时间为 4 400 小时，试用假定产品计算车床组的生产能力。

解：详细计算过程及结果见表 7-2。

表 7-2 车床组生产能力计算表

产品名称	计划产量（件）	各种产品占总产量的比重（%）	在车床上的台时定额（小时）	假定产品的台时定额（小时）	生产假定产品的能力（台）	折合成具体产品的生产能力（台）
(1)	(2)	(3)	(4)	(5)=(3)×(4)	(6)	(7)=(6)×(3)
A	750	25	20	5		880
B	600	20	25	5	$\dfrac{4\,400 \times 16}{20}$	704
C	1 200	40	10	4		1 408
D	450	15	40	6		528
合计	3 000	100		20	3 520	3 520

7.1.5 生产能力规划

生产能力规划是企业通过生产能力的核定，然后与预测的客户需求相比是否一致的一种计划。如果一致，在短期内可以按照原先的计划进行运营；如果不一致，或过剩，或不足，这时就需要对企业的生产能力进行调整和规划，以达到客户的需求，这是生产能力规划的重要意义。下面我们主要探讨生产能力规划的步骤、方法和在扩大生产能力时应该注意的事项。

1. 生产能力规划的步骤

通常情况下，运营经理都对需求的发展有自己的预测，他们对自己的系统能否满足这些需求也有一定的了解，尽管这种预测可能是很笼统或很容易变化的。但是，在做任何决策之前，他们必须首先掌握关于生产能力和需求的定量数据。因此，生产能力规划的步骤可以分为以下三步：

（1）测量计划期内的综合需求和生产能力水平。

（2）按照有效对付需求波动的标准制订备选生产能力计划。

（3）根据公司所处的特定环境选择最优的生产能力计划。

2. 生产能力规划的方法

生产能力规划需要对未来一段时间内的需求进行预测。随着预测时期延长，未来事态变化的可能性增加，从而使得预测的准确性下降。因此，有效的生产能力规划方法能够应对预测的波动性，常用的方法有决策树分析法和量本利分析法等，下面重点介绍决策树分析法。

决策树分析法是指分析每个决策或事件（即自然状态）时，都引出两个或多个事件和不同的结果，并把这种决策或事件的分支画成图形，这种图形很像一棵树的枝干，故称决策树分析法。决策树分析的目标是估计和比较每一个备选方案的预期结果（期望值），从中得出最佳决策方案。

决策树由决策节点、机会节点与节点间的分支连线组成。通常，人们用方框表示决策节点，用圆圈表示机会节点，从决策节点引出的分支连线表示决策者可做出的选择即备选方案，从机会节点引出的分支连线表示机会节点所示事件发生的概率。连接某一圆形节点的事件所发生的概率之和等于 1.0。在某条件下发生的交易价值分别标在每一可能的方案即事件组合分支的末端，在分析计算之前，交易价值只能出现在每一可能的方案即事件组合分支的末端，而处于非末端的任何分支都没有相应的交易价格，如图 7-1 所示。

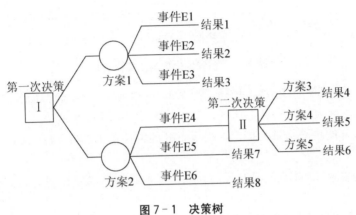

图 7-1　决策树

决策树分析法的步骤如下。

第一步：明确决策问题，确定备选方案。对要解决的问题应该有清楚的界定，应该列出所有可能的备选方案。

第二步：绘出决策树图形，明确各种结局可能出现的概率。

第三步：计算每一种备选方案的期望值。计算期望值的方法是从"树尖"开始向"树根"的方向进行计算，将每一个机会节点的交易价值与其发生概率分别相乘，其总和为该机会节点的期望效用值。在每一个决策节点，各机会节点的期望效用值分别与其发生概率相乘，其总和为该决策方案的期望效用值。

第四步：选择期望值最高的备选方案为决策方案。

下面举例来说明决策树分析法。

【例 7-3】　某公司拟建一预制构件厂，一个方案是建大厂，需投资 300 万元，建成后若销路好每年可获利 100 万元，若销路差，每年要亏损 20 万元，该方案的使用期为 10 年，假设销路好的概率是 0.7，销路差的概率是 0.3；另一个方案是建小厂，需投资 170 万元，建成后若销路好，每年可获利 40 万元，若销路差每年可获利 30 万元；如果建小厂，则考虑在销路好的情况下三年后再扩建，扩建投资 130 万元，可使用 7 年，每年盈利 85 万元。假设前 3 年销路好的概率是 0.7，销路差的概率是 0.3，后 7 年的销路完全取决于前 3 年，试用决策树法进行分析。

解：这个问题可分前 3 年和后 7 年两期考虑，如图 7-2 所示。

考虑资金的时间价值，各点益损期望值计算如下。

点 1：净收益 $=[100 \times (P/A, 10\%, 10) \times 0.7 + (-20) \times (P/A, 10\%, 10) \times 0.3] - 300 \approx 93.35$（万元）。

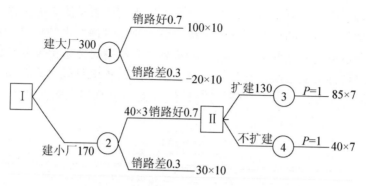

图7-2 预制构件厂的决策树分析

点3：净收益 $= 85 \times (P/A，10\%，7) \times 1.0 - 130 \approx 283.84$（万元）。

点4：净收益 $= 40 \times (P/A，10\%，7) \times 1.0 \approx 194.74$（万元）。

可知决策点Ⅱ的决策结果为扩建，决策点Ⅱ的期望值为 $283.84 + 194.74 = 478.58$（万元）。

点2：净收益 $= (283.84 + 194.74) \times 0.7 + 40 \times (P/A，10\%，10) \times 0.3 - 170 \approx 345.62$（万元）。

由上述计算可知，最合理的方案是先建小厂，如果销路好，再进行扩建。在例7-3中，有两个决策点Ⅰ和Ⅱ，在多级决策中从最小的分支决策开始，逐级决定取舍到决策能选定为止。

3. 扩大生产能力的途径

计算企业生产能力的目的是更好地科学地掌握生产潜力所在，以便针对薄弱环节予以填平补齐，或采取有效的技术组织措施，弥补缺陷，以最少的投资取得最好的效果，达到高产、优质、低效、高效益的目的。

扩大企业生产能力的途径有以下几个方面。

（1）提高机械设备生产效率。通过改进机械设备，提高自动化控制程序，安装随机检测部件或仪表，采用新技术、新材料、提高设备性能及使用寿命，以达到提高产品质量、减少停台的目的。

（2）采用新工艺、新花样、新型号、新型原料改变产品结构，提高单位产品的产值利润，达到以生产同样数量的产品取得较高效益的目的。

（3）改进生产组织和劳动组织，通过查定分析、推行先进操作法，合理劳动组织、修订落后的劳动定额。

（4）发展横向联合，把产品向加工深度发展，或把本企业薄弱环节，采取专业化协作，外发加工。

4. 扩大生产能力注意事项

企业在扩大生产能力时，应充分考虑保持生产系统的平衡、扩大生产能力的频率和外部生产能力运用三方面。

（1）保持生产系统的平衡。在一家生产完全平衡的工厂里，第一阶段的产出恰好能够满足第二阶段投入的要求，第二阶段的产出又恰好能够满足第三阶段的投入要求，依此类推。然而，实际生产中达到这样一个"完美"状态既是不可能，也是不需要的。原因之一是每一阶段的最佳运营水平通常并不一样。例如，部门 A 最多每月能生产 90～100 单位的产品，而它的下一个生产阶段部门 B，每月最多能生产 75～85 单位的产品，第三阶段每月最多能生产 150～200 单位的产品。另一个原因是产品需求以及来自于生产过程本身的多变性也会导致生产不平衡的现象发生。除非生产完全是在自动化生产线上进行的，然而实质上这相当于在一台大型机器上进行。解决生产系统不平衡问题的方法有很多。其一，增大瓶颈阶段的生产能力。可采取的一些临时措施有加班工作、租用设备、通过转包合同购买额外的生产能力等。其二，可以在生产瓶颈之前使用缓冲库存，以保证生产能持续进行。其三，如果某一部门的生产依赖于另一部门，那么就重复设置该部门的生产设备。

（2）扩大生产能力的频率。在扩大生产能力时，应考虑两种成本问题：生产能力升级过于频繁造成的成本与生产能力升级过于迟缓造成的成本。生产能力升级过于频繁造成的成本非常昂贵。它带来的直接成本投入如旧设备的拆卸与更换、为使用新设备对工人的培训等。此外，升级时必须购买新设备，新设备的购置费用往往大于变卖旧设备的所得。最后，在设备更新期间，生产场地或服务场所的闲置将带来机会成本。反之，生产能力升级过于迟缓也会让企业付出昂贵的代价。由于生产能力升级的间隔期较长，因此每次升级时，都需要投入大笔资金购买设备来提升生产能力。一旦所购买的生产能力过剩，就必须把它们闲置起来直到利用它们的时候。

（3）外部生产能力的运用。有些情况下，不扩大本企业的生产能力，而代之以利用现有的外部生产能力来增加产量，可能是一种更为节约成本的办法。现在组织常用的两种策略分别是外包或共享生产能力。外包的一个典型的例子是许多企业把自己的物流领域交给第三方物流来做，给企业节省了大量的固定成本，使企业把大量的资金用于核心能力的建设。共享生产能力的例子主要体现在产业集群方面，这些集群企业可以运用一个大家共建的物流网络，以节约大量固定成本。

7.2　综合计划与主生产计划

7.2.1　计划管理概述

按照计划来管理企业的生产经营活动，称为计划管理。计划管理是一个过程，通常包括编制计划、执行计划、检查计划完成情况和拟订改进措施四个阶段。计划管理包括企业生产经营活动的各个方面，如生产、技术、劳资、供应、销售、设备、财务、成本等。它不仅是计划部门的工作，其他所有部门都要通过四个阶段来实行计划管理。

1. 企业的计划层次及其相互关系

企业里有各种各样的计划，这些计划是分层次的。一般可以分为战略层计划、战术层计划与作业层计划三个层次，如图 7-3 所示。

战略层计划说明了该组织机构的总目标，具有总概括性，属于高级管理的职责，一般

图 7-3 计划层次

涉及产品发展方向、生产发展规模、技术发展水平、新的投资项目等，企业称之为长远发展规划。战术层计划是确定在现有资源条件下所从事的生产经营活动应该达到的目标，如产量、品种、产值和利润。作业层计划是战术层计划的进一步细化，它制定了详细的操作步骤，确定日常的生产经营活动的安排。

三个层次的计划有不同的特点，见表 7-3。可以看出，从战略层到作业层，计划期越来越短，计划的时间单位越来越小，覆盖的空间范围越来越小，计划内容越来越详细，计划中的不确定性越来越少。

表 7-3 不同层次计划的特点

计划层次 比较项目	战略层计划	战术层计划	作业层计划
计划期	长(≥5 年)	中(一年)	短(月、旬、周)
计划期单位	粗(年)	中(月、季)	细(工作日、轮班、小时、分)
空间范围	企业、公司	工厂	车间、工段、班组
详细程度	高度综合	综合	详细
不确定性	高	中	低
管理层次	公司，高层领导	中层，部门领导	低层，车间领导
特点	涉及资源获取	资源利用	日常活动处理

2. 生产计划的指标体系

生产计划最终要体现出企业在整个计划期内生产什么，生产多少，如何生产，什么时候生产。这些内容是通过一系列指标反映出来的。生产计划的主要指标有品种、产量、质量、产值和出产期等。

1) 品种指标

品种指标是企业在计划期内出产的产品品名、型号、规格和种类数，它涉及"生产什么"的决策。确定品种指标是编制生产计划的首要问题，它决定着企业的行业类型及产品

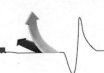

方向。

2）产量指标

产量指标是企业在计划期内出产的合格产品的数量，包括成品及准备出售的半成品数量。它涉及"生产多少"的决策，关系到企业能获得多少利润。产量可以用台、件、套表示。有些产品用一种实物单位计量，不能充分表明其使用价值的大小，则用复式计量单位，如拖拉机用"台/马力"、电动机用"台/千瓦"等。

3）质量指标

质量指标是企业在计划期内产品应达到的质量水平。它反映了企业生产的产品能够满足用户使用要求的程度，也反映了企业的生产技术水平和组织管理水平。常用的综合性质量指标有产品品级指标，它以企业在计划期内出产的各种质量等级产品产量在全部产品产量中应达到的百分比表示，如一等品率、合格品率、优等品率等；除了产品质量指标外，生产计划中还列有反映生产过程工作质量的指标，如废品率、返修率、成品交验一次合格率等。

4）产值指标

产值指标是用货币表示的产量指标，它能综合反映企业生产经营活动的成果，便于不同行业经济效益的比较。根据包括的具体内容与作用不同，产值指标可分为商品产值、总产值与净产值三种。商品产值是企业在计划期内出产的可供销售的产品价值，它是编制成本计划、销售计划和利润计划的依据。总产值是企业在计划期内完成的以货币计算的生产活动总成果。净产值是企业在计划期内通过生产活动新创造的价值。它扣除了部门间的重复计算，能反映计划期内为社会提供的国民收入。

5）出产期指标

出产期是为了保证按期交货所确定的产品出产期限。正确地决定出产期很重要。因为出产期太紧，保证不了按期交货，会给用户带来损失，也给企业的信誉带来损失；出产期太松，不利于争取顾客，还会造成生产能力浪费。

3．生产计划的分类

制造业企业的生产计划一般来说可分为三种：综合计划、主生产计划和生产作业计划（包括 MRP）。综合计划是战术层计划，主生产计划是综合计划与生产作业计划的衔接，生产作业计划是执行计划（第 8 章专论）。这三种不同的计划，其主要内容和作用如下。

1）综合计划

综合计划是对企业未来较长一段时间内（一般为一年）的资源和需求之间的平衡所做的概括性设想，是根据企业所拥有的生产能力和需求预测，对企业的生产品种、产量、劳动力水平、库存等问题所做的决策性描述。综合计划并不具体制定每一品种的生产数量、生产时间，以及每一车间或人员的具体工作任务，而是按照以下的方式对产品、时间和人员做出安排。

（1）产品。按照产品的需求特性、加工特性、所需人员和设备上的相似性等，将产品综合为几大系列，以系列为单位来制订综合计划。

（2）时间。综合计划的计划期通常是以年为单位。有些生产周期较长的产品，如大型机床等，计划期可能要大于一年。

（3）人员。综合计划可用几种不同方式来考虑人员安排问题。例如，将人员按照产品系列分组，分别考虑所需人员水平；将人员根据产品的工艺特点和人员所需的技能水平分组等。综合计划中对人员的考虑还需考虑到需求变化引起的对所需人员数量的变动，决定是采取加班，还是扩大聘用等基本方针。

例如，一个空调企业，其产品需求的特点是季节性非常强，通常的生产方式是将秋季和冬季生产出来的产品放置于仓库，当需求高峰的春季和夏季到来时再卖。这种方式可以在某种程度上满足需求高峰时的订货要求。但是，当某个夏季异常热的时候，就有可能发生缺货，市场供不应求。如果企业预先扩大能力，增加产量，当夏季来临，如果天气与预测的一样，确实很热时，企业的销售额和市场份额会大增，给企业带来较大的利润。但如果夏季来临，却很凉快，企业就有可能积压产品，背上大量库存的沉重包袱。天气变化的难以预测使得这种决策变得很难。在对于市场需求的预测，以及对影响市场需求的各种因素正确分析的基础上，对企业的生产品种、产量、劳动力水平、库存及设备投资等问题做出决策，是综合计划的主要内容。

2）主生产计划

主生产计划（Master Production Scheduling，MPS)要确定每一具体的最终产品在每一具体时间段内的生产数量。这里的最终产品是指最终完成、要出厂的产成品，它可以是直接用于消费的产品，也可以是作为其他企业的部件或配件。这里的具体时间段，通常是以周为单位，在有些情况下，也可能是旬、日或月。主生产计划根据客户合同和市场预测，把经营计划或生产大纲中的产品系列具体化，使之成为展开物料需求计划的主要依据，起到了从综合计划向具体计划过渡的作用。主生产计划必须考虑客户订单和预测、未完成订单、可用物料的数量、现有能力、管理方针和目标等。因此，它是生产计划工作的一项重要内容。

3）生产作业计划

生产作业计划是生产计划工作的继续，是企业年度生产计划的具体执行计划。它是协调企业日常生产活动的中心环节。它根据年度生产计划规定的产品品种、数量及大致的交货期的要求对每个生产单位(车间、工段、班组)，在每个具体时期内(月、周、班、小时)的生产任务做出详细规定，使年度生产计划得到落实。与年度生产计划相比，生产作业计划具有计划期短、计划内容具体、计划单位小三个特点。它是组织日常生产活动、建立正常生产秩序的重要手段。生产作业计划的作用是通过一系列的计划安排和生产调度工作，充分利用企业的人力、物力，保证企业每个生产环节在品种、数量和时间上相互协调和衔接，组织有节奏的均衡生产，取得良好的经济效果。它的主要任务包括：生产作业准备的检查；制定期量标准；生产能力的细致核算与平衡。

7.2.2 综合计划

1. 综合计划的主要目标

计划制订时确定的生产指标，必须服从计划的主要目标。综合计划的主要目标包括：

成本最小、利润最大；顾客服务最大化（最大限度地满足顾客要求）；最小库存投资；生产速率的稳定性（变动最小）；人员水平变动最小；设施、设备的充分利用。

目标之间存在某种相悖的特性。例如，最大限度地提供顾客服务要求快速、按时交货，但这是可以通过增加库存，而不是减少库存来达到的；在业务量随季节变化的部门，以成本最小为目标的人员计划不可能同时做到既使人员变动水平最低，又使顾客服务最好；在一个制造业企业，当产品需求随季节波动时，要想保持稳定的产出速率，也需要同时保持较大的库存，等等。这些均说明了目标之间的相悖性，但是可以把这些目标归结为：用最小的成本，最大限度地满足顾客需求。因此，在制订综合计划时，需要权衡上述的这些目标因素，进行适当的折中，并同时考虑到一些非定量因素。

2. 综合计划的制订步骤

（1）确定目标。根据上一期计划的执行情况与市场预测，确定本期要实现的目标。目标要尽可能具体化、定量化，如利润、成本、市场占有率等。

（2）评估当前条件。当前条件分为外部环境与内部条件。外部环境主要包括市场情况、原材料、燃料、动力、工具等供应，以及协作关系情况。内部条件包括设备状况、工人状况、新产品研制及生产技术准备状况、各种物资库存及在制品占用量等情况。分析当前条件，目的是弄清楚现状与目标间的差距。

（3）确定计划方案。拟订实现目标的可行计划方案，并从中选择一个较优的计划方案。

（4）计划实施与结果评价。周密安排，监督计划的实施过程，并将实施结果与目标比较，检查目标是否达到。如果未达到，要找出原因，修改计划，并提出改进措施。

3. 综合计划的制订策略

1）追赶策略

在计划时间范围内，根据需求的变化调节生产速率或人员水平，以适应需求。这种策略有多种应用方法，例如，聘用或解聘工人，加班加点，外协等。其主要优点是库存投资小，无订单积压。但缺点是在每一计划期内均要调整生产速率或人员水平，这会产生相关的费用。此外，容易造成劳资关系疏远。

2）平稳策略

在计划期内保持生产速率和人员水平不变，使用调节库存、订单的积压或部分开工等来适应需求。雇员会从稳定的工作时间中受益，而它可能会造成对顾客服务水平降低、库存成本的增加。另一个问题是可能会导致库存产品过时，而不得不放弃。

3）混合策略

以上两种策略是两个极端的策略。运用单一的追赶策略或平稳策略都不大可能得到满意的结果。对于一个企业来说，最好的策略应该是将调节库存、人员水平变动、加班等几种方式结合使用，即采取一种混合策略。无论选择什么策略，重要的是综合计划必须反映它想要达到的目标，能够反映未来一段时间内企业的经营方向，能够成为有效的管理工具。

【例 7 - 4】 某公司将今年 4 月份至明年 3 月份预测的市场需求转化为生产需求，见

表7-4。该产品每件需20小时加工，每年工作日（扣除节假日）252天，现有工人227人，工人每天工作8小时。招收工人需广告费、考试费和培训费，折合雇一个工人需300元，裁减一个工人需付解雇费200元。假设生产中无废品和返工。为了应付需求波动，有1000件产品作为安全库存。设今年3月底库存为1000件，单位维持库存费为6元/（件·月）。试分析比较不同策略下的费用消耗。

表7-4 生产需求数据

月份	预计生产需求量(件)	累计需求量(件)	正常工作日数(天)	累计正常工作日数(天)
4	1 600	1 600	21	21
5	1 400	3 000	22	43
6	1 200	4 200	22	65
7	1 000	5 200	21	86
8	1 500	6 700	23	109
9	2 000	8 700	21	130
10	2 500	11 200	21	151
11	2 500	13 700	20	171
12	3 000	16 700	20	191
1	3 000	19 700	20	211
2	2 500	22 200	19	230
3	2 000	24 200	22	252

① 仅改变工人的数量（追赶策略）：采取这种策略需假定随时可以雇到工人，这种策略下的分析计算过程见表7-5，总费用为20万元。

表7-5 追赶策略方案

(1)月份	(2)预计生产月需求量(件)	(3)所需生产时间 20×(2) (小时)	(4)月生产天数	(5)每人每月生产小时 8×(4) (小时)	(6)所需工人数 (3)÷(5)	(7)月初增加的工人数	(8)月初裁减工人数	(9)变更费(元) 300×(7)或 200×(8)
4	1 600	32 000	21	168	190		37	7 400
5	1 400	28 000	22	176	159		31	6 200
6	1 200	24 000	22	176	136		23	4 600
7	1 000	20 000	21	168	119		17	3 400
8	1 500	30 000	23	184	163	44		13 200
9	2 000	40 000	21	168	238	75		22 500
10	2 500	50 000	21	168	298	60		18 000

(1) 月份	(2)预计生产月需求量(件)	(3)所需生产时间 20×(2) (小时)	(4)月生产天数	(5)每人每月生产小时 8×(4) (小时)	(6)所需工人数 (3)÷(5)	(7)月初增加的工人数	(8)月初裁减工人数	(9)变更费(元) 300×(7)或 200×(8)
11	2 500	50 000	20	160	313	15		4 500
12	3 000	60 000	20	160	375	62		18 600
1	3 000	60 000	20	160	375			0
2	2 500	50 000	19	152	329		46	9 200
3	2 000	40 000	22	176	227		102	20 400
合计						256	256	128 000

维持 1 000 件安全库存需 1 000×6×12＝72 000(元)。总费用为 128 000＋72 000＝200 000(元)。

② 仅改变库存水平(平稳策略)：这种策略允许延期交货。252 天内需生产 24 200 件产品，则平均每个工作日生产 96.03 件，需 96.03×20＝1 920.63(小时)，每天需 1 920.63/8＝240.08(人)，取 241 人，则每天平均生产产品 241×8/20＝96.4(件)。仅改变库存水平的策略计算过程见表 7-6，总费用为 20.923 5 万元。

表 7-6 平衡策略方案

(1) 月份	(2) 累计生产天数	(3) 累计产量(件) (2)×96.4	(4) 累计生产需求(件)	(5) 月末库存(件) (3)-(4)+1 000	(6) 维持库存费(元) 6×(月初库存量+月末库存量)/2
4	21	2 024	1 600	1 424	7 272
5	43	4 145	3 000	2 145	10 707
6	65	6 266	4 200	3 066	15 633
7	86	8 290	5 200	4 090	21 468
8	109	10 508	6 700	4 808	26 694
9	130	12 532	8 700	4 832	28 920
10	151	14 556	11 200	4 356	27 564
11	171	16 484	13 700	3 784	24 420
12	191	18 412	16 700	2 712	19 488
1	211	20 340	19 700	1 640	13 056
2	230	22 172	22 200	972	7 836
3	252	24 293	24 200	1 093	6 195
合计					209 253

总费用为 20.923 5 万元。

③ 混合策略：通过分析需求变化，在 4—8 月份采取相对低的均匀生产率，在 9 月份至明年 3 月份采取相对高的均匀生产率。4 月初需要生产 1 600 件，每天需要生产 76.19 件。设计划前的生产率为 80 件/天，则每天需要 80×20/8＝200(人)，4 月初需要裁减 27 人。生产到 8 月底，累计 109 天生产了 109×80＝8 720(件)。在余下的 143 天内，要生产 15 480 件产品，平均每天生产 108.25 件，需 270.6 人，取 271 人。因此，9 月初要雇 71 人，每天可生产(271×8/20)108.4 件产品。年末再裁减 71 人。混合策略的计算过程见表 7－7，总费用为 18.467 5 万元。

表 7－7　混合策略方案

(1) 月份	(2) 累计生产 天数(天)	(3) 生产率 (件/天)	(4) 累计产量 (件)	(5) 累计需求 (件)	(6) 月末库存(件) (4)－(5)＋1000	(7) 维持库 存费(元)	(8) 变更工人数费用(元)
4	21	80	1 680	1 600	1 080	6 240	27×200＝5 400
5	43	80	3 440	3 000	1 440	7 560	
6	65	80	5 200	4 200	2 000	10 320	
7	86	80	6 880	5 200	2 680	14 040	
8	109	80	8 720	6 700	30 20	17 100	
9	130	108.4	10 996	8 700	3 296	18 948	71×300＝21 300
10	151	108.4	13 273	11 200	3 073	19 107	
11	171	108.4	15 441	13 700	2 741	17 442	
12	191	108.4	17 609	16 700	1 909	13 950	
1	211	108.4	19 777	19 700	1 077	8 958	71×200＝14 200
2	230	108.4	21 836	22 200	636	5 139	
3	252	108.4	24 221	24 200	1 021	4 971	
合计						143 775	40 900

7.2.3　MPS

主生产计划(MPS)是要确定每一具体的最终产品在每一具体时间段内的生产数量。MPS 的制订是从综合计划开始的，它是对综合计划的分解和细化，同时考虑现有产成品库存、客户的订货情况以及市场需求预测结果。当一个方案制定出来以后，需要与所拥有的资源作对比，如设备能力、人员、加班能力、外协能力等。如果超出了资源限度，就需修改原方案，直至得到符合资源约束条件的方案，或得出不可能满足资源条件的结论。当出现后者情况时，则需要对综合计划做出修改，或者考虑增加资源方案。

下面结合实例介绍 MPS 的制订方法和过程。

【例 7-5】 设综合计划第三季度产品 A 的产量为 400 件，7 月安排生产 120 件，8 月安排生产 160 件，9 月安排生产 120 件，综合计划按周均匀分配，用户实际订货量见表 7-8，期初库存(6 月末库存)为 64 件，经济生产批量 $Q=70$ 件，试编制 7 月和 8 月的 MPS。

表 7-8 已知数据

期初库存(件)	7 月(执行计划)				8 月(预定计划)			
64	I	II	III	IV	V	VI	VII	VIII
预测需求量(件)	30	30	30	30	40	40	40	40
用户订货量(件)	33	20	10	4	2			
现有库存量(件)								
MPS 生产量(件)								
待分配库存量(件)								

MPS 方案是根据综合计划(需求预测)和发生的用户实际订货量，确定各周的产量、库存量(现有库存)和待分配库存量。

1. 计算现有库存量和生产量

现有库存量是指每周的需求被满足之后仍存有并可利用的库存量。它等于上周末库存加本周 MPS 生产量，再减去本周预计需求量或实际订货量(取其中的大数)。计算公式如下：

$$I_t = I_{t-1} + P_t - \max(F_t, CO_t) \tag{7-9}$$

式中：I_t 为 t 周末的现有库存量；P_t 为 t 周的 MPS 生产量；F_t 为 t 周的预计需求；CO_t 为 t 周准备发货的顾客订货量。

表 7-8 中第一周的现有库存量为：

$$I_1 = I_0 + P_1 - \max(F_1, CO_1) = 64 + 0 - \max(30, 33) = 31$$

其中，I_0 为期初库存(6 月底库存)。

$I_1 > 0$，说明第一周库存量超过需求量，不必安排生产，$P_1 = 0$。

同理：

$$I_2 = I_1 + P_2 - \max(F_2, CO_2) = 31 + 0 - \max(30, 20) = 1$$
$$I_3 = I_2 + P_3 - \max(F_3, CO_3) = 1 + 0 - \max(30, 10) = -29$$

表 7-9 计算现有库存量

期初库存(件)	7 月(执行计划)				8 月(预定计划)			
64	I	II	III	IV	V	VI	VII	VIII
预测需求量(件)	30	30	30	30	40	40	40	40
用户订货量(件)	33	20	10	4	2			
现有库存量(件)	31	1	−29					
MPS 生产量(件)								
待分配库存量(件)								

当现有库存量出现负数值时，如表7-9第三周现有库存量为－29件，说明该周库存量不能满足需求量，需要安排生产。

生产量的确定方法是：如果出现负数的现有库存量的绝对值｜－29｜＝29，小于或等于经济生产批量Q＝70件，则产量为经济生产批量Q；否则，生产量为出现负数的现有库存量的绝对值。

确定了MPS生产量值后，重新计算I_3：

$$I_3 = I_2 + P_3 - \max(F_3, CO_3) = 1 + 70 - \max(30, 10) = 41$$

然后依次求出后面各周的现有库存量和MPS生产量，计算结果见表7-10。

表7-10　计算MPS生产量

期初库存(件)	7月(执行计划)				8月(预定计划)			
64	I	II	III	IV	V	VI	VII	VIII
预测需求量(件)	30	30	30	30	40	40	40	40
用户订货量(件)	33	20	10	4	2			
现有库存量(件)	31	1	41	11	41	1	31	61
MPS生产量(件)			70		70		70	70
待分配库存量(件)								

2. 计算各周待分配库存量

待分配库存是指营销部门可用来答应顾客在确切的时间内供货的产品数量。对于临时的、新来的订单，营销部门也可利用待分配库存来签订供货合同，确定具体的供货日期。

待分配库存的计算在第一周与以后各周略有不同。第一周的待分配库存量等于期初库存加本周的MPS生产量，减去直至下一个MPS生产的周期内全部用户订货量。

例7-5第一周的待分配库存量为$64 - (33 + 20) = 11$(件)。

在以后的各周，只在MPS生产量大于零时才计算，计算方法为：该周的MPS生产量减去从该周至下一个MPS>0的周期(不包括该期)的全部用户订货量。以后各周的待分配库存量计算中不再考虑现有库存。计算结果见表7-11。

表7-11　计算待分配库存量

期初库存(件)	7月(执行计划)				8月(预定计划)			
64	I	II	III	IV	V	VI	VII	VIII
预测需求量(件)	30	30	30	30	40	40	40	40
用户订货量(件)	33	20	10	4	2			
现有库存量(件)	31	1	41	11	41	1	31	61
MPS生产量(件)			70		70		70	70
待分配库存量(件)	11		56		68		70	70

3. MPS 编制注意事项

1）MPS 与综合计划的连接

在上述 MPS 的计算中，并未考虑利用生产速率的改变、人员水平的变动或调节库存来进行权衡、折中。因为这些工作在综合计划编制过程中已经考虑了。因此，在实际的 MPS 制订中，是以综合计划所确定的生产量而不是市场需求预测量来计算 MPS 生产量，也就是说，以综合计划中的生产量作为 MPS 计算中的预测需求量。

2）MPS 的"冻结"

MPS 是所有部件、零件等 MRP 的基础。由于这个原因，MPS 计划的改变，尤其是对已开始执行、但尚未完成的 MPS 计划进行修改时，将会引起一系列计划的改变以及成本的增加。当 MPS 生产量要增加时，可能会由于物料短缺而引起交货期延迟或作业分配变得复杂；当 MPS 生产量要减少时，可能会导致多余原料或零部件的产生，还会导致生产能力闲置。

为此，许多企业采取的做法是，设定一个时间段，使 MPS 在该期间内不变或轻易不得变动，也就是说，为了使 MPS 相对稳定化，存在着一个"冻结"期。常用的方法是，规定"需求冻结期"，它可以包括从本期开始的若干个单位计划期，在该期间内，没有高层管理者的授权，不得随意修改 MPS。例如，将 MPS 的冻结期设定为 8 周。在该期间内，没有特殊授权，计划人员和计算机（预先装好的程序）均不能随意改变 MPS。

3）滚动编制 MPS

在 MPS 的执行过程中，市场需求、生产能力（人员、设备）、资源（原材料、能源等）很有可能发生变化。为了保证 MPS 的严肃性，又要提高计划的适应性，许多企业采用滚动编制 MPS 的方法，很好地协调了上述矛盾。

滚动编制 MPS 的做法是，将整个计划分为几个阶段，第一阶段为执行计划，后几个阶段为预定计划。执行计划要具体详细，要求按计划完成（计划的严肃性）；预定计划则允许调整（计划的灵活性）。经过一段时间，计划向前推进一个阶段，原预定计划中的第一阶段经调整修改后变为执行计划，而预定计划也向后延一个阶段。

7.3　产量优选方法

所谓产量优选，实质是研究产量指标和利润的关系，即在不同产量指标方案中，选取一个能使企业取得最大利润的方案。产量受到企业生产能力、市场需求状况、原材料、能源供应状况、企业的技术水平和生产组织方式等的制约。企业要生产多少数量，才不至于亏本，这就要进行优选。在平衡过程中，涉及人力、设备、原材料、资金、时间等各种条件的制约，需要进行综合考虑，其中，盈亏平衡分析法和线性规划法是常用的产量优选方法。

7.3.1　盈亏平衡分析法

盈亏平衡分析法，也叫量本利分析法，涉及产量、成本、利润之间的内在联系。如

图 7-4 所示，该分析模型把企业成本分为两部分：一是随着产品产量的增加而增加的变动成本（如材料费和能源消耗等）；二是不随产量变化而变化的固定费用（如设备投资、管理人员工资等）。盈亏平衡分析法就是当产量增加到一定界限时，生产所支付的固定费用和变动费用才能为销售收入所抵偿；产品产量小于界限，企业就要亏损；大于这个界限，企业才盈利。这个界限点称之为盈亏平衡点。

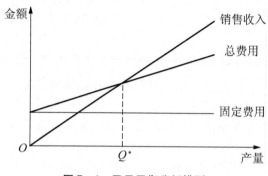

图 7-4　盈亏平衡分析模型

利润为销售收入与企业总成本之差，收入和成本都是产量的函数。设 Q 为产量，P 为单位产品销售价格，S 为销售收入，C 为总成本，F 为固定费用，V 为变动费用，V_q 为单位产品变动费用，则

$$C = F + V = F + V_q \times Q \qquad (7\text{-}10)$$
$$S = Q \times P \qquad (7\text{-}11)$$

令 $S = C$，则有

$$F + V_q \times Q = Q \times P$$

得出

$$Q^* = \frac{F}{P - V_q} \qquad (7\text{-}12)$$

即

盈亏平衡点的产量＝固定费用/（单位产品销售价格－单位产品变动费用）

下面举例说明盈亏平衡分析法的应用。

【例 7-6】　某公司计划生产 A 产品，产品销售单价为 1.25 元/件，单位产品的变动费用为 0.92 元，生产该产品的固定费用为 10 000 元，试确定 A 产品的盈亏平衡产量。

解：根据题意可知，$F = 10\ 000$，$P = 1.25$，$V_q = 0.92$，将数据代入公式得

$$Q^* = \frac{F}{P - V_q} = \frac{10\ 000}{1.25 - 0.92} = 30\ 303\ （件）$$

即当 A 产品计划产量超过 30 303 件并全部售出时，该企业才能盈利。

通过盈亏平衡分析法，使决策的外部条件简单地表现出来，把复杂的企业活动做了理想化的处理，突出了主要矛盾，使问题变得简单明了。但它也有一定的局限性。首先必须假定产量等于销售量，但在实际工作中并不都是如此，因而难以全面反映实际情况；其次，这种分析方法要求产品单一，并把所有不同的收入和不同的成本都集中在两条线上表现出来，难以精确地描述实际工作中可能出现的各种具体情况，从而影响到这一分析的精

确性，而只能粗略地对变量因素进行分析。因此，对于多品种企业而言，问题显得复杂一些，如何使用盈亏平衡分析法，要做技术性处理。如果每个品种的生产系统基本独立，只要把企业管理费用合理的分摊到每个品种，就可以对每种产品做盈亏平衡分析，值得注意的是企业管理费用的分摊随产量而变，所以分摊的方法要科学合理。总而言之，盈亏平衡分析法对于粗略的估计利润数量还是非常有用的。

7.3.2　线性规划法

在确定产量与利润的关系时，有时还要牵涉到人力、设备、材料供应、资金、时间等条件的制约，需要综合考虑。这时可以运用线性规划来选择最优产量方案。线性规划是运筹学的一个最重要的分支，理论上最完善，实际运用也最广泛。主要用于研究有限资源的最佳分配问题，即如何对有限的资源做出最佳方式的调配和最有利的使用，以充分发挥资源的效能，获取最佳的经济效益。

由于有成熟的计算机应用软件的支持，利用线性规划模型做生产计划，并不是一件困难的事情。在总体计划中，用线性规划模型解决问题的思路是，在有限的生产资源和市场需求条件约束下，求利润最大的总产量计划。该方法的最大优点是可以处理多品种问题。数学模型表述如下。

目标函数：

$$\max Z = \sum_{i=1}^{n} (p_i - c_i) x_i \tag{7-13}$$

约束条件：

$$\sum_{i=1}^{n} a_{ik} x_i \leqslant b_k \quad (k=1, 2, 3, \cdots, K)$$
$$x_i \leqslant U_i \quad (i=1, 2, 3, \cdots, n)$$
$$x_i \geqslant L_i \quad (i=1, 2, 3, \cdots, n)$$
$$U_i > 0 \quad L_i \geqslant 0 \quad x_i \geqslant 0$$

式中：x_i 为 i 产品的计划产量；a_{ik} 为每生产一个 i 产品所需 k 种资源的数量；b_k 为第 k 种资源的拥有量；U_i 为 i 产品的最高需求量；L_i 为 i 产品的最低需求量；p_i 为 i 产品的单价；c_i 为 i 产品的单位成本。

【例 7-7】　某厂生产四种产品，需要经过车、铣、磨三个基本加工工序，有关各产品的机时消耗标准，各类设备的计划期总台时量，产品单价与单位产品成本，以及预测的市场最高需求量和最低需求量，由表 7-12 和表 7-13 给出。

表 7-12　设备资源参数

项目	单位产品消耗工时(小时)				总机时(小时)
	产品 1	产品 2	产品 3	产品 4	
车床	2	8	4	2	41 000
铣床	5	4	8	5	43 000
磨床	7	8	3	5	52 500

表7-13　产品需求及收入、成本

产品序号	单价(元)	单位成本(元)	需求量(件)		
			政府订购	最高需求	最低需求
1	250	160		2 500	1 500
2	400	240		6 000	2 000
3	400	360	2 000		
4	300	200		1 500	1 000

根据以上资料可列出以下模型。

目标函数：

$$\max Z = 90x_1 + 160x_2 + 40x_3 + 100x_4$$

约束条件：

$$2x_1 + 8x_2 + 4x_3 + 2x_4 \leqslant 41\ 000$$
$$5x_1 + 4x_2 + 8x_3 + 5x_4 \leqslant 43\ 000$$
$$7x_1 + 8x_2 + 3x_3 + 5x_4 \leqslant 52\ 500$$
$$1\ 500 \leqslant x_1 \leqslant 2\ 500$$
$$2\ 000 \leqslant x_2 \leqslant 6\ 000$$
$$x_3 = 2\ 000$$
$$1\ 000 \leqslant x_4 \leqslant 1\ 500$$
$$x_i \geqslant 0 \quad i = 1,\ 2,\ 3,\ 4$$

最后解得：$x_1 = 1\ 500$件；$x_2 = 3\ 468$件；$x_3 = 2\ 000$件；$x_4 = 1\ 125$件。所得利润为882 380元。

在例7-7中，车床资源全部用足，铣床资源有少量空闲，磨床资源显得较为充足，这在机械行业是十分普遍的现象。从数学模型的角度看，可以说例7-7处理得十分完美。但是，从实际应用角度看，有许多问题值得讨论。

（1）即使在一般规模的机械厂内，产品的加工工艺流程也远不是三台设备可以完成的。产品由零部件构成，部件又由零件组成，少者几十个零件，多者成百上千，甚至更多，每个零件的加工路线各不相同，这样使得在加工过程中，工件等候加工，设备等待工件的现象十分严重。据统计，在一个零件的生产周期中，加工的时间只占5%，其余为等待加工时间。在线性规划模型的设备机时约束方程中没有考虑这种情况，过于理想化。

（2）除了设备约束以外，还有其他许多资源约束，如资金、劳动力、能源等。其中，能源单耗不易求得。

（3）对我国绝大多数基础管理不善的企业而言，模型中的单位产品资源消耗系数a很难得到。

（4）目标函数中的单位成本系数c实际上是个变量，它会根据计划的数量结构和品种结构而发生变化。这些问题给机械行业应用线性规划模型带来许多困难，如处理不好，求得的结果的可靠性会很低的。

线性规划模型用在原料单一、生产过程稳定不变、分解型生产类型的企业是十分有效的，如石油化工厂等。对于产品结构简单、工艺路线短，或者零件加工企业，有较大的应用价值。需要注意的是，对于机电类企业，线性规划模型只适于做年度的总生产计划，而不宜用来做月计划。这主要与工件在设备上的排序有关，计划期太短，很难安排过来。

本 章 小 结

本章主要介绍了生产能力的设定和规划，综合计划、主生产计划，以及产量优选方法的应用。生产能力计划涉及对长期需求的预测，需做出正确的投资决策，合理配置资源以满足需求。综合生产计划涉及将公司的战略以及生产能力计划转化为劳动力规模、存货数量以及生产水平；主生产计划针对的是最终产品，它是 MRP 生产系统的基础环节。常用的产量优选法有盈亏平衡分析和线性规划方法。

思考与练习

1. 什么是生产能力？生产能力分为哪几类？
2. 简述生产计划的层次及内容。
3. 何谓滚动式计划方法？它有什么优点？
4. 运用线性规划模型确定产量计划要注意哪些约束条件？
5. 画图说明产量、成本和利润的关系。
6. 简述总生产计划与主生产计划的概念以及两者的区别。
7. 某企业生产甲产品，预计每件甲产品的单位价格为 200 元，单位变动成本为 120 元，本期发生的固定成本为 64 000 元。预测该企业甲产品的盈亏平衡点销售量和销售额。

决战产能

忙于全球化布局近一年，向文波终于在公司位于沈阳的基地稍作停留。望着窗外纷飞的雪花，他终于难得悠闲地喝了杯咖啡，开始细想下一步三一集团的征途。就在 2010 年 2 月，这位三一集团的总裁以预算 2 亿美元的总额，和巴西圣保罗州政府达成在该州建设工程机械生产基地的投资计划。由此将企业带入了海外扩张的第四站。至此，加上之前投资印度、美国、德国之后，三一集团已经完成了其在全球的 3/4 布局。公司设想下一步再投资非洲，到那时候，企业的全球化布局才算基本搭建完成。

但近一年来，随着中国企业国际化道路强化，引发了诸多国际争议，尤其是西方对中国提出的"'中国创造'走向全球"特别警惕。对此，一向快人快语的向文波向中国企业提出忠告："在海外，我们要少谈中国制造、少谈中国创造，我们要把中国产品做成在投资国的本土品牌。"其实，三一集团不仅在向海外扩张中需要有异于其在国内的强硬作风，同样在企业日益做大、做强的时候，来自国内市场的不确定、同业技术竞争、决策精准与否、社会责任等构成的经营与管理风险也不容小觑。而作为三一集团的喉舌，向文波最容易走上风口浪尖。

1. 需求倒逼产能扩张

金融危机对于大多数企业是祸，但未必不是有些企业之福。三一集团所处的工程机械行业在国家经济刺激计划与高铁建设的影响下，增长加快。旗下上市公司三一重工的财报显示，2010年前3季度实现营业收入259亿元，较上年同期增长82.45%；净利润44.5亿元，较上年同期增长124.70%，受此影响，其股价在10月20日午后发力，至10月21日上午飙至42.90元。至此，三一重工成为国内工程机械行业中首家市值过千亿元的上市公司。面对历史佳绩，向文波却表现出了忧虑："虽然三季度公司毛利率达36.9%，但是环比下滑3.6%，另外从挖掘机这个子项来看，和外资企业小松(中国)、斗山(中国)相比，销售总量仍比它们相差一半。产生这两大问题，主要在于我们产能不足，导致向市场缺供。"

产能不足是三一集团当前亟须解决的一大难题。现在，向文波和管理层的应对方法就是，发行不超过2.82亿股的H股募资，以扩张产能。"我们今年虽能以1万台的销售打破历史纪录，但市场对我们的需求是3万台。"实际上，目前国内挖掘机70%的市场份额仍然由外资品牌占有。但是向文波乐观地预计，三一集团在2011年还将进一步挤占外资品牌在国内的市场份额，不过他最担心的是三一集团的技术成长能否与市场需求同步？

2. 科研投入领跑行业

工程机械行业虽得益于市场的需外求放量，但三一集团要想占有更大市场份额，需要有技术上的核心竞争力，此外，还需要强化内部管控，以取得在行业中的成本优势。这就给当前的向文波核心领导团队提出了挑战。令向文波最感紧迫的，不是三一集团的创新力不强，而是三一集团需要对旗下多元产品进行更多、更均衡的投入，这就涉及创新型人力资源不足的问题。在三一集团各项产品中，起重机是其产业结构中的重中之重。2010年3月，三一集团推出了领先国际的中国首台千吨级SAC303型全地面起重机，因此打破了国外企业垄断超大吨位起重机市场的局面。但是，向文波希望，不仅仅只在起重机领域达到创新的高度，而且要在挖掘机、车载泵、吊运机、堆高机、压路机等这些多元产品中均能谋求更大突破。

实际上，三一集团对科研的投入在行业中已遥遥领先。三一集团现有6 000多名研究人员，每年从总利润中拿出5%投入科研，目前累计有2 000多项的创新技术，其中1 000多项已经获得国家专利。但是，市场对多元产品的需求放量，研究人员仍然缺乏。即使通过海外基地招募约60名国际级技术人员，仍然无法满足发展需求。在向文波的设想中，拥有1.2万名技术人员是三一集团竞争力的基本筹码。现在，向文波采取两种措施同时进行：一方面是继续延揽海内外人才；另一方面是在公司内部实现大面积的股权激励，投入没有预算限制的培训。而作为中欧EMBA的校友，向文波甚至还亲自招揽校友来"入伙"三一集团。不过，三一集团在管理创新上则相对表现得更快速。

"向管理要效益"是向文波最早在公司提出的。"向管理要效益，就是为了科学节约成本，比如当我们的设备产量上升到1万台，而每台节约1 000元，就意味着成本降低，效率提升。"就具体操作上看，三一集团在金融危机后所引入的MES系统生产方式，与精益化准时生产很相似。车间出现异常，相关人员可以马上收到短信，到现场后可通过LED屏幕和警示灯快速定位到哪个工位有什么问题。另外如果有缺料、节拍作业超时以及其他质量问题出现，相关责任人也同样可以收到短信。可以说，MES系统实现了生产过程的预警与沟通，现场管理比以前更顺畅。在整个经营决策与执行中，向文波不是一个人在战斗，董事长梁稳根和其他管理成员各司其职，但是企业的风险有时并非来自经营，还有其他方面，比如社会责任的履行上。

（资料来源：沈伟民，向文波．决战产能[J]．经理人，2010，12）

问题与讨论：

(1) 三一集团生产能力扩大的主要依据是什么？

(2) 如何看待三一集团在国内外市场扩张中竞争实力的提升？

参 考 文 献

［1］丁文英，等 . 现代生产管理［M］. 北京：冶金工业出版社，2008.

［2］张群 . 生产管理［M］. 北京：高等教育出版社，2006.

［3］龚国华，李旭 . 生产与运营管理［M］. 3 版 . 上海：复旦大学出版社，2011.

［4］张鸿萍，等 . 生产运作管理［M］. 北京：经济科学出版社，2011.

［5］冯根尧，等 . 运营管理［M］. 北京：北京大学出版社，2007.

［6］柯清芳 . 生产运作管理［M］. 北京：北京理工大学出版社，2012.

［7］刘丽文 . 生产与运作管理［M］. 北京：清华大学出版社，2011.

第 8 章

生产作业计划

本章要点

生产作业计划是企业年度生产计划的具体执行计划。它是协调企业日常生产活动的中心环节。通过学习本章，熟悉生产作业计划的基本概念和主要内容；深刻领会不同生产类型期量标准的内容和确定方法；重点掌握大量流水生产和成批生产作业计划的编制步骤和方法。

关键术语

生产作业计划（Production Scheduling）；期量标准（Standard of Periodical Quantity）；在制品（Working In Process，WIP）；在制品占用量定额（WIP Occupancy Quota）；批量（Batch）；生产间隔期（Production Intervals）；生产提前期（Production Lead Time）；生产周期（Production Cycle）；累计编号法（Accumulative Numbering Method）。

生产作业计划是企业年度生产计划的具体执行计划。它把企业的年度、季度生产计划具体落实到每个车间、工段、班组、工作地，以及月、周、班、小时上。它是组织日常生产活动、建立正常生产秩序的重要手段，是协调和控制企业日常生产活动的主要依据。生产作业计划的目标任务就是通过一系列的计划安排和生产调度工作，充分利用企业的设备、人员、物料等资源，保证企业每个生产环节在产品品种、数量和时间上相互协调和衔接，组织有节奏的均衡生产，实现高效率、低成本、好效益。

编制作业计划就是把一个较短时期内的生产任务分配给相应的生产单位、工作地或人员去完成。作业计划任务的安排往往可以有多种选择。通过科学合理的生产作业计划安排，可以实现作业效率高、产品生产周期短、成本费用低的目标要求。

8.1 生产作业计划概述

8.1.1 生产作业计划的含义及特点

企业的总体生产计划确定以后，为了便于组织执行，还要进一步编制生产作业计划。生产作业计划是生产计划工作的继续，是总体生产计划的具体执行性计划。它是把企业全年的生产任务具体地分配到各车间、工段、班组，以至每个工作地或工人，确定出每月、周、天、班，以至每一小时的具体生产任务，从而保证企业的生产计划能够按品种、数量和期限完成，使年度生产计划得到落实。

与总体生产计划相比较，生产作业计划具有以下特点。

（1）计划期短。总体生产计划是以年度和分季度为计划期规定生产任务；而生产作业计划则确定月、周、日、班和小时的生产任务。

（2）计划内容详细具体。总体生产计划是对全厂一年生产任务的分配规定，它是建立在市场需求预测基础上的总生产任务的粗略安排，不对生产活动的具体任务做规定；而生产作业计划需要把每月、周、日、班和每小时的生产任务，具体落实到每个车间、工段、班组和工人，生产作业活动安排具体明确。

（3）计划单位小。总体生产计划一般只规定完整产品的生产数量和生产进度；而生产作业计划则详细规定各零部件投入和产出的时间、数量与进度，以及对各工作地或工序的作业时间或进度做出具体安排。

8.1.2 生产作业计划的内容和作用

1. 生产作业计划的主要内容

生产作业计划是企业年度生产计划的具体化，它将企业总体计划中规定的生产任务，按照月、旬、周、班以至小时，具体、合理地分配到车间、工段、班组以至工作地，从而保证企业的生产任务能够按品种、数量和期限完成。我们知道，企业总体计划要规定全年的生产任务，并且把生产任务分季、月，按车间进行安排，这对于企业有效地组织日常生产活动是十分重要的。但是，在编制年度生产计划时，企业难以预见计划年度内生产的一切变化，因而不可能对生产活动的全部细节都做出详尽的安排。因此，需要根据企业各个月份的实际情况，编制出生产作业计划，使生产任务安排做到明确具体，只有这样才能实现对日常生产活动的组织。

在生产作业计划中，要求计划期的生产任务，在品种、规格、数量、质量和期限等方面应得到全面落实，保证车间、工段、班组和工作地之间的生产运转有序、紧密衔接，各项生产准备工作有切实保证，企业的生产能力得到充分利用，全面实现高效率、低成本、周期短的生产管理目标。为了完成上述目标任务，生产作业计划工作应包括以下主要内容。

（1）制定先进合理的期量标准。

（2）进行生产能力的细致核算与平衡，正确分配设备和生产面积的负荷。

（3）安排生产任务加工的顺序，进行作业排序。

（4）安排具体完成加工任务的设备和人员。

（5）进行生产作业准备的检查，确认劳动力、技术文件、材料等资源的保证程度。

（6）根据情况变化及时对计划进行调整或修改。

2. 生产作业计划的作用

生产作业计划是企业建立正常生产秩序，组织日常生产活动的指导性文件。正确编制和严格执行生产作业计划，是组织实现均衡生产的中心环节。由于生产过程组织的复杂性，要实现各个生产环节、各个职能部门和各个作业岗位的通力协作，就要求企业有一个中心环节来协调生产活动。这个中心环节，就是生产作业计划。有了科学的生产作业计划，企业生产员工就有了明确的行动纲领，各个生产环节、各个职能部门相互之间的衔接配合就有了统一的标准，各级领导指挥生产就有了统一的部署依据，整个生产系统能够协调运转，均衡地出产产品。反之，没有生产作业计划，或者生产作业计划的水平很低，整个企业的生产活动就会陷入无序或混乱被动的局面。

生产作业计划对于科学组织生产活动的重要作用，具体体现在以下几个方面。

（1）生产作业计划在空间上把企业生产任务细分到车间、工段、班组、工作地和个人；在时间上把年度、季度的生产任务细分到月、旬、周、日、轮班、小时；在计划单位上把成台产品细分到零件和工序。因此，生产作业计划是年度生产计划的具体执行计划。

（2）生产作业计划是组织日常生产活动的依据，是建立正常生产秩序的重要手段。通过生产作业计划，明确了产品生产的具体时间和数量方面的要求，便于生产绩效的考核和岗位责任制的开展，使生产秩序得以建立。

（3）生产作业计划是生产控制的依据。生产计划一经实施，生产制造过程就开始了。这时，生产系统每时每刻的运行状态都需要纳入生产控制的系统范围内，可以说生产控制是维系生产系统良好运行的保障。生产控制包括生产投入数量和生产进度的控制、投入劳动的控制、物料库存的控制、产品质量的控制、作业成本的控制、设备使用的控制等。而这些生产活动的控制都是以生产作业计划为依据的。

8.1.3 编制生产作业计划的依据和影响因素

1. 编制生产作业计划的主要依据

（1）年、季度生产计划和各项订货合同。

（2）前期生产作业计划的预计完成情况与前期在制品周转结存预计。

（3）劳动定额及其完成情况，现有生产能力及利用情况。

（4）原材料、外购件及工具的库存及供应情况。

（5）产品设计及工艺技术文件，其他相关技术资料。

（6）产品生产的期量标准。

2. 影响生产作业计划编制的主要因素

（1）生产任务的到达方式：随机到达集中安排；随时到达立即安排。

（2）加工设备的数量和种类。

（3）工人和机器的比例：工人数量多，机器数量少，属于机器限制系统；机器数量多、工人数量少，属于劳动限制系统。

（4）作业的流动方式：从流程加工到随机加工，大多数位于两者之间。

（5）分配作业任务的优先规则：决定各工作地加工任务的优先次序，即作业任务的加工顺序（排序问题），一般根据产品加工周期、任务到期时间、关键设备的使用等资料确定。

8.1.4　期量标准

期量标准，也称作业计划标准，是指加工对象在生产过程中移动的时间和数量标准。"期"指期限、时间，一种产品（零部件）什么时间投入，什么时间出产，从投入到出产需要多长时间，这些时间上的表现就是"期"；"量"指数量，一批产品（零部件）投入多少，出产多少，这些数量上的表现就是"量"。

1．期量标准的作用

（1）期量标准既是编制生产作业计划的主要内容，也是编制生产作业计划的主要依据。

（2）先进合理的期量标准能正确确定产品在各个工艺阶段投入、产出的时间和数量，使生产过程各环节更好地衔接，有利于缩短产品生产周期，减少在制品占用成本。

（3）先进合理的期量标准能保证生产的配套性和连续性。

（4）有利于充分利用生产能力，提升企业生产现场的管理水平。

2．制定期量标准应遵循的原则

（1）所用数据应经过深入的分析和必要的计算，要有充分的科学根据。

（2）各种"期"和"量"要互相配合，协调一致，客观反映合理组织生产过程的要求。

（3）对劳动力、设备、生产负荷等要进行试算平衡，充分挖掘潜力，合理利用生产能力。

（4）要便于管理，易于为计划人员所掌握。

总之，期和量是构成生产作业计划的两个组成部分，没有期和量的生产作业计划是不存在的，也是毫无意义的。因此，正确确定期和量就成为编制生产作业计划所必须解决的核心问题，也是生产作业计划编制的主要内容。期量标准随产品品种、生产类型和生产组织形式而有所差别，但期量标准的制定都应遵循科学性、先进性和合理性的原则。

8.2　大量流水生产作业计划

8.2.1　大量流水生产的期量标准

大量流水生产就是组织流水生产线进行大量生产的类型，流水生产线条件下的期量标准主要包括节拍、作业指示图表、在制品占用量定额等。

1. 节拍

节拍是组织大量流水生产的依据，是大量流水生产作业计划标准中最基本的期量标准，其实质刻画流水线的生产速度或生产能力。它是根据计划期内的计划产量和有效工作时间确定的，具体计算方法已在第 5 章流水线组织设计中有过介绍。流水生产线节拍的一般计算公式如下

$$r = \frac{F_e}{N} = \frac{F_0 \eta}{N} \tag{8-1}$$

式中：r 为流水线节拍；F_e 为计划期有效工作时间；N 为计划期的产品出产量。

2. 作业指示图表

在大量流水生产中每个工作地都按一定的节拍反复地完成规定的工序。为确保流水线按规定的节拍工作，必须对每个工作地详细规定它的工作制度，编制作业指示图表，协调整个流水线的生产。正确制定流水作业指示图表对提高生产效率和设备利用率，减少在制品占用有重要影响。流水线作业指示图表是根据流水线的节拍和工序时间定额制定出的。流水线作业指示图表随流水线的工序同期化程度变化而变化。

1）连续流水线作业指示图表

连续流水线的工序同期化程度很高，各道工序的工时定额基本等于流水线的节拍，因此工作地的负荷率高。这样就不存在工人利用个别设备不工作的时间去兼管其他设备的问题。因此连续流水线的作业指示图表比较简单，只要规定每条流水线在轮班内的工作间断次数、间断时间和工作时间即可。图 8-1 是连续流水线作业指示图表的一个例子。

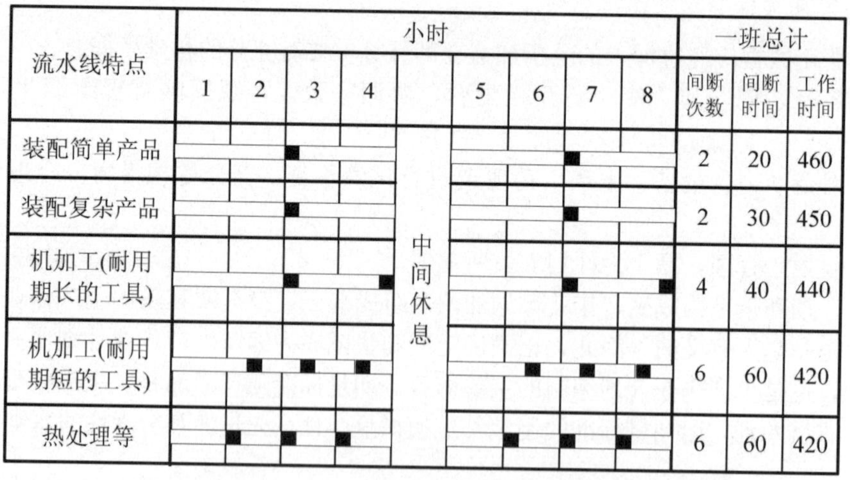

流水线特点	小时								一班总计		
	1	2	3	4	5	6	7	8	间断次数	间断时间	工作时间
装配简单产品									2	20	460
装配复杂产品									2	30	450
机加工(耐用期长的工具)									4	40	440
机加工(耐用期短的工具)									6	60	420
热处理等									6	60	420

图 8-1　连续流水线作业指示图表

2）间断流水线作业指示图表

间断流水线由于各工序的生产效率不一致，因此编制间断流水线作业指示图表比较复杂，其编制步骤如下。

（1）确定看管期。间断流水线由于各工序时间与流水线的节拍不同步，各道工序的生

产效率不相同，则运行过程中就会频繁出现零件等设备的"阻塞"和设备等零件的"饥饿"现象，解决的办法就是事先规定能平衡工序间生产率的时间，使每道工序在这段时间内有相同的生产加工量，这段时间通常称为间断流水线的看管期。

看管期是为间断流水线规定的一个工作循环时间标准，是间断流水线上工人重复地依次看管其所使用设备的时间间隔。在看管期内工人依次在其所看管的工序上生产相同数量的制品，这个数量即是看管期内的产量，记为 Q，则看管期 T、节拍 r 和看管期产量 Q 之间有以下关系：

$$Q = \frac{T}{r} \tag{8-2}$$

确定看管期要考虑制品的特点及工作地之间的距离等因素。制品的体积大、价值高，则看管期取短，反之取长；工作地之间的距离大，则看管期取长，反之取短。为了便于组织和管理，看管期取值一般应大于 1 小时，小于 1 个轮班，最好是轮班的约数，如 2 小时、4 小时等。

(2) 确定看管期内工作地产量及负荷率。设工序 i 的工作地数为 S_i，第 i 道工序的负荷率为 η_i。当 $S_i = 1$ 时，则有

$$\eta_i = \frac{Q_i t_i}{T} \tag{8-3}$$

式中：t_i 为工序 i 的单件工时；Q_i 为工序 i 的看管期产量。

当 $S_i > 1$ 时，有两种方法分配看管期产量：

一种是把看管期产量平均分配给各工作地，计算公式为

$$Q_{ik} = \frac{Q}{S_i} \tag{8-4}$$

则各工作地的负荷率为

$$\eta_{ik} = \frac{Q t_i}{S_i T} \tag{8-5}$$

上述两式中，Q_{ik} 为工序 i 的第 k 个工作地的看管期产量，η_{ik} 为工序 i 的第 k 个工作地的负荷率。

另一种是非平均安排法，即安排($S_i - 1$)个工作地满负荷，剩下一个工作地承担余下的加工任务量，计算公式为

$$Q_{ik} = \frac{T}{t_i} \ (k = 1, \ 2, \ \cdots, \ S_i - 1) \tag{8-6}$$

$$Q_{in} = Q - Q_{ik}(S_i - 1) \ (n = S_i) \tag{8-7}$$

则各工作地的负荷率为

$$\eta_{ik} = 1 \ (k = 1, \ 2, \ \cdots, \ S_i - 1) \tag{8-8}$$

$$\eta_{in} = \frac{Q_{in} t_i}{T} \ (n = S_i) \tag{8-9}$$

(3) 计算看管期内工作地作业时间。设工序 i 的第 k 个工作地的作业时间长度为 T_{ik}，则有

$$T_{ik} = Q_{ik} t_i \tag{8-10}$$

（4）绘制作业指示图表，确定作业起止时间。当工作地负荷不满时，该工作地看管期内将出现部分空闲时间，为充分利用设备和人员，应确定该工作地在看管期内的工作起止时间，如图 8-2 所示。确定工作地作业起止时间时，应考虑便于组织多机床看管。

（5）确定流水线用工人数及劳动组织形式。

确定流水线用工人数时，应同时考虑所采用的劳动组织形式，尽量实现工人多机床看管，如图 8-2 所示。

流水线名称	班数	日产量	节拍		运输批量	节奏		看管期	看管期产量
齿轮加工流水线	2	320	3分		1	3分		2小时	40

工序号	工时定额	工作地号	设备利用率	工人号	组织形式	作业指示图表												看管期产量
						10	20	30	40	50	60	70	80	90	100	110	120	
1	2	1	67	1	兼管5工作地													40
2	6	2	100	2	多机床看管													20
		3	100	2														20
3	2.8	4	94	3														40
4	4	5	33	1														10
		6	100	4														30
5	1.5	7	50	5	兼管9工作地													40
6	3	8	100	6														40
7	1.5	9	50	5														40
8	2.5	10	83	7	多机床看管													40
9	2.6	11	87	7														40

图 8-2 间断流水线作业指示图

3. 在制品占用量定额

在制品占用定额是指在一定时间、地点和生产技术组织条件下，为保证生产过程的连续进行所必需的在制品数量标准。在制品是指从原材料投入到产成品入库前，处于生产过程中尚未完工的所有零件、组件、部件和产品的总称。大量生产条件下的在制品分为流水线内部在制品和流水线之间在制品。

1）流水线内部在制品

流水线内部在制品又分为工艺在制品、运输在制品、周转在制品和保险在制品四种。

（1）工艺在制品。是指正在各个工作地上加工、装配或检验的在制品。工艺在制品占用量 Z_1 的计算公式为

$$Z_1 = \sum_{i=1}^{m} S_i g_i \tag{8-11}$$

式中：S_i 为 i 工序上的工作地数；g_i 为 i 工序一个工作地上同时加工的零件数；m 为流水线的总工序数。

在连续流水线中工艺占用量是相对稳定的，在间断流水线上则是可变的。

（2）运输在制品。是指正在运输或在运输工具上等待运输的在制品。运输在制品占用量 Z_2 的计算公式为

$$Z_2 = (m-1)p \tag{8-12}$$

式中：p 为工序间运输批量。

采用连续式传送带运输时，在制品占用量计算公式为

$$Z_2 = \frac{L}{l}p \tag{8-13}$$

式中：L 为传送带工作长度；l 为前后两个运输批量在传送带上的距离。

（3）周转在制品。在间断流水线上，由于前后两道工序生产效率不同或作业起止时间不同，同一时间内相邻工序的产量也不同。为保证后道工序连续地完成看管期内的产量而产生了相邻工序间的周转在制品。周转在制品数量在看管期内是动态变化的，从 0 变到最大，再从最大变到 0。周转在制品的最大值取决于工序间的速度差和看管期的大小。

工序间周转占用量可通过分析计算法加以确定。分析计算法是在对作业指示图表进行分析的基础上，根据看管期内前后工序参与作业的工作地数变化情况分段计算周转在制品占用量。各时段最大周转在制品 Z_{Tk} 的计算公式如下

$$Z_{Tk} = T_k\left(\frac{S_i}{t_i} - \frac{S_j}{t_j}\right) \tag{8-14}$$

式中：T_k 为看管期内生产率之差不变的第 k 个时段；Z_{Tk} 为第 T_k 时段最大在制品占用量；S_i 为前工序在 T_k 时段内作业的工作地数；S_j 为后工序在 T_k 时段内作业的工作地数；t_i 为前工序的单件工时；t_j 为后工序的单件工时。

计算出的 Z_{Tk} 为正值，表示周转在制品在 T_k 时段末形成；若 Z_{Tk} 为负值，表示周转在制品形成于 T_k 时段初。各时段计算出的 Z_{Tk} 值之和应为零。

图 8-2 中流水线第 7 道工序与第 8 道工序间的周转在制品计算如下：

① 划分时段。根据第 7、8 道工序间的生产率之差划分为三个时段：第一时段 0～60 分，第二时段 60～100 分，第三时段 100～120 分；则 $T_1 = 60$ 分，$T_2 = 40$ 分，$T_3 = 20$ 分。

② 计算各时段最大周转在制品占用量：

$$Z_{T1} = T_1\left(\frac{S_7}{t_7} - \frac{S_8}{t_8}\right) = 60 \times \left(\frac{0}{1.5} - \frac{1}{2.5}\right) = -24 \text{（件）}$$

$$Z_{T2} = T_2\left(\frac{S_7}{t_7} - \frac{S_8}{t_8}\right) = 40 \times \left(\frac{1}{1.5} - \frac{1}{2.5}\right) = 11 \text{（件）}$$

$$Z_{T3} = T_3\left(\frac{S_7}{t_7} - \frac{S_8}{t_8}\right) = 20 \times \left(\frac{1}{1.5} - \frac{0}{2.5}\right) = 13 \text{（件）}$$

第一时段最大周转在制品占用量为负值，表明该时段前道工序速度比后道工序慢，应在看管期初预先储存最大周转在制品，以保证后道工序在该时段连续运行。第二、三时段最大周转在制品占用量为正值，表明两个时段中前道工序速度比后道工序快，因此，两时段最大周转在制品均出现在时段末端，如图 8-3 所示。

各工序间周转在制品平均值为最大值的 1/2，流水线的周转在制品占用量 Z_3 为各工序间周转在制品平均值之和，计算公式如下：

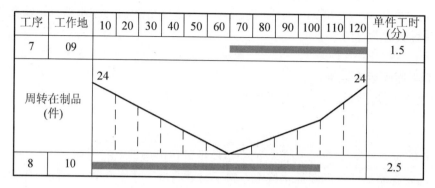

工序	工作地	10	20	30	40	50	60	70	80	90	100	110	120	单件工时(分)
7	09													1.5
周转在制品(件)		24											24	
8	10													2.5

图 8-3 工序 7、8 间周转在制品变化图

$$Z_3 = \sum_{i=1}^{m-1} \max(Z_{i,\,i+1})/2 \tag{8-15}$$

（4）保险在制品。是为了避免因个别工序出现意外问题（故障），而导致整条流水线停工而设置的。意外问题（故障）包括设备故障、人员问题、供应问题等。保险在制品的大小取决于问题（故障）出现的概率、问题（故障）排除时间、问题（故障）导致停产损失的大小。

保险在制品占用量 Z_4 分为两种情况：一种是为整条流水线设置的保险占用量，通常集中在流水线的末端；另一种是为工作地设置的专用保险占用量，通常放置在关键工序的工作地旁边。需要强调的是，并非所有工序都要设置保险占用量，一般只是对较易出故障且重要的工序设置保险在制品。保险在制品一经动用，则要及时补充回去，以维持其稳定生产的保险作用。

流水线内在制品占用量就是上述四种占用量之和：

$$Z_内 = Z_1 + Z_2 + Z_3 + Z_4 \tag{8-16}$$

当然，在不同类型流水线条件下，有些线内在制品占用量并没有发生或可以忽略不计，如连续式流水线由于各工序同期化程度高且均按节拍生产，因而不产生周转在制品；而间断流水线工序之间产生的周转在制品可同时作为运输在制品使用，因而可以不再另设运输在制品。

2）流水线之间在制品

流水线之间在制品分为库存周转占用量、运输占用量和保险占用量三种。

（1）库存周转占用量（Z_5）。库存周转占用量是由于供需两条流水线生产速度或工作制度不同而形成的，是为协调流水线间的生产而设置的在制品占用量。计算公式如下

$$Z_5 = \frac{T_l}{r_供} - \frac{T_l}{r_需} \tag{8-17}$$

式中：T_l 为供需两条流水线同时运行的时段；$r_供$ 为供应线生产节拍；$r_需$ 为需求线生产节拍。

（2）运输占用量（Z_6）。是指存在于供需流水线之间运输过程中的在制品。流水线间的运输占用量一般可用流水线之间的库存周转在制品占用量来代替，不再单独设置。

（3）保险占用量（Z_7）。是指为防止供应流水线发生故障，影响到需求流水线的正常生产而设置的库存在制品。计算公式如下

$$Z_7 = \frac{T_h}{r} \qquad (8\text{-}18)$$

式中：T_h 为供应流水线故障恢复时间；r 为需求流水线生产节拍。

流水线间在制品占用量是上述三种占用量之和，即

$$Z_外 = Z_5 + Z_6 + Z_7 \qquad (8\text{-}19)$$

以上详细介绍了大量流水生产在制品占用量定额的计算过程与方法，在制定和使用在制品定额时还需注意下列问题：①明确不同流水线上哪种在制品占主导作用。例如，毛坯车间的在制品占用量有工艺、周转和保险占用量三种，其中周转占用量是主要的；机加工车间有工艺、运输、周转和保险占用量四种，其中工艺占用量是主要的。②在制品占用量定额是按零件分别计算的，计算时应考虑生产过程的衔接，结合标准作业指示图表加以确定，然后按存放地点汇总成在制品占用量定额表。③占用量定额由生产计划部门编制，由财务部门估价和核算占用的流动资金。④占用量定额制定后，必须按车间、班组和仓库细分，并把它交给现场工人讨论熟悉，上下齐抓共管好在制品。⑤占用量定额一经批准，就应严肃对待，认真执行，并注意定额水平的变动情况，定期或不定期予以调整修订。

8.2.2　大量流水生产作业计划的编制

大量流水生产作业计划的编制一般分两个层次：一是厂级生产作业计划的编制；二是车间生产作业计划的编制。

1. 厂级生产作业计划的编制

厂级生产作业计划是由工厂生产管理部门组织编制的。它根据企业年度（季）生产计划，编制各车间的月（旬、周）的生产作业计划，包括产品品种、生产数量（投入量、产出量）、生产日期（投入期、产出期）和生产进度（投入进度和产出进度）等。为各车间分配生产任务时必须与生产能力相平衡，并且使各个车间的生产任务在时间和空间上相互衔接，保证按时、按量、配套地完成生产任务。厂级生产作业计划的编制主要有正确选择计划单位和确定各车间的生产作业任务两项内容。

1）选定计划单位

计划单位是编制生产作业计划时规定生产任务所用的计算单位，它反映了企业编制生产作业计划的详细程度，以及部门间分工关系和管理方式。编制厂级生产作业计划时采用的计划单位有产品、部件、零件组、零件四种。

（1）以产品为计划单位。是以产品作为编制生产作业计划时分配生产任务的计算单位。用产品作单位规定车间生产任务的特点是，不分装配产品需用零件的先后次序，也不论零件生产周期的长短，只统一规定投入产品数、出产产品数和相应日期，不具体规定每个车间加工零件的品种、数量和进度。采用这种计划单位可以简化厂级生产作业计划的编制，便于车间根据自身情况灵活调度；缺点是整个生产的配套性差，生产周期长，在制品占用量大。

（2）以部件为计划单位。是以部件作为计划分配生产任务的计算单位。用部件作单位编制生产作业计划时，根据装配工艺的先后次序和主要部件中主要零件的生产周期，按部件规定投入和产出的品种、数量及时间。采用这种计划单位的优点是生产的配套性较好，

车间也具有一定的灵活性，缺点是编制计划的工作量加大。

（3）以零件组为计划单位。是以生产中具有共同特征的一组零件作为计划分配生产任务的计算单位。同一组中的各零件，加工工艺相似，投入装配的时间相近，生产周期基本相同。如果装配周期较长，而且各零件的生产周期相差悬殊，这时采用零件组计划单位可以减少零件在各生产环节中的处置时间，从而减少在制品及流动资金占用。采用这种计划单位的优点是生产配套性更好，在制品占用更少；缺点是计划工作量大，不容易划分好零件组，车间灵活性较差。

（4）以零件为计划单位。是以零件作为计划分配生产任务的计算单位。用零件作单位编制生产作业计划时，先根据总体生产计划规定的生产任务层层分解，计算出每种零件的投入量、产出量、投入期和产出期。然后以零件为单位，为每个生产车间分配任务，具体规定每种零件的投入、产出量和投入、产出期。大量流水生产企业中采用这种计划单位比较普遍。其优点是生产的配套性很好，在制品及流动资金占用最少，生产周期最短。同时，当发生零件的实际生产与计划有出入时，易于发现问题并及时调整处理。缺点是编制计划的工作量很大，车间组织生产的灵活性差。

由于目前计算机在企业中的广泛应用，尤其是运用 MRP Ⅱ 后计划编制工作量大大减少。因此，如果有条件应尽量采用零件作为计划单位。各车间编制生产作业计划时，一般都采用零件计划单位。概括上述四种计划单位的优缺点，列于表 8-1 中。

表 8-1　计划单位优缺点比较

计划单位	生产配套性	在制品占用量	计划工作量	车间灵活性
产品	差	最大	小	强
部件	较好	较大	较大	较强
零件组	好	较少	大	较差
零件	最好	少	最大	差

选择计划单位，实际上是厂级对生产管到什么程度的问题。一个企业可能同时采用几种计划单位。不同的产品也可以采用不同的计划单位；同一种产品的不同生产阶段，也可能采用不同的计划单位；同一种产品的不同零件可以采用不同的计划单位，如关键件、主要件采用零件计划单位，而一般件则采用产品计划单位等。企业应根据自己的生产特点、生产类型、管理水平、产品特点等选择合适的计划单位。

2）确定车间生产任务

厂级生产作业计划的主要内容，是根据企业总体生产计划，为每个车间规定每一种制品（部件、零件）的出产量和出产期。安排车间生产任务的方法随车间的生产类型和生产组织形式而不同。如果各车间彼此之间没有依次提供半成品的关系，那么只要将计划期的生产任务根据各车间的产品分工、生产能力和具体的生产条件直接分配即可。如果各车间彼此之间有依次提供半成品的关系，在规定生产任务时就应检查各车间在产品品种、数量、出产日期上是否彼此衔接；考虑各车间的生产能力平衡，减少在制品占用。常用于分配各车间生产任务的方法有在制品定额法和订货点法两种。

（1）在制品定额法。大批大量生产条件下，车间分工及相互联系稳定，车间之间在生产上的联系，主要表现在提供一种或少数几种半成品的数量上。只要前车间的半成品能保证后车间加工的需要和车间之间库变动的需要，就可以使生产协调和均衡地进行。因此，大批大量生产条件下，着重解决各车间在生产数量上的衔接。在制品定额法，就是根据大批大量生产的这一特点，用在制品定额作为调节生产任务数量的标准，以保证车间之间生产的衔接。

在制品定额法是根据在制品占用量定额，按反工艺顺序依次计算各车间的产出量和投入量的方法，也称为连锁计算法。确定各车间生产任务的计算公式如下：

$$Q_{ci} = Q_{tj} + Q_{xi} + (Z_k - Z_{k'}) \tag{8-20}$$

$$Q_{ti} = Q_{ci} + Q_{fi} + (Z_n - Z_{n'}) \tag{8-21}$$

式中：Q_{ci} 为 i 车间计划期出产量；Q_{tj} 为 i 车间的紧后车间（j）计划投入量；Q_{xi} 为 i 车间半成品计划外销量；Z_k 为车间之间在制品库存占用量定额；$Z_{k'}$ 为期初预计在制品库存占用量；Q_{ti} 为 i 车间计划期投入量；Q_{fi} 为 i 车间计划期允许废品量；Z_n 为 i 车间内部在制品占用量定额；$Z_{n'}$ 为 i 车间期初预计在制品量。

【例 8-1】 某企业计划生产 A1 汽车 10 000 台，其中部分零件需要自制，每辆汽车需要自产轴 1 个、齿轮 4 个。企业三个生产车间和两个在制品库担负生产供应这两种零件。计算两种零件各车间的生产任务。

两种零件各车间计划投入量和出产量的计算过程与计算结果见表 8-2。

在制品定额法也适用于将计划从车间层次分解到各工段乃至各个工作地。确定了计划期各层次作业计划任务后，若是预测生产式，则可以把任务均衡地分解到计划期各时段上；若是订单生产式，则要根据客户的交货期要求和负荷均衡化原则，具体确定各层次部门在计划期各时段的生产任务，不能满足均衡化要求的，则要合理安排相应部门和工作地的加班工时或确定外协任务。

表 8-2 各车间计划期生产任务

部门	编号	项目	A1 汽车	
		产品名称	A1 汽车	
		产品产量	10 000 台	
		零件编号	A1-001	A1-002
		零件名称	轴	齿轮
		每辆件数	1	4
			数量	数量
磨削车间	1	出产量	10 000	40 000
	2	废品及损耗	—	—
	3	在制品定额	300	1 000
	4	期初预计在制品结存量	200	800
	5	投入量（1+2+3-4）	10 100	40 200

续表

产 品 名 称			A1 汽车	
产 品 产 量			10 000 台	
零 件 编 号			A1－001	A1－002
零 件 名 称			轴	齿轮
每 辆 件 数			1	4
部门	编号	项目	数量	数量
零件库	6	半成品外销量	—	2 000
	7	库存在制品定额	500	3 000
	8	期初预计库存占用量	1 000	2 100
车削车间	9	出产量（5＋6＋7－8）	10 600	43 100
	10	废品及损耗	100	400
	11	在制品定额	200	1500
	12	期初预计在制品结存量	300	1400
	13	投入量（9＋10＋11－12）	10 600	43 600
毛坯库	14	半成品外销量	500	2 000
	15	库存半成品定额	300	1 800
	16	期初预计库存占用量	400	2 000
毛坯车间	17	出产量（13＋14＋15－16）	11 000	45 400
	18	废品及损耗	50	200
	19	在制品定额	200	1 000
	20	期初预计在制品结存量	100	500
	21	投入量（17＋18＋19－20）	11 150	46 100

（2）订货点法。对于品种繁多、价值较小、耗用量和时间随机的加工制品，如标准件和通用件，采用订货点法确定生产任务较合适。订货点法就是预先确定各种零部件的合理生产批量，每次生产一批交到仓库，需用的部门到仓库领用，库存量随着领用而不断减少，当库存量下降到规定限度（订货点）时，仓库立即向有关车间和部门发出生产通知，生产车间即刻组织生产，生产完成后再交给仓库。可见，这是一种根据批量标准和仓库存量变化来确定生产任务的方法，如图 8-4 所示。

2. 车间生产作业计划的编制

车间内部的生产作业计划由车间及工段计划人员负责编制。主要包括月计划、旬计划、工段（班组）轮班计划、工作地轮班计划的编制等。

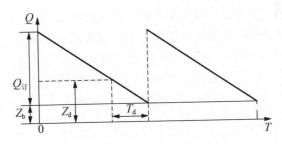

$Q_{订}$—订批量；Z_b—保险在制品量；Z_d—订货点库存量；T_d—订货提前期。

图 8-4 确定生产任务的订货点法

1) 车间作业计划编制内容

车间内部作业计划的编制内容，主要包括车间作业计划日程安排、工段（班组）轮班生产计划、工作地生产轮班计划的编制等。

在大量流水生产条件下，一条流水线可以完成零件的全部工序或大部分主要工序。工段的生产对象也就是车间的生产对象，这时工厂给车间下达计划所规定的产品品种、数量和进度，也就是工段的产品品种、数量和进度。若厂级生产作业计划单位采用的是零件，则对其略加修改就可作为车间内部的生产作业计划；若采用的计划单位是产品或部件，则车间需要对其分解并按零件为单位将任务分配到各工段或流水线。

组织混流生产的工段，除了月生产作业计划外还需编制一些短期的生产作业计划，如轮班作业计划，它需要具体规定每日生产的品种、数量及投产顺序。对于每日生产量不能在月生产计划中规定的零件，也需编制轮班生产作业计划，轮班生产作业计划每日编制一次。

2) 车间作业计划编制要求

(1) 保证厂级生产作业计划中各项指标的落实。

(2) 认真进行各工作地（设备）生产能力的核算和平衡。

(3) 根据生产任务的轻重缓急，安排零件投入、加工和出产进度。

(4) 保证前后工段、前后工序相互协调，紧密衔接。

3) 车间作业计划编制方法

对于产品品种少、生产稳定、节拍生产的流水线，车间内部作业计划的编制比较简单，一般只需从厂级月度作业计划中，将有关零件的产量，按日均匀地分配给相应工段（班组）即可。

通常用标准计划法对工段（班组）分配生产任务，即把工段（班组）所加工的各种制品的投入出产顺序、期限和数量，以及各工作地的作业顺序、期限和数量制成标准作业指示图表。有了它就可以有计划地做好生产前的各项准备工作，并严格按计划标准安排生产活动，不必每日都编制计划，而只需将每月产量任务做适当调整就可以了。

8.3 成批生产作业计划

成批生产是指轮番生产多种产品，每种产品都有一定的产量，但各种产品的生产量往往不相同。随着社会进步和时代发展，市场需求越来越多样化、个性化，多品种、中小批量生产成为企业生产的主流方式。成批生产的产品可以是预测生产式的标准产品，也可以是订单生产式的非标准产品。预测生产式条件下，年度生产计划确定了各种产品的年生产总量，作业计划则把年生产总量分解到各计划时段按批量组织生产，各车间、工段（班组）或工作地按一定的时间间隔，成批轮番地生产不同的产品。在订单生产式条件下，客户订单产品有一定的批量，但不一定重复订货，这种条件下的作业计划标准要求也有所不同。

8.3.1 成批生产的期量标准

成批生产的期量标准主要包括批量、生产间隔期、生产周期、生产提前期、在制品占用量定额等。

1. 批量和生产间隔期

批量是指消耗一次准备与结束时间所生产的同种制品的数量，即一次投入（或产出）同种制品的数量。

生产间隔期是指相邻两批同种制品投入（或产出）的时间间隔。

在周期性重复生产条件下，批量与生产间隔期有如下关系：

$$n = R \cdot d \tag{8-22}$$

式中：n 为生产批量；R 为生产间隔期；d 为平均日产量，$d = N/T$，N 为计划期产量，T 为计划期工作天数。

在计划期产量一定的情况下，生产批量越大，则投产次数少，品种转换次数少，设备调整消耗的准备与结束时间少；当然，生产批量大，则生产间隔期长，在制品数量大，占用费用也多。合理确定批量和生产间隔期，可以降低相关成本。

确定批量和生产间隔期的方法主要有以下两种，即以量定期法和以期定量法。

1）以量定期法

以量定期法就是先确定生产批量，然后相应地计算出生产间隔期，再进行调整修正。具体又分为以下两种方法。

（1）最小批量法。最小批量法是从设备利用和生产效率两方面考虑确定最佳批量的方法。其思路是，要使所选定的批量能够保证设备调整时间与加工时间的比值不超过一定的标准。用公式表示如下：

$$\frac{t_z}{n \cdot t} \leqslant \delta$$

即

$$n \geqslant \frac{t_z}{\delta \cdot t} \tag{8-23}$$

综合设备调整费、在制品占用费等因素，最小批量取值为

$$n^* = \frac{t_z}{\delta \cdot t} \tag{8-24}$$

式中：t_z 为设备调整时间；δ 为设备调整时间损失系数，取值可参考表 8-3；t 为产品单件工时。

表 8 - 3　设备调整时间损失系数

零件体积	生产类型		
	大批	中批	小批
小件	0.03	0.04	0.05
中件	0.04	0.05	0.08
大件	0.05	0.08	0.12

【例 8 - 2】　某零件经三道工序加工，其加工数据资料见表 8 - 4，设 $\delta = 0.05$，求生产零件的最小加工批量。

表 8 - 4　零件加工数据资料

序号	工序名称	单件时间(分)	设备调整时间(分)	t_z/t
1	车	15	30	2
2	铣	20	120	6
3	磨	30	90	3

解：计算 t_z/t，计算数值列于表 8 - 4；据此选择第二道工序计算最小加工批量：

$$n^* = \frac{120}{0.05 \times 20} = 120 \text{（件）}$$

（2）经济批量法。经济批量法是考虑与批量有关的综合费用最小化为目标，以确定最优批量的方法。与批量有关的费用包括设备调整费、在制品占用费和保管费。设备调整费是随批量增加而减少的费用，在制品占用费和保管费是随批量增加而增加的费用，批量与费用变化的关系，如图 8 - 5 所示。

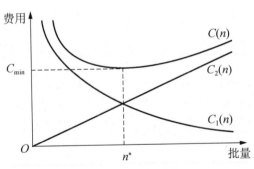

图 8 - 5　批量与费用的关系

设 D 为计划期需求量或年产量，n 为生产批量，C_1 为设备调整费用，C_2 为在制品占用和保管费用，则有

$$C_1 = A\frac{D}{n} \tag{8-25}$$

$$C_2 = R \cdot i\frac{n}{2} \tag{8-26}$$

式中：A 为设备一次调整费；R 为单位产品成本；i 为单位产品占用及保管费率。

与批量相关的总费用为

$$C = C_1 + C_2 = A\frac{D}{n} + R \cdot i\frac{n}{2} \tag{8-27}$$

由 C 对 n 求导，并令 $dC/dn = 0$，可得出经济批量为

$$n^* = \sqrt{\frac{2AD}{R \cdot i}} \tag{8-28}$$

【例 8 - 3】某产品年总产量为 20 000 件，每批产品的设备调整费用为 100 元，每件产品年平均保管费用率为 12.5%，单位产品生产成本为 150 元，求经济批量。

解：$n^* = \sqrt{\dfrac{2AD}{R \cdot i}} = \sqrt{\dfrac{2 \times 20\,000 \times 100}{150 \times 0.125}} = 462$（件）

2）以期定量法

以期定量法是先确定生产间隔期，然后再确定与之相适应的批量。各类零件的生产间隔期是根据零件的复杂程度、工艺特点、价值大小等因素分类确定，再根据生产间隔期和生产任务确定各类零件的批量。在生产任务有变化时，生产间隔期不变，只调整批量即可。

为了管理上的方便，可以事先制定好标准生产间隔期，数值通常取月工作日（20 天）的约数，如 1 天、2 天、4 天、5 天（1 周）、10 天、20 天（1 月）等。采用这种做法使生产间隔期和相应的批量规范化了，易于管理。标准生产间隔期见表 8 - 5。

表 8 - 5 标准生产间隔期

生产间隔期	生产批量	每月投入批次	生产间隔期	生产批量	每月投入批次
1 天	平均日产量	20	5 天	1/4 月产量	4
2 天	1/10 月产量	10	10 天	1/2 月产量	2
4 天	1/5 月产量	5	20 天	月产量	1

生产间隔期与批量的种类不宜过多，一般以六种以内为宜。超过了可以按照装配需要的顺序、零件结构的工艺特征、外形尺寸和重量大小、工时长短划分为若干组，然后从中选择一个典型零件制定批量和生产间隔期，以便同一组零件照此执行。

2. 生产周期

生产周期是指一批产品从原材料投入生产开始，经过一系列加工制造过程，直至产成品完工为止所经历的日历时间。

产品生产周期由其生产过程各工艺阶段的加工周期组成，而各工艺阶段的加工周期又由其各工序的加工周期组成。对机械加工产品来说，其生产周期包括毛坯生产、零件加工、部件装配、产品总装配的全部时间，如图 8 - 6 所示。

批量生产中的生产周期是按零件工序、零件加工过程和产品进行计算的，其中，零件工序生产周期是计算产品生产周期的基础。

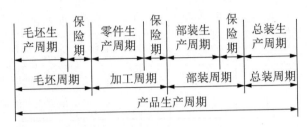

图 8-6　机械产品生产周期结构

1) 零件工序加工周期

零件工序加工周期是指一批零件在某道工序上的加工时间。计算公式如下：

$$T_{mi} = \frac{nt_i}{f_e S_i k} + \frac{t_{zi}}{f_e} \tag{8-29}$$

式中：T_{mi} 为零件批在 i 工序上的加工周期；n 为零件批量；t_i 为 i 工序单件工时定额；k 为工时定额完成系数；f_e 为每天有效工作时间；S_i 为 i 工序上的工作地数；t_{zi} 为 i 工序一次准备与结束时间。

2) 零件工艺阶段加工周期

零件工艺阶段加工周期是指一批零件在某工艺阶段的加工时间。工艺阶段加工周期的长短，主要取决于产品在工序间的移动方式。通常先按顺序移动方式计算一批零件的工艺阶段加工周期，然后用一个平行系数加以修正，得到平行移动或平行顺序移动方式下的产品加工周期。

顺序移动方式下，产品批在某工艺阶段的加工周期（T_{sh}）的计算公式如下：

$$T_{sh} = \sum_{i=1}^{m} T_{mi} + (m-1)t_d \tag{8-30}$$

式中：t_d 为零件批在工序间移动时的平均间断时间；m 为工序数。

考虑平行移动或部分平行移动，零件批在某工艺阶段的加工周期（T_p）做如下修正：

$$T_p = \lambda T_{sh} \tag{8-31}$$

式中：λ 为平行系数，一般取 $0.6 \sim 0.8$。

3) 产品生产周期

产品的生产周期等于各工艺阶段生产周期之和加上各工艺阶段的保险期。即

$$T_c = T_{c1} + t_m + T_{c2} + t_j + T_{c3} \tag{8-32}$$

式中：T_c 为产品生产周期；T_{c1} 为毛坯生产周期；T_{c2} 为机加工生产周期；T_{c3} 为装配生产周期；t_m 为毛坯保险期；t_j 为机加工保险期。

3. 生产提前期

生产提前期是指一批产品在某工艺阶段投入或产出的日期，比该批产品在总装阶段全部完工出产的日期所应提前的天数。生产提前期是以产成品的最终出产日期为基准（计算起点），以生产周期和生产间隔期为参数，按产品工艺过程的相反顺序进行计算的各零部件应提前生产的日期。这一期量标准是保证各工艺阶段相互衔接和保证合同交货期的重要依据。

生产提前期又分为投入提前期和出产提前期。各工艺阶段产品生产提前期与生产周期之间的关系如图 8-7 所示。

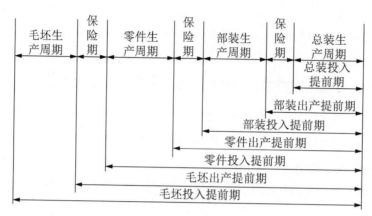

图 8-7 各工艺阶段产品生产提前期与生产周期的关系

1）前后车间批量相等时的生产提前期

在前后车间批量相等条件下，生产提前期主要根据生产周期并考虑保险期加以计算。

（1）投入提前期。是指制品在某工艺阶段投入生产的日期比成品完工日期应提前的天数。计算公式如下：

$$H_{ti} = H_{ci} + T_{si} \tag{8-33}$$

式中：H_{ti} 为产品批在 i 工艺阶段的投入提前期；H_{ci} 为产品批在 i 工艺阶段的出产提前期；T_{si} 为产品批在 i 工艺阶段的生产周期。

（2）出产提前期。是指制品在某工艺阶段出产的日期比成品完工日期应提前的天数。计算公式如下：

$$H_{ci} = H_{tj} + T_{bi} \tag{8-34}$$

式中：H_{ci} 为产品批在 i 工艺阶段的出产提前期；H_{tj} 为产品批在后续工艺阶段（j）的投入提前期；T_{bi} 为产品批在 i 工艺阶段的保险期。

2）前后车间批量不相等时的生产提前期

前后车间批量不相等时，生产提前期的计算不仅要考虑生产周期和保险期，还要考虑生产间隔期。

投入提前期的计算方法不变，即车间之间的批量不等，不会影响到投入提前期的计算。这是因为投入提前期是本车间的出产提前期加上本车间的生产周期，计算的都是车间内部的，车间之间的批量可以不等，但车间内部投入和出产的产品批量是一致的。

出产提前期的计算要以后一车间的投入提前期为基础，再加上一个保险期。当前后车间的生产批量不等时，计算出产提前期还要考虑前后车间的生产间隔期之差。因为，生产间隔期和批量成正比例关系，当前后车间的生产批量不等时，前后车间的生产间隔期也不等。

前后车间批量不等时，出产提前期的计算公式如下

$$H_{ci} = H_{tj} + (G_i - G_j) + T_{bi} \tag{8-35}$$

式中：G_i 为 i 车间的生产间隔期；G_j 为后续车间（j）的生产间隔期。

4. 在制品占用量

在制品占用量是指在一定的生产技术组织条件下，为保证生产衔接所占用的在制品的

必要数量。批量生产中的在制品，分为车间内部在制品和车间之间库存在制品两部分，车间之间库存在制品又分为周转在制品和保险在制品。

1) 车间内部在制品占用量

车间内在制品占用量是由于成批投入但尚未完工出产而形成的，它们整批地停留在车间内，所以应计算其批数和总量。批量生产车间内部的各种在制品是在不断变化的，因此，需分类计算，车间内部在制品储备量只是指月末在制品数量。

车间内部在制品占用量（Z_c）按如下公式计算：

$$Z_c = nP_i \tag{8-36}$$

式中：P_i 为 i 车间内部在制品批数，$P_i = T_i / G_i$，其中，T_i 为 i 车间产品批的生产周期，G_i 为 i 车间的生产间隔期；n 为生产批量。

由上式可知，车间内部在制品占用量同生产周期与生产间隔期之比有关系，这种关系可分为三种情况：①生产周期小于生产间隔期，在制品占用量不超过一批零件的数量，且仅仅出现在该零件投入期与产出期之间，其他时间没有在制品；②生产周期等于生产间隔期，在制品占用量即为生产批量；③生产周期大于生产间隔期，在制品占用量超过零件的生产批量。

2) 车间之间库存在制品占用量

车间之间库存在制品占用量包括周转在制品占用量和保险在制品占用量。

（1）车间之间周转在制品占用量，是由前后两车间的生产批量和间隔期不同而形成的，或由出入库时刻不同而产生。

车间之间在制品平均库存周转占用量（Z_p）按如下公式计算：

$$Z_p = \frac{N_j}{d} \cdot (G_i - G_j) \tag{8-37}$$

式中：N_j 为后车间领用批量；d 为两次领用间隔天数；G_i 为前车间的出产间隔期；G_j 为后车间的投入间隔期。

以上计算的是平均库存周转占用量，对于期末库存周转占用量的确定有以下几种情况：①前车间成批出产交库，后车间成批领用。当交库数量与领用数量相等，交库间隔日数与领用间隔日数相等时，期末库存周转量占用量为零。②前车间成批交库，后车间分批领用。这种情况下期末周转量占用量很不固定，其数值大小取决于交库日期、交库批量和领用批量。③前车间成批交库，后车间连续领用。这种情况和第二种情况基本相似，所不同的是连续领用，库存占用量逐渐减少，到下一次前车间交库前，库存占用量为零。

（2）车间之间的保险占用量，是为了防止意外（故障）发生使前后车间生产脱节而设置的。车间之间保险占用量（Z_b）的计算公式如下：

$$Z_b = \frac{T_h}{r} \tag{8-38}$$

式中：T_h 为供应车间故障恢复时间；r 为需求车间生产节拍。

8.3.2　成批生产作业计划的编制

成批生产类型由于是多品种轮番生产，零件数量又十分大，生产作业计划的难度就比较大。作业计划也分厂部计划和车间计划。

1. 厂部作业计划

厂部作业计划一般只以产品作为计划单位，如果产品结构比较简单，厂部编制计划的能力又很强，也可作部件计划。根据期量标准下达产品的生产批量，以及投入出产的时间，就是厂部计划的主要内容。实际上，采用这种生产方式的企业由于产品数量大、结构复杂，生产周期比较长，往往都超过一个月。厂部都是依据订单安排月度计划，当品种数量比较多时，很难作批量计划，这时的厂部计划主要下达月度的生产总量和具体的产品品种规格。由于产品周期跨了数个月，还要下达产品的出产日期、毛坯的投入出产期和机加工的投入出产期，计划单位为产品。在这种情况下批量生产企业分配车间任务的方法主要是累计编号法。

累计编号法就是将预先制定的提前期转化为提前量，确定各车间在计划期应达到的投入和出产的累计数，减去计划期前已投入和出产的累计数，求得车间计划期应完成的投入和出产数。

累计编号法的原理就是首先解决车间之间在生产期限上也就是时间上的联系，然后再把这种时间上的联系转化为数量上的联系。累计编号过程中可以发现两点：第一，前一个车间的累计编号一定大于后一车间的累计编号；第二，各车间累计编号有大有小，各车间累计编号相差数，也就是提前量。

累计编号法的计算公式如下：

$$提前量=提前期×平均日产量 \tag{8-39}$$

$$本车间出产累计号数=最后车间出产累计号+本车间的出产提前期$$
$$×最后车间平均日产量 \tag{8-40}$$

$$本车间投入累计号数=最后车间出产累计号+本车间投入提前期$$
$$×最后车间平均日产量 \tag{8-41}$$

各车间在计划期应完成的出产量与投入量：

$$计划期车间出产（投入）量=计划期末出产（或投入）的累计号数$$
$$-计划期初已出产（或投入）的累计号数 \tag{8-42}$$

下面举例说明累计编号法的具体应用。

【例8-4】某工厂4月份编制5月份的作业计划，就是要计算5月底各车间应达到的累计号数，为此需要几类数据。第一，要知道计划期末（5月底）成品出产的累计号应达到多少，这是一个基数，现假定为195号；假设1—3月份的实际产量为100台，即累计编号是100台；预计4月份产量为35台，根据总体生产计划要求，5月份要完成50台，这样，5月底成品出产累计号数就应达到185号。第二，要知道平均日产量，假定5月份工作日按25天计算，平均日产量为50/25=2（台/天）。第三，要知道提前期的标准数据资料（略）。

解：（1）计算各车间累计号数：

$$装配车间出产累计号数=185+0×2=185$$
$$装配车间投入累计号数=185+10×2=205$$
$$机加工车间出产累计号数=185+15×2=215$$

机加工车间投入累计号数＝185＋35×2＝255

毛坯车间出产累计号数＝185＋40×2＝265

毛坯车间投入累计号数＝185＋55×2＝295

（2）有了投入和出产累计号数，就可以确定本车间在计划期的出产量或投入量：

计划期车间出产（或投入）量＝计划期末出产（或投入）的累计号数

装配车间计划期末应达到的出产累计号数是 195 号，计划期初已出产的累计号数可以通过统计得知，假定是 135 号，两个数字相减是 60，这就是装配车间在计划期内（5 月份）的出产量，这是用绝对数表示的产量任务。同样道理，用装配车间计划期末应达到的投入累计数 205 减去通过统计得知的计划期初已达到的投入累计号数（假定为 145），就是装配车间在计划期内（5 月份）的投入量，计算结果是 60。

同理，机加工车间出产量＝215－150＝65，机加工车间投入量＝255－195＝60，毛坯车间出产量＝265－205＝60，毛坯车间投入量＝295－245＝50。

这种方法的优点是：各个车间可以平衡地编制作业计划；不需要预计当月任务完成情况；生产任务可以自动修改；可以用来检查零部件生产的成套性。

2．车间作业计划

车间接到的生产任务是一个计划期的总生产量，车间要进一步细分任务，分批生产。主要考虑的问题是生产能力的平衡、零部件数量上的配套、提高设备利用率、缩短生产周期、减少在制品资金占用量。批量生产车间内部作业计划的编制方法，取决于车间内部生产组织形式和批量生产的稳定性。

如果工段（班组）是按对象原则组成的，各工段（班组）生产的零件也就是车间零件分工表中所规定的零件。因此，工段（班组）月计划任务只要从车间月度生产任务中摘出，无须进行计算。如果工段（班组）是按工艺原则组成的，那么可按在制品定额法或累计编号法，通过在制品定额和提前期定额标准安排任务，并编制相应的生产作业计划。

本 章 小 结

生产作业计划是企业年度生产计划的具体执行计划，是组织日常生产活动、建立正常生产秩序的重要手段，是协调和控制企业日常生产活动的主要依据。本章介绍了生产作业计划的概念、特点和内容；重点对不同生产类型下期量标准的制定方法进行了分析；详细讨论了大量流水生产和成批生产作业计划的编制内容和编制方法。

思 考 与 练 习

1．生产作业计划的特点是什么？

2．什么是期量标准？为什么要制定期量标准？

3．间断流水线的看管期起什么作用？

4．流水线内有哪几种在制品占用量？

5. 如何确定成批生产作业计划的批量和生产周期？

6. 生产中的在制品对企业经济效益有何影响？如何控制在制品的占用量？

7. 批量生产中的生产周期、生产提前期和保险期有什么关系？

8. 不同生产类型的企业生产作业计划的编制重点是什么？

3A机器修理公司的生产计划与控制

3A机器修理公司是位于中原的一家专门从事柴油发动机修理的专业公司，多年的发展使该公司位居行业领先地位。公司成立于1988年，创业之初由十几个技术能手白手起家，早期主要修理汽车发动机、船用柴油机等。后来，修理范围逐渐扩大到各种类型的柴油发动机。由于柴油机型号不一，该修理厂的生产只能按照客户提供的机型进行专项修理，常常造成修理周期过长。但凭借公司在用户中树立起的良好形象，用户排队待修的现象时有发生。近些年，该公司适当减少柴油机的修理种类，并增加专用配件修理设备，使人机配合与效率显著提升。

3A公司针对柴油机配件的型号种类，从国外购进加工范围宽广的曲轴车床和磨床，并与中科院合作，研制出万能凸轮轴磨床。同时，采取"自己加工，关键配件外购"的方式，设计并组装了复合式柴油机试验台等。这些设备的投入使用，极大地提高了生产效率和修理质量。然而，在生产过程组织中，该公司仍采用传统的生产计划方式，致使设备和工人的效能发挥受到限制，加上行业的集聚效应，大量的修理厂在该厂周围应运而生，由此加剧了行业的竞争。

近几个月，众多老客户都在抱怨公司修理价格高、服务差，已出现批量修理转向它厂的现象。针对这一现状，公司聘请某咨询机构对企业生产系统做了一次调研诊断。

咨询机构的调研诊断报告如下。

1. 各个车间内部具备较强的生产加工修理能力，修理流水线上的各种技术条件完备。

2. 各种专用设备和加工人员的配备满足生产要求，但一些通用机床存在失修、接近报废的状况；同时，一些专用工装及夹具缺乏，导致柴油机的部分配件加工时间延长和质量下降；一些专用重点设备存在使用不合理、安排时间混乱的现象。

3. 车间生产计划与控制系统中存在如下一些问题。

(1) 在修件库存高，几乎所有车间生产区内堆满了修理件和加工件。

(2) 生产过程中，安排的急活、临时的任务太多，严重影响了正常计划任务的完成。

(3) 车间内没有建立起修理件和加工件的作业记录，也没有形成工件物品的定置放置。

(4) 加工件生产安排的随意性较大。由于缺少相关记录，同时存在互换的可能性，造成待修件和加工件积压、损坏或者丢失。

(5) 由于加工件没有形成配套生产，计划没有分解到各工序，造成生产任务的安排极其烦琐；装配车间需要按统一时间按台车配齐修理和加工好的配件，才能按时组装成一台完整的柴油机，缺一个螺丝钉都不行。但实际情况往往是，一方面配件积压，另一方面组装停顿。

(6) 生产部管理职责不清，计划安排形不成最优顺序，还须承担转运、交接的任务，并缺少相关记录；由于没有相应的记录，无法统计具体型号柴油机的修理完工时间，计划没有了根据，造成计划时常更改；同时也无法确定交货期，造成加班赶任务的情况时常发生。

(7) 销售与生产矛盾重重，由于没有详细记录，车间生产数据失去了真实性，销售部门往往依照不可靠的生产周期等数据来源，凭推算与用户随意签订交货期合同。当出厂的柴油机发生质量问题时，售后服务部门为缩小"三包"损失，常常拿走用于正常生产的配件，又加剧了生产计划的混乱。

（8）从车间到公司生产管理部门，多年习惯于口头传达各种生产指令，而将生产计划文件安排当成象征性工作，从不对照生产计划安排与实际进度的差距，许多人坚信估计是最精确的；但事实是，生产计划精度从车间到管理部门逐级递减、相互影响，最后，生产计划安排成了一纸空文。

在分析了上述问题产生的原因后，咨询机构认识到工厂主管对生产过程的组织重视不够，企业还停留在传统的生产方式上，虽然设备的添置改良在一定程度上影响了人员的相应调整，但系统规划没有到位。生产规模虽然扩大了，但生产管理方式没有及时更新转换，由此形成生产计划和控制系统缺位及执行不力的状况。

针对该厂的生产管理现状，咨询机构的建议改进方案是，在可行性的基础上，应分阶段、分步骤建立强有力的生产计划与控制系统。

问题与讨论：

（1）根据上述背景材料分析，3A 机器修理公司生产计划与控制系统存在的主要问题有哪些？产生的根源在哪里？

（2）分析阐述建立一个有效的生产计划与控制系统，需要哪些生产数据支撑？在该系统中公司生产部和各加工生产车间应担负怎样的职责？

参 考 文 献

[1] 龚国华，李旭．生产与运营管理[M]．3 版．上海：复旦大学出版社，2011.

[2] 张毕西．生产运营管理[M]．北京：机械工业出版社，2012.

[3] 刘丽文．生产与运作管理[M]．4 版．北京：清华大学出版社，2011.

[4] 潘家轺．现代生产管理学[M]．3 版．北京：清华大学出版社，2011.

[5] http://baike.baidu.com/

第**9**章

项目计划管理

本章要点

本章讨论项目的计划管理问题。项目是一类特别设立的活动，准确理解项目与项目管理的含义，对于做好项目计划管理至关重要。通过本章可以了解项目管理的主要内容，了解项目计划的特点及项目计划编制的步骤；认识项目的组织形式和项目团队的重要作用；了解几种典型的项目控制工具与技术；掌握网络计划技术的画图规则和时间参数计算，深刻领会网络计划优化的原理及应用。

关键术语

项目(Project)；项目管理(Project Management)；干系人(Stakeholder)；项目经理(Project Manager)；工作分解结构(Work Breakdown Structure)；活动(Activities)；甘特图(Gantt Chart)；计划评审技术(Program Evaluation and Review Technique)；关键路径(Critical Path)；节点(Node)；时差(Time Difference)；时间-费用模型(Time-cost Model)。

项目管理有着悠久的实践历史。如埃及的金字塔，中国的万里长城、京杭大运河和都江堰水利工程等，都是人类智慧的结晶和古代历史上项目管理实践的经典之作。现代项目与项目管理始于国防军事工程，特别是第二次世界大战期间美国陆军部研制原子弹的曼哈顿计划和20世纪60年代载人登月的阿波罗工程，通过应用先进的项目管理技术获得圆满成功，从而引发了项目管理在全球的兴起。90年代以后，随着项目管理理论与方法的不断成熟与完善，以及计算机信息技术的进步发展，项目管理的应用领域越来越广泛，并逐渐发展成为一门独立完整的学科理论与方法体系。

9.1 项目与项目管理

9.1.1 项目

人类开展的各种有组织的投入产出活动可分为两种基本类型：一类是重复不断、周而复始的活动，称为"运营"（Operations），如企业日常的生产经营活动；另一类则是一次性的、独特的活动，称为"项目"（Project），如企业的技术改造活动、新产品研发活动等。

1. 项目的概念与特征

1）项目定义

国家标准 GB/T 23691—2009《项目管理 术语》对项目的定义是"创造独特产品或提供独特服务的，有起止时间的努力过程"。

ISO 10006：2003《质量管理体系——项目管理质量指南》项目的定义是"由一组有起止日期的、相互协调的受控活动组成的独特过程，该过程要达到符合包括时间、成本和资源的约束条件在内的规定要求的目标"。

国际项目管理协会（International Project Management Association，IPMA）对项目的定义：项目是受时间和成本约束的、用以实现一系列既定的交付物（达到项目目标的范围）、同时满足质量标准和需求的活动。

上述定义包含了以下几个要点：①项目是一项有待完成的任务，有特定的环境与要求；②项目须在有限资源约束和规定时间内完成；③完成项目是一个付出努力的过程；④项目实施存在不确定性。

由项目定义可以看出，项目可以是企业的技术改造、新产品研发等活动，可以是一项建设工程，如建造一栋大楼、一座大水坝或一条高速铁路，也可以是科研课题，如开发一项系统应用软件、一项国家软科学研究课题等。总之，项目是将要实施的一项一次性新活动的总称。

2）项目特征

项目有多方面的特征属性，具体表现如下。

（1）项目有明确的目标。凡是人类有组织的活动都有其目的性。项目作为一类特别设立的活动，当然也有目标。项目目标在项目实施之前就已确定，而且在项目进行过程中一般不会发生变更，这也表明项目的目标是明确的。项目目标又可分为成果性目标与约束性目标两个方面。成果性目标是项目的来源，指项目应实现按时交付产品或服务的目标，也是项目的最终目标；约束性目标又称限制性条件，是实现成果性目标的主客观约束条件，也就是项目实施过程中必须遵循的条件，由此成为项目实施过程中管理的主要目标。

（2）项目由一连串的相关任务组成。每一个项目都是在明确的目标指引下，通过一系列相互关联的活动来完成的，即项目是由一系列相互关联的任务构成的。这也是项目的系统性或整体性特征，是为实现目标而进行的一系列活动的集合体。项目的活动不是孤立的，而是一连串活动的有机组合，从而形成项目完整的实现过程。

（3）项目需要资源。项目的完成需要组织调用各种资源来实现，这些资源包括人力、物力、财力、时间和信息等，这也是项目的约束性目标。所有的项目都是在有限的资源条件下开展的，因此，项目的实施过程就需要进行有效管理，以满足项目成果性目标和约束性目标的双双达成。

（4）项目有生命周期。即项目有时间限制，这是项目与日常运营活动的一个本质性区别。项目的时间限制是项目约束性目标的重要内容，项目属于一次性活动，每一个项目都有确定的开始和结束时间点。项目作为一种任务一旦完成，项目即告结束，不会有完全相同的任务重复出现，即项目不会重复，这就是项目的"一次性"。但项目的一次性属性是对项目整体而言的，并不排斥在项目实施过程中存在着某些重复性工作。

（5）项目是独一无二的。每一个项目创造的产品或提供的服务都是独特的。独特性又称唯一性，也就是说每个项目都有其特别的地方，没有两个项目会是完全相同的。这又是项目与日常运营活动的一个根本性区别。每一个项目的产品或服务都是唯一的、独特的，有些项目即使产品或服务相似，但由于时间、地点、内外部环境的不同，项目的实施过程和项目本身也具有独特的性质。

（6）每个项目都有客户。客户是提供必要的资金，以达成目标的实体，它可能是一个人或一个团队，也可能是一个组织或多个组织。客户不仅包括项目出资人，也可能是项目成果的最终使用者。管理项目的人员和项目团队必须成功地完成项目目标，才能让客户满意。

（7）项目的不确定性。项目的存在是以一套独特的任务、任务所需的时间估计、各种资源和这些资源的有效性及性能为假定条件，并以资源的相关成本估计为基础的。这种假定和预算的组合产生了一定程度的不确定性，影响项目目标的成功实现。这也是项目的风险性所在，风险性的存在是项目可能出现不成功的根源，因此，加强风险管控是项目管理的一项重要任务。

2. 项目干系人

项目干系人，又称为项目利益相关者，是指项目所涉及的或受项目影响的个人或组织，他们的利益会因项目的实施受到正面的或者负面的、直接的或间接的影响。同时项目干系人也会对项目及其结果施加一定的影响。项目管理团队必须正确识别项目干系人，充分认识他们的需求和期望，最大限度地管控与需求相关的影响因素，以取得项目的圆满成功。

项目干系人主要包括项目发起人、项目投资人、设计者、承包商、监理机构、供应商、咨询机构、金融机构、政府部门等。项目干系人之间的关系如图 9-1 所示。

项目中不同的干系人对项目有不同的期望和需求，他们所关注的问题往往也相差甚远。例如，项目发起人（雇主）也许十分在意时间进度，设计者往往更注重技术方面，政府部门可能关心税收，项目所在社区的民众则不希望项目损害环境，等等。弄清楚哪些是项目干系人，他们各自的需求和期望是什么，对于项目管理者非常重要。因为项目干系人既会对项目产生积极的影响，也可能产生消极的影响。只有对干系人的需求和期望进行管理

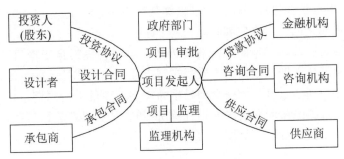

图 9-1　项目干系人之间的关系

并施加影响，调动其积极因素，化解其消极影响，才能确保项目获得成功。

3. 项目分类

项目可以按照不同的分类标志进行分类，详见表 9-1。

表 9-1　项目分类

分类标志	项目类型
项目规模	大型项目、中型项目、小型项目
项目性质	工程项目、非工程项目
行业领域	建筑、制造、农业、医疗、金融、电子、交通、国防、教育……
管理特点	科技开发、人才培养、风险投资、体育运动、文艺演出、出版发行……
复杂程度	复杂项目、简单项目

9.1.2　项目管理

从 20 世纪中叶开始，项目管理作为管理科学的重要分支，对项目的实施提供了一种有力的组织形式，改善了对各种人力和资源利用的计划、组织、执行和控制的方法，从而引起了广泛的重视，并对管理实践做出了重要的贡献。日新月异的科技进步与发展，复杂多变的市场竞争环境，对企业生存和持续发展不断带来新的挑战，项目管理显得更为重要。

1. 项目管理的概念与特点

1）项目管理的定义

国家标准 GB/T 23691—2009《项目管理术语》对项目管理的定义：为达到项目既定目标而进行的策划、组织、实施、监测和控制的协调活动。

国际标准 ISO 10006：2003《质量管理体系——项目管理质量指南》对项目管理的定义：对项目各方面的策划、组织、监视、控制和报告，并激励所有参与者实现项目目标。

美国项目管理协会（Project Mangement Institute，PMI）对项目管理的定义：项目管理就是将知识、技能、工具与技术应用于项目活动，以满足项目的要求。项目管理通过合理运用与整合47个项目管理过程得以实现。根据其逻辑关系,把这47个过程归类为五大过程组,即启动、规划、执行、监控和收尾。

项目管理就是以项目为对象的系统管理方法,项目管理贯穿于项目的整个生命周期,对项目的整个过程进行管理。项目的本质是在规定期限内完成特定的、不可重复的目标任务,所有项目从开始到结束都视为一个项目生命周期。项目生命周期也是项目所有阶段的集合,尽管各类项目的生命周期阶段的划分有所不同,但总体来看,可分为立项阶段、启动阶段、实施阶段和收尾阶段,如图9-2所示。

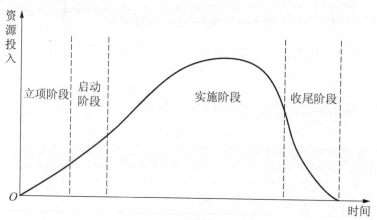

图9-2 项目生命周期阶段划分

项目立项阶段由需求识别、项目论证、项目计划等一系列工作与活动组成;项目启动阶段由确认项目干系人、签订合同、资源调配等一系列工作与活动组成;项目实施阶段由一系列执行和控制工作与活动组成;项目收尾阶段由一系列文档化和移交性的工作与活动组成。

项目的特点使得项目采用的管理方法与一般作业管理不同,一般的作业管理将重心放在对效率和质量的考核上,更注重对当前执行情况与前期进行比较。但在项目环境下,尽管一般的管理办法也适用,但管理结构是以任务或活动定义为基础来建立的,以便进行时间、费用和人力的预算控制,并对技术、风险进行管理。项目管理是以项目经理负责制为基础的目标管理,它往往是按任务而不是按职能组织起来的。项目管理的基本活动包括项目计划、项目组织、质量控制、费用控制和进度控制等。日常的项目管理活动主要是围绕这五项基本任务展开的。

2)项目管理的特点

相比传统的部门管理,项目管理的最大特点在于它的综合性管理,并且项目管理有严格的时间期限。日程安排和进度控制常对项目管理产生很大的压力。

具体表现在以下几个方面。

(1)项目管理是针对项目的特点而形成的一种管理方式,项目管理全过程都体现系统工程的思想。项目管理视项目为一个完整的系统,将项目总体分解为许多相互关联的任务单元,交由各个责任者分别按要求完成单元目标,最后汇聚成系统总成果;同时,项目管理环视项目生命周期的全过程,强调部分对整体的重要性,加强项目各子项间的沟通协调，既不能忽视其中任何分项任务的完成，也不能只顾局部利益而造成总体效果不佳甚至失败。

（2）项目管理的组织具有特殊性。项目管理的突出特点是项目本身作为一个组织单元，围绕项目来组织资源。由于项目是一次性的，项目管理的组织就成为临时性的。项目组织为项目而产生，项目终结，组织的使命也就完成。项目管理的组织突出强调其协调控制职能，其组织结构的设计更加考虑有利于组织各部分的协调运转，因此，项目管理的组织结构多为矩阵式结构。

（3）项目管理是以项目经理负责制为基础的目标管理，是一种基于团队管理的个人负责制。由于项目系统管理的要求，需要集中权力以控制工作正常进行，因而项目经理是一个关键角色。项目管理的项目经理负责制方式，又因为项目涉及的专业领域往往十分宽广，项目主管或项目经理不可能成为每一个专业领域的专家，所以项目经理更多的是以综合协调者的身份出现，善于沟通与协调并巧妙对项目各专业领域的专家授权，是对项目经理领导艺术和能力的一种检验。

（4）项目管理是一个管理过程，而不是单纯的技术过程。而"管理就是创造和保持一种环境，使置身于其中的人们能在集体中一道工作以完成预定的使命和目标"。创造和保持一种使项目顺利进行的环境必然成为项目管理的要务，这也说明处理各种冲突和意外事件，对项目风险进行有效管控，是项目管理的重要任务。

（5）项目管理的创新性。项目管理的创新性体现在两方面，一是项目管理本身就是对创新项目的管理，因为几乎所有的项目设立都是建立在创新基础上的，这里所说的创新包括完全创新和部分创新；二是项目管理需要通过管理创新去实现对项目的有效管理，这就要求项目管理必须创新管理模式，必须应用先进科学的管理理论和方法。事实上项目管理的招投标、监理制模式，以及关键路径法（CPM）等，都是项目管理理论与方法的独有创新，这些创新理论与方法，在推动项目管理大发展并向传统管理领域扩散的同时，也极大丰富了管理科学理论宝库。

2. 项目管理的目标

项目管理具有全面的项目管理职能，即对项目进行计划、组织和控制。项目管理是一项十分复杂的工作，无论是项目的论证立项、规划设计，还是项目的实施执行，以及过程的监察与控制，都是一个动态发展的系统工程，需要多学科、多部门、多地区、多技术协调。项目管理得好，可以带来巨大的节约；管理不好就会造成惊人的浪费甚至失败。管理好项目，实现项目目标，正是项目管理的任务或目标。

项目管理通常涉及三个主要目标：质量、成本和进度。即以低成本、短工期完成高质量的项目。这三个目标往往是矛盾的，在项目管理过程中需要对三者进行权衡。而且，在不同的项目中，目标的优先性也是不同的。例如，研究开发项目质量优先；一般工程项目成本优先；应急项目时间优先等。

（1）质量目标。质量是项目成功的保证，质量也是项目的生命。项目的质量管理必须贯穿于全方位、全过程和全体人员中。全方位是指工程的每一部分，每个子项目、子活动，每一项具体工作，都要保证质量，才能确保整个工程的质量；全过程是指从需求识别、调研论证、立项决策、规划设计、建设施工、调试运转、交付投产整个生命周期都要保证质量；全员是指参加项目建设的每一个人，上到最高领导者下到普通员工，都要对本岗位的工作质量负责。

（2）成本目标。保证项目在预算的范围内完成是项目管理的成本目标，需要做好资源计划的编制、费用预算与成本控制。建设费用是项目生命周期所有直接费用和间接费用的总和。实现项目管理的成本目标，就是通过科学组织项目的施工，控制各项费用支出不超出项目的预算。

（3）进度目标。保证项目如期完成是项目管理的进度目标。按程序、分阶段实施是工程项目管理的特点。在项目总体计划指导下，参与建设的各单位都要编制分部分项计划，并严格执行计划才能保证工程项目的顺利进行，并在项目工期内完工。

项目进度管理包括对项目进度计划的制订和项目进度计划的控制。编制进度计划要进行详细的项目结构分析，系统准确地分解项目，以制订出科学合理的项目进度计划。项目实施过程中，需要对进度计划进行控制，通过对项目实施过程的跟踪检查，比较分析实际进度与计划进度的偏差，找出偏差产生的原因和解决办法，及时进行补救调整，直至项目按期完成。

大型工程项目具有多目标结构，在不同阶段、不同层次、不同分系统中，都有相应的目标体系，但其中最重要的目标是质量、进度和费用。然而，项目的质量、进度与费用目标常常是矛盾的，必须正确处理目标之间的关系，权衡目标之间的利弊得失。例如，项目进度计划编制要与费用、质量、安全等目标相协调，充分考虑客观条件和风险预计，确保项目目标的实现。根据总进度计划，制订出项目资源需求计划，费用成本计划，并把这些计划分解到年、季、月、旬各时段，作为项目实施和过程控制的依据。

3. 项目管理的内容

项目管理的综合性特点决定了项目管理包含多方面的内容，这些内容涉及多个专业领域并由此构成了项目管理专业化的知识体系。项目管理知识体系是项目管理专业人士资格认证考试的主要内容。美国项目管理协会举办的项目管理专业人员（Project Management Professional，PMP）认证考试在全球190多个国家和地区推广，是目前项目管理领域含金量最高的认证。获取PMP证书，不仅可以提升项目经理的项目管理水平，也直接体现项目经理的个人竞争力，是项目管理专业人士身份的象征。

项目管理知识体系在不同的认证标准文件中内容有所不同，而且同一种标准也会有修订后的不同版本，但是，项目管理知识体系涵盖的专业领域是相对固定的。下面给出两种项目管理规范标准所界定的知识体系（领域）范围。

（1）美国项目管理协会的项目管理知识体系（Project Management Body of Knowledge，PMBOK）。

包含十大知识领域：项目整合管理、项目范围管理、项目时间管理、项目成本管理、项目质量管理、项目人力资源管理、项目沟通管理、项目风险管理、项目采购管理、项目干系人管理。

（2）国家标准GB/T 50326—2006《建设工程项目管理规范》的项目管理知识体系。

GB/T 50326—2006 包含 16 大知识领域：项目范围管理、项目管理规划、项目管理组织、项目经理责任制、项目合同管理、项目采购管理、项目进度管理、项目质量管理、项目职业健康安全管理、项目环境管理、项目成本管理、项目资源管理、项目信息管理、项目风险管理、项目沟通管理、项目收尾管理。

 专栏

美国项目管理协会

美国项目管理学会(Project Management Institute, PMI)成立于 1969 年，是全球领先的项目管理行业的倡导者，它创造性地制定了行业标准，并正在构筑不断扩展的专业知识体系，让项目管理从业人员成为各自所在组织不断变革，创新发展的推动力量。PMI 目前拥有来自全球 160 多个国家和地区的近 23 万多名会员，该协会正积极地为业界树立标准，从事科学研究，传播专业知识，促进行业发展，并拓展职业前景。同时它还提供教育和认证服务，促进会员之间的交流沟通和商机拓展。

1976 年，PMI 提出了制定项目管理标准的设想，1987 年 PMI 推出了《项目管理知识体系》，简称 PMBOK。PMBOK 已经成为全球公认的标准，多数项目管理的研究机构都把它作为项目管理资格认证考试的基础。国际标准化组织以 PMBOK 为框架，制定了 ISO 1006 标准。PMI 推出的 PMP 资格认证考试也成为全球唯一通过 ISO 9001 国际质量体系认证的考试。PMI 也因此成为世界上首家为其个人认证体系获得 ISO 17024 认证的专业项目管理协会。

通过了 PMI 的专业认证是对从业者的项目管理专业知识和技能水平的重要证明。由于 PMI 专业认证的权威性，其 PMP 资格证书在全世界范围内被各种组织广泛承认与接受。目前共有 218 000 多位 PMP 认证合格人员，遍布 160 多个国家。

(资料来源：http://wiki.mbalib.com/wik.)

9.2　项 目 计 划

好的计划是项目成功的前提。可以说，项目管理就是制订计划、执行计划、监控计划的过程。项目经理进行项目管理的第一项工作就是要编写项目计划书。编写计划书的过程就是确认项目目标和范围、理清项目资源、思考项目任务和实现方法、解决在实施过程中就质量、时间、成本、风险等重要项目因素的管理与控制，以及确定项目交付成果的过程。这个编写过程是一种富有理性和逻辑的头脑风暴活动。项目经理必须把项目所涉及的各个方面全方位地、细致地考虑周全，才能保证项目目标的顺利达成。可见项目计划在项目管理中的重要性。在大型工程项目中，项目计划的制订是件非常重要但又非常有难度的事情。PMBOK 中有五大项目管理过程组，计划是其中的一个过程组。

9.2.1　项目计划与计划过程组

1. 项目计划

项目计划是围绕项目目标，对项目各项活动过程预先做出的周密安排，并形成文件。

也就是说，项目计划是明确项目范围，确立项目目标，设定项目行动方案，描述项目控制的文件。

项目计划是项目实施之前拟订的具体工作内容和步骤，以保证项目在合理的工期内，以较低的成本，高质量地完成目标任务。项目计划应根据顾客和其他相关受益者的形成文件的要求及项目目标来制订。每项要求的原始输入都应形成文件，以便追溯。要综合其他项目过程的策划结果，来制定一份用来指导项目实施和项目控制的、前后一致、条理清晰的文件，以便用于管理项目的实施。

要使项目计划能够发挥它应有的作用，首先应保证编制出一个高质量的项目计划，所谓高质量的项目计划是指项目计划应比较细致、具体、全面并符合实际。项目计划的制订往往是一个复杂的过程，因此经常需要重复多次才能完成。例如，如果初始的完成日期不能被接受，项目的资源、费用甚至项目范围都可能被重新确定。

项目计划需要明确项目实施过程中的六个基本问题(4W2H)。

（1）做什么(What)。明确项目目标、活动范围和工作任务。也就是要明确项目的目标、客户和相关利益者的期望与要求；明确项目的主要任务、具体要做的事项，以及要达到的指标数值。

（2）如何做(How to do)。通过工作分解结构，将项目目标分解为易于实施和控制的工作清单，根据工作清单制定相应的实施行动方案。明确项目目标实现的方法。如何利用项目资源，如何把任务分解并分配到人，如何规避风险，如何控制质量、时间及成本，如何与客户沟通，是否需要外部采购或外包，等等。

（3）何时做(When)。明确项目各项活动进行的时间表，什么任务要在什么时间里完成，同一时间内有什么并行任务，每项任务具体的开始时间和结束时间。

（4）何处做(Where)。明确项目实施地点和实施环境要求。

（5）谁来做(Who)。确定项目工作清单中各项任务的具体承担人员。包括如何建立项目工作团队以及团队成员的合理搭配对工作的有效性。

（6）费用额(How much)。明确项目中各项活动所需的资源，确定每项工作需要的资金数额以及工程项目预算总费用。明确项目各阶段的费用预算和成本估算，编制项目成本计划。

2. 计划过程组

项目计划制订和管理涉及项目目标、进度、资源、费用、质量、人员和采购等多个方面，是通过一系列计划管理过程实现的。这一系列计划管理过程组成了项目计划管理过程组，项目计划就是项目计划管理过程组的输出。

计划过程组是整个项目管理中的五大过程组之一，它是包含明确项目范围，定义和优化目标，为实现目标制定行动方案的一组过程。计划过程组制定用于指导项目实施的项目计划和项目文件。由于项目管理的复杂性，可能需要通过多次反馈来做进一步分析。随着收集和掌握的项目信息或特性不断增多，项目很可能需要进一步规划。项目生命周期中发生的重大变更，可能会引发重新进行一个或多个计划过程，甚至某些启动过程。这充分表明项目计划和计划书的编制是多次反复进行的过程。计划过程组的主要作用是，为成功完成项目或项目的某个阶段确定战略、战术及行动方案或路线。

9.2.2 项目计划编制

项目计划编制是依据各种资料，运用综合平衡和集成的方法，建立项目计划文件的过程。项目计划编制也是对项目的目标、内容、组织、资源、方法、程序及可交付物等进行确定的过程。项目计划主要包括项目计划大纲和项目实施计划两类文件。

1. 项目计划编制依据

1）项目计划大纲编制依据

项目计划大纲是项目管理工作中具有战略性、全局性和宏观性的指导文件。项目计划大纲应由组织的管理层或组织委托的项目管理单位编制。编制项目计划大纲所依据的资料主要有：①可行性研究报告；②设计文件、标准、规范与有关规定；③招标文件及有关合同文件；④相关市场信息与环境信息。

2）项目实施计划编制依据

项目实施计划是对项目计划大纲的细化，是具有可操作性的项目计划文件，用于项目的施工组织与控制。项目实施计划应由项目经理组织编制。编制项目实施计划所依据的资料主要有：①项目计划大纲；②项目条件和环境分析资料；③工程合同及相关文件；④同类项目的相关资料。

2. 项目计划编制步骤

项目计划需要设定项目的目标、分解任务、制定实施方案和组织项目团队等，项目计划的输出结果是项目计划书，其中包括项目 WBS、项目的进度计划、项目任务分配表、项目里程碑的标识、风险标识以及范围变更管理流程等。项目计划编制一般经过下列步骤。

1）计划编制前的准备工作

收集与项目相关的历史资料、文件、法规、技术、市场等信息；召开专家咨询或分析讨论会，对计划编制重点问题进行分析研判；明确计划分工、时间要求和沟通协调机制。

2）定义项目交付物

这里的交付物不仅指项目的最终产品，也包括项目的中间产品。例如，一个系统设计项目标准的项目产品可以是系统需求报告、系统设计报告、项目实施阶段计划、详细的程序说明书、系统测试计划、程序及程序文件、程序安装计划、用户文件等。

3）项目范围定义与工作结构分解

项目范围定义是把项目的主要可交付成果划分为更小的、更加容易管理的组成部分。范围定义在很大程度上将决定项目能否成功。如果做得不好，以后就会出现频繁变更、打乱项目的节奏、造成返工和重复工作、延误时间、降低生产效率和工作人员的士气。项目范围定义不但要力求准确、细致，而且要有利于项目资源的合理调配和成本的估算。范围定义是通过任务分解实现的，任务分解就是把笼统的、不能具体操作的任务细分成较小的且容易执行和控制的、包含具体细节的可操作任务。

项目任务分解在项目管理中的专业称谓是工作分解结构（Work Breakdown Structure，WBS）。WBS 定义了项目任务的层次结构，从上到下依次分为项目任务、子任务和工作包。一个或多个工作包的完成标志着子任务的完成，一个或多个子任务的完成标志着任务的完成，最后所有任务的完成就表示整个项目的完成。该结构可用图 9-3 来表示。WBS 总是处于计划过程的中心，也是制订进度计划、资源需求、成本预算、风险管理计划和采购计划等的重要基础。WBS 同时也是控制项目变更的重要基础。项目范围是由 WBS 定义的，所以 WBS 也是一个项目的综合工具。

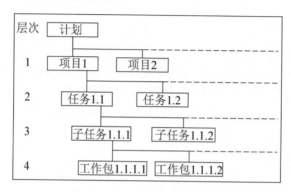

图 9-3　工作分解结构示意图

4）定义活动与规划过程进度

要完成一个项目，在确定该项目需要完成哪些工作之后，还要分析这些工作中包含哪些具体的项目活动，以及这些活动在时间顺序上的逻辑依赖关系。然后对每项具体的活动估算时间，进而制定出项目各个过程的计划进度。定义活动与规划过程进度这一步骤，属于项目时间管理的范围，本质上就是制订项目的进度计划。定义活动是识别和理清完成项目需采取的具体行动，也就是将工作包分解为活动；然后依照各项活动之间的逻辑关系排列出活动顺序，并对各项活动估算完成时间，即分配项目活动的可支配时间，最后形成包含各个项目活动的计划日期的进度排程。

5）资源计划及平衡优化

资源计划是确定执行各项活动所需的材料、人员、设备或用品的种类和数量的过程。明确完成活动所需的资源种类、数量和特征，以便做出更准确的成本和持续时间估算。如果某种资源在某一时间的需要量大于资源的可供量，就需要进行资源平衡。项目资源计划是在项目范围计划、进度计划和质量计划的基础上完成的。

6）风险分析与应对计划

风险分析是对已识别风险对项目整体目标可能产生的影响所做的定性定量分析。项目风险管理的目标在于提高项目中积极事件的概率和影响，降低项目中消极事件的概率和影响。风险应对计划是针对项目目标，制定提高机会、降低威胁的方案和措施的过程。风险应对计划包含已识别的风险及其描述；风险防范与应急响应预案；风险预算以及风险承担人的责任等。

7）计划汇总及报送审批

按照项目计划编制总体要求，汇总进度、成本、质量、资源等关键性计划与控制的输入、输出数据，形成规范统一的标准格式计划文本。报送项目计划审查机构审批通过后执行。

3. 项目计划编制内容

国家标准 GB/T 50326—2006《建设工程项目管理规范》规定:

项目管理计划大纲包括 13 项内容,分别是项目概况、项目范围管理规划、项目管理目标规划、项目管理组织规划、项目成本管理规划、项目进度管理规划、项目质量管理规划、项目职业健康安全与环境管理规划、项目采购与资源管理规划、项目信息管理规划、项目沟通管理规划、项目风险管理规划、项目收尾管理规划。

项目管理实施计划应包括 16 项内容,分别是项目概况、总体工作计划、组织方案、技术方案、进度计划、质量计划、职业健康安全与环境管理计划、成本计划、资源需求计划、风险管理计划、信息管理计划、项目沟通管理计划、项目收尾管理计划、项目现场平面布置图、项目目标控制措施、技术经济指标。

项目不同,项目计划的内容会有差异。下面是一份典型的企业项目计划书应包括的主要内容。

(1) 项目提出的背景和必要性。包括国内外现状;知识产权状况和发展趋势;技术突破对产业技术进步的重要意义和作用;项目可能形成的产业规模和市场前景。

(2) 国内外市场分析。包括国际市场状况及该产品未来增长趋势;国际市场的竞争能力、产品替代进口或出口的可能性;国内市场需求规模和产品的发展前景、在国内市场的竞争优势和市场占有率。

(3) 项目主要开发和建设内容。包括项目的主要科技攻关内容、项目目标及开发任务。

(4) 项目实施的技术方案。包括项目的技术路线,工艺的合理性和成熟性,关键技术的先进性和创新点;产品技术性能水平与国内外同类产品的比较;项目承担单位在实施本项目的优势。

(5) 项目实施的现有基础。包括项目承担单位注册地点、股权结构、资产和负债情况、员工构成、主要业务和主要产品、生产规模、主要装备和技术水平、近年来经营状况;对引进技术的消化、吸收、创新的后续开发能力;企业资质、信用和中小企业融资能力等。

(6) 项目组织机构和人员安排。包括项目的组织形式、产学研联盟运作机制及分工安排;项目的实施地点;项目承担单位负责人、项目领军人物主要情况;项目开发的人员安排。

(7) 项目实施进度计划。包括项目阶段考核指标(含主要技术经济指标,可能取得的发明专利情况)及时间节点安排;项目的验收指标。

(8) 项目资金需求及来源。包括项目新增总投资估算;资金筹措方案(含自有资金、银行贷款、科教兴市专项资金、推进部门配套资金等);投资使用计划。

(9) 项目经济和社会效益分析。包括项目未来 3 年或 5 年生产成本、销售收入和利税估算;财务内部收益率、投资回收期、投资利润率、财务净现值等指标的动态财务分析;社会效益分析。

(10) 项目风险分析及应对措施。包括项目技术、市场、资金等风险分析及应对措施。

（11）其他需要说明的事项。

（12）有关附件：

① 项目承担单位工商登记营业执照（复印件）。

② 企业资质证书、专利证书、特殊行业许可证和产品获奖证书（复印件）。

③ 上年度资产负债表、损益表、现金流量表及审计报告（复印件）。

9.3　项目组织与控制

项目管理是系统工程，有了一个好的项目计划还需要将其转变成行动，而计划转变为行动离不开项目的组织，这里所说的项目组织包含两层含义，一是为项目建立起来的组织结构和组织团队；二是对项目活动的组织实施。对项目而言，不合理的组织结构与不科学的组织管理，都会给项目带来麻烦，甚至会摧毁项目。因此，必须正确设计项目组织结构和组建精干高效的项目管理团队，为项目的成功实施提供组织保障。

项目实施过程中会受到各种内外部因素的影响和干扰，为了保证项目严格按照计划进行，对项目实施过程进行监测控制是必要的。对项目的控制就是监视和测量项目实际进展，当发现行动过程偏离了计划，就要找出原因并采取措施，使项目执行回到计划的轨道上来。可以说，对项目的组织与控制是整个项目管理过程中使用资源最多的阶段。

9.3.1　项目组织

1. 基于项目的组织

基于项目的组织是指建立临时机构来开展工作的各种组织形式。项目组织是为了完成项目任务而由不同部门、不同专业的人员所组成的一个临时性组织，从事项目具体工作的组织指挥。项目组织与其他组织一样，通过正确行使管理的计划、组织、控制等职能，对项目的各种资源进行有效配置，从而保证项目目标的成功实现。

项目管理组织作为组织的一种类型，除具备一般组织应有的特征外，还有其自身的一些特点。

（1）临时性。项目组织是为完成项目而组建的组织。一旦项目任务完成，项目组织的使命也就结束，项目组织随项目的终结而解散。

（2）任务导向性。项目组织是为满足顾客的需求，以项目为组织单元，围绕任务来配置各种资源的组织。因此，项目组织是面向任务而建立起来的，所有项目管理的目标都指向要完成的项目任务。

（3）柔性与灵活性。项目组织与一般组织相比，有较大的柔性和灵活性。项目组织成员来自不同的部门，而且会随着项目的进展而发生变化。各个项目相关者之间的联系都是有条件的、松散的，是通过合同、契约以及各种社会关系结合起来的。项目组织的边界可能是模糊的，项目组织成员可能分属多个不同的利益组织。

（4）团队合作性。项目经理制是项目组织的典型运作模式，项目经理通过项目团队和其他干系人来完成工作。项目团队由来自包括项目经理在内的不同团体的个人组成，项目

的成功需要团队成员之间密切配合，特别强调团队的协作精神。

2．项目组织形式

项目管理实践中存在多种项目组织形式，每一种组织形式各有其特点和适用的场合。项目组织结构形式对项目的运作会有很大影响。项目组织结构的类型包括职能式、项目式、矩阵式和组合式四种。每一种组织形式都有各自的优点、缺点和一定的适用范围。

1）职能型组织结构

职能型组织形式是由按职能划分的部门所组成的一种层级结构，是较为典型的项目组织形式。在这种组织系统中，项目的实施是由各个职能部门共同配合完成的。各职能部门根据项目需要负责本职能范围内的工作，由从各职能部门抽调的人员具体承担，如新产品开发项目可以从营销、研发、生产等部门各抽调一定数量的人员组成产品开发小组。职能式组织的界限并不十分明确，小组成员没有脱离原来的职能部门，在项目中的工作多属于兼职性质，多数项目工作在具体职能部门内完成。这种项目组织没有明确的项目主管或项目经理，各职能部门均独立承担项目的部分工作，项目中涉及各职能任务间的协调，只能由处于职能部门顶层的部门主管或总经理负责。职能型组织结构如图 9-4 所示。

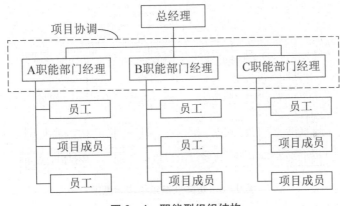

图 9-4　职能型组织结构

2）项目型组织结构

与职能型组织相对的是项目型组织，如图 9-5 所示。项目型组织结构是一种面向任务或活动的组织形式，是一种专为开展一次性和独特性项目任务而设计的组织结构。在项目型组织中，团队成员通常集中办公，组织按项目来配置所有资源，即每个项目拥有完成任务所必需的所有资源，该组织有明确的项目经理，项目经理拥有很大的自主性和职权。

项目式组织中也经常采用虚拟协同技术来获得集中办公的效果。项目型组织中也有被称为"部门"的组织单元，但它们或者直接向项目经理报告，或者为项目团队提供各种支持或服务。这是一种非常适合开展项目活动的组织形式。在建筑施工企业、管理咨询企业、信息系统集成企业等开展的项目活动中，多采用这种组织结构形式。

3）矩阵型组织结构

矩阵型组织兼有职能型组织和项目型组织的特征，它是将按职能划分的纵向部门与按项目划分的横向部门结合起来，构成类似矩阵的组织形式，如图 9-6 所示。矩阵式项目

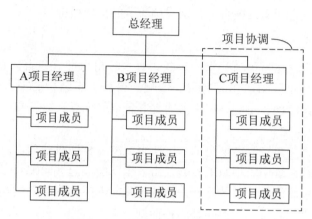

图 9-5 项目型组织结构示意图

组织是职能式组织和项目式组织的混合，矩阵式组织中每个项目和职能部门各司其职，项目经理由最高管理层授权，对项目的总体负责，而职能部门经理则负责为项目的成功提供所需的资源。

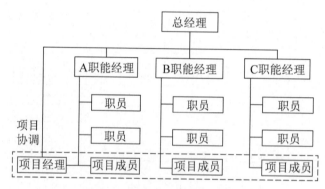

图 9-6 矩阵型组织结构示意图

根据职能经理和项目经理之间的权力和影响力的相对程度，矩阵型组织又可分为弱矩阵、平衡矩阵和强矩阵。弱矩阵组织保留了职能型组织的大部分特征，其项目经理的角色更像协调员或联络员；强矩阵组织则具有项目型组织的许多特征，拥有掌握较大职权的全职项目经理和全职项目行政人员；平衡矩阵型组织虽然承认全职项目经理的必要性，但项目经理并未获得全权管理项目和项目资金的授权。

4）混合型组织结构

混合型项目组织形式有两种含义：一是指在企业的项目组织形式中存在职能式、项目式或矩阵式两种以上的组织形式；二是指在同一个项目组织中包含两种结构以上的模式，如职能型项目组织结构的子项目采取项目式的组织形式等。混合式项目组织的最大特点是灵活多用，企业可以根据具体情况灵活选定项目管理的组织形式，以便更好地发挥项目和人力资源优势。这种形式可能产生的主要问题是，在项目管理上容易造成混乱，项目信息沟通困难，项目管理制度不能很好地得以贯彻执行等。

上述四种项目组织结构形式，各有其优、缺点。实践中如何选择项目的组织形式并没有固定的原则，正确的做法是充分考虑各种组织结构的特点、企业的特点、项目的特点和项目所处的环境等，综合分析权衡后做出恰当的选择或设计。一般来说，职能式组织结构比较适用于规模较小、偏重于技术的项目，不适宜用于环境变化较大的项目。因为环境的变化需要各职能部门间的紧密合作，而职能部门职权的割裂往往成为部门间配合难以逾越的障碍。当企业中包括许多项目或项目的规模较大、技术复杂时，宜选择项目式组织形式。因为项目团队的整体性和成员间的紧密合作具有潜在的优势。相比之下，矩阵式项目组织在充分利用资源上具有很多优势，更适用于技术复杂、规模大的项目管理。

3. 项目团队

项目团队是项目组织的核心，建设一个高效的项目团队对项目的成功起着非常重要的作用。现代项目管理十分重视项目团队的组织建设，强调按照团队方式开展项目工作，是项目管理中的主流做法。

1）项目团队的含义与特点

项目团队是因项目而组建成立的工作群体，也就说项目团队是为实现项目目标而在一起工作的一群人。项目团队包括项目经理、项目管理人员，以及其他执行项目工作的团队成员。项目团队由来自不同团体的个人组成，他们拥有执行项目任务所需的专业知识和技能。项目团队是一种临时性组织，项目任务完成或终止，项目团队即告解散。

项目团队中的角色有项目经理、项目管理人员、项目人员、支持专家、用户或客户代表、供应商、业务伙伴等。

项目团队作为一种临时性组织，主要有以下特点。

（1）目的性。项目团队是为实现项目目标而组建的。因此，项目团队的目的性很强，只承担与项目有关的使命和任务而非其他。

（2）临时性。项目团队在完成特定项目任务后使命即告终结，甚至在出现项目中途停止时，项目团队也会临时解散或暂停工作，待项目重新启动时项目团队才会重新恢复。

（3）团队性。项目团队是按照协同合作模式开展项目工作的，强调团队精神与团队合作是项目成功的保障。

（4）开放性。开放性指项目团队成员在项目实施期间"能进能出"，只要项目需要即可加入或退出。这使得项目团队成员数量和人选会随着项目的发展与变化会不断调整，这与相对稳定的一般作业组织是有差别的。

（5）双重性。多数情况下，项目团队成员受职能部门和项目经理的双重领导。做好沟通协调是对项目经理能力的基本要求。

2）项目团队的有效管理

一个优秀项目团队的创建，需要从以下方面进行有效管理。

（1）选择合适的项目成员。一个高效的团队不仅需要一个优秀的项目经理，项目成员的选择也非常重要。项目经理在挑选项目成员时，不仅注重项目成员的技术能力，还要考虑团队成员的教育背景、工作经历、性格特点，以及成员之间的互补性等因素。

（2）选择合适的激励手段。对项目成员的激励除了经济手段外，荣誉表彰、学习交流、富有挑战性的工作及鼓励参与决策等都是有效激励手段。当然，必要时也应有节制地使用某些消极激励。

（3）建立有效的信息沟通机制。创建精干高效的项目团队，良好的内部沟通机制是必要的。要正确掌握有效的沟通技巧，注意学会和使用倾听，避免和减少矛盾和冲突。建立畅通的信息沟通渠道和共享信息平台，保证信息准确、及时和有效地传递。

（4）增强团队的凝聚力。一个好的项目团队也必然是一个凝聚力强的团队。增强团队凝聚力，需要强调每个成员在团队中的作用，以及团队整体的不可分割性，要培养团队意识和团队成员的集体荣誉感。

（5）有效利用授权。有效利用授权，可以使团队自主完成任务，而不要太多的监督。有效授权需要确认适合授权的工作范围，需要明确授权的对象，更需要向被授权人说明授权的原因以及业绩考核标准。要注意对授权实施过程的阶段性评估或关键点控制。

4. 项目经理

项目经理是一个项目团队的灵魂和领导者，其能力、素质、知识结构、经验和领导艺术等都对项目的成败有着决定性的影响。

1）项目经理的角色

项目经理是执行组织委派，领导项目团队实现项目目标的个人。项目经理是项目的主管，其根本职责是带领项目团队按时优质地完成项目任务，让项目业主或顾客对项目的结果（交付物）感到满意。

项目经理不同于一般的职能经理或运营经理。职能经理通常专注于某个职能领域或业务单元的管理和监督，而运营经理则主要负责保证业务运营的高效性。项目经理对于事关组织生存和发展的项目负责，既有满足项目任务需求的责任，又有满足项目团队和项目成员个人需求的责任。

国家标准 GB/T 50326—2006《建设工程项目管理规范》中规定：项目经理应由法定代表人任命，并根据法定代表人授权的范围、期限和内容，履行管理职责，并对项目实施全过程、全面管理。大中型项目的项目经理必须取得工程建设类相应专业注册执业资格证书。项目经理应具备下列素质。

（1）符合项目管理要求的能力，善于进行组织协调与沟通。

（2）相应的项目管理经验和业绩。

（3）项目管理需要的专业技术、管理、经济、法律和法规知识。

（4）良好的职业道德和团结协作精神，遵纪守法、爱岗敬业、诚信尽责。

（5）身体健康。

2）项目经理的责、权、利

GB/T 50326—2006《建设工程项目管理规范》中的规定如下。

（1）项目经理应履行下列职责。①项目管理目标责任书规定的职责；②主持编制项目管理实施规划，并对项目目标进行系统管理；③对资源进行动态管理；④建立各种专业管理体系并组织实施；⑤进行授权范围内的利益分配；⑥收集工程资料，准备结算资料，参与工程竣工验收；⑦接受审计，处理项目经理部解体的善后工作；⑧协助组织进行项目的检查、鉴定和评奖申报工作。

（2）项目经理应具有下列权限。①参与项目招标、投标和合同签订；②参与组建项目经理部；③主持项目经理部工作；④决定授权范围内的项目资金的投入和使用；⑤制定内部计酬办法；⑥参与选择并使用具有相应资质的分包人；⑦参与选择物资供应单位；⑧在授权范围内协调与项目有关的内、外部关系；⑨法定代表人授予的其他权力。

（3）项目经理的利益与奖罚。①获得工资和奖励；②项目完成后，按照项目管理目标责任书规定，经审计后给予奖励或处罚；③获得评优表彰、记功等奖励。

9.3.2　项目实施与控制

1. 项目实施过程

1）项目计划的实施

项目计划的实施就是将项目计划转变成行动，按照项目计划组织开展项目的各项任务活动，并最终完成项目任务，实现项目总目标的过程。项目实施后的最终结果是产生让用户满意的项目交付物，项目实施是项目生命周期中用时最长、占用资源最多的阶段，也是项目管理全过程中的重要关键环节。项目的大部分预算将花费在项目的执行过程中。

2）项目计划实施的内容

项目计划实施的主要内容是：执行项目计划，按照项目计划开展各项工作，并根据项目实施中所发生的实际情况，进一步明确项目计划所规定的任务范围；对项目实施进行全程监控，采取各种有效措施和手段，确保项目的实施进度、成果质量和成本费用等技术经济指标都能够符合预定的项目管理标准；提高项目团队的工作效率和对项目高效管理的综合能力；进行采购、招投标和谈判；开展信息发布、沟通协商；以及合同管理、变更管理等。

2. 项目控制

1）项目控制及内容

项目控制就是跟踪和检测项目实际进展，若发现实施过程偏离了计划，就要找出原因，采取行动，使项目行动回到计划的轨道上来。如果偏差显著，可能还需根据具体情况对计划做出相应的调整。项目控制包括进度控制、成本控制、质量控制、风险控制、采购控制、变更控制等方面。这一系列的控制过程构成了整个项目的监控过程组，监控过程组是包含跟踪、审查和调整项目进展与绩效，识别必要的计划变更并启动相应变更的一组过程。监控过程组不仅监控某个过程组内正在进行的工作，而且监控整个项目工作。项目控制过程组之间的相互作用如图 9-7 所示。

2）项目控制流程

（1）制定项目控制目标，建立项目绩效考核标准。项目控制目标包括项目总体目标和阶段性目标。总体目标通常就是项目的合同目标，阶段性目标可以是项目的里程碑目标，也可以是项目总体目标分解子目标。绩效标准根据项目的技术规范、费用预算计划、资源需求计划、进度计划等来制定。

（2）衡量项目实际进展与绩效，获取偏差信息。通过对项目执行过程的绩效进行测量和分析，从而识别与项目计划的偏差。

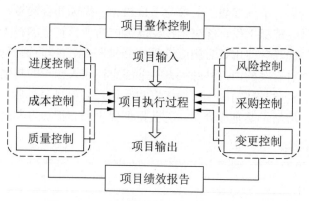

图 9-7　项目控制过程组之间的相互作用

（3）分析偏差产生原因，采取纠正或预防措施。项目实施中产生的偏差就是实际进展与计划的差值，有正向偏差和负向偏差两种。正向偏差不一定是好事，负向偏差也不一定是坏事，关键是看偏差产生的原因以及偏差对项目控制目标的影响程度，对影响程度大的原因要重点防范。找到了项目产生偏差的根源，就可以有针对性地采取纠偏或预防措施。

3）项目控制工具与技术

项目管理的主要过程中都有各自的控制工具与技术，下面介绍几种典型的项目控制工具与方法。

（1）横道图。它是第一次世界大战期间美国人甘特发明的，因而又称甘特图。用横道图表示项目进度，十分简单直观，其应用相当广泛。在横道图中，进度活动列于纵轴，日期排于横轴，活动持续时间则表示为按开始和结束日期定位的水平线条。使用横道图时，先将项目的各分项任务计划完成时间用横线条画出，再把各项任务实际完成的进度，用带底纹横线条画在计划线条之下，两者对比一目了然。也可将计划线条画成虚线（或空心线），实际进度线在原计划线上涂成实线（或实心线），如图 9-8 所示。横道图简便易读，是项目进度计划与控制的实用工具，常用于向管理层汇报项目的计划完成情况。

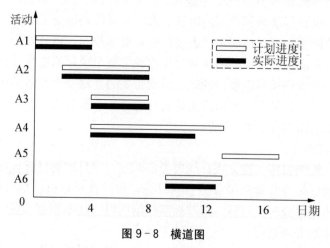

图 9-8　横道图

（2）挣值管理（Earned Value Management，EVM）。又称为挣得值法或偏差分析法。

EVM 可以综合衡量项目的范围、进程和成本，是工程项目中常用的一种综合控制方法。EVM 应用需要计算并监测三个关键指标：计划成本（Project Cost，PV）、实际成本（Actual Cost，AC）和挣值（Earned Value，EV），其中，挣值是对已完成工作的测量值，即按项目进度实际挣得的价值。EVM 实质上是分析计划成本、实际成本和挣值之间的关系，通过比较包括三个基本参数（计划成本、挣值、实际成本）、三个偏差分析变量（费用偏差、进度偏差、时间偏差）和两个指数变量（进度绩效指数、成本绩效指数），从而进行一系列分析预测与判断，为项目管理决策提供依据。

例如，成本偏差（Cost Variance，CV）是指一项活动的完成价值与实际费用之间的差额，是在某个给定时点的预算亏空或盈余量，也即挣值与实际成本之差。用公式表示为

$$CV = EV - AC \tag{9-1}$$

当 CV 为正值时，表示实际费用消耗低于预算值，即有结余或工作绩效好；当 CV 为负值时，表示实际费用消耗超出预算值即超支，若超支过大须由项目经理采取必要的控制措施。图 9-9 展示某个项目的 EV 数据，该项目预算超支且进度落后。

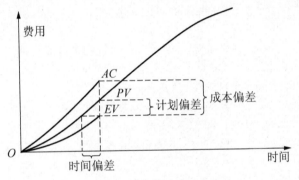

图 9-9　挣得值图

（3）里程碑图。里程碑是项目中的重大事件，在项目过程中不占资源，是一个时间点，通常指一个可交付成果的完成。项目计划中设定里程碑对项目目标和范围管理很重要，它协助范围的审核，为项目执行提供指导，好的里程碑计划能起到地图导引的作用。里程碑图是一个目标计划，它表明为了达到特定的里程碑，去完成一系列活动。里程碑计划通过建立里程碑和检验各个里程碑的到达情况，来控制项目的进展和保证实现总目标。图 9-10 中三个里程碑标志着项目中需要检查的特定点，检查的目的是确定项目是否按进度进行以及项目应该完成的进度。设置里程碑的最佳位置是一项关键活动完成之后。图 9-10 中，这些关键活动是下达采购订单、收到发票以及收到物料。

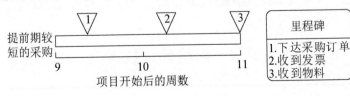

图 9-10　里程碑图

人物介绍

亨利·劳伦斯·甘特

亨利·劳伦斯·甘特(Henry Laurence Gantt, 1861—1919),美国管理学家,科学管理运动的先驱者之一,甘特图即生产计划进度图的发明者。

甘特出生于美国马里兰州的一个农民家庭,1880年毕业于霍普金斯大学,1884年,他成为一名机械工程师。1887年,甘特来到米德维尔钢铁厂任助理工程师并结识了泰罗,后与泰罗一道去了西蒙德公司和伯利恒公司。此后,甘特同泰罗密切合作,共同研究科学管理问题,直到离开伯利恒公司为止。1902年以后,甘特独立开业当咨询工程师,并先后在哥伦比亚、哈佛、耶鲁等大学任教。第一次世界大战期间,甘特为政府和军队充当顾问,对造船厂、兵工厂的管理进行了深入的研究。因为在战争期间的贡献,他获得了美国联邦政府的服务优异奖章。

甘特最为管理学界所熟知的是他发明的甘特图。早期,他用水平线条图说明工人完成任务的进展情况,每天把工人是否达到标准和获得奖金的情况用水平线条记录下来,达到标准的用黑色加以标明,未达到标准的用红色加以标明。这种图表对管理部门和工人本人都有帮助,因为图表上记载了工作的进展情况以及工人未能得到奖金的原因。管理部门能够根据图表指出缺点所在,并把进展情况的资料告诉工人;而工人则能直观地看到自己的工作成效。由于这种绘图办法提高了工作效率,甘特又进一步扩大了这种图表的范围,在图表上增加了许多内容,包括每天生产量的对比,成本控制,每台机器的工作量,每个工人实际完成的工作量与原先对工人工作量估计的对比情况,闲置机器的费用等,使这种图表发展为一种实用价值较高的管理工具。

第一次世界大战期间,甘特利用图表管理的方法获得了重大突破。当时,他在陆军部担任顾问。战争期间时间的安排至关重要,甘特提出工作控制中的关键因素是时间,时间应当是制订任何计划的基础。解决时间安排问题的办法,是绘出一张标明计划和控制工作的线条图。这种图表就是在管理学界享有盛誉的甘特图表。

管理学界有人认为,甘特用图表进行计划与控制的做法是当时管理技术上的一次革命。有了它,管理部门就可以从一张事先准备好的图表上,看到计划执行的进展情况,并可以采取一切必要行动使计划按时完成,或在延期许可范围内完成。甘特咨询公司的华莱士·克拉克为此专门写了《甘特图表:管理的一个行之有效的工具》一书。这本书后来被翻译成多种文字在全球发行并产生了广泛的影响。现代网络计划技术中的关键路径法和计划评审技术,其基本思想就是源于甘特图表。

(资料来源:http://www.wiki.mbalib.com/wiki.)

9.4 网络计划技术

网络计划技术是项目计划管理的重要方法,它用网络图进行工程项目的排程,借助网络图表示各项工作与所需要的时间,以及各项工作的相互关系。通过网络分析研究工程费用与工期的相互关系,并找出项目计划执行过程中的关键工序和关键路线,以此合理调配使用资源，有效组织和控制项目计划的执行，从而高效率、高效益地完成并实现项目的任务与目标。

9.4.1　网络计划技术概述

1. 网络计划模型的产生

网络计划技术是一项用于工程项目的计划与控制的管理技术。网络计划技术中最著名的两种网络计划模型都产生于 20 世纪 50 年代的美国。关键路径法（Critical Path Method，CPM）是美国杜邦公司旗下的化工厂在制订停机期间的维护计划时发明的，1957 年，杜邦公司首次采用 CPM，一年就节约了 100 多万美元。1958 年，美国海军武器规划局在制订北极星导弹研制计划时，创立并应用了计划评审技术（Program Evaluation and Review Technique，PERT），也称进度估算技术，使北极星导弹潜艇比预定计划提前两年完成。

CPM 和 PERT 是独立发展起来的计划方法，在具体做法上有不同之处。CPM 假定每一活动的时间是确定的，而 PERT 对活动时间基于概率估计；CPM 不仅考虑活动时间，也考虑活动费用及费用和时间的权衡，而 PERT 则较少考虑费用问题，主要侧重于时间控制；CPM 采用节点型网络图，PERT 采用箭线型网络图。但两者所依据的基本原理基本相同，都是通过网络图形表达某个项目计划中各项具体活动的逻辑关系，随着时间的推移，两者之间的差异逐渐消失，现在不加区别地将其合称为网络计划技术。

2. 网络计划技术的优点

从某种意义上讲，网络计划技术的创立和发展都应归功于它们的先驱甘特图的发明和广泛应用。对于小项目，用甘特图可以直观地将各种活动和时间联系起来，但对于超过 25 个活动组成的项目，甘特图的可视性就变得极差，而且操作起来也十分困难。另外，甘特图也不能提供确定关键路线的直接方法，相比之下网络计划技术则有更大的实际应用价值，并具有以下诸多优点。

（1）通过网络图，能够清楚地反映出项目各项工作之间的相互制约、相互依赖关系，整个项目及各组成部分一目了然。

（2）能够计算出活动的最早可能开始和结束时间、最迟必须开始和结束时间，以及总时差和自由时差；可足够准确地估计项目的完成时间，并指明哪些活动一定要按时完成才不延误工期，哪些活动可以容许延缓；便于跟踪项目进度，抓住关键环节。

（3）在项目计划执行过程中，某一工作提前或推迟完成时，能够预见到它对工期的影响程度，而且能够根据变化了的情况，迅速进行调整，保证自始至终对计划进行有效的控制与监督，促使参加项目的各单位和相关人员必须牢记各自工作在项目中的地位和作用。

（4）能够从许多可行方案中，选出最优方案，从而使项目工期缩短，成本降低。因此，它既是控制工期的有效方法，又是控制费用的有效手段。

（5）可以借助计算机的高速运算，使大型复杂工程项目的计划编制与方案优化变得容易且迅速，极大地提高了项目管理的质量和效率，使领导者能够摆脱一般的日常管理事务，集中精力做好对重要事项的决策和部署。

3. 应用网络计划技术的步骤

应用网络计划技术的一般步骤如下。

1）项目分解

项目分解就是将一个工程项目分解成各种活动（作业、工序、任务）。进行项目分解时，可采用任务分解结构（WBS），以帮助定义项目任务和整个工作范围。在对项目分解前，需要明确项目分解的详细程度，一个项目分解到什么程度往往根据项目管理需要而定。例如，给上级领导使用的网络计划比较粗略，项目可能只分解成一些较大的活动，如设计、制造、安装等；给施工单位使用的网络计划则较详细，项目分解成一些具体活动，如挖地基、浇灌水泥等。项目分解后，应将项目所有的活动任务列入工序明细汇总表。

2）确定各种活动之间的先后顺序和相互关系，绘制网络图

项目分解成活动之后，要理清各种活动之间的相互关系并确定其先后次序，即一项活动的进行是否取决于其他活动的完成，该项活动的前接工序或后接工序是什么。在此基础上，就可画出项目计划的网络图。有关网络图的绘制方法将在后面讨论。

3）估算活动所需时间

活动所需时间是指在一定的技术组织条件下，为完成一项任务或一道工序所需要的时间。活动所需时间也就是开展一项活动的延续时间，一般通过估算得出。实际应用中有两种估计方法：①单一时间估计法。这种估计法对各种活动的时间，仅确定一个时间值。适用于有同类型活动时间资料做参考的情况。用单一时间估计法画出的网络图也称为确定型网络图。②三点时间估计法。这种估计法是对活动时间预估三个时间值（最乐观时间 a、最可能时间 m、最悲观时间 b），然后用公式 $t(i, j) = \dfrac{(a + 4m + b)}{6}$ 求出活动的平均时间。用三点时间估计法画出的网络图又称为随机型网络图。

4）计算网络参数，确定关键路线

网络参数包括事件的时间参数和活动的时间参数，如工序的最早开始、最早结束、最迟开始、最迟结束时间，以及活动总时差和局部时差等。求出时间参数之后，就可以确定关键路线。

5）网络计划优化

网络计划优化就是利用时差，平衡调节时间、资源与费用三者的关系，在满足一定的约束条件下，不断改善网络计划的初始方案，寻求工期最短、费用最低、资源利用最好的项目计划过程。常做的网络计划优化包括时间优化、时间—费用优化和时间—资源优化。

6）监控项目工作

利用网络计划对项目工作进行跟踪、审查和报告项目进展，以实现项目管理计划中设定的绩效目标，并确保项目如期完成。

7）调整变更

根据项目实施过程中实际发生的情况，准确识别影响项目计划变更的环境因素，对网络计划进行必要的调整。

在实际工作中应用网络计划技术的步骤如图 9-11 所示。

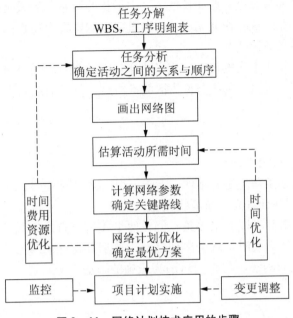

图 9-11 网络计划技术应用的步骤

9.4.2 网络图的构成与绘制

1. 网络图的构成

网络图是由事件、作业和线路三个要素组成的。

1) 事件

事件是指一项活动(作业)的开始或结束。在网络图中用圆圈及圆圈内的数字来表示。圆圈是两条以上箭线的交接点,所以又称节点。事件不消耗资源,也不占用时间,只是表示某项活动(作业)的开始或结束。网络图中第一个圆圈(节点)是网络的始点事件,它代表一项计划(或工程)的开始;网络图中最后一个圆圈(节点)是网络的终点事件,代表一项计划(或工程)的完成;介于始点与终点之间的圆圈(节点)为中间事件。任何中间事件都有双重含义,它既表示前一项作业的完成,又表示后一项作业的开始。

2) 作业

作业(活动)是指一项工作或一道工序。在网络图中用箭线来表示。作业是一项有具体内容的过程,它需要消耗人、财、物等资源,经过一定时间后才能完成的活动。

有些活动既不消耗资源,也不占用时间,称为虚作业,在网络图中用虚箭线表示。虚作业是为表达活动之间的关系而引入的,在实际工作中并不存在,只是表明作业之间的逻辑关系,但虚箭线在网络图中却有着重要作用。

3) 线路

线路是指从网络始点事件开始,沿着箭线的方向,到网络终点事件为止,由一系列首尾相连的节点和箭线所组成的一条通路。从网络图的起始节点出发,顺箭线方向经过一系列节点和箭线,到网络图的终止节点有若干条路,每一条路都称为一条线路。一条线路上各项活动延续时间之和称为该线路的长度，其中最长的线路称为关键路线，位于关键路线上的作业称为关键作业，这些作业完成的快慢直接影响着整个项目的工期。有时，一个网络图中会同时出现多条关键路线。

关键路线并不是一成不变的，在一定条件下，关键路线和非关键路线可以相互转化。网络图中，路长接近关键路线的线路称为次关键线路，位于关键和次关键线路上的作业总和称为关键区域。

2. 网络图的绘制规则

1) 网络图中不允许出现循环

网络图中的箭线必须从左至右排列，不能出现回路。图9-12为出现循环的示例。

2) 两个节点之间只允许有一条箭线相连

进入一个节点的箭线可以有很多条，但在两个相邻节点之间只能有一条箭线。否则，当用节点编号标识某项活动时，就会出现混乱。要消除这样的现象，就必须引入虚箭线。图9-13(a)为不正确的画法，图9-13(b)为正确的画法。

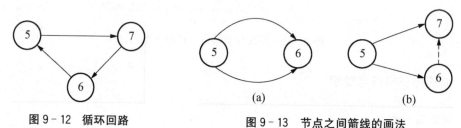

图9-12　循环回路　　　　图9-13　节点之间箭线的画法

3) 同一箭线的箭尾节点编号必须小于箭头节点编号

网络图中每一项作业都应有自己的节点编号，号码不能重复使用，同一箭线箭头事件的编号必须大于箭尾事件的编号。编号可以不连续，而且最好是跳跃式的，以便调整。通常用 i 表示箭尾事件，用 j 表示箭头事件，节点编号应满足 $i < j$。

4) 一个完整的网络图必须有且只能有一个起始节点和一个终止节点

起始节点表示项目的开始，终止节点表示项目的结束。网络图除了起始节点和终止节点外，其余的节点都应该有前后箭线相接，不允许有中断的缺口。换句话说，自网络图起始节点，经由任何箭线，都可以达到网络图的终止节点。按惯例，起始节点画在网络图的左边，终止节点画在网络图的右边。图9-14中(a)画法是错误的，正确的画法是(b)。

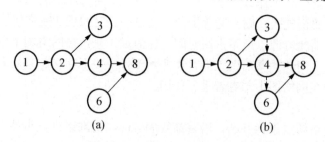

图9-14　完整网络图的画法

3．网络图的绘制

绘制网络图需要经过以下两个步骤。

（1）调研分析、任务分解，确定各项作业（活动）之间的衔接关系并估算作业时间，列出活动清单。例如，某设计研究院科技开发项目的活动清单见表 9-2。

表 9-2 某设计研究院项目活动清单

活动名称	活动代号	紧前工序	紧后工序	作业时间（周）
设计	A	—	D	8
构造模型	B	—	C，E	3
评价设备	C	B	D	4
设备测试	D	A，C	F，G	5
模型测试	E	B	G	3
写方法说明	F	D	—	3
写设备报告	G	D，E	—	2

（2）根据表 9-2 中所列的资料画出网络图，如图 9-15 所示。

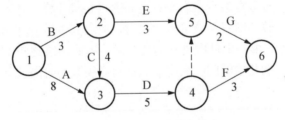

图 9-15 某项目网络图

正确绘制网络图应该从左到右进行，起始节点画在最左边，表示项目的开始。然后，从活动代号栏中找出紧后活动栏中没有出现的活动，即项目一开始时就可以进行的活动。这样，从起始节点画出的箭线就代表这类活动。画出最早能开始的活动之后，就要找出其紧后活动，并将紧后活动的箭线与最先开始的紧前活动首尾相接画出，以此类推，按这样的画法进行下去，直到没有紧后活动的作业为止。最后，将所有无紧后活动的作业箭线汇集在终止节点上。草图绘出后，将活动代号和作业时间标在箭线上，并按网络图绘制规则，仔细对照检查，去掉不必要的虚箭线，一个完整的网络图就算画成。需要指出的是，网络图中引入虚箭线表示工序间的逻辑衔接关系，它在网络图中有其特殊作用，但在绘制网络图时应尽量少用虚箭线。

9.4.3 网络图时间参数的计算

1．事件时间参数的计算

事件时间是一个瞬时的概念，在时间轴上是一个点。事件时间参数有三个：事件最早可能开始时间、事件最迟必须开始时间和事件时差。在网络图中，节点与事件对应。起始节点表示项目开始事件，这一事件的发生，表示项目最早可以进行的活动开始；终止节点表示项目完成事件，这一事件的发生，表示项目最后进行的活动完成。中间节点表示终止在该节点的箭线所代表的活动完成和从该节点发出的箭线所代表的活动开始这一事件。

1）节点最早开始时间

节点最早开始时间是指从该节点发出的箭线所代表的活动最早可能开始作业的时间，用 $T_E(i)$ 表示，即第 i 节点的最早开始时间，在网络图中用"□"标记在 i 节点上。计算节点的最早开始时间应从网络图的起始节点开始，并取网络图始点的最早开始时间为零，按节点编号从左至右顺向逐点相加计算，直到网络图的终止节点为止。如果遇到节点前有数条箭线汇入该节点时，应取其中最早开始时间与其活动作业时间 $t(i, j)$ 之和最大者。计算公式如下：

$$T_E(j) = \max\{T_E(i) + t(i, j)\} \tag{9-2}$$

式中：i 和 j 分别为箭尾事件和箭头事件；$t(i, j)$ 为活动 (i, j) 所需时间。

2）节点最迟开始时间

节点最迟开始时间是指从该节点发出的箭线所代表的活动最迟必须开始的时间，或从该节点接受的箭线所代表的活动最迟必须结束的时间，用 $T_L(i)$ 表示，即第 i 节点的最迟开始时间，在网络图中用"△"标记在 i 节点上。节点最迟必须开始时间的计算，是从网络图的终止节点开始，按节点编号从右至左逆向逐点相减计算，直到网络图的起始节点为止。如果遇到节点后有数条箭线从该节点发出时，应取其中最迟开始时间与其活动作业时间 $t(i, j)$ 之差最小者。由于事件本身不消耗时间，因此网络终止节点的最迟必须开始时间可以等于它的最早可能开始时间。其余节点最迟必须开始时间按下列公式计算：

$$T_L(i) = \min\{T_L(j) - t(i, j)\} \tag{9-3}$$

3）节点时差

节点时差是指每个节点的最迟必须开始时间与最早可能开始时间之差，是项目活动可利用的机动时间。用 $S(i)$ 表示第 i 节点的时差，计算公式如下：

$$S(i) = T_L(i) - T_E(i) \tag{9-4}$$

4）关键路线及总工期

从起始节点到终止节点顺序地将所有事件时差为零的节点连接起来的路线即为关键路线。关键路线应在网络图中用双杆箭线或带颜色的箭线标出。关键路线上的各工序为关键工序。关键路线上各工序作业时间之和就是工程完工的总工期。

现将图 9-15 所示的网络图事件时间参数计算如下。

（1）计算节点最早开始时间：

$$T_E(1) = 0 ，\quad T_E(2) = T_E(1) + t(1, 2) = 0 + 3 = 3 ，\ \cdots$$

$$T_E(6) = \max\{T_E(4) + t(4, 6), T_E(5) + t(5, 6)\} = \max\{13 + 3, 13 + 2\} = 16$$

（2）计算节点最迟开始时间：

设 $T_L(6) = T_E(6) = 16$，则

$$T_L(5) = T_L(6) - t(5, 6) = 16 - 2 = 14 ，\ \cdots$$

$$T_L(1) = \min\{T_L(3) - t(1, 3), T_L(2) - t(1, 2)\} = \min\{8 - 8, 4 - 3\} = 0$$

（3）计算节点时差：
$$S(1)=0-0=0 \ , \ S(2)=T_{\mathrm{L}}(2)-T_{\mathrm{E}}(2)=4-3=1 \ , \ \cdots$$
$$S(6)=T_{\mathrm{L}}(6)-T_{\mathrm{E}}(6)=16-16=0$$

（4）关键路线及总工期：关键路线为 ①→③→④→⑥ ，总工期是 16 周。

对于比较简单的网络图，可以直接在网络图上计算各节点时间参数，并将时间参数标记在图上，找出关键路线后用双杆箭线标出，如图 9-16 所示。

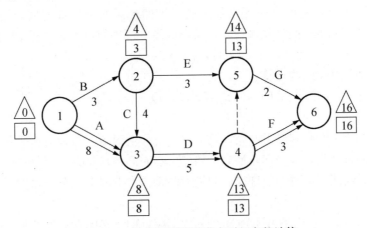

图 9-16   某项目网络图节点时间参数计算

2. 作业时间参数的计算

与事件时间不同，作业时间是一个时段概念，作业活动需要持续一段时间才能完成。因此，作业时间参数有五个：作业最早可能开始时间、作业最早可能完成时间、作业最迟必须完成时间、作业最迟必须开始时间和作业时差。作业时间参数可以通过事件时间参数计算，也可以独立计算。

1）作业最早开始时间

作业最早开始时间是指该作业必须等它的紧前作业完成后才能开始，在此以前是不具备开工条件的，这个时间称为作业的最早可能开始时间，用 $ES(i , j)$ 表示。作业最早开始时间就是指该作业对应箭线的箭尾事件的最早可能开始时间，即
$$ES(i , j)=T_{\mathrm{E}}(i) \tag{9-5}$$

或按紧前作业的最早可能开始时间计算：
$$ES(i , j)=\max\{ES(h , i)+t(h , i)\} \tag{9-6}$$

式中：(h , i) 代表紧前作业。

2）作业最早完成时间

作业最早完成时间就是该项作业按最早开始时间开工，所能实现的最早可能完成时间，用 $EF(i , j)$ 表示。作业最早可能完成时间等于该作业的最早可能开始时间与作业所需时间之和，即
$$EF(i , j)=ES(i , j)+t(i , j)=T_{\mathrm{E}}(i)+t(i , j) \tag{9-7}$$

3）作业最迟开始时间

作业最迟开始时间是指为保证工程按期完工的最迟必须开始时间，用 $LS(i , j)$ 表示。

作业最迟必须开始时间可通过事件的时间参数计算：

$$LS(i, j) = T_L(j) - t(i, j) \tag{9-8}$$

或按紧后作业的最迟必须开始时间计算：

$$LS(i, j) = \min\{LS(j, k) - t(i, j)\} \tag{9-9}$$

式中：(j, k) 代表紧后作业。

4）作业最迟完成时间

作业最迟完成时间是指为保证工程按期完工的最迟必须完成时间，用 $LF(i, j)$ 表示。作业最迟必须完成时间就是该项作业活动的箭头事件的最迟必须开始时间，即

$$LF(i, j) = T_L(j) \tag{9-10}$$

或按作业最迟必须开始时间计算：

$$LF(i, j) = LS(i, j) + t(i, j) \tag{9-11}$$

5）作业时差

有了作业的最早时间和最迟时间，就可以计算作业时差。作业时差是指在不影响整个项目完工时间的条件下，某项作业最迟开始（完成）时间与最早开始（完成）时间的差值，也就是作业开始时间或完成时间容许推迟的最大限度。作业时差又分为作业总时差和作业单时差。

（1）作业总时差。是指在不影响整个工程工期，即不影响紧后作业的最迟必须开始时间的前提下，作业的开始时间或完成时间可以前后松动的最大范围，用 $S_z(i, j)$ 表示。计算公式如下：

$$
\begin{aligned}
S_z(i, j) &= LS(i, j) - ES(i, j) \\
&= LF(i, j) - EF(i, j) \\
&= T_L(j) - T_E(i) - t(i, j)
\end{aligned} \tag{9-12}
$$

虽然总时差是对一项作业而言的，但它的影响却是全局的，这也是其被称为"总时差"的原因。任何作业的总时差范围超过一天，则整个工程将延期一天。

（2）作业单时差。是指在不影响紧后作业最早可能开始时间条件下，作业的开始时间或完成时间可以前后松动的最大范围，用 $S(i, j)$ 表示。计算公式如下：

$$
\begin{aligned}
S(i, j) &= ES(j, k) - EF(i, j) \\
&= ES(j, k) - ES(i, j) - t(i, j) \\
&= T_E(j) - T_E(i) - t(i, j)
\end{aligned} \tag{9-13}
$$

单时差是总时差的一部分。由于单时差以不影响紧后工序最早开始时间为前提，这就有两方面的意义。一方面表明单时差只能在本项作业中利用，如果不用也不能让给紧后作业，而总时差可以部分让给后续作业使用；另一方面，它对紧后作业的正常进行毫无影响，即使某项作业的单时差全部用完了，其紧后作业并不会推迟开工。这对多个单位协作的大工程的组织有十分重要的意义，它使得各个施工单位可以独立按计划进行。因此，在对网络计划进行优化时，单时差是非常有用的。

6）线路时差

网络图中虽然有许多条线路，但从性质上分只有两种：关键路线和非关键路线。

线路时差就是关键路线与某非关键路线的持续时间之差。线路时差越大，说明该线路

同关键路线相比，所需的作业时间越短，时间上的潜力越大。由于作业总时差可以储存在一条线路中为各作业活动所共用，因此，线路时差并不等于该线路上各作业总时差之和，而只能等于该线路上各作业单时差之和。如果该线路上有关键节点，则线路时差等于以关键节点分段的各段中最大的工序总时差之和。

计算线路时差可以更好地了解网络图中各条线路在时间上的轻重缓急及其程度，使项目管理者心中有数，必要时利用线路时差，抽调非关键路线上的人力、物力，以确保关键路线如期完工。

7）关键路线及总工期

时差为零的作业也称关键作业。作业总时差为零，意味着所有其他时差均为零，没有任何缓冲余地，只能按时完成。所以，关键作业是工程项目中重点管理的对象。顺序地将关键作业活动连接起来所得到的从起始节点到终止节点的线路就是关键路线。关键路线上总的持续时间就是工程的总工期。

掌握和控制关键路线是应用网络计划技术的精髓。在关键路线上如果各工序的作业时间提前或延迟一天，则整个计划任务的完工日期就要相应地提前或延迟一天。因此，要缩短工程的建设周期，提高项目投资效果，就必须抓住关键路线，从缩短关键路线的工期着手。

需要指出的是，关键路线不是固定不变的，在一定条件下，关键路线和非关键路线是可以相互转化的。因此，在网络计划的执行过程中，要用发展的、动态的观点看待关键路线。在网络图中，有时可能出现多条关键路线，关键路线越多，表明各项活动的周期都很紧张，为此，必须加强管理，严格控制，以保证项目计划任务的按期完成。

3. 网络时间参数的计算

计算网络时间参数可以采用手工计算或计算机计算的方法。手工计算方法又有图算法、表算法和矩阵法三种。图算法就是直接在网络图上计算各个时间参数，并按照事先规定的格式把它们标记在网络图上。表算法就是在设计的表格上计算并记录时间参数的方法。矩阵法计算是先按事件（节点）的数目作一个 $n \times n$ 的矩阵，然后在矩阵中进行顺向计算（由上往下），对工序的最早开始时间和最早结束时间进行计算；其次进行逆向计算（由下往上），对工序的最迟开始时间和最迟结束时间进行计算，最后逐列计算工序的总时差和单时差。

一般来说，图算法只适用于 20 个节点以下的简单网络图；表算法适用于 50 个节点以下的网络图；矩阵法适用于 200 个节点以下的工程网络图。在网络图的计算中，手算方法中只有矩阵法能解决 200 个节点以下的工程网络图，所以矩阵法是工程项目计划中较实用的一种手算方法。但当制订大型工程网络计划时，特别是需要进行网络计划优化和编制各种报表时，手算法计算工作量很大，甚至有一定困难，就必须借助计算机计算。

现今，随着计算机应用技术的普及和发展，网络计划技术应用软件已很成熟且功能强大，网络时间参数的计算也已不是问题，这为网络计划技术的应用和推广开辟了更大的空间。

9.4.4　网络计划的优化

网络计划的优化，就是利用时差，不断改善网络计划的方案，在满足一定条件下，平衡时间、资源与费用三者的关系，寻求工期最短、费用最少、资源利用最好的网络计划过程。

衡量一个计划方案的优劣，应该综合评价它的技术经济指标，包括工期、成本、资源消耗等。但是还没有一个能全面反映这些指标的综合数学模型用作评价最优计划方案的依据。目前能进行的网络计划优化是时间优化、时间—费用优化和时间—资源优化。

1. 时间优化

时间优化就是不考虑人力、物力、财力资源的限制，寻求最短工期。这种情况通常发生在任务紧急、资源有保障的情况下。

由于工期由关键路线上的作业时间所决定，压缩工期就变成缩短关键路线上作业活动的时间。网络计划的优势在于它能清楚地分出哪些是关键工序，哪些是非关键工序，其时差是多少。因此，时间优化就是研究如何利用时差，抽调非关键工序上的人力、物力支援关键工序，加快计划进度，缩短工期。

缩短工期主要通过两种途径，一是缩短工序时间，二是合理安排施工顺序。缩短工序时间，主要是缩短关键工序的时间，"向关键工序要时间，向非关键工序要资源"。首先要分析工程项目各项活动缩短工时的可能性，通过计算确定能够缩短的工期，需要注意的是，缩短工期可能会出现新的关键路线。其次，通过调用非关键工序的资源支援关键工序来缩短关键工序的工期。反复进行上述步骤，直至将总工期缩到最短。

合理安排施工顺序主要是通过调整网络结构，以达到缩短工期的目的。为此，要对各项作业活动分析它们之间的固定顺序或可变顺序条件。根据工程项目中工序之间的可变顺序条件，将其转换为新的施工顺序，形成调整后的网络计划，再求出关键路线的总工期。将不同方案的总工期进行比较，选出最优方案。

必须指出的是，压缩关键路线上活动的时间，会导致原来不是关键路线的线路成为关键路线。若要继续缩短工期，就要在所有关键路线上赶工或进行平行交叉作业。随着关键路线的增多，压缩工期所付出的代价就越大。因此，一味地追求工期最短而不顾资源的消耗，在多数情况下是不可取的。

2. 时间-费用优化

时间-费用(成本)优化，又称最低成本工期。就是在尽可能缩短工期的同时，也使项目费用最省。之所以能够进行时间-费用优化，是因为工程成本可分为直接费用和间接费用两部分，而这两部分费用随工期变化而变动的趋势是相反的。

直接费用是指直接耗用于活动中并能够直接计入工程成本的费用，如作业工人的工资、原材料费用等。直接费用与项目工期的关系往往是非线性的，一般来说，直接费用随工期的缩短而增加。

间接费用是指并非直接用于某项作业活动，但与整个工程项目有关的费用，间接费用难以直接计入某项作业活动成本，但却是项目实施所必须发生的费用，如项目管理人员工资、工程管理费用、贷款利息等费用。间接费用与工期成正比关系，工期越长，间接费用越多，反之则越低。

工程总费用、直接费用、间接费用与工期的关系如图 9－17 所示。缩短工期，会引起直接费用的增加和间接费用的减少。反之，延长工期会引起直接费用的减少和间接费用的增加。

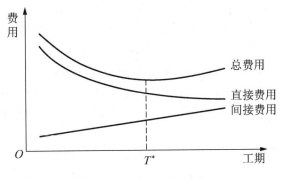

图 9-17　费用与工期的关系

从图 9-17 总费用曲线中，我们可以看到存在着一个点，它所对应的成本最小，而与成本最小相对应的工期 T^* 即为最优工期。

进一步分析直接费用与工期的关系。一项作业活动如果按正常工作班次进行，其延续时间称为正常时间，记为 T_B ；所需的直接费用称为正常费用，记为 C_B 。若增加直接费用投入，可以缩短作业所需时间，但活动所需时间又不可能无限缩短。在赶工条件下作业活动所需的最少时间称为极限时间，记为 T_A ；相应所需直接费用称为极限费用，记为 C_A 。作业活动直接费用与所需时间的关系如图 9-18 所示。

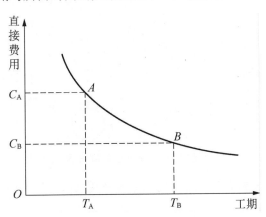

图 9-18　直接费用-工期关系图

从正常费用到极限费用，是随着工期的缩短而变化的，一般也不是线性的。为简化处理，可将直接费用与工期的关系视为线性关系，这样就可以用直线 AB 近似代替曲线 AB，在这样的假定条件下，作业活动每缩短一个单位时间所引起的直接费用的增加称为直接费用增长率，记为 e，则有近似计算公式为

$$e = \frac{C_A - C_B}{T_B - T_A} \tag{9-14}$$

不同工序的 e 值是不同的，e 值越大，则意味着施工持续时间延长一天所增加的费用也愈大。因此，要想缩短工期又希望成本最小，就需首先考虑缩短位于关键路线上 e 值最

小的作业活动时间。

工期成本优化的基本思想，在于不断地从这些工序的持续时间和费用的关系中，找出能使计划工期缩短而又能使直接费用增额最少的工序，缩短其持续时间。然后考虑间接费用随工期缩短而减少的影响，把不同工期的直接费用和间接费用分别相加，即可求出工程成本最低时的相应最优工期。

由图 9-17 中可以看出，总费用先随工期缩短而降低，然后又随工期进一步缩短而上升。总费用的这一变化特点表明，其间必有一个最低点，该点对应的工程工期就是最佳工期，如图 9-17 中 T^* 点所示。因此，时间-费用优化的过程就是寻求总费用最低的过程。

设工期从 T 压缩到 T'，$T' < T$，相应的总费用变化为

$$C_T(T') = C_Z(T') + C_J(T') = C_Z(T) + \Delta C_Z + C_J(T) + \Delta C_J$$

$$C_T(T') - C_T(T) = \Delta C_Z + \Delta C_J \tag{9-15}$$

若 $\Delta C_Z + \Delta C_J < 0$，则工期还可以进一步缩短。

进行时间费用优化时，应把握三个要点：必须对关键路线上的活动赶工；选择关键路线上 e 值最小的作业活动赶工；在可赶工的时间范围内赶工。

下面通过例子说明时间-费用优化的方法过程。

【例 9-1】 某项目计划的网络图如图 9-19 所示。各项活动的正常时间、正常费用、极限时间、极限费用列于表 9-3 中。设该项目的单位时间的间接费用为 3 000 元。按合同要求，工期为 6 周，每超过 1 周，罚款 2 000 元；每提前 1 周，奖励 2 000 元。试找出最低费用下的工期。

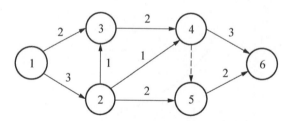

图 9-19 某项目的网络图

解： 利用所给的正常和赶工情况下的各种数据，计算直接费用变化率，填于表 9-3 中。

表 9-3 费用率计算

作业活动	正常条件下		赶工条件下		直接费用变化率 e
	时间(周)	直接费用(元)	时间(周)	直接费用(元)	（元/周）
①→②	3	10 000	2	16 000	6 000
①→③	2	8 000	1	13 000	5 000
②→③	1	3 000	1	3 000	—
②→④	1	2 000	1	2 000	—

续表

作业活动	正常条件下		赶工条件下		直接费用变化率 e（元/周）
	时间(周)	直接费用(元)	时间(周)	直接费用(元)	
②→⑤	2	5 000	1	8 000	3 000
③→④	2	6 000	1	10 000	4 000
④→⑤	0	—	0	—	—
④→⑥	3	7 000	2	9 000	2 000
⑤→⑥	2	3 000	1	6 000	3 000

根据正常条件下的网络图(图9-19)求出关键路线。关键路线为①→②→③→④→⑥。在正常条件下，直接费用和间接费用都没有变化，但由于比合同规定延迟了3周，罚款为6 000元，见表9-4。因此，要考虑压缩关键活动时间。此时，关键活动为①→②、②→③、③→④、④→⑥。在这4项活动中，活动④→⑥的直接费用率最小，因此优先考虑压缩活动④→⑥的时间。将活动④→⑥的时间从3周压缩到2周。活动④→⑥时间压缩一周后，直接费用增加2 000元，由于工期缩短一周，间接费用减少3 000元，两项相加，节省1 000元。但工期拖后2周，罚款为4 000元。总费用变化为3 000元，低于正常工期下的费用。

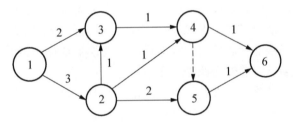

图9-20　某项目优化的网络图

表9-4　网络计划优化过程计算

工期	9周	8周	7周	6周	5周
赶工活动	无	④→⑥	④→⑥ ③→④	④→⑥，③→④ ④→⑥，⑤→⑥	④→⑥，③→④，④→⑥ ⑤→⑥，①→②
ΔC_Z	0	2 000	6 000	11 000	17 000
ΔC_J	0	−3 000	−6 000	−9 000	−12 000
$\Delta C_Z + \Delta C_J$	0	−1 000	0	2 000	5 000
罚款	6 000	4 000	2 000	0	−2 000
总费用变化	6 000	3 000	2 000	2 000	3 000

接下来，考虑将工期压缩为7周。经过第一次压缩后，活动⑤→⑥也已成为关键活动。要使工期变为7周，有三种压缩方案：同时压缩④→⑥、⑤→⑥各1周，需增加直接

费用 5 000 元；压缩③→④1 周，需增加直接费用 4 000 元；压缩①→②1 周，需增加直接费用 6 000 元。因此，决定压缩活动③→④的时间。

按这样的方法继续下去，最后结果见表 9-4。总费用增加最少的方案是工期压缩到 6 周。每压缩一次作业活动的时间，都要重新计算出新的关键路线和关键活动，以便找出下一步需要压缩的活动对象。随着对活动时间的不断压缩，关键活动和关键路线越来越多，优化工作也变得越来越复杂。例 9-1 最后的结果参见图 9-20 与表 9-4。

3. 时间-资源优化

时间-资源优化，就是指在满足资源限定的条件下，寻求工期最短的计划方案。制订项目计划，必须考虑资源（劳动力、原材料、设备等）供应的可能性。如果某些资源供应能力受到限制，这就等于给计划设定了限制条件，因此，对项目计划的优化就变成在此前提下，寻求工期最短的计划方案，也就是最优的计划。

一般来说，资源供应的限制，往往使一些作业活动不可能在某一时间内同时进行，其中有些必须推迟进行。作业开始时间的推迟，一旦超出该作业时差许可的范围，就会导致整个工程的延期。因此，需要分析研究推迟哪些工序，才能不拖延或最少拖延工期，这就是资源限制条件下的时间优化问题。

时间-资源优化，需要对项目实施所需的资源进行分析。资源分析也是项目计划工作的必要组成部分。资源分析的主要内容是：在规定的工期内，计算项目中每项活动所需资源的数量，并对资源供应的日程做出安排；优先安排关键作业及总时差很小的次关键作业所需资源；对于某些限制性资源，应充分利用非关键工作的总时差，错开作业的施工时间，均衡资源使用；当遇上资源缺口大或项目经济效益需要时，如果技术上允许，可以考虑适当延长项目完工期，以缓解资源需求压力。

项目资源的含义是广泛的，涉及材料、设备、人力、能源、运输工具等，甚至费用也可以作为资源来考虑。一般来说，资源分析的对象集中在供需缺口较大、对项目实施影响显著的那些资源上。

时间-资源优化是一项复杂的工作，很难找到工程进度和资源利用完美的结合，常常是需要进行多次试算平衡后，才能得到相对满意的优化结果。时间-资源优化主要靠试算。常用的做法是根据日程进度绘制线条图；绘制资源需要动态曲线；依据有限资源条件和优化目标，在坐标图上利用非关键工序的时差，依次调整超过资源约束条件施工期内各项作业的开工时间，直到满足平衡条件为止。时间-资源优化的实质是对有限资源的调配平衡问题，将资源优先分配给关键线路上的作业和时差较小的作业，并尽量保证资源使用的均衡性，避免骤增骤减，这是实现资源合理使用的基本原则。

本 章 小 结

本章主要讲述了项目的计划、组织与控制，以及网络计划技术。有效的项目管理需要有一个精干高效的项目工作团队，这比简单地建立一个 CPM 计划难得多；还需要清楚地认识项目的各个责任，选配优秀的项目经理。

项目失败有各种各样的原因，最主要的是由于计划阶段的投入不足。另外，项目小组没有获得充分授权，以及缺乏优秀的项目经理，同样是导致项目在执行上失败的重要因素。从技术角度看，网络计划技术是项目管理和优化的有用工具和重要方法。

思考与练习

1. 什么是项目？项目主要有哪些类型？

2. 什么是项目管理？项目管理的主要内容是什么？

3. 简述项目组织结构的类型、特点和适用范围。

4. 项目经理在项目管理中是何种角色？

5. 什么是挣值管理？

6. 在项目计划中设置里程碑的作用是什么？

7. 网络图有哪些构成要素？绘制网络图的基本规则是什么？

8. PERT 与 CPM 有什么区别？

9. 什么是关键路线？网络图中的关键路线是唯一的吗？

10. 定义某个项目包含以下活动，所需完成时间见表 9-5。

表 9-5　某项目活动清单

活动	完工时间(天)	紧前活动	活动	完工时间(天)	紧前活动
A	1	—	F	2	C，D
B	4	A	G	7	E，F
C	3	A	H	9	D
D	7	A	I	4	G，H
E	6	B			

根据资料：①画出网络图；②在图上计算节点的时间参数；③找出关键路线；④假如把活动 F 的时间从 2 改为 4，将会发生什么变化？

11. 某工程项目包含的各项作业活动和所需时间见表 9-6。试画出网络计划图，计算各节点的时间参数，确定该工程项目的关键路线和总工期。

表 9-6　某工程项目活动清单

活动代号	A	B	C	D	E	F	G	H	I	J	K
紧后活动	B，C，D	E	F，G	K，J	H，I	H，I	J	J	—	—	—
时间(天)	3	2	4	5	2	1	4	2	4	2	3

承建非洲公路项目失败

我国某工程联合体(某央企＋某省公司)在承建非洲某公路项目时，由于风险管理不当，造成工程严重拖期，亏损严重，同时也影响了中国承包商的声誉。该项目业主是非洲某国政府工程和能源部，出资方为非洲开发银行和该国政府，项目监理是英国某监理公司。在项目实施的四年多时间里，中方遇到了极大的困难，尽管投入了大量的人力、物力，但由于种种原因，合同于 2005 年 7 月到期后，实物工程量只完成了 35%。2005 年 8 月，项目业主和监理工程师不顾中方的反对，单方面启动了延期罚款，金额每天高达 5 000 美元。为了防止国有资产的进一步流失，维护国家和企业的利益，中方承包商在我国驻该国大使馆和经商处的指导和支持下，积极开展外交活动。2006 年 2 月，业主致函我方承包商同意延长 3 年工期，不再进行工期罚款，条件是中方必须出具由当地银行开具的约 1 145 万美元的无条件履约保函。由于保函金额过大，又无任何合同依据，且业主未对涉及工程实施的重大问题做出回复，为了保证公司资金安全，维护我方利益，中方不同意出具该保函，而用中国银行出具的 400 万美元的保函来代替。但是，由于政府对该项目的干预往往得不到项目业主的认可，2006 年 3 月，业主在监理工程师和律师的怂恿下，不顾政府高层的调解，无视中方对继续实施本合同所做出的种种努力，以中方不能提供所要求的 1 145 万美元履约保函的名义，致函终止了与中方公司的合同。针对这种情况，中方公司积极采取措施并委托律师，争取安全、妥善、有秩序地处理好善后事宜，力争把损失降至最低，但无论如何努力，这无疑已经是一个失败的工程了。

该项目的风险主要有：外部风险。项目所在地土地全部为私有，土地征用程序及纠纷问题极其复杂，地主阻工的事件经常发生，当地工会组织活动活跃；当地天气条件恶劣，可施工日很少，一年只有三分之一的可施工日；该国政府对环保有特殊规定，任何取土采沙场和采石场的使用都必须事先进行相关环保评估并最终获得批准方可使用，而政府机构办事效率极低，这些都给项目的实施带来了不小的困难。承包商自身风险。在陌生的环境特别是当地恶劣的天气条件下，中方的施工、管理、人员和工程技术等不能适应于该项目的实施。

在项目实施之前，尽管中方公司从投标到中标的过程还算顺利，但是其间蕴藏了很大的风险。业主委托一家对当地情况十分熟悉的英国监理公司起草该合同。该监理公司根据非常熟悉当地情况，将合同中几乎所有可能存在的对业主的风险全部转嫁给了承包商，包括雨季计算公式、料场情况、征地情况。中方公司在招投标前期做的工作不够充分，对招标文件的熟悉和研究不够深入，现场考察也未能做好，对项目风险的认识不足，低估了项目的难度和复杂性，对可能造成工期严重延误的风险并未做出有效的预测和预防，造成了投标失误，给项目的最终失败埋下了隐患。

随着项目的实施，该承包商也采取了一系列的措施，在一定程度上推动了项目的进展，但由于前期的风险识别和分析不足以及一些客观原因，这一系列措施并没有收到预期的效果。特别是由于合同条款先天就对中方承包商极其不利，造成了中方索赔工作成效甚微。另外，在项目执行过程中，由于中方内部管理不善，野蛮使用设备，没有建立质量管理保证体系，现场人员素质不能满足项目的需要，现场的组织管理沿用国内模式，不适合该国的实际情况，对项目质量也产生了一定的影响。这一切都造成项目进度仍然严重滞后，成本大大超支，工程质量也不如意。

该项目由某央企工程公司和某省工程公司双方五五出资参与合作，项目组主要由该省公司人员组成。项目初期，设备、人员配置不到位，部分设备选型错误，中方人员低估了项目的复杂性和难度，当项目出现问题时又过于强调客观理由。在一个以道路施工为主的工程项目中，道路工程师却严重不足甚至缺位，所造成的影响是可想而知的。在项目实施的四年间，中方竟三次调换办事处总经理和现场项目经理。在项目的后期，由于项目举步维艰，加上业主启动了惩罚程序，这对原本亏损巨大的该项目雪上加霜，项目组也未采取积极措施稳定军心。由于看不到希望，现场中外职工情绪不稳，人心涣散，许多职工纷纷要求回国，当地劳工纷纷辞职，这对项目也产生了不小的负面影响。

由上可见，尽管该项目有许多不利的客观因素，但是项目失败的主要原因还是在于承包商的失误，而这些失误主要还是源于前期工作不够充分，特别是风险识别、分析管理过程不够科学。尽管在国际工程承包中价格因素极为重要而且由市场决定，但可以说，承包商风险管理(及随之的合同管理)的好坏直接关系到企业的盈亏。

〔资料来源：王守清．国际工程项目风险管理案例分析．[J] 中国招标，2010，(17).〕

问题与讨论：

(1) 实施项目风险管理的过程包括哪些？

(2) 简述该国际工程项目承包失败的主要原因及教训。

参 考 文 献

[1] 杨善林．企业管理学[M]．北京：高等教育出版社，2009.

[2] 蔚林巍．21 世纪的项目管理[J]．企业管理，2001，(10)：5－22.

[3] 中国项目管理研究委员会．中国项目管理知识体系与国际项目管理专业资质认证标准[M]．北京：机械工业出版社，2002.

[4] 美国项目管理学会．项目管理知识体系指南[M].5 版．北京：电子工业出版社，2014.

[5] 陈荣秋，马士华．生产与运作管理[M].3 版．北京：高等教育出版社，2012.

[6] 中华人民共和国建设部，中华人民共和国国家质量监督检验检疫总局．GB/T 50326—2006，建设工程项目管理规范[M]．北京：中国建筑工业出版社，2006.

[7] 张卓．项目管理[M]．北京：科学出版社，2009.

[8] 程敏．项目管理[M]．北京：北京大学出版社，2013.

[9] 王众讬，等．网络计划技术[M]．沈阳：辽宁人民出版社，1984.

[10] 蒋俊．工业企业生产管理[M]．天津：南开大学出版社，1990.

[11] 龚国华，李旭．生产与运营管理[M].3 版．上海：复旦大学出版社，2011.

第10章 现场管理和车间作业控制

本章要点

本章讨论的是如何对生产运营场所的各要素进行有效组织与管理，使生产运营场所成为优质、低耗、安全、文明生产的专属地问题。熟知生产现场的核心要素，准确理解现场管理的概念，深刻认识加强现场管理的重要性，掌握现代化的现场作业控制与管理方法是学习本章的基本要求。通过学习本章可以了解现场管理的特点和任务，领会现场5S管理的基本含义和推行步骤，熟知现场目视化管理的常用手段，知道车间作业控制的主要内容和工具。

关键术语

现场管理(Site Management)；目视管理(Visual Management)；5S管理(5S Management)；车间(Shop)；车间作业控制(Shop-floor Control)；工作中心(Working Center)。

现场是企业生产运营活动的发生场所，是企业提升竞争能力的重要源泉。所有企业都必须从事与赚取利润相关的主要活动，如推行或开发一些合适的管理制度，生产现场的整顿和销售的技巧等，而这些主要活动都是在企业生产经营的现场进行的。企业生产经营的成功与持续不断地重视及改善现场管理密不可分，这已被大量的实践案例所印证。现场是生产型企业的运转基础，现场管理水平的高低，将直接影响产品质量、成本、交货期等竞争性指标的优劣。在生产现场，能够直接观察到生产加工活动的过程以及各种浪费与不合理现象。现场就像一面镜子，映照出企业生产运营管理的水平。日益激烈的市场竞争要求企业以更低的成本、更高的品质、更短的交货期去响应市场，而这种竞争实力源于企业的生产运营现场，加强现场管理的重要性可见一斑。

10.1　现场管理的基本问题

10.1.1　现场管理的含义

现场，是企业从事生产运营活动的直接场所，也是物化劳动和活劳动结合最紧密的区位。对制造企业来说，现场是指以完成生产加工任务为核心的一系列活动场所。它包括工人直接从事零部件加工和产品装配的基本生产区域，也包括机器修理、物料装卸、仓储等辅助生产或生产服务区域。对服务企业来说，现场是指以完成服务流程为核心的一系列活动场所。既包括员工直接完成服务流程的场所，也包括为基本服务流程配套的场所。例如，饭店的就餐场所是直接为顾客提供就餐服务的现场，厨房是完成制作各种菜肴的配套现场；银行营业网点的前台是直接为顾客提供金融服务的现场，后台则是处理各种票据、进行业务结算的内务现场。

现场管理，是指用科学的管理制度、标准、方法和手段，对生产运营现场各种要素进行优化配置和组合，建立良好的生产运营秩序，实现优质、高效、低耗、均衡、安全、文明生产。现场管理的制度是指现场的设备、工具、在制品等的管理制度，交接班制度，现场生产事故的处理制度等。现场管理的标准是指现场岗位管理标准、设备管理标准、工艺管理标准、操作管理标准等。现场管理的方法是指现场的各种有效管理方法，如定置管理方法、5S 管理方法等。现场管理的手段是指现场的计算机管理信息系统、文件图纸、看板板牌、指示标识等。现场管理的对象是指现场的人员、机器设备、工位器具、原材料、在制品、场地环境、信息等各种生产要素。现场管理的职能是计划、组织、控制和激励。现场管理的目的是实现优质、高效、低耗、均衡、安全、文明生产。

10.1.2　现场管理的 4MEI 要素

生产运营现场是由 Man（人员）、Machine（机器）、Material（物料）、Method（方法）、Environment（环境）、Information（信息）（简称 4MEI 要素）构成的一个企业子系统。4MEI 要素既是生产现场的构成要素，也是现场管理的对象。企业的日常生产管理主要就是通过现场管理，从细微之处发现"人、机、料、法、环、信"存在的问题，从习以为常的流程、制度、管理盲点中发现问题，找出隐患，并持之以恒地加以改进改善，这也是现场管理的任务。

（1）人员。现场管理的第一对象就是人，也就是生产操作人员。人员是现场 4MEI 要素的核心，设备由人操作，材料由人使用，规章由人遵守，环境由人维护，信息由人传递。管理的本质就是对人的管理，员工缺乏积极性和创造性，生产现场混乱不堪，企业必然成不了气候。管理好人员，要求管理者必须了解员工，关心员工，培训员工，激励员工，开发员工，提升员工，进而提高现场管理水平。

（2）机器。机器设备是生产力的构成要素，是科学技术的重要体现，是企业生存发展的致胜关键。按操作规程正确使用机器设备，加强机器设备的日常维护和保养，就能大大减少设备故障，提高生产效率，降低生产成本。设备管理也是企业管理的重要组成部分，对提高企业竞争力发挥着不可或缺的作用。通过科学规范的设备管理制度，应用先进有效的设备管理方法，使清扫、加油、紧固、点检等日常保全成为操作人员本职工作的一部分，避免"生产部门只管生产，设备部门只管维修"等扯皮推诿现象的产生。最大限度地提高设备使用寿命和生产综合效率，充分发挥设备在生产价值创造中的巨大作用。

（3）物料。现场的物料包括原料、辅料、消耗品、备品备件、在制品等。物料是构成生产成本的直接费用，因此，对物料的现场管控变得异常重要。各种原材料又是影响产品质量的重要因素，材料保管或使用不当，必然造成生产品质波动。通过对现场物料的定位、定容、定量存放，既可保持现场的整洁有序，又能避免出现差错、降低生产成本和事故率。通过对物料的定期盘点，可精确把握生产运行的结果。对现场物料异常消耗的分析，控制物料的单耗和物料的损耗，也是现场管理改进改善的重要内容。

（4）方法。这里的方法主要是指生产的工艺流程、现场作业技术规范、加工操作标准、检验标准、测量方法，以及各种检查表格等。流程、规范与标准是员工作业的依据或指南，员工当班干什么、按什么标准干、达到什么效果，现场生产操作的每一步骤，每一环节，每一流程都须有详细的作业标准，作业标准或操作规范可以看成是现场生产工作的"法律"，它是每个操作人员必须遵守的工作准则，也是判定作业正确与否的依据，同时它还是建立品质保证系统的关键因素之一。只有操作员工认真严格地遵守作业标准，才能使生产顺利进行，并生产出合格的产品，且当异常发生时，也能更好地分析问题、解决问题，更好地促进现场改善。

（5）环境。照明、通风、噪声、空气、温度、湿度、车间布局等，构成了现场的环境。环境是影响员工作业效率和质量的重要因素，环境是公司的门面，环境也是企业现场管理水平的体现。通过对现场环境的有效治理，既能保持生产现场的整洁、明亮、通畅，又能预防生产过程异常，提高生产质量。某些生产工序对环境的温湿度、清洁度等有严格要求，因此必须认真做好日常的点检记录，对维持环境的设备仪器要与加工产品的设备同等对待。

（6）信息。当今社会处于信息化包裹之中，信息就像空气一样无处不在，信息如何传递，如何分析，如何利用，从纷繁的信息中提炼出现场管理改善的机会，这是一流现场管理的表现。信息沟通是现场管理的重要环节，任何事务、任何工作都是人做的，但为什么做、怎么做、会不会做、做得怎么样，都必须进行信息沟通反馈。现场信息包括各种指令、计划、生产数据、故障描述等，即生产流程中的各类输入、输出的文字语言。信息的沟通与反馈是在生产过程中，通过信息传递渠道向上级部门汇报、向同级部门通报、同相关部门协商、向下级部门指令安排。建立健全信息沟通机制和信息系统平台，保证信息通畅与灵敏，是实现现场管理现代化的基本要求。

10.1.3　加强现场管理的重要性

现场管理是企业管理系统的重要组成部分，现场管理水平的高低直接影响到生产的效率、质量和成本。众多企业的实践证明，"现场决定成败"。日本丰田汽车公司前副社长大野耐一就以高度重视现场管理而闻名。为了改善生产现场的管理状况，他甚至将办公室设到生产现场。大野耐一认为，只有深入现场调研，才能及时发现问题、解决问题，改进生产。丰田汽车公司的 5S 管理、目视化管理、QC 小组、看板管理等无不是针对现场的管理，并取得了举世瞩目的成效。因此，强化现场管理，对提高企业生产效率和质量、降低生产成本，进而提升企业整体竞争实力作用重大，具体体现在以下几方面。

（1）有利于降低生产成本。生产现场使用大量的原材料、设备、人员等资源，这是直接构成产品成本的主要费用来源，也是降低生产成本的主要领域。通过加强现场管理，消除生产现场中的各种浪费，就能取得产品竞争中的成本优势。

（2）有利于保证产品质量。生产现场是产品加工制造的场所，也是产品制造质量形成的地方。加强现场管理需要形成良好的生产秩序、规范的工艺流程、严格的工艺纪律、完好的工艺装备、完善的质量控制标准等，具备了这些现场管理条件，产品质量就有了保证。

（3）有利于提高员工队伍素质。企业现场员工所占比例最大，现场管理水平高低也映衬出员工队伍的整体素质和水平。因此，加强现场管理需要将提高员工的素质和水平作为措施之一，通过员工培训、技术比武、员工激励等措施，造就一支高素质的员工队伍。

（4）有利于提升企业竞争力。现场管理水平是企业整体管理水平和运营实力的重要体现。产品竞争力主要反映在产品的性能、质量、成本三要素上，而产品三要素的优势聚合与提升，与生产现场的管理紧密相关。可见，加强现场管理对于提升企业市场竞争力起着至关重要的作用。

10.2　现场 5S 管理

现场 5S 管理也称 5S 现场管理法，起源于日本企业的现场管理体系，是丰田精益生产方式的重要组成部分。5S 是指日文的整理（Seiri）、整顿（Seiton）、清扫（Seiso）、清洁（Seiketsu）、素养（Shitsuke）五个词汇，由于上述五个单词日语的罗马拼音均以"S"开头，所以简称为 5S。5S 管理就是对生产现场的材料、设备、人员等生产要素开展的"整理、整顿、清扫、清洁、素养"活动。通过现场的 5S 管理活动，可以在优化现场环境、提高生产效率、减少现场浪费、提高员工素养、保障安全生产、塑造企业形象等方面获得显著效果，因而已被世界各国所认知并广泛应用于各个行业。伴随世界经济全球化发展，5S 管理在 20 世纪末期一度成为现代工厂管理的一股潮流。

10.2.1　5S 管理的活动内容和目的

1. 整理

整理活动是指，对工作场所的所有物品进行区分，划分为需要的和不需要的两种类型。需要的物品留在现场，不需要的物品统统清理出生产现场并妥善处理。整理通常是 5S 管理活动的第一步。通过整理活动，达到腾出空间、防止材料误用、塑造清爽工作场所的目的。

生产过程中经常有一些残余物料、待修品、待返品、报废品等滞留在现场，加上一些已无法使用的工夹具、量具、机器设备等，既占地方又妨碍生产，如果不及时清除，生产现场会变得拥挤和凌乱。况且，生产现场堆放不需要的物品本身就是一种浪费，它使宽敞的工作场所变得窄小，棚架、橱柜等被杂物占据而减少使用价值，增加了工人寻找工具、零件等的时间等。

2. 整顿

整顿活动是指，对留在现场必要用的物品的摆放位置进行合理规划，实行定点定位放置并排列整齐，必要时加以标识。通过整顿活动，使工作场所整整齐齐、一目了然，减少了找寻物品的时间。井然有序的工作环境，也是提高现场作业效率，保障生产安全的基础。

整顿是为了提高工作效率，将寻找时间减少为零。通过整顿活动，使现场人员都能迅速地知道物品在哪里、有多少，可以快速拿取和放回原位。如果没有整顿就会产生寻找时间的浪费、停止和等待的浪费、认为没有而多余购买的浪费、交货期延迟产生的浪费等。

3. 清扫

清扫活动是指将工作场所和机器设备清扫干净，使工作岗位无垃圾、无灰尘，干净整洁，将设备保养得铮亮完好，营造一个一尘不染的工作环境。通过清扫活动，使作业现场干净明朗，有利于员工保持良好的工作情绪，对于稳定品质，避免故障，安全高效十分重要。

生产过程中会产生大量的灰尘、污垢和垃圾等，机器设备的跑冒滴漏会加重作业场所的污损，脏、乱、差的生产环境既影响设备的正常运行，也会对产品质量和安全生产带来负面影响，还会影响员工的工作情绪。通过清扫活动，做到作业场所无尘、无污、无损，消除设备的跑冒滴漏，员工在干净明快的环境中工作，身心愉快，自然能减缓疲劳感。

4. 清洁

清洁活动是指，将整理、整顿、清扫进行到底，维持前3S的成果并使其制度化、标准化。清洁活动有维持和改善双重作用，通过制度化将整理、整顿、清扫后取得的成果维持下去，使前3S成为一种惯例和制度，而非一时之需，这也是标准化管理的基础。对已取得的良好成绩，不断进行持续改善，使之达到更高的境界。

清洁活动使生产现场的整理、整顿、清扫制度化、标准化，形成企业文化的重要组成部分。而要成为一种制度，必须充分利用创意改善和全面标准化，从而获得坚持和制度化的条件，提高工作效率，促进现场的有序生产和管理效能的发挥。

5. 素养

素养活动是指，每位员工养成依照规则做事的良好习惯，培养积极主动的精神和守纪律、肯吃苦、善协作、认真踏实的工作作风。素养是5S活动的魂，起到改变"人质"的作用，现场员工良好的行为习惯、认真主动的工作作风、协作互助的团队精神，是推行5S管理的最高境界，也是实施5S管理成效的终极体现。员工素养是企业文化的组成部分和企业形象的重要体现。

素养强调的是保持良好的习惯和积极进取的态度，为此，公司应向每一位员工灌输遵守规章制度和工作纪律，以及创造一个良好风气的工作场所对企业发展的重要作用和深远意义。当绝大多数员工对制度和纪律要求付诸行动时，个别员工和新人就会抛弃不良习惯，转而向好的方面发展。所以，素养活动过程有助于人们养成制定和遵守规章制度的习惯。

10.2.2　实施 5S 管理的作用和好处

5S 管理看似简单，但却包含了企业管理的多个层面：从现场环境到物料管理，从工艺改善到品质管理，从工作行为到员工态度等。一些企业在推行 5S 管理时，由于存在认识上的误区，将 5S 管理仅仅看作是对生产现场的界线标识、打扫卫生，没有上升到 5S 管理成功实施与品质、成本和效益密切相关的认识高度。一线员工常常将 5S 管理与完成生产任务对立起来，抱怨生产任务繁重，天天加班赶进度，再拿出时间做 5S 将是负担。然而，卓越企业实施 5S 管理成功的实践表明，推行 5S 管理有以下诸多作用和好处。

1. 提升企业形象

实施 5S 管理，有助于企业形象的提升。干净整洁、秩序井然的现场环境，不仅可以振作员工的士气，而且能增加客户的好感。加上零缺陷、无不良、履约率高的声誉在用户之间口口相传，从而可以吸引更多的客商与企业合作，更多的人争相来应聘，更多的客户来订货。因此，5S 管理是企业活的广告和推销员。

2. 增强员工归属感

5S 管理的实施，能够增强员工归属感，有利于造就一支成熟有素养的员工队伍。整洁明快、一尘不染的工作场所让人心情愉快，不易厌倦烦恼，员工视工作为乐趣，不会无故缺勤、旷工。5S 管理带给人"只要努力就能实现"的信念，从而增强员工积极持续改善的意愿，员工为现场付出的热心和耐心，将会换来有活力的一流作业业绩，员工的成就感和尊严相伴得到满足和体现，"爱厂如家"的主人翁精神必然会发扬光大。

3. 彻底消除浪费

5S 管理是消除生产过程中浪费的利器。生产现场存在人员、作业、场所、时间等诸多浪费现象，通过 5S 管理，可以彻底消除这些浪费，从而提高作业效率，降低生产成本。5S 可避免寻找、等待、避让等引起的浪费；可消除拿起、放下、清点、搬运等不必要或多余动作产生的浪费；能减少在制品库存或过剩生产带来的浪费；能避免加工操作失误和使用多余人员产生的浪费等。"杜绝一切浪费"是实现精益生产的核心思想。

4. 提高作业效率

5S 管理能促成作业效率的提高。优雅的工作环境，良好的工作氛围，以及有素养的工作团队，都可以让员工心情舒畅，精力专注于工作，发挥出工作潜能。物品、工夹具的有序摆放，消除和减少了寻找与搬运的时间，作业效率自然会提高。机器设备良好运转，产品切换时间为零，生产效率大幅提升。提高作业效率，缩短了生产周期，从而确保交货期。

5. 保证产品品质

整洁有序的作业环境和认真细致的工作作风是保证产品品质的基础。通过经常性的清扫、点检，不断净化作业环境，避免污物损害机器，维持设备的良好运转。现场环境整洁有序，各种异常一眼就能发现。对检测仪器的正确使用和保养，阻断不良制造工序的传递。干净整洁、秩序井然的生产现场，可以强化员工的品质意识，防止员工马虎行事，保证产品品质零缺陷。零缺陷的产品品质也是实现顾客零投诉的最可靠保证。

6. 保障安全生产

安全生产是企业管理的重要基石，"安全不牢，地动山摇"。安全生产建立在制度规范、基础扎实、程序标准、操作精细的基础之上。通过5S管理能够筑牢安全生产的基础，5S能使作业场所宽敞明亮，杜绝物品的随意摆放，保证现场通道畅通，各项安全措施落实到位。通过5S管理的长期推进，员工养成一丝不苟的工作习惯，大大降低生产事故的发生概率。作业场所井然有序，意外发生也会减少，安全生产就有了保障。物品放置、搬运方法和积载高度考虑了安全因素；人车分流，道路通畅；"危险""注意"等警示明确；员工正确使用防护器具，不违规作业；所有设备都进行清洁、检修，能预先发现存在的问题，从而消除安全隐患；消防设施齐备，灭火器放置位置、逃生路线明确，最大限度地保障安全生产和员工生命健康。

10.2.3 推进5S管理的组织方式

大量实践表明，5S活动开展起来比较容易，大部分还搞得轰轰烈烈，可以在短时间内取得明显的效果。但要坚持下去，持之以恒，不断优化并成为习惯却实属不易。很多企业都存在"一紧、二松、三垮台、四重来"的现象。加上事前缺乏必要的准备和规划，推进及实施人员没有形成应有的共识和决心，往往会虎头蛇尾，有始无终。因此，5S管理活动的有效开展，有赖于企业领导层的高度重视，同时要强化组织和管理，且贵在坚持。从已有的实践看，工厂推行5S管理活动一般都会遇到以下诸多问题：

（1）员工不愿配合，未按规定摆放或不按标准来做，达不成共识。

（2）事前规划不足，不合理之处很多。

（3）公司成长太快，厂房空间不足，物料无处堆放。

（4）实施不够彻底，积极性不高，抱着应付心态。

（5）评价制度不合理，无法激励士气。

（6）评价人员打面子人情分，失去了公平竞争的意义。

这些问题主要来自于员工心底深处的意识障碍，诸如：

（1）"推进整理、整顿，又不能提高生产效率。"

（2）"我们这水平算是蛮不错的了！"

（3）"文件、资料一大堆，这么多要求，做不到！"

（4）"5S呀？那是生产部门的事。"

（5）"天天加班，哪有时间搞整理整顿？"

（6）"能交货就行了，我喜欢怎样做就怎样做。"

（7）"搞那么干净干吗？反正没两天又脏了。"

（8）"说说而已，别当真。"

(9)"反正也不会成功。几十年都这样了。"

　　(10)"高抬贵手嘛，给点面子啊。"

　　针对以上妨碍 5S 活动持续开展的各项问题，必须扎扎实实做好每一步骤，在人员、资源、声势、体制方面有效组织。通过推行整理、整顿、清扫来强化管理，再用清洁来巩固效果，通过这 4S 来规范员工的行为，通过规范行为来改变员工的工作态度，使之成为习惯，最后达到塑造优秀企业团队的目的。

　　1. 设立推进组织(部门)

　　5S 能否按预定计划推进，与是否有一个强有力的推进组织有极大关系。5S 活动的推进导入，应依靠前期建立的推进组织(事务部门)为中心来实施。该组织部门既可以是专设的，也可以是挂靠的。当 5S 渐趋成熟并成为每位员工的习惯时，专设部门 5S 活动的推进功能减弱，即可转为各业务单位为主的自行推动。

　　1) 组织架构与职责

　　推进组织结构层次以 3 层为宜(图 10 - 1)，成员组成应精干，多为企业相关部门的业务主管。组织内成员职责明确，分工协作，设置专职办公场所和划拨活动经费，定期(如每周)开展活动等。

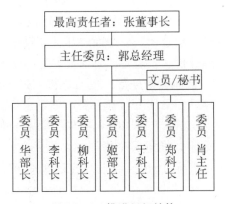

图 10 - 1　推进组织结构

　　推进组织中，由最高责任者任命主任委员，批准 5S 推进计划书，评价 5S 的推进改善成果，是 5S 活动成败的最终责任者；主任委员主持策划整体的 5S 推进活动，分配各委员具体负责的推进事项，定期向最高责任者报告推进状况；委员负责推进工作的分项实施和 5S 相关培训，并对部门(单位)的改善进行评价确认。各部门(单位)主管具体领导责任范围内的 5S 推进。

　　2) 建章立制

　　"没有规矩不成方圆"这句古话表明了秩序的重要性。推进组织建立起来后，要制定相应的规章制度，明确工作任务和方向。制定出的规章制度要及时向公司全体员工公布，以做到有章可依、有章必依、执章必严、违章必究。很显然，缺乏明确的规章、制度、流程，工作中就容易产生混乱。如果有令不行、有章不循，随意按个人意愿行事所造成的无效劳动和浪费，更是与 5S 管理思想的本质背道而驰。

　　工厂 5S 管理制度通常包括 5S 责任区划分制度、5S 岗位责任制度、5S 培训制度、5S

宣传动员制度、5S考核评比制度(表 10-1)、5S现场巡查制度、5S奖惩制度等。

表 10-1　车间 5S 清扫检查考核表

序号	清扫检查项目	频　次	标　准	打扫时间	扣分	检查人
1	地面	每天夜班结束时	无明显积尘、铁屑	5分钟		
2	液晶操作界面	随时	无积尘、无油污			
3	机床导轨	每天夜班结束时	导轨面无灰尘	2分钟		
4	机床主轴箱	每天中班结束时	表面无明显灰尘和油污	1分钟		
5	工具箱台面	每天夜班结束时	工具箱台面无灰尘	1分钟		
备注		设备：精车1号　　责任人：精车1号操作工				

2. 制订推进工作计划

推进工作计划是开展 5S 活动的作战部署。实践证明，制订出一个好的工作计划，意味着 5S 活动就成功了一半。参照戴明循环原理，5S 推进计划可分为四个组成部分：准备阶段计划，包括成立推进组织、制订 5S 方针和目标、培训教育及宣传策划等；运行阶段计划，包括局部试运行、各种活动及手法、全面展开、资源配备、人员分工等；评价阶段计划，包含定期评价、不定期评价、发表会、总结报告等；反省改善阶段计划，包括问题点整理、研讨会、改进方向、目标和措施等。成功推进 5S，也需要有一整套的文件体系作为支撑。现在大部分企业都已经采用 ISO 国际标准体系进行管理，为了整个公司系统合理，文件实用简化，多采用 5S 文件与 ISO 国际标准体系融合的方法。5S 文件体系与 ISO 标准体系一样，分为表格、记录，推进实施指导书，程序文件、标准，5S 手册四个文件层次，采用同样的推行方法，这样 5S 就与企业日常运作紧密结合在一起，成为日常工作的一部分。

3. 5S 推进的八要诀与八步骤

日本企业管理专家，通过对 5S 管理的归纳总结，得出了推进 5S 的八个要诀(表 10-2)。经过长期与大量运行实践，证明这八个要诀是行之有效的 5S 管理的系统方法。

表 10-2　5S 推进八要诀

序列	名　称	内　容
要诀1	全员参与	不是个别部门或管理者的工作，而是全员参与；车间主任、班组长应密切配合，大力倡导；小组活动是其中重要一环
要诀2	营造 5S 大气候	不要秘密行动，也不要加班来做，让全员认同；充分利用标语、宣传栏，让每位员工理解明白；每月举行一次全员大会，高层主管总结表态

续表

序列	名称	内　　容
要诀 3	领导挂帅	最高领导亲力亲为；各级主管全力推动；推进会议上集思广益，踊跃发言
要诀 4	彻底理解 5S 精神	推进会议上阐明 5S 精神要点，解答全员疑问；实施过程，让大家参观学习效果显著的 5S 样板场所，或互相观摩评价改善成果
要诀 5	立竿见影的方法	整理推进中寻找问题点的红牌作战法；整顿推进中"三定"必需品的看板管理法；照片是保持记录的良好方法；录像是解决问题和说服观众的省力工具；活用形象标志，如用黑"大脚印"表示问题或需注意之处，用红"玫瑰花"表示优良成果；注重将所做工作和成效加以量化描述；借助博物馆展示过去与现在的明显进步
要诀 6	现场巡察	推进组织应定期巡察现场，巡察中要指出哪里做得好，哪里做得不够；巡察后要召开现场会，将问题点指定专人跟进解决；确认问题点的改进进度，担当者要检讨改进方法，最终成果要向领导报告
要诀 7	持续推进	推进 5S 贵在坚持，要坚持"思想不松、组织不散、工作不断、力度不减"，构建持续推进和规范管理的长效机制，使 5S 成为日常管理中的常态
要诀 8	以 5S 为改善的桥梁	通过推进 5S，达到成本降低和品质提升；通过现场改善，从根本上解决问题，生产更流畅

　　在深谙 5S 管理要诀的同时，推进 5S 向纵深发展并成为习惯，还需按以下步骤扎扎实实做好各项工作。

　　（1）获得高层承诺并做好准备。通过公开大会的形式，由公司最高领导（董事长或总经理）向全体员工表达推行 5S 活动的决心，并作为公司年度的重要经营活动。通过举例和小范围的现场演习，让 5S 在员工心中留下深刻印象并让员工产生共鸣。

　　（2）成立 5S 推进委员会并选定活动场所。建立与公司管理体系相结合，强有力的 5S 推进领导体制和工作机制，确保责任主体到位。要有固定场所作为 5S 推进活动的指挥部，避免成为散兵游将，使每位员工懂得其重要地位。

　　（3）5S 推进策划。包括拟订 5S 推行计划，制定激励措施；聘请专家或顾问机构，为 5S 推进提供专业咨询指导；根据企业实际情况，策划相应的 5S 具体活动，以起到激励士气、增强效果的作用。

　　（4）宣传造势、教育训练。领导以身作则、躬行实践。无言胜有言的表率作用，令下属心悦诚服去跟随。活用各种宣传方式或工具，如公司内部刊物、征文比赛、5S 海报、标语设计比赛、定点摄影追踪、外出参观或参加研讨会、内部成果发布会等，提高员工的荣誉感及参与度。教育训练是 5S 推行不可或缺的环节，5S 培训时要特别注重对全员意识障碍的消除，5S 训练是通过手把手地现场指导，达到员工对 5S 活动方法的正确理解。

　　（5）局部推进 5S。本着先易后难、先局部后整体的思路推进 5S，实践证明是有效可行的。通过选定样板区，集中力量改善，待取得成效后再行扩展。俗话说，榜样的力量是无穷的。通过最具说服力的样板区，可起到消除疑虑，减少阻力，上下齐心参与改善的作用。改善的样板区是一个良好的开端，也为公司全面推进5S在组织、资源、经验和方法上做好了铺垫。

（6）全面推进5S。将5S活动内容具体到车间或部门的基本工作单元，并纳入员工的岗位责任。通过巡查、自检、互检等方式进行评估监督，巩固并提高5S活动成效。定期举行5S活动评比竞赛（表10-3），奖优罚劣，利用可视化和正负激励化的5S推进，使5S活动水准不断进步和提高。

表 10-3　7 月份齿轮车间 5S 竞赛评比牌

日期 班组	1	2	3	…	30	31	备注
1班	★	☆	◆	…	☆	▼	
2班	☆	◆	△	…	◆	☆	
3班	◆	☆	★	…	△	★	

注：★（优秀）　☆（良好）　◆（中等）　△（及格）　▼（不及格）。

（7）5S效果的维持。诚如"得天下易，守江山难"的道理一样，在5S推进初期，公司全员上下一般都能做到同心协力，自觉遵守制度和改进改善，不敢松懈。待取得一定成效后，往往会觉得可以喘口气了，不自觉中懈怠停滞。这很容易导致5S活动滑坡，慢慢又回到改善前的老样子。因此，推行5S贵在坚持。而要使5S常态化或习惯化，就必须将5S标准化和制度化，让它深深地嵌入作业流程中，使其成为员工工作的一部分。

（8）挑战新目标。"没有最好，只有更好！"社会每天在发展进步，5S的目标也应随着公司整体水平的提高而逐步提高。当公司5S活动取得某一阶段性成果后，应及时总结表彰，并在原来成绩的基础上，设定新的奋斗目标，进一步激发公司上下的斗志和热情。当然，5S活动还可与ISO 9000、TPM、QC小组等活动相融合，以形成新的关注焦点。

10.3　现场目视化管理

目视化管理也称为"看得见的管理"，它是利用形象直观、色彩适宜的各种视觉感知信息或手段来组织现场生产活动，以达到提高现场作业效率目的的一种管理方式。直观来讲，目视化管理就是把现场生产绩效和运行状态、计划指令、管理要求等通过各种图表、标志、信号灯、警示牌等显示出来，让现场员工和管理人员能随时随地了解和掌握生产现场的相关信息，促进文明生产和安全生产。也就是说，目视化管理是一种以公开化和视觉显示为特征的管理方式。

10.3.1　目视化管理的特点和作用

目视化管理是一种利用人的视觉进行管理的科学方法，其特点是以视觉信号显示为基本手段，生产现场的运行状态每个人一眼就能看得见。这种公开、透明化的现场管理方式，最大限度地使现场作业的成果、问题和设想直观地展现在人们眼前，借以推动自主管理、自主控制。因此说，目视化管理是"看得见的管理"或"一目了然的管理"，这种管理方式充分发挥了视觉信号显示的特长，有其显著的优越特性。目视化管理在企业生产现场管理中的突出作用主要表现在以下几个方面。

1. 有利于及时暴露和快速解决现场问题

文字、图像、声音等是人类传递信息的有效手段，目视化管理就是根据人的生理特性，充分利用信号灯、标示牌、符号、颜色等方式发出视觉信号，鲜明准确刺激神经末梢，快速传递信息，便于现场作业准确无误、快速及时、省时省力。通过目视化管理，将现场作业计划目标、标准、绩效和问题公开化、表面化，这就使得生产现场诸如工具或物品随意摆放、在制品过量积压、设备出现故障等问题一目了然。这一方面有利于促进现场员工自觉遵守各项生产纪律和操作规定，避免问题的发生；另一方面也有利于现场员工及时发现并快速解决生产现场出现的各种问题。例如，用显著的彩色线条标注某些最高点、最低点；在通道拐弯处设置反射镜防止撞车；用细布条挂在出风口显示通风装置是否在工作；用绿灯表示通行，红灯表示停止，等等。

2. 有利于调动员工的主动性和积极性

统计研究表明，人的行动多数是从视听感官的感知开始的。符合人这一生理特征和行为习惯的目视化管理具有明显的激励作用。在生产现场将计划目标、标准和作业要求等通过形象化的图表、标志、信号灯等反映出来，使员工明确工作的方向和取舍；通过板牌对比公布现场作业绩效，能激发和调动员工比学赶帮超的正向行为；而将现场存在的问题和差距公布出来，是对员工的负激励，有助于员工自觉主动地调整行为，解决问题、消除偏差，迎头赶上。由此可见，目视化管理有利于调动员工的主动性和积极性，促进生产现场良好秩序的建立。

3. 有利于提高生产现场管理效率

目视化管理借助形象化的视觉信息传递手段，对员工实施正负激励，极大调动起现场员工工作的主动性和积极性。工人不再为加工操作而无谓地询问和寻找，生产现场运行中的潜在问题和浪费现象能直观地显现出来，员工能及时发现并尽早处理。生产现场目视化的提示、警示，能有效克服员工的心理惰性，发挥持久有效的控制作用。员工不等不靠，主动做事，按规矩细致做事，有效预防并排除生产异常，最大限度地降低管理能耗，实现生产现场管理效率的提升。

4. 有利于促进形成优秀的企业文化

目视化管理通过对员工合理化建议展示、优秀人物和先进事迹表彰、公开讨论栏、关怀温情专栏、企业精神和发展愿景、CIS视觉和行为识别等健康向上的内容，使企业全体员工形成强大的凝聚力和向心力，促进优秀企业文化的形成和建立。

10.3.2　目视化管理的主要内容

1. 目标和计划任务目视化

生产目标和计划任务要通过生产现场来完成，目标和计划任务目视化有助于现场员工明确目标要求，了解生产实际与目标存在的差异，更好地调整行动缩小或消除差异。例如，对现场生产任务实际完成情况采用图表、电子屏幕等方式动态显示出来，使员工能随时掌握目标和计划任务与实际完成情况的对比，从而起到对员工激励和鞭策的作用。

2. 规章制度目视化

规章制度目视化是将操作规程、行为规范、纪律要求等，通过醒目的展板、标语牌、宣传墙等张贴展示，使现场员工抬头便知，时时提醒，从而保证各项规章制度得到认真贯彻实施。

3. 物品定置管理目视化

物料、工（器）具、料架托盘等在生产现场的存放，需要通过标志线、标志牌和标志色等进行目视化定置管理。清晰、鲜明、标准化的信息显示符号，将生产现场各个区域、通道、各种物品的摆放位置展示出来，营造出秩序井然的作业现场环境，有利于实现生产的低成本、高效率和安全性。

4. 现场绩效和问题目视化

有效的生产作业控制能够保证每个生产环节、每道工序都严格按照期量标准进行生产，既要杜绝过量生产、过量储备，又要不出现停工待料，这就需要有与生产现场相适应且简便实用的信息传导方法，以便在后道工序发生故障或由于其他原因停产时，前道工序能及时看到信号并停止投入，使生产损失降到最低。看板就是一种简明直观的生产计划调度手段。同时，各生产环节和工种之间的联络，也需要设立便利实用的信息传导方式，以便减少工时损失，提高生产的连续性。例如，在机器设备或生产线上安装故障显示灯，一旦发生停机信号灯闪亮，设备维护人员就能及时看到并前来维修。现场生产过程中质量和成本控制也是目视化管理的重要内容。

5. 现场色彩的科学运用

色彩是现场目视化管理的重要视觉元素，色彩的运用应力求科学、合理、巧妙，并纳入企业统一的标准化管理，切忌随意涂抹。因为，色彩运用受到技术、心理、社会等多种因素的制约。从技术层面看，油漆涂料有波长、反射系数等物理指标，受强光照射的设备多涂成蓝灰色，因其反射系数适度不会过分刺激眼睛。习惯上，危险信号多为红色，因其穿透力强，信号鲜明。不同色彩给人以不同的重量感、空间感、冷暖感、软硬感、清洁感等情感效应。例如，高温车间应涂浅蓝、蓝绿、白色等基调，给人清凉舒心的感觉；低温车间则相反，适宜用红、橙、黄等暖色调；单调或杂乱的颜色会产生视觉疲劳，应注意对色彩的合理搭配。此外，不同国家、地区和民族，都有不同的色彩偏好，这在跨文化管理中需要特别重视。

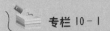 专栏 10-1

某公司生产现场目视管理颜色和标识

1. 目视管理颜色和标识构成

①厂房及地面标识；②工装、工具管理标识；③材料(物品)管理标识；④生产现场车辆管理标识；⑤员工作业安全管理标识；⑥导向指示标识。

2. 目视管理颜色和标识标准(节录)

1) 厂房色彩及标识

①厂房外墙面采用银灰色亚型钢板，大门采用与外墙相同的银灰色或白色，屋面外板材采用蓝色亚型钢板或蓝色防水卷材；②厂房屋面内板、厂房内墙、窗框均采用白色；③厂房顶部钢梁、厂房柱、屋架(网架)均采用白色；④厂房内地面采用淡灰色，踢脚线采用深灰色；⑤厂房标识按规划确定名称，在厂房距地面、距墙边线一定距离处定置粉刷或悬挂标识。

2) 厂房通道色彩及地面标识

①机动车车道颜色采用淡灰色，道宽按工艺规划标准，两边刷涂中黄色通道标识线，线宽110毫米；②人行通道为淡绿色，道宽800～1 000毫米，两边刷涂中黄色人行通道标识线，线宽110毫米，人行通道中间每间隔5 000毫米绘制前后错开100毫米、长160毫米中黄色脚印模；③与物流通道交叉十字路口处的人行通道画110毫米×800毫米，间隔220毫米白色平行直线(斑马线)；④工厂物料配送车行走路线(非主通道)标识采用蓝色胶带纸粘贴，胶带宽40毫米；⑤工厂员工人行通道(非主通道)标识采用蓝色胶带纸粘贴，胶带宽40毫米。

3) 车辆及行人禁停标识

车辆及行人禁停标识为中黄色平行网格线，线宽60毫米，大面积黄线间距200毫米，网格线与物流通道标识线成30°，小面积为对角线。此标识保证生产现场物流通道作业安全，表示此处严禁停车和行人穿行(通常为空中悬链坡段、升降机底部等空中作业无安全护网处)。

4) 参观通道与危险警示护栏标识

参观通道为生产现场主要人行通道，严禁进入作业区。参观通道设有"参观通道"标识。危险警示护栏采用45°黄黑相间的斑马线，角度方向为左下右上，黑色条杠宽100毫米，中黄色间隔150毫米，在较小的面积上其宽度要适当缩小，每种颜色不能少于两条，斜度与基准面成45°。

5) 生产现场可移动物品存放区域划分标识(建议用胶带)

区域划分标识距离：对于不规则物品的存放区按照最大物品的尺寸划分；区域划分标识线与物体外轮廓线的距离为50毫米。

区域划分标识：①生产现场零部件成品存储区域划分标识线采用300毫米×80毫米的线段成90°四角定位，不同的区域采用不同颜色的线段(蓝色：合格品；红色：废品；黄红相间：待处理及返修品)；②不规则物品存放区定位标识线和位置标识：生产线两侧物品存放区域标识线采用300毫米×80毫米的蓝色线段成90°四角定位。

6) 工位标识

为便于开展工作研究在流水线设置工位标识线，工位标识线为中蓝40毫米线。

7) 危险区域或特种作业区域标识

危险区域或特种作业区域标识采用黄黑相间危险警示线，警示线的线宽为100毫米，与边线成45°，区域内标注红色黑体字"非作业人员禁入"，框形及字体大小根据现场禁入作业区域确定。

10.3.3 目视化管理的手段

实行目视化管理需要借助一定的工具或手段，常用的目视化管理手段有下列类型。

1. 红牌

红牌主要用于5S管理中的整理阶段，是现场改善的起点，用来区分日常生产活动中的非必需品。挂红牌的活动也称红牌作战，指的是在生产现场找到问题点并悬挂红牌，督促人们积极去改善。

2. 看板

看板是源自于丰田准时化生产中控制上下工序间物料投放的信号传递卡片，也称为传票卡。现今的生产管理看板有工序内看板、工序间看板、对外订货看板和临时看板等多种类型，也有卡片、展示板、电子显示屏、计算机终端等多种看板形式。借助看板，现场使用物品的具体位置在哪里、数量有多少、当前是何状态、谁负责管理等，让人一看就清楚。

3. 信号灯

信号灯用于提示生产现场的操作和管理人员，使其随时知道生产机器是否正常开动或作业，以及何处发生异常状况等。信号灯有发音信号灯、异常信号灯、运转指示灯、进度灯等多种类型。

4. 操作流程图

操作流程图用于指导工人生产作业的简要说明书，也称生产操作步骤图。

5. 反面教材

反面教材一般与实物和帕累托图结合使用，让生产现场人员了解和明白不良现象及其后果。常放置在显眼处，让人一眼就能看到。

6. 提醒板

提醒板用于防止遗忘或遗漏。熟视无睹或健忘是人难以克服的弱点，通过提醒板这种自主管理的方法来减少遗忘或遗漏。

7. 区域线

在生产现场，对作业区、物品放置场所、行进通道、危险地等区域用醒目的线条画出区域线，并加以标示，以建立作业现场良好的生产秩序。

8. 警示线

警示线在仓库或生产现场放置物品的场所中表示最大或最小的在库量。用于看板管理中的物品库存数量识别。

9. 生产管理板

生产管理板用于反映生产车间内流水线生产状况、进度的指示板牌，可记载生产实绩、设备开动率、质量目标、生产事故原因等，用于看板管理。

10.4　车间作业控制

车间是企业执行生产加工任务的单位，也是企业生产的工作中心和现场。车间作业是企业生产活动的中心环节。车间作业是依照生产作业计划进行的，保质、保量、按时完成作业计划任务是车间作业控制的关键。及时准确掌握零部件生产进度，严格控制零部件加工品质和车间生产成本，合理分配与调节车间生产的机器能力、劳动力和订单任务执行次序等，是车间作业控制的基本内容。

10.4.1　车间作业控制的本质特征

1. 车间作业控制的特点和原因

控制是管理的基本职能。生产控制是生产运营管理的基本活动，当生产计划一经实施，生产制造过程就开始了，这时生产系统每时每刻的运行状态都需要纳入生产控制的系统范围内。之所以进行生产控制，是因为生产活动的复杂性和未来事件发生的不可预见性，都不可避免地导致实际生产状况与计划的不相一致性，导致事情不按计划进行，这也是生产控制的前提。

车间是企业执行生产加工任务的单位，也是企业生产的工作中心和现场。车间作业是企业生产活动的中心环节，对车间作业的控制也就成为企业整个生产控制的中心任务。车间的作业活动是按照生产作业计划进行的，而生产作业计划制订在前，车间作业执行在后，尽管作业计划制订时充分考虑了现有的生产能力，但计划实施中由于以下原因，往往造成车间作业实际情况与计划要求不相符。

（1）加工时间估计不准确。对于单件小批量生产类型，很多任务都是第一次碰到，难以将每道工序的加工时间都估算精确。而加工时间是编制作业计划的依据，加工时间不准确，计划也就不准确，实施中就会出现偏离计划的情况。

（2）随机因素的影响。即使加工时间估算是精确的，但很多随机因素的影响也会引起偏离计划的情况。如工人的劳动态度和劳动技能的差别、人员缺勤、设备故障、原材料的差异等，这些都会造成实际进度与计划要求不一致。

（3）加工路线的多样性。调度人员在决定按哪种加工路线加工时，往往有多种方案可供选择，不同的加工路线会形成不同的加工完成时间。

（4）环境的扰动性。尽管制订了一个准确的计划，但一个更具吸引力加工任务的到来，或是关键岗位员工的跳槽，或是物资不能按时到达，或是发生停电事故等，这一切都会造成实际生产难以按计划进行。

当实际生产情况与计划发生偏离，就要采取措施，要么使实际进度符合计划要求，要么修改计划以适应新的情况，这就是车间作业控制出现的根源。

2. 车间作业控制的条件

实施车间作业控制，必须具备以下基本条件：

（1）有判别标准。控制是依据标准进行的，没有标准就不能判断实际情况是否发生偏离以及偏离的程度如何。车间作业控制依据的标准就是生产作业计划，生产作业计划详细规定了加工任务的投入出产期和任务量、作业周期、在制品定额等，这些期量标准就是实施车间作业控制所依据的标准。

（2）有完整准确的数据信息。控制离不开信息，因为只有借助数据信息知道了实际生产作业偏离或可能偏离计划，才会对车间作业实施控制。在大多数现代化工厂中车间控制系统都是计算机化的，当一项作业进入和离开工作中心的时候，作业实施状态的信息直接输入计算机。车间作业控制是建立在对生产作业数据精确和及时获取的基础之上的。当然，要保证数据的完整、准确性，必然要求有可靠的数据收集系统和科学的统计计量方法，这需要制度上的保证。

（3）有纠正偏差的行动。纠正偏差是车间作业控制的行动过程，是通过运营调度来进行的。

10.4.2　车间作业控制的主要内容

（1）加工顺序与作业进度的控制。按照作业排序的优先原则，合理安排生产任务的加工顺序，控制加工件在工作中心按规定的工序加工。依照作业计划进度的要求，通过检查和监督作业的实际完成情况，及时发现偏差，找出原因，采取措施，保证按时完成生产任务。

（2）加工设备与劳动投入的控制。严格遵守设备操作规程，认真执行设备的点检与维护保养，提高加工设备完好率。严肃劳动纪律，优化劳动组织，保证人员出勤率。

（3）生产投入和产出的控制。按照一个工作中心的加工计划输入量不能超过计划输出量的原则，控制投入和产出的工作量，保持物流稳定，防止加工作业拥塞积压和在制品超储。

（4）作业质量与加工成本的控制。控制生产过程波动，提高工序能力，降低质量缺陷。消除生产现场存在的各种浪费，全面控制加工成本。

10.4.3　车间作业控制的工具

生产作业计划实施过程中，由于受到各种因素的影响，实际生产状况与计划不相符，生产进度、物品消耗、质量等指标与期量标准要求产生偏离，必须通过对车间作业活动进行控制，纠正偏差，保证生产活动沿着计划的路线运行。对车间作业进行控制，离不开对数据信息资料的统计分析和处理，相应要用到以下车间作业控制的工具。

1. 甘特图

甘特图又名横道图或条状图，是1917年由美国管理学家亨利·甘特发明的。甘特图是一种将任务标注在时间轴的条形图，用于直观地表明计划任务的活动顺序和时间安排，以及实际活动进展与计划要求的对比。在小型工艺专业化车间和大型车间的区域工作中心，运用经典的甘特图辅助作业计划和跟踪协调作业计划活动。图10-2中的例子说明，作业A比计划延迟了，作业B提前完成计划任务，作业C由于设备维护延迟开工，现在已经完成了。当然，判定一项作业任务是提前完成还是延迟完成，要根据作业在时间计划表上的位置和观察进行时的位置加以确定。图10-2中，观察处于周三结束时的位置，作

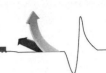

业 A 应该已经完成但还没有完成；作业 B 已经完成周四的部分任务。

作业＼日期	周一	周二	周三	周四	周五	符号	备注
A						▭	计划进程
B						—	实际进程
C						▬	设备维护等耗时
						△	观察时点

图 10－2　甘特图

2. 输入/输出控制图

输入/输出控制是制造计划和控制系统的一个主要特征，它主要的原则就是一个工作中心（可以是一台机器、一组机器或特定加工区域）的工作计划输入量不能够超出工作计划输出量，当输入量超过输出量的时候，在工作中心产生未交订单的积压，就会导致上游作业提前期的延长。此外，当作业在工作中心积压时，会出现拥塞的情况，加工过程变得效率较低，流向下游工作中心的作业任务变得零散。图 10－3 将车间能力控制类比为水流，说明了这种现象的总体情况。表 10－4 是一个下游工作中心的输入/输出控制报表。从该工作中心输出的内容，可以看出输出远低于计划水平，说明该工作中心存在严重的生产能力问题。进一步分析可以发现工作中心严重的生产能力问题，出在上游工作中心向该工作中心输入作业的时候。生产控制过程承担寻找上游问题并相应调整生产能力和输入的职责。基本的解决方案是，增加瓶颈工作中心的生产能力，或减少对瓶颈工作中心的作业输入。

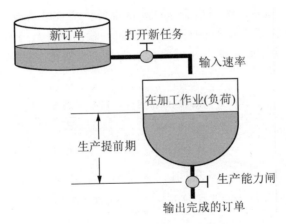

图 10－3　车间生产能力控制图

3. 生产计划单

车间作业是依照生产作业计划进行的，每日下达到车间的生产计划单是车间作业控制的基本工具。生产计划单由企业生产部下达，计划单列表告诉车间主管们需要执行哪些任务，各项任务的优先级是怎样的，每项加工作业需要的时间是多少，等等（表 10－5）。

表 10-4 输入/输出控制报表(工作中心 0162)   单位:件

本周收尾	505	512	519	526
计划输入	210	210	210	210
实际输入	110	150	140	130
累计偏差	−100	−160	−230	−310
计划输出	210	210	210	210
实际输出	140	120	160	120
累计偏差	−70	−160	−210	−300

表 10-5 车间作业调度单(工作中心 1501,2 月 5 日)

开始日期	作业号	描述	操作时间
2 月 1 日	15131	轴	11.4
2 月 3 日	15143	铆钉	20.6
2 月 5 日	15145	锭子	4.3
2 月 5 日	15712	锭子	8.6
2 月 7 日	15340	测量杆	6.5
2 月 8 日	15312	轴	4.6

4. 各种状态报告

各种状态包括返工报告、废料报告、短缺量报告、绩效总结报告(提供调度表上已经完成的订单数量和比例,没有完成的订单的延迟量,输出量等)、预期延迟报告(由车间调度员每周做 1~2 次,由车间主调度员经常检查看是否会有严重的延迟可能会影响主调度表,参见表 10-6)等。

表 10-6 预期延迟报告(部门 24,4 月 8 日)

部门号	计划日期	新预期的时间	延迟原因	措　施
17125	4 月 10 日	4 月 15 日	夹具损坏	工具室 4 月 15 日返还
13044	4 月 11 日	5 月 1 日	转移电镀	开始新的批次
17653	4 月 11 日	4 月 14 日	部件新孔不匹配	重新设计安装夹具

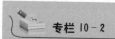 专栏 10-2

大野耐一的现场管理

丰田生产方式创始人大野耐一认为,"降低成本唯有依靠生产现场"。大野耐一曾经对人事经理说，如果生产现场提出需要 100 名作业员，你们只雇用 10 名就好了，这样一来，他们就会想方设法来应对工作任务，虽然之后可能会有人哭丧着脸过来说，人手真的不够用，但他们却已经完成了工作，而且至少又在人员方面减少了 90% 的成本。

因此，所谓的降低成本，唯有依靠生产现场来进行。很多人都容易局限在成本知识的陷阱里，反而缺乏最重要的成本意识。

尽管有所谓的标准作业，也必须时时刻刻加以改进才行。最怕有些人将所谓的标准当成是最佳的工作方法，其实标准只不过是为了达到改善目标的一个基准而已。比现在的情况更糟的是改恶，比现在的情况更好的就是改善。因此，所谓标准只是一个暂时的决定，必须加以进一步的修改才行。

在要求一个人起草标准作业方案时，如果他拼命地思考最佳方案，结果一定是什么都拿不出来，这真是大错特错，其实只要将现状记录下来就行了。如果遇到更好的方法再加以改善，否则让大家认为这已经是最佳的方案，那么就失去改善的动力。因此，在工作开始时可以先草拟一套标准，工作的过程中一定会发现问题，自然也就会提出改善的方案，到时候立刻采用就可以了。

从前，公司要求标准作业书必须悬挂在生产现场，不过，如果大野耐一看到有人在一年后，在纸张都变黄时还是墨守原来的规定毫不改变，就会批评他说："你白拿了公司一年的薪水，每天到底来这儿干什么？"。其实，应该每天观察各种情况，觉得哪里不好，就随时在标准作业书上做出修订。总是挂着旧的标准作业书怎么行呢？早期的丰田汽车公司不仅要求挂标准作业表，而且还要求标明日期。如果发现没有进展，就会被组长大骂"这个月都在干什么？"。

另外，如果做出花一两个月的时间制定标准作业书的傻事也会受到大野耐一的批评，作业书不是躺在床上完成的，它必须是在生产现场边观察边写的。

本 章 小 结

本章主要讲述了现场管理的要素、现场 5S 管理、现场目视化管理和车间作业控制等内容。从现场和现场管理的含义入手，强调了加强现场管理的重要性。系统阐释了 5S 管理的活动内容，讨论了推进 5S 管理的组织方式、推进方法与步骤。目视化管理是具有鲜明特征的现场管理方式，其作用和效果突出体现在对一系列目视化管理手段的巧妙运用上。车间作业控制是现场生产管理的基本活动，正确实施车间作业控制需要具备一定条件，并借助相应的车间作业控制工具和方法。总之，现场是生产型企业的运转基础，现场管理水平的高低，是企业整体管理水平的缩影。

思 考 与 练 习

1. 加强现场管理的重要性体现在哪些方面？
2. 构成生产现场的要素有哪些？
3. 现场 5S 管理的活动内容是什么？
4. 推行 5S 管理有哪些作用和好处？
5. 何谓目视化管理？其特点和作用是什么？

6. 为什么要进行车间作业控制？

7. 举例说明甘特图在车间作业控制中的主要功用。

正海磁材 3T 模式现场目视化管理

烟台正海磁性材料股份有限公司成立于 2000 年，是一家国家火炬计划重点高新技术企业。公司专业制造高性能烧结钕铁硼磁性材料及其他磁性材料元器件，公司产品主要应用于风力发电机、汽车电机、电子信息等高尖端技术领域，2011 年 5 月公司成功登陆创业板。经过十多年的努力，正海磁材已发展成为中国高性能烧结钕铁硼行业领先者。

1. 3T 模式现目视化场管理推行的背景

面对经济全球化背景下日益加剧的市场竞争环境，企业管理水平成为决定企业间竞争成败的关键因子，而企业管理的基石则是生产现场管理，提高现场管理能力是提升企业管理水平的基础。正海公司从前的现场管理存在"管理措施执行不力，规范不足""管理制度贯彻落实不到位""管理行为缺乏监督与反馈"等缺陷，管理效能与目标之间始终有差距。强烈的进取意识，促使正海公司革除积弊创新管理，2012 年正式提出了 3T 模式现场目视化管理法，经广泛论证逐步在全公司范围内推广，实施两年来共节约开支 638 万元，员工综合素质得到提升，现场环境显著改观，综合效益十分明显。

2. 3T 模式现场目视化管理的内涵本质

正海磁材的 3T 模式现场目视化管理是指，在全体员工范围内，成立负责全程督导的专门领导小组，以整理、整顿、清扫、清洁、素养、安全为六大主要实施方向，全面提高现场管理的能力和水平，实现现场要素的视觉化、透明化、界限化，保证现场管理的所有要素全面可控，最终实现企业现场及管理水平有层次、有步骤地得到改善和提升。

3T 模式现场目视化管理的特点是全员性、全程性和全控性。本质上是一种全体员工参与，全过程不中断，全方面可操控的现场管理模式。这一现场管理方法，通过人的感官来感知生产现场的状态，对现场一切看得见摸得着的物品为对象，实行规范化、标准化统一管理。运用定位、画线、标识牌、看板等手段，实现现场管理的目视化，以达到"现场井然有序，目标明晰准确""流程节点细化，工作效率提高""内容全面可控，事故风险降低"的现场管理目标。

3. 3T 模式现场目视化管理的内容

1) 现场管理方面

(1) 现场管理要素目视化。①明确功能分区，现场空间简单明了。通过地面标识、室内通行线、区域线标识等手段，将现场分割成设备区、操作区、公共区三大类，实现准确的区域管理，提高现场工作效率。②现场管网目视化管理，降低事故风险。通过对现场管道目视化标识，实现管道内流体或管线用途视觉化，达到预知管道危险性，预防事故发生，提高管道维护效率的目的。

(2) 现场管理要素透明化。①进行现场物品归类，提高存放效率。对现场物品进行分类，明确摆放范围和界限，使物品一目了然，缩短了查找时间，提高存放效率。②进行现场物品定位，提高流转效率。对现场所有可能移动的物体标识原位置，确保物有归处，物品通过合理放置，有效提高其流转效率。③对现场物品定量，提高使用效率。通过对现场物品定量，实现了消减库存，精益管理的目的。科学保管物品，同时实现了整体美观协调，体现了现场管理的透明性。

(3) 现场管理要素界限化。①人、车、物通道界限化。现场指明各类人行通道和车行通道的范围，确保安全区域，形成人流、车流、物流分明的工厂环境，降低事故风险，提高流转效率。②现场操作安全性界限化。根据现场操作内容的不同和事故发生概率的高低，将现场操作设备、空间、人员实行界限化，标明红、橙、黄、绿安全警戒级别，强化员工安全意识，减少操作失误带来的安全隐患。③现场不同工种、工序界限化。不同工序之间禁止人员和操作区域交叉混合，实现区域指向明确，提高效率。

④原料、产品界限化。原材料区分为主料、辅料，产品区分为半成品、成品、废品，实现界限化管理，防止混料、交货混乱状况的发生。

2）制度管理方面

(1) 成立3T项目管理小组，建立例会制度。公司下发红头文件成立3T模式现场目视化管理领导小组，公司总经理为组长，各部门负责人为小组成员，自上而下全面推进项目进度。通过例会制度，规定每个季度首月召开小组例会，统筹项目进度。

(2) 加强项目监督，建立红黄单检查制度。月度红单检查和不定期黄单检查制度是3T项目的有效监督手段。通过制定不同车间、工段、工序的红单检查内容，及时发现项目推进中暴露出的问题并促其整改，保证项目实施过程的良性循环。2013年检查发现问题162处，整改完成153处，整改完成率达94%。

(3) 合理化建议管理制度。在推进3T项目过程中，制定下发合理化建议管理制度文件，鼓励员工积极参与活动并对优秀建议员工予以奖励，效果显著。

(4) 其他管理制度。在项目推进过程中，适时建立一系列辅助管理制度，如停车场管理制度、更衣室管理制度、吸烟室管理制度、员工浴室管理制度等，制度管理体系的完善对项目顺利实施起到了较好的促进作用。

3）项目贯彻措施

(1) 多措并举，保证项目宣传到人。公司采取多种途径进行项目宣传。建立活动主题网站，由最新通知、红单通告、管理标准、精彩展示、3T知识五大板块组成，便于员工及时获取项目动态信息；开通专题邮箱、专线电话，畅通员工信息反馈渠道；开展3T上墙文化活动，在车间、厂区、办公室开展3T上墙活动，制作不同内容和风格的宣传海报，对项目进行全方位解读和报道，宣传效果显著。

(2) 多管齐下，保证项目落实到位。为顺利推进3T项目活动进度，公司先后组织了丰富多样的主题活动，如经验交流会、拍摄主题微电影、主题征文比赛、主题知识竞赛等。通过这些主题活动，取得了交流经验、感知活动变化、员工感悟、项目知识掌握等活动成效。

问题与讨论：

(1) 正海公司3T模式现场目视化管理的特点有哪些？

(2) 如何准确认识正海公司推动现场管理模式创新的原动力？

参 考 文 献

[1] 张毕西. 生产运营管理[M]. 北京：机械工业出版社，2012.

[2] 陈心德，吴忠. 生产运营管理[M]. 2版. 北京：清华大学出版社，2011.

[3] http：//www. chinatpm. com/tpm/xcgl＿465＿5659. html.

[4] 聂云楚. 如何推进5S[M]. 深圳：海天出版社，2001.

[5] 孙树栋. 生产运作与管理[M]. 北京：科学出版社，2010.

[6] 陈荣秋，马士华. 生产与运作管理[M]. 3版. 北京：高等教育出版社，2011.

[7] [美]F. 罗伯特·雅各布斯，理查德. B. 蔡斯. 运营管理[M]. 13版. 任建标，译. 北京：机械工业出版社，2012.

[8] http://wiki. mbalib. com/wiki/Gantt＿Chart.

[9] http：//www. docin. com/p－264318418. html.

[10] [日]大野耐一. 大野耐一的现场管理[M]. 崔柳，等译. 北京：机械工业出版社，2014.

第11章

库存与配送管理

本章要点

本章讨论了库存管理的相关概念和模型，通过本章的学习使读者准确理解库存的概念、类型及作用、库存成本及其组成部分、单周期与多周期库存控制问题、单品种与多品种库存控制问题、独立需求与相关需求库存控制问题、确定型与随机型库存控制问题、定量订货法、定期订货法、订货提前期、订货点、订货批量等相关概念。理解和掌握库存控制的基本模型：经济订购批量模型、均匀补货的订购批量模型、有价格折扣的订购批量模型、单周期离散型产品库存控制模型、单周期连续型产品库存控制模型、库存 ABC 分类法的原理，并能够运用上述模型分析和计算相关库存条件下的最优(满意)订货批量。本章还在分析采购的概念和分类的基础上，讨论了影响采购价格的因素；在分析配送的概念、功能、类型和作用的基础上，讨论了配送与送货、配送与运输的关系，并对配送的模式进行了讨论。作为知识扩展本章简要介绍了供应链库存管理领域的最新热点研究问题——行为库存管理的基础知识。

关键术语

库存（Inventory）；订货提前期（Lead Time）；经济订购批量（Economic Order Quantity，EOQ）；报童模型（Newsboy Model）；ABC 分类法（ABC Inventory Analysis）；采购（Procurement）；配送（Distribution）。

11.1　库存管理的基本问题

企业生产过程中需要的原材料要在仓库中存放，生产过程中也可能产生半成品库存，企业生产出的成品需要通过仓库配送到各地消费者手中，所以，库存管理是运营管理中的一个非常重要的问题。国外统计数据（Source：Herbert W. Davis & Co）表明，1998 年美国企业平均物流成本占销售额 10.5%，其中仓储和库存保管费用就占了 4.16%，运输费占比 3.51%，可见库存成本占了整个运营成本中很大的份额。对于企业而言，月末库存价值越高则其产生的与库存管理相关的成本（包括保管成本、占用资金成本、损耗等）也会越高，这些成本都会降低企业的利润率，如果企业能够通过科学的库存管理降低库存水平、提高库存周转率，就可以带来利润率和资本回报率的提升。在这一点上，联想集团库存管理的成功案例提供了生动的注解：1995～2001 年，其个人电脑产品的库存周转天数由 72天减少至 13 天，随之带来的收效是库存积压坏账准备金从 5% 降到了 0.2%，在 ERP 系统的帮助下，其净利润率由 1999 年的 2.76% 提高到 2001 年的 4.85%。如何在满足连续生产和保证一定的客户服务水平的前提下，通过降低库存成本来增加企业的竞争能力，一直是企业家和学者多年探索的重要课题。

11.1.1　库存的含义

什么是库存（Inventory）？狭义的观点认为，库存指的是在仓库中处于暂时停滞状态的物资。广义库存的观点认为，库存表示为了满足未来需求而暂时处于闲置状态的有价值的资源。广义的库存观点特别强调两点：一是资源，这里的资源既包括传统观念中的实物资源，如产成品、原材料以及像土地、森林等未开发的资源，同时也包括了像飞机票、电影票、专家门诊挂号、理发、就餐的服务能力等服务性行业的供给资源；二是具有商业价值，有一些资源确实是可以满足未来需求，但却不一定具有商业价值，像空气、阳光等，人们在需要的时候可以随时随地获得，但在获取时却不需要付出成本。

可见广义库存的观点与狭义的观点相比较，库存管理研究的对象已经从传统的实物产品扩展到服务业的产品，这也说明现代的运营管理所研究的对象不仅仅包括传统意义上的实体制造业，同时也涵盖了像金融、物流、医疗、教育、咨询等现代服务业的运营效率问题。服务业的库存问题也成为学界和企业界关注的热点问题。

库存管理，就是对库存物资的管理，它是指与库存物料的计划与控制有关的业务。

20 世纪 80 年代以前，企业以规模化需求和区域性市场为决策背景，生产的产品是少品种、大批量生产，生产的组织模式是刚性、专用流水生产线，在这样一种需求和生产的背景下，管理者的管理思想和管理制度的特征是集权式，以追求稳定和控制为主。企业管理的任务主要是解决如何更好地组织内部生产，对本企业所需物资的采购、使用、储备等行为进行计划、组织和控制。管理的职能比较简单，就是满足生产的需求，所以在 20 世纪 80 年代以前库存管理的职能实际上是作为企业生产管理的一个组成部分，是指企业在生产过程中，对本企业所需物资的采购、使用、储备等行为进行计划、组织和控制，因此，这一阶段的库存管理也称为物资管理。物资管理的目的是，通过对物资进行有效管理，以降低企业生产成本，加快资金周转，促进企业盈利，提升企业的竞争能力。企业的物资管理，包括物资计划制订、物资采购、物资使用和物资储备等几个环节。

20 世纪 80 年代以后，企业管理的环境发生了变化，物资管理的理论与实践面临着新的挑战。传统的"高度自制""大而全""小而全""纵向一体化"的运营模式逐渐退出企业管理舞台，取而代之的是以"横向一体化"为代表的供应链管理模式。

进入 21 世纪，伴随顾客在市场上地位的提高，企业之间竞争的加剧，信息爆炸给企业带来的影响，高新技术的应用，市场和劳务竞争的全球化等因素的影响，企业面对的市场环境发生了明显的变化，产品生命周期越来越短，产品品种越来越多，对订单的反应速度越来越快，对产品和服务的期望越来越高。这些变化给企业库存管理带来的挑战可以概括为用户需求多样性和市场需求不确定性。这两点是供应链环境下库存管理的主要问题，也是促进企业不断提高自身竞争能力的外在压力。

11.1.2　库存的类型

库存普遍存在于企业生产经营的各个环节，为了对企业的实际库存问题进行深入分析，可以从不同的角度、不同的侧面对企业所拥有的库存进行分类。

1. 按库存所在的领域分类

按照库存所在的领域，可以将库存分为生产库存和流通库存两类。

生产库存，是指为了使企业生产的各个环节顺利进行，不发生停产，提高企业的生产制造效率，在企业各个生产环节所拥有的库存，包括原材料的库存、零配件的库存、在制品的库存和产成品库存。

流通库存，是指处在流通过程中准备用于批发、零售等销售的库存，主要包括生产企业的成品库存、流通企业的批发库存、零售库存等。

2. 按库存的特点分类

按照库存的特点，可以将库存分为经常性库存(周期性库存)、季节性库存、安全库存和中转库存。

经常性库存，是指企业在正常的经营环境下，为了满足日常生产和销售的需要而建立的库存。这种库存随着每日的需求不断减少，当库存降低到某一水平时，就需要订货来补充库存，呈现周期性变化，所以也称为周期性库存。企业拥有经常性库存是为了满足生产批量的规模，利用经济运输批量，受存储空间的限制，考虑补货提前期和供应商的数量折扣等。

季节性库存，是指一些物品具有明显的季节性消费特征，如空调机、服装等。在季节性的销售高峰期，产品会供不应求，而在其他的季节产品则会滞销，或者销售价格降低，因此需要在销售季节来临之前就开始生产，并保持一定量的销售库存。这类库存的管理需要考虑企业生产能力与季节销量之间的优化。

安全库存，是指为了防止供应、运输、质量，以及制造过程的不确定因素和突发事件而造成缺货，影响生产或者客户的正常需求，而准备的缓冲库存。

中转库存又称在途库存，指尚未到达目的地，正处于运输状态或等待运输状态而储备在运输工具中的库存。这类库存与物流系统的设计有关，如采购供应模式、物流配送模式等。

11.1.3　库存成本

【例 11-1】　2003 年 2 月，日本佳能公司宣布将设在中国的低价位产品的生产，如小型照相机、家用打印机及其墨盒等，从 2004 年 4 月开始逐步从中国撤回日本。由于日资企业在中国的工厂大多是"两头在外"，即原料或零部件由日本本部提供，而在中国组装或加工的制成品再运回日本销售。因此，在经济不景气的情况下，各公司都被迫尽量减少库存数量，缩短周转时间，不再像以往那样囤积大量商品慢慢销售，而是充分发挥市场的杠杆作用，"以销定产"。与此同时，商品的市场寿命正在不断缩短，仅有过去的几分之一甚至几十分之一，一种商品"畅销不衰"的现象越来越少。而中日之间零部件的"一来"和制成品的"一去"所耗费的物流时间至少要两周，这两周往往正是销售部门对生产部门提出的交货期限。所以，即便中国的工厂迅速完成了生产任务，等货运到日本，往往因为已经赶不上市场需求而使其价值大打折扣。因此，为了进一步贴近市场，近来一些日本企业把在中国生产线上的部分产品移回日本国内生产。这样做表面看来成本有较大幅度的提高，但是解除了库存所造成的资金压力和风险，企业可以轻装上阵。以成本会计的现金流量、资本回报率、资金周转率等指标测算，大大改善了企业的财务状况。尽管中国的劳动力成本仅相当于日本的 1/20，但佳能耗资 1 000 亿日元开发的全自动生产线生产出来的产品，将比在中国生产的还便宜。由此可见，低廉的劳动力成本只是暂时的优势，不能被当作长远的本钱。劳动力成本再低，也有限度。而这一限度是可以通过加大科研力度，提高生产自动化程度来突破的。

企业生产过程中投入的原材料、生产过程中产生的半成品库存以及流通环节的产成品都会因为占用流动资金而产生利息；原材料采购过程中会产生与订货相关的成本；物品存放在仓库会产生与存储保管相关的成本；如果发生短缺就会产生与缺货相关的成本。库存管理的主要目标是使库存系统的总成本达到最低，因此，科学合理地进行库存成本的计算是库存管理的重要基础。库存成本是管理会计的成本概念，而不是财务会计的成本概念。财务会计是指按照国家的会计法规核算出来的成本，通常指产品成本或劳务成本，而管理成本则是出于管理目的而核算出来的成本概念。库存总成本 C_T 是由四部分内容构成的：订货成本（订购成本）C_R、库存持有成本（存储成本）C_H、缺货成本 C_S 和库存物资购买费用 C_P，即

$$C_T = C_R + C_H + C_S + C_P \tag{11-1}$$

1. 订货成本

订货成本是指为了补充库存，为办理一次订货而发生的有关费用，包括订货过程中发生的订购手续费、联络通信费、招投标费用、人工核对费、差旅费、货物检查测试费、入库验收费等。如果供应企业是制造企业，订货成本也相当于组织一次生产所必需的生产线调整、工夹具安装、设备调整、试车、材料检查测试费等费用。

订货成本在现实交易中容易被忽略，人们关注的焦点往往集中在进货单价和进货数量上，但是通过仔细分析就会发现，如果进货量太少，上游的供应商就不愿意为你供货，或者不愿意为你配送，即使是答应为你供货，也可能提出要提高物品的报价。这里面实际上就是将生产线调整、工夹具安装、设备调整和运输车辆的固定费用分摊到每一个产品的销售价格上了。

订货成本实际上是具有固定成本性质的补货启动费用和具有变动成本性质的补货可变

费用组成的混合成本，但是由于其中的具有变动成本性质的补货可变费用所占的份额比较低，因此，一般认为，订货成本与一次订购或生产的数量无关，属于固定成本性质。

对订货成本的估算方法：一般用采购部门的年采购总成本除以订单数量。在全年总库存需求量固定不变的情况下，一次订货数量越大，全年的订货次数就越少，全年所花费的总的订货成本就越少。因此，从订货成本角度看，一次订货批量越大越好。

2. 库存持有成本

库存持有成本是指由于物品存放在仓库而产生的与存储保管相关的成本，其中包括库存物资占用流动资金而产生的资金成本（利息等财务费用）；存储（保管）的成本（包括仓库建筑物及设备的修理折旧费、租赁仓库的租金、仓库的供电、供热及库房内搬运设备的动力费及人工作业费用等）；库存物品的风险和库存损耗。

库存物品的风险是指库存物品存在由损耗引起贬值的可能性，库存损耗包括有形损耗和无形损耗。物品的有形损耗是指由于非正常原因，如保管养护不善、装卸搬运不当、管理制度不严格等造成的丢失、破损等损耗现象；或者是由于物品本身的物理化学变化和外界自然因素的影响造成的损耗现象。物品的无形损耗又称为精神损耗，是指由于产品更新或者技术进步引起劳动生产率提高和材料损耗降低，生产同类产品比原来消耗较低引起的产品贬值。

从库存持有成本的角度出发，库存持有物品数量越少，存货时间越短，库存持有成本就越低。

3. 缺货成本

缺货成本是指当需求出现时，由于供货发生短缺使需求无法及时得到满足而产生的相关成本。缺货成本主要表现在两个方面：一是延期交货成本，二是失销成本。

延期交货（又称为缺货回补）成本，是指客户需求的物品具有一定的特殊性和针对性，当需求无法及时得到满足时，客户没有选择从其他渠道补货，而是选择等待货到货后再取货。延期交货成本包括生产停工待料，采取应急措施采购或者加急组织生产而支付的额外费用，也包括一些如支付特殊送货费用，采取更昂贵的替代品等应对缺货的相关支出。

失销（又称为缺货不补）成本，是指当供货发生短缺使客户需求的物品无法及时得到满足时，客户需求可以通过其他渠道得到满足所带来的成本支出。例如，当顾客来商家购买家用电器，如果此时恰好没有顾客所需要的品牌型号的物品，顾客就会去其他商家购买，这样就失去了一次销售机会，如果缺货的频率增加，顾客就会越来越少了。失销成本包括失去本次销售机会，影响到当前以及今后的销售收入、利润、市场信誉、市场份额等带来的成本支出，在实际操作中，失销成本是很难计算的。

从减少缺货成本的角度出发，库存持有数量越大，缺货的可能性就越小，因而缺货成本也就越少。在实际操作中，是用间接方法来衡量缺货成本的大小的，即以用户需求得到及时满足的百分比大小来衡量系统的服务质量，称为服务水平。

11.1.4 库存的作用

库存给企业带来费用增加是显而易见的，那么企业为什么还要持有库存呢？库存确实是增加了企业的运营成本，但是库存对于实现物品的时间价值，提高企业的运输效率，协调供求关系，提高客户服务水平具有重要作用。

1. 协调供求关系

电风扇是夏季用来降温的电器产品，通常的销售季节是在六七月份天气炎热的季节，但是电风扇的生产却在冰天雪地的季节开始，工厂生产出的电风扇成品需要在仓库里静静地等待着销售季节的到来，这就是库存能够给物品带来的时间价值，因为工厂受到生产能力的限制，不可能在六七月份短短的销售季节生产出市场需要的需求量。将冬季生产出的产品存放在仓库里等待着夏季销售，正是利用库存能够给物品带来的时间价值来协调供需关系。类似的情形还有当顾客要求的供货期与制造周期不一致，为了满足生产过程连续，防止生产中断而设立的库存。

2. 降低运输或采购订货成本

采用火车、轮船等大吨位的运输工具比利用卡车运输节省运输费用，同样采用大吨位的卡车比采用小吨位的卡车更能节省运输费用。然而，采用火车、轮船和大吨位卡车运输虽然可以节省运输费用，却使得仓库存放物品的数量增加，进而引起库存成本增加。因此，通过有效地控制库存数量，可以降低运输费用。类似的情形还有通过增加采购批量来降低采购订货价格等。

3. 提高客户服务水平

减少缺货发生的频率、时间和数量，是提高客户服务水平的一个重要途径。要减少缺货发生的频率、时间和数量，一方面可以采用准时化供应，在需要的时间，把需要的物品送到需要的地点，但是这样做可能会引起运输成本的增加；另一方面可以通过适当地增加库存数量，实现在客户需求出现的时候，能够及时地供应物品。

11.2　库存系统与库存控制

根据系统工程的思想，任何一个复杂的问题都可以被看成是一个系统。系统是由相互作用、相互影响、相互制约和相互依赖的若干要素组成的，并具有一定结构和特定功能的有机整体。从运营管理的角度看，一个企业就是一个系统。这个系统是在特定的时间和空间里，由原材料、设备、资金、人员和通信联系等若干相互制约的动态要素所构成的具有特定功能的有机整体。根据系统工程的思想，任何一个系统都可以根据研究目的的需要细分为若干个子系统，系统本身又是它所从属的更大系统的组成部分。任何一个系统都可以看成是由系统的环境、系统的输入、系统的输出、系统的处理、系统的约束条件、系统的干扰等各个部分所构成。库存系统就是企业整个运营管理系统中的一个子系统。

库存系统的输入、输出都是资源。与生产系统不同，在库存系统中没有资源形态的转化。输入是为了保证系统的输出(对用户的供给)。约束条件包括库存资金的约束、存储空间的约束等。一般情况下，在输出端，库存需求是不可控的；在输入端，库存系统向外发出的订货提前期也是不可控的。可以控制的是何时发出订货(订货点)和一次订多少(订货量)两个参数。对库存系统的控制正是通过控制订货点和订货量这两个参数来满足客户对库存系统的订货需求并使总库存费用最低。

对任何库存系统的控制都必须回答以下三个问题。

(1) 隔多长时间检查一次库存量(库存检查策略)?

(2) 什么时间向供应商发出补充订货(订货点问题)?

(3) 每次应该订购多少(订货量问题)?

11.2.1 库存系统的种类

库存系统按照库存物品的需求特征不同,可以分为以下几种典型的类型。

1. 单周期与多周期库存控制问题

1) 单周期库存控制问题

"报童模型"(Newboy Model)是目前在库存控制领域对单周期库存控制问题最经典的描述。讲的是有一个"卖报人"每天清晨要思考并做出决策:当天他应该订多少份报纸?如果订货太多了,当天销售不出去,报纸隔夜到第二天就无法销售了,只能是卖废纸;如果报纸订的太少了,下午就会发生缺货而中断销售,眼见着本来应该赚得的利润成了泡影,懊悔不已。每天清晨"卖报人"都会为当天的订货决策而费尽脑筋,"卖报人"到底应该如何进行决策呢?

像 IT 产品、时装、唱片、报纸、期刊、蔬菜等类似的产品,统称为"短生命周期"的"时尚类产品"(时令性物品),这类产品的共同特点是:产品的前期生产准备周期长,产品开发投资金额比较大,有明显的销售季节性,销售时间周期短,产品的有效期(保质期或者保鲜期)比较短,产品不能跨期储存或者跨期销售,产品必须在销售季节一次全部售出,否则过期的库存物品就会严重贬值,造成经济损失。

2) 多周期库存控制问题

多周期库存控制问题针对的是像日用百货、工业原料、标准件、仪器仪表等功能型产品,这类产品从库存管理的角度与短生命周期的时尚类产品相比较,具有明显不同的特点,这类产品可以在多个生产或者销售周期内进行储存和销售,也就是说跨周期储存或者跨周期销售不影响这类户品的价值。这类户品通常采用的是多次进货和多次出货,形成进货—供应—消耗—出货—再进货—再供应—再消耗周而复始的多周期特点,这样的库存控制问题称为多周期库存控制。

针对上述两类不同类型的产品,在库存控制方面采用两种不同的库存控制策略。针对功能型产品,通常可以通过预测未来的市场需求量来确定库存策略。功能型产品通常采用的是追求低生产成本的大批量生产和大批量采购,以此来降低企业的运营成本。针对短生命周期的时尚类产品,通常采用的库存策略则完全不同。对时尚类产品来说,降低生产制造成本不是库存控制的主要矛盾,而减少销售季节末的剩余库存量成为库存控制的主要矛盾。所以针对时尚类产品的库存控制策略主要是采用订单驱动、需求拉动,通过优化和协调供应链上下游之间的合作关系,通过小批量、多批次、多规格生产来实现减少销售季节末的剩余库存量。

2. 单品种与多品种库存控制问题

多品种库存控制，是指仓库里存放有多种库存物品，如电器元件库、配件库等。多品种库存控制策略的主要出发点是将多品种库存物品按其占用金额、体积、使用频率等进行分类，通过抓主要矛盾，对占用金额大、体积大、使用频率多的主要品种进行重点管理，以实现对库存的总量进行控制。

单品种库存控制包括两种情况，一是指在一个库存系统中，只有一种库存物品需要管理；二是指在多品种的库存系统中，将占用金额大、体积大、使用频率多的主要品种的物品单独进行库存控制，这类库存物品往往占用大量资金，要采用比较精细的方法来计算其库存控制参数。

3. 独立需求与相关需求库存控制问题

独立需求，是指某种库存产品的需求只受企业外部的市场需求的影响，而不受其他种类产品需求的影响，表现出对这种产品的库存需求的独立性。独立需求的库存产品一般是指企业生产的最终产品。例如，汽车制造厂生产的汽车；家电企业生产的冰箱、彩电、洗衣机等。

相关需求，又称非独立需求，是指对某种库存产品的需求直接依赖于其他种类的产品需求情况，如汽车制造厂对汽车轮胎的需求量依赖于市场对汽车的需求量。

独立需求产品的库存需求量是直接由市场需求决定的，与其他产品无关，这类产品的库存需求量主要靠市场预测来确定。

相关需求产品的库存需求量是由相关的最终产品需求量以及产品的特定结构所决定的，库存需求量的确定主要靠 MRP，MRP 的核心内容是通过最终产品的需求量以及产品的结构特点，依据"在需要的时间把需要数量的物品提供给需要的地点"的原则，确定对相关需求产品的库存需求量。

本章所讨论的库存问题主要是针对独立需求的库存控制问题。

4. 确定型与随机型库存控制问题

在实际的库存控制问题中，库存物品的需求量 D 和订货提前期 t（订货提前期是指从开始订货到所订货物入库为止所需要的时间）在绝大部分情况下是随机变量。

当需求量 D 和订货提前期 t 全部被视为确定的，在这种情况下的库存控制问题称为确定型库存控制问题。当需求量 D 和订货提前期 t 二者全部或者其中一个为随机变量的库存控制系统，统称为随机型库存控制问题。

11.2.2　库存控制策略的类型

库存系统按照其控制策略的不同，可以分为定量订货法（连续性检查库存控制策略）和定期订货法（周期性检查库存控制策略）。

1. 定量订货法

定量订货法是指，当对库存量进行连续检查，发现库存量降低到订货点水平 s 时，即发出一个订货，每次的订货量保持不变，都为固定值 Q^*。该策略适用于需求量和占用金额较大，对库存系统的总费用影响也较大，缺货费用较高且需求波动性较大的情况（如 A 类物品）。该库存控制策略的主要控制参数为订货点水平 s 和订货量 $Q*$，其中，订货量 $Q*$ 由基本经济订购批量模型(EOQ)解决。

这里的"对库存量进行连续检查"是指，在每当发生进货或者出货，仓库中的库存量要发生变化时，就要对库存量进行检查核对。

2. 定期订货法

定期订货法是指，每隔一定时期 $T*$ 检查一次库存，并发出一次订货。该策略确定订货量的原则，是把现有库存补充到最大库存水平 Q_{max}，如果检查库存时的库存量为 I，则订货量为($Q_{max}-I$)。采用定期订货法策略时不设订货点，只设固定检查周期和最大库存量。该策略适用于一些不很重要的，或使用量不大的货物（如 C 类物品）。该库存控制策略的主要控制参数为最大库存水平 Q_{max} 和订货周期 $T*$，其中，订货周期 $T*$ 由基本经济订购批量模型解决。

11.3　库存控制的基本模型

库存控制模型可以分为单周期库存控制问题和多周期库存控制问题；单品种与多品种库存控制问题；独立需求与相关需求库存控制问题；确定型与随机型库存控制问题等类型。库存控制的经典模型是在对上述库存控制问题做出了较多的严格的抽象与假设的基础上推导出来的基础模型，这些模型能够反映出各类典型库存控制问题的本质特征，反映了解决库存控制问题的基本方法与基本思路。但是，正是因为这些模型是在较多的严格的抽象与假设的基础上推导出来的，这些模型就成为"纯粹理论模型"，在实际应用过程中，能够完全满足这些"纯粹理论模型"所规定的严格的假设和限制条件的环境非常少。为了解决"纯粹理论模型"与实际应用环境存在的差距，就要研究当其中的某一个或者某几个"假设或者限制条件"与"纯粹理论模型"所规定的情况发生了变化以后，如何调整和修改原来的"纯粹理论模型"，使其能够满足实际应用的需要，库存控制的整个理论体系主要是在上述背景下，沿着对"纯粹理论模型"的"研究假设"进行逐一扩展，使其更能符合应用环境这样一条轨迹不断扩充与发展。当然，随着网络与经济全球化的发展，企业管理的环境发生了重大的变化，对库存控制研究提出了新的研究问题。同时，随着智能计算和大数据理论的发展，也为库存控制提供了许多崭新的研究手段与工具，这些也为现代库存控制理论与模型的发展提供了新鲜的血液。

11.3.1　库存控制的相关概念

1. 订货提前期

订货提前期(Lead Time)是指从开始订货到所订货物入库为止所需要的时间。包括办理订货手续、供应方准备货物、运输货物以及到货验收的时间。订货提前期可以是确定的，也可能是随机的。

2. 订货点和订货批量

随着库存货物的出库，库存量会逐渐下降，直到某一时刻库存量会下降到某一特定数值，这时必须对库存的货物进行补充，否则随着库存货物的出库，库存量会逐渐下降，将来某一时刻就要发生缺货，影响企业的正常运营。这个点所对应的库存量就称为订货点 s。订货点用当时的库存水平来衡量。所订购的数量称为订货批量 Q，或称为订购批量。订货批量是库存系统根据库存需求，为补充库存而向供应商一次订货或采购的数量。

订货点和订货提前期是相对应的，当所订的货物尚未到达并入库之前，订货点（库存量）s 应能按既定的库存需求率和客户服务水平满足订货提前期内的库存需求。

订货点、订货批量和订货提前期三者之间的关系如图 11-1 所示。

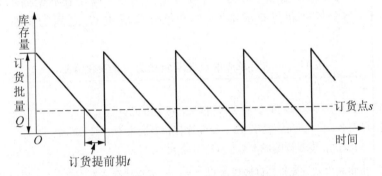

图 11-1　订货点、订货批量与订货提前期的关系

11.3.2　多周期库存控制模型

多周期库存控制问题针对的是功能型产品，这类产品通常采用的是多次进货多次供应，形成进货—供应—消耗—再进货—再供应—再消耗周而复始的多周期特点，这里主要针对的是独立需求的、确定型、单品种库存控制问题。

【例 11-2】　某企业长期生产销售一种工程机械产品，该产品单价是 150 元，每年销量是 100 件，每年的存储成本为货值的 30%，订购成本为每次 180 元，在不考虑缺货成本的情况下，分析该产品的库存成本。要求确定最优的订货批量 $Q*$ 并使全年的库存总成本 C_T（包括订购成本和库存持有成本）最低。

以年为单位对库存成本进行分析。首先该产品作为一种工程机械产品，满足多周期库存控制"进货—供应—消耗—再进货—再供应—再消耗"的特征，也即具有在多个生产和销售周期内储存和销售周而复始的特点。

产品单价：$P=150$ 元/件；

单位产品库存持有成本：$C_1=150 \times 30\% = 45$ 元/(件·年)；

订购成本：$C_2=180$ 元/次；

全年的库存需求量：$D=100$ 件。

例 11-2 就是要分析每次的订货批量 Q 与全年的库存总成本 C_T 的关系，也就是要计算出能够使全年库存总成本 C_T 最低的订货批量 Q^*。

为直观起见，首先运用数值计算的方法，依次计算订货批量取值分别从 5 件开始，每次增加 5 件，直到订货批量达到 100 件，分析全年库存总成本 C_T 随订货批量 Q 的变化情况，见表 11-1。

从表 11-1 的数据可以看出，全年库存物资购买费用 C_P 与订货批量 Q 没有关系，在不考虑缺货成本的情况下，全年库存总成本 C_T 等于全年库存持有成本 C_H 与全年订购成本 C_R 之和。

全年库存持有成本 C_H 随着订货批量 Q 的增加而增加。

全年订购成本 C_R 随着订货批量 Q 的增加而减少。

全年库存总成本 C_T 先是随着订货批量 Q 的增加而减少，当减少到某一个数值之后，会随着订货批量 Q 的增加而增加，具有一个明显的最低点。将上述数据输入 Excel 生成全年库存总成本 C_T 与全年库存持有成本 C_H、全年订购成本 C_R 之间的关系，如图 11-2 所示。

表 11-1　库存总成本 C_T 随订货批量 Q 的变化情况

全年库存需求量 $D=100$ 件

产品单价 $P=150$ 元/件，全年库存物资购买费用 $C_P=15\ 000$ 元

单位产品库存持有成本 $C_1=45$ 元/(件·年)，全年库存持有成本 $C_H=1/2C_1Q$ 元

订购成本 $C_2=180$ 元/次，全年订购成本 $C_R=C_2D/Q$ 元

订货批量 Q(件)	货物成本 C_P(元)	订购成本 C_R(元)	库存持有成本 C_H(元)	库存总成本 C_T(元)
5	15 000	3 600	112.5	3 712.5
10	15 000	1 800	225	2 025
15	15 000	1 200	337.5	1 537.5
20	15 000	900	450	1 350
25	15 000	720	562.5	1 282.5
30	15 000	600	675	1 275
35	15 000	514.29	787.5	1 301.79
40	15 000	450	900	1 350
45	15 000	400	1 012.5	1 412.5
50	15 000	360	1 125	1 485
55	15 000	327.27	1 237.5	1 564.77
60	15 000	300	1 350	1 650
65	15 000	276.92	1 462.5	1 739.42
70	15 000	257.14	1 575	1 832.14
75	15 000	240	1 687.5	1 927.5

续表

订货批量 Q(件)	货物成本 C_P(元)	订购成本 C_R(元)	库存持有成本 C_H(元)	库存总成本 C_T(元)
80	15 000	225	1 800	2 025
85	15 000	211.77	1 912.5	2 124.27
90	15 000	200	2 025	2 225
95	15 000	189.47	2 137.5	2 326.97
100	15 000	180	2 250	2 430

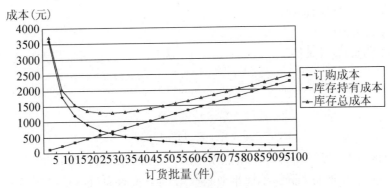

图 11-2　库存总成本与库存持有成本、订购成本关系

由图 11-2 可以看出，库存持有成本随着订货批量的增加而线性增加，订购成本随着订货批量的增加而单调减少，作为库存持有成本与订购成本之和的库存总成本先是随着订货批量的增加而减少，在订货批量为 30 附近达到最低点，然后随着订货批量的增加而增加。库存持有成本与订购成本之间的关系是"二律背反"现象的一个典型，在其他参数不变的情况下，单纯追求库存持有成本的降低，会引起订购成本的增加；相反，单纯追求订购成本的降低，会引起库存持有成本的增加。要计算出使全年库存总成本 C_T 最低的订货批量 Q^*，意味着在库存持有成本与订购成本之间寻找平衡点，也就是进行库存成本优化。

1. 经济订购批量模型

经济订购批量(Economic Order Quantity，EOQ)模型，又称整批间隔进货模型，是目前最常采用的货物订购方式。该模型适用于整批间隔进货且不允许缺货的存储问题，设某种物资单位时间(年)的需求量为常量 D，存储量以相对固定的消耗速度逐渐下降，经过时间 T 后，存储量下降到零。当库存量降到一定点时开始订货，并要求在规定时间内到货，补充后的库存量由零上升为最高库存量 Q，然后开始下一个存储周期，形成多周期存储模型。

EOQ 模型最早是由 F. W. 哈里斯于 1915 年提出的，该模型有如下假设：①外部对库存系统需求连续、稳定，需求率已知为常量；②一次订货量无最大最小限制；③采购、运输均无价格折扣；④订货提前期 t 已知为常量；⑤订货费 C_2 与订货批量 Q 无关；⑥库存持有成本是库存量的线性函数；⑦补充率为无限大，全部订货一次交付；⑧不允许缺货。

在上述假设条件下，库存量的变化如图 11-1 所示。从图中可以看出，系统的最大库存量为 Q，最小库存量为 0，不存在缺货。库存量按固定需求率减少，当库存量降到订货点 s 时，就按固定补货量 Q 发出订货。经过一个固定的订货提前期，新的一批订货 Q 到达（订货刚好在库存量变为 0 时到达），库存量立即恢复到 Q。因库存量在 Q 与 0 之间均匀变动，理论上的库存量平均值为 $Q/2$。模型参数如下：

D：全年物资需求量；

T：订货周期；

Q：每次订购批量，满足在 T 时间内的消耗；

C_1：单位物资单位时间的存储费；

C_2：每次订货的订购费；

p：库存物资单价。

在 EOQ 模型的假设条件下，式(11-1)中 C_s 为 0，C_P 与订货批量大小无关，为常量：

$$C_T = C_H + C_R + C_P = 1/2C_1Q + C_2D/Q + pD \qquad (11\text{-}2)$$

式中：

$$C_H = 1/2C_1Q \qquad (11\text{-}3)$$
$$C_R = C_2D/Q \qquad (11\text{-}4)$$

库存持有成本 C_H 随订货批量 Q 增加而增加，是 Q 的线性函数；年订货费 C_R 与 Q 的变化成反比，随 Q 增加而下降。不计年采购费用 C_P，库存总成本 C_T 与库存持有成本 C_H、订购成本 C_R 之间的数量关系如图 11-3 所示，库存持有成本 C_H 与订购成本 C_R 的交点正是库存总成本 C_T 的最低点，其对应的订货批量 Q 就是最优订货批量 Q^*。

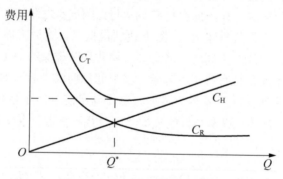

图 11-3　订货批量与费用关系

为了求出最优的订货批量 Q^*，对式(11-4)求 C_T 对 Q 的一阶导数，并令一阶导数为零，推导如下：

$$\frac{\mathrm{d}C_T}{\mathrm{d}Q} = \frac{C_1}{2} - \frac{C_2D}{Q^2} = 0 \qquad (11\text{-}5)$$

从式(11-5)可以解出最优的订货批量 Q^*

$$Q^* = \sqrt{\frac{2C_2D}{C_1}} \qquad (11\text{-}6)$$

根据式(11-4)和式(11-6)还可以求出一个存储周期最低的库存总成本 C_T^*，最优的订

货批量 Q^* 对应的订货周期 T^* ，以及最优的订货批量 Q^* 对应的订货次数 n^* 如下：

$$C_T^* = \sqrt{2C_1C_2D} \tag{11-7}$$

$$T^* = \sqrt{\frac{2C_2}{C_1D}} \tag{11-8}$$

$$n^* = \frac{D}{Q^*} = \sqrt{\frac{C_1D}{2C_2}} \tag{11-9}$$

将例 11-2 的参数值代入式(11-6)、式(11-7)和式(11-9)中，分别得到：

最优订货批量 $Q*$ ＝28.3 件/次；

一个存储周期最低的库存总成本 C_T^* ＝1272.79 元；

最优订货批量 $Q*$ 对应的订货次数 n^* ＝3.5 次/年。

2. 均匀补货的订购批量模型

EOQ 模型有一个假设条件为"补充率为无限大，全部订货一次交付"。这种假设条件不符合企业生产过程的实际情况。一般来说，在进行某种产品生产时，成品是逐渐生产出来的。也就是说，当生产率大于需求率时，库存是逐渐增加的，不是一瞬间增加的。要使库存不致无限增加，当库存达到一定量时应该停止生产一段时间。由于生产系统调整准备时间的存在，在补充成品库存的生产中，也有一个一次生产多少量最为经济的问题。这就是均匀补货的订购批量模型，又称经济生产批量（Economic Production Lot，EPL）模型，或经济生产量（Economic Production Quantity，EPQ）模型。均匀补货模型是 EOQ 模型的扩展，其假设条件除与经济订购批量模型第⑦条不同外，其余都相同。

在模型假设条件下，库存量的变化如图 11-4 所示。从图中可以看出，生产在库存为 0 时开始进行，由于生产率 h 大于需求率 d ，库存将以 $(h-d)$ 的速率上升。经过时间 t_p ，库存量达到 I_{max} 。生产停止后，库存量按照需求率 d 下降。当库存量减少到 0 时，又开始新一轮生产。Q 是在 t_p 时间内的生产量，Q 又是一个补充周期 T 内消耗的量。

模型参数如下：

h ：生产率（单位时间产量）；

d ：需求率（单位时间出库量）；

t_p ：生产时间；

I_{max} ：最大库存量；

其他参数和 EOQ 模型一致。

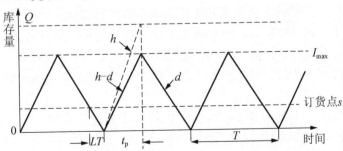

图 11-4　均匀补货模型库存成本与订货批量关系

在 EPQ 模型假设条件下，式(11-1)中 C_s 为 0，C_P 与订货批量大小无关，为常量。与 EOQ 模型不同的是，由于补充率不是无限大，其平均库存量不是($Q/2$)，而是($I_{max}/2$)。于是有

$$C_T = C_H + C_R + C_P = 1/2\ C_1\ I_{max} + C_2 D/Q + pD \tag{11-10}$$

从图 11-4 可以看出，在 t_p 期间，如果没有库存需求，则

$$t_p = \frac{Q}{h} \tag{11-11}$$

如果存在着以速率为 d 的需求，那么库存量将按照($h-d$)的速率增长，因此

$$I_{max} = t_p(h-d) \tag{11-12}$$

平均库存量为最大库存量的一半，即

$$\bar{Q} = \frac{1}{2}t_p(h-d) = \frac{Q(h-d)}{2h} \tag{11-13}$$

所以，一个存储周期内的库存总成本 C_T 为

$$C_T = \frac{1}{2}c_1(h-d)\frac{Q}{h} + c_2\frac{D}{Q} + pD \tag{11-14}$$

通过对式(11-13)求 C_T 对 Q 的一阶导数，并令一阶导数为 0，即可求出最优的订货批量 Q^*，并以此求出一个存储周期最低的库存总成本 C_T^*，以及最优订货批量 Q^* 对应的订货周期 T^* 如下：

$$Q^* = \sqrt{\frac{2c_2 D}{c_1}} \cdot \sqrt{\frac{h}{h-d}} \tag{11-15}$$

$$T^* = \sqrt{\frac{2c_2}{c_1 D}} \cdot \sqrt{\frac{h}{h-d}} \tag{11-16}$$

$$C_T^* = \sqrt{2c_1 c_2 D} \cdot \sqrt{\frac{h-d}{h}} \tag{11-17}$$

3. 有价格折扣的订购批量模型

前面讨论的 EOQ 模型有一个假设条件"采购、运输均无价格折扣"，也就是假定库存物资的单价是不随每次订购批量多少而变化的，在计算库存总成本时也不考虑物资的购货款。但是，在很多情况下，物资的单价与一次订购数量有关，也就是说补货价格与补货批量相关联，补货数量越多，补货价格就越优惠。价格折扣对于供应厂家是有利的，因为生产批量大，可以降低生产成本，扩大销售，获得更多的市场份额。价格折扣对于用户是否有利要做具体分析，并根据应用环境和库存系统参数进行优化。一方面，订货批量增大，可以降低订购成本，同时随着订货批量增大，价格折扣增大，更有利于企业成本的降低；但是，另一方面，随着订货批量增大，企业的库存量增大，存货周转慢，库存持有成本增加。价格折扣最终对企业的影响是利大于弊，还是弊大于利，必须通过数学模型进行定量优化分析。

根据不同的行业、不同的商品，价格的折扣形式会有所不同，比较常见的有两种形式：一是全量折扣，此方法对所补物资执行同一价格，该价格与补货批量有关；二是增量折扣，此方法是对所补物资分成多个部分，每一部分会有不同的价格。这里主要讨论全量

折扣。图 11-5 表示有两种数量折扣的情况，可以看出，在全量折扣假设下，订购批量与补货单价有以下关系：

当订货批量 $Q < Q_1$ 时，补货单价为 P_1；

当订货批量 $Q_1 \leqslant Q < Q_2$ 时，补货单价为 P_2；

当订货批量 $Q \geqslant Q_2$ 时，补货单价为 P_3；

且 $P_3 < P_2 < P_1$。

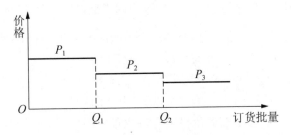

图 11-5　价格与订货批量关系

价格折扣模型的假设条件仅有一条与 EOQ 模型不一样，即允许有价格折扣。由于订购成本 C_R 与价格折扣无关，库存持有成本 C_H 和库存物资购买费用 C_P 都与价格折扣有关，造成库存总成本 C_T 曲线是一条不连续的折线，如图 11-6 所示。图中库存总成本 C_T 曲线是由三条折线（图中实线所示）叠加而成。由于库存总成本 C_T 曲线是不连续的，所以，成本最低点或者是曲线斜率（即一阶导数）为 0 的点，或者是曲线的中断点。求有价格折扣的最优订购批量可按下面的步骤进行。

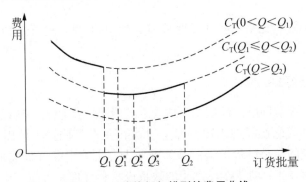

图 11-6　价格折扣模型的费用曲线

（1）根据式(11-6)计算各种折扣价格 P_j 对应的各个经济订货批量 Q_j^*，如果 Q_j^* 处于实线段中，即 $Q_{j-1} \leqslant Q_j^* \leqslant Q_j$，则 Q_j^* 就是此价格折扣段的经济订购批量；否则，如果 Q_j^* 处于虚线段中，则表示用 EOQ 模型计算出的该折扣价格 P_j 对应的最优订货批量超出了此折扣价格对应的订货数量段，此时应该取靠近 Q_j^* 的订货数量段端点（实线段）为此价格折扣段的经济订购批量。

（2）根据式(11-1)计算各个折扣价格段的经济订货批量 Q_j^* 对应的库存总成本 C_{Tj}，取能够使库存总成本最低值 C_T^* 对应的经济订货批量 Q_j^* 为最终选定的经济订货批量 Q^*。在不考虑缺货成本 C_S 的情况下，其对应的库存总成本为

$$C_{\mathrm{T}j}=C_{\mathrm{R}}+C_{\mathrm{H}}+C_{\mathrm{P}}=\frac{C_2 D}{Q_j^*}+\frac{C_1 Q_j^*}{2}+DP_j \tag{11-18}$$

式中参数 D、C_1、C_2 的含义与前面 EOQ 模型相同。

【例 11-3】 某公司向供应商订购某种产品，供应商的条件是：订货量为 $1\sim249$ 件时，单价 18.00 元；订货量为 $250\sim999$ 件时，单价 16.00 元；订货量为 1 000 件及以上时，单价 14.00 元。公司年需要该产品量为 10 000 件，每次订货的费用为 9.00 元，单位产品的年库存维持费用是单价的 8%。试求经济订货批量。

解：将数据代入式(11-6)中，分别计算三种价格对应的经济订货批量 Q_j^*，得到：

$$Q(18.00)=353 \text{ 件}$$
$$Q(16.00)=375 \text{ 件}$$
$$Q(14.00)=400 \text{ 件}$$

由于 $Q(18.00)=353$ 件不在此价格的订货数量段内($1\sim249$)，应该取 $Q_1^*=249$；

$Q(16.00)=375$ 件在此价格的订货数量段内($250\sim999$)，故取 $Q_2^*=375$；

$Q(14.00)=400$ 件不在此价格的订货数量段内(1 000 及以上)，应该取 $Q_3^*=1\ 000$。

将 $Q_1^*=249$ 件，$Q_2^*=375$ 件，$Q_3^*=1\ 000$ 件分别代入式(11-17)中，得到

$$C(249)=180\ 540(\text{元})$$
$$C(375)=160\ 480(\text{元})$$
$$C(1\ 000)=140\ 650(\text{元})$$

比较各 Q_j^* 对应的库存总成本 $C_{\mathrm{T}j}$，$C(1\ 000)=140\ 650(\text{元})$ 最低，所以，取经济订货批量 $Q*=1\ 000$ 件。

结论：如果企业资金充裕，将订货批量确定为 1000 件，这样，包括货款在内的全年库存总成本达到最低。

11.3.3 单周期库存控制模型

由于单周期库存控制问题的性质主要体现在订货是一次性的，所以单周期库存控制问题与多周期库存控制问题在模型描述方面主要存在三点不同：①单周期库存是一次性订货，库存控制的关键问题是订货批量；②单周期库存决策中的订货成本被视为前期投资，成本控制的主要矛盾在于订货太少而产生的缺货成本和订货太多而产生的剩货浪费成本之间的平衡；③单周期库存问题中，由于需求量是不确定的，因此不能沿用处理确定性库存问题的优化方法，而需要确定需求量的概率分布，运用概率论的期望利润最大化或者期望成本最小化的方法。

作为单周期库存决策问题，需求量是不确定的。首先，必须知道需求量的概率分布，下述案例展示了通过历史数据确定需求量概率分布的方法。其次，分析并建立包括订货太少而产生的缺货成本与订货太多而产生的剩货浪费成本利润数学模型。最后，通过数学优化的方法，取得期望利润最大化或者期望成本最小化，以确定最优订货批量。

1. 单周期离散类型产品库存控制模型

【例 11-4】 有一位"卖报人"经营一个报亭销售当地的晚报，从报社进报纸每份进

价 0.7 元，零售价每份 1 元，如售不出去，退回报社，每份可得 0.5 元，缺货时无罚款，根据 1 000 天的统计，该晚报全年的销售概率分布表 11-2。试根据上述数据确定在正常情况下"卖报人"每天的订货量。

表 11-2　全年晚报销售概率分布情况

售出份数	200	250	300	350	400	450	500	550	600	650
发生天数	5	20	75	90	190	260	205	120	30	5
概率	0.005	0.020	0.075	0.090	0.190	0.260	0.205	0.120	0.030	0.005
累计概率	0.005	0.025	0.100	0.190	0.380	0.640	0.845	0.965	0.995	1.000

离散类型产品库存控制模型是指市场需求为离散随机变量 D，即库存物资为一件一件的形式，其参数如下。

市场需求：市场需求是离散变量，用 $F(x) = \sum_{n=0}^{x} P\{D = n\}$ 表示需求量 $D = n$ 的概率；

进货单价：从供应商处购进货物的价格，C 元/件；

销售单价：将货物卖给顾客的价格，p 元/件；

回收单价：如果订货量超过了需求量，则滞销物资在销售季节过后打折处理，回收金额 g 元/件（$p > C > g$）；

缺货罚款系数：如果订货量小于需求量，则发生缺货，每缺货一件罚款损失为 s 元/件；

决策变量：订货批量 Q，求最优订货批量 Q^*。

设订货量为 Q 时的期望利润为 $E_L(Q)$，则使得 $E_L(Q)$ 取最大值时的订货量为最优订货批量 Q^*。$E_L(Q)$ 的计算公式如下：

$$
\begin{aligned}
E_L(Q) = & \text{订货量大于需求量时的期望利润值} \\
& + \text{订货量小于需求量时的期望利润值} \\
= & \sum_{x=x_1}^{Q-1} \left[-QC + px + g(Q - x) \right] p(x) \\
& + \sum_{x=Q}^{x_N} \left[-QC + pQ - s(x - Q) \right] p(x)
\end{aligned} \tag{11-19}
$$

因为 x 是离散变量，故用差分法求 Q^*。因为 Q^* 是最优订货批量，所以能使 $E_L(Q)$ 为最大值时的订货批量 Q 满足

$$
\Delta E_L(Q^*) = E_L(Q^* + 1) - E_L(Q^*) < 0 \tag{11-20}
$$

$$
\Delta E_L(Q^* - 1) = E_L(Q^*) - E_L(Q^* - 1) > 0 \tag{11-21}
$$

根据式（11-19）和式（11-20）得到

$$
\Delta E_L(Q^*) = -(C + g) \sum_{x=x_1}^{Q^*} p(x) + (-C + p + s)(1 - \sum_{x=x_1}^{Q^*} p(x))
$$

$$= (-C + p + s) - (p - g + s) \sum_{x=x_1}^{Q^*} p(x)$$

$$\leqslant 0 \tag{11-22}$$

根据式(11-21)得到如下结论:

$$\sum_{x=x_1}^{Q^*} p(x) = P(X \leqslant Q^*) \tag{11-23}$$

$$P(X \leqslant Q^*) = \frac{p - C + s}{p - g + s} \tag{11-24}$$

根据式(11-23),只要知道库存物资的市场需求概率分布,进货单价 C,销售单价 p,回收单价 g 和缺货罚款系数 s_2,就可求出可使期望利润值最大的订货批量 $Q*$。

将上述数据代入式(11-23)计算市场需求概率分布,得到如下结果:

$$P(X \leqslant Q^*) = \frac{p - C + s}{p - g + s} = \frac{1 - 0.7 + 0}{1 - 0.5 + 0} = 0.60$$

结论:依照表 11－2 可以确定,正常情况下"卖报人"每天的报纸订货量应为 450 份。

2. 单周期连续类型产品库存控制模型

连续类型产品库存控制模型是指市场需求为连续随机变量 D,用 $f(x)$ 表示 D 的概率密度,则

$$F(x) = \int_0^x f(x) \mathrm{d}x \tag{11-25}$$

表示概率分布函数,其他参数的含义与前面单周期离散类型产品库存控制模型中相同。

此时,期望利润 $E_{\mathrm{L}}(Q)$ 的计算公式如下:

$E_{\mathrm{L}}(Q) =$ 订货量大于需求量时的期望利润值＋订货量小于需求量时的期望利润值

$$= \int_0^Q [-QC + px + g(Q - x)] f(x) \mathrm{d}x + \int_Q^{+\infty} [-QC + pQ - s(x - Q)] f(x) \mathrm{d}x$$

$$= -\int_0^Q QC f(x) \mathrm{d}x + (p - g) \int_0^Q x f(x) \mathrm{d}x + g \int_0^Q Q f(x) \mathrm{d}x$$

$$- \int_Q^{+\infty} QC f(x) \mathrm{d}x + (p + s) \int_Q^{+\infty} Q f(x) \mathrm{d}x - s \int_Q^{+\infty} x f(x) \mathrm{d}x \tag{11-26}$$

因为 x 是连续随机变量,为了求得使 $E_{\mathrm{L}}(Q)$ 取最大值时的最优订货批量 $Q*$,将式(11-25)对 Q 求导数,并令上述导数等于零,即 $\dfrac{\mathrm{d}E_{\mathrm{L}}(Q)}{\mathrm{d}Q} = 0$。利用复合函数积分的求导公式可以得出下式:

$$\frac{\mathrm{d}}{\mathrm{d}Q} \int_0^Q Q \cdot f(x) \mathrm{d}x = Q \cdot f(Q) + \int_0^Q f(x) \mathrm{d}x \tag{11-27}$$

将式(11-26)代入式(11-25),并经化简处理得到

$$\frac{\mathrm{d}E_{\mathrm{L}}(Q)}{\mathrm{d}Q} = p + s - c + (p - g + s) Q f(Q) - (p - g + s) \left[\int_0^Q f(x) \mathrm{d}x + Q f(Q) \right]$$

$$= (p - C + s) - (p - g + s) \int_0^Q f(x)\mathrm{d}x = 0 \tag{11-28}$$

将 $P(x \leqslant Q^*) = \int_0^Q f(x)\mathrm{d}x$ 代入式(11-26)，得到

$$P(x \leqslant Q^*) = \frac{p - C + s}{p - g + s} \tag{11-29}$$

将例 11-4 中的市场需求改为连续随机变量，市场需求服从均匀分布，最高需求量为 $b = 1\,000$ 份，最低需求量为 $a = 500$ 份，其他参数与单周期离散类型产品库存控制模型中的参数相同，根据上述数据，在正常情况下，"卖报人"每天的订货批量是多少？

根据题意，市场需求为均匀分布，其概率密度函数为

$$f(x) = \begin{cases} \dfrac{1}{b-a} & a \leqslant x \leqslant b \\ 0 & x < a, \ x > b \end{cases}$$

将例 11-4 中数据代入式(11-28)计算市场需求概率分布，得到如下计算结果：

$$P(x \leqslant Q^*) = \frac{p - C + s}{p - g + s} = \frac{1 - 0.7 + 0}{1 - 0.5 + 0} = 0.60$$

将例 11-4 中给出的数据代入式(11-24)，得到如下计算结果：

$$P(x \leqslant Q^*) = \int_a^{Q^*} \frac{1}{b-a}\mathrm{d}x = \frac{x}{b-a}\bigg|_a^{Q^*} = \frac{Q^* - a}{b - a} = \frac{Q^* - 500}{1000 - 500} = 0.6$$

故

$$Q^* = 800$$

结论：可以确定在正常情况下，"卖报人"每天的最优订货批量应为 800 份报纸。

11.3.4　多品种库存控制问题

多品种库存是指仓库里存放有多种库存物品，如电器元件库、配件库等。多品种库存控制的一个重要方法就是 ABC 分类法。ABC 分类法又称帕累托分析法。它是根据事物相关特征进行分类、排队，分清重点和一般，以有区别实施管理的一种分析方法。分类法起源于意大利社会学家维尔佛雷多·帕累托对人口和社会问题的研究(1879 年)，帕累托因对意大利 20% 的人口拥有 80% 的财富的观察而著名。约瑟夫·朱兰博士等概括为帕累托法则(80/20 法则)，后进一步概括为帕累托分布。1951 年，美国管理学家戴克将其应用于库存管理，定名为 ABC 分类法，使帕累托法则从对一些社会现象的反映和描述发展成一种重要的管理手段。

1. ABC 分类法的原理

ABC 分类法的原理是，将多品种库存物品按其占用金额、体积、使用频率等进行分类，通过抓主要矛盾，对占用金额大、体积大、使用频率多的主要品种进行重点管理，以实现对库存总量的控制。通常的做法是将库存物品按品种和占用资金的多少分为特别重要的库存(A 类)、一般重要的库存(B 类)和不重要的库存(C 类)三个等级，然后针对不同等级分别进行管理与控制。典型的库存 ABC 分类如表 11-3 和图 11-7 所示。

表 11-3 ABC 分类法一般分类规则

分类	资金占用(%)	品种占用(%)
A	65～70	5～15
B	20～25	20～25
C	5～15	65～70

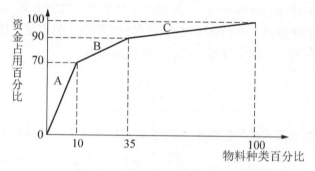

图 11-7 ABC 分类法分类规则

通常，A 类物资属于重点物资，这类物资品种不多，但消耗量大，占用资金比例高。在订购和库存控制中，应该采用连续检查方式，在仓库管理中对物资的存放、盘点、领发料都要实行严格控制。B 类物资属于次重点物资，这类物资品种较多，占用资金较 A 类物资少，在物资库存控制方式中，在仓库保管中也要严加管理。C 类物资属于一般物资，这类物资品种繁多，占用资金少，消耗量不大。在物资订购中，应减少采购次数、增加采购数量，采用粗放的管理方法，因而可选择周期性检查策略。

2. ABC 分类法应用实例

【例 11-5】 表 11-4 给出了某公司当月库存物资的单件物资成本 T、出库额及品种数之间的对应数据。公司希望改进库存管理，降低库存成本费用，拟用 ABC 分类法将产品分成三类进行管理。

表 11-4 库存物资系列分类统计表

单件成本为 T 的库存物资系列	品种数(件)	出库额(元)
$T>6$	260	5 800
$5<T\leqslant6$	68	500
$4<T\leqslant5$	55	250
$3<T\leqslant4$	95	340
$2<T\leqslant3$	170	420
$1<T\leqslant2$	352	410
$T\leqslant1$	2424	570

本例的分类依据是单件物资成本 T，分类步骤如下。

第一步，按物资成本 T 对相应的出库额及品种数进行排序，见表 11-4。

第二步，计算各成本系列库存物资的品种数占全部品种的百分比，见表 11-5。

表 11-5　ABC 分类计算表

T	品种数 （件）	占全部品种的 百分比（%）	占全部品种的 累计百分比（%）	出库额（元）	占出库总额 百分比（%）	占出库总额的 累计百分比（%）	分类
$T>6$	260	7.6	7.6	5 800	70.0	70.0	A
$5<T\leqslant6$	68	2.0	9.6	500	6.0	76.0	A
$4<T\leqslant5$	55	1.6	11.2	250	3.0	79.0	B
$3<T\leqslant4$	95	2.8	14.0	340	4.1	83.1	B
$2<T\leqslant3$	170	5.0	19.0	420	5.0	88.1	B
$1<T\leqslant2$	352	10.3	29.3	410	4.9	93.0	B
$T\leqslant1$	2 424	70.7	100.0	570	7.0	100.0	C
合计	3 424			8 290			

第三步，计算各成本系列库存物资的出库额占全部出库额的百分比，见表 11-5。

第四步，按 ABC 分类法的划分规则，将库存物资划分为 A、B、C 三类。在本例中，$T>6$ 和 $5<T\leqslant6$ 两个系列的物资，出库额占了出库总额的 76.0%，其对应的品种数仅占全部物资品种的 9.6%，故将这两个系列的物资确定为 A 类物资；$T\leqslant1$ 系列的物资，出库额仅占出库总额的 7.0%，但其品种数却占全部品种的 70.7%，因此，将该系列的物资确定为 C 类物资；其余在 $4<T\leqslant5$、$3<T\leqslant4$、$2<T\leqslant3$、$1<T\leqslant2$ 范围内的物资，累计出库额占到出库总额的 17%，其对应的品种数占全部品种的 19.7%，将此系列范围的物资确定为 B 类物资。最终库存物资的分类结果列于表 11-6。

表 11-6　ABC 分类结果

分类	品种数 （件）	占全部品种数 百分比（%）	占全部品种数 累计百分比（%）	出库额 （元）	占出库总额 百分比（%）	占出库总额累计 百分比（%）
A	328	9.6	9.6	6 300	76.0	76.0
B	672	19.7	29.3	1 420	17.0	93.0
C	2 424	70.7	100	570	7.0	100

第五步，制定对 A、B、C 三类物资有差别的库存管理办法。

对 A 类物资的管理要求是：①每件商品皆作编号；②尽可能正确地预测或计算需求量；③少量采购，尽可能在不影响需求下减少库存量；④请供货单位配合，力求出货量平稳化，以降低需求变动，减少安全库存量；⑤与供应商协调，尽可能缩短订货提前期；⑥采用定量订货法，对存货做连续检查；⑦必须严格执行盘点，每天或每周盘点一次，以提高库存精度；⑧对交货期限加强控制，在制品及发货也须从严控制；⑨货品放置于易于出入库的位置；⑩A 类物资的采购需经高层主管审核。

对 C 类物资的管理要求是：①采用定期订货法，对存货做定期检查，简化库存管理手段，以求节省管理费用；②可以采用大量订购，以便在价格上获得优惠；③适当增加安全库存，预防发生库存短缺；④可每月盘点一次；⑤C 类物资的采购仅需基层主管核准。

B 类物资属于次重点物资，在库存管理中两应根据企业的具体情况，制定介于 A 类物资和 C 类物资之间的管理办法，如中量采购；每两三周盘点一次；采购由中层主管审核等。

11.4 采购与配送管理

供应链是由产品生产和流通过程中所涉及的原材料供应商、生产商、分销商、零售商以及最终消费者等成员通过与上下游成员的连接组成的网络结构，是由物流节点和链组成的集合。物流网络中连接物流线路的物流节点代表了物流网络中的工厂、仓库、物流中心、配送中心、零售店等，这些物流节点在物流网络中起到了物资转运、物资储存以及信息处理等功能，这些功能称之为物流中枢或物流枢纽功能。物流网络中的链代表了运输方式、运输路线以及信息传输的路径、方法等功能。库存控制就是要设法减少或者消除供应链网络中各个物流节点的库存物资，由于整个供应链网络是一个相互关联的整体，供应链网络中的供应商选择、采购管理、运输配送等都会对整个供应链网络的总成本产生影响，单纯追求库存成本的降低，有可能使供应链的整体效益变差。供应链网络优化就是寻求如何设计供应链网络中节点和链的组合，使得供应链整体效益最优。所以在研究供应链环境下库存管理问题时，也离不开对相关的采购、运输以及配送管理的研究。

11.4.1 采购管理

1. 采购概述

1) 采购的概念

采购是从资源市场获取资源的过程，是指从多个对象中选择购买自己所需要的物品的一种经济活动。包括商流和物流两个过程。

2) 采购的分类

采购一般有两种分类方式：按照采购方法分类，可分为传统采购和现代化采购两种类型；按照采购主体分类，可分为个人采购和集团采购两种类型。

传统采购的一般组织形式是，采购企业所属部门在每月末上报下月需要采购的物资品种和数量，并将申请单提交到企业采购决策部门，由该部门对申请单进行汇总、统计，并制订出统一的采购计划进行采购。物资采购回来后，存放在企业的仓库中，以满足下个月各个部门的物资需要。这种传统的采购方式，简便易行，便于操作，但对市场变化的反应慢，容易造成库存积压和占用资金过多的风险。

现代化采购包括如下几种类型。

(1) 订货点采购(Fixed-Quantity System，FQS)。即定量订货法采购，指的是当库存量下降到预订的最低库存数量(订货点)时，按规定数量(一般以经济订货批量为标准)进行订货补充的采购方式。

（2）MRP 采购。MRP 是指在工业企业内，根据产品结构各层次物品的从属和数量关系，以每个物品为计划对象，以完工日期为时间基准倒排计划，按提前期长短区别各个物品下达计划时间的先后顺序。

（3）JIT 采购。也称为准时化采购，是一种完全基于需求为导向的采购方法。JIT 是指在精确测定生产各个工艺环节作业效率的前提下，按生产计划规定的时间准时采购，以消除一切无效作业与浪费为目的的管理模式。

（4）SCM(Supply Chain Management)采购。即供应链采购，是指利用计算机网络技术全面规划供应链中商流、物流、信息流、资金流等，并进行计划、组织、协调与控制的一种现代化采购模式。在此种采购机制下，采购不再由采购者操作，而是由供应商操作。采购者不断地把自己的需求信息及时地传递给供应商，供应商根据自己产品的消耗情况，连续小批量及时补充库存，既能够保证库存量满足需求，又使得库存量维持最低水平。

（5）电子商务采购。也称为网上采购，是指通过网络寻找供应商、网上洽谈业务、网上订货甚至网上支付货款。但是送货和收货活动仍然是在网下进行的。电子商务采购简化了采购程序，减少了采购时间，降低了采购成本，提高了工作效率。

（6）战略采购。战略采购作为整合公司和供应商战略目标和经营活动的纽带，是一种系统性的、以数据分析为基础，以最低总成本建立服务供给渠道的过程。战略采购包括四方面的内容：供应商评价和选择、供应商发展、买卖双方长期交易关系的建立和采购整合。

（7）策略采购。是指采购人员等到价格下跌到市场平均价格以下的时候订货。这种方法鼓励在价格低时进货，而在价格高时停止进货。当然，进货时要考虑库存成本和适度适量的原则。

（8）应急采购。是为了短期需要而进行的物料采购，应急采购的数量比正常的经济合理的采购数量少得多。应急采购适用于企业原计划的原材料零部件供应或者库存由于种种原因不能够按计划完成的情况。应急采购的缺点是，小批量的采购使订货成本增加，得不到批量购买的折扣，发货量少，运费高等。因此应该尽量减少应急采购。

2. 采购决策

1）采购的原则

适时、适价、适质、适量、适当交货期是采购管理的五项基本原则，在采购活动中准确把握五项原则，是采购作业获得成功的基本保证。

（1）适时采购原则。何时采购、采购多少长期以来是采购决策的两个基本要素，从这两个要素出发所派生出的采购目标主要是既保证生产，又尽可能降低采购成本。强调适时原则，适时采购就是准时采购，在需要时采购，应根据不同的物料需求特点，选择不同的采购时间。

（2）适价采购原则。商谈价格是采购活动中最重要的内容。采购价格应以适当为原则，此亦为采购的上策。采购员必须根据市场行情，分析物资的质量状况和价格变动情况，选择物美价廉的物资进行购买。

（3）适质采购原则。采购物资的质量直接关系到产品的质量。所有物料的采购，必须依据技术质量标准要求寻找供应源。适质原则强调恰好符合要求的就是好的，避免盲目追求高质量。如何选择最适合的物料，需要采购人员根据供求情况做出恰当的购买决策。

（4）适量采购原则。决定适当采购数量是采购部门的一项重要决策任务。采购量的大小决定生产与销售的顺畅与资金的调度。物料采购量过大，造成过高的存货储备，令资金积压、成本上升；物料采购量过小，则采购成本提高。因此，适当的采购量是非常必要的。

（5）适当交货期采购原则。适时交货指适当的交货提前期或采购提前期。提前期过长是不妥当的，会导致大量的库存。理论上讲提前期越短越好，最理想状态是交货时刻正好是计划中的使用日期。但受各种条件的制约，提前期很难缩短到理想水平。

2）采购决策的内容

好的采购不仅仅要满足对物资的需求，还要满足资源有效利用的要求，即要在适当的时间以适当的价格从适当的来源处购进适量的物料。为此，采购部门必须从市场需要和企业的经营效益出发，做到采购的质量、数量、价格和时间合适。要做到这些方面，就必须做好采购商品品质、采购价格、采购时机等方面的决策工作。

最通常的采购决策是时间与数量决策。时间决策要解决的是针对某项物品应何时采购的问题。在同一企业，不同物品的采购会有不同的决定方法，如采购昂贵物品，应时时关注库存，当库存降至某个数量即开始采购。反之，对价低量大的物品应采取固定采购周期的方法。对同一物品，企业的经营思路不同，采购的时间决策也会大相径庭。数量决策则是决定每次的采购量。不同的物品、不同的经营策略也会影响每次的采购数量。采购时又会遇到价格决策，影响价格的因素有很多，如与价格有关的优惠条件、折扣条件等。此外，采购地点、供应商对象也需要考虑，还有诸如采购合同、运输方式、违约赔偿等，都需要在采购中做出决定。同样是物资采购，在供应链环境中采购决策的内容更丰富多彩，更带艺术性，也更具挑战性。总之，采购决策是采购管理的核心内容，必须做好做实。

3）影响采购价格的主要因素

（1）市场供求状况。

（2）物资的可替代性。

（3）物资的功能、质量等级、使用寿命与品牌。

（4）采购者与供应商的关系。

（5）采购渠道。

（6）采购提前期的长短。

（7）采购付款条件。

（8）采购批量。

4）降低物资采购成本的主要途径

（1）集中采购、联合采购。

（2）合理确定货款支付条件。

（3）实行厂家直购，减少中间环节。

（4）培育战略供应商群体，签订长期合作协议。

（5）提高物资需求计划管理水平。

（6）提高物资的功能价格比。

（7）加强对历史采购成本和重要物资成本构成分析。

11.4.2　物流配送

配送制是目前普遍采用的一种先进合理的社会化流通体制和高效的物流方式，几乎所有的产业规划和产业政策中均将配送制作为产业流通的重要发展方向。

1. 配送的含义

配送是在经济合理区域范围内，根据用户要求，对物品进行拣选、加工、包装、分割、组配等作业，并按时送达指定地点的物流活动。

配送是按照用户需求进行的商品组配与送货活动，是综合性的物流运动，是面向终端用户的服务，强调时效性。

配送不能等同于送货，送货只是配送的一个环节和流程。配送涉及多方面的功能和服务，是商流与物流的结合，它几乎涵盖了物流中所有的要素和功能。配送集运输、保管、包装及加工于一身，通过一系列活动将货物送达用户需求的目的地。除了运、送活动外，配送还要从事进货、拣货（配货）、分装、配载等，与物流技术进步紧密相连。配送不是单纯的运输，而是运输与其他活动共同构成的有机体。通常说"远距离运输，近距离配送"。

2. 配送的类型

按照不同的分类标准，配送可以分为多种类型。

1）按配送组织主体分类

（1）商店配送。组织主体是商业或物资行业的门市网点。这些网点数量多，配送半径短，配送实力有限。往往只是承担零售、小批量商品的配送，尽管配送数量不大，但配送商品种类繁多，配送操作机动灵活。

（2）配送中心配送。组织主体是专门从事配送的专业化机构。通常配送中心的规模较大，配送能力较强，配送距离较远，配送品种多，配送数量大。可以按照配送需要储存各种商品，储存能力较大，拥有专业化的员工队伍和设备。

（3）仓库配送。通常是以仓库为据点进行的配送。一般来说，仓库配送的规模较小，配送的专业化水平较低。

2）按配送商品数量和种类分类

（1）少品种、大批量配送。这种配送方式的特点在于配送量大、品种较少，可以使车辆满载或使用较大载重的车辆，以提高车辆利用率，降低配送成本。主要适用于生产企业和商贸领域的物资配送。

（2）多品种、小批量配送。这种配送方式的特点是，按照用户要求将用户所需物品配备齐全，并进行配载后送达用户。此配送方式对配送作业的水平和技术设备要求较高，主要适用于对配送频率要求较高的企业销售和供应，以及电子商务领域。

（3）配套型配送。是按照生产企业或建筑施工单位的要求，将其所要的多种物资或配套产品配备齐全后直接送达生产厂家或建筑工地的一种配送形式。

3）按配送时间和配送商品数量分类

（1）定时配送，是按照规定的时间间隔进行配送，对每次配送的品种及数量事先拟订计划，也可以在配送之前商定。这种方式由于时间固定，易于工作计划，易于按计划使用车辆。

（2）定量配送，是按照规定的数量，在一个时间段内进行配送。这种配送方式每次配送的货物数量比较固定，备货和安排配送车辆比较方便，因此配送的效率较高。由于配送的时间要求并不严格，所以在时间上也能够将不同客户所需要的货物配装成整车进行配送运输，提高运力的利用率。

（3）定时定量配送，是指按照规定的时间和数量来组织配送。这种配送方式对配送组织要求较高，计划难度大，适合于专业化程度较高的生产配送中心配送。

（4）定时定路线配送，是指在规定的运行路线上，制定到达时间表，按运行时间表进行配送，因而也称为班车配送。这种配送方式对于配送企业而言，有利于安排车辆、人员及配送设备，比较适合于用户相对比较集中，用户需求较为一致的环境。

（5）即时配送，是指完全按照用户提出的送货时间和送货数量，随时进行配送的组织方式。即时配送是一种灵活性和机动性很强的应急配送方式。采用即时配送方式，对于客户而言，可以用即时配送代替保险储备。但对于配送组织而言，很难做到充分利用运力，配送成本较高，对配送企业的应变能力和快速反应能力要求比较高。即时配送的优点是适应用户要求的能力强，这种配送方式已经成为用户企业实现零库存的重要手段。

4）按配送专业化程度分类

（1）综合配送，是指在一个配送网点中组织不同专业领域的产品向用户配送，配送的商品种类较多，且来源渠道不同。

（2）专业配送，是指按照产品的大类不同来划分专业领域的配送方式。专业配送的优势在于可以根据专业的共同要求来优化配送实施、配送机械和配送车辆，制定适应性较强的配送流程，大幅度提高配送效率。

3．配送的模式

配送模式是企业对配送所采用的基本战略和方法。它是构成配送运动诸要素的组合形态，是适应经济发展需要并根据配送对象的性质、特点及工艺流程而相对固定的配送规律。

1）自营配送

自营配送是指配送的各个环节由企业自身筹建并组织管理，实现对企业内部及外部货物配送的模式。自营配送主要适用于企业达到一定的规模，或企业的产品具有较为特殊的专业性，以及第三方配送能力不足等情况。较为典型的自营配送模式主要体现在连锁企业的内部配送。自营配送的优势在于，有利于企业供应、生产和销售一体化作业，系统化程度较高。不足之处是，企业建立配送体系的投资会很大，当企业规模较小时，配送的成本和费用也相对较高。

2）第三方配送

第三方配送是与自营配送相对的一种配送模式，也称为外包配送。它是指由具有一定规模的、专业从事配送服务的第三方配送企业，利用其自身业务和资产优势，承担用户在规定区域内的配送业务。第三方配送企业具有专业化和规模经济的优势。

3）共同配送

共同配送亦称协同配送，是指生产企业、商业企业或配送企业之间为了提高配送效率以及实现配送合理化所建立的一种功能互补的配送合作。共同配送可以分为以货主企业为主体的共同配送和以配送业企业为主体的共同配送两种方式。共同配送的核心在于充实和强化配送的功能，其优势在于实现配送资源的有效配置，提高配送效率，降低配送成本。共同配送的实质是企业之间的一种协作，因而在实施过程中要坚持功能互补、平等自愿、互惠互利和协调一致的原则。

4）超市配送

超市的配送方式主要有分拨配送和供应商配送两种。普通商品通常采用分拨配送，而部分供应期较短的生鲜、冷藏冷冻食品则采用供应商配送。分拨配送是直接面向用户的运送活动，是一种短程运送，属于终端运输，运输前需要进行必要的配货。分拨配送采用统一进货有利于控制商品质量，加速商品周转，减少商品损耗，降低流通费用。通过扩大分拨配送中心的拆零、分拣能力，降低门店的存货水平，有利于实现商品的零库存。供应商配送是指供应商直接向超市配送的供货方式，其特点是超市对该产品的需求量比较大，对品种、规格和质量等要求也比较稳定。总体而言，由供应商配送逐步演化为分拨配送，是超市配送的发展趋势。

5）跨国配送

跨国配送是指物流配送活动是在两个或两个以上的国家进行，亦即配送活动在国际进行。商品的跨国配送离不开跨国运输。在跨国配送活动中，会涉及集货、备货、商检、报关、保险、货代等业务。

6）电子商务配送

电子商务配送＝网上信息传递＋网上交易＋网上结算＋门到门服务。可以借用上式来理解电子商务配送活动。在电子商务环境下，物流配送信息化、自动化、网络化、智能化和柔性化等特点表现得尤为明显。

7）冷链配送

冷链（Cold Chain）是指易腐食品从产地收购或捕捞之后，从在产品加工、贮藏、运输、分销和零售，直到消费者手中，其各个环节始终处于产品所必需的低温环境下，以保证食品质量安全，减少损耗，防止污染的特殊供应链系统。

冷链配送是随着科技进步特别是制冷技术的发展而建立起来的，是以冷冻工艺学为基础、以制冷技术为手段的低温物流过程。由于对冷链物流的要求比较高，由此，相应的管理和资金方面的投入也比普通的常温物流要大。

 专栏

行为库存管理简介

1915 年 F. W. 哈里斯提出了 EOQ 模型，库存管理从此成为运营管理学科的研究重点之一，随着经济社会的发展，库存管理在现实经济活动中的作用也越来越重要。迄今为止大多数库存管理研究的核心问题是如何最小化各类库存成本,包括订货成本(订购成本)、库存持有成本(存储成本)和缺货成本。经典的库存管理理论大厦就是沿着调整和修改已有的"纯粹理论模型"中的某些假设条件,使其能够满足实际应用的需要这样一条轨迹不断扩充与发展。在解决不确定条件下的供应链决策时,传统库存管理理论采用基于"期望效益值(Expected Utility Theory, EUT)"的方法,这种方法假设市场需求服从某种随机分布,通过对系统的"期望效益利润或者成本"进行优化,以实现对库存系统的整体优化决策。

但是近十多年来在库存管理的理论研究和应用实践中,人们发现了这种单纯依靠调整和修改"纯粹理论模型"中的某些假设条件,使其满足实际应用需要的发展思路,在解决不确定条件下的供应链决策时却遇到了极大的挑战。代表性的研究成果包括 Schweitzer 和 Cachon 在 2000 年通过实验发现了在"报童模型"中,决策者的实际订货量偏离了理论最优决策值,表现出系统性误差偏好,并认为这种"理论与实际不相符"的实验结论没有办法用"期望效用理论"进行合理解释。刘咏梅等在 2010 年所做的实证分析表明,在我国的早餐订货过程中,零售商并不是完全理性的,而是倾向于风险规避,会适度减少订货量,"基于前景理论的'报童模型'"能够更好地描述零售商的实际订货行为。那么什么是"完全理性"?什么是"有限理性"?"有限理性"又会对库存决策产生什么样的影响?

简单地说,传统观念认为像供应链管理、库存管理这样一些领域,不需要考虑人的行为对其决策结果的影响,在面对不确定状态时,不需要考虑决策者的心理状态对其决策行为的影响,即决策者是具备"完全理性"的,这就是"完全理性"的概念。传统的供应链库存管理理论基本上是在"决策者完全理性"假设的基础上发展起来的,正像建立在"决策者完全理性"假设基础上的传统经济学一样,这样的理论在许多情况下是可以在一定程度上解释和预测经济管理现象,但是当涉及环境对决策者心理状态的影响和面对各种不确定状态决策者的心理状态对其决策行为的影响时,这些理论的缺陷就显现出来。

现代行为经济学家通过心理学实验,对一些经济学的公理化假设进行了可复制的实验,并且通过反复的实验发现了其中一些规律性的东西,通过数学把这些规律表达出来,从而给经济学的演绎推理提供了更科学的模型基础,也使理论更具预测力。诺贝尔经济学奖获得者、心理学家出身的行为经济学家丹内尔·卡尼曼和阿莫斯·特维斯基通过实验研究证明了新古典经济学的"完全理性"假设是不符合心理学事实的,并提出了对现代行为经济学产生深远影响的"前景理论"。越来越多的实验研究已经证明,"前景理论"能够更准确地描述在面对不确定状态时决策者的决策行为。

对于一个包含人的系统,人的行为的最基本的特征就是"有限理性",这些"有限理性"行为表现为:损失厌恶、参照依赖、不等值贴现等,导致人们在行为上并不总是追求"期望效益值"最大,而是根据对环境的认知和自己有限的思维,做出让自己满意的选择。已有的供应链库存管理理论把"决策者具备完全理性"作为解决问题的基本假设,并采用"期望效用理论"来对不确定条件下的供应链库存决策行为建模,这是造成"理论与实际不相符"这种结局的主要原因。"前景理论"认为:人们在面临"收益"时是风险厌恶的,而在面临"损失"时是风险偏好的;人们对损失比对获得更敏感。因此,人们在面临获得时往往是小心翼翼,不愿冒风险;而在面对失去时会很不甘心,容易冒险。人们对损失和获得的敏感程度是不同的,损失时的痛苦感要大大超过获得时的快乐感。人们关心的是财富水平的变化,而非期望效用理论中的绝对财富水平。

为了解决传统供应链库存管理理论关于"决策者完全理性"假设的理论缺陷,近几年有学者将"有限理性"的概念与思想引入供应链库存管理中"报童模型"、供应链协调契约等问题的研究中。认为行为供应链管理、行为库存管理是将人的行为看作是供应链库存系统中的核心组成部分,借助认知心理学和社会心理学的相关研究成果,通过实验研究等方法,分析人的行为因素特别是认知的局限性对供应链库存管理决策所造成的影响，开发相应的模型和工具分析这些因素造成的系统偏差，并探索纠正这些偏差的可能应对措施，这就是行为供应链管理和行为库存管理的基本内容。

迄今学者们针对行为供应链管理和行为库存管理理论的研究主要还是基于"报童模型"，因为"报童模型"是描述需求不确定状态供应链库存管理决策的一个最基本的模式，但是"报童模型"以及这个模型的扩展研究里面包含了一个基本的假设条件就是"决策者完全理性"。目前针对供应链库存管理的"有限理性"研究主要包括：均值偏向(Pull-to-Center)、需求追逐(Demand Chasing)、公平关切(Fairness Concerning Behavior)等。这些"有限理性"现象在现实的供应链库存决策中较为普遍，其不仅体现于单个企业的库存管理问题中，在一些供应链契约环境下，决策中的非理性行为还有着一些特定的表现形式。

任何理论都是对现实的近似的描述，这其中必然忽略了一些非关键因素(对研究结论不构成重要影响)和存在着一些假设条件，问题的焦点在于这些假设条件是否需要与现实相符合。来自行为经济学关于决策者"有限理性"的思想已经在多个领域对传统经济理论带来了革命式的变革，行为供应链管理、行为库存管理正是在这样的背景下诞生的研究运营管理领域的"假设是否符合现实"的问题。将"有限理性"引入供应链库存管理中的"报童模型"、供应链协调契约等问题的研究，仅仅是行为供应链管理和行为库存管理研究的一个开端，它必将启发和带动更多的在供应链库存管理中关于决策者"有限理性"的研究与讨论。

本 章 小 结

本章从供应链管理和现代服务业的视角讨论了库存和库存管理问题。根据库存所存在的领域和库存的特点对库存的类型进行了分析。对库存总成本的四个构成部分——订货成本、库存持有成本、缺货成本和库存物资购买费用进行了分析。

从对比分析的角度，对库存系统与库存控制策略进行了分析，包括单周期与多周期库存控制问题、单品种与多品种库存控制问题、独立需求与相关需求库存控制问题、确定型与随机型库存控制问题。分析了两类不同的库存系统及其控制策略：定量订货法(连续性检查库存控制策略)和定期订货法(周期性检查库存控制策略)。本章还对采购的概念，采购的分类，影响采购价格的主要因素，配送的概念，配送的功能和作用，配送与送货、配送与运输的关系，配送的类型，配送的模式进行了讨论和分析。本章最后简要介绍了供应链库存管理领域最新的研究热点问题——行为库存管理。

思 考 与 练 习

1. 关于库存概念的狭义观点认为"库存指的是在仓库中处于暂时停滞状态的物资"；关于库存概念的广义观点认为"库存表示为了满足未来需求而暂时处于闲置状态的有价值的资源"。请分析这两个概念的内涵与区别。

2. 分析说明库存给企业带来哪些损失。

3. 企业持有库存的主要目的有哪些？

4. 库存总成本是由哪几部分组成的？

5. 确定型库存控制模型和随机型库存控制模型是如何划分的？

6. 什么是订货提前期？什么是订货点？

7. 定期订货法与定量订货法的区别是什么？

8. 某企业生产需要采购一种零部件，按照生产计划该零部件的年需求量为 8 000 件，零部件采购单价为 10 元，单位产品的年库存维持费用是单价的 18%，零部件每次订购费为 30 元。在需求连续均匀和不考虑缺货状态下，应如何组织进货才能使库存系统总费用最低？

9. 某公司向供应商订购某种产品，供应商的条件是：订货量在 75 件及以下时，单价是 35.00 元；订货量大于 75 件时，单价是 32.00 元。该产品年需要量为 1 200 件，订货费为 8 元/次，单位产品年库存维护费用为单价的 12%，求最优订货批量。

10. 什么是应急采购？

11. 现代物流配送的主要模式有哪些？

晋亿实业和澳洋顺昌的库存控制策略

晋亿实业股份有限公司位于浙江嘉善，成立于 1995 年 11 月，每年螺丝产能达 24 万吨，是全球最大单一螺丝厂，有"晋亿螺丝城"的美誉。2005 年 10 月，以 1 200 吨螺丝拯救了美国卡崔娜飓风造成的灾难后，晋亿实业这个螺丝业的龙头老大名声远扬。晋亿以库存充足著称，目前分布在 6 个国家的 7 个仓库，根据对全球各个国家需求量的预测，库存 2 万种螺丝，每种都有 3 个月到一年用量的库存，以供应全球所需。其螺丝仓储与物流系统也是全球最大，总容质量达 30 万吨，全自动的拣货系统，20 分钟可以装满一个货柜（传统 18 个小时），所存钢材相当于 41 座巴黎铁塔的用量。2005 年卡崔娜飓风事件就是个例证，当时美国急需 1 200 万吨巨型螺丝，向全球招标，其他厂家的报价：45 天生产＋15 天运输；而晋亿报价：20 天生产＋运输，因为，晋亿已经有 600 万吨的库存。

江苏澳洋顺昌金属材料股份有限公司由江苏澳洋实业集团有限公司与香港昌正有限公司于 2002 年 9 月合资成立，总投资额 1 000 万美元，注册资本为 500 万美元，公司目前注册资本 4 560 万股。公司总面积 73 370 平方米，加工仓储面积 25 000 平方米。公司的主营业务为 IT 制造企业提供包括金属材料完整的套裁、配切、包装、配送、运输、仓储、分拣等服务，物流供应链服务及相应的技术支持服务。公司的客户是生产计算机、电子消费品等产品的 IT 企业，这些企业的需求是小批量、多批次、多规格，且产品更新周期非常短，订单的前置期短、产品的规格种类繁多，导致对最终所需的钢铁薄板、铝合金板的规格都很繁杂，由于市场需求的特点使得原材料需求预测非常困难。企业的上游供应商钢厂、铝厂等都是典型的按订单生产，按照远期订货的方式销售（如宝钢基本以签订 3 个月的远期合同进行销售）。由于下游客户 IT 企业无法准确预测到自己 3 个月后的需求（数量、规格），澳洋顺昌从钢厂采购非常困难。

问题与讨论：

运用库存管理理论对晋亿实业和澳洋顺昌两个企业进行比较分析，谈谈这两个企业在库存控制策略方面有什么不同。

参 考 文 献

[1] 崔崟，陈剑，肖勇波. 行为库存管理研究综述及前景展望[J]. 管理科学学报，2011，

14(6)：96 - 108.

[2] 陈荣秋，马士华．生产与运作管理[M].3 版．北京：高等教育出版社，2012.

[3] 张文杰，张可明．物流系统分析[M].北京：高等教育出版社，2008.

[4] 赵晓波，黄四明．库存管理[M].北京：清华大学出版社，2008.

[5] 蔡临宁．物流系统规划：建模及实例分析[M].北京：机械工业出版社，2003.

[6] 冯耕中．物流成本管理[M].北京：中国人民大学出版社，2010.

[7] 刘彦平．仓储和配送管理[M].北京：电子工业出版社，2009.

[8] 张毕西．生产运营管理[M].北京：机械工业出版社，2012.

[9] 龚国华．采购与供应链[M].上海：复旦大学出版社，2011.

[10] Schweitzer M E, Cachon G P. *Decision Bias in the Newsvendor Problem with a Known Demand Distribution：Experimental Evidence*[J]. Management Science，2000，46(3)：404 - 420.

[11] 刘咏梅，彭民，李立．基于前景理论的订货问题[J].系统管理学报，2010，19(5)：481 - 490.

[12] 刘风良，周业安，陈彦斌，等．行为经济学理论与扩展[M].北京：中国经济出版社，2008.

[13] 刘咏梅，李立，刘洪莲．行为供应链研究综述[J].中南大学学报(社会科学版)，2011，17(1)：80 - 88.

[14] 刘作仪，查勇．行为运作管理：一个正在显现的研究领域[J].管理科学学报，2009，12(4)：64 - 74.

[15] 赵晓波，谢金星，张汉勤，等．展望服务科学[J].工业工程与管理，2009，(1)：1 - 4.

[16] http：//www. people. com. cn/GB/paper68/8479/796132. html.

第*12*章

质量管理

本章要点

本章讨论的是在生产运营活动过程中如何进行质量策划，如何进行质量控制，如何进行质量改进，如何建立以顾客为中心的质量体系，如何全面有效地进行质量管理。准确理解质量与质量管理的基本术语，深刻认识提高产品质量的重要意义，掌握先进的质量管理方法，是学习本章的基本要求。通过学习本章，可以了解质量管理的发展历程，认识全面质量管理的基本原理，掌握常用的质量管理工具与质量控制方法，熟知 ISO 9000 国际质量标准及先进的质量管理卓越绩效模式。

关键术语

质量(Quality)；质量管理(Quality Management)；全面质量管理(Total Quality Management)；PDCA 循环(PDCA Cycle)；控制图(Control Chart)；零缺陷(Zero Defect)；顾客满意度(Customers Satisfaction Degree)；六西格玛管理(6σ Management)。

质量是企业赖以生存和发展的保证，是开拓市场的生命线。用户对产品质量的要求越来越高，提高质量能强化企业在市场中的竞争力。产品质量是形成顾客满意的必要因素，质量管理是公司品牌的保护伞。当今，世界经济发展正经历着由数量型增长向质量型增长的转变，市场竞争也由以价格竞争为主转向以质量竞争为主。在国际市场上，产品、服务、资源和技术的竞争十分激烈，而质量是进入市场参与竞争的通行证。以质量求生存、以质量求发展是正确的经营之道，企业必须将提高产品质量作为重要的生产运营战略之一。质量管理的理论、方法也在不断地创新发展，及时了解和掌握先进的质量管理理论和发展趋势，对促进质量管理水平的提高具有重要意义。

12.1 质量管理总述

12.1.1 质量和质量管理术语

质量是质量管理的对象，正确、全面理解质量的概念，对开展质量管理工作十分重要。众所周知，产品是生产过程的结果，因此，质量不仅指产品的质量，也指生产过程和组织体系的质量。

质量的内容十分丰富，随着社会经济和科学技术的发展，仍在不断充实、完善和深化。同样，人们对质量概念的认识，也经历了一个从符合性质量，到适用性质量，再到广义性质量的发展过程。

传统的质量概念认为"满足工程规范或容差要求的产品为质量产品，而容差限之外的产品为非质量产品"。这种来自工程背景的质量也称为客观质量或符合性质量。符合性质量的判断依据是"标准"，符合标准的产品就是合格品。由于标准水平有高低之分，有时将产品分为优等品、一等品和合格品。以"符合"现行标准作为衡量依据，符合标准就是合格产品的质量观是长期以来人们对质量的认识。但是，随着科技的进步，过去认为先进的标准现在可能已经落后，即使百分之百符合落后标准的产品也不能认为是质量好的产品。同时"规格""标准"不可能将顾客的各种需求和期望都规定出来，特别是隐含的需求和期望。符合性质量是一种静态的质量观，难以全面反映顾客的要求。

1951 年，被誉为质量管理圣经的《质量控制手册》首次出版，约瑟夫·朱兰博士在书中告诉人们应如何认识质量。朱兰认为，业务过程是为产出预期成果（产品或服务）而将人员、材料、能源、设备和信息结合成为工作活动的逻辑构成。衡量过程的质量有三个主要的尺度，即效果、效率和适用性。若产出能够满足顾客的需要则该过程便是有效果的。若能以最小成本实现其效果则该过程便是有效率的。若随着时间的流逝，该过程面对所发生的诸多变化仍能保持效果和效率，则称其具有适用性。朱兰提出的适用性质量是一种动态的质量观。适用性质量判断的依据是"顾客的要求"，即产品在使用期间能满足使用者的要求。用户对产品的基本要求就是适用性，适用性表达了质量的内涵。顾客的要求包括生理的、心理的和伦理的等多方面，而且随时间推移会不断地发生变化。因此，质量也不是一个固定不变的概念，它是动态、变化和发展的。同时，用户对产品使用要求的满足程度，反映在产品性能、成本、服务等多方面。所以，质量又是一个综合概念，并非产品技术特性越高越好，所谓适用是指性能、成本、服务等多因素的适当组合。以适合顾客需要的程度作为衡量依据，认为产品的质量就是产品的"适用性"，即"产品在使用时能成功地满足顾客需要的程度"。质量从符合性发展到适用性，使人们对质量的认识逐步把顾客的需求放在主动位置。

随着市场竞争加剧，科学技术飞速发展以及信息社会的到来，如何让顾客满意的质量概念被提出。ISO 对质量概念归纳提高，综合了符合性和适用性的质量含义，给出了公认的质量术语标准。2000 版 ISO 9000 族标准将"以顾客为关注焦点"列为八项质量原则的首位，充分表明在经济全球化的大环境中，顾客是每一个企业生存和发展的基础，企业必须将顾客要求放在第一位，随时调查研究顾客的需求和期望，及时把它转化为产品或服务的质量要求，并坚决采取系统有效的措施实现它。组织依存于顾客，组织应当理解顾客当前和未来的需求，满足顾客要求并争取超越顾客要求。ISO 给出的关于质量的概念又是广义的，代表了当前的最新认识。广义性质量概念中的"满足需要"是指"全体受益者"的需要，包括顾客、员工、所有者、分供方、社会。比较而言，适用性质量观与顾客满意质量观，虽然都强调满足顾客的要求，但两者的角度是不同的。前者是从组织的视觉判断质量的优劣，并且主要是针对产品的；后者则以顾客的视觉评价质量，其内涵包括产品、过程、体系等多方面需求。在生产方式由大规模生产向大规模定制转变，消费需求个性化膨胀的背景下，顾客满意质量也可被看作是以消费者为中心的主观质量观。

国际标准 ISO 8402：1994 对质量的定义：质量是反映产品或服务满足明确和隐含需要的能力的特性总和。修订后最新版国际标准 ISO 9000：2015 的定义：质量是实体的若干固有特性满足要求的程度。（注：定义中的特性是指可区分的产品特征，特性可以是固有的或赋予的，可以是定性的或定量的，可以是物理的、认识的或社会的，如：物理的、感官的、行为的、时间的、人为因素的、功能的等。）

国际标准 ISO 8402：1994 对质量管理的定义：质量管理是指明确质量方针、目标和职责并在质量体系中通过诸如质量策划、质量控制、质量保证和质量改进使其实施的全部管理职能的所有活动。修订后最新版国际标准 ISO 9000：2015 的定义：质量管理是在质量方面指挥和控制组织的协调的活动。（注：质量方针、质量目标、质量体系、质量策划、质量控制、质量保证、质量改进等术语在国际标准 ISO 9000：2015 中都有标准定义。）

12.1.2 提高产品质量的意义

产品质量是企业赖以生存和发展的保证，是开拓市场的生命线，产品质量也是形成顾客满意的必要因素，提高质量能强化企业在市场中的竞争力。以质量求生存、以质量求发展是正确的经营之道，企业必须将提高产品质量作为重要的生产运营战略。提高产品质量对促进企业发展具有重要意义。

（1）质量是企业的生命线，是实现企业兴旺发达的杠杆。一个企业有没有生命力，在经营上有没有活力，首先是看它能否生产和及时向市场提供用户所需要的质量优良的产品或服务。生产质量低劣的产品，必然要被淘汰，企业难以生存也就无兴旺发达可言。

（2）质量是增强企业竞争力的重要砝码。竞争是市场经济的本质，企业要想在激烈的市场竞争环境中求得生存与发展，就必须结合自身条件选择制定出有效的竞争战略。其中，名牌战略是企业发展壮大的必然选择。因为，市场竞争是产品竞争，产品竞争是质量竞争，而质量竞争往往是通过品牌竞争来实现的。所以，创立名牌成为企业提升综合竞争实力的重要途径。毋庸置疑，名牌的核心因素是稳定的好的质量，好的服务，从而实现超常的市场占有率。可以说，质量是产品进入市场的通行证，企业必须且只能以质量开拓市场、以质量巩固市场。提高产品质量是增强企业竞争力的重要砝码。

（3）质量是提高企业经济效益的基础条件。企业作为自主经营、自负盈亏的法人经济实体，其生产经营活动必须以提高经济效益为中心。而产品质量是企业的生命，是提高企业经济效益的基础，是企业生存和发展的根本保证。没有好的产品质量，就不会有好的经济效益。产品质量提高，意味着产品有更高的使用价值，可以更好地满足用户的需要，提高企业信誉，扩大产品销量和市场占有率，从而给企业带来更多的经济收益。产品质量提高，意味着更少的缺陷和更低的服务费用，意味着产品成本的降低以及企业经济效益的提高。反之，如果粗制滥造、质量低劣，就必然导致产品滞销、无人购买，也就从根本上失去了提高经济效益的条件。实践证明，只有高质量，才可能有高效益。

（4）产品质量是保持国家竞争优势和促进人民生活水平提高的基石。优质产品能给人们的生活带来方便和享乐，能给企业带来效益和发展，最终能使社会繁荣、国家富强。相反，劣质产品则会给人们的生活带来烦恼和灾难，造成企业亏损和倒闭，进而阻碍社会进步、危害国家安全。因此，优质产品和服务是保持国家竞争优势和促进人民生活水平提高的基石。美国著名质量管理专家朱兰博士曾形象地把质量比喻为工业社会人类日常生活安宁的防护大堤，想要安全、健康地生活，就必须牢固构筑质量堤坝。

12.1.3 质量管理发展的历程

人类对质量的感受和管理实践可谓源远流长，而科学能动的质量管理仅仅经历了百余年的发展历程。历史上对质量概念的认识有过多次更迭，每一次对质量认识上的深化都推动了经济的发展和社会的进步，同时也必然演化为特定的质量管理发展阶段。质量管理发展至今，总体上可划分为三个大的历史时期：20 世纪以前的质量检测思想、20 世纪的质量管理和 21 世纪前叶的质量管理。

1. 20 世纪以前的质量检测思想

人类历史上自从有商品生产以来，就开始了以商品的产成品检测为主的质量检验。这个阶段是指从开始出现质量检测一直到 19 世纪末资本主义大工厂制度的形成为止的一段时期。在这段悠久的历史时期里，受生产力低下和手工小作坊生产方式的制约和影响，产品质量主要依靠工人的实际操作经验，凭眼看、手摸等感官估计或简单的度量衡器测量而定。工人既是操作者又是质量检验者，且经验就是标准。质量标准的实施是靠师傅带徒弟的方式言传身教进行的，因此，有人将其称之为"操作者的质量管理"。

根据历史文献记载，我国早在 2 400 多年以前，就有了青铜制刀枪武器的质量检验制度。《周礼·考工记》写道："审曲面执，以饬五材，以辨民器，谓之百工。"所谓"审曲面执"，就是对加工物品做类型与规格上的设计，"以饬五材"是选定所用的原材料，"以辨民器"则是对加工出的产品进行质量检查，这是工匠们的职责所在。先秦时期的典籍《礼记·月令》篇，有"物勒工名，以考其诚，功有不当，必行其罪，以究其情"的记载，也就是说在生产的产品上刻上工匠或工场名字，并设置了政府中负责质量的官员职位"大工尹"，目的是考查质量，如果质量不好就要处罚或治罪。据《周礼·考工记》记载，中国古代从春秋战国时期起，就有了国家对产品质量进行检查的年审制度和政府官员对质量的负责制度。

兵器是古代主要的手工业产品，由于兵器的质量是决定战争胜负的关键，是生死攸关的大事，因此，质量检验就更加详尽和严格。北宋时期，为了加强对兵器的质量检验，专设了军器监。当时军器监总管沈括在《梦溪笔谈》中，谈到了那时如何提高兵器生产的质量问题。中国历代封建王朝都对产品规定了一些成品验收制度和质量不好的处罚措施。官府监造的产品一般都由生产者自检后，再由官方派员验收，而且，秦、汉、唐、宋、明、清朝都以法律形式颁布了对产品质量不好的处罚措施，如笞杖、没收、罚款和对官吏撤职、降职等处罚规定。从众多世界文化遗产或文物古迹中，如长城、故宫、官窑器物、青铜器、丝织品等，都能领略到古人们在质量思想与实践中的博大精深。在这段悠久的历史时期里，形成了人类早期的质量控制与检测的思想、行为和实践。

2. 20 世纪的质量管理

经过蒸汽时代和电气时代两次工业革命，人类跨入了 20 世纪。质量管理这一概念形成于 20 世纪初，它是伴随企业管理理论的形成和发展，并在企业生产经营实践中逐步完善和发展起来的。在 20 世纪这段重要的历史时期，质量管理理论、技术和方法的发展变化又呈现不同的时段特点，概括起来，可将这一时期的质量管理划分为以下四个主要阶段。

1）产品质量的检验阶段

20 世纪初，人们对质量管理的理解还只限于对产品质量的检验。质量检验通过各种检测设备和仪表实现对出厂产品进行百分之百的检验。1903 年，科学管理之父泰罗在《车间管理》一书中提出，设立职能工长制以体现计划职能和执行职能的分开。在泰罗设计的 8 种职能工长中，就包括在车间的 4 个工长之一的"检验工长"。检验工长即检查员，专门负责检查工人完成生产任务的结果。也就是说，通过实行对生产操作任务检查监督的专人负责，从而产生了一支专职检查队伍，这样，质量检验职能就被独立出来了。泰罗非常强调工长在保证质量方面的作用，首次将质量管理的责任由操作者转移到工长，可称为"工长的质量管理"。

1913 年，福特汽车公司发明了世界上第一条汽车组装生产线，从此，大量生产逐渐取代单件生产成为工业化国家加工制造业的主流生产方式。大量生产方式下的产量剧增推动企业规模的不断扩大，促使质量检验职能又由工长转移到企业专设的，并直属厂长领导的检验部门，由专职检验人员负责全工厂出产产品的质量检验工作，对此称其为"检验员的质量管理"。

质量检验对工业生产来说无疑是一个很大的进步。因为它有利于提高生产效率，有利于对产品质量的把关。质量检验是在成品中挑出废品，以保证出厂产品质量。这种事后检验把关，防止不合格品出厂的做法，却不能在生产过程中预防废品的发生。废品一旦产生往往很难补救。另外，对加工产品进行百分之百的检验，无疑会增加检验费用。随着企业生产规模的进一步扩大，产品事后检验的弊端就凸显出来。一些统计和质量管理专家开始注意到事后质量检验存在的缺陷，尝试运用数理统计学的方法来加以改进。1924 年，被誉为统计质量控制之父的美国贝尔实验室研究员沃特·阿曼德·休哈特提出了控制和预防缺陷的概念，并设计出了世界上第一张质量控制图，首次将数理统计方法引入到质量管理中。与此同时，H.F. 道奇和 H.G. 罗米克等人相继提出了产品质量的抽样检验表和抽样检验法等质量统计方法。但在当时，只有通用电气、福特汽车等少数公司采用了统计质量控制方法并取得明显成效，而大多数企业仍搞事后检验。因此，产品质量的检验阶段一直延续到 20 世纪 40 年代。

2）统计质量控制阶段

第二次世界大战中，由于对军需品大量生产的需要，质量检验工作立刻显示出其弱点，质检部门成了生产中最薄弱的环节。"二战"期间，美国军工生产急剧增加，尽管大量扩编检验人员，但产品积压待检的情况依然突出，军火生产常常延误交货期，影响前线军需供应。由于事先无法控制质量，不仅废品损失惊人，而且在战场上经常发生武器弹药的质量事故，如炮弹炸膛事件等，对士气产生极坏的影响。此时，休哈特防患于未然的控制产品质量的方法，以及道奇等抽样检验的方法被重新重视起来。在这种情况下，美国军政部门组织一批专家和工程技术人员，于 1941—1942 年先后制定并公布了战时国防标准，即《质量管理指南》《数据分析用控制图法》《生产过程中质量管理控制图法》，强制向生产武器弹药的厂商推行，并收到了显著效果。美国军方制定的战时三个质量管理标准均以休哈特、道奇等的理论为基础。

由于采用质量控制的统计方法在实际中取得了显著效果，"二战"结束后，统计质量管理的方法开始在世界各国厂商中传播应用，统计质量管理的效果也获得广泛的承认。利用数理统计原理，将事后检验变为事前控制的方法，使质量管理的职能由专职检验人员转移给专业的质量控制工程师来承担，这标志着将事后检验的观念改变为预测质量事故的发生并事先加以预防观念的形成。美国除原来生产军火的工厂继续推行质量管理的统计方法外，许多民用企业也纷纷采用这一方法；许多西方国家，如加拿大、法国、德国、日本等也都陆续推行了统计质量管理并取得显著成效。但在这个阶段，由于过分强调质量控制的统计方法，忽视了其组织的管理工作，使人们误认为"质量管理就是统计方法"，加上数理统计理论与方法本身有些深奥，因而使多数人对质量管理产生了一种高不可攀、望而生畏的感觉，同时认为"质量管理是统计专家的事"，这在一定程度上限制了数理统计方法的普及和推广。此外，该阶段对质量的控制和管理仍然局限于加工制造和检验部门，忽视了其他部门工作对质量的影响。这样，就不能充分发挥各个部门和广大员工的积极性，从而制约了质量管理的深度推广和运用。对这些问题的解决，必然会推进质量管理的发展进入一个新的阶段。

3）全面质量管理阶段

20 世纪 60 年代始，科技进步推动社会生产力迅猛发展，国际市场竞争加剧，质量管理出现了很多新情况：①人们对产品质量的要求更高。过去，对产品的要求一般注重于产品的使用性能，现在又增加了耐用性、美观性、安全性、可信性和经济性等要求。②系统分析方法的运用。火箭、宇宙飞船、人造卫星等大型、精密、复杂产品的出现，对产品的安全性、可靠性、经济性等要求越来越高，质量问题就更为突出。要求人们运用系统工程的思想，把质量问题作为一个有机整体加以综合分析研究。③重视人的因素。强调改善人际关系、调动人的积极性之重要，鼓励员工参与管理，注意发挥员工在质量管理中的作用。④保护消费者权益运动的兴起。20 世纪 60 年代初，许多国家的广大消费者为保护自己的利益，纷纷组织起来同伪劣商品的生产销售企业进行抗争，并迫使政府制定法律，制止企业生产质量低劣、影响安全、危害健康的劣质品，要求企业对提供产品的质量承担法律责任和经济责任。保护消费者权益运动，推动质量管理理论和实践向纵深发展。⑤企业越来越重视产品责任(Product Liability，PL)和质量保证(Quality Assurance，QA)。随着市场竞争特别是国际市场竞争的加剧，各国企业越来越重视产品责任和质量保证问题，因为贸易谈判中对产品不仅要求性能符合质量标准规定，而且要保证售后产品在正常使用过程中的安全性、可靠性和经济性。而仅仅依赖质量检验和统计方法，把质量职能完全交给质量控制工程师和技术人员，且质量管控主要限于产品的制造过程，这显然已很难满足国际贸易环境和新形势的需要。于是，全面质量管理的理论和实践开始走向历史的舞台。

1961 年，美国通用电气公司质量经理阿曼德·费根堡姆首次提出全面质量控制(Total Quality Control，TQC)概念。费根堡姆认为，为了生产合理成本和较高质量的产品，以适应市场的要求，只注意个别部门的活动是不够的，需要对覆盖所有职能部门的质量活动进行策划。他进一步提出，全面质量控制是为了能够在最经济的水平上，并考虑到充分满足用户要求的条件下，进行市场研究、设计、生产和服务，把企业各部门的研制质量、维持质量和提高质量的活动构成一体的有效体系。全面质量控制是以组织全员参与为基础的质量管理形式，代表了质量管理发展的最新阶段，日本接受该理论并通过推行全公司的质量管理(Compary Wide Quality Control，CWQC)，取得了举世瞩目的应用效果。由此，全面质量控制思想在世界范围内得以传播。1980 年以来，全面质量控制理论得到进一步的扩展和深化，逐渐由早期的全面质量控制演变为全面质量管理(Total Quality Management，TQM)，其含义也超出了一般意义上的质量范畴，成为一种综合而全面的经营管理理念或方式。

4) 质量管理体系标准化阶段

进入 20 世纪 80 年代，随着国际贸易的迅速扩大，产品和资本的流动日趋国际化，相伴而产生的是国际产品质量保证和产品责任问题。组织为了生存和发展，获得更大的经济效益，除重视质量管理和内部质量保证外，还应重视外部质量保证。为避免因产品缺陷而引起质量事故，赔偿巨额钱款，宁可先投入一定资金，走预防为主的路线。此时，世界各国、组织和消费者都希望有一套国际上通用的、具有灵活性的国际质量保证模式，这就为质量管理和质量保证国际标准的产生奠定了舆论基础。此外，由于世界一些国家和地方性组织相继发布了一系列质量管理和质量保证标准，制定质量管理的国际标准自然成为一项迫切的需要。为此，经理事会成员国多年酝酿，ISO 于 1979 年单独建立质量管理和质量保证技术委员会(TC176)，负责制定质量管理的国际标准。1987 年 3 月正式发布 ISO 9000～9004 质量管理和质量保证系列标准。ISO 9000 族标准以全面质量管理理论为基础，运用世界先进的管理理念，吸收发达国家的质量管理实践，总结当代世界质量管理领域的成功经验，以简明标准形式推出的实用管理模式。一经发布即引起了世界各国的高度重视，并纷纷予以贯彻执行。我国对 ISO 9000 族标准通过等同采用的方式转换为国家标准 GB/T 19000。

实施 ISO 9000 族标准的作用和意义，突出体现在可以促进组织质量管理体系的改进和完善，提高组织的运营能力；有利于提高产品质量，保护消费者利益；有利于促进国际经济贸易，消除贸易障碍与技术壁垒；有利于提高组织的管理水平以及对质量的持续改进。企业或组织贯彻实施 ISO 9000 族标准的一个普遍做法是开展质量体系的认证活动，围绕质量认证出现的 ISO 9000 热潮，在 20 世纪 90 年代达到顶峰。资料显示，从 1987 年

ISO 发布第一版 ISO 9000 族标准到 2000 年，全世界通过 ISO 9000 质量体系认证的企业达 40 万家，其中我国企业有近 5 万家。ISO 9000 热在当时的出现，反映了围绕是否满足技术法规或标准相应规定的合格评定的竞争在加剧。作为技术壁垒的一项内容，合格评定在国际贸易中发挥重要作用。1992 年上海汽轮机厂出口菲律宾的 2 台 30 万千瓦发电机组，因为没有质量体系证书，只得由美国西屋电气公司以每台 28 万美元作为质量担保。后经努力，该厂于 1993 年获得由我国首家质量体系认证机构上海质量体系审核中心颁发的中国第一张 ISO 9000 质量体系认证证书后，其产品在国际贸易中再没有发生类似事件。欧、美、日等发达国家和地区，实施 ISO 14000 环境管理体系认证，客观上形成绿色壁垒使我国每年约 74 亿美元的商品出口受到影响。上海索广电子有限公司 1998 年获得上海质量体系审核中心 ISO 14001 环境管理体系认证后，产品出口增加，全年产值增加 13.4%。

质量体系认证使企业内部强化管理走上科学轨道，提高了员工素质和企业文化；外部提升企业形象和市场份额。按照国际标准建立的质量管理体系，能够使企业各部门职责权限更加明确，工作流程简明合理，工作效率与工作质量得到提高。根据国际标准要求所制定出的一系列规章制度，使企业管理走上科学化、规范化、程序化的轨道。20 世纪末，经济全球化和信息技术突飞猛进的发展，使质量体系认证如同为企业插上了腾飞的翅膀，使企业以更加积极的姿态迎接世界质量管理面临的变革和 21 世纪的到来。

3. 21 世纪前叶的质量管理

伴随着经济全球化速度加快，科技发展日新月异和中国加入 WTO 的脚步，人类社会进入到 21 世纪。朱兰博士说："21 世纪是质量的世纪。"这是一种跨世纪的战略思维，它是由质量因素的复杂性、质量问题的严重性、质量地位的重要性，以及新世纪更加复杂多变的环境和组织的使命所共同决定的。

1）新世纪的质量观

朱兰博士对 21 世纪质量的预示，告诫人们必须树立新世纪的质量观，将质量放在历史的最高位置上加以审视，因为质量问题的确是经济发展和社会进步中的一个重大战略问题。质量问题如此重要，要求人们首先必须树立新世纪的质量观。人类对质量的认识在 20 世纪有过多次更替，每次对质量认识上的深化，都极大地推动了质量和质量管理的发展。对于质量已普遍认识到，企业是形成质量的主体，产品或服务质量是企业生产经营成果在使用价值上的重要体现，也是企业取得交换价值，获得经济效益的重要前提。大量实证研究得出的结论是，质量直接关系到利润和销售额的增长，质量上乘是公司获得成功的有效途径。

20 世纪工业化社会生产方式最主要的特征，就是大量生产以及与其相关联的相对稳定的市场环境，传统的质量管理包括全面质量管理都是在这样的环境下实施的。新世纪呈现出的信息化、数字化、网络化、经济全球化等重要特征，必然折射出速度、多变、危机的时代特点，如此一来，产品技术寿命缩短，顾客等待耐心下降，市场环境更加复杂多变甚至突变，预测决策难度加大。过去那种围绕产品特性满足顾客要求的质量观，将被围绕顾客满意持续改进产品的质量观所取代。

围绕顾客满意持续改进产品的新世纪质量观，是一种全新的系统质量观。新世纪质量观念下的质量，不仅包括产品或服务的质量，也包括体系、过程和人的质量；新世纪质量观念下的顾客满意，既包括让用户满意，也包括让本组织成员满意，还包括让利益相关方和社会满意；新世纪质量观念下的持续改进，是围绕质量所进行的产品、技术、管理体系、领导、创新等的持续改进。

2）质量管理的国际化

以网络信息技术和现代交通物流为纽带的经济全球化正在急速扩张。经济全球化使各国经济依存度日益加强，国际贸易壁垒呈现新特点，关税壁垒日趋减弱，而非关税壁垒特别是技术壁垒日显突出，其表现形式为技术法规、标准、合格评定程序等。生产过程和资本流通的国际化，是企业组织形态国际化的前提。技术法规、标准及合格评定程序等，是质量管理的基础性、实质性内容，采用国际通用的标准和准则，传统的质量管理必然要跨越企业和国家的范围而走向国际化。从 20 世纪 90 年代在全球出现的 ISO 9000 热，以及种类繁多、内容广泛的质量认证制度获得市场的普遍接受，从一个侧面展现了质量管理国际化的繁荣与发展。

就 ISO 9000 族标准来说，从 1987 年发布第一版至今，已产生 1994 版、2000 版、2008 版和 2015 版四个修订标准，最新版本的 ISO 9000 族标准已由国际标准化组织（ISO）于 2015 年 9 月正式发布。从 ISO 9000 族标准不断修订可以看出，经济全球化背景下与质量有关的组织内外部环境不断变化，新的质量理念和质量管理模式层出不穷，围绕质量管理目标所开展的质量体系建设与质量保证模式构建的国际认识越来越统一，这也是经济全球化深度发展在质量领域的一种具体体现。

21 世纪新的市场经济环境下，消费个性化更加膨胀，顾客对质量的心理感受越来越脆弱，人们不再满足"满意"，而是希望没有"不满意"，个性化需求带来的生产随意性与社会利益的冲突日益显现，法律法规的作用必须予以强化。由此一来，技术法规、标准及合格评定程序等的国际化，对企业乃至政府行为制约、规范或引导的功能将会越来越突出。

3）质量奖与卓越绩效模式

推动质量与质量管理持续改进和提高的一种有效做法就是设立国家质量奖。目前，世界上已有 80 多个国家建立了质量奖励制度，包括日本"戴明奖"、美国"马尔科姆·波多里奇国家质量奖"、欧洲质量奖、英国质量奖等。自从 1987 年美国波多里奇国家质量奖被写入美国公司法以来，它为提高美国企业的竞争力做出了重要贡献。获得马尔科姆·波多里奇国家质量奖的单位是美国质量改进看得见的榜样，围绕马尔科姆·波多里奇国家质量奖及其标准，已形成了非常广泛的全国范围内的质量活动。一份由私人竞争力顾问机构撰写的关于马尔科姆·波多里奇国家质量奖的报告《21 世纪的美国质量》中谈道："比起其他任何项目，马尔科姆·波多里奇国家质量奖都更加注重把质量作为国家和民族的最高优先级，在全国范围内推广质量改进及绩效卓越的典范，传播他们的做法。"

2012 年 7 月，经中央批准，我国正式设立了中国质量奖。中国质量奖为政府奖励，是我国在质量领域的最高荣誉。中国质量奖是在我国 30 多年质量管理发展的实践和 10 多年全国质量奖评审活动的基础上诞生的，它必将极大地增强企业的质量责任感和勇于竞争的信心，并起到巨大的带动和示范作用，激励更多的企业在质量上追求卓越，促进国家质量水平的整体提高。2013 年 12 月 16 日，首届中国质量奖在北京航天城颁发，中国航天科技集团公司、海尔集团公司和刘源张院士荣获中国质量奖，另外 43 家组织和 3 名个人荣获中国质量奖提名奖。

中国质量奖等效采用了马尔科姆·美国波多里奇国家质量奖的评审标准，而获得马尔科姆·波多里奇国家质量奖的组织有个共同之处是，这些组织都成功建立起一种先进的"卓越绩效管理模式"。卓越绩效模式是当今国际公认的一种世界级企业成功的管理模式，其核心是强化组织的顾客满意意识和创新活动，追求卓越的经营绩效。施乐公司、通用电气公司、微软公司、摩托罗拉公司等世界级企业都是运用卓越绩效模式取得出色经营结果的典范。中国加入WTO以后，企业面临全新的市场竞争环境，如何进一步提高企业质量管理水平，从而在激烈的市场竞争中取胜，是摆在广大已获得ISO 9000质量体系认证企业面前的现实问题。卓越绩效模式是世界级成功企业公认的提升企业竞争力的有效方法，也是我国企业进入21世纪在新形势下经营管理的努力方向。2004年8月30日，我国发布国家标准GB/T 19580—2004《卓越绩效评价准则》（现已作废，由GB/T 19580—2012代替），标志着我国的质量管理进入了一个新的阶段。引进、学习和实践卓越绩效模式，是激励和引导我国优秀企业追求卓越，成为世界级企业的有效途径。中国质量奖的设立，正是我国质量管理进入新阶段的一个标志。从首届中国质量奖获奖企业的获奖内容看，这些企业都建立并成功实施了具有先进性、创新性和可推广性的质量管理模式，如海尔集团公司的以"人单合一双赢"为核心的质量管理模式；大连造船厂集团有限公司的"基于零缺陷的全面质量管理模式"；潍柴动力股份有限公司的"卓越绩效管理与WOS精益相融合的质量管控模式"；华为投资控股有限公司的"以客户为中心的质量管理创新模式"等。

4）质量安全与政府管制

在以食品为典型代表的一些产品生产领域，产品的质量不仅表现在固有特性满足要求的程度上，而且，这些产品使用的安全性被特别纳入质量概念的内涵范畴，并以"质量安全"加以表述，显示此类产品与一般产品相比较所具有的特殊性。也就是说，对于像食品这一类产品，衡量其质量的标准不只是定位在好与不好，还要加上安全与不安全。

2003年，安徽阜阳大头奶粉事件发生，随后在全国多省份发现制售劣质奶粉的踪影，充分暴露出进入新世纪，我国食品质量安全领域存在的突出问题。之后，各类食品安全事件接连发生，直到2008年三聚氰胺事件发生，中国的食品质量安全被推入世界舆论的风口浪尖，并将消费者对我国食品质量安全的信心拖入低谷，也由此推动了食品安全法的出台。食品安全事件出现的原因尽管复杂，但政府、企业以及个人信用缺失则是主因，这既反映出新世纪我国食品安全形势的严峻性，也反映出我国在食品安全制度设计和治理监管上存在的缺失。截至2014年7月，毒水饺、苏丹红、地沟油、毒生姜、过期肉类等黑心食品不断被媒体曝光，警示我国的食品质量安全管理任重而道远。

保证食品质量安全离不开政府管制。政府管制是政府凭借其法定权利对社会经济主体的经济活动施加某种限制和约束，为市场运行及企业行为建立相应的规则，以弥补市场失灵，确保微观经济的有序运行，实现社会福利的最大化。2013年12月23—24日召开的中央农村工作会议上强调，能不能在食品安全上给老百姓一个满意的交代，是对党和政府执政能力的重大考验。食品安全，首先是"产"出来的；食品安全，也是"管"出来的。食品安全源头在农产品，首先把农产品质量抓好。同时要形成覆盖从田间到餐桌全过程的监管制度，建立更为严格的食品安全监管责任制和责任追究制度，建立健全农产品质量和食品安全追溯体系，严厉打击食品安全犯罪，大力培育食品品牌以提振人们对产品质量的信心。总之，要用最严谨的标准、最严格的监管、最严厉的处罚、最严肃的问责，确保广大人民群众"舌尖上的安全"。

食品安全指食品无毒、无害，符合应当有的营养要求，对人体健康不造成任何急性、亚急性或者慢性危害。根据世界卫生组织的定义，食品安全是"食物中有毒、有害物质对人体健康影响的公共卫生问题"。2004年1月1日起，我国开始实行食品质量安全市场准入制度。食品质量安全市场准入制度是指食品生产企业必须在生产环境、生产设备、制造工艺、产品标准等方面达到国家标准、并获得国家颁发的食品生产许可证后，才有资格从事食品生产。到2005年年底，中国全部28大类食品都被纳入食品质量安全市场准入制度。

对食品质量安全的政府管制应依法进行。2009年2月28日，十一届全国人民代表大会常务委员会第七次会议通过了《中华人民共和国食品安全法》，该法自2009年6月1日起施行。自《中华人民共和国食品安全法》颁布实施以来，中国食品安全工作取得积极进展，食品安全形势总体稳中向好，但影响和制约中国食品安全的深层次矛盾和问题尚未得到根本解决，食品安全形势依然严峻。为此，新一届政府为改革完善中国食品安全监管体制，着力建立最严格的食品安全监管制度，破解食品安全监管难题，不断提高食品安全保障水平，提出对《中华人民共和国食品安全法》进行修订。2013年10月10日，国家食品药品监管总局向国务院报送了《中华人民共和国食品安全法(修订草案送审稿)》。送审稿从落实监管体制改革和政府职能转变成果、强化企业主体责任落实、强化地方政府责任落实、创新监管机制方式、完善食品安全社会共治、严惩重处违法违规行为六个方面对现行法律作了修改、补充，增加了食品网络交易监管制度、食品安全责任强制保险制度、禁止婴幼儿配方食品委托贴牌生产等规定和责任约谈、突击性检查等监管方式。在行政许可设置方面，国家食品药品监管总局经过专项论证，在送审稿中增加规定了食品安全管理人员职业资格和保健食品产品注册两项许可制度。

在组织体制建设上，为强化食品安全和安全生产监管体制建设，有利于政府对食品安全的依法行政管制。2003年3月10日，十届全国人民代表大会第一次会议表决通过国务院机构改革方案，在国家药品监督管理局的基础上，新组建国家食品药品监督管理局，仍作为国务院直属机构。国家食品药品监督管理局的主要职责是：继续行使国家药品监督管理局职能，并负责对食品、保健品、化妆品安全管理的综合监督和组织协调，依法组织开展对重大事故的查处。2013年3月14日，十二届全国人民代表大会第一次会议表决通过国务院新的机构改革方案，新组建国家食品药品监督管理总局，取代原国家食品药品监督管理局和国务院食品安全委员会办公室，为国务院正部级直属机构。时隔十年，国家食品药品监督管理局升格为国家食品药品监督管理总局，不仅是行政级别的提升，更是对食品药品安全政府管制最大程度的提高。中国国家食品药品监督管理总局于2013年3月22日凌晨正式挂牌，为中国食品监管以分段监管为主、品种监管为辅的多部门分段监管的"九龙治水"时代画上句号，也必将开启我国食品质量安全政府管制的新局面。新的食品药品监管部门可以更好地整合食品药品监管的行政资源、技术资源、信息资源，一方面可以围绕特定的监管目标、监管重心、监管事项，更好地统一调配监管资源，更有效率地查处食品药品市场中的违法行为；另一方面也能减少食品药品市场中守法者的守法成本，减轻被监管者的负担。

人物介绍

约瑟夫·朱兰

约瑟夫·朱兰(Joseph Juran, 1904—2008)，美国质量管理学家，被誉为质量领域的"首席建筑师"和现代质量管理之父。

朱兰 1904 年 12 月 24 日出生于罗马尼亚，1912 年随家庭移民美国，1925 年从明尼苏达大学毕业进入西方电气公司霍桑工厂检验科当检验员。在其后的职业生涯中，朱兰从事过多种职业，如工程师、企业主管、政府官员、大学教授、劳动仲裁人、公司董事和管理顾问等，并获得芝加哥洛约拉大学法学博士学位。

1951 年，朱兰出版的《质量控制手册》为他赢得了国际威望，该书被誉为"质量管理领域的圣经"。经过多次改版，《朱兰质量手册》至今仍然是质量领域中重要的国际性参考著作。在质量管理理论与方法上，他提出的"质量策划、质量控制、质量改进"被称为"朱兰三部曲"；他最早将帕累托原理引入质量管理；他提出了质量环和"80/20 原则"；他的"21 世纪将是质量的世纪"等思想理念，始终影响着世界企业界以及世界质量管理的发展。

朱兰博士通过在世界各地进行咨询和讲演，向企业家和政府提供质量管理推进活动上的智力支持。从 20 世纪 50 年代，朱兰和戴明博士多次到日本传授质量管理思想和方法，帮助日本企业不断改进质量，最终使日本的质量管理达到世界领先地位。1981 年，裕仁天皇为他颁发圣贤勋章以表彰他对日本质量管理发展及促进日美友谊所做出的贡献。1982 年 3 月朱兰博士到访北京，在首钢为中国的质量工作者举行讲习班，促成了中国在质量上的政府机构改革，即在国家经济贸易委员会内设立了质量局，该局后来演变壮大成为现在的国家质检总局。

朱兰博士是朱兰研究院和朱兰基金会的创建者，前者创办于 1979 年，是一家咨询机构，后者为明尼苏达大学卡尔森管理学院朱兰质量领导中心的一部分。进入 20 世纪 90 年代，朱兰仍然担任研究院的名誉主席和董事会成员，并继续在世界各地从事讲演和咨询活动。他协助创建了马尔科姆·波多里奇国家质量奖，同时也是该奖项的监督委员会成员。在他的关心支持下，1998 年 10 月上海朱兰质量研究院正式成立，成为美国朱兰研究院在中国的首个合作伙伴。

12.2 全面质量管理

1961 年，阿曼德·费根堡姆第一次提出全面质量控制的概念，并在多次再版的《全面质量控制》著作中，系统阐述了全面质量控制的理论和方法。在费根堡姆的学说里，他努力摒弃当时最受关注的质量控制的技术方法，而将质量控制作为一种管理方法。他强调管理的观点并认为人际关系是质量控制活动的基本问题。一些特殊的方法如统计和预防维护，只能被视为全面质量控制程序的一部分。他主张用系统或者说全面的方法管理质量，在质量过程中要求所有的职能部门参与，而不局限于生产部门。这一观点要求在产品形成的早期就建立质量，而不是在既成事实后再做质量的检验和控制。费根堡姆在他的著作中强调当今全面的质量计划在组织和企业中是最有力的工具。要让质量计划发挥作用，组织管理者必须承担责任，这些责任包括让领导者做出承诺并为组织发展做出应有的贡献。

1980 年以来，全面质量控制理论得到进一步的扩展和深化，逐渐由早期的全面质量控制演变为全面质量管理（TQM），其含义也超出了一般意义上的质量范畴，成为一种综合而全面的经营管理理念或方式。日本在推行全面质量管理的过程中，广泛开展群众性的质量管理活动，其独创的"QC 小组"成为全面质量管理运动的组织基础，助推日本产品成为世界质量的典范，在国际质量管理领域产生了广泛影响。随着全面质量管理在世界各国的普及和推广，以及对全面质量管理理论的深入研究和发展，逐渐形成了较为系统的全面质量管理理论体系。全面质量管理在理论上的渐趋成熟完善，在实践中的实用效果和不断成功，为形成国际质量标准奠定了共同基础。

12.2.1　全面质量管理的概念

国际标准 ISO 8402：1994 对全面质量管理的定义：一个组织以质量为中心，以全员参与为基础，目的在于通过让顾客满意和本组织所有成员及社会收益而达到长期成功的管理途径。

全面质量管理的核心思想是，企业的一切活动都围绕着质量来进行。它不仅要求质量管理部门尽职尽责，还要求从企业最高决策者到一般员工均应参加到质量管理过程中。全面质量管理强调，质量控制活动应包括从市场调研、产品规划、产品开发、制造、检测到售后服务等产品寿命循环的全过程。全面质量管理的目的是，企业通过不断努力下的持久成功，让顾客、本组织成员和社会持续满意和受益。总之，全面质量管理就是全员参加、全过程、全面运用一切有效方法、力求全面受益的质量管理模式。全面质量管理的内涵特征突出体现在"全"字上。

12.2.2　全面质量管理的特点

全面质量管理的特点就在"全"字上，主要有五层含义。

1. 全面质量管理是全面质量的管理

所谓全面质量是指产品质量、过程质量、工作质量和人的质量。全面质量管理不同于早先质量管理的一个显著特征就是，全面质量管理的对象是全面的，而不仅仅局限于产品质量。全面质量管理思想认为，企业最终产品的质量，需要通过生产制造过程和职能业务工作的质量来保证，而这一切都离不开人的质量，因此，提高质量意味着产品质量、过程质量、工作质量和人的质量的全面提高，企业对质量的管理也应该是对全面质量的管理。

2. 全面质量管理是全员参加的质量管理

所谓全员参加意味着质量的控制与改进从原来少数质量管理人员扩展到企业的所有人员。即全员参加的质量管理要求企业全部员工，无论高层管理者还是普通办公职员或一线工人，都要参与到质量改进活动中来。产品质量的优劣取决于企业全体人员的工作质量水平，提高产品质量必须依靠企业全体人员的共同努力。企业中任何人的工作都会在一定范围和一定程度上影响产品的质量。显然，过去那种主要依靠少数人进行的质量管理是不得力的。因此，全面质量管理强调无论是企业哪个部门的人员，也无论是厂长还是普通职工，都要具备质量意识，都要承担具体的质量职能，都要积极关心和维护产品质量。

3. 全面质量管理是全过程的质量管理

所谓全过程是要求将质量管理活动贯穿于产品开发、形成和使用的全过程，也即将质量控制从产品的加工制造扩展到产品的整个寿命周期。因此，必须在市场调研、产品的选型、研究试验、设计、原料采购、制造、检验、储运、销售、安装、使用和维修等各个环节中都要把好质量关。其中，产品的设计过程是全面质量管理的起点，原料采购、生产、检验是实现产品质量的核心过程，而产品质量的优劣最终是在市场销售和使用服务的过程中得到评价。

4. 全面质量管理是全面运用一切有效方法的质量管理

全面运用一切有效方法是指在质量管理实际工作中，应用一切行之有效的方法，而不仅仅依靠单一的数理统计方法。应用数理统计方法是开展质量管理工作的核心内容，也是质量管理起源的标志。统计技术是 ISO 9000 族标准的基础之一，是国际通用工程语言。用于质量控制的统计技术方法很多，主要包括图示法（直方图、排列图等）、控制图、实验设计、方差分析与回归分析、抽样及验收方法、检验和试验的统计方法等。依照全面质量管理的思想，企业既要能够生产让用户满意的产品，又要保证使本组织成员和社会受益，单纯依靠数理统计方法对生产工序进行控制是很不够的，因为质量控制涵盖整个产品寿命周期，质量改进既针对产品，又针对过程、工作和人，所以，可靠性工程、零缺陷、顾客满意度测评、PDCA 循环、BPR、行为科学等，都是实现全面质量管理的有效方法。

5. 全面质量管理是力求全面受益的质量管理

通过全面质量管理，企业获得产品质量和长期成功的竞争优势，最终依靠质量过硬的产品和服务，使顾客、本组织成员和社会持续满意和受益。质量管理的目的从原来单纯强调顾客满意，到使本组织成员和社会全面受益，是全面质量管理思想升华的重要体现。也就是说，企业通过全面质量管理，生产制造出价廉物美和适销对路的产品，不仅满足用户的需要并让用户满意，而且通过取得经济效益，增加员工收入和福利、改善工作环境、实现自我价值而使企业内部员工受益。同时，全面质量管理下的产品生产制造过程和最终产成品，一定是安全可靠、绿色环保的，企业生产应符合循环经济规律，不向大自然排放有毒有害物质，最终产品使用过程中不产生二次污染，产品报废后应易拆易回收利用，不构成垃圾污染。概括来讲，全面质量管理使社会受益的一个基本体现，就是避免或消除企业生产和产品消费引发的社会外部性问题。

12.2.3 全面质量管理的基本工作方法

在质量管理活动中，要求把各项工作按照制订计划、实施计划、检查实施效果，然后将成功的纳入标准，不成功的留待下一循环去解决的工作步骤进行，这就是质量管理的基本工作方法。该工作方法简称为 PDCA 循环：P(plan)是计划阶段，D(do)是执行阶段，C(check)是检查阶段，A(action)是处理阶段。PDCA 循环是美国质量管理学家戴明博士提出来的，故又称戴明循环。

1. PDCA 循环的四个阶段

PDCA 循环工作法的四个阶段，在具体工作中又进一步细化为八个步骤。

1）P(计划)阶段

步骤一：调查研究，分析现状，找出存在的质量问题。

步骤二：分析产生质量问题的各种原因或影响因素。

步骤三：找出产生质量问题的主要原因或主要因素，以便从主要因素入手解决质量问题。

步骤四：针对产生质量问题的主要因素，制订解决问题的措施计划。措施计划要明确采取该措施的原因(Why)，执行措施预期达到的目的(What)，在哪里执行措施(Where)，由谁来执行(Who)，何时开始执行和何时完成(When)，以及如何执行(How)，即明确通常所说的 5W1H 问题。

2）D(执行)阶段

步骤五：按制订的计划认真执行。

3）C(检查)阶段

步骤六：在计划执行结束后(包括执行过程中)，检查实际执行结果，看是否达到计划预期的效果。

4）A(处理)阶段

步骤七：根据检查结果进行总结，对按计划执行成功的经验提炼整理形成标准，便于巩固提高；对失败的教训也要认真吸取，并及时对原有制度或标准进行修订，防止错误累计。

步骤八：提出本循环尚未解决的遗留问题或出现的新问题，转入下一个循环去解决。

2. PDCA 循环的特点

PDCA 循环具有以下鲜明特点。

(1) PDCA 循环工作程序的四个阶段，按顺序组成一个大圈，PDCA 循环的过程也就是大圈转动的过程，每转动大圈一次意味着完成了一次 PDCA 循环工作，如图 12-1 所示。

(2) 大环套小环，互相促进。PDCA 循环不仅适用于整个企业，也适用于各个车间、科室、班组和个人。根据企业的总方针目标，各级各部门都有自己的目标和自己的 PDCA 循环。这样就形成了大环套小环的情况，整个企业是一个大的 PDCA 循环，各部门是小的 PDCA 循环，如同行星轮系一样，大环指导和推动着小环，小环支持和促进着大环。通过循环把企业各项工作有机联系在一起，彼此协同，相互促进，见图 12-2。

(3) 循环上升。PDCA 循环每转一圈，意味着质量问题得到一次解决或质量有一次改进，这样不断转动 PDCA 循环，就会有新的质量计划和目标，也会解决新的质量问题，质量水平也就有新的提高，如同爬楼梯一样，每循环一次就登上一级新台阶，质量一步一步不断提高，见图 12-3。

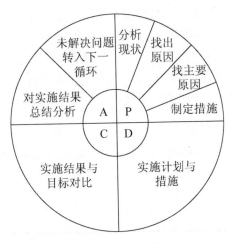

图 12-1 PDCA 循环

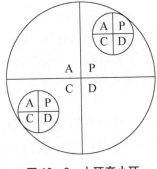

图 12-2 大环套小环

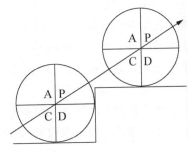

图 12-3 PDCA 循环上升

PDCA 循环实际上是有效进行任何一项工作的合乎逻辑的工作程序。在质量管理中，PDCA 循环得到了广泛应用，并取得了很好的效果，因此，人们将其称为质量管理的基本方法。此外，之所以将其称之为 PDCA 循环，是因为四个阶段不是运行一次就完结，而是不断接续进行，一次循环结束解决了一部分问题，还会有其他问题或更新问题尚待解决，需要再进行下一次循环。质量问题或质量改进无止境，PDCA 循环转动也就不会停止，这也是推动 PDCA 循环不断运转的动力源泉。

12.3　统计质量控制

12.3.1　质量管理的统计控制方法

统计质量控制方法以 1924 年美国统计质量控制之父休哈特提出的控制图为起点，经过半个多世纪的发展已产生很多种方法，这些方法大致可分为以下三类。

1. 常用统计管理方法

常用统计管理方法又称为初级统计管理方法，主要包括控制图、因果图、相关图、排列图、直方图等。运用这些工具,可以从经常变化的生产过程中,系统地收集与产品质量有关的各种数据,并用统计方法对数据进行整理、加工和分析,进而画出各种图表,计算某些数据指标,从中找出质量变化的规律,实现对质量的控制。日本著名质量管理专家石川馨曾说过,企业内95%的质量管理问题,可通过企业全体人员活用"QC七种工具"而得到解决。全面质量管理的推行,也离不开企业各级、各部门人员对这些工具的掌握。

2. 中级统计管理方法

中级统计管理方法包括抽样调查法、抽样检验法、功能检查法、试验计划法等。这些方法不一定要企业全体人员都掌握,主要是有关技术人员和质量管理部门的人使用。

3. 高级统计管理方法

高级统计管理方法包括高级试验计划法、多变量解析法。这些方法主要用于复杂的工程解析和质量解析,而且要借助于计算机手段,通常只是专业人员使用这些方法。

统计管理方法是进行质量控制的有效工具,但在应用中必须注意以下几个问题,否则就得不到应有的效果。这些问题主要包括:①数据有误。数据有误可能是两种原因造成的,一是人为地使用有误数据,二是未真正地掌握统计方法。②数据的采集方法不正确。如果抽样方法本身有误,则其后的分析方法再正确也是无用的。③数据的记录、抄写有误。④异常值的处理。通常在生产过程中取得的数据总是含有一些异常值的,它们会导致分析结果有误。

由于中高级统计管理方法涉及大量的数理统计知识,而且在概率论与数理统计学、运筹学等课程中有详细叙述,故本书仅对常用统计管理方法做介绍。

12.3.2 常用的质量管理统计方法

常用的质量管理统计方法主要包括通常所说的"QC七种工具",即排列图、因果图、散布图、调查表、数据分层法、直方图、控制图。

1. 排列图

1) 排列图的构成原理

排列图是为找出影响产品质量主要因素而使用的图表方法。排列图是由两个纵坐标、一个横坐标、几个按高低顺序依次排列的长方形和一条累计百分比曲线所组成的图,其基本图形如图12-4所示。

排列图又称帕累托图,维弗雷多·帕累托是意大利经济和社会学家,因对20%的人口拥有80%的财富的社会观察而著名。帕累托发现的社会财富分布规律被朱兰博士引入到质量管理领域,概括为帕累托法则(80/20法则)和帕累托分布。排列图就是根据"关键的少数和次要的多数"原理制作而成的。也就是将影响产品质量的众多因素按其对质量影响程度的大小,用直方图形顺序排列,从而找出主要因素。通常将影响质量因素分为三类:A类因素(主要因素),累计占质量问题出现频数的0~80%;B类因素(次要因素),累计占比80%~90%;C类因素(一般因素),累计占比90%~100%。由于A类因素占存在质量问题的80%左右,此类因素解决了,意味着解决了质量问题的大部分。

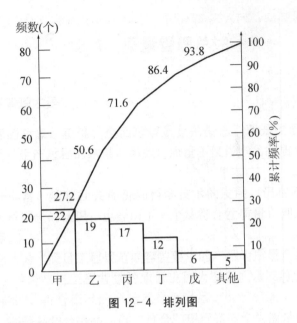

图 12-4 排列图

2）排列图的制作步骤

（1）围绕质量分析项目收集数据。需要对数据按质量因素进行分类；需要选择数据度量单位，如出现的次数、成本、金额等；需要选择数据记录的时间间隔。

（2）按分类项目进行统计。将分好类的数据按数据记录时间进行汇总，由多到少进行排序，计算出各项目发生频数和频率，以及累计百分比。

（3）画出横坐标和纵坐标，注意选择坐标刻度，使纵、横坐标均衡匀称。

（4）按频数大小顺序从左到右画出长方图。

（5）按累计频率画出排列曲线（帕累托曲线）。

（6）填写排列图标题及标注项目数据信息等。

【例 12-1】 某厂对一个月内生产的产品进行质量检测统计，该产品质量缺陷项目包括划痕、气泡、缺口、污痕、杂质、其他等。检测记录生产出现的不良品情况数据与缺陷项目名称分别记录在表 12-1①、②项。

表 12-1　产品质量缺陷项目统计

① 缺陷项目	② 频数（个）	③ 频率（%）	④ 累计频率（%）
划痕	45	37.50	37.50
气泡	25	20.83	58.33
缺口	20	16.67	75.00
污痕	15	12.50	87.50
杂质	9	7.50	95.00
其他	6	5.00	100
合计	120	100	

计算频率和累计频率，列入表 12-1③、④项。画出排列图（图 12-5）。

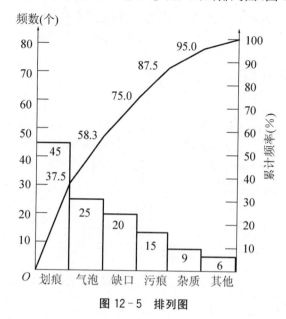

图 12-5　排列图

3）排列图分析与注意事项

（1）排列图将影响质量的主要问题直观地呈现出来，使人们清楚从何处入手改进质量，能收到显著成效。例 12-1 中的主要问题是划痕、气泡和缺口，如果解决了这三项问题，等于解决了质量问题的 75％。因此，关键的少数项目在排列图中往往是列于前面的 2～3 项，多了就失去抓主要矛盾的意义。

（2）排列图的分类项目不要太少，5～9 项较合适。不太重要的项目很多时，横轴会变得很长，通常都把这些列入"其他"栏内，因此"其他"栏总在最后。

（3）确定了主要因素，采取了相应措施后，为了检查措施效果，还要重新画出排列图。所以，排列图要留存，把改善前与改善后的排列图进行比较，可以看出改善后的效果。

2. 因果图

1）因果图的构成原理

因果图又称鱼刺图或石川图，是由日本质量管理大师石川馨博士发明的。因果图是用来分析寻找影响产品质量各种原因的一种有效的图表方法。实际中，影响产品质量的因素很多也很复杂，概括起来有两种互为依存的关系：处于同一层次因素之间的平行关系；处于不同层次因素之间的因果关系。因果图可以清楚地将各种质量因素及其之间的关系展现出来。因果图由质量问题和影响因素两部分组成。图中主干箭头所指的是质量问题，主干上的大枝表示大原因，中枝、小枝、细枝表示原因的依次展开，其基本图形如图 12-6 所示。

2）因果图的画法与使用注意事项

（1）画出主干箭线，箭头指向右端。确定待分析的质量问题，将其写在主干箭头右侧

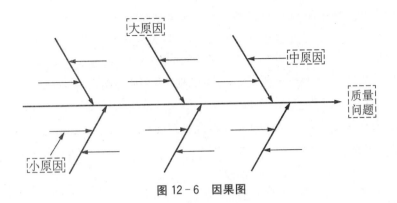

图 12-6 因果图

的方框内。

（2）针对目标质量问题，首先找出产生质量问题的大原因，再找出中、小原因，直到能够采取措施为止。寻找质量因素需要针对问题点进行层别分类，最常用的是按人员、机器设备、原材料、加工方法、环境等分类的，也有按加工工序分类的。然后，借助头脑风暴分别对各层别（类别）找出所有可能原因（因素），并对各因素进行归类、整理，明确其从属关系。

（3）画出大原因（大枝）箭线，箭头方向从左到右斜指向主干，大枝与主干之间的夹角以 45°～60°为好，在箭头尾端写上原因分类项目。

（4）按原因分类项目分别展开，画出中枝、小枝。每个中枝表示大原因中产生质量问题的一个中原因，每个小枝表示中原因中产生质量问题的一个小原因，以此类推。作图时，中枝与主干平行，小枝与大枝平行。

（5）因果图是一种枚举法，故在分析查找原因时应集思广益，力求分析结果无一遗漏。通过因果图可以找出关键因素，作为质量改进的重点。对关键因素采取措施后，再用排列图检验其效果。排列图和因果图均可找出关键因素，但排列图是在各种原因比较清楚的条件下找出关键因素，而因果图是先通过分析找出原因，然后再找出关键因素。

3）因果图应用实例

【例 12-2】 某汽车齿轮零配件制造厂，加工生产的齿轮常出现尺寸变异质量问题，究其原因有五个方面：人员、设备、材料、操作方法和加工环境，每一种原因又是由若干更小因素造成的。当造成齿轮尺寸超差的所有可能原因被找出来后，以此画出的因果分析图如图 12-7 所示。

3. 散布图

散布图又称散点图或相关图，是将两个变量之间的相关关系用直角坐标系表示的图表。散布图用来辨认一个质量特性和一个可能影响因素之间是否关联的一种图表方法。它将影响质量特性因素的各对数据，用点填列在直角坐标图中，以观察判断两个质量特性值之间的关系，对产品或工序进行有效控制。图中成对数据之间的关系，或许是特性与原因、特性与特性的关系，也可能是同一特性的两个原因的关系。用来绘制散布图的数据必须是成对的 $(X，Y)$，通常用垂直轴表示现象测量值 Y，用水平轴表示可能有关系的原因因素 X。

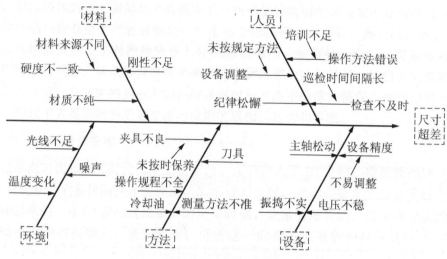

图 12-7 因果图实例

通过观察分析，来判断两个变量之间的相关关系，是质量管理工作中常常需要处理的事项，例如热处理时淬火温度与工件硬度之间的关系，某种元素在材料中的含量与材料强度的关系等，都可以用散布图来观察与分析。在这种关系虽然存在，但又难以用精确公式或函数关系表示的情况下，用相关图来分析就是很方便的。假定有一对变量 x 和 y，x 表示某一种影响因素，y 表示某一质量特性值，通过实验或收集到的 x 和 y 的数据，可以在直角坐标图上用点表示出来，根据点的分布特点，就可以判断 x 和 y 的相关情况。

散布图有六种典型分布形式，分别是强正相关、弱正相关、强负相关、弱负相关、不相关和非线性相关，见图 12-8 中的(a)~(f)。

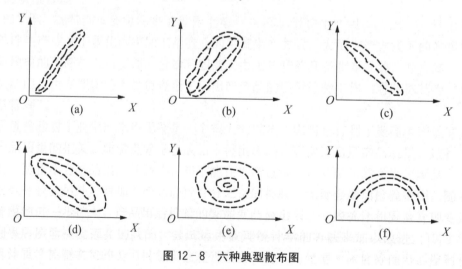

图 12-8 六种典型散布图

4. 调查表

调查表又称检查表或统计分析表，是用表格形式进行数据整理和初步分析的一种工具。调查表的格式多种多样，常用类型包括不合格品调查表、缺陷位置调查表、工序分布调查表等，这种工具形式虽然简单，但实用有效。表 12 - 2 和表 12 - 3 是调查表中的部分格式。

表 12 - 2 不合格品调查表

序号	项目	频数(个)	累计频数(个)	累计百分比(%)
1	服务态度差	80	80	40
2	商品种类少	60	140	70
3	商场环境差	30	170	85
4	价格偏高	20	190	95
5	服务设施差	4	194	97
6	其他	6	200	100

调查者：   日期：   地点：   调查方式：

表 12 - 3 缺陷位置(不合格部位)调查表

车型		检查处	车身	工序	
检查者		调查目的	喷漆缺陷	调查数	2139 辆

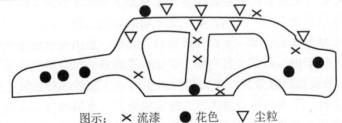

图示：✕ 流漆 ● 花色 ▽ 尘粒

5. 数据分层法

数据分层法又称分类法或分组法。该方法是把混杂在一起的各种数据进行分类，将性质相同、在同一条件下收集的数据归并在一起，以便进行比较分析，从中找出统计规律。因为在实际生产中，影响质量变动的因素很多，如果不把这些因素区别开来，难以得出变化的规律。数据分层可根据实际情况按多种方式进行。例如，按不同时间、不同班次进行分层；按使用设备的种类进行分层；按原材料的进料时间、原材料成分进行分层；按检查手段、使用条件进行分层；按不同缺陷项目进行分层；按人员或工人操作方法分层等。进行数据分层时应注意，使同一层内的数据波动幅度尽可能小，而层间的差距尽可能大。数据分层法经常与统计分析表结合使用。

应用数据分层法就是对相当复杂的数据资料进行处理，因此，需要懂得如何对这些数据资料有目的、分门别类的加以归纳与统计。建立原始的数据资料统计台账和报告制度，是做好质量管理的基础工作。

【例 12 - 3】某机械加工厂在进行产品装配时发现一配气阀部件漏油。经现场调查分析，密封垫来自不同生产厂商。而且，工人在对密封垫涂黏结胶时，其操作方法各不相同。现按操作者和密封垫供货商分层，列出表 12 - 4。

表 12 - 4 漏油分层表(A)

操作者	漏油	不漏油	发生率(%)
工人A	8	7	53
工人B	3	9	25
工人C	4	16	20
共计	15	32	32
材料	漏油	不漏油	发生率(%)
甲厂	5	15	25
乙厂	10	17	27
共计	15	32	32

由表 12 - 4 可以看出,工人 C 漏油发生率较低(20%),甲厂生产的密封垫漏油发生率较低(25%)。因此,该厂决定采用工人 C 的操作方法,选用甲厂生产的密封垫。但结果相反,采用此法后漏油发生率不降反升。原因是没有考虑到不同生产厂的密封垫和工人操作方法之间的相互关系。考虑了这种关系后,新的数据分层如表 12 - 5 所示。

表 12 - 5 漏油分层表(B)

数据分类			密封垫供货商		共计
			甲厂	乙厂	
操作者	工人A	漏油	6	2	8
		不漏油	2	5	7
	工人B	漏油	0	3	3
		不漏油	5	4	9
	工人C	漏油	4	0	4
		不漏油	7	9	16
总计			24	23	47

由表 12 - 5 可以看出,若采用前述改进方法,由工人 C 操作,选用甲厂生产的密封垫,漏油 4 台,不漏油 7 台,漏油发生率为(4÷11)×100% = 36.4%,比调查时的 32% 还高,不可取。正确的做法应该是:使用甲厂的密封垫时,应推广工人 B 的操作方法;使用乙厂的密封垫时,应推广工人 C 的操作方法。

通过上面的例子可以加深我们对数据分层法在质量管理中应用价值的认识。

6. 直方图

直方图是根据一系列产品的质量特性数据,画成以组距为底边、以频数为高度并连接起来的直方型矩形图,如图 12 - 9 所示。从同一道工序生产出的产品中,几乎没有两件产品的质量是完全一样的,即产品质量存在散差。用直方图能够比较直观地看出产品质量特性值的分布状况，从而判断工序是否处于受控状态，并从总体上推断产品质量的好坏和质量的分布情况。

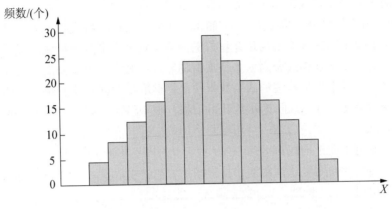

图 12-9　直方图

　　在质量管理中，作直方图的目的是研究产品质量的分布状况，据此判断生产过程是否处在正常状态。因此，在画出直方图后要进一步对它进行观察和分析。正常生产条件下，如果得到的直方图不是标准形状，或者虽是标准形状，但其分布范围不合理，就要分析其原因并采取相应措施加以纠正。

　　直方图是从形态的角度，通过产品质量的分布反映工序的精度状况。通常是看图形本身的形状是否正常，再与公差（标准）相对比而做出大致判断。常见的有如图 12-10 所示的几种图形。

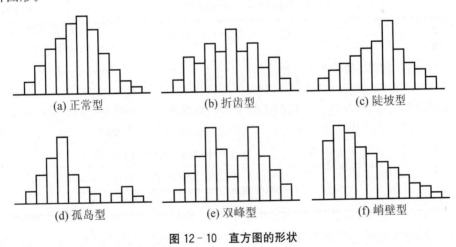

(a) 正常型　　　　(b) 折齿型　　　　(c) 陡坡型

(d) 孤岛型　　　　(e) 双峰型　　　　(f) 峭壁型

图 12-10　直方图的形状

7. 控制图

1) 控制图的构成原理

　　控制图是一种通过控制界限及其范围内的数据分布，判断生产过程是否处于受控状态的一种图表方法。控制图是根据假设检验原理构造的一种图，早在 1924 年由休哈特最先提出，因此又称为休哈特控制图。使用控制图对生产过程运行状态进行监控，对生产过程出现的异常进行预警，预防产品质量缺陷的发生，从而达到质量控制的目的，控制图是统计质量管理的一种重要手段和工具。

控制图的种类很多，最常用的控制图通常以样本平均值 $\bar{x}$ 为中心线，以上下取 3 倍的标准差（$\bar{x} \pm 3\sigma$）为控制界，也称为 3σ 控制图，因最早由休哈特提出，因此又称之为休哈特控制图。常规控制图的基本结构是在直角坐标系中画三条平行于横轴的直线，中间一条实线为中线，上、下两条虚线分别为上、下控制界限；横轴表示按一定时间间隔抽取样本的次序，纵轴表示样本质量特性的测量数值；由相继取得的样本质量特性数值标注在坐标图上形成一连串的点子，点子之间可以用线段连接起来，就形成了一个典型的控制图（图 12-11）。

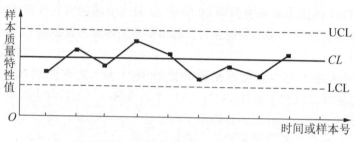

图 12-11 控制图的基本形状

2）控制图的种类

（1）按照样本统计数据性质不同，控制图分为计量控制图和计数控制图；按照应用的样本统计量不同，计量控制图和计数控制图又分为几种不同类型，见表 12-6。

表 12-6 控制图类型

常规控制图	计量值控制图	均值（$\bar{X}$）与极差（R）控制图
		均值（$\bar{X}$）与标准差（S）控制图
		单值（X）与移动极差（R_s）控制图
		中位数（$\tilde{X}$）与极差（R）控制图
	计数值控制图	计件值控制图：不合格品率（P）控制图
		计件值控制图：不合格品数（np）控制图
		计点值控制图：不合格数（C）控制图
		计点值控制图：单位产品不合格率（U）控制图

（2）控制图按其用途可分为供分析用的控制图和供管理用的控制图。分析用控制图是分析生产过程中有关质量特性值的变化情况，看工序是否处于稳定受控状态；管理用控制图，主要进行日常监控，当发现生产过程出现异常情况时及时预警，防止产生质量不合格品。

3）控制图的统计原理

在生产过程中，产品质量由于受随机因素和系统因素的影响而产生变差。前者由大量微小的偶然因素叠加而成，后者则是由可辨识的、作用明显的原因所引起，经采取适当措施可以发现和排除。当一生产过程仅受随机因素的影响,从而产品的质量特征的平均值和变差都基本保持稳定时,称为处于控制状态。此时,产品的质量特征是服从确定概率分布的随机变量,它的分布(或其中的未知参数)可依据较长时期在稳定状态下取得的观测数据用统计方法进行估计。分布确定以后,质量特征的数学模型随之确定。为检验其后的生产过程是否也处于控制状态,就需要检验上述质量特征是否符合这种数学模型。为此,每隔一定时间,在生产线上抽取一个大小固定的样本,计算其质量特征,若其数值符合这种数学模型,就认为生产过程正常,否则,就认为生产中出现某种系统性变化,或者说过程失去控制。这时,就需要考虑采取包括停产检查在内的各种措施,以期查明原因并将其排除,以恢复正常生产,不使失控状态延续而发展下去。

大量统计实践和分析研究表明,影响产品生产质量的偶然因素是始终存在的,对产品质量的影响微小,但难以驱除;异常因素则有时存在,对产品质量影响较大,但不难去除,如车刀磨损等。偶然波动与异常波动是产品质量波动的两种类型。当生产过程只存在偶然波动时,产品质量特性值将形成某种典型分布,如正态分布。如果还有异常波动,则产品质量的分布必将偏离原来的典型分布。因此,根据典型分布是否偏离就能判断是否存在异常波动,而典型分布的偏离可由控制图检出。控制图的实质在于区分偶然因素与异常因素,当过程只有偶然因素而无异常因素时,说明过程处于统计控制状态。通过控制图可以将描点与控制界限相比较,从而看出产品或服务的质量。应用控制图对过程监控时,可根据判异准则来发现问题加以预防。

应用控制图判断生产是否稳定,实际上是利用样本数据进行统计推断。既然是统计推断,就可能出现两类错误(图 12-12):第一类错误是将正常的过程判为异常,即生产仍处于统计控制状态,但由于偶然因素的影响,点子偶然超出控制界限,虚发警报而将生产误判为出现异常。出现这类错误的概率称为第Ⅰ类风险,记作 α。第二类错误是将异常判为正常,即生产已经处于非统计控制状态,但点子没有超出控制界限,漏发警报而将生产误判为正常。出现这类错误的概率称为第Ⅱ类风险,记作 β。

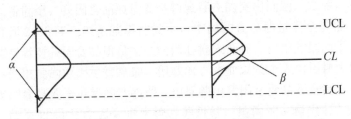

图 12-12　统计推断的两类错误

影响两类错误的因素主要有两个:一是控制界限的大小。控制界限的宽窄对于两类错误风险是有影响的,如果扩大控制界限可以减少第Ⅰ类风险,但会增加第Ⅱ类风险,反之亦然。长期实践经验证明,能使两类错误总损失最小的控制界限幅度大致为 3σ,因此,选取 $\mu \pm 3\sigma$ 作为上下控制界限是经济合理的。二是样本量的大小。当 3σ 控制区域一定时,样本量增大,第Ⅱ类风险减小,控制图的检出力增大。

4) 控制图的判定准则

控制图的控制界限是根据正态分布原理计算的。根据 $\pm 3\sigma$ 原理,点子应随机排列,且落在控制界限内的概率仅为 99.73%，因此，控制图中点子未出界，且点子的排列也是随机的，则可以认为生产过程处于稳定状态或受控状态。如果控制图点子出界或界内点子排列不随机，就认为生产过程处于异常状态或失控状态。由此得出控制图的两类判定准则。

（1）判定稳态的准则。

稳定状态是生产过程追求的目标。判定稳态的准则是，在点子随机排列的情况下，符合下列各点之一就认为生产过程处于稳定状态：①连续 25 个点子都在控制界限内；②连续 35 个点子至多一个点子落在控制界限外；③连续 100 个点子至多 2 个点子落在控制界限外。

（2）判定异常的准则。

符合下列两点之一就认为生产过程存在异常因素：①点子在控制界限外或恰在控制界限上；②控制界限内的点子排列不随机。

点子排列不随机的形式有若干种，以计数型过程控制为例，相应的判异准则如下。

形式1，点子屡屡接近控制界限。所谓接近控制界限指点子距离控制界限在 1σ 内。当连续出现两个点接近上限或下限，则判定点子排列不随机有异常，需调查其中原因，如图 12-13 所示。

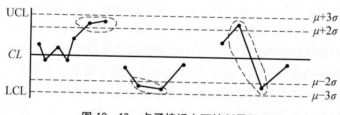

图 12-13 点子接近上下控制界限

形式2，连续五个点高于中线或连续五个点低于中线，则判定点子排列不随机有异常，需调查持续绩效不良的原因。

形式3，连续五个点处于同向趋势，则判定点子排列不随机有异常，需调查工序加工渐变的原因，如图 12-14 所示。

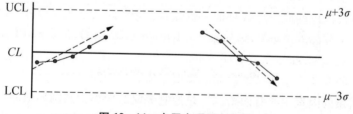

图 12-14 点子出现同向趋势

形式4，点子排列杂乱无规律，需调查其中原因。

形式5，点子排列突然变化，则判定生产过程有异常，需调查其中原因。

12.4 ISO 9000 与 6σ 管理

12.4.1 ISO 9000 族质量管理体系标准

1. 质量管理体系

质量管理是在质量方面指挥和控制组织的协调活动，通常包括制定质量方针、目标以及质量策划、质量控制、质量保证和质量改进等活动。实现质量管理的方针目标，有效地开展各项质量管理活动，必须建立相应的管理体系，这个体系就叫质量管理体系。

国际标准 ISO 8402：1994 对质量管理体系的定义：为实施质量管理所需的组织结构、程序、过程和资源。修订后最新版国际标准 ISO 9000：2015 的定义：质量管理体系是在质量方面指挥和控制组织的管理体系。质量管理体系是企业整体管理体系中的一个组成部分，它是企业开展质量管理工作的组织保证。企业通过质量管理体系实施质量管理，质量管理的中心任务是建立、实施和保持一个有效的质量管理体系并持续改进其有效性。因此，质量管理体系定义中所表述的"组织结构、程序、过程和资源"，是指影响质量工作开展的相互关联和相互作用的要素组合体，包括：合理的组织机构和明确的职责、权限及其协调的关系；规定到位的可形成文件的程序和作业指导书；输入转化为输出的实施过程；以及必需且适宜的人才资源和专业技能、设计和研制设备、制造设备、检验和试验设备、仪器仪表和计算机软件等。

一个企业的质量管理是通过质量管理体系对企业内各种过程进行管理来实现的，因而就需要明确对过程管理的要求、管理人员的职责、实施管理的方法以及实施管理所需要的资源，把这些用文件形式反映出来，就形成了该企业的质量管理体系文件。质量管理体系文件是描述质量管理体系的一整套文件，是企业开展质量活动的法规，是各级管理人员和全体员工都应遵守的工作规范。质量管理体系文件通常包括质量手册、程序性文件、作业指导书、产品质量标准、检测技术规范与标准方法、质量计划、质量记录、检测报告等。

2. ISO 9000 族标准

ISO 9000 族标准(简称 ISO 9000)是质量管理和质量保证的国际标准。这些标准制定的初衷是为了帮助企业制定能保持高效质量体系的文件并有效运行质量管理体系。ISO 9000 族标准于 1987 年由 ISO 首次颁布，这个组织成立于 1947 年，有超过 160 个国家的成员，其最高权力机构是每年一次的"全体大会"，日常办事机构是中央秘书处，设在瑞士日内瓦。

ISO 9000 不是指一个标准，而是一族标准的统称，具体由 ISO 所属的质量管理和质量保证技术委员会制定并发布。ISO 9000 族标准背后的思想是通过计划和工程中每个阶段实施最佳实践来防止缺陷的产生，整个过程包括设计阶段、制造阶段、安装阶段到服务阶段。这些标准可以帮助不管是制造企业还是服务企业都能保证离开工厂或营业点的产品或服务满足顾客的需求。这些标准要求一个公司首先制作质量管理体系的文件，然后实施并运行质量管理体系这个系统，接着通过一个独立的、公认的第三方组织的审核，证实企业质量管理体系这一系统符合标准的要求。

ISO 9000 族标准，从 1987 年发布第一版至今，已产生 1994 版、2000 版、2008 版和 2015 版四个修订标准。2013 年，针对 ISO 9001：2008 标准的修订，由 ISO /TC176/SC2（国际标准化组织/质量管理和质量保证技术委员会/质量体系分委员会）负责起草的征求意见稿发布，最新版本的 ISO 9000 族标准已由国际标准化组织（ISO）于 2015 年 9 月正式对国际社会发布。

2008 年 11 月 15 日，ISO 发布了 2008 版 ISO 9001 标准，中国国家标准 GB/T 19001—2008《质量管理体系要求》于 2008 年 10 月 14 日发布，2009 年 3 月 1 日实施。自 2009 年 11 月 15 日起，认证机构不得再颁发 2000 版标准认证证书，2010 年 11 月 15 日，任何 2000 版标准认证机构证书均属无效。

2008 版 ISO 9000 族标准由四部分组成，分别包括 4 个核心标准、8 个支持性标准、2 个技术报告和一个小册子。其中，4 个核心标准是：ISO 9000：2005《质量管理体系基础和术语》、ISO 9001：2008《质量管理体系要求》、ISO 9004：2009《质量管理体系业绩改进指南》、ISO 19001：2002《质量和环境管理体系审核指南》。

ISO 9000：2008 标准的制定是基于 ISO 9000：2000 文件中提出的八项质量管理原则。八项质量原则是在总结质量管理经验的基础上提出的一个企业在实施质量管理时必须遵循的准则，是企业的领导者进行质量管理的基本原则，也是制定 2008 版 ISO 9000 族标准的理论基础，并作为主线通篇贯穿始终。八项质量原则主要关注与以下领域企业相关的业务流程：以顾客为关注焦点、领导作用、全员参与、过程方法、管理的系统方法、持续改进、基于事实的决策方法、与供方互利的关系。ISO 文件给出了满足标准所需的详细要求，同时还为企业描述了用于质量改进的标准工具。这些文件的设计通用化，并能应用于任何产品型或服务型组织。

国际标准化组织（ISO）于 2015 年 9 月 15 日发布了 ISO 9001：2015。国家认监委于 2015 年 9 月 28 日发布 2015 年第 30 号公告，公告中明确了在等同采用国际标准的管理体系认证领域中，在国际标准发布后新版国家标准发布前的时期内依据国际标准开展认证及相关工作的安排。

继 ISO 9000 族标准之后，国际标准化组织（ISO）推出的又一个管理标准是 ISO 14000 系列标准（简称 ISO 14000），ISO 14000 标准是由 ISO 环境管理技术委员会（ISO /TC207）于 1996 年 9 月正式向全世界发布，2004 年 11 月发布了修订版，2007 年 9 月，ISO 发布了一套 ISO 14000 系列环境管理标准光盘，2015 年 9 月 15 日，ISO 发布了最新版的 ISO 14001：2015。ISO 14000 系列环境管理标准内容包括：产品标准中的环境指标；产品标志及声明；环境管理体系；环境审核或质量控制体系（等同采用 ISO /TC176 发布的质量管理及质量保证标准）；环境绩效评估；生命周期评估；环境信息交流等。

ISO 14000 系列标准是为促进全球环境质量的改善而制定的一套环境管理的框架文件，目的是加强企业的环境意识、管理能力和保障措施，从而改善环境质量。ISO 9000 质量管理体系标准与 ISO 14000 环境管理体系标准对企业的许多要求是通用的，两套标准可以结合在一起使用。世界各国的许多企业都通过了 ISO 9000 族标准的认证，这些企业可以把在通过 ISO 9000 体系认证时所获得的经验运用到环境管理认证中去。新版的 ISO

9000 族标准更加体现了两套标准结合使用的原则，使 ISO 9000 族标准与 ISO 14000 系列标准的联系更为紧密了。

除了一般的 ISO 9000 和 ISO 14000 标准，还有其他许多特殊标准。如 QS－9000 标准是美国克莱斯勒、通用和福特汽车公司为汽车行业中零部件、原材料和服务供应商制定的质量管理体系；AS－9000 标准是美国道格拉斯、波音和洛克西德·马丁公司等为航空工业中零部件、原材料和服务供应商制定的质量管理体系；TL－9000 标准是以美国贝尔电话公司为首专为电信行业制定的质量管理体系的要求和测量标准；HACCP 标准是美国主导制定并受国际社会共同认可和接受的食品安全保证体系，主要是对食品中微生物、化学和物理危害进行安全控制。HACCP 标准是鉴别、评价和控制对食品安全至关重要的危害的一种体系，是保障食品安全最有效的管理体系。

3. 质量认证

质量认证是由一个独立的第三方权威机构充当评审，对企业的产品质量及其质量管理体系进行证实符合特定标准或规范性文件的活动。

质量认证也叫合格评定，是国际上通行的管理产品质量的有效方法。ISO 标准在全球范围内提供了质量方面的指导，尽管 ISO 标准认证并不是必需的，但是许多企业认为它有利于在全球市场中取得竞争力。假如你要为公司采购零部件，同时有几家供应商以相近的价格提供相似的零部件，而这些供应商中只有一家通过了 ISO 9000 认证，那么你将会从哪家供应商购买呢？毫无疑问，你决策时会考虑通过 ISO 9000 认证的那家公司。因为，ISO 9000 详细规定了供应商的运作、质量标准、交付时间和服务水平等。

一家企业的最佳认证方式是通过第三方的审核。一旦通过了第三方的审核，企业就可以获得认证并注册登记成为 ISO 9000 达标企业。第三方认证在欧洲共同体中具有法律上的优势，比如一个制造商被起诉其产品对使用者造成了伤害，但只要该制造商表明它在生产过程中采用了适当的标准，并且把仔细选择供应商包含在采购要求中，那么它可以免于承担责任。因此，企业都强烈希望选择经过 ISO 认证的供应商。

质量认证按认证的对象分为产品质量认证和质量管理体系认证两类；按认证的作用可分为安全认证和合格认证。

产品质量认证是指依据产品标准和相应技术要求，经认证机构确认并通过颁发认证证书和认证标志来证明某一产品符合相应标准和相应技术要求的活动。根据《中华人民共和国产品质量认证管理条例》，产品认证分为安全认证和合格认证两种。安全认证属于强制性认证的范畴，而合格认证一般是自愿的。凡根据安全标准进行认证或只对商品标准中有关安全的项目进行认证的，称为安全认证。它是对商品在生产、储运、使用过程中是否具备保证人身安全与避免环境遭受危害等基本性能的认证，属于强制性认证。实行安全认证的产品，必须符合《中华人民共和国标准化法》中有关强制性标准的要求。合格认证是依据商品标准的要求，对商品的全部性能进行的综合性质量认证，一般属于自愿性认证。实行合格认证的产品，必须符合《中华人民共和国标准化法》规定的国家标准或者行业标准的要求。通过产品认证的企业可以将认证标志(图 12－15)标示在产品、产品铭牌、包装物、产品使用说明书、合格证上。

图 12-15　产品认证标志

质量管理体系认证又称质量体系评价与注册，是根据 ISO 9000 族质量管理体系国际标准，经过第三方认证机构对企业的质量管理体系进行审核，并以颁发认证证书的形式证明企业的质量管理体系和质量保证能力符合相应要求，授予合格证书并予以注册的全部活动。质量体系认证具有下列特点。

（1）认证的对象是企业的质量管理体系。质量体系认证的对象不是该企业的某一产品或服务，而是质量体系本身。当然，质量体系认证必然会涉及该体系覆盖的产品或服务，有的企业申请包括企业各类产品或服务在内的总的质量体系的认证，有的申请只包括某个或部分产品（或服务）的质量体系认证。尽管涉及产品的范围有大有小，但认证的对象都是企业的质量体系，或者说是企业的质量保证能力。

（2）认证的依据是质量保证标准。进行质量体系认证，往往是企业为了对外提供质量保证的需要，故认证依据是有关质量保证模式标准。

（3）认证的机构是第三方质量体系评价机构。要使质量体系认证能有公正性和可信性，认证必须由与被认证企业在经济上没有利害关系、在行政上没有隶属关系的第三方机构来承担。而这个机构除必须拥有经验丰富、训练有素的人员、符合要求的资源和程序外，还必须以其优良的认证实践来赢得政府的支持和社会的信任，具有权威性和公正性。

图 12-16　质量体系认证证书

（4）认证获准的标识是注册和发给证书（图 12-16）。按规定程序申请认证的质量体系，当评定结果判为合格后，由认证机构对认证企业给予注册和发给证书，列入质量体系认证企业名录并公开向社会发布。获准认证的企业，可在宣传品、展销会和其他促销活动中使用注册标志，但不得将该标志直接用于产品或其包装上，以免与产品认证相混淆。注册标志受法律保护，不得冒用与伪造。

（5）认证是企业自主行为。质量体系认证，主要是为了提高企业的质量信誉和扩大销售量，往往是企业自愿、主动地提出申请，属于企业自主行为。而不申请认证的企业，往往会受到市场自然形成的不信任压力或贸易壁垒的压力，不得不争取进入认证企业的行列，但这不是认证制度或政府法令的强制作用。

12.4.2　6σ 管理

1. 6σ 管理的由来与发展

六西格玛管理法简称六西格玛(Six Sigma)。6σ 管理作为一项高水平的统计质量改进技术或方法，诞生于 20 世纪 80 年代中期的摩托罗拉(Motorola)公司。摩托罗拉公司早先因生产军用通信设备而闻名。20 世纪 80 年代初，随着移动电话的兴起，该公司开始开发生产移动电话机。作为高科技产品的移动电话机对可靠性的要求极高，沿用常规的 3σ 控制标准进行产品制造过程的质量控制，致使产品质量屡屡报警。对此，摩托罗拉公司的质量工程师比尔·史密斯提出了 6σ 概念，并将 6σ 控制标准应用到生产制造过程中，从而严格限制了不良品流入下道工序，极大地提升了装配质量和最终产品的可靠性。推行 6σ 控制标准短短两年后的 1988 年，摩托罗拉公司凭借低缺陷率、低成本等显著效果获得马尔科姆·波多里奇国家质量奖。

6σ 管理真正名声大噪并在全世界流行传播，是在美国通用电气公司对 6σ 创新性的实施并大获成功之后。1995 年，在公司董事长兼 CEO 杰克·韦尔奇的主导下，通用电气公司开始推行 6σ 并将其从一种高级的统计质量控制方法和工具，发展提升为一种能高效改善、优化企业流程管理，提高企业业绩和竞争力的管理模式。6σ 管理为通用电气公司带来了丰厚的回报，公司营业利润从 1995 年的 66 亿美元飙升到 1999 年的 107 亿美元。6σ 管理的收益 1997 年为 3 亿美元，1998 年达到 7.5 亿美元，1999 年提升至 15 亿美元。"6σ 管理永远地改变了通用电气公司"，使通用电气公司发展成为全球盈利能力最强、多元化经营最成功的世界领袖级企业。杰克·韦尔奇也被赞誉为"20 世纪最优秀的公司领导"和"世界头号 CEO"。

6σ 管理很快受到其他世界级大公司的关注，很多美国公司相继实施这种先进的管理方法。一直在质量领域领先全球的日本企业也在 20 世纪 90 年代后期纷纷加入到 6σ 管理的行列中来。6σ 管理法在摩托罗拉、通用电气、戴尔、惠普、西门子、索尼、东芝、华硕等跨国企业的实践证明是卓有成效的。资料显示，美国公司前 150 强，有 120 家使用 6σ 进行管理。时至今日，几乎所有的世界 500 强制造型企业都陆续实施了 6σ 管理。一些服务型企业，如花旗银行、亚马逊网站等也开始推行 6σ 管理，以提高服务质量，维护客户忠诚度。6σ 管理不再只是一种单纯的面向制造性业务流程的质量管理方法，同时也成为有效提高服务性业务流程的管理方法。

中国本土企业从 2002 年开始推行运用 6σ 管理法，海尔、宝钢、联想等越来越多企业已经或打算引入 6σ 管理。但据权威统计，目前推广 6σ 的上海企业，不到企业总量的 1%。事实表明，与世界先进公司相比，我国企业在质量管理发展上还有很长的路要走。为此，企业对质量的改进应持续不断且丝毫不能松劲。

总之，经过世界先进企业大量实践的不断充实与提升，6σ 已从最初着眼于降低质量缺陷的方法，逐步发展成为以顾客为导向，持续改进并提升组织业绩与竞争力的战略管理模式。

2. 6σ 统计原理

西格玛是希腊字母"σ"的读音，σ 在统计学上用来表示数据的分散程度。对连续可计量的质量特性，可用 σ 度量质量特性总体上对目标值的偏离程度。通常而言，对于产品的质量或工艺过程的某项指标，工厂会规定一个目标值和一个允许的偏差范围。其中，质量特性的目标值为顾客要求的理想值，允许波动范围是指顾客允许的质量特性的波动范围，其界限由上、下规格限表示。σ 描述的就是质量特性值数据与其平均值的离散程度，σ 的值越大，表明数据越分散，越有机会超出允许的偏差范围。所以，质量特性值偏离目标值就意味着质量损失，偏离越大损失就越大。质量改善的目标之一就是要使 σ 值变小。

σ 水平是将质量特性的平均值、标准差与要求的目标值、允许波动的范围联系起来并进行比较。直观地说，σ 水平就是当过程输出质量特性服从正态分布且分布中心与目标值重合时，规格界限内所包含的 2σ（$\pm\sigma$）的个数。如图 12-17 所示，σ 越小，即过程质量特性值的分布越集中于目标值，则 σ 水平越高，此时过程输出质量特性值落到上、下规格界限以外的概率就越小，同时意味着出现质量缺陷（未满足顾客要求或规定要求）的可能性也就越小。

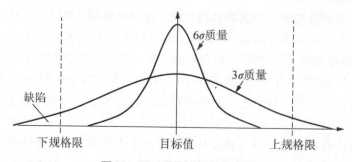

图 12-17 质量特性值分布图

由图 12-17 可知，σ 越小，过程满足顾客要求的能力就越高。实际上，过程输出质量特性值的分布中心与目标值完全重合只是理想状态，由于种种原因，任何流程在实际运行中都会产生偏离目标值或期望值的情况，这种现象也被称为"漂移"。根据美国质量专家的研究，通常情况下漂移量大约不超过 $\pm 1.5\sigma$，漂移可引起过程输出缺陷率的增大。

在进行 6σ 测算时，一个重要指标是百万机会缺陷数（Defects Per Million Opportunities，DPMO），其计算公式如下：

$$\text{DPMO} = 缺陷数 \div (每单位出错机会 \times 单位数) \times 1\ 000\ 000 \qquad (12-1)$$

在 6σ 管理中常常将 DPMO 折算为 σ 水平，DPMO 对应于过程输出质量特性值超出规格限的比率，使用 DPMO 可以比较不同产品符合要求的程度，即可以用 DPMO 来综合度量过程的质量或能力。表 12-7 给出了各个 σ 水平下的缺陷率。

表 12-7 σ 水平与 DPMO 的对应关系

σ 水平	缺陷率/(ppm)		σ 水平	缺陷率/(ppm)	
	无偏移	1.5σ 偏移		无偏移	1.5σ 偏移
1	317 311	691 462	4	63.37	6 210
2	45 500	308 538	5	0.574	233
3	2 700	66 807	6	0.002	3.4

事实上，σ 水平提供了一种测量评价过程绩效的指标，它衡量的是过程输出缺陷率的大小。σ 水平与缺陷率之间是一一对应的。也就是说，一个过程如果达到了 6σ 水平，那么它的缺陷率仅为 3.4ppm 或百万分之三点四，意味着某项业务活动每进行一百万次出错机会不超过 3.4 次。而一个 3σ 水平的过程，其产生的缺陷机会数是 6σ 水平的 19 649 倍。总而言之，过程的缺陷率越低，表明企业 6σ 质量控制的水平越高。

　　3. 6σ 管理的意义

　　6σ 管理是着眼于降低过程质量缺陷的。在 6σ 管理看来，正是过程中存在这样或那样的缺陷，导致了过程效率低下，成本增加，周期延长，履约率低，顾客不满意。而降低缺陷可以有效提高过程的效率和效能，增加顾客满意度，提升组织运营绩效与竞争力。

　　需要指出的是，6σ 管理所关注的缺陷已不仅仅局限于产品的质量缺陷上，任何过程，包括管理活动在内，只要它的输出或者结果不符合目标要求，就被视为缺陷。缺陷的产生与过程的波动密切相关，也可以说缺陷是过程波动的结果。按照质量波动理论，过程波动是客观存在的，波动可以是非常小的，以至于人们无法感觉到它的存在。波动也可以是很大的，以至于形成灾难。当过程的波动超出了规定或允许的界限就会产生缺陷。因此，可以说，产生缺陷的直接原因是过程输出的波动太大或超限了。那么，过程波动又来自于哪里呢？任何事物都是过程的结果或输出，而过程波动来源于过程的输入和过程本身。按照戴明的质量控制理论，如果过程输出的波动相对于顾客要求来说过大了，产生缺陷了，那么一定是质量体系存在不完善之处。由此可以这样说，过程的波动在某种程度上反映了企业在技术和管理上对过程的把握和控制能力，是过程能力的一种表现。通过测量过程波动的大小，就可以评判一个企业对过程控制能力的强弱。而 σ 水平恰恰是表达相对于顾客要求来说过程波动的大小，是企业技术水平和管理能力的一种刻画。

　　“没有测量就没有管理”，量得出“缺陷”则是消除“缺陷”的前提。只要建立起过程输出应达到的标准，那么按照标准去衡量就一定会发现，过程中有许多达不到标准的缺陷存在，而这些缺陷正是过程改进的机会所在。在 6σ 看来，识别出缺陷是改进的前提，只有找出缺陷才谈得上消除缺陷。随着质量缺陷不断被暴露并消除，顾客满意度指数才会不断上升，企业经营绩效也必然会持续增长。按照 6σ 观点，大多数企业在 3σ～4σ 间运转，也就是说每百万次操作失误在 6 210～66 807 之间，这些缺陷要求经营者以销售额 15%～30% 的资金进行事后的弥补或修正，而如果做到 6σ，事后弥补的资金会降低到约占销售额的 5%。

　　6σ 管理追求零缺陷生产，防范产品责任风险，降低成本，提高生产率和市场占有率，提高顾客满意度和忠诚度。6σ 管理既着眼于产品、服务质量，又关注过程的改进，特别是关注为市场和顾客提供价值的核心过程的改进。6σ 已从质量改进的方法上升为过程管理的方法，之所以将这种管理方法命名为“6σ 管理”，是因为 6σ 已逐步发展成为以顾客为主体来确定企业战略目标和产品开发设计的标尺，追求持续进步的一种管理哲学。6σ 管理包含两个方面的含义，其一是对过程缺陷的一种测量评价指标；其二是驱动经营绩效改进的一种方法论和管理模式。正像 6σ 管理专家罗纳德·斯尼所说的那样，6σ 管理是“寻求同时增加顾客满意和企业经济增长的经营战略途径”。而另一位 6σ 管理专家汤姆·皮兹德克则指出，“6σ 管理是一种全新的管理企业的方式。6σ 主要不是技术项目，而是管理项目”。

作为一种追求卓越绩效的管理模式，6σ 管理法具有如下基本特征：①高度关注顾客需求。6σ 管理业绩测量的起点和终点都是"顾客之声"，以顾客贯彻始终，需要确定顾客的需求以及能满足这些需求的流程，没有满足顾客需求即构成"缺陷"。②依据数据驱动管理。数据是过程结果的量化，数据即是事实。6σ 管理法强调用数据说话、依据数据进行决策，使管理成为一种可测量、数字化的科学。③重视改善业务流程。6σ 管理强调针对过程而非针对结果采取措施。6σ 管理水平不是靠检验实现的，针对过程的改善和控制，是 6σ 管理活动的重点。④主动管理。6σ 管理强调预防性的积极主动管理，"积极"是指主动地在事情发生之前进行管理，而不是被动地处理那些令人忙乱的危机。有预见地积极管理意味着重视问题的预防而非事后补救，探求做事的理由而非因为习惯就盲目地遵循。⑤无边界合作。"无边界"是通用电气公司成功的秘籍之一。杰克·韦尔奇致力于消除部门及上下级间的障碍，促进组织内部横向和纵向的合作。推行 6σ 管理需要改善公司内部的沟通协作，并与供应商、顾客密切合作，达到共同创造价值的目的。⑥追求完美但容忍失败。6σ 管理为企业设定了一个近乎完美的努力方向，企业为此应再造业务流程、建立 6σ 文化等。但这样做总会伴随风险，甚至会出现失败。而 6σ 倡导企业应有鼓励创新、容忍失败的文化氛围。

4.6σ 组织体系

6σ 管理需要构建合理、高效的人员组织结构加以保证。过去之所以有大量的全面质量管理实施失败，其重要原因是缺少这样的组织结构。实施 6σ 活动的首要关键任务是创建一个致力于流程改进的专家团队，并确定团队内的各种角色及其责任并形成组织体系。这是实施 6σ 管理的基本条件和必备资源。以黑带团队为基础的 6SIGMA 组织是实施 6SIGMA 突破性改进的成功保证。

1）6σ 管理委员会

6σ 管理委员会是企业实施 6σ 管理的最高领导机构。该委员会主要成员由公司领导层成员担任，其主要职责是：设立 6σ 管理初始阶段的各种职位；确定具体的改进项目及改进次序，分配资源；定期评估各项目的进展情况，并对其进行指导；当各项目小组遇到困难或障碍时，帮助他们排忧解难等。成功的 6σ 管理有一个共同的特点，就是企业领导者的全力支持。6σ 管理的成功在于从上到下坚定不移地贯彻。企业领导者必须深入了解 6σ 管理对于企业的利益以及实施项目所要达到的目标，从而使他们对变革充满信心，并在企业内倡导一种旨在不断改进的变革氛围。

2）执行负责人

6σ 管理的执行负责人由一位副总裁以上的高层领导担任。这是一个至关重要的职位，只有具备较强综合协调能力的人方能胜任。其具体职责是：为项目设定目标、方向和范围；协调项目所需资源；处理各项目小组之间的重叠和纠纷，加强项目小组之间的沟通等。

3）黑带

黑带（跆拳道各色腰带中最高的分级），特指具有精湛技艺和本领的人。黑带是 6σ 变革的中坚力量。对黑带的认证通常由外部咨询机构帮助公司内部有关部门来完成。黑带从企业内部选拔，经培训取得认证后全职从事 6σ 管理。获授黑带称号的人担任项目小组负责人，领导项目小组实施流程变革，同时负责培训绿带。黑带候选人应具备大学数学和定量分析方面的知识基础，同时具有较为丰富的工作经验。他们必须完成 160 小时的理论培训，由黑带大师一对一地进行项目训练和指导。经过培训的黑带应能熟练操作计算机，至少掌握一项先进的统计学软件。那些成功实施 6σ 管理的公司，大约只有 1‰ 的员工被培训成为黑带。

4）黑带大师

黑带大师是 6σ 管理专家的最高级别，一般是统计方面的专家，负责在 6σ 管理中提供技术指导。黑带大师熟悉所有黑带应掌握的知识，深刻理解以数理统计学为基础的管理理论和数量方法，能够正确指导黑带在 6σ 项目实施中对方法的运用。统计学方面的培训须由黑带大师来主持。黑带大师的人数很少，只有黑带的十分之一。

5）绿带

绿带的工作是兼职的，他们经过培训后，将负责一些难度较小的项目或成为其他项目小组的成员。绿带培训一般要结合 6σ 具体项目进行 5 天左右的课堂学习，学习内容包括项目管理、质量管理工具、质量控制方法、数据统计分析等。通常，黑带负责绿带的培训并在项目实施中给予指导和协助。

5. 6σ 实施的 DMAIC 模式

通用电气公司发明的推动企业持续改进的 6σ DMAIC 模式，已成为实施 6σ 的常用工具或标准流程。DMAIC 模式即以系统项目为导向的定义（Define）、测量（Measure）、分析（Analyze）、改进（Improve）和控制（Control）。DMAIC 基于对业务流程的深刻理解，是世界公认的实施 6σ 项目更具操作性的模式。

DMAIC 代表了 6σ 在流程改善中的五个步骤。

（1）定义（D）。确认顾客的关键需求并识别需要改进的产品或流程，决定要进行测量、分析、改进和控制的关键质量因素，将改进项目界定在合理的范围内。

（2）测量（M）。通过对现有过程的测量和评估，制定期望达到的目标及业绩衡量标准，识别影响过程输出的因子，并验证测量系统的有效性。

（3）分析（A）。通过数据分析确定影响输出的关键因子，即确定过程的关键影响因素。分析确定形成质量缺陷的原因，特别是少数的关键原因。

（4）改进（I）。寻找最优改进方案，优化过程输出并消除或减小造成波动的因子，使过程的缺陷或变异降至最低。确定消除缺陷产生原因的措施，拟订行动计划并实施。

（5）控制（C）。确定任何维持改进。通过修订文件使成功经验制度化，通过有效的监测方法维持过程改进的成果并寻求进一步提高改进效果的持续改进方法。

本 章 小 结

本章主要讲述了质量管理的概念、发展历史和统计质量控制等内容。从质量和质量管理的术语入手，讨论了提高产品质量的意义。系统梳理了质量管理发展演变历程中的标志性活动阶段或事件。归纳总结了全面质量管理的特征和基本工作方法。介绍了常用的质量管理统计方法和 ISO 9000 族质量管理体系标准。最后，讨论了 6σ 管理的统计原理、组织体系和实施模式。怎样做到全面质量管理已不再是秘密，而确保一个质量体系确实以顾客为中心并持续改善才是真正的挑战，同时需要组织长期保持一种质量文化。持续改进质量既需要具备质量体系，又需要管理者始终保持必要的热情。因为大多数质量项目计划都是由于两个原因失败的：具备体系而没有热情，或者有热情却没有体系。

思考与练习

1. 提高产品质量的意义是什么？
2. 何谓全面质量管理？它有哪些特点？
3. 回顾质量管理的发展历史，你有哪些认识和体会？
4. 什么是 PDCA 循环？PDCA 循环的特点和应用步骤有哪些？
5. 通常所说的"QC 七种工具"是哪些方法？
6. 简述排列图的构成原理和作用。
7. 排列图与因果图的区别是什么？
8. 简述控制图的构成原理和作用。
9. 简述推行 ISO 9000 族标准与质量认证的意义和作用。
10. 简述 6σ 的组织体系和 DMAIC 模式。

海尔的质量经营之路

海尔集团公司创立于 1984 年，经过 30 多年创业创新，从一家资不抵债、濒临倒闭的集体小厂发展成为全球家电第一品牌。2013 年 12 月 16 日，海尔以"人单合一双赢"为核心的质量管理模式荣获首届中国质量奖。30 多年由弱到强的发展，海尔自始至终以质量取胜，走出了一条具有独特质量管理哲学和质量文化的经营之路。

1. 从培养质量意识起步

1984 年，张瑞敏临危受命，接任已亏空 147 万元的青岛电冰箱总厂厂长，开启了海尔的创业之路。当时，中国电冰箱市场国产品牌有几十个，加上进口冰箱充斥市场，海尔冰箱在众多国产品牌中并不显眼。而且，那时我国企业将产品分成一等品、二等品、三等品和等外品，标以不同价码后统统推向市场。1985 年 4 月的一天，一位用户反映海尔工厂生产的电冰箱存在质量问题，于是，张瑞敏指派对仓库里的冰箱作全部检查，检查发现仓库中有缺陷的冰箱还有 76 台。在研究处理办法时，一些干部提出，作为福利便宜点处理给本厂的员工，当时一台冰箱的价格 800 多元，相当于一名职工两年的收入。但张瑞敏却做出了有悖"常理"的决定：开一个全体员工的现场会，把 76 台冰箱当众全部砸掉！张瑞敏认为，允许把这 76 台冰箱卖了，就等于允许明天再生产 760 台这样的冰箱。如果不抛弃产品质量分级的概念，让带有缺陷的产品出厂，本厂所有产品都将失去生命力，企业将难以在未来激烈的市场竞争中立稳脚跟。张瑞敏带头砸下第一锤，76 台冰箱就这样由生产这些冰箱的员工亲自全部砸掉。很多职工砸冰箱时流下了眼泪，要知道，那时候别说"毁"东西，企业就连开工资都十分困难！况且，在那个物资还紧缺的年代，别说正品，就是次品也要凭票购买的。如此"糟践"，大家"心疼"啊！但张瑞敏告诉职工，如果放行这些产品，就谈不上质量意识，没有质量意识就没有海尔的明天。正是一柄大锤，彻底砸醒了海尔人的质量意识，从此，在海尔树立起"有缺陷的产品就等于废品"的新观念，员工质量意识的觉醒和质量责任心的树立，助推企业迈出了全面质量管理行动的坚实步伐。

2. 质量零缺陷的名牌战略

20世纪80年代，正值改革开放初期，包括海尔在内的众多企业引进了国外先进的电冰箱生产技术和设备。那时，家电供不应求，很多企业努力上规模，只注重产量而不注重质量。海尔没有盲目上产量，而是严抓质量，实施全面质量管理，提出了"要么不干，要干就争名牌"的口号，确立了创名牌冰箱的企业发展战略。海尔认为，质量一次就应做对。企业努力的目标是第一次就把事情完全做好，也就是达到"零缺陷"的目标。如果第一次就把事情做好，那些浪费在补救工作上的时间、金钱和精力就可以避免，生产成本也会大大降低。这是质量管理的一个全新境界，它将质量管理的重点由事后检查转向生产过程中的控制。同时，海尔不认同"人难免会犯错误"这种根深蒂固的看法，主张任何缺陷都不能接受，不论缺陷大小。只有完美无缺，即顾客的完全满意，才是企业应全力追求的标准。

为了提高产品质量，海尔制定了高于国家标准的 Q/HR 标准，宁可停产也不降低标准。海尔提出"下道工序是用户"，依靠三检制（自检、互检、专检）对生产过程进行质量控制。同时，在员工中开展 QC 小组活动，营造全员参与质量管理的氛围，强化员工的积极主动意识。海尔看到所有的质量问题，都是人的问题，设备不好是人不好，零部件不合格是人不合格，只要人的问题解决了，质量就上来了。为此，海尔进一步提出了"谁生产不合格的产品，谁就是不合格的员工"的质量理念。为正确处理产量和质量的关系，海尔制定了一套以"价值券"为手段的质量考核与奖惩系统，实施"质量否决权"，即根据每道工序质量责任的大小编制"质量责任价值券"，工序出现质量问题当场撕券，奖优罚劣，即时兑现。另外，海尔还使用"产品质量跟踪单"来管理质量工作。海尔建立了零缺陷的设计系统、模块化制造网络和质量保证系统，每件产品、零部件都有质量跟踪单，据此对所有的质量问题追溯员工责任，同时组织员工开展质量问题案例分析和每日产品质量自我评价。为保证每个零部件质量的稳定与提高，海尔对供应商的选择非常苛刻，重要零部件供应商必须是国内或国际行业前三名的企业，每月对供应商开展综合评比，促使供应商不断提高零部件质量的保证能力。

海尔凭借差异化的质量赢得竞争优势，并迅速树立起良好的品牌形象。1988年，海尔获得了冰箱行业第一枚金牌；1990年海尔获得国家质量管理奖和中国企业管理金马奖；1991年海尔荣获全国十大驰名商标。

3. 世界级标准质量审核

海尔在国内成功实施名牌战略后乘势而上，确立了进军世界市场的国际化和全球化品牌发展战略。海尔知道，高质量是一个世界级品牌所应具备的基础条件，"要在国际市场竞争中取胜，第一是质量，第二是质量，第三还是质量"。为此，海尔规划按照世界级标准建立和实施质量管理体系，并接受严格审核获得第三方权威机构的质量体系认证和发达国家的产品认证，从而为进军海外市场铺平了道路。1992年，海尔通过了 ISO 9001 质量体系认证，1996年海尔通过了 ISO 14001 环境管理体系认证；海尔产品相继取得德国 VDE、美国 UL 和加拿大 CSA 等认证。高标准的质量管理体系和严格的质量控制，使海尔产品经受住了国际市场的考验，1993年，德国权威质量检验机构"商品检验基金会"对进入德国市场的冰箱进行抽检，并在《Test》上公布了检测结果。海尔冰箱在冷冻能力、温度回升、储藏温度、耗电量、门体密封性五项技术指标上，获8个"＋"号，是被抽检的几个品牌中获得"＋"最多的冰箱。2001年9月，欧洲著名的检测组织 which 公布了对20个著名冰箱产品的抽检结果，海尔冰箱在23项检测项目中，总分第一，成为检测组织推荐的"首选品牌"。2014年1月31日，世界品牌实验室发布"世界最具影响力的100个品牌"，海尔成为唯一入选的中国企业，排名第95位。2004年12月，中国最有价值品牌榜公布评估结果，海尔品牌以616亿元三度蝉联榜首，同时被评为家电业最具领导力品牌。

海尔视质量为生命，将"提供有全球竞争力的产品，最大限度地满足顾客和相关方的需求，成为世界名牌"作为自己的质量目标。严格按世界级标准建立的内部质量审核和外部质量保证制度，使海尔产品质量无限逼近"零缺陷"。2005年9月1日，国家质检总局评选公布首批中国世界名牌产品名单。海尔集团公司生产的海尔牌电冰箱和洗衣机、华为技术有限公司生产的程控交换机为首批中国世界名牌产品。在美国《福布斯》杂志 2006 年度"全球最受尊敬企业 200 强"评选中，海尔集团位居第 25 位，居中国品牌之首。

4. 永无止境的持续质量改进

海尔的广告语"真诚到永远"在中国几乎是家喻户晓。海尔正是用这种"真诚"去实现对质量改进的"永远"。海尔认为，质量无止境，企业无边界，名牌无国界。海尔从未放松对质量的要求，质量文化已深深植入海尔成长的基因里。

海尔在各个事业部都设立了具有国际先进水平的质量分析室，分析室集"信息中心""案例中心""培训中心"于一身，对社会反馈的质量信息及工序不良品信息进行跟踪溯源，利用质量典型案例对员工进行培训。分析室每天将海尔分布在全国的 33 个电话服务中心 24 小时得到的用户意见整理出来，然后从意见最多的开始逐项加以改进。

海尔的质量改进工作依托于海尔独创的 OEC 管理，即"日事日毕、日清日高"，要求今天的质量工作内容和目标必须今天完成，而且今天完成的事要比昨天有所提高，明天的目标又比今天高。OEC 管理给"精细化、零缺陷"的质量标准增加了新的内涵，同时为持续质量改进提供了制度化保证。2005 年，海尔导入 6σ 管理作为持续质量改进的新模式，并在推进中将 6σ 与人单合一双赢模式做到有机融合；6σ 在海尔不仅仅是事后的质量改善，而是从前端企划、研发开始，到服务、营销等全流程节点参与推广；海尔构筑了 6σ 运营体系，通过信息化日清，实现项目落地和组织有效运营。通过 6σ 的推进有效促进了企业的快速发展，提升了海尔品牌美誉度和用户口碑。经财务确认，通过 6σ 年度项目实施，8 年时间带来约 5 亿元财务收益，产品可靠度提升了 30%，质量成本下降了 35%，用户忠诚度提升了 20%，品牌价值提升约 20%。

2014 年 5 月 22 日，欧洲 VDE（德国电气工程师协会）向海尔冰箱颁发了 VDE-QTM（VDE-Quality Tested Mark）质量认证证书，这是该机构颁发的全球冰箱行业首个 QTM 质量认证。VDE-QTM 认证需要经过按照德国 VDE 标准、欧洲 EN 标准或 IEC 标准的严格检验和认证，被业界公认为全球最严格的质量认证。欧洲 VDE-QTM 质量认证将海尔的质量管理水平推向了一个新高度。

问题与讨论：

(1) 海尔的质量经营之路对你有何启示？

(2) 企业如何做到质量的持续改进？需要克服哪些阻力和困难？

参 考 文 献

[1] 陈荣秋，马士华. 生产与运作管理[M]. 3 版. 北京：高等教育出版社，2012.

[2] 陈心德，吴忠. 生产运营管理[M]. 2 版. 北京：清华大学出版社，2011.

[3] 韩福荣. 现代质量管理学[M]. 2 版. 北京：机械工业出版社，2008.

[4] 徐济超，刘玉敏. 6SIGMA 质量与持续质量改进[J]. 上海质量，2001，10(2)：5-12.

[5] 唐晓芬. 构筑管理体系，应对入世挑战[J]. 上海质量，2001，10(3)：8-13.

[6] 刘源张. 悼念朱兰博士[J]. 上海质量，2008，(3)：11-13.

[7] http://wiki.mbalib.com/wiki/Category.

第4篇
未来篇

第13章

精益生产方式

本章要点

本章讨论精益生产方式的管理思想和基本方法。通过本章，可以了解丰田生产方式产生的时代背景和形成过程，以及丰田生产方式正名为精益生产方式的缘由；认识汽车工业生产方式的演变过程；熟知精益生产方式的管理思想精髓；掌握看板管理、一个流生产、U形生产线布置等精益生产的方法与手段。

关键术语

精益生产(Lean Production，LP)；丰田生产方式(Toyota Production System，TPS)；准时化(Just In Time，JIT)；自働化(Jidoka)；看板。

自2008年起，丰田汽车公司开始逐渐取代美国通用汽车公司而成为全球排名第一的汽车生产厂商。众所周知，丰田汽车公司在国际市场竞争中成功的秘诀之一就是开创了一种全新的生产管理模式——丰田生产方式(Toyota Production System，TPS)。丰田生产方式可以说是世界制造史上一大创举，为企业提供了一个最佳解决方案，科学灵活地实行丰田生产方式可以设计并生产出高品质、低成本的产品，并能快速响应顾客需求，达到以最小的投入实现最大产出的目的。现在对于丰田生产方式的研究已经遍布全世界，众多研究与推广丰田生产方式的企业都已获得相当可观的成果。20世纪80年代中期，美国麻省理工学院(MIT)领导的一项名为"国际汽车计划"的研究项目，经过五年时间的调查研究与对比分析，认为丰田汽车公司的生产方式是最适用于现代制造企业的一种生产组织管理模式，并把丰田生产方式称为精益生产方式，从此诞生了"精益生产方式"这一名词。

13.1 精益生产方式的产生

精益生产方式是第二次世界大战后日本汽车工业面对资源稀缺和多品种、小批量市场制约下的产物。它是丰田汽车公司经过十几年的探索，直到 20 世纪 60 年代才逐步完善而形成的。1973 年第一次石油危机爆发后，以丰田为代表的日本汽车制造业通过实施 JIT 生产，以质量好、价格低、耗油少的显著优势迅速占领美国汽车市场，由此引发了美日之间长达十年的汽车贸易战。精益生产方式的出现不是偶然的，它是工业生产方式演变的必然结果。

纵观世界汽车工业发展史，曾经有过两次生产方式的重大变革：第一次是 20 世纪初，美国福特汽车公司创造的大量生产方式，取代了欧洲企业领先若干世纪的单件生产方式；第二次便是 20 世纪 70 年代，日本丰田汽车公司创造的精益生产方式，又战胜了美国的大量生产方式，并经受住了第一次石油危机的冲击。这两次生产方式的变革都极大地推进了世界汽车工业乃至整个世界经济的发展。

13.1.1 单件生产方式

汽车的发源地是欧洲，1885 年 10 月，德国工程师卡尔·本茨成功造出世界上第一辆单缸汽油发动机三轮汽车，并于 1886 年 1 月 29 日获得发明专利，这一天也被后人称为汽车诞生日。1886 年 8 月，另一位德国工程师戈特利伯·戴姆勒制造出世界上第一辆四轮汽油发动机汽车。随后，欧洲出现了生产汽车的公司，如德国的奔驰公司、戴姆勒公司；法国的标致公司、雷诺公司；英国的奥斯汀公司、罗浮公司；意大利的菲亚特公司等，1926 年 6 月，戴姆勒公司与奔驰公司合并成立了戴姆勒—奔驰汽车公司。欧洲是世界汽车工业的摇篮，在汽车发明后的 20 多年时间里，尽管欧洲汽车公司占据了当时世界汽车工业的统治地位，但是汽车生产一直处于以手工制造为主的单件生产状态，讲究豪华，价格昂贵，汽车工业发展缓慢。单件生产方式的基本特征如下。

(1) 分散的工厂组织形式。汽车的大部分设计和零部件制造，都是采用协作方式，由若干规模较小的机械作坊来完成。装配厂的企业主与顾客、雇员和协作厂商直接联系。

(2) 雇用技巧娴熟的工匠，用手工方式制作汽车。这些能工巧匠通晓和掌握设计、机械加工和装配等方面的知识和操作技能。大多数人都是从学徒开始经过勤学苦练得来的本领，其中有的就是工厂主。

(3) 采用普通的机床，进行金属和木头的钻孔、切割及各种加工作业。由于没有统一标准的计量系统，零件由不同的工人制造，差异性较大，组装汽车时需要对零件进行选配或加以修整。因此，几乎没有两辆车是相同的。

(4) 产量很低，造价高。由于手工制作，又缺乏统一的技术设计标准，大部分汽车生产厂每年的产量不超过 1000 辆，汽车制造成本高，成为奢侈品，消费顾客都是富翁，难以成为大众消费品。

上述单件生产方式的特征带来的缺点是非常明显的，最为突出的是生产成本高，而且并不随着汽车产量的增加而下降。这就意味着汽车只有富人才能买得起，百姓大众只能羡慕。而且由于单件制造，汽车的可靠性和一致性无法得到保证。1906 年欧洲国家的汽车年产量虽然仍占世界产量的 58%，技术上也接近于世界领先地位，但由于缺乏成熟的大量生产工艺，设计精力集中于奢侈豪华的装饰，消费市场仅仅局限在社会的狭小阶层。

13.1.2 大量生产方式

汽车是第二次工业革命后生产力大发展的产物，但在 20 世纪初期，当时的制造业仍然以手工单件生产为主。由于生产效率低下，产品价格居高不下，汽车的销售严重受阻，致使许多机械作坊和工厂濒临倒闭。一方面是工业革命推动下机器在生产中的广泛普及使用，另一方面是低效率的生产方式对市场需求的束缚，改变这种不对称局面自然成为当时社会发展的一种呼唤，正是在这样的背景下，大量生产方式应运而生。

大量生产方式诞生的标志，是 1913 年美国福特汽车公司创建的世界上第一条汽车装配流水线。流水生产线的发明极大地提高了生产效率，使用流水线装配汽车几乎使装配速度提高了 8 倍。正是有了流水生产线，福特公司生产出了世界上真正属于普通百姓的 T 型汽车。高效率带来高回报，1914 年福特汽车公司实行了最低日薪为 5 美元的工人薪酬制，这几乎两倍于当时的最低日薪，为此同样震惊了全世界。福特生产方式使汽车成为一种大众产品，这一生产方式不仅颠覆了单件生产方式，为"装在汽车轮上的美国"立下了不朽功勋，而且更对世界经济发展和社会文化繁荣产生了重大影响。流水线的发明拉开了世界汽车乃至整个现代工业生产的序幕，从此，这一有助于创建以规模经济为基础的商业市场，被称之为大量生产方式的概念开始广为传播。

按照亨利·福特提出的只生产 T 型车的"单一产品原理"，大量生产方式本质上属于大规模生产单一品种的生产方式，或者说是通过流水线作业的大批量生产的方式，这种生产方式具有以下基本特征。

(1) 在汽车制造过程中实行从产品、工艺到管理的标准化和专业化。福特最初大量生产的 T 型汽车共有九种车型，但所有的车型都采用同样的底盘，所有的机械零件也都相同，做到了零件互换、结构简单、组装简便、修理方便。1923 年生产了 210 万辆 T 型车底盘，达到单一品种大量生产的最高水平。

(2) 在设备和工具方面，采用移动式的装配线组装汽车，采用高效的专用机床加工生产零部件，采用传送带、运输链输送汽车零件和总成，大大减少了在单件生产方式下因变换零件调试机床的时间和运输零件的时间，极大地提高了生产效率。1913 年秋晚期流水线发明前的手工生产方式下，组装一辆轿车的工时是 750 分钟，而 1914 年春使用流水线组装一辆轿车的工时下降为 93 分钟，装配工时减少了 88%；每台发动机所需工时也由 594 分钟下降为 226 分钟，减少 62%。随着产量的大幅提高，轿车成本也随之大幅度下降。T 型车刚推出的 1908 年，售价为 850 美元一辆；而到了 1926 年，仅为 290 美元一辆，几乎人人都买得起。

(3) 在劳动组织上，最大限度地利用分工原则，用熟练的操作工替代技艺高超的工匠。新雇来的工人在装配线上，只需要接受几分钟的培训便可学会操作。对工人的招聘使用也变得相对容易。流水线上的工人像汽车上的零件一样可以替换。这样，既可以提高生产效率又能降低劳动力使用成本。大量生产方式下工厂里的劳动分工越来越细。

（4）工厂组织上追求纵向一体化。福特生产方式下围绕功能专业化和劳动分工细化而设计出庞大的生产组织体系，这一生产组织体系的特点表现在，凡是与制造轿车相关的一切事项统统纳入到公司中自行完成，包括从最基本的原材料获取开始。福特公司被建成了"综合性工业的汽车企业"，无论是钢铁，还是其他各种各样的金属，无论是有色金属还是纤维，都由自己来生产。这样做的理由是自己最先掌握了大量生产方式技术，每件事情都由自己来完成，能够大幅度地降低成本。随着汽车零部件制造业的发展，尽管这种纵向一体化的生产体系逐渐被分化，但自制率高仍是大量生产方式的一个特征。

福特生产方式的出现，与当时美国乃至世界的市场经济环境是相吻合的，只要产品能生产出来就能销售出去，生产得越多成本也就越低。当然，福特生产方式自身也存在着许多难以克服的缺点和矛盾。如劳动分工过细带来大量功能障碍；单一品种的生产体系无法适应市场多样化的需要；纵向一体化的组织结构形成了臃肿、官僚的"大而全"体制等。尽管如此，与单件生产方式相比，大量生产方式还是获得了巨大成功。

福特生产方式最重要的成就在于能够大幅度降低汽车制造成本。这是大量生产方式取代单件生产方式，使 T 型轿车进入了平民百姓家庭的根本原因。反过来，社会需求的猛增又进一步刺激了汽车工业的飞快发展。1908 年福特 T 型车推出的第一年产量仅有 10 660 辆，而 1914 年装配线满负荷时猛增到 30 万辆，1923 年，T 型车生产达到高峰，当年生产 210 万辆 T 型车的底盘，这个数字被认为是标准化大批量生产的最高值（即便是之后的大众甲壳虫，产量也和 T 型车旗鼓相当），福特汽车产量占到世界汽车总产量的 44%；加上其他厂商美国汽车在世界汽车生产中的比重高达 91%，从此美国汽车工业长期处于世界霸主地位。

亨利·福特所创造的大量生产方式推动汽车工业发展达半个多世纪，大量生产方式几乎扩散到所有的工业活动中。因此，亨利·福特也被推崇为开创科学管理历史阶段的代表人物和 20 世纪商业巨人。

13.1.3　精益生产方式

精益生产方式是丰田汽车公司创立的能够超越"大批量、少品种"的生产方式。凭借这种超越，曾经推动汽车工业发展达半个多世纪的福特生产方式最终被丰田生产方式所取代。

1. 丰田生产方式的诞生

丰田汽车公司成立于 1933 年，发展初期受政府驱使专门生产军用载货汽车。第二次世界大战结束后，全面转向生产民用轿车和商用载货汽车，此时却面临战后日本国内异常困难的社会经济环境。

（1）国内市场有限，并需要不同种类的汽车：政府官员专用豪华型轿车、送货到超市的大货车以及适合日本拥挤城市和昂贵能源的小型轿车。

（2）生产效率低下，与美国相比，日本的工业生产力只有美国的 1/9 或 1/8。加上日本人的就业观念与西方国家不同，他们不愿意被当成工厂主赚钱的工具而被任意更换。尤其是美军占领后导入的新劳工法，使企业裁减雇员受到严格限制。

（3）受战争摧残，日本经济萧条，物质匮乏，企业缺少资金和外汇，不可能大量购买美国的成套设备和技术来生产汽车，要想赶超美国一味照搬照抄福特的大量生产方式是行不通的，而且会产生各种情况的浪费。

（4）欧美国家拥有众多实力雄厚的汽车厂商，他们急于在日本建立自己的生产基地，以防止日本出口汽车到他们已占有的市场。

这最后一个困难激起了日本政府的反应，他们迅速发布禁令，禁止外商直接投资到日本汽车行业。这项禁令对于丰田以及日本整个汽车行业来说至关重要，因为这使得丰田公司得以在汽车行业中获得立足点。然而要使公司的成就超出日本的范围，这还是不够的。

此外，日本政府曾企图将日本 12 家近于胚胎期的汽车公司合并为两三家大公司，分工生产不同大小的汽车，来与底特律的三大汽车巨头相抗衡，并借此实现大批量生产，并获得在出口市场上的低价优势。如果这一计划得以实现，日本的汽车工业可能在短时间内会得到迅速发展，但很可能遭遇 20 世纪 80 年代末韩国汽车行业同样的命运，即当廉价劳动力优势丧失后，作为世界汽车行业的新成员，在生产技术上没什么创新突破，国内市场也有限，就会在世界汽车工业竞争中逐渐被淘汰。他们或许能够保住国内市场，但他们不会给世界上其他地方使用同样技术的公司造成强大的威胁。

然而丰田和其他公司拒绝了政府的要求，开始走上寻找日本汽车工业创新发展的道路。为了找到适合自身又与众不同的发展道路，1950 年春，丰田公司年轻的工程师丰田英二（1967 年继任社长），对坐落在底特律的世界上最大且效率最高的福特红河汽车制造厂进行了为期三个月"朝圣"般的考察。当时，不论是日本还是丰田汽车公司都处在艰难之中，丰田成立以来的 13 年中只生产了 2 685 辆汽车，而福特红河工厂一天就能生产7 000 辆汽车。丰田英二对福特庞大制造体系的每一个细微之处都进行了观察和研究，他在给丰田总部的报告中写到"这个生产系统还有一些改进空间"。丰田英二回国后，与当时主管生产的工程师大野耐一共同研讨后很快得出结论：大量生产方式不适合日本，而且生产方式的改进是可能的。从这个结论开始，经过 20 年的努力，产生了丰田生产方式并最终发展成为精益生产方式。

2. 丰田生产方式的特征

与福特生产方式相比，丰田生产方式有许多根本上的不同之处，从而形成个性鲜明的丰田特征：

（1）在生产制造过程中，实行拉动式的准时化生产，杜绝一切超前、超量制造。"准时化"是丰田生产方式的两大支柱之一，就是将需要的零部件在需要的时候，以需要的数量，不多不少地送达总装配工序的每道流水线上。"准时化"能根本解决工厂库存带来的负担问题，"尽量缩小批量，迅速变换模具"是丰田生产现场的口号。为了做到准时化，采用后一道工序到前一道工序领取需要零部件的"看板方式"。

（2）将人的智慧赋予机器。支撑丰田生产方式的另一根支柱是"自働化"，这不是单纯的机械"自动化"，而是包括人的因素的"自働化"。包括人的因素的自动机器就是指"带自动停止装置的机器"，它们是被赋予了人的智慧的机器。同时设法让操作者与设备有机联系起来主动工作。"自働化"的作用就是，杜绝生产现场中过量制造的无效劳动，防止生产不合格品。

（3）注重培养工人的一专多能和团队协作。通过改变机器设备的排列和工序革新，变过去一人看一台设备为按工序顺序看管多台设备，使工人学会和掌握多方面的生产技能，能够融入生产现场的各个环节之中。同时把工人组成作业小组，赋予一定的权力和责任。作业小组协作配合，不仅完成生产任务，而且参与现场管理的改进改善活动。彻底破除大量生产方式下工人是机器附庸的旧思维。

（4）在工厂组织体系和协作关系上，一反福特生产方式追求纵向一体化的做法，把70％左右汽车零部件的设计和制造交给协作厂，主机厂只完成约占整车30％的设计和制造任务。建立协作机制使主机厂与协作厂之间，由过去单纯的买卖关系变为利益共同体关系，确保实现多方利益共赢。

（5）摆脱数量和速度的束缚，始终考虑到"多品种少量需求"的市场特点。丰田不以数量和速度追求效率，始终是抑制过量生产来适应市场需求的制造方式。为用户设计、为用户制造，是对牢固扎根的"更快更多进行生产"既有观念的根本变革。为此，强化产品开发设计和销售工作的组织领导，缩短开发周期，不断推出新产品，满足市场多样化的需求。

3. 丰田生产方式的传播

丰田生产方式是在日本经济高速增长时期形成的，但它的传播却是在经济低速增长的时代开始的。1973年石油危机以前，日本经济处于持续高速增长时期，从1959年以后的15年间，为了在经济上达到相当的高度增长，很多企业都采用与美国相同的大批量少品种的做法，产量效果随处可见。远在石油危机之前，尽管丰田经常宣传它的制造技术和生产方式，但人们对此并不感兴趣。1973年秋石油危机爆发后，日本经济一落千丈，增长率降到零，当时整个产业界都有万劫不复之感。而丰田公司却在1975—1977年盈利逐年增加，逐渐拉大了同其他公司的差距。于是，丰田生产方式开始受到人们的重视，并在日本得到普及推广。

丰田生产方式成功的重要标志，就是以"多品种小批量"的方法，造出了质量好、价格低、耗油少的汽车，打进了美国市场，并使日本步入世界汽车大国行列。日本的汽车工业从20世纪50年代起步发展，1959年的汽车年产量还不过20万辆，在世界汽车总产量的份额不足3％。但到1980年汽车年产量突破了1 000万辆大关，当年生产了1 100多万辆，占世界汽车总产量的份额达30％，使美国第一次失去了世界汽车领先地位。

欧美国家厂商对丰田生产方式的理解也有过困惑。20世纪70年代对于日本人的成功，最普遍的解释有三点，日本的低工资、日本政府的保护政策和以广泛采用机器人为代表的高科技应用。尽管这些解释有一定的真实性，但随后人们发现这些解释并不全面。于是，对丰田生产方式更加深入的探究，以揭开其中的秘密成为学术界和企业界更浓厚的兴趣。

最先传播丰田生产方式的是美国福特汽车公司。1980年福特公司遇到了大量资金和市场份额流失的大危机，公司高层领导和工会负责人都意识到，此次危机并非由经济周期变化所引起，而是来自日本竞争者采用了某种全新的方法，于是决定亲自去日本考察。由于福特公司在1979年收购了日本马自达公司24％的股份，使得福特公司的高层决策者能充分进入马自达在广岛的重要生产中心，并亲自找出福特在国际竞争中失败的原因。马自达从 1974 年就成为丰田生产方式的忠实仿效者。经过几个月的细致研究后，福特公司的决策者认为，日本人成功的真正原因是精益生产方式。于是在 20 世纪 80 年代，福特公司开始推行丰田生产方式的许多技法，其效果很快就在市场上显现出来。

为了进一步揭开日本汽车工业成功之谜，1985 年美国麻省理工学院筹资 500 万美元，确定了一个名为"国际汽车计划项目(IMVP)"的研究。在丹尼尔·鲁斯教授的领导下，组织了来自不同国家的 55 位专家、工程师、学者和 MBA 学生，用时五年对世界 90 个汽车总装工厂和数百家北美、西欧、日本、韩国和中国台湾的零部件供应商进行实地考察座谈，收集了大量信息数据资料，举办了数百个简报会并在世界各地召开年度策略论坛，撰写了 116 篇专题报告，对西方大量生产方式与丰田生产方式进行了最深入细致的对比分析，最后在 1990 年出版了《改变世界的机器》一书，第一次把丰田生产方式定名为"Lean Production"，即精益生产方式。

《改变世界的机器》一书对精益生产方式给予很高的评价。书中指出"世界经济正面临严重产能过剩危机的说法是不妥当的。全世界极其缺少具有竞争力的精益生产能力，而缺乏竞争力的大批量生产能力又过于饱和。前者威胁到后者，这才是危机所在"，"为什么我们需要关心全球制造商是否摒弃大批量生产而拥抱精益生产呢？因为精益生产方式将不可避免地传播到汽车行业之外，并会改变几乎所有行业的每一件事，如消费者的选择权、工作性质、公司财富，以及最终国家的命运"。

《改变世界的机器》一经出版便迅速发行到全球，并在几十个国家和地区畅销至今。精益生产方式被世界各汽车厂商广为认识，掀起了一股变革生产方式的热潮。精益生产方式向世界扩散的方式有两种，一种是日本的精益生产厂商通过在国外建厂和收购国外的公司推广，另一种则是欧美大批量生产方式厂商引入和应用精益生产方式。1987—1990 年，日本在美国建立的汽车厂生产能力增加了 250 万辆；20 世纪 80 年代，日本已在北美地区取得了 22% 的汽车市场份额。福特公司不仅在美国本土工厂引入精益生产方式，还要求在欧洲的公司也全面向精益生产方式转变。20 世纪 80 年代，通用汽车公司在加利福尼亚与丰田合资的工厂也引入了精益生产方式。宝马汽车公司耗资 10 亿马克在德国中部的爱森赫纳建成了按精益生产方式运营的样板厂。在产品开发方面美国克莱斯勒公司也按精益生产原理组建了技术开发中心，努力缩减新型汽车的开发周期。

精益生产方式在中国的推广应用始于 20 世纪 70 年代末。1978 年第一汽车集团公司派出厂长带领的专家组到丰田公司考察学习，回国后在厂内组织应用部分精益生产技术，如看板管理、混流生产等。"七五"时期，一汽引进了日本日野公司的变速箱技术并配套应用了丰田生产方式，建成了国内第一个"准时化生产"的专业厂，取得了显著的应用效果。1993 年，一汽以变速箱厂为典型，在集团公司全面推行精益生产方式，将精益生产方式从专业生产，延伸到产品开发、供应协作、销售服务、辅助生产等各个方面，获得了巨大成功并在国内机械行业树立起典范。进入 21 世纪，精益生产方式在我国企业的传播更加扩大，无论是加工制造业或是服务业，学习应用精益生产模式或元素改进改善企业管理的意愿十分强烈，如对现场 5S 管理的学习推广就成为 21 世纪初国内企业的一种风潮。

13.2　精益生产方式的精髓

精益生产方式起源于日本的丰田生产方式，美国人把丰田生产方式称为 Lean Production，原意是"瘦型生产"，翻译为精益生产方式。精益生产之所以叫"精益"，是因为它与大批量生产相比，所有的投入都要"精"：工厂人员只需一半，生产空间只需一半，工具设备投资只需一半，开发新产品的设计工时和设计周期只需一半，生产现场所需库存远远少于一半。其结果是，不合格品减少了，生产产品的品种越来越丰富。

精益生产方式的"精"就是精干，"益"就是效益。精益生产就是投入少，产出多，质量好，效益高，这就是精益生产方式的内涵本质。精益生产之道蕴含于它丰富的管理思想中，其管理思想精华主要体现在以下几方面。

13.2.1　杜绝一切浪费和无效劳动

丰田生产方式的创立者大野耐一，在 1978 年出版的《丰田生产方式》一书中，将"杜绝浪费"视为丰田生产方式的核心思想。在大野耐一看来，大量生产方式下的生产现场到处存在着各种各样的浪费和无效劳动，如用人过多的浪费、库存过多的浪费等。精益生产方式只把真正必要的事情当做工作来考虑，除此之外的事情被看作是无效劳动。也就是说企业生产中只有能增加价值和附加价值的劳动才是有效的，否则是无效劳动。大野耐一认为，无效劳动也是一种浪费。

运用精益生产方式的前提，需要彻底找出无效劳动和浪费现象并加以杜绝。生产现场的无效劳动和浪费主要有以下几个方面。

1. 过量生产的无效劳动

生产超额完成任务，过多的制造和提前生产，通常认为是好事，其实是一种浪费。因为过剩的产成品、在制品堆满了生产现场和仓库，增加了占用面积、运输、资金和利息支出。过多储备往往会掩盖生产过程中的问题，造成矛盾积累效应。

2. 等待的时间浪费

由于劳动分工过细，操作工人只管生产加工，设备坏了要找修理工，检查质量要找检验工，更换模具要找调整工，这些停机找人等待都是浪费。在操作工人正常作业期间，设备专职维修工人也在等待。常理说维修工闲着说明设备运行正常是好事，其实维修力量过剩是一种浪费现象。当然，还有停工待料等的时间浪费。

3. 搬运的无效劳动

必要的搬运在工厂里是不可避免的，但由于平面布置、物流组织不合理，造成搬运路线过长、中转环节过多，就会增加搬运费用，还会带来搬运中的物品损坏或丢失，这属于无效劳动，是浪费。

4. 加工本身的无效劳动和浪费

在机械加工作业中，由于没有贯彻工艺或者工艺本身的问题，造成加工工时过多、工具耗用过度、损坏加工设备、降低作业质量等无效劳动和浪费。

5. 动作上的无效劳动

工位布置不合理，使用工具和操作方法不得当，都会造成动作上的浪费。工人在操作中的动作可分为三部分：一是纯作业，即创造附加价值的动作；二是无附加价值但又必需的作业，如装卸和搬运动作；三是无效作业，即毫无必要的动作。美国工程师协会曾经有过统计，纯作业占加工作业的 5%，其他两项占 95%，可见动作上的无效劳动是很多的。

6. 库存的浪费

从供应保险上考虑，往往会增加原材料库存。但过量库存形成资金积压，企业利润的相当部分会被贷款利息吃掉。物料存储过久还会锈蚀变质，加工或装配前又得花时间去修整。大量生产方式下加工完毕的工件会源源不断地一道一道工序往下传送，结果会造成生产过程中的工序工件堆积如山。工人们很多时候忙着整理用于放置工件的场地和从堆积成山的工件中寻找物品，从而影响正常的加工作业。这种无效劳动和浪费隐藏在企业的每个角落。

7. 制造不良品的无效劳动和浪费

生产加工过程中出现废品、次品和返修品，无疑是一种无效劳动和浪费。如果产品质量缺陷未被检出而流入市场，造成用户索赔、退货，以至公司信誉的损失，那更是严重的浪费。

丰田生产方式的根本目的在于杜绝浪费和无效劳动。大野耐一认为杜绝浪费，最重要的是充分掌握两点：一是提高效率只有同降低成本结合起来才有意义。为此，必须朝着以最少量的人员只生产所需要数量的产品这一方向努力；二是提高效率必须从每个操作人员、每条生产线、整个工厂的每个环节都要提高，才能收到整体效果。

通过彻底消除上述无效劳动和浪费，就会大幅度地提高生产效率，同时也会发现有多余人员。从一定意义上讲，精益生产方式也是把多余人员清楚地浮现出来的体系。准确掌握富余人员的状况，并合理安排和有效使用这些人员是企业经营者的任务。

精益生产方式是杜绝浪费的生产方式，是通过杜绝浪费来提高劳动生产效率，进而实现降低成本的目的。绝不能忽视由无效劳动和浪费而造成的成本增加，因为稍有不慎，浪费就会把销售额中仅有的百分之几的利润全部吃掉，危及企业辛苦经营的结果。如若杜绝浪费的思想无法贯彻，那么采用精益生产方式就毫无意义。

彻底消除生产过程中的无效劳动和浪费，必须从变革生产方式入手，通过对工艺、装备、操作和现场管理进行持续的改进、改善逐步达到消除浪费。

13.2.2　勇于否定的逆向思维

精益生产方式的思维很多都是逆向思维、风险思维，这与大野耐一喜欢逆向思考问题的性格和思维方式有关。大野耐一从 1926 年出版的《今天和明天》一书中，受到亨利·福特卓越逆向思维方式的启示，大野耐一认为，人总是受沿袭已久的陈规的摆布，这在个人生活中也许是可以允许的，但在属于工业领域的企业中，恶劣的陈规陋习就必须打破。

甘于现状就不会取得任何进步，就生产现场的改良和改善而言同样如此，如果一味漫不经心地走下去，大概甚至不会提出一个疑问来。丰田生产方式正是在30多年时间里，大野耐一通过不断地把事情倒过来看、倒过来干，最后变"反常识"为"常识"所创造出来的。台湾知名学者曾仕强教授有句话叫作"颠倒就叫用心"，要想成为一流的人才就必须学会朝反方向思考。大野耐一之所以被西方学者称为制造天才，正是缘于他喜欢反方向思考的天性。

在精益生产体系中，很多思维都是倒过来想的，很多问题都是倒过来看的和倒过来干的，整个思维变化与我们过去的传统观念是截然相反的。过去我们认为销售是企业生产经营活动的终点，精益生产方式却偏偏说销售是起点，而且把用户看成是生产过程的一部分，精心收集用户信息，用作组织生产、开发新产品的依据。现在有些企业口头上也说销售是起点，但真正的思想还是把销售作为终点。因为传统的生产方式总是要求销售部门推销现存的产品，把完成生产任务放在首位，而把用户放在次要位置。

传统的生产方式一直是"推动式"的，从上向下发指令，前一道工序向后一道工序供应工件，一步一步地往前推。精益生产方式则反其道采用"拉动式"，从过去由前一道工序向后一道工序运送的方式，改为由后一道工序在需要的时候到前一道工序去领取所需工件，而前一道工序只按后一道工序领取的数量生产，从而形成一步一步地往后拉。

过去我们总认为超前超量生产是好事，精益生产方式却偏偏说它是无效劳动，是企业生产的一种浪费。

事实上推行精益生产方式，在技术和方法上并不难，难就难在思想观念的转变。大野耐一在推行"看板方式"之初，也遇到很大的阻力，不仅工人抵制，车间管理人员也反对，其主要原因是它与以往的习惯完全不同。从1950年至1962年，大野耐一利用担任制造部长和工厂厂长的权力，督促一个个部门推行，前后用了13年的时间，才在全公司范围内实行了看板。看板在协作厂推行是从1973年石油危机以后开始的。

所以，推行精益生产方式，被大野耐一说成是一场意识革命。它需要从根本上改变人的思想方法，并同传统生产方式下固化了的习惯思想彻底决裂。否则，生产方式的变革就是一句空话。

13.2.3 准时化生产

精益生产方式组织生产制造过程的基本做法是用拉动式管理替代传统的推动式管理。所谓"推动式"，就是根据某个时期的市场需求预测和在制品库存计算出计划生产的数量。根据各工序的标准资料，确定生产的提前期，并按工艺顺序从前工序递推后工序，一步步生产出产品。推动式生产常常用超量的在制品保证生产不间断地进行，每个生产环节都规定在制品定额和标准交接期，在制品管理被看成是组织均衡生产的重要环节。生产作业计划是推动式生产的指令，当作业计划与实际需要脱节时，就会造成一些无用或暂时不用零件的积压，而一些短缺零件又供不应求，迫使工人不得不连班加点赶急件，产生大量无效劳动和浪费。

"拉动式"刚好相反。每道工序的生产都是由后续工序的需求拉动的，生产什么、生产多少、什么时候生产都以满足后续工序的需求为前提，宁肯中断生产也不搞超前超量生产。而拉动式生产的核心就是准时化，即"在需要的时候，生产需要的产品和需要的数量"，简称准时化生产。"准时化"被大野耐一称为支撑丰田生产方式的两大支柱之一，而实施拉动式准时化生产的重要运作工具称为看板。看板方式的发明应用是大野耐一从美国超级市场得到的启示。大野耐一把自选超市看作是生产线上的前一道工序，顾客则相当于自选超市的后一道工序，在需要的时间买(选择)需要的数量和需要的商品(零部件)，而前一道工序要立即补充后一道工序取走的那一部分。这就形成了拉动式和准时化的概念，破解了大量生产方式下难以克服的制造过量和在制品大量积压的难题。

拉动式方法在生产制造过程的具体运用，主要表现在以下几个方面。

(1) 以市场需求拉动企业生产。大量生产方式下，生产和销售过于追求数量和速度，产品生产制造和用户实际需要经常是脱节的。大量积压产品等待销售，依靠中间商推销过量产品是普遍的经营现象。精益生产方式坚持以销定产，严格按照市场需求进行生产，不允许超前超量制造。生产计划按有根据的市场需求预测制订，并将这些计划提供给零部件供应商，生产计划每隔 10 天左右按实际订单进行修订调整，确保产销衔接一致。

(2) 在工厂内，按工艺逆向顺序，以后道工序拉动前道工序生产，大幅度压缩在制品储备。MIT 的调查数据显示，1986 年丰田高冈总装工厂的平均零件库存是 2 小时，而通用汽车弗雷明汉总装工厂的平均零件库存是 2 周，由此可见，与大批量生产方式相比，精益生产方式的在制品库存微乎其微，而且根本没有零部件的仓库。

(3) 以前方生产拉动后方准时服务于生产现场。大量生产方式下，生产过程以在制品储备作为缓冲环节。实行拉动式生产以后，缓冲环节取消了，必然要求辅助服务部门主动跟上生产现场的节奏，不然就会影响生产任务的完成。丰田采用的办法就是建立以生产现场为中心，以生产工人为主体，以车间主任为首的"三为体制"。

(4) 以主机厂拉动协作配套厂生产。在大量生产方式下，主机厂与协作配套厂之间的生产衔接，是通过买卖式的供需合同来实现的。大量事实表明，这是一种无法真正交流、经常抱怨，任何一方都不满意的供应系统。而精益生产方式则把协作配套厂的生产看作是主机厂生产制造体系的一个组成部分。总装厂与供应商之间共享利润的协定与互通信息积极合作的关系，与西方供应商和总装厂间那种相对敌对的关系是根本不同的。精益生产方式在零部件的交货上，普遍采用直达送货方式，降低储运费用。供应商将零部件直接送到总装线上，通常是每小时送货一次，而且对运来的零部件不做任何检查。

13.2.4　小组工作法

小组工作法，是精益生产方式对传统管理模式在劳动组织体制方面的重大变革，是彻底消除无效劳动，实行拉动式生产的组织保证。精益生产方式下建立起的工作小组成为精益工厂的核心。

小组工作法就是精益工厂把生产工人编成若干个工作小组，以小组为单位进行组织生产。工作小组不仅要完成生产任务，而且要保证产品质量、控制物资消耗、更换调整工装模具、做好设备润滑保养和简单修理，还要从事现场的改进改善工作。通过建立工作小组，能够最大限度地把工作任务、责任和相应的权力转移到生产一线真正为汽车增值的生产工人身上。

实行小组工作法的工人都要学会多种技能，成为多面手，要学会做工作小组中的所有工种以便大家轮岗，工人彼此都能互相替代。同时工人还要学会许多其他技能，如简单的设备维修、质量检查、工位清扫和配料等。此外鼓励工人积极主动地思考问题，以便能够在问题变得严重之前就想出解决方案来。

小组工作法特别强调团队协作，重视个人技能与团队协作的乘积效果。生产中出现任何差错或问题，大家集思广益，共同研究解决。在丰田公司生产现场开展交接棒式的"互助运动"，通过"互助运动"培养团队意识并保持强有力团队协作生产的动力。

大野耐一指出，"团队作业高于一切。很好地发挥团队协作和个人技术相结合的效果，就构成了一个组织的核心竞争力"。事实上，组织这种高效的精益生产工作小组并不简单。MIT 的调查研究发现，只有存在着某种相互信任感，即管理人员有一种珍惜熟练工人的意识，为留住他们而做出牺牲并愿意赋予小组一定的责任时，工人们才会做出响应。仅仅修改组织机构图表示各种"小组"的存在，或推行 QC 小组活动寻求改进生产过程，是不会有多大变化的。推行精益小组工作法，能够克服大量生产方式下因劳动分工过细造成的个人顾个人，各管各的事，即使想帮也无力帮的状况。实行精益小组工作法，可以充分调动员工的积极性和创造性，最大限度地发挥出作业小组互助协作的团队优势。

13.2.5 JIT 现场管理

1. 建立"三为"现场管理体制

为保证生产过程各环节的紧密配合，顺利完成拉动式准时化生产任务。丰田公司建立了以生产现场为中心，以生产工人为主体，以车间主任为首的"三为"现场管理体制。

以生产现场为中心：要求各个部门将工作着眼点、工作重心和主要精力往生产现场转移，围绕解决生产现场存在的问题规划本部门的工作。管理人员、工程技术人员都应主动到现场、看现场，采取有效措施，改进、改善现场生产秩序和作业活动。

以生产工人为主体：要求紧紧围绕生产一线工人的准时化生产，提供准时化优质服务，这是科室和辅助部门工作的方向和准则。为此，必须改变过去要由生产工人停机去领工具、找机电修理工人排除设备故障、找工艺和质检人员解决工艺质量问题的状况。实行刀具定置集配、直送工位、强制换刀；机电修人员现场驻屯、巡回检查、快速修理；毛坯协作件看板取货直送工位等，保证生产工人分分秒秒不停地创造价值。

以车间主任为首：就是把现场组织指挥的权力交给车间主任。由车间主任把驻扎在现场的机电修、工具、计划调度、质检、工艺等人员组织起来，建立起高效运转的生产组织体系，迅速解决现场的问题。

建立"三为"体制有两种做法：一是现场管理和服务人员集中在厂部各职能科室或所属部门，定人、定点到现场上岗服务，接受车间主任调度指挥和考核；二是把管理和服务人员下放到车间实行封闭管理，职能部门对他们实行业务指导。究竟选用哪一种做法，企业应根据自身生产特点和管理基础进行确定。

2. 现场目视化管理

在精益工厂里，都有信息显示系统，以使每个人都能够了解工厂的全面情况。如日生产目标、当天生产的汽车数、设备故障、人员短缺、加班要求等，都显示在"安灯板"（发光电子显示板）上，在每个工位上都能看到这些可视化管理板。工厂车间任何地方出现任何差错，谁有办法都会主动跑去帮助解决。

精益生产车间目视化管理的做法主要体现在以下方面：

在零件、在制品存放地设立标牌，标明各类零件的存放地点、最低与最高储备。使工人对在制品库存或搬运作业等一清二楚。

设立生产线停止指示灯或指示板，使人一看就知道生产线的运行状态、故障发生部位、差错表现形式等。

设置生产管理板，让现场人员知道生产计划、完成进度、没完成计划的原因、是否需要加班等。

标准作业指示图表悬挂在生产线上，让工人时时了解掌握生产节拍、作业顺序、线内在制品标准存量等作业要素。

设立安全标志及宣传标志等。

目视化管理使现场存在的问题表面化，有利于现场员工及时发现并快速解决生产现场出现的各种问题。这与大量生产方式把它看成是现场管理人员的特权而故意封闭信息的做法截然不同。

3. 现场专业化组织

精益工厂的准时化现场管理运用了以下多种专业化组织手段，主要包括：

（1）在加工组织上实施工序间的"一个流"生产。一个流生产又称一件流生产，是指将作业场地、人员、设备合理配置，按照一定的作业顺序，零件一个一个地依次经过各工序设备进行加工、移动，做一个、传送一个、检查一个，每道工序最多只有一个在制品，工序间不设库存，前工序加工完一个在制品，就立即"流"到后工序继续加工，正所谓"一物一流"。

"一个流"生产是准时化生产的重要组织手段或管理技术，它要求必须严格按节拍生产，严格执行工艺纪律，工人操作严格按标准操作卡进行。在一个流生产中，每次只加工一件，减少了批量等待的时间，生产周期大为缩短；在一个流生产中，每一个操作工都是品质监控者，不让问题工件流入下一道工序；采用一个流生产，厂房内搬运作业显著减少，搬运工伤事故率也大大降低；采用一个流生产，每道工序最多只有一件在制品，在制品数量大幅度减少。总之，一个流生产促使生产效率和品质显著提升，使存货、空间、生产周期显著缩减，能最大限度地杜绝各种浪费现象，可以说是实现准时化生产的核心要素。

（2）在劳动组织上，实行多机床操作，多工序管理。改变机器的排列方式，变生产线一字形平面布置为 U 形平面布置。作业工人跟着在制品走动，进行多工序多设备操作。使生产效率提高了一两倍。

（3）在设备管理上，要求维修工人现场驻屯，走动服务，巡回检查，服务到生产现场，及时掌握设备状态和设备隐患，充分利用两班间隔时间，有针对性地进行快速修理，保证设备经常处于完好状态。

任何设备都有可能出故障。大量生产方式允许有一定限度的故障停产时间，并建立在制品储备缓冲使生产正常运行。精益生产方式下，设备故障被视为无效劳动和浪费，要求设备尽量不发生故障或少发生故障。一旦设备出现故障就要快速排除，使设备开动率达到100%。具体做法是：实行全员维修和保养。改变设备维修管理单纯依靠机电部门的做法，让操作工人和班组长积极参与到维修和保养设备中来；实行针对性预防检修。根据点检及巡检结果，进行有针对性的预防修理。精益生产不允许有较长的停工修理，设备实行分部修理和快速修理法；实行改善性修理。对发生故障的设备，不是简单的修复，而是对故障进行层层分析，查明故障根源彻底解决，保证同样故障不再重复发生；合理调整作业时间。在白班和夜班之间留有充裕的生产间隙，为设备保养维修、排除故障创造条件。

（4）在质量管理上，开展以"三自一控""绿化工序""深化工艺""五不流"为内容的质量管理活动。"三自一控"是自检、自分、自记，实行工人自控活动。即要求生产工人自己加工的零件自己检测，自己加工的零件自己分类，自己把检测结果记在自检表上，生产工人完全按照作业标准进行自我约束、自我控制。"绿化工序"也称创合格工序，由工序普查小组对照"合格工序标准"进行普查，对不合格工序找出原因，分清责任，组织攻关，达到工序合格的目的。"深化工艺"是在注重基本工序质量控制的同时，也注重辅助工序的质量控制，诸如去毛刺、清理、防尘、防锈等。"五不流"是指，不合格的原材料和协作件不投产、不合格的毛坯不加工、不合格的零件不装配、不合格的总成不装车、不合格的整车不出厂。要求没有合格标记的不向下一道工序流，明确不合格品的处理权限和质量责任，采取"质量联保，重复确认"工作法。

4. 现场管理的"5S"活动

5S 管理就是对生产现场的材料、设备、人员等生产要素开展的"整理、整顿、清扫、清洁、素养"活动。通过现场的 5S 管理活动，可以在优化现场环境、提高生产效率、减少现场浪费、提高员工素养、保障安全生产、塑造企业形象等方面获得显著效果。

整理，就是对生产现场的物品进行分类清理，重点是区分对生产有用还是无用。无用的东西要清理出现场，有用的留在作业区。通过整理，使现场无杂物，作业空间变大，人员行动方便。

整顿，就是对经过整理后留在现场的物品进行定置存放、实行目视管理，方便使用，提高效率。整顿使现场整齐、紧凑、协调、宽敞，便于操作。

清扫，就是将现场打扫干净，消除设备的跑、冒、滴、漏，营造出明亮舒畅、安全文明的工作场地。

清洁，就是对整理、整顿、清扫后现场的坚持和巩固，包括对人身有害的烟雾、粉尘、噪声、有毒气体的根除。

素养，就是现场的每个人都能养成良好的风气和习惯，自觉执行制度、作业标准，改善人际关系，加强集体意识，形成良好、和谐的团队氛围。

5S 管理对于塑造企业形象、降低成本、准时交货、安全生产、高度的标准化、创造令人心旷神怡的工作场所、现场改善等方面发挥了巨大作用。日本企业将推行 5S 运动作为现场管理工作的基础，并借助各种品质管理手法，使产品品质迅速提升为世界所认可，一举奠定了经济大国的地位。5S 管理运动在 20 世纪末期一度成为现代工厂管理的一股潮流。

13.2.6　创新永无止境

1. 逆境中的拼搏和赶超

精益生产方式提供了这样一个典范：就是一个弱者如何战胜一个强者，一个穷国如何战胜一个富国，一个落后的企业如何战胜一个先进的企业。丰田生产方式是经济低速增长时代竞争的产物，是在逆境拼搏和赶超中开创出来的新路子。

丰田公司是在第二次世界大战结束后，走上发展汽车的新道路的。那时的日本是战败国，缺钱缺技术，工业生产力只有美国的 1/9 或 1/8。那时的丰田公司是一个很落后的小厂，13 年的轿车累计产量还不到美国福特红河联合企业一天产量的 40%。可就在这样的形势下，丰田公司却敢于提出"三年赶上美国"，立下实现工业立国而与欧美强国对抗的雄心壮志。经过 20 多年的努力，终于把理想变为现实。

美国是世界头号汽车大国，过去从来没把日本人看在眼里。1973 年石油危机后，美国身处逆境，在不情愿中学习日本，揭示日本汽车工业迅速成长壮大的奥秘，并从理论上深化对丰田生产方式的认识，提出精益生产方式新概念。经过努力，1993 年美国的汽车产量又超过了日本。

孟子云"生于忧患，死于安乐"。一个人、一个企业、一个国家，都要有一定的危机感和忧患意识，才能在激烈的竞争中求得生存发展，才能在改革发展中立于不败之地。在逆境中成长、前进是事物发展的普遍规律。要居安思危，把危机看作机遇。不论是企业处于逆境还是顺境，都要自觉地、不屈不挠地去拼搏。只有这样，才能真正把精益生产方式学到手，并走出一条属于自己的路子。

2. 无止境尽善尽美的追求

精益生产方式与大量生产方式在目标追求上的根本差别，在于是否做到尽善尽美，永无止境地创新。这也是精益生产方式取代大量生产方式的精神动力。

大批量生产工厂为自己设立了一个有限的目标：可以容忍一定的废品率、最大限度的库存、系列范围很窄的标准产品等。他们认为要做得更好就会超出现有的条件和能力范围，要花更多的钱，经济上不划算。

精益生产工厂把目标设定在尽善尽美上：低成本、无废品、零库存和产品多种多样。尽管没有一个精益生产工厂能达到这样的理想状态，但是无止境尽善尽美的追求，使精益工厂创造了大量生产工厂难以想象的奇迹。

在大量生产工厂，为保证装配线不停顿而放过组装中的差错是允许的，认为组装中出现的任何差错都可以在装配线的终端得到弥补。要使流水线停下来意味着经济上的损失是绝不能容忍的，于是出现了"返修品"的概念。在大批量生产的工厂里，有 20% 的厂房面积和 25% 的总工时是专门用于返修的。

大野耐一对于"返工"却持有不同看法，他说为了保持组装线不停顿而允许错误继续传递就会造成错误不断地倍增。一辆复杂的汽车中只要装有一个有缺陷的零部件，就有可能要花费大量的返工去修复它。因此，必须把质量问题堵在前沿，在源头就把它控制住。大野耐一为每个工作台的上方都安装了一根拉绳，把在大量生产工厂中只有高级管理人员才能让总装线停下来的权力下放给生产工人。只要总装线上出现问题工人又解决不了时，就可以立即让整条生产线停下来，然后让整个团队都过来一起解决问题。在丰田的工厂里，每个工人都可以停下总装线，但是产量却接近计划的100％。这就是说，总装线实际上从来就没有停下来！相比之下，在大批量生产的工厂里，除了负责总装线的经理之外，任何人无权让总装线停下来，但总装线却仍然不断地停下来。早在20世纪80年代，丰田公司的总装厂里实际上已经没有返工的场地，也几乎没有返工的工作了。美国买家的报告称，丰田汽车的质量缺陷是世界上最少的，可与最好的德国豪华汽车制造商相媲美。

人物介绍

大野耐一

大野耐一，1912年出生于中国大连。1932年毕业于名古屋高等工业学校机械科，同年进入丰田纺织公司。1943年调入丰田汽车公司，1949年任该公司机械厂厂长；后来历任丰田纺织公司和丰田合成公司会长。1954年出任丰田汽车公司司董事，1964年升任常务董事，1970年任专务董事，1975年开始担任丰田汽车公司副社长。1973年荣获蓝绶带奖章。1990年5月28日去世。

作为生产管理大师，大野耐一以日本本土思想为基础，一手创造了超越福特生产方式的丰田生产方式。他构建了新式的经营思想，并以此指导产业实践，被称为"日本复活之父""生产管理教父"和"穿着工装的圣贤"。他是从生产现场走出来的实践管理学宗师，在世界管理学界与以理论见长的彼得·德鲁克各树一帜，并驾齐驱。

13.3　精益生产方法与手段

精益生产方式创造了大量独具特色的，实现拉动式准时化生产的方法与手段，这些方法手段处处体现出精益生产方式管理思想的精髓，是构成精益生产系统的"筋骨"或不可缺少的重要前提条件。

13.3.1　看板管理

1. 看板的概念

精益工厂实现准时化生产的运作工具就是看板。看板又称传票卡，是用来传递信号指挥控制生产的工具或手段。丰田公司早先用的"传票卡"是装在一个长方形塑料袋中的纸卡片。这种纸卡片大致分为"取货（搬运）指令"和"生产指令"两类。它在丰田汽车公司内部以及丰田汽车公司和协作企业之间运行，起到传递情报和指令的作用。

看板或传票卡是大野耐一从美国自选超市得到启示后发明创造出来的。丰田公司通过看板进行准时化生产，最初是协调流程间的生产进度、保障企业内部信息流和物流的一致，后来逐步把它发展成一种企业管理的工具，用来发现生产中的异常和找到改善的突破口。

发展至今，看板的一般形式为卡片（图 13-1）、揭示牌、电子显示屏等所谓"板"；特殊形式有彩色乒乓球、容器、方格标识、信号灯等，只要能表示生产和搬运信息的任何形式都可以当作看板。看板及其使用规则组成了拉动式生产的看板控制系统。

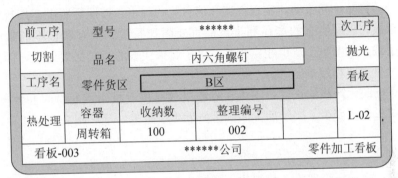

图 13-1　零件加工看板

看板管理在精益生产中起着十分重要的作用，利用看板在各工序、各车间、各工厂以及协作厂之间传送作业命令，使各工序都按照看板所传递的信息执行，以此保证在必需时间制造必需数量的必需产品，最终达到准时化生产的目的。看板管理是精益生产中的重要子系统。

2. 看板的分类与功能

看板分为加工看板、领取看板和临时看板。其中，加工看板又分为装配加工看板、零件加工看板和信号看板（三角看板）；领取看板又分为领取看板、购入看板和客户看板；用于紧急和临时订单的看板属于临时看板。看板分类如图 13-2 所示。

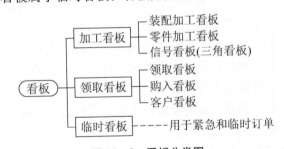

图 13-2　看板分类图

看板作为实现准时化生产的工具，可以说是精益生产方式最显著的特点。看板的运用是建立在工序一体化、生产均衡化、生产同步化基础之上的。看板可以使种种改善活动的成果得到固化，并进一步推进改善活动。看板具有作业指示、现品管理和现场改善三大主要功能。

1) 作业指示

按照看板指示进行生产与运送是看板最基本的功能。看板中记载着生产量、时间、方法、顺序以及运送量、运送时间、运送目的地、放置场所、搬运工具等信息，从最后的装配工序逐次向前工序追溯。生产中工人按照看板指令实行后工序向前工序取货，前工序只生产后工序取走的产品和数量。在装配线将所使用的零部件上所带的看板取下，作为搬运指示书以此去前工序领取。适时适量生产以及后工序到前工序领取就是这样通过看板来实现的。

2）现品管理

看板必须随物品一起流动，实现物流和信息流的同步。按照看板的运用规则，看板必须在实物上存放，也即所有的产品和半成品都要附加看板。没有看板不能生产也不能运送，看板数量减少，则生产量也相应减少。由于看板代表的只是必要的量，因此通过看板就能够抑制过量生产和过量运送。

看板可以反映生产线的进度，工人在看板发放时按看板指示的时间和数量进行生产。在制品看板箱里看板变少，表示后工序的生产发生了延迟，反之则表示后工序的生产进度加快。

3）现场改善

运用看板，将现场管理状态目视化，及时发现异常，找到改善的突破口。"看板必须在实物上存放"，"前工序按照看板取下的顺序进行生产"，根据这一规则，现场管理人员对生产的优先顺序能够一目了然，只要看看看板，就知道后工序的作业进展情况、库存情况等，易于现场管理。

通过看板，管理者易于发现异常，并及时采取措施加以改进改善。看板数量过多，表明在制品积压，应通过减少看板数量降低在制品的中间储存。另外，从后工序领取数量的增减也可以判断出紧迫程度，必要时修订标准作业程序。

3. 看板管理规则与流动路径

看板是对现场进行高效管理的工具。如果使用不当，不但达不到预期的效果，反而会成为阻碍成功的凶器。要想真正实现拉动式准时化生产，就要绝对遵守看板的操作管理规则。要牢记没有看板下道工序就不能生产，没有看板的物品也不能领取。同样，也不能领取和生产超过看板数量的产品。看板运营中必须遵守下列八项基本规则：

规则一：以零件容器为单位，每个容器附加一枚看板。要求所有的产品和半成品都要附加看板，这是最基本也是最重要的看板规则。

规则二：使用第一个产品时，就将看板取下放入看板箱。被取下的看板，是去前工序的取货指示，也是前工序的生产指令。

规则三：后工序来前工序领取。后工序在必要的时间去前工序，按需要的量，领取需要的物品。

规则四：前工序按照后工序取走的顺序安排生产。也就是哪种零件先被取走，就先安排哪种零件的生产。

规则五：只生产看板显示的数量。即工序生产加工零件的数量不能超过看板显示的数量，需要多少就生产多少，绝不超量制造。

规则六：出现不良品时，将看板放入红色箱子内，并返回到前工序。即不合格品绝对不能送到后工序，以防止对不合格品的继续加工。

　　规则七：看板由使用的部门制作和管理。即谁使用谁管理。

　　规则八：对看板的操作，要像金钱一样加以重视。看板数量代表着在制品的最大库存量，应努力做到用少量的资金占用(看板数量)实现生产的高效运营。

　　看板流动路径：根据客户看板到总装库区领料发货；看板交换，产生装配加工看板指示总装生产，同时根据配套的领取看板到前工序领料；看板交换，产生零件加工看板指示零件加工，同时根据配套的领取看板到原材料仓库领料；看板交换，产生购入看板指示供应商补充物料，如图 13-3 所示。

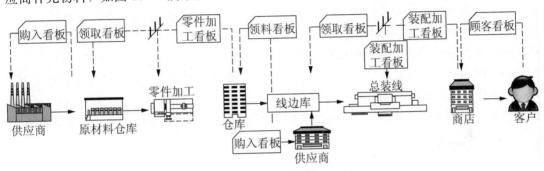

图 13-3　看板流动路径图

13.3.2　U形生产线布置

　　实行准时化生产，需要将车间布置成 U 形制造单元(U 形生产线)。U 形制造单元是按产品对象布置的。每一个制造单元配备各种不同的机床，可以完成一组相似零件的加工。U 形生产线布置是沿逆时针方向按照加工顺序排列设备，使生产流程的出口和入口尽可能靠近，因类似于英文字母 U，所以称之为 U 形生产线，如图 13-4 所示。U 形制造单元(生产线)有以下特征。

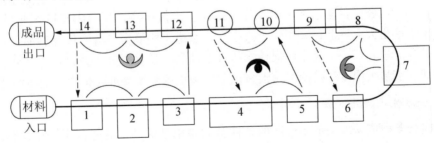

图 13-4　U 形生产线

　　(1) U 形制造单元内的零件是一个一个地经过各种机床加工的，而不像一般生产线那样一批一批地在机床之间移动。

　　(2) 工人在转换机器操作时行走路线短，每位工人操作的多工序成环形，减少了工人的动作浪费和物料的移动浪费。U 形生产线按逆时针布置，以方便工人在生产线内移动零件时使用右手做各项活动。

（3）一个单元只需设置一个入口存放处和一个出口存放处，不必为每台机器单独设置入口存放处和出口存放处。在 U 形生产线中，入口（第一道工序）与出口（最后一道工序）由同一个工人来操作，便于控制生产线节奏，控制生产的标准数量。进料与出货都由同一个工人操作，也便于质量检验与控制。

（4）能够按需求量变化增减作业人员，但要求工人能掌握多种工序的操作。U 形生产线便于工人之间相互协作，易于提高整条生产线的效率。

（5）准时化生产有一条重要原则，认为工人是最重要的资源，劳动力闲置是最大的浪费。因此，每当生产节拍改变，都要调整工人的数量，使每个工人的工作尽量满负荷。调整工人数比改变机床数要容易得多，也迅速得多，这样就使制造单元具有很大柔性。由于工人具有多种操作技能，一个制造单元的多余工人可以安排到另一个任务较重的制造单元去工作，从而使劳动力得到合理而充分的利用。

在实际生产中，可根据生产场地、设备及资源的可利用情况，将生产线布置成 C 形、L 形、S 形、M 形或 V 形等。需要注意的是，为了使 U 形生产线布置能够有效实施，前提条件是工人的多能工化。为此，对工人的作业训练以及推行标准化作业是非常重要的。

13.3.3 一个流生产

一个流生产又称一件流生产，是指将作业场地、人员、设备合理配置，按照一定的作业顺序，零件一个一个地依次经过各工序设备进行加工、移动，做一个、传送一个、检查一个，每道工序最多只有一个在制品，工序间不设库存，前工序加工完一个在制品，就立即"流"到后工序继续加工，正所谓"一物一流"。

1. 一个流生产的优点

一个流生产是准时化生产的重要组织手段或管理技术，它要求必须严格按节拍生产，严格执行工艺纪律，工人操作严格按标准操作卡进行。在一个流生产中，每次只加工一件，减少了批量等待的时间，生产周期大为缩短；在一个流生产中，每一个操作工都是品质监控者，不让问题工件流入下一道工序；采用一个流生产，厂房内搬运作业显著减少，搬运工伤事故率也大大降低；采用一个流生产，每道工序最多只有一件在制品，在制品数量大幅度减少。总之，一个流生产促使生产效率和品质显著提升，使存货、空间、生产周期显著缩减，能最大限度地杜绝各种浪费现象，可以说是实现准时化生产的核心要素。

2. 一个流生产实施方法

（1）实行单件流动。一个流生产的条件首先是单件流动，就是仅做一个、传送一个、检查一个，将工件经过一道道工序而加工成零件。

（2）按加工顺序布置设备。将产品加工需使用的设备按加工顺序靠近排列布置，即按产品原则布置设备，如图 13-5 所示。

（3）生产同步化。各道工序的生产速度严格按照生产节拍进行，即所谓生产同步化。生产同步化可以保证一个流的顺畅性，提高加工单元的整体效率。

（4）员工多能工化。能操作多工序的工人称为多能工。一个流生产按照工人能操作多工序的作业方式来安排，这与操作多台同一功能机器设备的作业是不同的。一个流生产

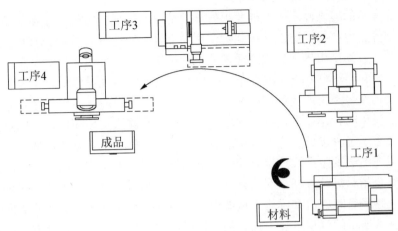

图 13-5　一个流生产

中，工人的多能工化极为重要，只有实现了多能工化，才能达到少人化。

（5）站立式走动作业。实施一个流生产，要求工人在多工序操作中，一边走动一边进行作业加工，即所谓"走动作业"方式，而非仅是站在原地不动的站立作业方式。

13.3.4　自働化

1. 自働化的含义

"自働化"一词起源于丰田公司，与一般意义上的自动化含义不同。自动化表示从手工作业转向机器自动加工。而丰田公司所说的自働化则是在"动"字左边加上人字旁的"自働化"，其意义是给机器赋予人的智慧，让设备自动识别错误和缺陷。

1896 年，丰田公司创始人丰田佐吉发明了世界上第一台自动纺织机，这台织机在纬线断的时候会自动停止作业。这个断线自动停止装置目前仍被很多大型织机延用。正是这种一旦发生不良就马上停止设备来确保加工质量的思考方式，形成了今天丰田准时化生产体系支柱之一的"自働化"。

1955 年前后，丰田公司开发出利用目视管理手段发现工序异常的安灯系统；1962 年开发出充满作业方式和防止错误操作系统；1966 年建成了"自働化"生产线；1971 年在各总装线上实施了固定位置停止方式。自働化已成为丰田公司保证准时化生产质量、降低生产成本的重要手段。

2. 自働化的实现方式

1）人机分离

在生产现场，经常看到机器运行的过程中，操作人员经常处于看管监视状态。虽然是高度自动化机器，但为了排除小故障、补充材料和防止异常状况的发生，仍需要安排人员看管。为了彻底消除这种看管的浪费，可采用自働化方法。这样当设备在自动运行时，人可以离开，去操作另一台设备或做其他工作，即所谓人机分离。

2）定位停止系统（安灯系统）

生产线在作业时，特别是需要人参与作业的组装生产线，当发生异常时，将由岗位人员拉动生产线旁边的绳索停止生产线并报告异常情况的出现。定位停止系统不仅能够在发生异常的时候停止生产线，还能够精确定位到发生异常的地方。然后会有相关支援人员到现场解决问题。直到排出异常后生产线才能继续运转。

"安灯"来自于日语 Andon 的音译，是在生产过程中出现异常时，迅速告知大家的指示灯。丰田公司在每条生产线都装有称作"安灯"的呼叫灯或指示灯电子显示板。呼叫灯是在异常情况发生时，作业人员呼叫现场管理人员和维修人员使用的，呼叫灯配有不同颜色，某种颜色表示某种求助。指示灯用来表示是哪个工位发生异常或呼叫。在生产线各工序上用一条尼龙绳顺着生产线连接直通电子显示板，哪道工序有了问题马上就拉绳，此时电子板上的红色指示灯就点亮，明确显示发出求助呼叫的工位。每当生产线停止运行或有求助呼叫时，现场管理人员和维修人员就会在信号灯的引导下迅速赶往异常呼叫工位。

以图 13-6 所示的汽车总装工艺为例，如果在"C 车体工序"拉动固定停止开关，各车体继续从实线的位置前进到虚线的位置(固定位置)。如果在前进到固定位置之间将开关复位，则生产线不停止。如果问题不能解决，开关不能复位，则整条生产线都必须停止。

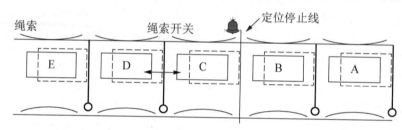

图 13-6 定位停止系统

3) AB 控制

AB 控制是指在后续工序(B 点)无产品而前工序(A 点)有产品的情况下，启动生产线。一般来看，产能高的设备和产能低的设备如果在一条生产线上作业的话，将会造成产能高的设备过剩和一系列的连锁浪费。为了减少高产能设备的损耗，就在两种设备之间设定了安全库存。例如，当安全库存达到 6 个时，高产能设备 A 就停止作业，当安全库存只剩下 2 个时，高产能设备 A 又重新开始作业，见图 13-7。

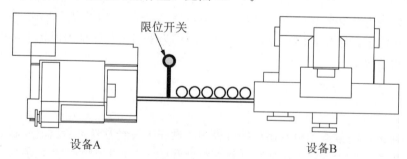

图 13-7 AB 控制系统

4) 防呆防错

防呆防错是指在失误发生之前防止，即防患于未然。通过采用自动报警、标识、分类等手段使员工在作业中可以做到不需要注意力，不凭借经验与直觉，不需要专业知识和技能等来做事。虽然在作业中不可能完全消除差错，但可以降低差错发生的概率或降低差错带来的影响。

防呆防错在实际工作中有很广泛的应用。可以有效地防止零部件安装错误、取出错误，防止固定偏差和漏加工、漏放等。在异常管理和工程改造中，制定对策或设计要以防呆防错为基本出发点，从而达到预防差错发生的目的。

防呆防错技术包含两个方面：一是将要出现不良时的应对方法，称为"预知方式"；二是已经出现不良的处理方法，称为"检知方式"。

几乎所有的缺陷都由人为的错误产生，至少有 10 种人为的错误类型，包括遗忘错误、误解错误、识别错误、新手错误、意愿错误、疏忽错误、迟钝错误、标准错误、意外错误、故意错误等。在防呆、防错对策中，有"停止""限制"和"警报"三种处理方法。

本 章 小 结

精益生产方式已经向全世界成千上万家企业证明了自身的价值。丰田公司以拉动式准时化生产体系开创了精益生产的思想。丰田生产方式是提高企业生命力的一整套概念和方法的体系。其基本思想是杜绝浪费，通过生产的整体化，追求产品制造的合理性以及品质至上的成本节约。深刻领会精益生产方式管理思想的精髓，掌握准时化生产的技术方法与手段，努力实现"零"浪费，是对企业在激烈市场竞争中求生存谋发展的必然要求。

思考与练习

1. 叙述精益生产方式产生的背景和传播过程。
2. 精益生产方式的基本思想是什么？
3. 什么是浪费？大野耐一提出了哪七种浪费？
4. 支撑丰田生产方式的两根支柱是什么？
5. 什么是看板管理？看板有哪些种类？
6. 小组工作法在精益生产中起着怎样的作用？
7. 为什么精益生产方式在实践中很难实行？
8. 实现零库存可能吗？如果可能，为什么？如果不可能，又为什么？

汽车零部件厂商如何运用看板管理

看板管理是一种先进的管理技术和管理方式，它能帮助汽车零部件厂商提高生产运营效率，降低产品库存，提高及时交付能力，改善顾客的满意度，提高企业的盈利能力，是汽车零部件厂商创建核心竞争力的重要技术手段。该案例探讨 T 公司作为汽车零部件厂商如何运用看板管理实现精益生产。

T 公司是以生产汽车悬挂系统和汽车排气系统产品的制造商，总部设在美国。T 公司作为首批进入中国市场的跨国汽车零部件厂商之一，目前已在中国设立了 10 家制造工厂，陆续为十多家中外驰名的汽车主机厂商提供产品和服务。

1. T公司生产管理存在的问题

在实行看板管理之前，T公司的生产效率比较低，而客户需求又在不断提升，因此只能通过不断地加大库存储备来满足交付需求。在T公司生产现场的管理中，由于物流通道被各种器具堵塞，生产品种无法进行适时的切换，生产的柔性很差，因此不得不在生产现场堆积大量的在制品库存以保证生产能持续进行，但是存货大量的占用了仓库面积和生产现场面积，使得生产场地显得非常局促。过多地在制品库存方面掩盖了很多问题，诸如供应商提供的材料不符合要求，生产设备停机，不同产品之间切换时间较长，设备维修保养不及时，产品的质量问题，生产过程中的报废，生产工位不平衡，生产工艺设计不良，生产效率低等影响生产工作的问题，都因为通过大量库存储备满足交付，而无法暴露出来。

另外过多的库存储备占用了企业的资金，影响了企业的现金流，也增加了相应的存货管理工作，为了生产出这些存货储备需要多支付给员工相应的加班费用和福利费用，这一切都导致T公司的成本上涨，盈利能力被削弱。

针对T公司的存货管理较差、库存储备较多的情况，该公司运用了看板管理来逐步消除生产过程中的浪费和不增值的生产，压缩存货储备，降低生产成本，更加及时和有效地满足市场需求的变化，不断改进和完善系统运行方式，从而逐步达到改善存货管理的要求。

2. T公司的看板管理内容

看板管理是实现拉动式生产的载体，也是其核心内容，通过看板可以获得需要生产的产品信息，如品名、规格、型号、数量、工位等，使得由后道工序向前道工序取货的方式可以一目了然的实现。另外生产管理人员可以随时通过管理看板发现生产运作中的问题，及时协调相关技术人员快速解决问题，恢复生产。T公司看板管理的具体内容如下：

1）定量定置

实现看板管理的辅助工作是定量、定置工作。例如在T公司，仓库被制定了明确的仓位划分，通过标签来标识仓位，标识存放的物料。车间有了明确的超市定置，包括制品超市、成品超市、原材料箱都有固定的放置点，实现定量、定置，是推行看板管理的基础。"定量"和"定置"有两重意义：首先，是知道有多少数量和种类：在仓库内，到底有多少种零件、原材料、半成品、成品？每种的数量有多少？为什么要有这个数量？为什么要有这么多种类？其次，是知道它们都放在哪里：机器安装在哪里？器材放置在哪里？工具放置在哪里？活页夹、文件、图纸、规格、程序、作业指导书等放在哪里？有固定的地方放置点吗？它们都能够在一分钟之内找到吗？T公司经过认真地整顿后大吃一惊，原来自己公司的浪费惊人，许多东西没有人知道，或只有一个人知道放置在哪里。所以定量定置，不但可以节省支出，也可以节省时间，更可以节省地方。

2）供应商准时化供应零件

T公司为了实现与供应商的良好协作，制定了很多规则：供应商必须将T公司的料箱拉回去，将规定数量的物料装在料箱中。供应商在送货时，必须在每个箱子上贴看板，便于其扫描入库，T公司要求做到本地化供应商和拉动式准时化采购。T公司对供应商也有非常优厚的回报，严格按60天的账期付款。而且由于其公司的需求量大，因此很多供应商都会接受这个条件。

看板管理建立了拉动生产的模式，也就是按需生产，不需要的产品、在制品就不会生产，这样有效地降低了呆滞物料的库存，提升了库存周转率。T公司为27个生产单元都发行了看板，看板张数的控制权掌握在精益小组的手中。这就像一个旋钮一样，往左侧旋，库存就放大；往右侧旋，库存就降低。因此，看板管理是控制库存极为有效的手段。看板使车间生产实现了全面协同，各生产单元相对独立，建立了能够自我循环、自我调节的拉动式生产管理体系。

3. T公司的看板管理流程

以T公司产品GP5消音器总成为例，来看一下看板管理运作流程中，人、物、看板三者是如何运作的。T 公司与其客户上海通用之间的信息沟通是在每周四，这一天会把下一周的要货计划发给 T 公司的销售部门，销售部依据上海通用的要货计划安排第三方物流公司送货。到了下周一，第三方物流公司按销售部制订的周发货计划，到 T 公司取货，需要将 GP5 消音器总成送货到通用整车工厂，每箱 8 根，送 5 箱货。T 公司的物流工开叉车到成品区取货，叉车在厂房物流出口停下，成品区库管员走到叉车旁边，撕下货架上 GP5 的生产看板卡。叉车将 GP5 货架叉上第三方物流公司货车。成品区库管员扫描撕下来的 GP5 生产看板卡，GP5 生产看板有 5 张看板由"满"箱状态变成"空"箱状态，这个动作代表产品销售发货。此时，在 ERP 系统中，共有 10 张 GP5 的生产看板，由于已经发出 5 箱，因此还剩下 5 个满箱，另外 5 个看板为空状态。

1）总成生产单元补货

GP5 总成焊接是在 GP5 生产单元完成，GP5 生产单元只有两个操作工，一个负责组焊，一个负责补焊和气密性检测。GP5 生产单元的操作工依据总成看板的状态来生产。在 GP5 单元，有一台电脑终端，连接到全公司的 ERP 系统，操作工需要定期关注电脑屏幕所显示的看板状态，由此来决定他干什么活。

生产看板分为三种状态：下达、满、空。其含义分别是：下达，代表开始生产但还没有完成；满，代表已经完工；空，代表 GP5 成品已经被发出。加工紧急程度分为三种：红、黄、绿。红，代表库存已经低于安装库存，必须马上进行生产补充，否则将断货；黄，代表已经进入危险区域，但不如红色紧急；绿，代表库存足够，不需要生产。T 公司规定：红色的必须生产，黄色和绿色可以由操作工自己决定是否生产，但是每种产品，比如 GP5 消音器，总共有 10 张生产看板，每张看板的数量是 8 个。那么，GP5 在一个时刻最多只能生产 80 个成品，如果生产了 80 个成品而且没有被发出，那么 10 张生产看板都是满箱状态，操作工就会停止生产 GP5 产品。

操作工走到电脑屏幕前，看到 GP5 产品前出现红灯。于是选择一个空箱，执行下达动作。这个过程就是成品发货拉动 GP5 总成单元的生产。由于之前 GP5 已经发货，GP5 单元生产领料，操作工在电脑屏幕上选择已经下达的看板，执行领料申请操作，ERP 系统会生成一张领料申请单。实际上，由于 ERP 系统已经建立了产品结构（BOM）信息，因此，此时 ERP 系统自动判断要生产 GP5 需要哪些品种的物料？需要多少？需要的物料存放在哪里？ERP 系统生成领料申请信息，需要领的料有：从原材料仓库领用 4 号管、加强板、法兰、吊钩等；从弯管超市领用 5 号管；从制消超市领用中段消音器（中消）和后段消音器（后消）。领料申请信息生成后，仓库配料工也能够接收到这个信息，根据 GP5 总成生产单元的领料申请进行配料，并通知物流工将物料送到 GP5 生产单元。同时，叉车从弯管超市和制消超市将物料送到 GP5 生产单元。GP5 单元接收到物料后，撕下领料看板，用条码枪扫描看板上的条码。ERP 系统将领料看板置空（此处需要检验），同时将采购看板置空，如果扫描的是上游工序的生产看板，那么将上游工序的生产看板置空。

GP5 消音器操作工开始生产产品，每加工完一个 GP5 消声器就放到成品料架中，成品料架是一种定量的周转箱。一箱加工完成后，GP5 操作工走到电脑屏幕前，选择刚才下达的生产看板，执行扫描入库动作，ERP 系统将生产看板状态置满。GP5 操作工打印出生产看板，将生产看板贴在成品料架上。叉车将 GP5 料架叉到成品区。

2）制消生产单元补货

在生产过程中，总成生产单元不断地消耗上游工序生产出来的部件，如 GP5 总成不断地消耗中消和后消，因此制消超市的库存不断被吃掉。制消单元的功能是为总成供货，制消单元如果生产多了，那么造成在制品积压，生产少了，造成总成断货。企业生产多品种，而且物流是动态流动，因此，制消单元生产哪个品种，生产多少，什么时候生产，保证既不断货也不超量，这个问题在这种动态的制造现场中就是一个非常复杂的问题，这些问题在传统制造业往往是凭人为的经验来判断，下面来看 T 公司是怎么做的。

制消生产单元的操作工依据看板的状态来生产。事实上，在 T 公司总共有 27 个生产单元，每个生产单元都有一台电脑终端，全部连接到全公司的 ERP 系统。制消单元也是如此。制消单元操作工走到电脑屏幕前，GP5中消看板前出现红灯。于是选择一个空箱看板，执行下达动作。制消单元生产领料，制消单元操作工在电脑屏幕上选择已经下达的看板，执行领料申请操作，ERP系统会生成一张领料申请单。领料申请信息生成后，仓库配料工也能够接收到这个信息，根据制消单元的领料申请进行配料，并通知物流工将物料送到制消单元。制消单元接收到物料后，撕下领料看板，用条码枪扫描看板上的条码。

3）制消单元操作工生产消音器

制消单元操作工开始生产产品，每加工完一个消声器就放到成品料架中。一箱加工完成后，制消单元操作工走到电脑屏幕前，选择刚才下达的生产看板，执行扫描入库动作，ERP系统将生产看板状态置满，制消单元操作工打印出生产看板，将生产看板贴在成品料架上。

物流工将制消单元料箱运送到制消超市。操作工决定做什么，取决于哪个品种已经亮红灯；做多少，就是将亮红灯的品种一直补充到绿灯状态为止。制消单元的看板为什么会亮红灯？那是因为总成单元消耗了制消单元的产品，一旦制消单元的成品低于安全库存，ERP系统就会在制消单元的屏幕上亮红灯。制消单元的操作工只要看见红灯就进行补货。这个过程就是总成拉动制消单元的生产。

成品发货拉动GP5总成进行生产，总成单元又拉动制消单元进行生产。可以看出，看板管理正是借由这一层一层的拉动关系，在每个独立的生产单元之间建立起实时的信息流传递，进而借由看板来达到每个生产单元互相协同的目的。

在整个过程之中，制消单元并不需要关心其他单元的生产情况，它需要做的只是关注自己的看板，亮红灯就生产，生产完就停止。事实上，所有的生产单元也都按红、黄、绿规则来操作，所有的生产单元都不需要关注其他单元的情况，它们需要做的就是把自己门前的雪扫掉。因此，看板管理对各个生产单元而言，其生产管理具有很强的独立性。

总之，看板管理使汽车零部件生产实现了全面协同，与此同时看板又让各生产单元实现独立生产，从而使T公司建立了能够自我循环、自我调节的精益生产管理体系，大大改善了公司的存货管理。在过去的一年中，T公司以加快市场响应速度和改善存货管理为出发点，充分运用看板管理，致力于缩短产品制造生产周期和降低运营成本，在实践中取得了一定成效。如产品整体制造周期大大缩短，在未增加额外投资的情况下提高产能近20%，在满足客户交付的基础上降低了在制品库存近15%。而尤为重要的是，T公司在实施看板管理过程中，逐步培养了一支具有不断创新和改善意识的员工团队，从某种意义上说这是T公司更大的收获。

（资料来源：赵艳丰. 汽车零部件厂商如何运用看板管理[J]. 装备制造，2014，(4).）

问题与讨论：

(1) T公司看板系统中看板卡是如何使用的？

(2) 如何理解看板管理在精益生产中的作用？

参 考 文 献

[1] 冯云翔. 精益生产方式[M]. 北京：企业管理出版社，1995.

[2] [日]大野耐一. 丰田生产方式[M]. 谢克俭，李颖秋，译. 北京：中国铁道出版社，2014.

[3] [美]詹姆斯·P. 沃麦克，丹尼尔·鲁斯，等. 改变世界的机器[M]. 余锋，等译. 北京：机械工业出版社，2015.

[4] 刘树华，鲁建厦，王家尧. 精益生产[M]. 北京：机械工业出版社，2014.

[5] 陈荣秋，马士华. 生产与运作管理[M].3版. 北京：高等教育出版社，2012.

[6] 刘胜军，毛同霞. 图解精益生产[M]. 北京：机械工业出版社，2014.

[7] 耿殿明. 精益化管理断想[J]. 大众企业管理，1996，(10).

第 *14* 章

本章要点

本章讨论了 ERP 的发展阶段，从 MRP 开始到 ERP 未来的发展趋势结束，分别从
MRP、MRPⅡ、ERP、ERP 的发展趋势四个方面进行详细的阐述。通过本章的学习，可
以了解 ERP 的发展历程，认识 MRP、MRPⅡ及 ERP 的区别和联系，了解物联网 ERP、
云计算 ERP 等 ERP 未来的发展趋势。通过学习 MRP 的相关内容，可以了解 MRP 产生的
背景和作用，掌握非独立需求物料的概念及 MRP 的逻辑计算。通过学习 ERP 的相关内
容，可以了解 ERP 的管理思想并初步掌握 ERP 系统在实际企业中的操作流程，增强读者
的动手能力。

关键术语

物料需求计划（Material Requirements Planning，MRP）；制造资源计划
（Manufacturing Resource Planning，MRPⅡ）；企业资源计划（Enterprise Resource Plan-
ning，ERP）；物料清单（Bill Of Materials，BOM）；生产能力计划（Capacity Requirements
Planning）。

14.1 MRP

14.1.1 MRP 产生的背景

企业可能会面临这样的窘境：虽然拥有卓越的销售人员推销产品，但是生产部门却没
有办法如期交货，车间管理人员抱怨说采购部门没有及时供应他们所需要的原料；而采购

部门则显得效率过高，仓库里囤积的某些材料一年都用不完，仓库库位饱和，资金周转得很慢；许多公司要用6～13个星期的时间，才能计算出所需要的物料量，所以订货周期只能为6～13个星期；订货单和采购单上的日期和缺料单上的日期都不相同。产生这些问题的主要原因是企业对物料的需求管理不善。所谓物料，泛指原材料、在制品、外购件以及产成品。

按需求来源的不同，物料可以分为独立需求与相关需求两种类型：独立需求是指需求量和需求的时间由企业外部市场需求来决定，如客户订购的产品、配件、科研试制需要的样品、售后维修需要的备品备件等，即独立售给客户的物料；相关需求是指根据物料之间的结构组成关系由独立需求的物料所产生的需求，如组件、半成品、零部件、原材料等的需求。相关需求物料不是孤立的，是受独立需求物料约束的。因此，在企业中大量的相关需求的物料只会出现在生产过程中。

物料作为制造业生产和经营管理的主要对象，直接影响到企业的生存与发展，降低物料的管理成本，优化物料的库存管理，成为企业管理者重点关注的内容。MRP的产生为企业的管理者更好地优化生产管理提供了可能。

MRP即物料需求计划(Material Requirements Planning)，是20世纪60年代发展起来的通过计算机计算所需物料的需求量和需求时间，从而确定材料的加工进度和订货日程的一种实用技术。在MRP产生之前，企业的物资库存计划通常采用订货点法，当库存水平低于订货点时就开始订货。这种管理办法在物资消耗量平稳的情况下适用，但不适用于订单生产。随着计算机技术的发展以及独立需求和相关需求概念的提出，将企业中大量的相关需求物料按照物料清单、库存情况和生产计划编制出物资的相关需求时间表并按时采购，这样就可以大大降低库存。

MRP是一种工业制造企业内物资计划管理模式。它根据产品结构各层次物品的从属和数量关系，以每项物料为计划对象，以完工日期为时间基准倒排计划，按提前期长短确定各种物料下达计划时间的先后顺序，然后基于产品生成材料的加工进度计划，组成产品的物料结构表和所需物资的需求数量和时间，最终确定订货日程。

MRP系统最主要的目标是确定每项物料在每个时区的需求量，以便为正确地进行生产库存管理提供必要的信息。其主要功能是：①从最终产品的生产计划(独立需求)导出相关物料的需求量和需求时间(相关需求)；②根据物料的需求时间和生产(订货)周期来确定其开始生产(订货)的时间。

14.1.2 MRP的基本构成

MRP的基本内容是编制零件的生产计划和采购计划。然而，要正确编制零件计划，首先必须落实产品的生产进度计划，用MRP的术语就是主生产计划(MPS)，这是MRP展开的依据。MRP还需要知道产品的零件结构，即物料清单(Bill Of Material，BOM)，才能把主生产计划展开成零件计划；同时，必须知道库存数量才能准确计算出零件的采购数量。因此，基本MRP的计算依据是：①MPS；②BOM；③库存信息。它们之间的逻辑流程关系如图14-1所示。

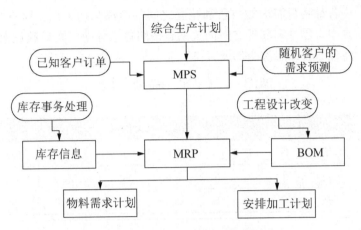

图 14 - 1　MRP 的流程关系图

1. MPS

MPS 是以客户销售订单和市场预测为需求数据源，以企业生产的产品为对象，说明什么时间生产什么产品以及生产多少的计划安排。即计划企业应该生产的最终产品的数量和交货期，并在生产需求和可用资源之间进行平衡。

MPS 是确定产成品在不同时间内的生产数量计划。其中产成品要具体到产品的品种、规格及型号；时间通常以周为单位，在有些情况下，也可以是月或季。MPS 是独立需求计划，它根据客户合同和市场预测，把经营计划或生产大纲中的产品系列具体化，使之成为展开 MRP 的主要依据，起到了从综合计划向具体计划过渡的作用。因此，MRP 是产销协调的依据，是所有物料供需计划的根源。企业内部制造、委外加工和物料采购三种活动的具体日程都是依据 MPS 的日程经过计算而得出来的。

2. BOM

MRP 系统要正确计算出物料需求的时间和数量，特别是相关需求物料的数量和时间，就必须让系统知道企业所制造产成品的产品结构。BOM 不只是所有原件的清单，还反映了产品项目的结构层次以及制成最终产品的各个阶段的先后顺序。各种产品由于结构复杂程度不同，产品结构层次数也不同。为了形象地说明产品结构文件，以一辆自行车的产品结构为例，如图 14 - 2 所示。

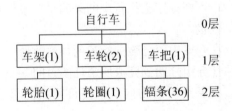

图 14 - 2　自行车产品结构图

当然，这并不是我们最终所要的 BOM。为了便于计算机识别，必须把产品结构图转换成规范的数据格式，这种用规范的数据格式来描述产品结构的文件就是 BOM。它必须说明组件（部件）中各种物料需求的数量和相互之间的组成结构关系。BOM 有单层式和缩排式两种。在前者中，零件和部件之间的关系是按照各个装配层次单独记录的，见表 14-1(a)；后者是指将各个装配层次全部展开排列在一起，见表 14-1(b)。

表 14-1　自行车产品的物料清单

(a)

层次	物料号	物料名称	单位	数量	类型	成品率	ABC 码	生效日期	失效日期	提前期
1	GB120	车架	件	1	N	1.0	A	140101	161231	3
1	GL120	车轮	个	2	N	1.0	A	000000	999999	2
1	113000	车把	套	1	B	1.0	A	000000	999999	4

(b)

层次	物料号	物料名称	单位	数量	类型	成品率	ABC 码	生效日期	失效日期	提前期
0	GB950	自行车	辆	1	N	1.0	A	140101	161231	2
1	GB120	车架	件	1	N	1.0	A	140101	161231	2
1	GL120	车轮	个	2	N	1.0	A	000000	999999	0
1	113000	车把	套	1	B	1.0	A	000000	999999	4
2	LG300	轮圈	件	1	B	1.0	A	140101	161231	5
2	GB890	轮胎	套	1	B	1.0	B	000000	999999	7
2	GBA30	辐条	根	36	B	1.0	B	140101	161231	4

注：类型中"N"为自制件，"B"为外购件。

3. **库存信息**

库存信息是保存企业所有产品、零部件、在制品、原材料等存在状态的数据库。在 MRP 系统中，将产品、零部件、在制品、原材料甚至工装工具等统称为"物料"或"项目"。为便于计算机识别，必须对物料进行编码。物料编码是 MRP 系统识别物料的唯一标识。

(1) 现有库存量：在企业仓库中实际存放的物料的可用数量。

(2) 计划收到量（在途量）：根据正在执行中的采购订单或生产订单，在未来某个时段物料将要入库或将要完成的数量。

(3) 已分配量：尚保存在仓库中但已被分配掉的物料数量。

(4) 提前期：执行某项任务由开始到完成所消耗的时间。

(5) 订购（生产）批量：在某个时段内向供应商订购或要求生产部门生产某种物料的数量。

(6) 安全库存量：为了预防需求或供应方面的不可预测的波动，在仓库中保持最低库存数量作为安全库存量。

根据上述各项数值，如果已知某物料的毛需求量，可以计算出该物料的净需求量：

$$净需求量＝毛需求量－现有库存量＋在途量－已分配量＋安全库存量 \qquad (14\text{-}1)$$

14.1.3　MRP 的基本计算

MRP 系统可以获取相关计划信息，并自动计算满足顾客需求所需要的物料数量和时间。这一部分将介绍 MRP 如何实现这些计算。

1. MRP 的运算逻辑

MRP 的运算逻辑如图 14-3 所示，按照产品结构清单，逐层进行计算，在每一层中按时段的先后依次计算。

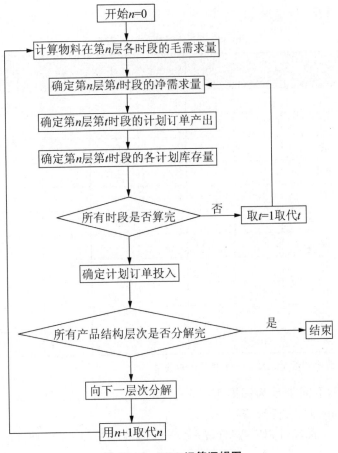

图 14-3　MRP 运算逻辑图

2. 物料需求量的计算

掌握了 MRP 的运算逻辑以后，我们就可以计算各个产品及相应部件的需求量。推算 t 周期、n 层各零件的毛需求量 $G(t)$：如果是独立需求物料，则 $G(t)=X(t)$，其中 $X(t)$ 为 t 周期主生产作业计划的需求量；如果是相关需求物料，则 $G(t)=\lambda Y(t)$，其中 $Y(t)$ 为 t 周期组装产品的需求量，λ 为每件产品需要组装材料的数量。

【例 14-1】　某产品的结构以及提前期(L)如图 14-4 所示。如果主生产计划确定第 8 周生产 100 件 A，且 A 和所有零件的当前库存和计划库存为零，则 A(8)＝100 件；B(4)＝100 件；C(4)＝200 件；D(2)＝200 件；E(2)＝400 件。

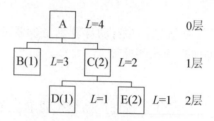

图 14 - 4　产品的结构及提前期

各时期需求如表 14 - 2 所示。

表 14 - 2　各时期材料的需求

层次	零件	项目	1	2	3	4	5	6	7	8
4	A	G								100
		R				100				
3	B	G				100				
		R	100							
1	C	G				200				
		R		200						
1	D	G		200						
		R	200							
1	E	G		400						
		R	400							

注：G——生产需要的数量；R——计划下达的数量。

假设 A 产品的毛需求量为每周 10、15、25、25、30、45、20、30，从第一周开始。我们可以采用下面的方式进行计算：

计划库存(H)＝前期计划库存量($H-1$)＋计划收到量(S)＋计划订单入库(P)－毛需求量(G)

其中：

前期计划库存量($H-1$)＝现有库存量－已分配库存量－安全库存量

在实际应用中，现有库存可以用实际盘点数量。净需求量确定公式如下：

净需求量(N)＝毛需求量(G)－计划收到量(S)－前期计划库存量($H-1$)

要注意的是，由于提前期的存在，物料的计划交付时间和净需求时间有时会产生不一致。另外，我们为了简化计算，也暂时没有将安全库存量考虑在内。因此产品 A 各个时间段的需求量计算见表 14 - 3。

表 14-3　产品 A 的需求量　　　　　　　　　　单位：件

时间 项目	0	1	2	3	4	5	6	7	8
毛需求量		10	15	25	25	30	45	20	30
计划收到量		10	25						
计划库存	10	10	20	20	20	15	0	5	0
净需求量				5	5	10	30	20	25
计划订单入库				25	25	25	30	25	25
计划订单下达	25	25	25	30	25	25			

注：产品 A，提前期＝4，经济订货批量＝25。

以上计算过程表明 A 的计划订单下达和毛需求量之间并不是一致的，而且净需求量与计划订单入库之间也有差别，这是由于产品的经济订货批量所导致的。同样，所需原材料 B、C、D、E 都可以用这种方式计算。

经过了以上的展开计算后，我们就可以得出产品 A 的零部件的各项相关需求量。然而，现实中企业的情况远没有这样简单，在许多加工制造性的企业中，由于产品种类繁多，并不只是产品 A 要用到部件 B、部件 C 以及零件 D 和 E，可能还有其他产品也需要用到它们，也可能零件 D、E 还有一定的独立需求（如作为服务件用的零件等）。所以，MRP 要做的工作是要先把企业在一定时段内对同一零部件的毛需求汇总，然后再据此算出它们在各个时段内的净需求量和计划交付量，并据以安排生产计划和采购计划。

对于一个基本 MRP 的运算循环，在当前的 ERP 系统中都可以由计算机完成。借助于先进的计算机技术和管理软件而进行的物料需求量的计算，比传统的手工计算方式，时间将大大缩短，准确度也相应地得以大幅度提高。

3. 实际结果的修正

当 MRP 输出计算结果以后，企业还要考虑安全存货持有量、批量规模选择等因素对实际的订货或者生产批量进行修正，下面我们分别进行讨论。

1）安全库存

从理论上说，非独立需求的存货系统不需要再考虑最终产品的安全存货问题，因为一旦主生产计划确定下来，产品生产的数量和出产时间就被严格控制，因此无须设置安全存货。然而实际上仍然有例外发生。例如，瓶颈工序或残次品率剧增会使后续程序缺货，此外还有到货延迟、制造或装配时间超过期望时间等诸多因素，都会导致缺货。

根据以上问题，MRP 系统进行批量修正。首先需要识别可能发生变化的活动或业务，确定变化范围；其次仔细权衡需求与持有额外存货的成本之间的利害关系；最后选择一定数量的最终产品的安全存货，以防需求波动，并且按经济订货批量来计划入库的数量。这时，计划发出订货数量就会由于安全存货量的因素而有所增加。

2）批量规模

批量的确定是非常复杂的，一般有按需确定批量法、经济订购批量法、最小总费用法、最小单位费用法等。所有方法中，最简单也最常用的也许就是按需确定批量法。其特点是计划订单和生产的批量与净需求的数量相匹配，使得保管费用最小，但是它忽视了准备计划和能力的限制。

有时我们也用 EOQ 模型。如果耗用量比较均衡，它也能使成本最小。一般来说，如果 MRP 计算的结果小于 EOQ，下达的订单和生产计划批量就取 EOQ 的批量，如果计算的结果大于或者等于 EOQ，我们下达的订单和生产计划批量就以计算结果为准。

成组订货的经济性主要表现为，如果由于使用之前一直持有额外库存而产生额外成本，则成组订货将会节约备货或订货成本。但出于种种原因，企业经理在做决定时往往面临很复杂的情况。第一，把期间需求合并为单个订单，特别是中层或最终细项的，就会产生沿产品树向下的重重影响。也就是说，为了成组，也必须聚合树底层的细项，将它们的备货与持有成本也考虑进来。第二，不平滑的期间需求与较短的计划期需要不断地重算和更新订货规模。安全订货规模的方法有的非常复杂，可能包括所有的相关成本，但有的也相当简单，极易使用和理解。某些情况下，简单方法似乎更接近于成本最小。

14.2 MRPⅡ

14.2.1 MRPⅡ的内涵本质

制造资源计划（Manufacturing Resource Planning，MRPⅡ），并不是一种与 MRP 完全不同的新技术，而是在 MRP 的基础上发展起来的一种新的生产方式。MRP 可以将产品生产计划变成零部件投入生产计划和外购件、原材料的需求计划。但是，只知道考虑各种物料的需要量和需要时间是不够的，如果不具备足够的生产能力，计划将会落空。因此单靠 MRP 依然不能解决问题，这就使 MRP 发展到了闭环 MRP。

闭环 MRP 的"闭环"实际有双重含义。一方面，它不单纯考虑物料需求计划，还将与之有关的需求能力、车间生产作业计划和采购等方面考虑进去，使整个问题形成"闭环"；另一方面，从控制论的观点，在计划制订与实施之后，需要取得反馈信息，以便修改计划与实行控制，这样又形成"闭环"。

在 MRP 出现之前，人们常常在没有 MRP 的条件下，谈论对生产能力的需求，使得对生产能力的需求建立在一种粗糙的估算上。这样得出的能力需求计划是不准确的。与物料的需求一样，对生产能力的需求也有时间性，即在什么时候，需要什么类型的设备，需要多少能力工时。如果不考虑时间性，则无法准确判断生产能力是否满足生产任务的要求。可能从总量上讲，能力工时不少于任务工时，但在某一特定时间内，能力可能不够，也可能有富余。只有得出了物料需求计划，才能确定对能力的需求计划。同样，单纯谈论车间生产作业控制，而不管各个零部件的计划完工期限是否有效，也是没有意义的。要使每个零部件的计划完工期限有效，也需要 MRP 提供准确的零部件计划出产时间。采购更是这样，没有 MRP 提供的原材料及外购件需求计划，采购将是盲目的。

在没有 MRP 之前，各种生产经营活动都是孤立进行的，也只能孤立地进行。因为没有人能够及时做出如此准确的物料需求计划。有了 MRP，才使企业内各项活动建立在更自觉的基础上，使盲目性造成的浪费减少到最少。

　　企业里其他活动单向地从 MRP 取得信息是不够的。MRP 必须从车间、供应部门和设备部门得到信息和反馈信息，才能得出切实可行的物料需求计划。正是这一方面，闭环 MRP 将 MRP 向前推进了一步。成功地应用闭环 MRP 的人们很自然地联想到，既然库存记录足够精确，为什么不可以根据它来计算费用？既然 MRP 得出的是真正要制造和要购买的元件，为什么不能依据它做采购方面的预算？既然生产计划已被分解成确定要实现的零部件的投入出产计划，为什么不可以把它转化为货币单位，使经营计划与生产计划保持一致呢？把生产活动与财务活动、人事活动联系到一起，从考虑物料和能力到考虑所有的制造资源，是从闭环 MRP 向 MRP Ⅱ 迈出的关键一步。MRP Ⅱ 包括了企业其他职能部门的计划和活动，也包括销售、生产、库存、生产作业计划与控制等。

　　由于对各种物料都有确定的时间要求，因而对加工这些物料所需的机器设备、工具、工艺装备、场地和工人也有时间要求，进而对一些后勤部门，如食堂、供热、澡堂等也有确定的时间要求，使企业内一切活动都围绕物料转化准时进行，这就是 MRP Ⅱ。在 MRP Ⅱ 系统中，对物料的需求转化成对资源的需求，MRP Ⅱ 就成了制造资源计划。

　　MRP Ⅱ 能提供一个完整而详尽的计划，可使企业内各部门的活动协调一致，形成一个整体。MRP Ⅱ 不再是生产部门的 MRP 了，而是整个企业的 MRP。各个部门享用共同的数据，消除了重复工作和不一致，也使得各部门的关系更加密切，提高了企业整体运转的效率。MRP Ⅱ 的逻辑流程如图 14 - 5 所示。

14.2.2　MRP Ⅱ 对企业各部门的影响

1. 对营销部门的影响

　　营销部门通过产品出产计划与生产部门建立了密切的联系。按市场预测与顾客订货，使产品出产计划更符合市场的需求。有了产品出产计划，签订销售合同有了可靠依据，可大大提高按期交货率。由于 MRP Ⅱ 有适应变化的能力，它可以弥补预测不准的弱点。

2. 对生产部门的影响

　　过去，生产部门的工作是最不正规的，由于企业内部条件和外部环境的不断变化，生产难以按预定的生产作业计划进行。这使得第一线生产管理人员不相信生产作业计划，他们认为那是理想化的东西，计划永远跟不上变化，因此他们只凭自己的经验和手中的"缺件表"去工作。事实上，在第一线指挥生产的工段长们并非不喜欢计划，而是不喜欢那些流于形式的、不能指挥生产的计划。有了 MRP Ⅱ 之后，计划的完整性、周密性和应变性大大加强，调度工作大为简化，工作质量得到提高。运用计算机可以实现日生产作业计划的编制，充分考虑了内外条件的变化。这使得人们从经验管理走向科学管理。由于采用 MRP Ⅱ 及其他现代管理方法，生产部门的工作逐渐走向正规化。

3. 对采购部门的影响

　　采购人员往往面临两方面的困难：一方面是供方要求提早订货；另一方面是本企业不能提早确定需要的物资数量和交货期。这种情况促使他们早订货和多订货。有了 MRP Ⅱ，

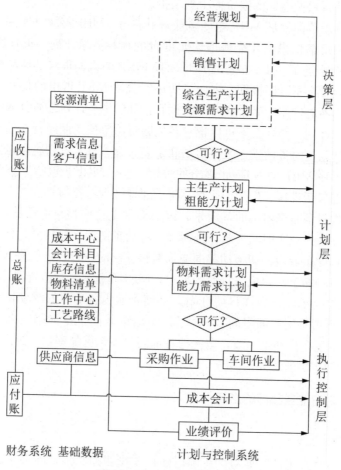

图 14-5 MRPⅡ逻辑流程

采购部门有可能做到按时、按量供应各种物资。由于 MRPⅡ的计划期可长到一两年，一两年后出产的产品所需的原材料和外购件能提前相当长时间告诉采购部门，并能准确地提供各种物资的"期"和"量"方面的要求，避免了盲目多订或少订，节约了资金，也减少了短缺。MRPⅡ不是笼统地提供一个需求的总量，而是要求按计划分期分批地交货，也为供方组织均衡生产创造了条件。

4. 对财务部门的影响

实行 MRPⅡ，可使不同部门采用共同的数据。事实上，一些财务报告在生产报告的基础上是很容易做出的。例如，只要将生产计划中的产品单位转化为货币单位，就构成了经营计划。将实际销售、生产、库存与计划数相比较就会得出控制报告。当生产计划发生变更时，马上就可以反映到经营计划上，可以使决策者迅速了解这种变更在财务上造成的影响。

5. 对技术部门的影响

以往技术部门似乎超脱于生产活动之外，生产上那些琐事似乎与技术人员无关。但是，对于 MRP II 这样的系统来讲，技术部门提供的却是该系统赖以运行的基础数据，它不再是一种参考性的信息，而是一种做控制用的信息。这就要求产品结构清单必须正确，加工路线必须正确，而且不能有含糊之处。修改设计和工艺文件也要经过严格的手续，否则，会造成很大的混乱。按照 MRP II 用户的经验，产品结构清单的准确度必须达到 98% 以上，加工路线的准确度必须达到 95%～98%，库存记录的准确度达到 95% 以上，MRP II 才能运行得比较好。

14.2.3 MRP II 应用中的管理问题

MRP II 是一个很好的计划方法，它不仅是一个计算机化了的生产计划与控制系统，而且是企业资源的协调系统。然而，据报道，在我国成功实施 MRP II 系统达到预期目标的企业比例并不高，且实施成功的企业中大多数为外资企业。

这到底是什么原因？是因为 MRP II 本身有缺陷，还是因为管理有问题？应该说，两方面的原因都存在。任何一种新的管理技术都不可能是完美无缺的，MRP II 也不例外。

MRP II 提前期是以周为计算单位的，这是比较粗糙的处理。提前期为 5 个工作日时，按 1 周计；提前期为 1 天，也按 1 周计。确定提前期要考虑以下几个因素：排队(等待加工)时间，运行(切削、加工、装配等)时间，调整准备时间，等待运输时间，检查时间和运输时间，这几个因素都是很难事先确定的。这些因素与工厂里的工时定额、机器设备及工艺装备的状况，工人的熟练程度，厂内运输的条件以及生产组织管理的水平都有关系。因此，要得出精确的计算公式或程序来确定每批零件的提前期，几乎是不可能的。采取固定提前期固然不太符合实际，但这样做大大简化了计算。由此隐含的假设是，只要按照已经确定的提前期得出的作业计划就是可行的。这就说明，MRP II 实质上是一种"无限能力"作业计划。这可以说是 MRP II 的一个固有缺陷。

尽管 MRP II 有缺陷，但是它仍不失为一个良好的编制生产作业计划的工具。国外很多公司在成功地应用它，它给企业带来的效益也是明显的，这也正是 MRP II 大受欢迎的原因。

"橘生淮南则为橘，生于淮北则为枳"，我国企业应用 MRP II 不够成功，原因还在我国企业的内外环境上面。从一定意义上讲，我国企业管理"先天不足"，这是长期实行计划经济的结果，改变需要一个较长的过程。一个完全处于被动状态的组织，是一个没有活力、僵化的组织。

从应用 MRP II 较为成功的企业经验来看，以下方面是成功实施 MRP II 的有力保证。

(1) 领导重视。实施 MRP II 是"一把手"工程，企业高层领导不关心、不始终如一地给予坚决的支持，是绝对不能成功的。因为实施 MRP II 不是购买或者开发一个软件的问题，而是一场管理变革。这种变革将涉及部门与个人权力和利益的再分配，将改变人们多年的工作习惯，还要外部条件的配合，阻力和干扰是相当大的。山西某纺织机械厂能成为应用 MRP II 系统的明星企业，其最关键的因素是厂长的全力支持。该厂厂长表示："宁可 3 个月不生产，也要把 MRP II 搞上去。"就是凭这种改革的决心和气魄，MRP II 才能在中国的国有企业中成功实施。相反，另一家纺织机械厂，在国内开发 MRP II 比较早，但第一线主要领导从来不过问，结果 MRP II 软件始终处于"演示"状态。

（2）改革企业生产计划管理体制和模式。MRPⅡ是按照产品出产的需要，反工艺顺序得出各种生产作业计划和外购计划。这与我国企业多年采用的计划经济体制形成的以产定销模式不协调。如果企业计划管理体制不变，会产生很大矛盾。某叉车厂历时8年抓库存管理系统的开发，但是由于始终不能摆脱传统的库存管理模式，收效甚微。实施MRPⅡ要有"削足适履"的勇气，要按MRPⅡ的逻辑来改变现行工作方式，而不是用MRPⅡ来适应手工方式，最终把MRPⅡ变成一个高级计算器和打印机。

（3）管理制度的健全和严格执行。从某种意义上讲，实施MRPⅡ要"法制"，管理要规范，要彻底改变人的随意性。制度规定什么时候输入什么数据，就得在什么时候输入；该什么时候付款，就什么时候付；该什么时候投料，就什么时候投。

（4）基础数据的准确性。产品结构文件、库存状态文件等包括的数据一定要准确。将错误的或不及时的数据输入，MRPⅡ就生成错误的结果。

（5）全员参与。实施MRPⅡ需要人人参与，因为MRPⅡ渗透到企业的各个活动之中。尤其是各种业务人员，他们虽然十分忙，也必须要直接参与，进行数据输入和处理操作。因此，要对员工进行培训，让每位员工都学会使用MRPⅡ系统来完成本职工作。

（6）总体规划，分步实施。MRPⅡ是整个企业的系统，必须要有总体规划。但实施中又不可能一步到位，必须选择突破口，集中精力解决某个局部问题（如库存管理或产品结构文件管理），总结经验、见到效果，以此为基础逐渐全面推开。项目开始时可能要搞"双轨制"运行，即计算机系统和手工系统同时运行，待条件成熟后完全切换到计算机系统。

14.3 ERP

14.3.1 ERP 原理

将顾客和供应商的信息加入MRPⅡ中，便形成了企业资源计划（Enterprise Resource Planning，ERP）。ERP的概念最先是由美国著名的咨询公司高德纳公司于20世纪90年代初提出来的。最初ERP被定义为应用软件，ERP是从MRP、MRPⅡ发展而来的，ERP在功能上对MRPⅡ有所扩展，在MRPⅡ的基础上增加了设备管理、质量管理、分销管理、固定资产管理、工资管理和人力资源管理，管理信息的集成度更高。由于迅速为全世界商业企业所接受，现今ERP已经发展成为先进的企业管理理论。ERP系统，已成为建立在资讯技术基础上，以系统化的管理思想，为企业提供决策和执行手段的综合管理平台。ERP也是实施企业流程再造的重要工具之一，世界500强企业中有80％以上的企业都在用ERP软件充当决策工具和管理日常业务流程，其功效可见一斑。

ERP是整合了企业管理理念、业务流程、基础数据、人力物力、计算机硬件和软件于一体的企业资源管理系统。该系统通过对企业所拥有的人、财、物、信息、时间和空间等综合资源进行综合平衡和优化管理，协调企业各部门以市场为导向开展业务活动，提高企业的核心竞争力，实现以客户为中心的经营战略目标。所以，ERP不单是一种软件，更是一种管理工具。它是信息技术与管理思想的融合体，也就是先进的管理思想借助电

脑，来达成企业的管理目标。

　　ERP 的基本思想是将企业的制造流程看作一条联结供应商、制造商、分销商和顾客的供应链，强调对供应链的整体管理，使制造过程更有效，使企业流程更加紧密地集成到一起，从而缩短从顾客订货到交货的时间，快速地满足市场需求。ERP 跨出了对企业内部制造资源的管理，就是说受控资源不再限于企业内部，而是扩展到整个供应链上，把供应商、客户等外部资源集成进来，这是 ERP 对 MRP Ⅱ 最主要的改进。

　　除了 MRP、财务、人力资源、供应链和客户关系管理模块，ERP 软件商们还能提供很多其他的功能模块。这些软件供应商通过不同的软件功能模块来为企业提供各种"解决方案"，这些软件包可以根据需要进行组合和搭配，以满足不同企业的需求。

　　随着计算机技术的发展和 ERP 实践的深入，ERP 逐渐出现了适应各种行业的版本，主要有离散制造业的 ERP 和流程制造业的 ERP。流程制造业重视对设备系统的监控与维护，以确保设备完好。流程制造业已形成了独特的 ERP 模式，主要功能包括生产计划与统计、生产数据管理、车间管理、库存管理、采购管理、销售管理、质量管理、设备管理、动力管理、账务管理、成本管理、固定资产管理、工资管理和人力资源管理等。

　　有关 MRP Ⅱ、ERP 软件的产品约有 500 余种。ERP 产品以大型化、特色化和多种行业版本为特征。世界著名的 ERP 产品制造商是 SAP 和 Oracle。SAP 是一家大型 ERP 软件供应商，该公司开发了上千个业务应用程序界面，供访问数据库之用。而其他的软件商则使自己的程序能兼容第三方的软件。对 ERP 系统界面的需求是如此强烈，以至于形成了一个专门开发软件界面的新行业。这种新的软件类别有时也叫中间件或者企业应用集成软件(Enterprise Application Integration，EAI)。这些程序界面可以不断扩展 ERP 系统来集成其他系统软件，如仓库管理、物流系统、电子目录、质量管理以及产品生命周期管理等。正是这种能够集成其他系统的潜在优势，特别是种类丰富的第三方软件，才使得 ERP 如此吸引人。

　　ERP 出现不久，就遇到互联网热潮和制造业的国际化，从而使 ERP 的功能得到进一步扩展，将 ERP 推向一个新阶段。ERP 的功能扩展突出表现在以下几方面：①纳入产品数据管理(Product Data Management，PDM)功能。SAP 公司的 R/3 系统直接加入了与 PDM 重叠的功能，增加了对设计数据的管理、设计文档的应用和管理，减少了 MRP Ⅱ 庞大的数据管理和数据准备工作量。②增加了工作流功能。使用 ERP 后出现了电子文档在规定时间按指定路线传递的问题，为此需要对工作流进行有效控制。新的管理模式也要求将重构后的业务流程用计算机软件的方式控制起来。对工作流的管理使 ERP 的功能扩展到办公自动化和业务流程的控制中。③增加了数据仓库和联机分析处理功能。该功能为企业高层领导提供决策所需的数据。使用 Web 客户机具有费用低、安装和维护方便、跨平台运行和具有统一友好用户界面的优点，加之所有的数据库厂商对 Web 技术的支持，使得几乎所有客户/服务器应用程序的开发厂商都将 Web 浏览器的前端安装到他们的产品上去。Oracle、SAP 都把他们的 MRP Ⅱ/ERP 客户/服务器应用程序的客户机"Web 化"。

SAP 公司

德国 SAP 公司成立于 1972 年，是全球最大的企业管理和协同化电子商务解决方案供应商、全球第三大独立软件供应商。目前，SAP 在 50 多个国家拥有 29 000 多名员工，在 120 多个国家和地区拥有 18 800 多家客户，以及 1 000 多万最终用户，世界 500 强中 80% 以上的公司都在使用 SAP 的管理解决方案。主要赞誉：1996 年欧洲年度最佳公司；1999 年《财富》500 强、最佳 ERP 应用奖；2000 年《金融时报》全球最有声誉公司前 30 强，其中 28 家都是 SAP 的用户；2002 年《福布斯》全球计算机软件最佳企业。

SAP 早在 20 世纪 80 年代就在中国开展业务，1995 年正式成立中国分公司。作为中国 ERP 市场的领导者之一，SAP 的市场份额已达 30%。从 2000 年开始 SAP 已为海尔、小天鹅等 100 多家不同行业的集团提供了最新的服务。1996 年年初，SAP 推出了首个中国本地化的 SAP R/3 系统。SAP R/3 系统是 ERP 领域的最佳解决方案，它包括财务会计、管理会计、生产计划和控制、项目管理、物料管理、质量管理、工厂维护、销售和分销、服务管理、人力资源管理等模块，具备全面、集成、灵活、开放的特点。R/3 系统包含符合中国财税部门要求的账务系统、报表系统、增值税系统以及完全中国化的人力资源系统等。

（资料来源：http：//wiki.mbalib.com/wiki.）

14.3.2 ERP 系统应用实例

正如前面所述，ERP 逐渐出现了适应各种行业的版本。下面以用友 ERP 系统为平台，结合 A 制造企业的生产业务发生情况，论述 ERP 系统的实际应用。

1. A 制造企业的生产业务流程

A 制造企业的生产管理是实现对生产业务的管理，包括计划制订与下达、生产订单的调整、生产业务的管理、产品的检验等。

（1）计划制订与下达。通过生产计划与采购计划的管理，可以帮助企业实现生产业务与采购业务的事前准确预测。销售部根据自己的销售情况下达生产订单或者产品预测订单，生产部根据生产订单或者产品预测订单进行大量生产；生产部门还会对一些需要重新改制的产成品填制生产订单；生产部门对下达的所有生产订单进行物料需求分析；主管和生产总监同意生产部上报的物料计划后才能向采购部提交采购申请。研发部门下达研发样机的生产订单，手工填制生产订单进行小规模生产，生产企业单独对研发样机的小订单进行生产，同时研发部可以根据自己的生产订单进行物料分析，向主管和经理部门报审，批准后向采购部门递交采购申请。其流程如图 14－6 所示。

（2）生产订单的调整。由于销售订单的增加或减少导致生产订单的调整，生产部门一旦接到订单的调整通知就要判断订单调整的方式，并根据订单的调整更改生产计划，同时调整生产订单子件。其流程如图 14－7 所示。

（3）生产业务的管理。本业务是对整个生产流程的管理和掌控，包括了原材料的领取和产成品的入库。生产部组织生产之前先判断是否要生产领料，如果不需要领料就直接生

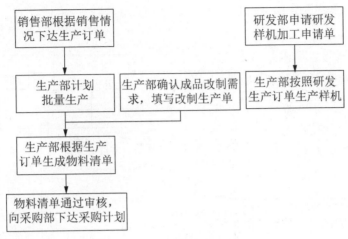

图 14-6 计划制订与下达流程

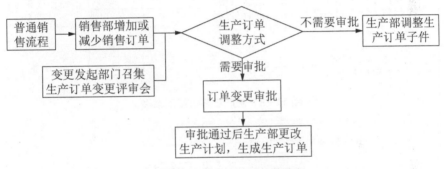

图 14-7 生产订单的调整流程

产产成品, 完工后进入检验流程, 经检验合格产成品入库, 同时财务部对产品入库单据记账核算产品入库成本; 如果需要领料就要判断是否为补领料, 是就要填写物料补领单, 不是则直接通过主管审核去仓库领取原材料, 最后由财务记账核算材料出库成本。其流程如图 14-8 所示。

(4) 产品的检验。产品检验主要是针对完工产成品入库前的检验。生产部向质检部递交产成品质检申请, 质检部开始启动质量检查流程, 经过检验判断是不是合格。检测不合格的产品经过评审分成三种处理方式: 一是让步接受进入合格品检验流程; 二是可以返修进入产品生产流程; 三是报废。只有那些通过最终检验的产成品才能进入产成品库, 并办理入库手续。而那些报废的产品则需要进入不合格品仓库, 定期盘点, 经公司高层主管审核批准后最终销毁并填制其他出库单。其流程如图 14-9 所示。

2. A 企业生产业务在 ERP 中的实现

企业的所有业务都是由需求引起的, 而且在 ERP 系统中所有业务模块都是相关的。为此本例拟定两笔业务: A 企业在 2013 年 3 月 18 号接到客户购买 A1 的两个订单, 分别需要在 3 月 30 号和 4 月 5 号交货。产品 A1 的 BOM 如图 14-10 所示。

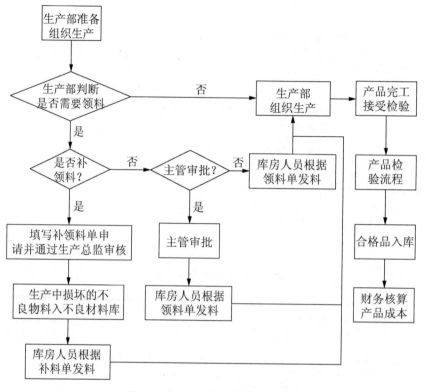

图 14-8　生产业务的管理流程

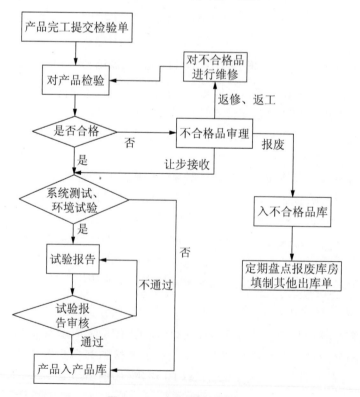

图 14-9　产品的检验流程

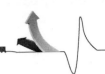

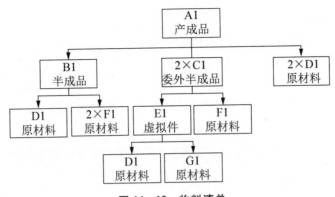

图 14-10　物料清单

1) BOM 的编制

BOM 是产品结构的报表形式,它说明了产品结构上下层的从属关系和数量关系。本例所选的产品结构相对比较简单,只有三层,而实际的制造业中有很多产品结构达 6～9 层。由于产品结构层次越多计划和管理就越复杂,为了避免数据的冗余性和复杂性,企业在设计产品结构的时候尽可能提供由标准的"单层结构"组成的不同性能各异的产品结构,也就是标准化。

没有完整准确的 BOM,一切生产业务都无从开展。BOM 建立之后就可以完成标准成本(物料、人工、制造费用等)的计算;新产品的成本模拟;支持按订单配置产品的组件选配;以及成为仓库管理中领料或发料的依据。表 14-4 记载了物料的各种参数、属性及有关信息。

表 14-4　BOM

母件编码	母件名称	子件编码	子件名称	基本用量	基础数量
A1	产成品 A1	B1	半成品 B1	1	1
		C1	委外半成品 C1	2	1
		D1	原材料 D1	2	1
B1	半成品 B1	D1	原材料 D1	1	1
		F1	原材料 F1	2	1
C1	委外半成品 C1	E1	虚拟件 E1	1	1
		F1	原材料 F1	1	1
E1	虚拟件 E1	D1	原材料 D1	1	1
		G1	原材料 G1	1	1
A2	研发产成品 A2	B2	研发半成品 B2	1	1
		D1	原材料 D1	2	1
B2	研发半成品 B2	D1	原材料 D1	1	1
		F2	原材料 F2	2	1

2）业务流程操作

（1）销售业务之顾客下订单。销售部门于 3 月 18 日接到客户订单后，销售助理开始在系统中录入预销售订单。两笔业务均为对 A1 产成品的购买：一笔业务是需要 30 台，预交货日期为 4 月 5 日，预完工日期为 4 月 4 日，报价为 650 元；一笔业务是需要 10 台，预交货日期为 3 月 30 日，预完工日期为 3 月 29 日，报价为 650 元。录入相关信息，如图 14-11 所示。

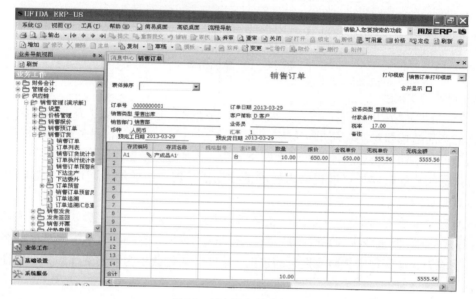

图 14-11　录入销售订单

（2）MRP 运算。定义产品的需求预测资料，以设定的预测版本、需求时栅、截止日期等作为 MRP 运算时需求来源的依据。"预测版本"是参与 MRP 计算的需求预测订单的版本，可输可不输；"需求时栅"必须输入；"重复计划时格代号"是指重复制造计划期间所用的时段代码可不输入；"计划期间起始日期"，输入日期不可大于系统日期及当前期间起始日期，MRP 运算时系统以该日期为起点，并按"重复计划时格"代号所对应的时段和顺序来划分期间；"截止日期"是指参与 MRP 的客户订单和产品预测订单资料预计完工的日期，如果客户订单或预测订单的截止日期是这个日期之后的，都不是本次计划的对象："来源 MPS 计划代号"默认当前生效的 MPS 代号，可更改，如果没有使用 MPS 系统则可不输入。MRP 计划参数设置如图 14-12 所示。

MRP 运算时考虑以下供应量：物料现存量、锁定及审核采购请购单/采购订单/进口订单/生产订单/委外订单余量(不含业务类型为"直运采购"的采购/请购订单及在"采购类型"中设置"参与 MRP 运算"为"否"的单据和来源 MRP 计划代号中锁定的计划订单)。若是重复计划按照第一件和最后一件完成日之间的日产量来计算其供应数量。

MRP 运算时考虑以下需求量：锁定及审核客户订单余量、审核产品预测订单量；计划、锁定及审核生产订单/委外订单子件未领用量，但若子件供应仓库类型为非 MRP 仓库，则子件需求不予考虑。业务类型为"直运销售"的客户订单以及在"销售类型"中设

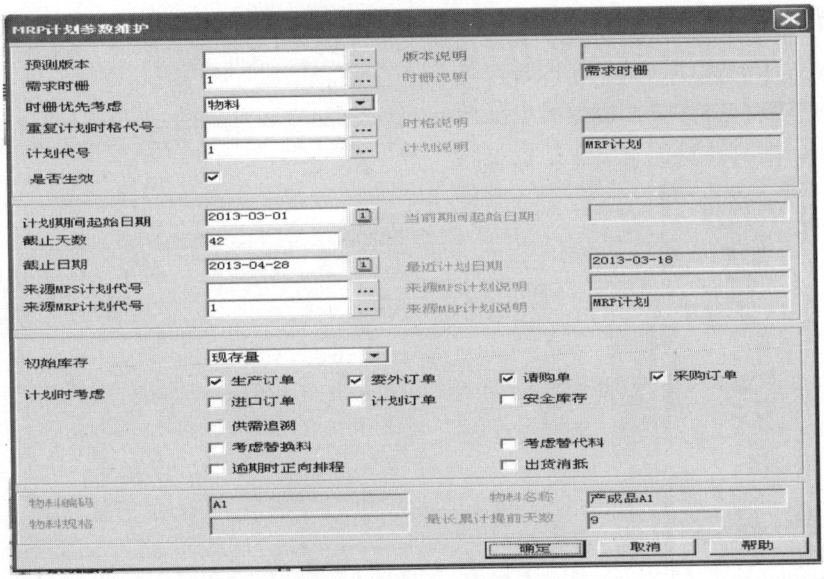

图 14-12　MRP 计划参数设置

置"参与 MRP 运算"设置为"否"的客户订单将不纳入 MRP 运算。若是重复计划其子件需求数量按照第一件和最后一件开工日之间的日产量来计算子件需求量。

参数设置完成后，要生成 MRP 计划来进行 MRP 运算。操作提示：选择【业务工作】—【生产制造】—【需求规划】—【计划作业】—【MRP 计划生成】—【执行】。在执行时需要注意把来源 MRP 计划代号填写上。计划生成后，可以通过【计划作业】中的【MRP 计划维护】来查询 MRP 运算的结果。

（3）采购业务。A 企业的采购业务和一般制造企业的采购业务流程相似：采购请购—采购订货—采购到货—采购检验—采购入库—登记采购发票—采购结算。

采购请购：采购员参照 MRP 生成采购请购单，也就是把客户下的订单经过 MRP 运算自动生成采购计划。操作提示：①选择【业务工作】—【供应链】—【采购管理】—【请购】—【请购单】；②选择【增加】—【生单】—【MPS/MRP 计划】；③单击【保存】按钮保存请购单，并单击【审核】按钮对请购单进行审核。输入采购请购单如图 14-13 所示。

采购订货：采购员参照请购单生成采购订单并对其审核。其操作步骤与采购请购单的操作一样。

采购到货与采购检验：供应商到货后，采购员参照采购订单生成到货单。操作提示：①选择【业务工作】—【供应链】—【采购管理】—【采购到货】—【到货单】；②单击【增加】—【生单】—【采购订单】；③单击【保存】按钮保存到货单。

质检员检验完货物，如果采购产品全部合格则【审核】到货单。对于质检不合格的产品，质检部门需要审核到货单后，填制到货拒收单，可以自己填制也可以由到货单自动生成。

采购入库：经质检部门质检合格后，需要通知库房办理入库手续。操作提示：①选择

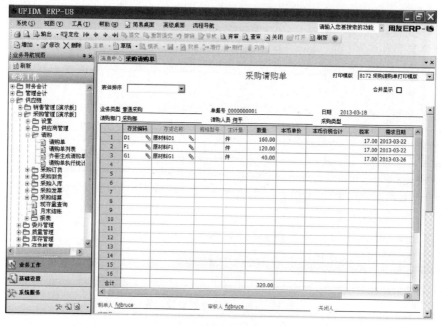

图 14 - 13　输入采购请购单

【业务工作】—【供应链】—【库存管理】—【入库业务】—【采购入库单】；②选择【生单】—【采购到货单（蓝字）】；③单击【保存】按钮保存采购入库单，并单击【审核】按钮对采购入库单进行审核。

登记采购发票：供应商开具的采购发票需要在系统中录入。操作提示：①选择【业务工作】—【供应链】—【采购管理】—【采购发票】—【专用采购发票】；②选择【增加】—【生单】—【入库单】；③单击【保存】按钮保存采购发票；④单击【结算】按钮，对专用采购发票进行结算操作。生成的专用发票如图 14 - 14 所示。

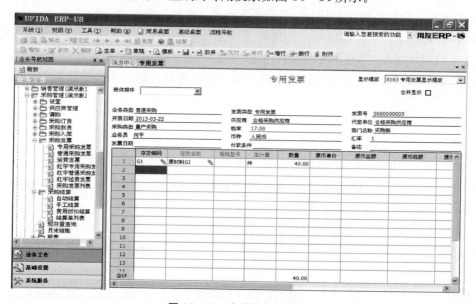

图 14 - 14　生成的专用发票

在 ERP 系统中进行采购管理相关业务操作之前要录入期初数据。这个期初数据包括：期初暂估入库，指的是还没有收到供货单位采购发票的物料入库单；期初在途存货，指的是已取得供货单位的采购发票，但货物尚没有入库；期初受托代销商品，指的是没有与供货单位结算完的受托代销的入库记录；期初代管挂账确认单，指的是已与代管的供应商进行了耗用挂账，但还没有取得供应商的采购发票。

任何企业的账簿都应有期初数据，以保证其数据的连贯性。因此在初次使用该系统时必须要输入期初的数据。期初记账是将采购期初数据记入有关采购账。期初记账后，期初数据不能增加、修改，除非取消期初记账。

应付业务处理：财务部门需要对发票进行处理生成凭证，其操作提示为：①选择【业务工作】—【财务会计】—【应付款管理】—【应付单据处理】—【应付单据审核】；②选择【业务工作】—【财务会计】—【应付款管理】—【制单处理】。生成的应付账款凭证如图 14-15 所示。

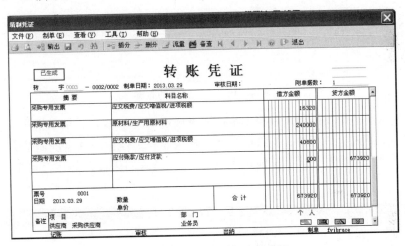

图 14-15　生成的应付账款凭证

当财务收到付款单据后可以在【业务工作】—【财务会计】—【付款管理】—【付款单据处理】—【付款单据审核录入】中录入相应的付款单据。之后要进行付款核销应付款的工作，其系统操作提示为【业务工作】—【供应链】—【应付管理】—【核销处理】—【手工核销】/【自动核销】。

（4）生产业务。A 企业的生产业务流程：生产订单生成—生产领料—产品报检—产品检验—半成品入库。

生产订单生成：生产订单又称制造命令，它记录着生产产品所需物料的数量以及计划开工与完工日期等。生产订单可以协助企业有效掌握各项制造活动的信息，为现场派工或领料提供依据。

生产部安排生产计划，并根据 MRP 计划生成生产订单。操作提示：①选择【业务工作】—【生产制造】—【生产订单】—【生产订单生成】—【生产订单自动生成】；②选择【修改】对生产订单开工日期等信息进行修改；③单击【保存】按钮生成生产订单；④选择【业务工作】—【生产制造】—【生产订单】—【生产订单处理】—【生产订单整批处理】对生产订单进行审核操作。可以在【生产订单综合查询】中查询生产订单的详细情况，如图 14-16 所示。

图 14-16　生产订单的查询

如果研发部下达研发样机工单决定生产研发样机 A2 共 10 台，那么生产部对于此种生产计划应该手工录入生产订单。操作提示：选择【业务工作】—【生产制造】—【生产订单】—【生产订单生成】—【手工输入生产订单】。录入的研发产品生产订单如图 14-17 所示。

图 14-17　研发产品生产订单

生产领料：按照生产订单的计划准备领料，审核通过后要办理材料出库，在 ERP 软件中要生成材料出库单。操作提示：①选择【业务工作】—【供应链】—【库存管理】—

【出库业务】—【材料出库单】；②单击【生单】—【生产订单（蓝字）】选择需要进行生产领料的生产订单；③填写领料仓库，出库类别、部门信息。出库类别为材料领用出库，部门为生产部；④单击【保存】按钮保存材料出库单，单击【审核】按钮，审核材料出库单。生产订单领料操作如图 14-18 所示。

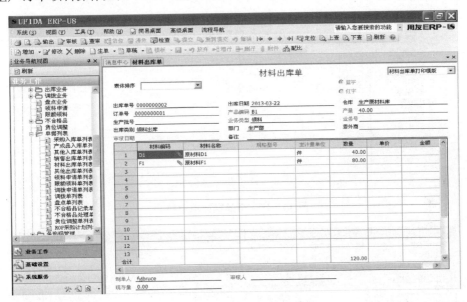

图 14-18   生产订单领料操作

操作演示中半成品和产成品的材料出库单是按照原材料到货及加工的时间分别填写的，要注意时间顺序。实际操作就按照当期发生的业务逐一处理即可。

产品报检：生产部生产的半成品和产品要先报检，通过质检部的检验后才能入库。为此报检的操作提示为：①选择【业务工作】—【生产制造】—【生产订单】—【生产订单处理】—【生产订单整批处理】；②选择需要报检的生产订单，单击【报检】按钮进行报检；③选择【业务工作】—【供应链】—【质量管理】—【产品检验】—【产品报检单】审核产品报检单，如图 14-19 所示。

产品检验：质量部收到生产部传来的报检单后，按照质检规则对半成品或者产成品进行检验。规则设置在软件中表现为：①需要对质量管理的基础档案进行设置，设置相应的质检方案及质检参数；②在基础设置的存货档案设置中也需要把检验方式和检验规则设置好。检验完成后在系统中填写产品检验单。

操作提示：选择【业务工作】—【供应链】—【质量管理】—【产品检验】—【产品检验单】，参照报检单录入并保存。

企业在实际应用过程中要按照自己的质检规则以及质检结果填写表体内容，如检验项目、检验指标、检验水平等。

半成品入库：检验合格的半产品办理入库。操作提示：①选择【业务工作】—【供应链】—【库存管理】—【入库业务】—【产品入库单】；②选择【生单】—【检验单】；③填写入库仓库，入库类别、部门信息。入库类别为产品入库/半产品入库，部门为生产部。产成品的生产和入库与半成品生产和入库流程一样。产成品入库操作如图 14-20 所示。

图 14－19　产品报检单审核

图 14－20　产成品入库操作

（5）销售业务。A 企业的销售业务流程：销售发货—销售出库—销售开票—销售结算。

销售发货：产品生产检验后，按照客户订货的时间办理产品库房出库并给客户发货。操作提示：①选择【业务工作】—【供应链】—【销售管理】—【销售发货】—【发货单】；②单击【增加】按钮，参照销售订单生成销售发货单；③单击【保存】和【审核】；④选择【业务工作】—【供应链】—【库存管理】—【出库业务】—【销售出库单】找到对应的销售出库单，并单击【审核】按钮后，办理出库手续，如图 14－21 所示。

销售开票：企业的产品售出之后要向客户开具发票。销售发票可以参照销售发货单自

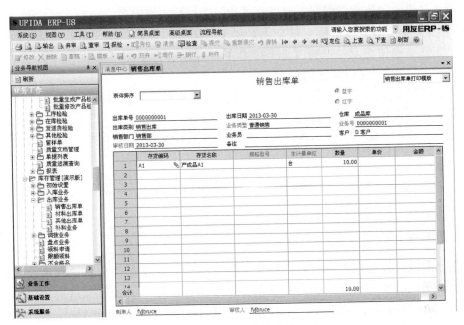

图 14-21　销售出库单

动生单。操作提示：①选择【业务工作】—【供应链】—【销售管理】—【销售开票】—【普通销售发票】；②单击【增加】按钮，参照销售发货单生成销售发票；③单击【保存】和【复核】按钮，对销售发票进行保存和复核。

应收业务处理：开具发票后，应该交由财务部门进行财务处理，生成凭证并记账。这在软件中表现为，销售发票复核后会自动传递到应收管理模块中，由财务部的人员进行应收单据的审核并生成凭证后传递给总账系统，实现月末结账。操作提示：①选择【业务工作】—【财务会计】—【应收管理】—【应收单据处理】—【应收单据审核】；②收款单据录入及审核：选择【业务工作】—【财务会计】—【应收管理】—【制单处理】。生成的应收账款凭证如图 14-22 所示。

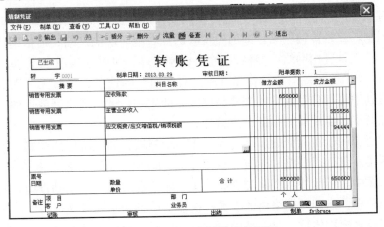

图 14-22　生成的应收账款凭证

当财务部门收到收款单据后，可以在【业务工作】—【财务会计】—【收款管理】—【收款单据处理】—【收款单据审核录入】中录入相应的收款单据，之后要进行收款核销应收款的工作。操作提示：选择【业务工作】—【供应链】—【应收管理】—【核销处理】—【手工核销】/【自动核销】。

以上是比较完整的由客户下达订单所引发的系列操作，在此流程中也可能存在着一些其他的特殊业务操作，比如销售退货、产品借用管理、采购退货、非标生产订单业务等，这些都会在企业的实际运营中出现，而这些业务也都可以通过 ERP 系统自动实现。

14.4 ERP 发展趋势

14.4.1 物联网 ERP

所谓物联网，顾名思义就是物与物之间智能关联，它是企业信息化新模式，是计算机、互联网与移动通信网之后的又一次信息产业浪潮。基本模式是通过射频识别（Radio Frequency Identification，RFID）、全球定位系统（Global Positioning System，GPS）等信息传感设备，进行信息交换和通信，实现智能化识别、定位、跟踪、监控和管理。物品的详细信息将存放在云计算中心，RFID 芯片中只保留物品的 ID 号，云计算中心负责物品 ID 的解析。比尔·盖茨在 1995 年《未来之路》一书中提到了物联网的潜力，Google 也推出了 PowerMeter 等物联网计划。国内外运营商推出的手机支付、路灯监控等应用都属于物联网。物联网是未来世界智能化的画卷。物联网的推广离不开运营商（如电信业）的支持。在技术层面上，IBM "智慧的地球" 是物联网行业解决方案之一。

物联网由云计算的分布式中央处理单元、传输网络和感应识别末梢组成。云计算是分布式计算（Distributed Computing）、并行计算（Parallel Computing）和网络计算（Grid Computing）的发展，它是指在远程的数据中心里，成千上万台电脑和服务器连接成电脑云，用户通过互联网将电脑、笔记本、手机等设备接入数据中心，用户可以在任何地方通过连接的设备访问其应用程序。

物联网有三个应用技术层次：一是传感网络，即以二维码、RFID、传感器为主，实现 "物" 的识别；二是传输网络，即通过现有的互联网、广电网络、通信网络等实现数据的传输与计算；三是应用网络，即输入/输出控制终端，可基于现有的手机、PC、平板电脑等终端进行，RFID 标签中存储着规范而具有互用性的信息，通过无线数据通信网络把它们自动采集到中央信息系统，实现物品（商品）的识别，进而通过开放性的计算器网络实现信息交换和共享，实现对物品的信息管理。

物联网广泛应用于智能交通、环境保护等多个领域。物联网把感应器等芯片嵌入和装备到铁路、桥梁、隧道、公路、建筑、供水系统、电网、大坝、油气管道、钢筋混凝土、管线等各种物体中，然后将物联网与现有的互联网整合为统一的基础设施，实现人类社会与物理系统的整合，达到对网络内的人员、机器、设备和基础设施进行实时管理和控制的目的。物联网就是把物体数字化，基础设施是一块新的地球工地，世界的运转就在物联网中进行，其中包括经济管理、生产运营、社会管理乃至个人生活等方方面面。

物联网应用将无处不在，例如，气象感应系统预知台风来袭时，交通感应单元自动通知渔船返港，高速关闭，划定居民转移区域；当车祸发生时路面监控系统自动通知急救医院并提供最佳路线，GPS 提示来往该路段车辆绕行；每月公共服务系统自动记录水电煤气费通知户主后在银行账号中自动扣款；等等，这一切都会给人类生活带来颠覆性的变革。

物联网 ERP 是指将物联网技术应用在 ERP 中，传统 ERP 功能扩展为具有物联网特征，ERP 的管理范围也由企业内部扩展到与企业经营活动相关的物联网能感知的整个社会。物联网 ERP 将成为企业智能体，扮演企业在智能社会中综合管理的重要角色。

14.4.2　云计算 ERP

云计算的概念源于并行计算、网络计算、公用计算和软件运营（Software-as-a-Service，SaaS）等概念的混合演进并跃升。它是基于互联网的相关服务的增加、使用和交付模式，通常涉及通过互联网来提供动态易扩展且经常是虚拟化的资源。云计算通过超大规模计算机和服务器网络，支持用户在任意位置、使用各种终端获取应用服务。这使得企业能够将资源切换到需要的应用上，根据需求访问计算机和存储系统，企业数据中心的运行将与互联网更相似。可将云计算模式比喻为发电厂集中供电的模式，通过云计算，用户不必购买新的服务器，更不用去部署软件，就可以得到应用环境或者应用本身。对于用户来说，软硬件产品也就不再需要部署在用户身边，这些产品也不再是专属于用户自己的产品，而是变成了一种可利用的、虚拟的资源。通过云计算，更多的应用能够以互联网服务的方式交付和运行，而 ERP 应用程序迁移到云计算中是一个非常重要的趋势。

从云计算用户的角度来看，云计算 ERP 是指用户不必在自己机器上安装与部署 ERP，ERP 软件运行在服务器集群中，通过 Internet 获取所需 ERP 功能服务，每个客户只需通过浏览器就可以享受超级计算机提供的 ERP 服务。云计算 ERP 采用的是高可靠数据，具有以下特点：

（1）高可用性。云计算 ERP 安装部署在商用计算机组成集群上，向用户提供 ERP 数据处理服务。通过集成海量存储和高性能的计算能力，云计算 ERP 能提供高质量的服务。它还可以自动监测失效节点，并将失效节点排除，确保系统的可靠运行。

（2）面向服务架构（Service-Qriented Architecture，SOA）的组件编程模型。云计算 ERP 提供大量 SOA 的组件编程模型。用户通过简单学习，就可以编写 SOA 云计算 ERP 功能扩展程序，并在云计算系统上执行，以满足 ERP 的个性化需求。

（3）经济性。ERP 用户不用购置安装部署 ERP 的硬件与软件，只需按功能需求付费就能获得顶级 ERP 功能服务。用户可以支付不同的费用，以获得不同级别的云计算服务。

14.4.3　电子商务 ERP

电子商务是指以信息网络技术为手段，以商品交换为中心的商务活动。也就是在 Internet 开放的网络环境下，基于浏览器/服务器应用方式，买卖双方不谋面地进行各种商贸活动，实现消费者的网上购物、商户之间的网上交易和在线电子支付以及各种商务活动、交易活动、金融活动和相关的综合服务活动的一种新型的商业运营模式。

随着互联网在全球的普及与数字信息技术的广泛采用，电子商务也越来越成为一种普遍的商务形式，可以说今天的世界贸易已处于电子商务时代。而以电子商务为特征的网络经济的快速发展，使企业的经营环境发生了巨大变化。经济全球化、市场多元化、需求个性化、业务网络化的趋势特征越来越明显。企业不可能在所有的业务上都成为行业的领先者，只有与行业中其他优秀的上下游企业建立紧密合作、利益共享的战略联盟，才能达到优势互补，以适应当今的竞争环境，实现共赢的目标。

要想在企业之间形成一个具有强大竞争力的战略联盟，必然会出现由客户、供应商、制造商、销售商、服务商等合作伙伴连接而成的供应网链，而协同商务就成为供应链上各成员企业最有效的企业管理模式。协同商务的运行需要借助现代企业管理技术、信息技术和集成技术，对整条供应链上的信息流、物流、资金流、业务流和价值流进行有效规划和控制，电子商务 ERP 正是体现上述思想要求最实用的企业信息化手段。

传统 ERP 系统是由 MRP、MRPII 系统发展而来的，突出体现了企业内部业务流程与管理的实践变革和理论变迁，但难以适应整个市场"价值链"给企业带来的影响和冲击，特别是无法应对 Internet 应用的革命性变化。传统 ERP 系统虽然面向整个供应链体系，但其功能仍主要放在改进企业内部流程的效率和有效性上。在激烈的买方市场竞争中，客户已经成为企业兴衰成败的关键，如何从流程优化转向以客户为中心，提高客户的满意度和忠诚度，是 ERP 系统需要改善的一个重要环节。与此同时，知识经济时代的来临预示着智力资本将成为企业价值的重要组成部分，人力资源开发，知识的获取、加工和运用，已经成为企业生产经营的重要内容，而如何在企业供应链管理体系中嵌入知识管理系统是传统 ERP 系统另一个需要改善的重要环节。伴随企业间战略联盟和协同商务的发展，企业产生了与其他行业沟通和快速响应外部环境变化的需求，开始从关注内部功能最优化的垂直一体化组织，向以构筑核心能力为基础的扁平化组织转变，努力在供应链和价值网络中找到最佳定位。所有这一切变化或转变，都成为互联网与电子商务环境下企业对 ERP 变革和整合的基本要求。

电子商务 ERP 把传统 ERP 中的采购、生产、销售、库存管理等物流及资金流模块与电子商务中的网上采购、网上销售、资金支付等模块整合在一起，以电子及电子技术为手段，以商务为核心，打破国家与地区有形无形的壁垒，让企业从传统的注重内部资源管理利用转向注重外部资源管理利用，从企业内的业务集成转向企业之间的业务协同。

电子商务时代，企业要面对更庞大的外部信息和快速变化，巨大的信息量是人力处理所不能完成的，管理系统中必须加入一定的智能化处理功能，才可协助人们有效地完成各项管理工作。因此，ERP 就有了向具备商务智能(Business Intelligence，BI)信息系统方向的延伸发展。商务智能软件已经开始引领一场新的信息变革，为企业运营管理注入了新的活力，而商务智能软件本身也成为最有利的数据挖掘、信息分析整理、辅助决策、数据管理等的综合性工具。商务智能技术提供使企业迅速分析数据的技术和方法，包括收集、管理和分析数据，将这些数据转化为有用的信息，然后分发到企业各处。让企业主管轻易获取第一手即时信息，快速解决棘手的商务问题，是商务智能系统的根本目的。企业要能维持竞争优势，持续改进流程与精确的商业决策是相辅相成的两把利剑。正确的信息才能引导合理而高效率的企业流程，再结合先进的信息技术，流程再造就能将无附加值的活动消除，经营成本将降至最低。改造过的企业流程能提供整合而有效的即时信息，协助提升决策质量。优质的信息与合理的流程形成良性循环，能够使企业持续进行改造。整合企业流程与商业决策的关键在于信息系统。ERP 系统有了商务智能，其流程与信息将形成回路，企业的运营瓶颈将能被及早发觉，系统因此更具有弹性。

随着电子商务技术的发展，企业各种对外的业务活动也已经延伸到了 Internet 上。新一代的 ERP 系统应当支持 Internet 上的信息获取及网上交易的实现。作为 ERP 互联网技术阶段的产物电子商务 ERP 具有应用层面上的双重作用，一方面为电子商务的运行提供了即时传递信息的平台，如为企业建立了所有产品的信息库，包括产品的库存和价格信息等，使企业能迅速查找和提供产品情况；另一方面电子商务 ERP 又具有外部沟通交互能力，把从互联网上获得的信息与企业内部信息很好地结合，使联盟成员共享数据，消除资源的浪费。因此，电子商务 ERP 是推动协同商务及企业良性循环发展的有效模式。总之，电子商务 ERP 也是电子商务时代 ERP 系统新发展的必然产物。

本 章 小 结

ERP 系统在企业信息化建设过程中经历了 MRP、MRP II，这是由 50 多年的信息技术应用实践形成的。ERP 系统对 MRP 进行了两方面的重大改进：其一，根据企业运作原理，从侧重制造业的 MRP II 向一般企业拓展，形成了企业资源计划；其二，在网络经济、知识经济发达的今天，企业仅靠自己孤军奋战，不可能在市场竞争中获得最佳优势，还必须把生产经营过程中涉及供应商、外包制造商、客户等纳入供应链中，而 ERP 正是把企业作为整个供应链的一个节点，整合了其间的合作伙伴关系。ERP 系统包括主生产计划、能力计划、采购计划、销售计划、财务核算、人力资源等。本章从 MRP 开始到 ERP 结束，介绍了 MRP 产生的背景和作用，着重突出了非独立需求物料的概念及其对企业的影响，并且讨论了 MRP 的逻辑计算，作者认为这是掌握 MRP 思想的精髓，也为理解 ERP 奠定了基础。其次本章介绍了 MRP II 与 MRP 的联系以及对企业的影响；接着介绍了 ERP 系统的管理思想，并以制造企业为例对 ERP 系统中的部分模块进行了实际操作；最后描述了物联网 ERP、云计算 ERP 等 ERP 未来的发展趋势。

思考与练习

1. 何谓独立需求和相关需求？两者的区别有哪些？
2. 思考从 MRP 到 ERP 的变化过程与管理理念变革之间的关系。
3. 物料清单的作用是什么？
4. 一家公司生产产品 A，A 由 B(2 个)和 C(3 个)组成，每个 B 又由 D(2 个)、E(2 个)组成，每个 C 又由 F(1 个)和 G(2 个)组成，生产这些零部件的提前期见表 14-5。

表 14-5　零部件生产提前期

A	2周	E	3周
B	1周	F	1周
C	3周	G	2周
D	2周		

所有这些零部件都有 50 件的存货。顾客要求，7 周后交付 300 件产品 A。

（1）画出 A 产品的物料清单结构图。

（2）制订出 A 产品的净物料需求计划。

5. 表 14-6 和图 14-23 列出了组装一个最终 A 产品所需细项及其细项的提前期和库存量。

表 14-6　A 产品细项的提前期和库存量

细　项	A	B	C	D	E	F	G	H
提前期/周	1	2	2	3	1	3	1	2
库存量/周	0	10	15	25	12	30	5	0

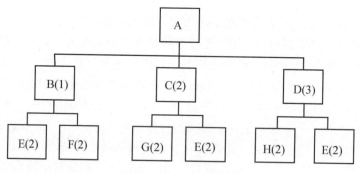

图 14-23　A 产品细项

（1）如果组装 20 单位 A，额外需要多少单位的 E？

（2）根据进度安排，第 11 周开始时有一份运送最终细项的订单。该订单最迟应该什么时候开始才能按时准备好？

6. MRP 系统中的需求来源是什么？这些需求是独立的还是非独立的？以一家消防设备制造商为例，该公司的标准化产品都能获得稳定的订单，公司生产的特制产品也有很好的销量。偶尔，公司也会收到一些国外客户的一次性订单。公司还为客户提供全面维修、备件供应和改制服务。该公司输入 MRP 系统的需求信息由哪些要素组成？

G 公司 ERP 项目实施案例

1. 项目背景

这是一家产值 8 亿元左右的机械制造企业，有职工 7 000 人左右，其中技术人员 600 多人。组织结构为 5 个事业部、17 处、3 室、9 个分厂、1 个科研所，还附属有医院、小学、托儿所、招待所等社会福利机构。20 世纪 90 年代中期以来，企业连年亏损，好在树大根深，尚未大伤元气。近年来，由于国防订货激增，军品外销形势喜人，企业又恢复了生机，产品一时间供不应求。但由于管理粗放，造成成本节节攀高，产值虽大，效益却很一般。这是企业准备上 ERP 的动因之一。

2. 实施过程中的问题

国外关于 ERP 实施的阶段划分是有道理的，只有每一个阶段的工作都做好了，才能保证 ERP 实施成功。下面列出了实施 ERP 过程中的一些问题。

(1) 领导培训。ERP 系统被视为"一把手"工程，对企业高层领导的培训是一项十分重要的工作。而实际情况是如何做的呢？应该说开发商从一开始就十分重视对企业一把手的工作，但不是进行先进管理理念方面的导入，而是把大量的精力放在了公关上。

这个价值近千万元的项目理所当然地引起了多家软件商的角逐，而且此项目居然不进行招标，这就为各家公司的公关工作留下了宽阔的表演舞台。各家公司各显神通地倾情演出，一时间你方唱罢我登台，种种手段不一而足。而极为重要的 ERP 理念导入的工作就相当马虎地一带而过，只是请了一位机械制造专家作了 CIMS 原理的专题讲演，而没有对 ERP 的理念作任何形式的导入工作，从一开始就为今后的失败种下了祸根。

造成这种情况有两方面的原因：一方面，开发商实施队伍尚未完善，唯一具有开发经验和管理经历的实施顾问，既要从事开发工作，又要主持多个项目的实施，困难很大的。毕竟，国内的 ERP 软件最近几年才出现，开发商尤其缺少既懂现代制造业管理又具备较高计算机水平的两栖人才。另外，加之开发商主观上认为自己在公关活动中的工作足以保证后续工作的顺利进行，也不愿意在这方面投入太大的人力、物力，尽可能减少成本开支。除了搞一次讲座外，就没有搞过管理理论方面的培训了。

(2) 需求分析。开发商的需求分析工作也极为马虎。仍然是出于确信自己的公关投入可以保证项目成功(这里开发商理解的成功就是收到项目款)，开发商尽可能地减少成本开支，前期的需求分析工作基本是为了应付立项报批而做的，对二次开发基本没有什么意义。

(3) BPR。在这个项目的实施过程中，无论是开发商还是用户都没有提出来要进行企业管理流程的重组工作。在国企要对企业业务流程做根本性的重组几乎是不可能的，但一点改进都没有而要成功地实施 ERP 同样几乎不可能，实施顾问曾提出过对企业工作流程进行改进的建议，但却泥牛入海，杳无消息。尤其令人不解的是在进驻企业的时候，企业刚完成了对组织机构的调整，其组织结构仍然是高耸的非人格化的组织结构，就是在这样的管理环境下，开展 ERP 的实施工作的。

(4) 项目组织。项目组织从形式上看还比较合理。成立了三级项目组织，企业一把手出任领导小组组长，核心小组、各部门项目组也由重量级人物出任组长。但实际工作起来就不是那么一回事了。一把手虽说是组长，但从头到尾只参加过两次会议。而其余负责人对 ERP 知识极为欠缺，解决不了任何问题。

(5) 实施计划。由于 CIMS 涉及多个系统，计划的组织工作极为繁重，头绪极多，应该采用 PERT 技术进行项目管理。但实际上却没有这样做，仍按传统方法管理项目。整个计划极为概略，只有一个粗线条的时间表，各系统分头进行，互不沟通。加之在发包项目时，CAD、CAPP、PDM 系统包给另一家驰名的软件开发商，不同的软件开发商所用的开发工具不一、工作方式各异，协调起来十分困难，经常出现混乱，而且开发出来的系统与 ERP 系统不能有效集成，形成互无联系的信息孤岛。

(6) 培训工作。对操作员的培训工作较之管理理念方面的培训要好得多。组织了对各部门的操作员培训班，从计算机的基本知识开始进行了系统的培训，并进行了较为严格的考试，合格的颁发了上岗证。但存在的一个问题是培训面不宽，没有进行持续扩大的培训；另一个问题是没有各级管理人员的参加，直接影响了实施工作。

(7) 数据准备。企业布置了全厂的库存盘存，对库存账、物进行了一次较为彻底的清查。经过这次全厂大盘点，企业的家底查得较为清楚，但仍不能达到系统上线的要求。其原因是企业多年来实行的是较为粗放的生产管理方式，系统要求的一些基础数据，企业没有完整的记录。比如，各零部件的制造提前期、采购提前期没有一个准确的数据，尤其是采购提前期没有历史记录资料，也没有制造经济批量和采购经济批量的概念。实施人员不得不亲自整理浩如烟海的数据，进行分析勉强确定出每次订货成本、库存成本，从而为制定出经济制造批量、经济采购批量打下基础。

（8）二次开发。由于没有对企业业务流程进行重组，所以不得不对软件做了较大的修改，使ERP软件带上了浓重的国企特色。

3. 管理冲突

上面着重谈了在实施ERP各阶段中存在的一些问题。而这些问题就直接导出了两种管理模式的一系列冲突，主要表现在以下几方面：

（1）观念之争。多年来，该企业排产的模式是，计划目标或订货合同目标→查半成品库存数→下达各分厂的月生产计划→各车间生产调度指令→各车间自拟物料需求计划→生产处审批→分厂审批→各车间执行。可以看出，在下达生产计划时，传统的方法使企业生产计划制订者只考虑一个影响因素，即制订计划这个时点马上可以用于装配成品的半成品库存数。而其下层的物料库存数量则不在企业生产计划制订者考虑之内，而是交给下级分厂或车间自行决定，由于各部门之间信息不能共享，加之出于各种自身利益考虑，下级提出的物料需求计划常常出现多报、漏报的现象，很不准确。而且以上库存数据均为静态数据，没有考虑到即将到达的物料数量。计划的环节多，审批烦琐，对市场的变化反应迟缓。另一个大问题是传统的生产管理模式没有进行生产能力计算，只是粗略地凭经验估计，没有制订出详细的生产能力需求计划。

（2）粗放与精确之争。根据ERP的原理，需要对制造的各环节进行精确的控制。以A产品为例，该产品的BOM由17层共127个物料组成。其中有制造件、委外加工件和采购件，有的制造件工序达到几十道之多。关于如何制订产品的BOM，曾与生产管理部门爆发了激烈的争执。最先，实施人员和企业有关人员研究决定，根据A产品的零件表把BOM划分为17层共127个物料，生产管理部门起初由于对ERP的工作原理不甚了解，也没有提出反对意见。但在实践中一经施行，上下爆发出一片反对声。

由于长期以来，企业的管理粗放，制造的工序多、流程长、环节多，制造加工过程常有各种损耗。加之管理不严，责任不清，发生差错经常互相推卸，弄得原因不明，责任人不清楚。各车间之间、各车间与分厂之间、分厂与总厂之间的统计数字长期不一致，经过多次大规模人工清查，仍然查不清原因。整个制造的过程宛如一个黑箱，主管生产的领导只知道从源头投入了多少原材料，最后产出了多少成品，而中间损耗的详情不清楚，如具体损耗在哪一个部门、哪一个工序、损耗多少、原因是什么、责任人是谁。

企业的领导极想通过ERP系统来控制生产的全过程，搞清上述问题。那么要做到这一点，就必须把BOM层次分得尽可能细，当然就要求对BOM上每一层次的物料进行控制，要求每一个责任人每天录入收到原料数、加工完成数、加工损耗数、未加工完成数、检验合格数、加工损耗原因等数据。生产线上的每个环节、每个责任人都处于受控状态，这当然与原有随意、散漫的工作模式大相径庭。于是，从生产管理部门的管理人员到生产线上的工人都以种种理由拒不执行。这也是没有事先进行BPR所带来的一个明显的恶果，如果事先进行了合理的管理改进，把各方的利益结合起来，就不会导致这种普遍反对的结果。面对来自中下层的强烈反对，国有企业的管理弱点暴露无遗，高层领导也不敢强行推行。最后，由开发商与企业的领导商讨后裁定，适当减少层次，减少控制环节。于是A产品的物料清单结构层降为9层86个物料。

（3）采购方针之争。根据ERP的管理思想，应当在需要的时间向需要的部门提供需要数量和品种的物料。原则上，要求物料不能脱供也不能早供。然而，企业的实际情况却是生产所需求原材料以季度为单位进行采购。也就是说，本季度生产中所需的大多数原材料在上季度末采购到位。这就造成企业长期库存大、周转慢，而一旦市场发生变化，对生产进行调整而不再需要某些已采购物料，则会造成库存积压，而调整生产后所急需的原材料又无钱购买。

为解决此问题，曾提出了严格按 ERP 的物料需求计划生成的采购订单进行采购的解决方案。但采购部门却认为，由于该企业采购资金紧张，通常采用赊购的采购方针，而赊购某些较为紧俏的物料依赖业务人员的业务能力，其订货周期不能确定。这就导致不能制订正确的采购提前期。

果然不出开发商所料，尽管存在上面所说的种种问题，项目还是实施"成功"了。在开发商和企业共同"努力"下，此项目通过了国家高技术研究发展计划专家组的鉴定。开发商如愿以偿地挣到了钱，而留给企业，留给工人们的是什么呢？后来没过多久，企业的 CAPP、PDM 早已废置一旁，ERP 中的生产计划、销售、采购模块仍然没有发挥作用。倒是库存管理、人事管理、财务管理还能起一些作用，但企业付出的与得到的实在不成比例。

（资料来源：王小云，等. ERP 企业管理案例教程[M]. 北京：清华大学出版社，2007：363-365.）

问题与讨论：

(1) 成功实施 ERP 项目应具备哪些条件？

(2) 如何看待 G 公司 ERP 项目的实施过程与结果？

参 考 文 献

[1] 陈荣秋，马士华. 生产与运作管理[M]. 3 版. 北京：高等教育出版社，2012.

[2] 刘翔，施文. ERP 原理与应用 [M]. 北京：清华大学出版社，2011.

[3] 邱灿华. 运营管理 [M]. 北京：电子工业出版社，2011.

[4] 张莉莉. 用友 ERP 生产管理系统实验教程[M]. 北京：清华大学出版社，2012.

[5] 刘永胜. 供应链管理基础[M]. 北京：中国物资出版社，2009.

[6] 黄小原，卢震，赵晓煜. ERP 理论与构建[M]. 北京：科学出版社，2006.

[7] 李静宜，逄卉一. ERP 登堂入室之路[M]. 北京：中国经济时代出版社，2014.

[8] 李静宜，张琳. 用友 ERP 供应链管理实务[M]. 北京：清华大学出版社，2015.

[9] http://wiki.mbalib.com/wiki/ERP.

第15章

基于互联网的供应链管理

本章要点

本章讨论的是互联网时代环境下的供应链管理。首先对供应链管理的概念做了介绍，并进一步阐明了供应链管理的关键问题以及网络对供应链战略的影响，然后对供应链系统设计的思路进行了分析。在供应链管理中如何与合作伙伴进行协调以及怎样协调，如何应对供应链中存在的风险，是本章重点介绍的内容。通过学习本章可以了解供应链管理思想的产生以及供应链管理的内容，掌握供应链中协调控制的方法以及应对风险的对策。

关键术语

供应链(Supply Chain)；供应链管理(Supply Chain Managemet)；信息技术(Information Technology)；互联网(Internet)；供应链设计(Supply Chain Design)；协调控制(Coordinated Control)；风险管理(Risk Management)。

15.1 供应链管理概述

当今全球市场竞争激烈，新产品的生命周期越来越短，顾客期望不断提高，这些因素迫使企业开始投资并关注于它们的供应链。同时通信与运输技术的不断发展(如移动通信、互联网、全球送达)，促使供应链管理理念及其管理技术也在不断地发展。

15.1.1 供应链管理思想的提出

一直以来，企业出于管理和控制上的目的，对与产品制造有关的活动和资源一直是采取自行投资或兼并的"纵向一体化"模式，如美国的福特汽车公司曾经拥有铁路、钢铁厂、橡胶园等，这是为给自己品牌的汽车提供原材料，一切自给自足。脱胎于计划经济体制下的中国企业更是如此，"大而全、小而全"的思维方式至今在各级企业领导者头脑中占据主要位置，许多制造企业仍然拥有庞大的运转体系。

"纵向一体化"的目的是加强企业对原材料、制造、分销和销售全过程的控制，使企业能很好地适应市场的发展变化，增加各个业务活动阶段的利润。在相对稳定的市场环境中，采用"纵向一体化"战略是有效的。但是，面对高科技的迅速发展，全球性竞争日益激烈，顾客需求不断变化的局势，对大多数企业来说，"纵向一体化"发展战略不仅无法实现上述目的，而且会增加企业的投资负担，并且迫使自己从事并不擅长的业务活动。因此，供应链管理这一新的经营模式被企业所关注。

1. 供应链的概念

国家标准 GB/T 18354—2006《物流术语》对供应链的定义是"生产及流通过程中，涉及将产品或服务提供给最终用户所形成的网链结构"。

也就是说，供应链是指由原材料获取、加工原材料成中间产品和最终产品并将产品送到用户手中所涉及的多个企业或企业部门组成的一个网络，也即在产品生产和流通过程中所涉及的原材料供应商、生产制造商、分销商、零售商直到最终消费者或用户等成员组成的供需网络。图 15-1 就是一个供应链的示意图，为简洁起见，图中只给出了供应链各节点之间的上下连接关系，没有画出物流、信息流和资金流等其他要素。

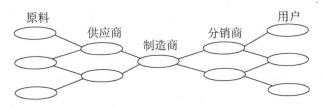

图 15-1　供应链示意图

早期的观点认为供应链是制造企业中的一个内部过程，它是指把从企业外部采购的原材料和零部件，通过生产转换和销售等活动，再传递到零售商和用户的一个过程。传统的供应链概念局限于企业的内部操作层上，注重企业的自身资源利用目标。有些学者把供应链的概念与采购、供应管理相关联，用来表示与供应商之间的关系。但这是一种仅仅局限于制造商和供应商之间的关系，而且供应链中的各企业独立运作，忽略了与外部供应链成员企业的联系，往往造成企业间的目标冲突。

现如今，供应链的概念更加注重围绕核心企业的网链关系，如核心企业与供应商、供应商的供应商乃至与一切前向的关系，核心企业与用户、用户的用户及一切后向的关系。此时对供应链的认识形成了一个网链的概念，像丰田(Toyota)、耐克(Nike)、尼桑(Nissan)、麦当劳(McDonalds)和苹果(Apple)等公司的供应链管理都是从网链的角度来理解和实施的。从网链功能理解供应链概念，还包含强调供应链的战略伙伴关系问题。供应链中战略伙伴关系是很重要的，通过建立战略伙伴关系，可以与重要的供应商和用户更有效地开展工作。

2. 供应链管理的概念

国家标准 GB/T 18354—2006《物流术语》对供应链管理的定义是"对供应链涉及的全部活动进行计划、组织、协调与控制"。

供应链是一个包含供应商、制造商、运输商、零售商以及客户等多个主体的复杂系统。供应链涉及的就是通过计划、获得、存储、分销、服务等这样一些活动而在供应链各节点之间形成一种利益关系衔接，从而能更好地满足供应链上各个利益主体的需求。供应链涉及的活动在整个供应链上形成了物流、资金流、信息流、商流、服务流等多种流态，从而将供应商、制造商、销售商、运输商以及最终用户协调整合为一个利益共同体。而供应链管理就是围绕供应链核心企业，通过对物流、信息流、资金流等的规划与控制，实现供应链上各节点企业间的密切协作，谋求实现供应链运营效率最高、成本最低、风险最小、价值最大。成功的供应链管理能够协调并整合供应链中所有的活动，使供应链运营成为无缝链接的一体化过程，最终获得供应链企业集成的竞争优势。

概括来说，供应链管理是借助信息技术和管理技术，将供应链上业务伙伴的业务流程相互集成，从而有效地管理从原材料采购、产品制造、分销到交付给最终用户的全过程，在提高客户满意度的同时降低整个供应链系统的成本，提高各企业的效益。

供应链管理效益很明显。实践证明，供应链的实施可以给企业带来很多好处，如降低成本、改善客户服务、加快资金周转、增加市场占有率等。更重要的是，企业之间通过实施战略伙伴合作，采用集中化仓储，或者使用直接转运策略等，都会显著改善供应链的整体绩效。

借助供应链管理，企业将获得单一企业无法形成的战略合作竞争优势，正如英国著名物流专家马丁•克里斯托弗曾经说过的，"市场上只有供应链而没有企业，真正的竞争不是企业与企业之间的竞争，而是供应链与供应链之间的竞争"。供应链已经成为企业生存的灵魂，企业要想在市场竞争中立于不败之地，必须重视对供应链的管理并进行系统的设计与优化。

15.1.2 供应链管理中的关键问题

1. 配送网络设置和库存控制

考虑几个生产厂商向一些地理上分散的零售商提供产品；或者由于需求模式的改变需要改变工厂的产量、新供应商的选择以及货物在配送网络中的流动方式。这些配送网络的设置要求决策可以达到生产、库存、运输成本的最小化并能满足必要的服务水平要求。这是一个复杂的优化问题，需要借助先进的技术和方法来解决。

2. 供应合同

在传统的供应链战略中，节点企业只关注自己的利润，很少在制定决策时考虑对其他供应链伙伴的影响。买卖双方的关系是通过规定价格、数量折扣、交货提前期、质量、退货等条款的供应合同确立的。问题是，供应合同是否可以用来取代传统供应链战略来优化整个供应链绩效？特别是数量折扣和收入分配合同对供应链的绩效有何影响？供应商是否可以采用某些定价策略以激励买方在一段时间内订购更多的产品，同时还能增加供应商的利润？这些对于网络环境下的供应链管理都是重要的问题。

3. 供应链集成和战略合作伙伴

由于供应链本身的动态性和不同合作伙伴追求目标的冲突性，设计与实施全局优化供应链是相当困难的。在当下的竞争市场环境里，大多数企业没有可选的余地。残酷的竞争迫使它们必须要整合其供应链，并进行战略合作。这样的压力源于它们的顾客和其他供应链伙伴。信息共享和运作规划是成功集成供应链的关键。但是，什么信息应该共享？如何使用这些共享信息？与外部伙伴达成什么程度的集成是必要的？这些问题都是供应链管理中的关键问题。

4. 外包和采购策略

网络的快速发展对采购策略有重要的影响，当与贸易伙伴进行交易时，企业应该使用自由的还是公共的交易平台？当企业选择外包时，如何保证产品按时供应，降低风险？这些也都是供应链管理者协调供应链活动时需要考虑的问题。

5. 产品设计

有效设计在供应链中扮演关键的角色，因为重新设计产品通常费用是昂贵的。合理的产品设计相对于其他设计会降低库存持有成本和运输成本。

6. 信息技术

信息技术是供应链管理得以实现的关键。实际上，目前供应链管理之所以引发人们如此大的兴趣，一方面由于充分的数据信息使企业机会增多，另一方面由于完善的数据分析可以获得成本的节约。供应链管理的主要问题不在于是否能够获取数据，而在于什么数据应该获得并加以分析，简单地说就是在海量数据中寻找有用的数据信息。

15.1.3 互联网对供应链发展的影响

B2B 电子商务、互联网交易、电子供应链管理，等等，信息与计算机技术的发展使得世界变成数字的。

1. 互联网为供应链战略合作创造新机会

互联网具有庞大的受众量，公司可以利用它超越当前的供应链合伙人范围，接触更多、更广泛的企业。一些公司通常会将其受众范围拓展到自己供应商的供应商、客户的客户。

Adaptec 是一家生产高科技零部件的企业，它为我们提供了一个拓展受众量的范例。该公司在考虑扩展受众范围时，没有选择花上 12 亿美元建一个新的生产企业，而是组建了一个包括生产商、供应商、供应商的供应商在内的虚拟工厂。现在，Adaptec 公司利用互联网对所有这些参与者的生产行为进行实时计划与同步配合，其中包括产品规格、购买订单、即时更新及交货通知等。如果没有以互联网为基础的机构与经营，要想在这么广泛的参与者间进行协调是不可能的。公司并不仅仅避免了一项大规模的投资，还将制造周期从 105 天减少至 55 天，这也使客户非常满意。

通过客户需求数据的共享，所有合伙人都能减少预测上的误差，从而降低库存并提高制造利用率。此外，生产与交货日程的相互协调也同样可以降低库存及成本。然而，还是有不少公司在设法利用互联网提高自身时，没有把供应链合伙人考虑在内。与此相比，一些领先的公司却坚定地与供应链合伙人通力合作，对合作事宜采取积极的态度，并努力寻找双方互利的机会。

2. 改变供应链流程

公司还可以利用互联网逐步加强供应链上的各个层面，或者与新的参与者进行接触以推销产品或发放信息。领先的公司找到了改变供应链流程、创立自身优势的办法。

例如，FedEx 与 Kinko 合作建立了一套新的文件分发流程，在 FedEx 独有的空运方式之外另辟蹊径。这两家公司现在可以接收客户的电子版文件，并将其马上发送至欲接收此文件的客户打印机上。这样一来，FedEx 与 Kinko 就可以实现当天交货，比传统的，即使两天内交货的方式都更节省成本。这两家公司以这种方法在美国 60 个主要市场运作，21 世纪初已将服务扩展至全美 80％的人口。

3. 增加收入与削减成本并重

对于大多数公司而言，它们只是指望着利用自己的供应链减少材料、运输及库存成本。然而，领先的公司在削减成本的同时，还把注意力放在增加收入的前提下。

当一家公司利用互联网来减少订货到交货次数、提高可靠性并扩大产品选择范围时，它的客户就会以提高价格或要求增加市场份额来回应，有时甚至这两种措施都会用上。而当公司与其客户展开合作，共同利用互联网进行产品开发时，客户将从中受益，公司自身也将因此而受益。对于那些利用互联网来拓展全新客户的公司而言，这就等于开辟了新的创利源泉。例如，一家生产工业阀门的公司过去一直将大部分产品卖给造纸、化工及石油产业的客户。而当它采用了网络客户界面后，公司便进入了一个由商业分销商和建筑承包商构成的全新市场，仅此当年就增加了 5％的收入。

4. 开辟全新产业

借助互联网可以很方便地向身处其他行业的企业提供优质服务，一些公司便充分利用了这一机会，创造了全新的收入源泉。

例如，Banta 是一家印刷及文件管理公司，它知道自己的全球网络定位及追踪技术除了应用在文件分发系统以外，还可能有更大的用途。因此，公司便通过一家与原先业务完全脱离的企业，为电子行业提供库存及分发管理服务。通过这样的做法，Banta 使它新客户减少了支出，提高了服务素质并增强了公司对营业环境改变而做出相应调整的能力。

5. 关注实施的过程

对最重要的项目全力以赴，推迟或干脆取消其他的项目。调查显示，成功实施所面临的最大危险之一就是同时开展太多的项目。事实证明，许多公司由于同时开展的项目太多，摊子铺得太大，结果反而导致在经营上力不从心。效率最高的公司只会开发那些能够快速取得效益，或能为公司切实地赢得长期优势的项目。

成功的项目实施是那些分解成小部分进行，具有明确效果与清晰利益的操作过程。来自美国的调查显示，清晰的供应链投资（投资额少于 5 000 万美元）以百分比计能够获得 3 倍的回报，即 1.5 亿美元。此外，值得注意的是大部分小项目的回报都超过了原先的目标，而大项目的回报则低于原来的预期。对业务过程的投资至少应与对信息技术（Information Technology，IT）的投资一样多。

15.2　供应链系统设计

15.2.1　供应链系统的典型结构

人们一般所指的供应链系统，是站在一个核心企业的角度来看的，图 15-2 是这种供应链的典型结构。整个供应链系统就是从"源"到"汇"的整体特征。实际的供应链系统在形式上可能是千差万别的，但是其主要特征确实是共同的。更确切地讲，供应链是一个网状的"链"，或简称网链。这个网链是由将产品或服务提供给最终用户活动的上下游节点企业构成的，必须有一个核心企业，核心企业可以是制造型企业也可以是零售服务型企业。

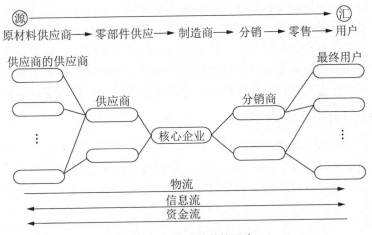

图 15-2　供应链结构示意

在网状结构的供应链中，核心企业在供应链的组建及运行过程中起主导作用。核心企业的价值认同方式、管理理念及组织、信息模式对整个供应链系统的各节点企业有重要影响，可以说这一供应链是围绕核心企业的运作而建立起来的。供应链中的核心企业往往是那些拥有控制产品的核心技术，或拥有知名品牌，或有极强研发能力和渠道控制能力的企业。供应链中的其他成员企业主要围绕着核心企业的运作展开经营活动，如以通用电气公司为核心的供应链，以宝治公司为核心的供应链，以及以海尔公司为核心的供应链等。

15.2.2　供应链系统设计的基本问题

供应链系统的设计，就是要建立以一个企业为核心，集成上游企业和下游企业的协调系统。要想提高供应链管理的运作绩效，除了要有一个高效的运行机制外，建立一个优化的供应链系统也是极为重要的一个环节。因此，作为供应链管理的一个重要环节，无论是理论研究人员还是企业实际管理人员，都非常重视供应链的构建问题。

1. 供应链设计的系统观

按照系统论创始人贝塔朗菲的定义，"系统是相互联系相互作用的诸元素的综合体"。供应链是一个系统，而且是一个复杂系统。因为，供应链是由一系列相互关联、相互作用的企业结成的综合体。这些企业为了实现快速响应、满足市场需求的目的，形成一个企业联盟体系。供应链中的企业或相关部门之间相互作用、相互影响、相互制约，其组成和结构具有一定的规律，其运行也有一定的规律。在进行供应链设计时，必须认识到供应链所具有的系统功能特征，按照系统的思想和方法进行设计和优化。

2. 供应链设计与物流系统设计

物流系统是供应链的物流通道，是供应链管理的重要内容。物流系统设计是指原材料和外购件所经历的采购入厂→存储→投料→加工制造→装配→包装→运输→分销→零售等一系列物流过程的设计。物流系统设计也称通道设计，是供应链系统设计中最主要的工作之一。设计一个结构合理的物流通道对于降低库存、减少成本、缩短提前期、实施准时化生产与供销、提高供应链的整体运作效率都是很重要的。但供应链设计却不等同于物流系统设计，它从更广泛的企业整体角度去构思企业运作模式，是扩展的企业模型。它既包括物流系统，还包括信息和组织以及价值流和相应的服务体系建设。在供应链的设计中，创新性的管理思维和观念极为重要，要把整体思维观融入供应链的构思和建设中，企业之间要有并行的设计才能实现并行的运作模式，这是供应链设计中最为重要的思想。

3. 供应链设计与环境因素

一个设计合理的供应链在实际运行中并不一定能像预想的那样完美，甚至无法达到设想的要求，这是主观设想与实际效果的差距。原因并不一定是设计或构想不完美，而是环境因素发生了某些变化。因此构建和设计一个供应链，一方面要考虑供应链运行环境（地域、政治、文化、经济等因素），另一方面还应考虑未来环境的变化对实施的供应链的影响。必须用发展的、变化的眼光来设计供应链，无论是信息系统的构建还是物流通路的设计都应具有较高的柔性，以提高供应链对环境的适应能力。

4. 供应链设计与企业管理组织重构

从企业的角度来看，供应链的设计是一个企业的改造问题。因为供应链管理引进的是一种新的思想，要按照这种思想重构企业的运作框架和战略系统，就要对原有的管理架构进行反思，必要时要进行一些革命性的变革。所以，供应链系统的建设也就是企业或者是企业群体进行业务流程的重构过程。要从管理思想革新的角度，以创新的观念武装企业（如动态联盟与虚拟企业、精益型生产等）。

5. 供应链设计与先进制造模式

供应链设计既是从管理新思维的角度去改造企业，也是先进制造模式的客观要求和推动的结果。如果没有全球制造、虚拟制造这些先进制造模式的出现，供应链的管理思想是很难得以实现的。正是先进制造模式的资源配置沿着"劳动密集—设备密集—信息密集—知识密集"的方向发展才使得企业的组织模式和管理模式发生相应的变化，从制造技术的技术集成演变为组织和信息等相关资源的集成。供应链管理适应了这种趋势，因此，供应链的设计应把握这种内在的联系，使供应链管理成为适应先进制造模式发展的先进管理思想。

15.2.3　供应链系统设计的要求和原则

供应链系统的设计应满足以下要求。

（1）根据不同群体的需求划分顾客，以使供应链适应目标市场的需求，按市场划分进行物流网络的顾客化改造，满足不同顾客群需求及确保供应链企业能够盈利。

（2）根据市场动态使整个供应链的资源计划成为一体，保证资源的最优配置。上下游企业的计划应该与市场需求动态协调编制，保证需求与供给之间在时间、品种、数量上满足配套要求。一方面保证生产能力的有效利用，另一方面减少由于不协调而产生的库存。

（3）产品差异化尽量靠近用户，并通过供应链实现快速响应。

（4）对供应资源实施战略管理，减少物流与服务的成本。

（5）实施整个供应链系统的技术开发战略，建立能够集成所有合作伙伴的信息技术平台，以支持多层决策，准确掌握供应链的产品流、服务流、信息流等的变化状态。

除了供应链设计的指导思想外，还有一些供应链设计的原则。遵循这些基本的原则，就可以减少供应链系统设计中的失误，节省时间，并且保证供应链的设计和重建的可靠性。

供应链系统设计应遵循的原则如下。

（1）简洁性原则。简洁性是供应链的一个重要原则，为了能使供应链具有灵活快速响应市场的能力，供应链的每个节点都应是精简具有活力的能实现业务流程的快速组合。例如，供应商的选择就应以少而精的原则，通过和少数的供应商建立战略伙伴关系，有利于减少采购的成本，有利于实施准时化采购法和准时化生产。生产系统的设计更是应以精益化思想为指导，从精益化的制造模式到精益化的供应链是努力追求的目标。

（2）协调性原则。供应链业绩好坏取决于供应链合作伙伴关系是否和谐，因此，建立在战略伙伴关系基础上的合作共赢结构是实现供应链最佳效能的重要组织保证。研究认为，是否和谐是描述系统是否形成了充分发挥系统成员和子系统的能动性、创造性及系统与环境的总体协调性。只有关系和谐进而协调的系统才能发挥出最佳的效能。

（3）动态性原则。不确定性在市场中随处可见，供应链运作效率也会受环境不确定性的影响。不确定性的存在，导致需求信息的扭曲，因此，要预见各种不确定因素对供应链运作的影响，减少信息传递过程中的信息延迟和失真。降低安全库存总是和服务水平的提高相矛盾。增加透明性，减少不必要的中间环节，提高预测的精度和时效性对降低不确定性的影响都是极为重要的。

15.2.4　供应链系统设计的步骤

遵循供应链设计的原则，考虑供应链系统设计应满足的要求，借用一定的方法或技术手段，就可以将供应链系统设计出来。尽管供应链系统各有差别，但其设计步骤有相同之处。供应链系统要基于产品特性加以构建，供应链的设计必须考虑用户对企业产品的需求，因为产品生命周期、需求预测、产品多样性、提前期和服务的市场标准等都是影响供应链设计的重要问题。根据系统生命周期法的一般原理，供应链系统设计一般要经过分析市场竞争环境、分析企业的现状、明确供应链设计目标、分析组成供应链的各类资源要素、评价供应链设计方案的可行性、设计生成供应链、新生供应链的检验等主要步骤即可完成整个设计过程，图 15-3 给出了供应链系统设计的基本步骤。

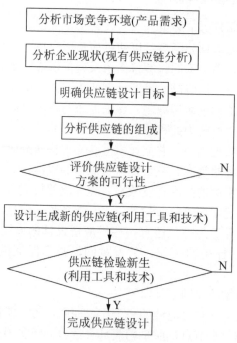

图 15-3 供应链设计步骤

第一步，分析市场竞争环境。要"知彼"，目的在于找到针对哪些产品进行市场开发供应链才有效。为此，必须知道现在的产品需求是什么，产品的类型和特征是什么。分析市场特征的过程要向供应商、用户和竞争者进行调查，通过调查，了解产品和服务的细分市场情况、竞争对手的实力和市场份额、供应原料的市场行情和供应商的各类状况、零售商的市场拓展能力和服务水准、行业发展的前景，以及诸如宏观政策、市场大环境等因素可能产生的作用和影响等。这一步的主要任务是对产品的重要性排序，确定供应商的优先级，明确生产商的竞争实力，预测市场的发展趋势及对市场的不确定性进行分析评估。

第二步，分析企业现状。要"知己"，就是针对核心企业的供应、需求管理现状进行分析和总结(如果核心企业已经有供应链管理体系，则对现有供应链体系进行分析)。这一步的任务是通过对核心企业供需管理现状或现有供应链管理现状的分析，发现并找出企业存在的问题或已有供应链运作过程中存在的问题，明确供应链开发的方向或设计定位，特别是将可能影响供应链设计的各种要素完整分列出来。

第三步，明确供应链设计目标。供应链设计的主要目标包括获得高品质的产品、快速有效的用户服务、低成本的库存投资和系统风险抵御的鲁棒性等。围绕主要目标设计出的供应链体系应该具备以下功能优势：开发新产品、开拓新市场、创建销售渠道、提升服务水平、提高用户满意度、构建战略合作伙伴联盟、低成本、高效率、完善风险防范机制。这些功能优势也是供应链体系要达成的功能目标，这些目标的等级或重要程度随不同供应链体系可能有所区别。

第四步，分析供应链的组成。在供应链组成分析的基础上，提出供应链方案设计的基本框架。本阶段要对供应链中的各成员，如供应商、制造商、分销商、零售商、用户等合作伙伴的基本情况进行分析，依据成员选择与评价标准对供应链的组成进行筛选定位。评价和选定成员的标准包括质量、价格、准时交货、制造柔性、提前期和批量、服务和管理水平等指标。通过分析供应链的组成，即可确定供应链体系中主要的业务和管理流程，明确供应链系统中物流、信息流、资金流等的基本流向，进而形成供应链方案设计的基本框架。

第五步，评价供应链设计方案的可行性。供应链设计框架提出后，需要从技术、功能、运营及管理等方面进行可行性分析和评价。在可行性分析的基础上，结合核心企业的实际情况以及对供应链系统设计的要求，正确选择为供应链所用的技术、方法和工具。经过分析评价认为方案可行，就可继续进行下面的设计工作；如果方案不可行，则需要重新构思供应链设计框架。

第六步，设计生成新供应链。需要重点解决以下关键问题：①供应链的成员组成（供应商、设备、工厂、分销中心的选择与定位）；②原材料的来源问题（包括供应商、运输流量、价格、质量等）；③生产过程设计（包括需求预测、生产能力、生产计划、库存管理等）；④销售和分销能力设计（包括销售网络、价格、服务等）；⑤信息管理系统设计（包括系统结构、实现技术、安全保障等）；⑥物流管理系统设计（包括运输、存储和配送等）。

供应链的设计要用到多种工具和技术，如归纳法、流程图、模拟技术和设计软件等。设计过程中需要各节点企业的参与交流和研讨。

第七步，检验新生供应链。供应链设计完成后，需要对新供应链进行检验。通过模拟一定的供应链运行环境，借助特定的方法和技术对供应链模拟运行开展测试。如果模拟测试结果不理想，则返回第三步重新进行设计；如果测试满意，意味着供应链设计完成进而交付实施。

15.2.5　供应链系统的设计优化

用于供应链系统设计和优化的方法很多，许多运筹学工具都可以用于设计供应链系统。有很多方法已经成功地用于物流配送中心的设计和优化，并且已经给企业运营带来了盈利。这里给出一个简单例子，仅作为一种供应链系统设计优化的引导性介绍，目的是让读者了解什么是供应链系统的设计优化。一个实际供应链系统的设计优化是很复杂的，常常需要借助于专业研究人员的力量。

【例 15-1】　假定只考虑单个产品，有两个工厂 P_1 和 P_2 可以生产这种产品，其中工厂 P_2 的年生产能力是 60 000 件产品。考虑两个工厂具有相同的工厂生产成本，为了把产品销往各地，设置两个分销中心 W_1 和 W_2，且具有相同的库存成本。设定三个目标市场

C_1、C_2 和 C_3，预测需求量分别为 50 000 件、100 000 件和 50 000 件产品。图 15-4 给出了有关运送的路线及运输量及运输成本(图中箭线上的数字，元/件)。

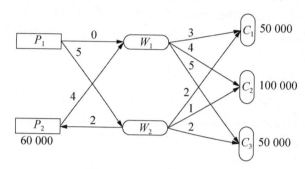

图 15-4　供应链物流系统

方案一：对每一个市场，选择从分销中心到需求地成本最低方案，即 C_1、C_2 和 C_3 由 W_2 供应。为每一个分销中心选择成本最低的工厂，即从 P_2 得到 60 000 件，剩余的 140 000 从 P_1 得到。计算所得总成本：

$$TC_1 = 2 \times 50\,000 + 1 \times 100\,000 + 2 \times 50\,000 + 2 \times 60\,000 + 5 \times 140\,000 = 1\,120\,000(\text{元})$$

方案二：对每一个市场，选择不同的分销中心，使从分销中心获得产品的总成本最低。如对 C_1，有 $P_1 \rightarrow W_1 \rightarrow C_1$，$P_1 \rightarrow W_2 \rightarrow C_1$，$P_2 \rightarrow W_1 \rightarrow C_1$，$P_2 \rightarrow W_2 \rightarrow C_1$。当然，成本最低的是 $P_1 \rightarrow W_1 \rightarrow C_1$，即用 W_1 供应 C_1。同理，选择 W_2 供应 C_2 和 C_3。按这样的方案，可以计算得出总成本 $TC_2 = 920\,000$ 元。显然比上一个方案要好些。

方案三：下面给出了一个优化的方案(用线性规划方法解算，过程从略)，见表 15-1。按照这一方案运作的总成本 $TC_3 = 740\,000$ 元。

表 15-1　方案三的优化解

工厂 分销中心	P_1	P_2	C_1	C_2	C_3
W_1	140 000	0	50 000	40 000	50 000
W_2	0	60 000	0	60 000	0

通过以上几个方案的计算结果可以看出，三种不同的方案得到三种不同的结果，而且差异很大。这就告诉读者这样一个事实：在供应链的设计与优化过程中，选择适当的方法对于提高整个系统的绩效非常重要。

15.3　供应链的协调

在供应链的日常运作过程中，供应链上的企业之间发生着频繁的物料流、资金流、信息流交换，彼此之间的运作协调性对供应链的整体绩效影响很大。然而，供应链管理的职能不可能通过一般的行政管理手段得以实现，因为企业和企业之间并不存在隶属关系，它们在法律上是平等的，因此，供应链管理只能通过市场这只"看不见的手"来调控。传统上自发运行的供应链往往会由于多方面原因而处于失调状态。例如，成员之间的目标不一致会造成供应链失调；供应链与外部环境之间、供应链内部成员之间的信息不对称而产生风险会导致供应链失调；各成员为了实现自己的利润最大化目标，所采取的决策往往与整个供应链利益最大化不一致，也会造成供应链失调等。为了提高企业乃至整个供应链的竞争能力，供应链成员间需要通过一定的机制来协调各种运作决策，只有这样才能保证供应链整体利益的最大化。

15.3.1　供应链不协调的几种表现形式

1. "牛鞭效应"

"牛鞭效应"是供应链中出现的一种"需求变异放大"现象，是对需求信息在供应链中传递时被扭曲了的现象的一种描述。当供应链的各节点企业只根据来自其相邻的下级企业的需求信息进行生产或供应决策时，需求信息的虚假性会沿着供应链逆流而上，使订货量产生逐级放大的现象，到达源头供应商时，其获得的需求信息与实际消费市场中顾客的需求信息发生了很大的偏差，市场实际需求量被需求变异放大了。受需求放大效应的影响，上游供应商往往维持比下游供应商更高的库存水平，从而导致供应链上需求的不同步。由"需求放大效应"绘制的图形被形象地比作美国西部牛仔赶牛所用的长鞭（图 15-5），故得名"牛鞭效应"。需求放大效应最早由美国宝洁公司在考察产品订货时所发现，后来惠普公司也在其考察打印机的销售状况时发现这一现象。

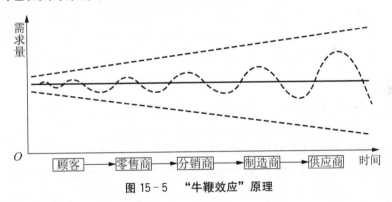

图 15-5　"牛鞭效应"原理

导致需求放大现象的原因主要有以下几个方面：①需求预测修正。是指当供应链的成员采用其直接的下游订货数据作为市场需求信号时，即产生需求放大现象。例如，当库存管理人员需要决定向供应商的订货量时，可以采用指数平滑法等简单的需求预测方法。在指数平滑法中，未来的需求被连续修正，这样，送到供应商手中的需求订单反映的是经过修正的未来库存补给量，安全库存也是如此。②产品定价销售策略导致订单规模变动性增强。一是批量折扣会扩大供应链内订单的批量规模，进而引起供应链上各阶段库存的增加；二是批发、预购、促销等因素引起的价格波动，使销售人员愿意因价格折扣预先多买，从而产生需求放大现象。③大批量订购。因批量折扣优惠带来的大批量订购会大大超出需求扩张量，致使订单量在供应链内逐级放大。④补货供给期延长。补货供给期越长，计算在内的预测需求量会越多，"牛鞭效应"则越强。⑤配给和短缺之间的博弈。高需求产品在供应链内往往处于短缺供应状态，为此制造商会在各分销商或零售商之间调配这些产品的供给。而用户为了获得更大份额的配给量，会故意夸大其订货需求，但当需求降温时，订货又突然消失。这种博弈会导致需求信息扭曲并最终放大需求。

2. "曲棍球棒现象"

在供需过程中，存在一种"曲棍球棒现象"，即在某一个固定的周期内，前期销量很低，到期末销量却有一个突发性的增长，而且这种现象在连续的周期中会周而复始，其需求曲线的形状类似于曲棍球棒，故被称为"曲棍球棒现象"。

"曲棍球棒现象"将影响公司的生产和物流运作，致使企业在期初生产和物流能力被闲置，而到期末又会出现能力紧张甚至短缺，从而给公司的生产和物流运作带来很多困难。在这种情况下，公司在每个考核周期的期初几乎收不到经销商的订单，而在临近期末的时候订货量却又大幅增加，致使公司的库存费用比需求均衡时高很多。而且，这种现象使公司大量的订单处理、物流作业人员和相关设施、车辆在期初闲置，而在期末工作又太多，大家拼命加班也处理不完，厂内搬运和运输的车辆不停运转，但有时还是短缺，从而不得不从外部寻求支援。这种情况不仅使公司增加更多的加班和物流费用，而且使工作人员的差错率增加。送货延误的情况也时有发生，公司的服务水平显著降低。

此外，基于总量折扣的价格政策并不能够增加终端客户的实际需求。经销商增加的订货量大部分被积压在渠道中，延长了终端顾客购买产品的时间，从而使消费者的福利受损，并增加了供应链的总成本及供应链成员的经营风险。而且，如果经销商的库存太多，或者产品临近失效期，通常采取两种措施：一种是折价销售，这种方式会对市场造成冲击；另一种是迫使公司退货或换货，从而形成逆向物流，增加公司与经销商处置产品的费用。从长远来看，这两种结果对公司和经销商的正常经营和利润都不利。

3. "双重边际效应"

"双重边际效应"是供应链上、下游企业为了谋求各自收益最大化，在独立决策的过程中确定的产品价格高于其生产边际成本的现象。如果下游企业的定价过高，必然会造成市场需求萎缩，降低供应链的总体收益。"双重边际效应"最早是在20世纪50年代被西方学者发现的。企业个体利益最大化目标与供应链整体利益最大化目标不相一致，是导致"双重边际效应"出现的根本原因。为了减弱这种效应，就要努力实现供应链的协调性，尽可能消除不协调因素的影响。自20世纪90年代以来，由于信息技术的快速发展并被广泛运用，客户对产品和服务的需求更加多样化，以及服务竞争和基于时间的快速响应竞争日益加剧，致使企业之间的依存度不断提高。以往企业单打独斗的局面发生了巨大转变，由众多企业组成的供应链自然登台成为竞争的主体。

实现供应链的协同是供应链成功的关键。当然，供应链的协同并不会以牺牲供应链上某一节点企业的利益去提高其他企业或系统的利益，而是以实现多点共赢为目标，至少要使协同后的每一节点企业的利益不低于从前的利益，也就是实现所谓的帕累托改善。作为一种能够实现供应链协调的有效机制，供应契约得到了广泛的研究和应用。随着对契约关注程度的日益增加，越来越多的学者通过研究，希望找到在供应链上、下游之间通过协商达成最佳（或满意）的契约参数，并设计出合理有效的供应契约形式，以实现供应链的协调，最终解决"双重边际效应"和"牛鞭效应"的负面影响，优化提升供应链绩效。

4. 物料齐套比率差的现象

对于加工装配型企业来说，上游供应商数量多且地理分布广，外购件的"齐全配套率"高低对制造商来说很重要。

基于分布式供应商供应模式下，零部件供应商是根据制造商的要求，将原材料和零部件直接送往制造商的生产线或装配线。为确保对制造商的准时化供应，许多原材料或零部件供应商往往采取就近设厂，直达送货；也有的采取租用第三方仓储设施或完全外包给第三方物流等多种方式的供应模式。从供应链整体角度看，分散运作的供应模式不仅初期投资大，而且后期运营成本也高，不利于供应链整体绩效和竞争力的提升。而且，这种运作模式的形成一般是基于下游制造商或装配厂商的要求，各供应商往往处于被动地位，容易形成供需之间的不和谐关系。尤其是对于生产和提供核心零部件但规模又不大的供应商，在下游装配制造厂商要求就近设厂的情况下，更是会处于两难的困境。

此外，在实际运作中经常出现供应商各自为政而导致严重缺料的现象。由于供应商之间缺乏共享某些关键信息，容易出现一个供应商的零件到达了制造商处，而另一个供应商的零件由于某种原因延误了，这就会给制造商的生产装配工作造成不良影响，甚至会延迟订单交付。这就是所说的物料齐套比率差问题，也是一种供应链不协调现象。

15.3.2　提高供应链协调性的方法

1. 缓解"牛鞭效应"的方法

借助下列方法，可有效缓解供应链中"牛鞭效应"对需求放大的影响。①提高供应链企业对需求信息的共享性。需求扭曲来源于多级供应链需求信息传递的失真，每一个节点企业的预测需求偏差都成为上游企业订货决策的放大因子，并具有累积效应。消除需求信息扭曲的方法是，供应链上每个节点企业都能够根据最终产品市场的实际需求进行自身相对准确的需求预测，而做到这一点须以终极消费市场的实际需求信息应为供应链各节点企业所共享为前提。②加强运营管理，缩短提前期。传统运作方式下企业通常用经济订货量来降低成本，但批量订购必然会出现"牛鞭效应"。通过低成本订购下缩短供货周期的办法可有效消减"牛鞭效应"的影响，为此，可以采取两种措施，一是通过 EDI 或订货看板技术来实现向供应商的快速需求传递；二是借助第三方物流配送体系，实现低存储成本下的及时供应。③增加供应能力的透明度。应通过共享生产能力与库存信息、风险共担、利益共享的运行机制来消减因供应短缺诱发的"牛鞭效应"。可以通过联合库存管理下共同制订库存控制计划等措施，达到降低"牛鞭效应"的功效。

2. 缓解"曲棍球棒现象"的方法

在快速消费品行业，企业通常会经营不同品牌和不同包装规格的多种产品。为了消除"曲棍球棒现象"，平衡物流，企业可以采用总量折扣和定期对部分产品降价相结合的方式。假定公司向经销商提供两种规格的产品，当经销商两种产品月累计进货量达到一定数量以后，公司可根据该数量向经销商提供一定的返利，即数量折扣价格政策。在具体运用该项政策时，公司可采取考核初期降低其中一种产品的转让价格，期中再将其价格调高的做法。在这种策略引导下，经销商会在期初多订降价产品，而在期末为了拿到返利而增加另一种产品的进货，期中则进行正常补货，这样订货量将变得相对均衡，从而缓解公司供货中的"曲棍球棒现象"，使销售物流趋于平稳，提高物流运作的效率和效益。这种方式还能够使经销商在不同时期的订货比较单一，可以减少双方订单处理的工作量，并增加公司单项产品的生产批量，减少转产的频次，使企业获得较好的成本收益。除此之外，企业还可以针对不同经销商采用不同的统计和考核周期，促使经销商的进货行为产生对冲，以缓解企业出货中的"曲棍球棒现象"。企业通过延长考核周期可以降低"曲棍球棒现象"出现的频率，通过缩短考核周期可以减小出库波动的幅度。此外，通过与经销商共享需求信息和提高预测精度，公司就能更准确地了解经销商的外部实际需求，这样在设计折扣方案时，尽可能让折扣点与经销商的外部需求一致或略高，也能够缓解"曲棍球棒现象"。当然，最理想的情况是公司能够根据经销商每期的实际销量提供折扣方案，这对供应链系统信息共享的机制建立提出了更高要求。

3. 缓解物料齐套比率差现象的方法

针对分布式供应商供应模式存在的投资大、运营管理成本高，以及容易导致供需关系紧张等问题，可以考虑将分布式供应模式下的仓库进行资源整合和优化组织管理，变分散运作管理为集中管理，这不仅有助于降低供应链整体的投资成本，而且能大大降低供应链的整体运作成本。实践中出现的专注于物流集配服务的第三方物流集配商，或称集配中心，就是具体的实现形式。国内的上海大众、武汉神龙等企业就是采用集配中心的运作方式，将多品种、小批量混流生产的零部件准时化直送生产工位。

集配中心作为原材料或零部件供应商与制造装配厂商之间的"连接器"，在整个供应链体系中承担了中转"集配"的职能。中转"集"的功能既包括集配中心负责制造装配厂商所需原材料、零部件等物料的集中统一采购、运输并中转入库，又包括将小批量的转运聚集成具有大批量的整合运输(拆箱、拼箱业务)。中转"配"的功能是指在"集"基础上的"配"，即对集中采购入库的原材料、零部件等根据制造装配厂商的需求计划进行拣选、组装并准时送达生产线的各个工位。制造厂商通过集配中心与各供应商建立的新型合作关系，是对传统采购供应关系的一种重大变革，也是供应链管理运作模式下的一种必然。集配中心作为供应链物流协同运作的新方式，在物流协同运作中，通过整合库存、多方协同、匹配供应、直送工位等促进了供应链上游资源整合与物流协同，从而更好地满足了制造商对物料齐套率的要求。

15.3.3 供应链的协调机制

供应链上物流、信息流、资金流的流动或交换，是建立在供应链成员间的契约关系之上的，也就是说供应链上的成员通过建立契约关系来协调各利益主体间的利益。供应链的协调，就是通过对各合作伙伴的状态、结构、功能等表征系统特征的要素发挥作用，以产生整体供应链的全局一致性，并实现整体系统在不同发展阶段的预期目标。依据契约经济学理论，供应链是由一系列的契约组成的。因为供应链契约通常提供一些激励以调整供应链的成员关系来协调供应链，使供应链的整体利润与一个集中的系统下的利润尽量相等。即使达不到最好的协调（与集中系统下的利润完全相等），也可能存在帕累托最优解（每一方的利润至少不比原来差）。供应链契约的主要目的是实现供应链的协调，而基于契约合作的供应链协调是通过一系列协调机制来实现的。供应链的协调机制包括利益协调机制、信息协调机制、组织协调机制、流程协调机制、信任协调机制等。

1. 供应链利益协调机制

供应链的管理不同于对单个企业的管理。尽管供应链上所有企业形成了一个利益共同体，但企业与企业之间仍然是不同的利益合作伙伴。因此，各节点企业都将在维护供应链完整的基础之上，争取自身利益的最大化，而供应链也正是在这种情况下保持着一种动态平衡。供应链成员之间有效的合作必须通过磋商，协调彼此的利益，最终达成有约束力的合作契约。因此，建立各方相互遵守的利益协调机制至关重要。

供应链利益协调机制实质就是利益协调契约，常见的供应链利益协调契约包括决策权分配契约、返销契约、提前期管理契约、质量保证契约、数量折扣定价契约、订货期权契约等。利益协调契约的成功设计，应符合各参与者始终与核心企业保持行为一致的意愿，这样基于契约合作的供应链协调机制才能够有利于契约的顺利执行。

2. 供应链信息协调机制

供应链中各节点企业借助现代信息技术，穿透组织间的界限实现信息共享，从而保证供应链企业之间合作的无缝连接。供应链上各企业都能及时获知上下游各级用户的需求信息，对市场需求做出快速响应，克服传统供应体系下逐级传递，导致信息扭曲和对信息反映的迟钝。所以，信息协调是供应链协调机制的重要内容。实现供应链信息协调，必须做到在契约基础上的信息流程完整顺畅和信息资源的共享，并以契约为框架建立无缝连接的信息系统、信息跟踪与反馈机制。为此，应充分利用 EDI、Internet 等技术手段实现供应链的分布数据库信息集成，达到订单的电子接收与发送，共享多点位库存控制、批量和系列号跟踪、周期盘点等重要信息，实现电子化供应链。

信息技术的广泛应用，极大地提高了供应链整体的协调性。但供应链信息协调本身又是一个非常复杂的问题，供应链信息协调机制的建立，必须从供应链信息资源结构、信息流程、信息安全和信息系统的集成设计等多方面进行综合考虑。那么，供应链共享信息资源契约、供应链信息流程契约、供应链信息安全契约、供应链信息系统设计契约等，是供应链信息协调机制构建的重要组成。

3. 供应链组织协调机制

供应链是一种新型的组织资源契约重组模式，契约是维系供应链组织存在及运行的根本保障，供应链组织协调则是供应链整体协调的重要内容。供应链的组织协调涉及多方面内容，包括供应链的组建、运行、维护的动态决策机制；核心企业与加盟企业的地位、作用与行为规则；合作伙伴的选择与评价等。

由于供应链是多个企业动态组成的功能网链，因此，供应链的构成实际上是一种网络组织结构，具体又包含技术网络、信息网络、物流网络、资金网络和契约网络等，这些子网络共同连接组成供应链的整体，并决定着供应链的具体运行模式。其中，技术网络是供应链组织的运行基础，是信息网络、物流网络和契约网络建立的前提；信息网络又是技术网络、物流网络、资金网络及契约网络运行的平台；资金网络是物流网络、技术网络、信息网络运行的财务保证；契约网络则是技术网络、物流网络、资金网络和信息网络正常运行的制度保证。

供应链组织协调机制是由供应链的利益协调机制、信息协调机制等构成的，本质上是通过供应链的契约关系来实现的。供应链管理就是对供应链中契约关系进行管理，通过一定的机制，使参与各方共同遵守契约关系准则，各利益方不是在进行"一锤子"买卖，而是长期的互信互利合作。而建立在可信许诺基础上的长期合作，是保持供应链组织活力的源泉。

4. 供应链流程协调机制

伴随经济全球化发展，越来越复杂的企业内外环境，顾客个性化需求的多变，新技术成果的层出不穷，推动供应链从以职能为基础的运作机制向以流程为中心的运营模式转变。供应链的流程协调同样以契约关系为纽带，从供应链的整体利益出发，强调宏观协调，提高效率，快速响应市场和提升竞争力。其中，供应链订单工作流程协调是供应链流程协调中的一项重要内容。供应链包含了一系列流程，这些流程发生在一个组织内部或供应链中不同组织之间，它们通过契约结合在一起共同实现客户对产品的需求。

供应链流程协调机制的建立，首先体现在应注重运用系统思想观，以整体流程全局最优为目标来设计和优化业务流程，因为，传统上企业与企业之间的竞争，已被供应链与供应链之间的竞争所取代，这要求不仅要考虑供应链成员企业内部的业务流程，更重要的是对整个供应链业务流程的优化设计。其次，面对日益激烈的竞争，供应链自身也必须不断变革，才能适应新的竞争环境。为此，供应链流程协调必须综合 BPR、BPI 的思想，通过对供应链业务流程的颠覆性再造或持续改进，保证供应链业务流程体系动态适应不断变化的竞争环境，从而实现供应链系统整体绩效的不断增长。

5. 供应链信任协调机制

供应链上各利益方相互间的关系既维系于契约的约束，又基于成员间的相互信任。随着供应链内合作次数的增多或业务范围的扩大，信任的基础不断得以加强，一旦供应链各方都认识到以信任为基础的合作能给彼此带来更多的长远利益，供应链关系就主要以信任为基础了。研究表明，供应链关系契约与信任作用机制有其相通的内容。而信任关系也是供应链成员之间形成的一种相互信任的生产关系或社会关系。高水平的信任对成功合作和长期合作有着积极的助推作用。以相互信任为基础，供应链成员会树立长久观念并自觉做出具有信任性特征的行为，最终供应链整体绩效和竞争力都会提高，这也是信任在供应链中发生作用的一般机理。

建立在信任和自愿基础上的供需合作，使供应链成员在内在动力的推动下会采取有利于群体的行动，供应链成员能更有效地管理自身行为，并自觉融入合作规则和政策当中去。供应链信任协调机制的建立，需要供应链各成员基于对供应链整体组织和核心成员的信任而自愿采取有利于供应链整体利益的行为方式的培养与维护。为此，供应链各成员都要确立供应链整体利益至上的战略使命，对供应链的高忠诚度是减少和避免成员违约以及预防不道德商业行为的重要保证。供应链是通过契约将不同利益主体连接在一起的，一旦有成员失信必将危害整个利益链条，所以严把加盟者信用质量关就显得尤为重要。供应链组织的复杂性决定了应形成与供应链联合体相匹配的决策机制，遵循"协商一致"原则，使各成员方平等参与到组织决策中来。通过将供应链总体战略目标细化，形成利益各方统一的运作机制，让强烈的合作意愿转变为具体合作过程中彼此间的信任。这种供应链网中的信用资源可以提升、强化成员之间的互惠观，促使各成员摒弃短期行为，共同致力于长远战略目标的实现。

15.4　供应链风险管理

一般来说，风险是指在某一特定环境下和特定时间段内，某种损失或不幸事件发生的可能性（概率）。换句话说，风险就是发生不幸事件的概率，或者说不确定事件会产生我们所不希望的后果（负面效应）的可能性。由于供应链是一种企业间合作共生的网络组织，供应链结构的复杂性、脆弱性和不稳定性都会诱发诸多风险。随着产品和技术生命周期的缩短、市场的全球化延伸、企业间合作关系的日益复杂及组织内外环境不确定性因素的增加等，都将加剧供应链的不稳定并增大其风险性。环顾全球，大量的例证显示受自然灾害、人为错误、客户消费习惯变更、技术失败、财务困境、意外事故等多种因素诱发，供应链突发事件所带来的损失以及对供应链系统运作的影响都是巨大的。难以预测和控制的内外部风险必将影响供应链的持续安全运作以及响应客户和满足客户的能力，因此，如何应对这样的风险成为供应链管理的重要内容，与之相应对供应链的风险管理也成为供应链研究领域中一项重大课题。

15.4.1　供应链风险的系统识别

供应链中产业链的纵横延伸，在强化核心节点企业地位、释放众多经济效应的同时，也为整个供应链的风险累积提供了客观基础。供应链风险来源于系统内外各种不确定性因素的存在，它会利用供应链系统的脆弱性，对供应链系统造成破坏，给上下游企业以至整个供应链带来损害和损失。对供应链风险的识别既是供应链风险管理的前提，也是供应链风险管理的难点。按照风险产生的缘由，可将供应链风险划分为内生和外生两大风险来源，其中内生风险主要产生于道德风险、信息扭曲和有限理性；而外生风险主要源于政治、经济和自然等外部环境的突变。

1. 供应链内生风险识别

内生风险是指由供应链系统自身引发的风险。供应链作为一种有效的企业间合作模式，伴随运营而生的物流、商流、资金和信息流，自始至终流经供应、储运、加工、分销、配送和消费等全过程，在围绕核心企业形成合作共赢、优势互补的同时，供应链各节点企业独立经营的法人属性，致使供应链各成员之间不可避免存有潜在利益冲突和信息不对称，任何一个环节出现问题都可能波及和影响到其他合作方，进而冲击整个供应链的正常运作以生成供应链风险。内生风险的主要表现形式及特征如下。

1）道德风险

道德风险是指供应链合约方只顾自身利益，违背承诺放纵机会动机，投机取巧、增加信息不对称等败德行为的出现，导致供应链各节点企业彼此缺乏信任，最终使供应链运营受阻。供应链有效运营的基础是建立在各合作伙伴方之间的"信任"契约，但这种"信任"契约因不同企业间的彼此独立性而缺乏刚性约束，当出现有效权威监督真空下的企业机会主义行为时，则很容易诱发供应链运作体系中的道德风险。

2）信息风险

信息风险是指供应链在开放的信息流环境下，各节点企业在实施信息共享和传递中存在的风险。一方面供应链的战略合作机制决定了不断进行共享信息的传递交换和处理使用，是提高供应链决策效率和增强供应链竞争力的机制保障。完整、快捷、灵敏的信息共享系统，可以帮助供应链节点企业掌握有关供应、生产、仓储、订货、运输、销售等方面的信息。然而，由于供应链松散的动态联盟性质，各节点企业不同的利益诉求，极易导致"利益背反"现象的出现，从而出现供应链信息不对称风险；另一方面，当供应链规模日益扩大、链节延伸、结构日趋复杂时，信息系统的不匹配会导致信息传递延迟或信息传递失真，最终使市场需求信息沿供应链向上传递时变异扭曲并放大，从而产生所谓的"牛鞭效应"风险。

3）采购风险

采购风险是指由于供应链企业在采购环节上价值有效性的丧失，难以实现预期采购收益而产生损失的可能性。企业产品的生产是以采购为前提条件的，采购既是企业内部供应链的开始，又是企业与企业之间供应链的桥梁，对于企业降低成本、提高运作效率、增强竞争力有着极其重要的作用。采购环境的复杂多变必然会给采购活动带来风险，采购风险客观存在于采购工作的各个环节。许多企业建立的采购管理系统，由于机构设置不合理，管理人员素质不高，规章制度不健全，管理基础工作不完善等原因，导致企业采购管理系统缺乏对外部环境变化的适应能力和应变能力，采购决策失误、内部关系混乱等都是形成采购风险的根源。

4）物流风险

物流风险是指供应链运作中由于物流系统不能有效发挥其功能而遭受损失的可能性。供应链管理涉及多个合作伙伴，它们之间物流的顺畅有效是供应链高效率的体现。供应链要加快资金周转速度，实现准时化生产或柔性化制造，离不开高效运作的物流系统。这就需要供应链各成员之间采取联合计划，共享信息和存货的统一管理等。但在实际运行中是很难实现上述目标要求的，这样一来在原材料供应、运输、储存，产品生产、储运和销售等物流全过程中极有可能出现衔接失误，并由此导致供应链物流不顺畅而产生风险。例如，生产或运输障碍造成物流配送的延迟甚至中断带来的风险；采用极少数或独家供应商政策可能带来的一个环节出现问题整个链条崩溃的风险；以及一味压缩库存、放大虚假需求带来的风险等。

5）合作风险

合作风险是指供应链中各合作伙伴关系不协调、合作机制无保障而引发的风险。一方面，供应链管理是基于"竞争—合作—协调"运营机制环境下的，其中合作机制体现了战略合作伙伴关系和企业内外资源的集成与优化利用。但在松散的供应链组织环境下，供应链各成员企业在经营理念、战略规划、文化制度、风险偏好、员工素养和技术、管理水平等诸方面必然存有差异，这些差异无形中成为企业间合作和沟通的障碍，以至削弱供应链的整体竞争优势和获利能力。另一方面，以独立实体加盟供应链的各企业在经营目标和利益诉求上不尽相同，供应链上供需合作的过程往往又是一次次的博弈过程，在这种博弈过程中不可避免地出现转嫁责任、风险、成本的"外部化"现象，追求局部最优而整体次优的"各自为政"现象，抑或不择手段、以次充好直至背离合约，造成供应链的混乱或破裂。

2. 供应链外生风险识别

外生风险是指由供应链系统外部环境不确定性或突变引发的风险。任何一条供应链都是处在一定环境之中的，市场、政治、自然等环境因素的波动或剧变都会不同程度地影响供应链的有效运营。复杂、开放的供应链系统与环境之间存在着物质、能量和信息的交换，受外界环境制约又反作用于环境是供应链系统赖以存在的前提。当环境发生对供应链系统负面影响的变化时，供应链系统与环境之间的平衡将被打破，供应链的正常运营受到制约或破坏从而生成供应链风险。外生风险的主要表现形式及特征如下。

1）市场风险

在竞争激烈、瞬息万变的市场环境下，客户需求、价格、利率、汇率等市场要素的波动与不确定性，都可能导致企业销售震荡与利益受损，并波及供应链各伙伴企业。由此可见，市场风险一方面来源于对顾客核心需求识别不足的销售风险，另一方面来源于波动不稳的市场运行机制风险。产品销售受阻的原因有产品性价比不高，与顾客要求不符；目标市场定位不准；广告宣传错位或不力；分销渠道不畅；产品定价不当等。但最根本的原因还在于没有把准顾客需求的"脉搏"。资金营运受阻的原因有利率、汇率调整变动带来的利息负担、公司收益的降低；股市、金融风险带来的融资困难等。供应链因市场风险而失去市场机会，同样一条供应链由于不能唤起新的需求而无法进入新的细分市场，市场机会的丧失反过来又放大供应链的市场风险。

2）政策风险

政策风险是指供应链在宏观经济背景下，受政府干预政策限制导致各节点企业经营轨迹修正而出现运营不稳及利益受损的可能性。国家经济政策的调整变化，往往会影响供应链的资金筹集、投资方向及产品线结构优势的原有稳定性，使供应链的经营风险增加。例如，当产业结构调整时，国家往往会出台一系列的产业结构调整政策和措施，鼓励和限制并举，当供应链处于产业限制内容时，必然增大供应链原有投资遭受损失风险的可能性，供应链不得不筹集大量用于产业调整的计划外资金。

3）法律风险

法律风险是指供应链在变化的法律环境下利益受损的可能性。供应链面临的法律环境的变化会诱发供应链经营风险。每个国家的法律都有一个逐渐完善的过程，经济法律法规的颁布、调整或修订等的不确定性，都有可能打破供应链原有经营秩序，导致系统运行成本增加。

4）突发灾祸风险

突发灾祸风险主要表现为地震、火灾、政治动荡、战争等外部环境突变所引发的非常规性破坏，上述不可抗力都有可能冲击到供应链的某个节点企业，从而影响整条供应链的稳定性，导致供应链系统物流、资金流及信息流受阻或中断，企业生产经营遭受严重损失，既定经营目标、财务目标无法实现等。

15.4.2 供应链风险的防范

由供应链系统风险的识别看出，一个供应链体系处于多种风险之下，在众多供应链风险中有些是可控的，有些是不可控的，因此，必须针对各种风险及其特征制定相应的防范应对策略。对于供应链风险，应从战略和战术两个层面采取有效措施予以防范。

1. 建立战略合作伙伴关系

供应链的运作模式特征决定了供应链上各节点企业之间应该形成合作共赢、风险共担的战略合作伙伴关系。这种战略合作伙伴关系意味着，供应链上各成员企业之间已非单纯的买卖关系，而是以供需为纽带，在产品、技术、信息和管理等诸方面，彼此形成信任、合作、沟通交流的伙伴关系。战略合作伙伴关系的建立是供应链系统有效运营、风险防范的先决条件，供应链各成员间应增进互信，强化合作机制，扩大信息技术交流与共享，加强契约规定等制度建设，规范约束经营行为。

2. 与供应链上下游共同制订风险防范计划

供应链是一个多节点企业共同加盟、串并相连的复杂系统。链上任何一个环节出现问题都会波及和影响到整条供应链。为此，供应链核心企业必须与供应链上下游共同制订风险防范计划，建立起操作简便、灵敏有效的风险防范机制，借助产品质量、合同履约、库存周转、客户满意度等监控指标，进行供应链风险的识别、评估与预警，以及时预防、控制和转移风险，保证整条供应链连续、平稳、有效地运行，实现利益共享、风险共担。

3. 加强信息交流与共享，提高信息沟通效率

以信息不对称和"牛鞭效应"为显著特征的信息风险，是供应链风险来源的主要表现形式。信息风险的有效防范需要供应链企业之间充分利用现代化的信息交换和网络通信手段，通过建立多种高效迅捷的信息传递渠道，加强信息交流与共享，增加供应链业务流程和管理的透明度，使联盟企业及时掌握有关供应、生产、仓储、订货、配送、销售等供应链信息，通过信息交流与共享，实现供应链节点企业之间的无缝连接，从整体上分析计划，平衡联盟企业间的物流活动，最大限度地降低信息不对称和削减"牛鞭效应"，提高供应链的集成度和竞争力。目前，用于支撑供应链的信息技术有实现信息快速传递的 Internet/Intranet 技术、XML/EDI 技术、实现资金快速支付的 EFT 技术、实现信息快速输入的条形码技术、网上交易的 EC 技术和企业综合管理的 ERP 技术等。

4. 优选合作伙伴，强化信任激励

合作伙伴选择既是供应链构建成败的关键，又是供应链风险防范的把口。尽管供应链节点企业之间建立了战略合作伙伴关系，但每个合作伙伴独立经营的法人身份并未改变，潜在利益冲突和信息不对称易招致诚信缺失，供应链伙伴企业之间存在道德风险。因此，选择合作伙伴须考查其综合素质，如合作伙伴所拥有的核心资源与地理位置、经营业绩、研究开发、现场管理、质量体系、成本控制、用户满意度等，同时要求合作伙伴具有良好的商业信誉和信用水平。要注意识别合作伙伴加盟供应链的动机和发生投机行为的可能性，可通过设立一个进入供应链的最低信用度，让那些高于最低信用度的企业成为供应链的真正伙伴，最大限度地将具有潜在危险者排除在供应链系统之外。由于供应链战略联盟是建立在合同（或协议）基础之上的组织形式，单纯依靠合同规避风险仍然不够，供应链企业之间需强化基于合作利益有效分配的信任激励，一方面要保证供应链总收益分配中伙伴间的利益共享，即各成员间都"有利可图"，另一方面，也必须通过制定严格的标准和要求，约束各厂商的行为，恩威并施、双管齐下的激励措施必将大大降低供应链面临的道德风险，增进伙伴间的感情联络与合作信任，巩固战略合作伙伴关系。

5. 加强采购管理，优化物流配送

企业产品生产是以采购为前提的，采购既是企业内部供应链的开始，又是企业与企业之间供应链的桥梁，对于企业降低成本、提高运作效率、增强竞争力有着极其重要的作用。采购环境的复杂多变与采购管理系统功能的弱化是采购风险形成的缘由，采购风险的防范应从供应渠道或供应商的选择与强化采购制度控制两方面入手。大型企业集团物资采购市场大，涉及设备、钢材、木材、塘材、土产材料、工器具、化工原料等多个行业和领域，招标或比价采购促使成百上千家供应商前来竞争，为保证质优价廉物资的及时供应和可靠服务，一方面要实行供应商准入制，设定供应商准入的资格和条件，拒质量差、资信低、服务不到位的供应商于门外；另一方面要建立供应商资信考评信息库，对供应商基本情况、产品质量、价格、交货及时性、售后服务等实行动态跟踪考核，并借助优胜劣汰机制，使企业集团始终拥有一支最佳组合的供应商队伍，为集团企业各类物资的可靠供应提供保障。强化采购制度控制应从加强采购队伍建设、严格采购程序、实施有效监管等方面推进。

供应链上采用多头供应商的柔性供应机制，可以有效防范单一供应商结构下渠道受阻即可影响整条供应链正常运行的供货风险。为此，企业对关键物资材料的供应须选择来自不同地域的两个以上供应商提供，并对每个供应商的供货进行跟踪评估，以确保物资供应安全稳定。物流配送是供应链营运中的重要环节，依靠专业强势的第三方物流，企业可专注核心业务，优化经营流程，降低运营成本，分散并增强抵御物流配送风险的能力。

6. 建立应急处理机制

供应链风险中多数为概率可测、过程可控的不确定事件，但对于地震、恐怖袭击、SARS 等危害极大且事前难以预料的突发事件，必须通过预先建立的应急处理机制，对供应链突发事件进行应急处理，将危机可能造成的危害减到最小，并在最短时间内恢复供应链系统的流畅。针对突发事件危害大、发生概率难预测的现状，供应链应对突发事件的策略有弹性供应链策略和鲁棒性供应链策略两类。弹性供应链策略包括延迟制造计划；多种

"供应—服务"模式的组合；灵活的营销策略与销售价格；供应链伙伴的信息共享与协调等。鲁棒性供应链策略包括战略应急库存；备用供应商和应急采购；标准化的产品设计、标准化的工厂布局及作业流程等。由于弹性供应链策略具有不增加（或很少增加）系统对资源的占用，正常情况下很少增加运营成本，故对于存在突发事件潜在危害的供应链系统应首先选择弹性供应链策略，其次考虑鲁棒性供应链策略。

15.4.3　构建弹性供应链

在一个不确定、动荡的市场环境里，供应链的脆弱性特征尤为明显。伴随供应链网络越来越庞大、复杂，供应链风险对企业生存发展和供应链体系正常运作的威胁必将增大。一个可行的方案策略是，通过构建弹性供应链可以较好地管理和规避风险。

1. 供应链弹性

自然灾害、生产事故等的发生都可能严重地，甚至长期地影响到企业以及整个供应链的正常运作。现有的知识和技术水平不可能完全预测和防范风险的发生，尤其是一些不可抗力带来的巨大风险，人类还没有足够的能力阻止这类风险的发生。当供应链风险来临时，有的企业从容应对，做得比别的企业更好，如果说有什么诀窍，那就是它们的供应链更具有弹性。一般来说，组织弹性特指一个组织成功地处理非预期事件的能力，它已成为企业平稳发展的关键因素。随着供应链中越来越多、越来越大风险的存在，弹性在获得供应链竞争优势的过程中正扮演越来越重要的角色。

供应链弹性反映的是供应链管理风险的能力，供应链作为一个复杂巨系统，当风险来临时，能否迅速抵御风险、减轻损失并尽快恢复系统为正常状态，或者切换到一个更有利于供应链运作的状态，这是检验供应链系统健壮性的关键所在，也是供应链弹性的具体体现。

2. 实现企业弹性

企业可通过以下方面来开发并增加自身的弹性。

（1）增加冗余。一般来说，弹性大的企业在供应链体系中能够产生冗余。例如，企业可以保持一定的备用库存量，维持设备的低利用率，选择多个供应商，等等，这些冗余都可以使企业在供应链中断时获得一定的喘息空间。显然，这也是一种非常昂贵的方法，多余的库存和低设备利用率必然占用更多的资金和能力，进而使总成本增加、利润下降，这与精益生产思想是背道而驰的。所以，增加冗余只能是临时性的方法。

（2）提高柔性。提高供应链的柔性，既有助于企业在供应链中断时稳住生产节奏，还可对需求波动做出快速响应。企业可从流程标准化、并行流程、延迟、供应商关系管理等方面入手实现自身的柔性。标准化流程要求企业在广域分布的工厂之间实现产品零部件的可替换性或通用性，必要时实现全球产品设计和生产流程的统一。这样可以帮助企业快速地在不同工厂之间进行生产调整，以应对不同地区产生的供应链风险。在生产、分销、配送过程采用并行流程的模式，可以帮助企业加快供应链中断后的恢复过程。产品设计、流程及决策过程的延迟可以提高企业的运作柔性，如让产品处于半完成状态，可以实现产品在过多和不足市场之间的调拨，从而实现供应链的柔性。通过有效的供应商关系管理，企业可以更好地掌握供应商的内部运作情况，从而对产生于供应商的各种风险做出准确判断。特别是企业依赖于少数关键供应商时，加强与供应链的沟通协调就更显重要。

（3）创新企业文化。从众多成功案例中可以发现，在供应链中断之后能够迅速应对并及时恢复的企业，往往具有先进独特的企业文化。而先进企业文化中所具有的共性特点是滋养供应链生命力的源泉。信息畅通与沟通及时让每个员工能清楚地理解企业的战略目标，掌握企业日常运作，甚至每分每秒的进展。这样，当供应链危机发生时，员工可以很清楚地识别现状，并运用信息快速分析判断和正确采取应对措施。一些企业通过分散权力来保证在供应链风险发生时，员工可以快速地做出响应。丰田公司的总装线就是一个典型的例子，总装线的任何一个员工都可以按下一个特定的警报按钮，以快速地解决装配过程中出现的故障。在这些风险一级级地上报被高层管理人员意识到之前，风险已经被员工处理掉了。这样的权力分散机制，保证了在风险发生或者供应链中断的早期，企业可以快速地做出响应。企业成功取决于员工的工作激情。美国西南航空的经验是，要使员工意识到自己是在搭建房子，而不仅仅是在堆积砖块。有效的激励机制可以充分调动员工工作的积极性，从而避免风险的发生或者积极主动地应对发生的风险。

3. 构建弹性供应链的注意事项

根据西方学者的一项研究，构建弹性供应链可以从以下四个方面入手。

（1）供应链设计。供应链设计过程中应充分考虑提高供应链的弹性问题，为此，设计者要透彻理解供应链的网络结构，理解上下游节点企业之间的关联，这是供应链设计或重构的认识基础。对供应链关键节点和关键路径的把控，是供应链设计中提高可靠性的保障。进行供应链设计时，是否具有风险监控和应对机制成为选择供应商的一个标准。当然，供应链上下游企业应紧密协作，共同监控和防范潜在风险是根本。在供应链风险激增的市场环境下，供应链运作方案的储备、效率和冗余之间的权衡等，成为供应链设计的新准则。

（2）供应链协作。不难理解，高水平的供应链协作有助于控制和减缓供应链风险。在快速消费品行业，制造商和零售商之间在协作计划、预测和补货方面都实现了很高层次的供应链协作。供应链协作的一个具体体现就是通过信息共享来降低供应链的不确定性。因此，供应链利益共同体的建立就是通过成员企业之间很好地实现信息共享，来达到降低供应链风险的目的。当然，更高水平的供应链协作，表现在供应链各成员之间对知识的分享，而这些知识可以是战略层次的，也可以是运作层次的。

（3）敏捷性。敏捷性刻画的是供应链快速响应不可预知的需求或者供应变化的能力。企业风险的发生很多时候归于不能够快速地对变化做出响应。供应链敏捷性两个主要的维度是可视性和速率。可视性反映的是供应链整个链条从头到尾的能见度，具体指对库存、需求、供应状况、生产计划、采购计划等信息的清晰掌握程度。供应链可视性的实现依赖于供应链上下游合作伙伴之间的紧密协作。与下游客户的协作合约是确保需求可视的关键，与上游供应商的协作合约是确保供应可视的关键。速率反映的是供应链对需求变化响应的速度，也就是说，供应链有多快的速度响应需求的变化。优化流水线流程、缩短上游提前期、缩短非增值时间是提高供应链速率的三种主要方法。其中，优化流水线流程是最基本的，流程的重构和并行设计可以减少活动的数量，小批量计划可以更好地提高柔性和经济批量效应。选择具有快速响应能力的供应商是保证缩短上游提前期的关键，并且基于共享信息的同步计划也可以确保供应商具有更高的敏捷性，而不是借助库存来实现快速响应。从客户视角看，减少非增值活动时间可以大大提高供应链的敏捷性。

（4）培育企业文化。众所周知，全面质量管理的实施有赖于企业文化的培养。同样，供应链风险管理的实现，也需要在企业形成相应的供应链风险管理的文化，而且这种文化应该是跨企业的，成为整个供应链的灵魂和推动供应链安全发展的不竭动力。企业文化的培育需要来自企业高层的支持和全体员工的共同努力。同时，供应链风险评估应该成为企业各级决策中应有的组成部分。建立供应链风险管理机制，设置供应链风险管理团队，在高风险供应链环境下也是非常必要的，毫无疑问，供应链风险管理团队的人员组成应该是跨职能部门的。

本 章 小 结

面向 21 世纪全球性市场竞争环境，企业管理者已经认识到，要想取得竞争优势仅靠单打独斗已远远不能适应新的竞争环境。于是，供应链管理就成为企业决策者关注的提高企业竞争力的新模式。不同的企业或同一企业的不同的产品，都有不同的竞争特性，如何根据竞争特性选择与之相适应的供应链管理模式是企业实施供应链管理的一个基本问题。站在生产与运作管理的角度来理解，供应链管理实际上就是放大了的生产管理，也就是说，它突破了传统生产管理理论与方法局限于某一个单个企业的边界，上至供应商，下到分销零售商都纳入了现代运作管理的范畴，而且将过去操作性的生产管理上升到战略性的生产与运作管理。因此，供应链管理成为企业提高竞争力的新模式。本章介绍了供应链和供应链管理的概念，分析了供应链系统设计的思路，阐述了供应链的风险管理以及供应链节点企业间协调控制的方法，读者可从中体会其深刻的内涵。

思考与练习

1. 什么是供应链？供应链的一般结构模型是怎样的？
2. 简述供应链管理的基本思想。
3. 信息技术进步日新月异，互联网对供应链管理战略有哪些深远影响？
4. 如何理解英国著名物流专家马丁·克里斯托弗所说的"21 世纪的竞争不是企业和企业之间的竞争，而是供应链与供应链之间的竞争"？
5. 形成供应链"牛鞭效应"的原因有哪些？
6. 如何才能更好地实现供应链中的信息共享？
7. 为什么要进行供应链风险管理？
8. 弹性供应链有何特点？如何构建弹性供应链？

DELL 直销供应链组织模式

1984 年，迈克尔·戴尔，一个 19 岁的得克萨斯州大学学生凭借 1 000 美元的创业资本，在美国登记了"戴尔计算机公司（DELL）"，借助直销模式与当时的 IBM、康柏等巨头相争。如今，产品和服务业务的力量持续加强，公司的收益率不断攀升。

1. DELL 的销售模式

DELL 通过首创的直销模式，直接与大型跨国企业、政府部门、教育机构、中小型企业以及个人消费者建立合作关系，同时提供客户免费直拨电话服务、可隔天到门服务。

DELL 为客户提供各项安装支持和系统管理，并且知道客户在技术转换方面的相关问题。透过 DELL WARE 计划，设计多项产品及服务，搭配多元化的计算机周边硬件和计算机软件等系列产品，提供量身定做的解决方案。

1994 年，DELL 推出 WWW. DELL. COM 的网站，1996 年加入电子商务功能。在该网站上，用户能够实时取得 DELL 计算机的配备与价格资料，进行线上订购和 24 小时的技术咨询，进一步拓展直销模式，成为利用互联网络进行商业活动的典范。

2. DELL 供应链的节点企业

DELL 总部设在美国得克萨斯州的朗德罗克（Round Rock），在全球 34 个国家设有销售办事处，所提供的产品和服务遍及世界各地。区域总部设置如下：英国布莱克内尔区域总部负责欧洲、中东和非洲的业务，中国香港区域总部负责亚太区业务，日本川崎区域总部负责日本市场。

公司在全球有 6 家设有计算机生产线系统的加工厂，分别是美国得克萨斯州的奥斯汀、田纳西州的纳什维尔、巴西的南里奥格兰德州（中南美洲）、爱尔兰的利姆里克（欧洲、中东和非洲）、马来西亚槟城（亚太地区及日本）和中国厦门（中国）。

3. DELL 的供应链运营

将原本 200 多家供货商的订单集中交给其中 50 家，但条件是他们在 DELL 工厂旁边设置零件仓库，实现就近供货，不愿意配合的就从供应商列表中剔出。

DELL 接到客户订单后，将销售信息传给供货商，以便供应商及时补充零件库存消耗，从进料到组装完出货只要 4 小时。为了降低零件库存并提高流通性，供货商把零件尽量模块化。这种类似丰田汽车当年的准时化生产方式，在 PC 业属创举。

DELL 对供应商有一套包含零件质量、物流服务等项目的考核制度，不断考核供货商的履约表现，作为供应商发展或淘汰的依据，这牵涉双向的信息流通和信任。

4. DELL 的物流信息共享

DELL 运用计算机信息技术和 Internet 互联网络通信技术，架构连接客户、生产商和合作供货商的信息共享平台，把每天各种机型 PC 的销售数字发布在公司网站上，让供货商查询，了解哪些零件需求多而哪些需求少。DELL 即将或刚接到的订单，也会及时公布在门户网站上，帮助供货商做零件需求预估。DELL 会在交货的 13 周之前做预估（订单数据），并不断修正，直到 2 周前冻结预估数字，供应商就根据这个数字在预定时间交货。

5. DELL 的合作关系管理

DELL 采用供应商关系管理系统来管理全球各地不同供货商，包含预测、订货、出货、质量、物流和服务等，便于评估考核供货商，作为选择成为长期合作伙伴的依据。DELL 的核心能力在于管理好整条供应链，让新产品在最短时间内交到客户手上。DELL 把笔记型计算机的研发和设计工作交由中国台湾的代工伙伴广达承揽，DELL 则专心去争取订单。DELL 的研发费用只占销售总收入的 2% 不到，在前十名计算机公司中是最低的。

6. DELL 供应链成功之道

DELL 所开创的直销模式，把顾客和供货商的营运活动整合起来。分散的网络制造，让 DELL 按订单组装生产模式，交货时间提升到只要 8 小时。I2 供应链管理软件彻底实现电子化供应链，整合上下游企业，实现信息共享。DELL 组装一台计算机只要 4 小时，存活周转天数只有 5 天，约为同业的 1/10；位于得克萨斯州的 Optiplex 工厂，组装零件的库存时间只要 2 小时，零库存减少了库存造成的资金占用和跌价损失。DELL 计算机每 2 小时排一次生产流程，尽可能降低库存，对于客户取消订单，要么转给其他有需求的客户，或在网络上拍卖。通过"顾客关系管理"软件，让顾客下单状况透明，使组装厂和上游供货商配合更好，预测更加准确。获利并非取决于单件毛利，而是取决于增加的极度忠诚的客户和永远新式的产品。

问题与讨论：

（1）DELL 模式成功的前提是什么？减少产品成本的重点是生产环节还是物流环节？

（2）如何看待 DELL 今后的供应链管理创新？

参 考 文 献

［1］陈荣秋，马士华．生产与运作管理［M］.3 版．北京：高等教育出版社，2012.

［2］马士华，林勇．供应链管理［M］.北京：高等教育出版社，2011.

［3］王道平，李淼．供应链设计理论与方法［M］.北京：北京大学出版社，2012.

［4］马士华．供应链管理［M］.武汉：华中科技大学出版社，2010.

［5］范林根．基于契约合作的供应链协调机制［M］.上海：上海财经大学出版社，2007.

［6］刘永胜，杜志平，白晓娟．供应链管理［M］.北京：北京大学出版社，2012.

［7］耿殿明，傅克俊，等．大型企业集团供应链风险的识别与防范［J］.企业经济，2009，（7）.

第16章　先进制造技术及模式

本章要点

近年来，制造工程领域的新技术相继诞生，如计算机集成制造系统，大规模定制、绿色制造、3D打印技术等，这些新技术的产生和应用决定了先进制造业未来的发展方向。通过学习本章，熟悉生产模式的历史演变过程及典型模式的特点，了解现代企业生产系统所面临的环境变化，掌握先进制造技术的基本概念，对计算机集成制造系统、大规模定制、绿色制造和3D打印技术四种典型先进制造技术的基本概念和特点、适用条件、基本构成等内容了然于胸，清楚它们之间的联系和区别。

关键术语

先进制造技术（Advanced Manufacturing Technology，AMT）；计算机集成制造系统（Computer Integrated Manufacturing System，CIMS）；大规模定制（Mass Customization，MC）；绿色制造（Green Manufacturing，GM）；清洁生产（Clean Production）；3D打印技术（3-Dimensional Printing Technology）。

16.1　先进制造技术概述

16.1.1　生产模式的历史演变

17世纪至1830年，在专业化协作分工、蒸汽动力机和工具机的基础上，出现了制造企业的雏形——工场式的制造厂，人类社会的生产率开始出现大幅度的飞跃。18世纪末期，制造业已成为重要产业，其主要生产模式是"少品种单件小批生产"。以汽车行业为例，当时处于世界领先地位的 P&L 轿车公司每年只制造几百辆汽车，由于没有标准的计量器具，装配完全依靠工人熟练的手工技艺，几乎没有两辆车是完全相同的。1905 年，欧洲已有几百家采用单件生产方式少量制造汽车的公司，这些小工厂多数没有新技术开发能力，产量低，成本高，且成本不随产量而下降。这种生产模式当然无法满足市场需求。

20 世纪 20 年代，在伊莱·惠特尼提出的"互换性"和"大批大量生产"理论，伊文思把传送带引入制造系统和泰勒的"科学管理"理论的支撑下，与当时的电气化、标准化与系列化结合，福特汽车公司开创了机械自动流水线生产，出现了"少品种大批大量生产"的模式，世界制造业开始了第一次生产模式的转换。大量生产方式及其技术支持与零件的互换性给制造业带来了一场重大变革，它推动了工业化的进程和经济高速发展，为社会提供了大量的经济产品，促进了市场经济的发展。20 世纪 50 年代，大量生产方式发展达到了顶峰。

从 20 世纪 50 年代开始，人们对"少品种大批大量生产"方式的优缺点有了进一步的认识。大批量生产模式产品的竞争表现为效率加质量的竞争。一方面，大批大量生产方式的规模效益使企业受益匪浅；另一方面，人们也认识到刚性自动流水线存在许多自身难以克服的缺点，市场的多变性和产品品种、过程的多样性对刚性生产线提出了挑战，为此，以成组技术和计算机技术为基础的制造自动化，试图改进这一模式的不足。

实践证明，单纯技术上的某些改进不是振兴制造业的良策。到了 20 世纪 80 年代，人们已经将"少品种大批大量生产"模式的优点发挥到了极限，同时这种生产模式同市场需求变化间的矛盾愈来愈大，以至成为制约制造业发展的重要因素。

解决这对矛盾的出路只能是进行制造生产模式的转换。飞速发展的电子技术、自动化技术，以及计算机技术等，从生产工艺技术及生产管理方法两方面，使大量生产方式向多品种、中小批量生产方式的转换成为可能。以美国为代表的 MRP Ⅱ 生产管理模式和以日本为代表的精益生产管理模式较好地解决了这一矛盾，其他如成组生产单元、柔性流水生产线等模式也是适应多品种、少批量生产而出现的。

20 世纪 80 年代末期，西方发达国家先后提出新模式的制造战略、研究开发计划。1988 年，美国通用电气公司和里海大学共同提出敏捷制造战略；1990 年，欧美与日本等国联合进行了为期 10 年的智能制造系统(Intelligent Manufacturing System，IMS)的研究与开发；1994 年，德国人提出改变工业组织结构的分形公司(Fractal Company)，等等。分析各种先进制造技术的特点，需要清楚认识现代企业生产系统所面临的环境。

16.1.2 现代企业生产系统所处环境

自 20 世纪 90 年代以来，科学技术的不断发展，经济的全球化，特别是顾客的个性化要求，让现代企业处于既充满机遇又富于挑战的复杂的竞争环境中，给企业的生产及其管理带来了重大影响。

1. 信息技术对现代企业生产运营的影响

信息革命把现代企业带向信息时代。在这个时代，企业同市场紧密的连接靠的就是信息、信息系统与信息网络这类"纽带"。信息革命为现代企业创造全新范式，如企业采用定制化生产的新范式，戴尔公司被认为是大规模定制生产的典范。

如今信息技术正以人们无法想象的速度向前发展，信息技术也正在向企业生产与运营领域注入和融合，促进了制造技术和各种先进生产模式的发展，如集成制造技术、并行工程、精益生产和敏捷制造等，无不以信息技术作为支撑。

2. 个性化买方市场对企业生产运营的影响

随着社会经济的发展及人们生活水平的提高，人们的消费观念和消费形态都在发生重大转变，从以往的比较理性消费转向感性消费。人们已不再满足于产品的功能和价格等因素，而更关注产品的品牌、服务，特别是体现个人感受特性的个性化服务，这种转变形成了以消费需求为导向的个性化买方市场，其主要特征表现如下。

1）需求多样化、个性化

当今的用户已不满足于从市场上买到标准化生产的产品，他们希望得到按照自己要求定制的产品或服务，并且产品价格要向大批量生产的那样低廉。这些变化导致产品生产方式革命性的变化。传统的标准化生产方式是"一对多"的关系，而这种模式已不能使企业继续获得效益。现在的企业必须具有根据每一个顾客的特别要求定制产品或服务的能力，即所谓的"一对一"的定制化服务。

2）响应速度要求越来越高

竞争的主要因素从成本、质量因素，转变为时间因素。这里所说的时间因素主要是指交货期和响应周期。用户不但要求厂家要按期交货，而且要求的交货期越来越短。我们说企业要有很强的产品开发能力，不仅指产品品种，更重要的是指产品上市时间，即尽可能提高对客户需求的响应速度。对于生产厂商来说，市场机会稍纵即逝，留给企业思考和决策的时间极为有限。因此，缩短产品的开发、生产周期，在尽可能短的时间内满足用户要求，已成为当今企业最为迫切应对的问题。

3. 产品更新换代加快和研发难度加大对企业生产运营的影响

一方面，个性化买方市场的形成，迫使企业不断开发新产品，以满足顾客不断变化的需求；另一方面，科学技术的飞速发展和市场竞争的日益加剧，促使企业从技术上加快产品更新换代，从而大大缩短了产品的寿命周期。企业之间竞争的日益加剧，意味着企业必须依靠不断地快速推出新产品才能确保竞争优势。

尽管越来越多的企业认识到开发新产品的重要性，也不惜工本予以大量投入，但效果并不明显。其原因就是产品研制开发的难度越来越大，特别是那些结构复杂、技术含量高的产品，在研制开发中都需要各种先进的设计技术、制造技术和管理技术等，不仅涉及的学科多，而且大都是多学科交叉的产物。因此，如何能以最小的代价，快速而成功地开发出新产品，是当今企业面临的新课题。

4. 经济全球化对企业生产运营的影响

全球化浪潮正以惊天动地的速度和力度，向人类社会的一切领域挺进，无论是深度还是广度都是前所未有的。许多国家的产业，包括工业、金融、投资、运输、通信和科技等，都在全球范围内打破了国家和地区的界限而融为一体。一般来看，经济全球化主要表现在以下几个方面。

（1）商品全球化。经济全球化是从商品流通领域开始的，商品全球化在经济生活中一直占据主导地位。商品全球化越发展，表明世界越开放，各国之间的经济交流越频繁，贸易量将大为提高，各国之间在生产和消费上的依赖程度也将不断加深。

（2）资本全球化。资本全球化是经济全球化进程的重要步骤，也是必然趋势。国际直接投资的迅速增长和跨国公司的蓬勃发展，使国际资本流动规模巨大，而且国际资本的形式也日益多样化。

（3）生产全球化。由于跨国企业的蓬勃发展，世界已成为跨国企业的"王国"。而跨国企业的发展，又促进了生产的全球化。各国在生产经营过程中，相互渗透，互通有无，把以往一个国家内部范围的分工和协作关系，发展成为一系列国家之间的国际分工和协作关系，出现了大量的全球工厂，越来越多的产品成为"全球产品"。例如，福特汽车公司的 Festiva 车就是由美国人设计，在日本的马自达生产发动机，由韩国的制造厂生产其他零部件和装配，最后销往全球。

（4）技术全球化。发达国家在输出资本的同时也输出了技术，包括管理技术。当然技术的输出大部分是有偿的。技术的输出加速了世界经济的发展。

16.1.3　先进制造技术的概念

先进制造技术（Advanced Manufacturing Technology，AMT），包括由于微电子技术、自动化技术、信息技术等给传统制造技术带来的种种变化与新型系统。具体地说，就是以人为主体，以计算机技术为支柱，以提高综合效益为目的，是传统制造业不断地吸收机械、信息、材料、能源、环保等高新技术及现代系统管理技术等方面最新的成果，并将其综合应用于产品开发与设计、制造、检测、管理及售后服务的制造全过程，实现优质、高效、低耗、清洁、敏捷制造，并取得理想技术经济效果的前沿制造技术的总称。主要包括计算机辅助设计、计算机集成制造系统、大规模定制、绿色制造、3D 打印技术等。先进制造技术是制造业企业取得竞争优势的必要条件之一，其优势还有赖于能充分发挥技术威力的组织管理，有赖于技术、管理和人力资源的有机协调和融合。

1993 年，美国政府批准了由联邦科学、工程与技术协调委员会（FCCSET）主持实施的先进制造技术计划。该计划是美国根据本国制造业面临的挑战和机遇，为增强制造业的竞争力和促进国家经济增长而制订的，在这份计划中首次提出了先进制造技术的概念。此后，欧盟、日本、韩国等相继做出响应。

先进制造技术是制造技术的最新发展阶段，是制造技术与现代高新技术结合而产生的一个完整的技术群或新的技术领域。其具有以下特点：①从以技术为中心向以人为中心转变，使技术的发展更加符合人类社会的需要；②从强调专业化分工向模糊分工、一专多能转变，使劳动者的聪明才智能够得到充分发挥；③从金字塔的多层管理结构向扁平的网络化结构转变，减少层次和中间环节；④从传统的顺序工作方式向并行工作方式转变，缩短工作周期，提高工作质量；⑤从按功能划分的固定组织形式向动态自主管理的小组工作方式转变。先进制造技术正朝着精密化、自动化、柔性化、信息化、集成化和智能化的方向发展。

先进制造技术并不限于制造过程本身，它涉及从市场调研、产品开发与设计、生产准备、加工制造、售后服务等产品寿命周期的所有内容，并将它们结合成一个有机的整体。先进制造技术特别强调计算机技术、信息技术、传感技术、自动化技术、新材料技术和现代系统管理技术在产品设计、制造和生产组织管理、销售及售后服务等方面的应用。先进制造技术不以追求技术的高新度为目的，而是注重产生最好的实践效果，以提高企业的竞争力和促进国家经济增长和综合实力为目标。

　　下面重点介绍计算机集成制造系统、大规模定制、绿色制造、3D 打印技术等先进制造技术模式。需要说明的是，这几种制造模式并非孤立存在的，而是相互融合、相互渗透、相互借鉴、相互统一的。

16.2　计算机集成制造系统

16.2.1　CIMS 概述

1. CIMS 的基本含义

　　计算机集成制造系统(Computer Integrated Manufacturing System，CIMS)是一种基于 CIM 理念构成的数字化、信息化、智能化、绿色化、集成优化的制造系统，是信息时代的一种新型生产制造模式。20 世纪 70 年代，美国的小约瑟夫·哈林顿博士首次提出了CIM(Computer Integrated Manufacturing)的概念，此概念有以下两个要点。

　　(1) 企业生产的各个环节，从市场分析、产品设计、加工制造、经营管理到售后服务等全部生产经营活动是一个互相紧密相关、不可分割的整体，需要统一考虑。

　　(2) 整个生产经营过程实质上是一个数据的采集、传递和加工处理的过程，最终的产品可以看作数据的物质表现。

　　围绕哈林顿博士提出的这一概念，世界范围对 CIM 的定义进行了不断的研究和探索。国际制造工程学会对 CIM 的定义是"透过整体系统、资料通信及能够改善组织和个人效率的新管理哲学，达成整个制造企业的整合"。通俗地说，CIM 是一种先进的理念，它借助于以计算机为基础的信息技术，将企业中与制造和生产有关的技术系地集成起来，从整体上对企业的生产组织方式进行优化，从而提高了企业的市场竞争能力。

　　自从哈林顿博士提出 CIM 概念后，虽然不同学者对 CIM 的定义不尽相同，但有一个共同点是都强调了"集成"。在自动化技术、信息技术和制造技术的基础上，根据企业的需求和经济实力，在新的管理模式和生产工艺的指导下，把以往企业中孤立的工程设计、生产制造、经营管理等生产活动子系统借助于数据库和网络系统有机地进行信息集成和功能集成，构成一个覆盖整个企业的综合系统，即 CIMS。

　　CIMS 的出现颠覆了人们对企业生产经营活动的传统认识，也提出了许多新的课题，从而使企业的生产运作管理进入了新的发展时期。现在 CIMS 这种生产哲理被越来越多的人所接受，成为指导建立工厂自动化的思想。

2. CIMS 的产生

20 世纪六七十年代，企业面临着各种挑战，主要的问题包括设计与制造的前置期、库存周转期、生产设备的准备时间等。哈林顿博士在试图解决企业所面临的各种挑战时发现，只解决其中一部分而忽略其他的问题，通常无法带来整体效益的提升，因而企业需要一个整体的方案来解决这些问题。他根据计算机技术在工业生产中的应用实践，准确预见了其发展的必然趋势并提出了 CIM 概念。CIM 概念的出现也是科学技术发展和市场需求变化相互作用的结果。

1）产生 CIMS 的技术推动作用

计算机是 CIMS 的物质基础和技术支柱，计算机在工业生产上的应用，使产品制造由刚性自动化转向柔性自动化，同时使企业的管理工作由手工作业转为计算机大规模处理，并为 CIMS 的形成做了技术上的准备。

计算机辅助设计（Computer Aided Design，CAD），是在 20 世纪 50 年代中期开始的。采用 CAD 可以大大节省设计时间，其设计速度一般是人工的 1～5 倍。CAD 不仅提高了产品设计的效率，而且提高了设计的水平和质量，从而使采用 CAD 技术的工厂能够迅速推出高性能、高质量的产品。

计算机辅助制造（Computer Aided Manufacturing，CAM）的研究也开始于 20 世纪 50 年代。1952 年，美国首先研制成功数控机床，为计算机在产品制造中的应用开创了一条崭新的道路，成为 CAM 的开端。1967 年，美国成功制造出由数控机床组成的多品种加工自动生产线，并命名为柔性制造系统（Flexible Manufacturing System，FMS）。根据 1982 年美国的一份调查报告，组成 FMS 的一套机床的产量通常为同样机床在单机使用情况下所完成产量的三倍。然而，FMS 的意义不仅在于此，它解决了离散型制造企业一直试图解决而未能解决的经常更换品种的中小批量生产自动化问题。

随着 CAD 和 CAM 技术的迅速发展，人们开始考虑两者的集成，即由计算机将所设计的零件信息直接转化为加工信息传递到机床，使一项产品从设计到制造在一个系统中完成，不再使用图纸等书面文件。到了 20 世纪 80 年代中期，CAD/CAM 集成系统已进入实用化阶段。

与此相应，计算机在管理上的应用也由最初单项数据处理发展到综合数据处理，进而发展到数据处理系统和管理信息系统（Management Information System，MIS）阶段。1961 年美国提出了 MRP 系统。1979 年在此基础上又推出了 MRP Ⅱ。

计算机在各单元技术上的应用，在缩短产品生产周期，提高各种资源的利用率，制造高度精密、复杂的零件，降低生产成本，增强市场应变能力和竞争能力等方面，给采用这些技术的企业都不同程度地带来了效益。同时，这些单元技术的发展也为 CIMS 的建立提供了技术上和物质上的准备。

2）产生 CIMS 的市场拉动作用

自 20 世纪 70 年代开始，世界市场发生了重大变化，科学技术飞速发展和社会需求多样化的相互作用、相互促进，使过去相对稳定的市场变成需求多变的市场。用户需求的多样性和个性化给企业增加了经营上的难度。不仅竞争强度增加，而且竞争要素也增加了。

企业除了要继续在价格、成本、质量三个传统要素上竞争外，还要在服务和交货期上与竞争对手一决高低。环境的变化对企业来说已成为理所当然的事情。变化无处不在，无时不有，而且变化的速度不断加快。新技术加速了革新，产品生命周期也在不断缩短。

计算机在各单元技术上的应用成效使人们进一步思考，如果将这些自动化单元技术加以有机集成，则可以带来更高的技术上和经济上的效益。因为集成度的提高，可以使各种生产要素之间的配合得到更好的优化，各种要素的潜力可以得到更大的发挥，可以说，对整体最优化目标的积极追求是产生 CIMS 的需求动机。

技术上的可能和市场竞争的需要，使哈林顿提出的 CIM 概念迅速成为一些技术上处于先导地位的国家和企业的实践活动。从 20 世纪 80 年代开始，CIMS 从欧美发达国家开始向全球扩散，涉及领域也从典型的离散型机械制造业延伸到化工、冶金等连续或半连续制造业。

16.2.2　CIMS 的体系结构

CIMS 的具体结构在不同的企业有不同的形式，但从功能和组织要素上来看，有许多相似之处。

1. CIMS 功能结构

CIMS 一般是由四个功能分系统和两个支撑分系统构成。

1) 四个功能分系统

（1）管理信息分系统。以 MRP Ⅱ 为核心，包括预测、经营决策、各级生产计划、生产技术准备、销售、供应、财务、成本、设备、工具和人力资源等管理信息系统。通过这些信息的集成，实现缩短产品生命周期、降低流动资金占用和提高企业应变能力的目的。

（2）产品设计与制造工程设计自动化分系统。主要是用计算机来辅助产品设计、制造准备及产品性能测试等阶段的工作，如 CAD/CAPP/CAM 系统，其目的是使产品开发工作高效、优质地进行。

（3）FMS。是由统一的信息控制系统、物料储运系统和一组数字控制加工设备组成，能适应加工对象变换的自动化机械制造系统。FMS 的工艺基础是成组技术，它按照成组的加工对象确定工艺过程，选择相适应的数控加工设备和工件、工具等物料的储运系统，并由计算机进行控制。故能自动调整并实现一定范围内多种工件的成批高效生产，并能及时改变产品以满足市场需求。FMS 兼有加工制造和部分生产管理两种功能，因此能综合提高生产效益。FMS 的工艺范围正在不断扩大，包括毛坯制造、机械加工、装配和质量检验等。该系统的主要组成部分有加工中心、数控机床、运输小车、立体仓库及计算机控制管理系统等。

（4）质量保证系统。主要通过采集、存储、评价与处理存在于设计、制造过程中与质量有关的大量数据，从而提高产品的质量。

2) 两个支撑系统

（1）网络系统。它是支持 CIMS 各个分系统的开放型网络通信系统，采用国际标准和工业标准规定的网络协议（MAP、TCP/IP）等，可实现异种机互联、多种网络的互联，满足各应用系统对网络支持服务的不同需求，支持资源共享、分布处理、分布数据库、分层递阶和实时控制。

（2）数据库系统。它是支持 CIMS 各分系统，覆盖企业的全部信息，通常采用集中与分布相结合的三层体系控制结构，即主数据管理系统、分布数据管理系统、数据控制系统，以实现企业的数据共享和信息集成。

CIMS 各功能分系统及两个支撑系统的功能如图 16-1 所示。

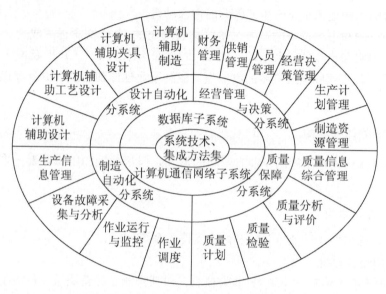

图 16-1 CIMS 各分系统及支撑系统功能

2. CIMS 关键技术结构

CIMS 关键技术主要包括面向 CIMS 的支撑技术，面向 CIMS 的经营管理技术，面向 CIMS 的 CAD、CAPP、CAM 技术，面向 CIMS 的并行工程技术等，如图 16-2 所示。

1）面向 CIMS 的支撑技术

网络和数据库技术作为 CIMS 的支撑技术前已述及，在此不再重复。

计算机支持下的协同工作（Computer Supported Collaborative Work，CSCW）向多媒体、网络化、智能化发展；产品数据管理（Product Data Management，PDM）将成为支持产品全生命周期的有力工具。如何支持企业内部或者企业之间进行协同工作（如联合设计、多址通信、实时传输等）仍将作为研究的重点，这些技术将对虚拟企业、敏捷制造等产生重大影响。

集成技术和集成方法的研究包括分布式对象技术、构件技术、中间件技术和智能化的集成技术等。智能技术的集成要求网络的功能不仅仅是传输信息，更重要的是连接信息。计算机、通信和信息提供将成为智能网络发展的主要因素。网络和数据库技术在 CIMS 支撑技术的发展进程中将会越来越紧密地集成和相互影响。

2）面向 CIMS 的经营管理技术

在面向 CIMS 的经营管理技术方面，BPR 理论对优化企业运营产生了重大影响。新一代生产经营管理技术发展迅速，主要体现在企业经营和生产的管理范围从 MRP 到 MRP

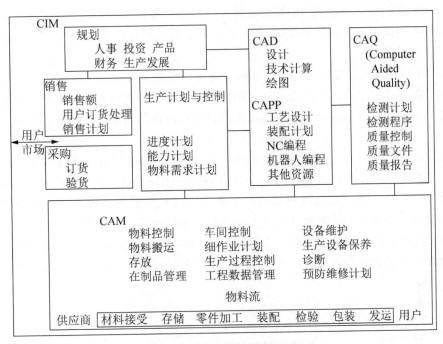

图 16 - 2　CIMS 关键技术结构

Ⅱ直至扩大到 ERP。集成的最终目标不仅仅是把计算机等硬件连在一起，而是把相关的机构、生产和供销联系在一起，构成有效的供应链管理。CIMS 经营管理在 CAD 和 CAM 的基础上，为企业提供加速新产品的及时制造，把生产和投资紧密地联系在一起，使小批量、多品种的产品开发和生产成为可能。同时，决策支持系统(Decision Support System, DSS)成为企业经营管理决策的重要工具，敏捷虚拟企业(Agile Virtual Enterprise，AVE)的组织与管理将成为 21 世纪最有竞争力的管理模式。

　　3）面向 CIMS 的 CAD、CAPP、CAM 技术

　　在面向 CIMS 的 CAD、CAPP、CAM 技术方面，新一代 CAD/CAM 系统将以参数化特征建模为基础，产品数据管理系统将成为 CAD/CAPP/CAM 系统的集成管理平台，面向集成的设计成为研究的重点，虚拟产品的开发成为加速新产品进入市场的有效途径。加工系统的柔性化、智能化和集成化不断提高，以面向环境保护，适应新的生产模式。

　　4）面向 CIMS 的并行工程技术

　　并行工程的核心包括一个由管理和技术专家组成的协同工作小组，一个支持该小组的工作环境(如信息交换平台及数据交换标准)，以并行地支持产品开发的全过程。其关键是要解决异构系统应用程序的互操作，即分布对象计算技术。

16. 2. 3　CIMS 的集成

　　集成是将原来没有联系或联系不紧密的单元组成为一个有一定功能的、紧密联系的新系统。集成不是简单的链接，是经过统一规划设计，分析原系统的作用和相互关系并进行优化重组而实现的。企业实施 CIMS 是为了取得整体效益，而企业能否实现效益最大化，又取决于企业各种功能的协调。因此，实施 CIMS 的关键在于集成。一般，企业集成的程

度越高，功能越协调，竞争取胜的机会也越大。因为只有各种功能有机地集成才可能共享信息，在较短时间里做出高质量的经营决策，才能提高产品质量，降低成本，缩短交货期，提高企业的竞争能力。

CIMS 集成包括信息集成和过程集成两个方面。信息集成是指 CIMS 中不同应用系统之间实现数据共享，这些应用系统分布在网络环境下异构计算机系统中，它们所管理和操作的数据格式和存储方式各异。实现信息集成是实现数据的转换、数据源的统一、数据一致性的维护、异构环境下不同应用系统之间的数据传送。

过程集成主要指高效、实时地实现 CIMS 企业中产品开发过程的集成和企业经营过程的重组。过程集成涉及不同过程之间的交互和协同工作，比信息集成具有更高的集成度，其集成难度也更高。为了实现过程集成，需要采用过程建模方法建立企业的业务过程模型。过程集成需要有更先进的软件集成支持工具，如集成平台、集成框架等。

CIMS 集成是在 CIMS 网络和数据库支持下，将企业存在的物料流、信息流、工作流都保持通顺流畅和相互有机联系，形成综合性多功能的计算机集成应用系统，如图 16-3 所示。

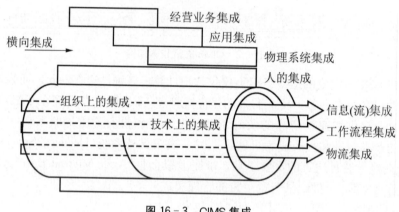

图 16-3　CIMS 集成

CIMS 各分系统之间的集成通常有以下一些方法：

（1）各分系统的应用之间通过开发一对一的专用集成接口实现数据交互和集成，该方法的缺点是开发量大，系统可维护性差，任何一个应用系统的修改都会导致一大批相关应用系统的修改。

（2）采用独立于任何具体应用系统的共享信息库的方式实现信息共享，该方式可以避免重复开发功能相同的集成接口。

（3）采用集成平台支持的中间件的方式实现信息共享，该方式可以实现应用对数据的透明访问，解决应用对于操作系统和数据存储方式的依赖性，是当今最先进的应用系统集成方式之一。

16.2.4　CIMS 在我国企业的应用

我国从 1987 年开始实施国家高技术研究发展计划（863 计划）的 CIMS 主题研究，经过20 多年的实践，形成了一支工程设计、开发、应用骨干队伍，总结出了一套适合我国国情的 CIMS 实施方法、规范和管理机制。我国 CIMS 不仅重视信息集成，而且强调企业运行的优化，并将计算机集成制造发展为以信息集成和系统优化为特征的现代集成制造系统。在 863 计划的推动下，在 19 个行业、20 多个省市 200 多家企业成功实施了 CIMS 应用示范工程，行业覆盖机械、电子、航空、仪器仪表、石油、化工、轻工、纺织、冶金、兵器等主要制造业，支持上千种新产品开发、改型设计，并大力推广 CIMS 管理信息系统，实现了技术创新、产品创新与管理创新，直接经济效益每年达 20 亿元。同时，积极推进高科技与发展经济相结合，努力实现高技术产业化，在离散、流程、商贸 3 个领域开发了特征鲜明的 10 个系列 50 多个产品，覆盖企业信息化软件产品的 85％ 以上，每年产值上亿元。现在 CIMS 已形成颇具规模的 CIMS 系统集成和咨询服务体系，建成一批高水平的研发基地，培养了一支近万人的骨干队伍，CIMS 总体技术的研究已处于国际上比较先进的水平。其中，有 13 项研究获得国家科技进步奖，52 项获得省部级科技进步奖。在企业建模、系统设计方法、异构信息集成、基于 STEP 的 CAD/CAPP/CAM/CAE、并行工程及离散系统动力学理论等方面在国际上有一定的影响。

16.3　大规模定制

16.3.1　大规模定制的概念与特征

1. 大规模定制的基本含义

随着电子信息技术和先进制造技术的高速发展及其在经济领域的广泛应用，一种以大幅度提高劳动生产率为前提，以最大限度满足客户需求为目标的全新生产模式——大规模定制(Mass Customization，MC)，正在迅速发展。大规模定制模式结合了定制生产和大规模生产两种生产方式的优势，在满足客户个性化需求的同时保持了较低的生产成本和较短的交货期。大规模定制被认为是适应 21 世纪市场全球化、经济区域化、经营跨国化、信息网络化、需求个性化趋势而产生的企业生产模式。

1970 年美国未来学家阿尔文·托夫在 *Future Shock* 一书中提出了一种全新的生产方式的设想：以类似于标准化和大规模生产的成本和时间，提供客户特定需求的产品和服务。1980 年，阿尔文·托夫在其著作 *The Third Wave* 中提出了一种理想化的生产系统——能满足客户个性化需求的生产系统，称为"非大量化"，但是鉴于当时的信息化程度而难以实现。1987 年，斯坦·戴维斯在 *Future Perfect* 一书中首次将这种生产方式称为大规模定制。1993 年 B·约瑟夫·派恩二世在《大规模定制：企业竞争的新前沿》一书中写道："大规模定制的核心是产品品种的多样化和定制化急剧增加，而不相应增加成本；范畴是个性化定制产品和服务的大规模生产，其最大优点是提供战略优势和经济价值。"

大规模定制的概念有广义和狭义之分。广义大规模定制被定义为一种可以通过高度灵敏、柔性和集成的过程，为每个顾客提供个性化设计的产品和服务，来表达一种在不牺牲规模经济的情况下，以单件产品的制造方法满足顾客个性需求的生产模式。狭义大规模定制被看作是一个系统，利用信息技术、柔性过程和组织结构，以接近大规模生产的成本提供范围广泛的产品和服务，满足单个用户的特殊需要。美国生产与库存控制协会认为"大规模定制是一种创造性的大量生产，它可以使顾客在一个很大的品种范围内选择自己需要的特定产品，而且由于采用大量生产方式，其产品成本非常低。"

大规模定制包含了大规模生产和以客户需求为导向的定制生产，通过产品结构和制造流程的重构，运用现代化的信息技术、新材料技术、柔性制造技术等高新技术，把产品的定制生产问题全部或者部分转化为批量生产，以大规模生产的成本和速度，为单个客户或小批量多品种市场定制任意数量的产品。

MC 的基本思路是基于产品族零部件和产品结构的相似性、通用性，利用标准化、模块化等方法降低产品的内部多样性。增加顾客可感知的外部多样性，通过产品和过程重组将产品定制生产转化或部分转化为零部件的批量生产，从而迅速向顾客提供低成本、高质量的定制产品。

2. 大规模定制生产的特征

1）以客户需求为导向

在传统的大规模生产模式中，是先生产，后销售，因而大规模生产是一种推动式的生产模式。而在大规模定制中，企业以客户提出的个性化需求为起点，因而大规模定制是一种需求拉动式的生产模式。大规模定制是一种指导企业参与市场竞争的哲理，它要求企业时刻以客户为核心，以让客户满意作为最高的追求目标之一，从而吸引并"永久地留住客户"。

2）以现代信息技术和柔性制造技术为支持

大规模定制生产必须对客户的需求做出快速反应，这就要求必须有现代信息技术作为保障。Internet 技术和电子商务的迅速发展，使企业能够快速地获取客户的订单；CAD 系统能够根据在线订单快速设计出符合客户需求的产品；FMS 保证迅速生产出高质量的定制产品。

3）以模块化设计、零部件标准为基础

大规模定制要求设计人员在设计过程中充分考虑到如何在产品的整个研制过程中利用标准化技术、模块化设计技术、成组技术和并行工程等现代设计技术。通过模块化设计、零部件标准化，可以批量生产模块和零部件，减少定制产品中的定制部分，从而大大缩短产品的交货提前期和减少产品的定制成本。

4）以质量为前提

大规模定制要求企业的差错率只能为零，因为产品是定制的，客户产品无法像大批量生产的产品那样再销售给其他客户。大规模定制企业必须尽最大努力保证产品的质量，满足消费者的需求。在大规模定制生产中，劣质产品会导致厂商无法生存。

5）以敏捷制造为标志

在传统的大批量生产方式中，企业与消费者是一对多的关系，企业以不变应万变。而在大规模定制方式中，企业与消费者是一对一的关系，企业面临的是千变万化的需求，大规模定制企业必须快速满足不同客户的不同需求。因此，大规模定制企业是一种敏捷组织，这种敏捷不仅体现在柔性的生产设备、多技能的人员上，而且还表现为组织结构的扁平化。

6）以竞争合作的供应链管理为手段

现代市场经济中，竞争已由企业与企业之间的竞争，转向供应链与供应链之间的竞争。大规模定制企业必须与供应商建立起既竞争又合作的关系，共同满足客户的需求。

大规模定制与大批量生产的区别见表 16-1。

表 16-1　大规模定制与大批量生产的区别

内容	大规模定制	大批量生产
目标	以产品多样性满足客户需要，开发、生产、销售客户想要的产品和服务	以几乎每个客户都能承受的低成本价格，开发、生产、销售、运送产品和提供服务
核心	通过柔性和快速反应实现产品的多样化和客户化	通过稳定性和控制取得高效益
设计	针对产品族设计，设计任务模块化和配置化，零部件标准化程度高，模块重用率高	针对某一产品设计，产品系列化和变形设计程度高，零部件数量增加，零部件标准化程度低
制造	合理的物流配置和通用性强的工艺，可以以大批量生产方式生产各种产品	针对某一产品优化配置，为定制产品的生产往往对生产线影响较大
销售	客户和企业以技术为纽带，采用适用技术满足客户的需求，即技术营销模式	客户和企业以关系为纽带，如何推销已有的产品是销售的工作重心
成本	反应快速，降低了产品生产成本，标准化降低了管理成本	因为设计和制造的延误，增加了运营成本，产品的多样增加了管理成本和库存成本

16.3.2　大规模定制的实施

1. 大规模定制的实施条件

（1）生产者必须具有迅速获取消费者需求的能力，这是大规模定制实施的前提。

（2）企业的产品适合大规模定制，这是大规模定制实施的基本条件。

（3）企业具有敏捷的产品开发和柔性的制造技术，这是大规模定制实施的技术支撑，是大规模定制所要求的核心能力和资源。

（4）大规模定制建立在供应链概念基础上，它的成功取决于企业与供应商、分销商和零售商组成的供应链满足大规模定制战略的意愿和准备情况。

（5）企业具有与大规模定制生产方式匹配的组织系统，这是大规模定制的决定条件。

2. 大规模定制实施关键技术和相关技术

大规模定制技术主要是指生产组织与管理技术和先进设计与制造技术。前者主要指敏捷制造、供应链管理、精益生产等；后者主要指先进制造技术，即诸如计算机数控和FMS、CAD、CAM、CIM、EDI 的通信和网络技术等。其中，面向大批量定制的产品开发设计技术（DFMC）、面向大批量定制的管理技术、客户需求分析技术（QFD）、可重组的制造系统(RMS)和面向大批量定制的成本控制技术等是关键技术。

3. 大规模定制生产的实现方法

1) 产品设计阶段

(1) 参数化产品设计：企业采用这种方法设计产品，使产品本身具有许多可供顾客选择的参数。

(2) 模块化产品设计：企业通过零部件和产品模块的组合来满足顾客对产品的个性化需要。

(3) 顾客参与式产品设计：具体实现的方法可以采用虚拟现实技术或面向顾客的计算机辅助订货系统，而且这些系统可以安放在分销商的店铺里，也可以通过 Internet 让顾客参与设计。

2) 零部件制造阶段

(1) 制造流程重组：延迟制造是典型的方式之一，它是指只有到最接近顾客需求的时间和地点才进行产品多样性生产。

(2) 模块化参数化生产系统：建立模块化、可插接、可重构的生产线以及快速换模技术等，都是实现大规模定制生产的重要手段。

(3) 装配阶段：模块化、参数化的装配工具的生产线是装配阶段实现大规模定制生产的重要手段。

(4) 供应链阶段：大规模定制生产方式可以通过增值储运来实现。

3) 销售服务阶段

客户化有时是在产品的销售服务阶段完成的，即将有些工序放在顾客购买时根据顾客的需要来完成。

4. 大规模定制生产的策略

1) 模块化与延迟策略

一方面，在产品设计中融入模块化设计思想，采用标准化的模块、零部件，减少定制模块和定制零部件的数量；另一方面，在制造过程中，采用延迟策略，推迟定制活动开始的时间，尽量采用标准的生产环节，减少定制环节。

模块化设计是指把产品的结构设计成许多相互独立的模块，各模块可以容易地装配成不同形式的产品。因此，模块化设计把产品的多变性与零部件的标准化有效地结合起来，充分利用了规模经济和范围经济的效应。在产品设计中模块化程度越高，定制产品中模块和零部件的标准化程度也就越高。例如，摩托罗拉公司在 20 世纪 90 年代率先实行大规模定制，通过开发应用全自动制造系统，在销售代表用笔记本计算机签下订单的一个半小时之内，就可以制造出 2 900 万种不同组合的寻呼机中的任何一种。这种方式彻底改变了竞争的本质，使摩托罗拉成为美国仅存的寻呼机制造商，占有全世界市场份额的 40％以上。

延迟策略是把产品的定制活动推移到供应链的下游进行，生产过程中定制活动开始的点成为客户订单分离点。它是指企业生产活动中由基于预测的库存生产，转向响应客户需求的定制生产的转换点。通过延迟客户订单分离点，可以降低制造过程的复杂程度，减少供应链的不确定性，以及降低成品库存，缩短定制时间。

模块化设计是面向产品结构的设计，它体现了大规模定制企业充分利用规模经济的效应；延迟策略则是面向过程的设计，是面向大规模定制的过程重组思想。根据模块化设计和延迟的程度，可以把大规模定制生产划分为如图 16-4 所示的 4 种结构。

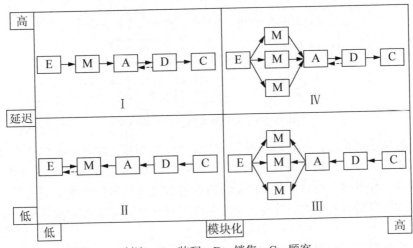

E—设计；M—制造；A—装配；D—销售；C—顾客。

图 16-4 大规模定制生产的结构

结构Ⅰ是一种模块化设计水平低，但延迟程度高的大规模定制方式。企业在产品总装配时或在销售时考虑顾客的定制要求，这种定制结构的客户订单分离点在供应链中较靠后，产品定制成本低，定制时间短。

结构Ⅱ是一种模块化水平和延迟程度都很低的大规模定制方式，企业根据客户的订单对产品进行设计或制造，这种定制结构的客户订单分离点在供应链中较靠前，产品的定制化程度高，定制成本高，定制时间长。

结构Ⅲ是一种模块化水平高，但延迟程度较低的大规模定制方式。企业把产品设计成各模块，各模块可委托给供应商进行制造。企业根据客户定制的需要，对各模块进行修改。这种定制结构的客户订单分离点在供应链中较靠前，产品定制程度高，定制成本较高，定制时间较长。

结构Ⅳ是一种模块化水平和延迟程度都很高的大规模定制方式，产品设计模块化，在装配或销售时考虑顾客的定制要求。这种定制结构的客户订单分离点在供应链中较靠后，又由于模块的多种组合可满足客户的不同要求，因此这种定制方式的定制程度较高，成本低，时间短。

2）面向大规模定制的生产管理模型

这种生产管理模式的基本思想是以产品模块化设计与延迟区分战略的思想为基础，将定制活动后延；将 MRP"推动式"与准时化"拉动式"的机制集成应用，是计划推动与拉动控制有机结合，如图 16-5 所示。

在模型中，计划推动阶段是通过 MPS 和 MRP 来完成的。通过市场预测，根据已有订单以及企业经营计划，基于预测对各标准零部件、通用零部件以及常见的定制零部件进行有库存地生产。和传统的 MRPⅡ系统不同，在这个阶段，MPS 的计划对象是产品族，而

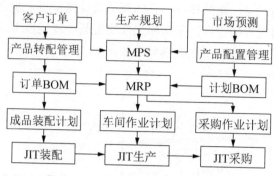

图 16-5 大规模定制生产管理模型

不是规格品种繁多的最终产品，通过模块化计划 BOM 预测产品族中各标准零部件、通用零部件及常见定制零部件的百分比。由于这些零部件的种类比最终产品的种类要少得多，从而使得预测比较准确，可以有效地降低库存。在计划推动阶段，由于提取了各产品的共性成分，加工对象的批量较大，因此，便于组织批量生产，可获得大批量生产的制造成本和效益。

在订单拉动阶段，当客户订单到达以后，由系统提供的产品配置系统进行产品配置，生成定制产品的 BOM，最后，由订单装配计划对订单进行分解，下达装配任务和生产任务。一般来说，在这个阶段，只需要将计划阶段生产的相关零部件进行最后装配，即可形成最终的定制产品。如果在计划阶段个别零部件没有生产出来，或者有特殊的定制零部件，则按准时化的拉动方式组织订单生产，从而既缩短了产品的交货期，又降低了库存和在制品，使生产过程与市场需求紧密地结合，有效提高企业的市场竞争力。

5. 大规模定制生产的制约因素

1）来自顾客个性化需求的挑战

大规模定制是按顾客的要求定制生产，因而能很好地满足顾客的个性化需求。但这并不是说顾客的每个想法都要得到满足，或者每个现实的要求都要予以实现。对于顾客的个性化需求，企业应仔细考虑：该需求是否在企业限定的可能范围之内？如果不是，就无须实现该需求。如果是，那么是否应该现在就予以实现？如果认为现在就予以实现，应在设计、制造、装配、销售的哪一环节实现？企业在定制生产时，不要强迫自己做没把握的事，不能忘记自己的身份和自己究竟擅长些什么。企业要分清满足客户真正需求和一味迎合客户癖好之间的差别，将自身实力与客户的效果有效结合起来。要学会保持有益的多变，而不是提供过多的选择。

2）面临成本和交货提前期的挑战

客户的定制要求往往增加了产品的复杂性，同时也增加了设计和加工的难度，从而增加产品的成本。如何在满足客户个性化需求的同时，保持较低的定制成本，是大规模定制企业需要解决的第一个问题。

在大规模定制生产中，定制是在客户提出需求之后才开始进行的，因此与大规模生产相比存在着时间上的劣势。如何快速地对客户的定制需要做出反应，及时提供定制化的产品或服务，缩短交货提前期，是大规模定制企业必须解决的第二大问题。

制约大规模定制的生产速度的因素来自于多方面。企业设计能力、制造技术、物流管理水平及信息沟通程度等因素都会影响大规模定制的效率和效益，这些因素归根到底是技术、组织结构和人员素质的问题。具体归纳如下：

（1）供应链与物流管理：交货提前期长、供应链的反应力低、供货商的地理位置远、与供应商的合作关系不紧密、供应链集成度低、库存管理水平低、质量问题。

（2）设计：产品结构复杂、模块化设计不强、未充分考虑可制造性、产品数据管理水平不高、设计人员对需求了解不够、零部件非标准化。

（3）制造：机器设备缺乏柔性、人员缺乏柔性、质量问题、制造流程不合理、生产能力限制、对设计理解不够。

（4）信息沟通：部门信息共享程度低、管理信息系统不完善、与客户缺乏沟通、定制信息收集不充分、客户定制信息传递不畅、部门之间缺乏沟通、物流供应不确定。

16.4　绿色制造

16.4.1　绿色制造的产生和定义

资源、环境和人口是人类社会当前和今后相当长一段时间内所面临的三大主要问题。特别是日益恶化的环境问题，对人类社会的生存与发展造成了严重的威胁。人们已经认识到环境问题和资源问题有着内在的根本性联系，而资源问题不仅涉及人类如何利用有限的资源，而且也是环境恶化问题的主要根源。如何能够最大限度地利用资源和最低限度地产生废弃物以及减少对环境的污染，是当今世界各国所关注的问题。

正因如此，企业的生产和经营活动受到越来越多的制约，一是国际性公约对进出口的影响。例如，由于绿色贸易壁垒的限制，如果产品环境指标无法达到进口国环境标准，出口企业将蒙受巨额损失。二是各国政府关于资源节约和环境友好方面的法规和标准越来越高。例如，我国政府对汽车生产的尾气排放标准越来越严，对资源浪费大、环境污染重的小造纸厂、小炼焦厂、小炼油厂等的建设和生产采取严格的限制措施等。三是由于全民环境意识的提高，公众对企业生产自有了新的认识。企业在生产经营中应该关注消费者的需求，包括消费者潜在的环境需求，为此企业需要努力以与环境和谐的方式来进行生产经营，以满足消费者潜在的环境需求。例如，通过 ISO 14000 等环境管理体系、工业生态和清洁生产等途径进行自我规制，已成为跨国公司拓展全球市场取得竞争优势的重要途径之一。另外，对企业而言，处理好环境问题不仅可以节省原材料成本、减少排污费，还可以提高企业公共形象和产品在消费者中的声誉。"资源节约和环境友好"同"经济效益好"一样，正逐渐成为企业经营的目标之一。

当前制造业所面临的一个重大问题是如何减少对能源的消耗以及尽可能少地产生环境污染。因此，绿色制造是人类社会为了实现可持续发展，减少能源消耗和解决在工业化发展过程中所带来的环境问题而产生的，是一种综合考虑环境影响和资源效率的现代制造模式，其目标是使产品从设计、制造、包装、运输、使用到报废处理的整个生命周期中，对环境的影响最小，资源效率最高。

绿色制造(Green Manufacturing，GM)，又称为环境意识制造、面向环境的制造和清洁制造等。1996 年，美国制造工程师学会(SME)发表了关于绿色制造的专门蓝皮书 *Green Manufacturing*，提出了绿色制造的概念，并对其内涵和作用等问题进行了系统介绍；1998 年，SME 又在国际互联网上发表了"绿色制造的发展趋势"的主题报告；美国加利福尼亚州州立大学伯克利分校不仅设立了关于环境意识设计和制造的研究机构，而且还在国际互联网上建立了可系统查询的绿色制造专门网页 Greeen-mfg；国际生产工程学会发表了不少关于环境意识制造和多生命周期工程的研究论文；美国 AT&T 和许多企业也投入了大量经费进行绿色制造的相关研究。ISO 提出了关于环境管理的 14000 系列标准后，进一步推动了绿色制造研究的发展。

按照 SME 的定义，绿色制造是一个综合考虑环境影响和资源消耗的现代制造模式，其目标是使产品从设计、制造、包装、运输、使用到报废处理的整个生命周期中，对环境负面影响最小，资源利用率最高，并使企业经济效益和社会效益协调优化。

16.4.2 绿色制造的体系结构

绿色制造的体系结构是绿色制造的内容、目标和过程等多方面的集合，具体包括两个层次的全过程控制，三项具体内容和两个实现目标，如图 16－6 所示。

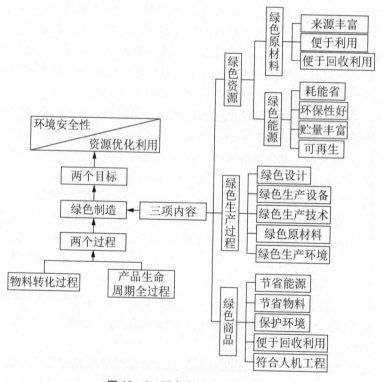

图 16－6 绿色制造的体系结构

两个层次的全过程控制：第一，在具体的制造过程即资源转化过程中，充分利用资源，减少环境污染，实现具体绿色制造的过程；第二，在构思、设计、制造、装配、运输、销售、售后服务及产品报废后回收的整个产品周期中每个环节均充分考虑资源和环境问题,以实现最大限度地利用资源和减少环境污染的广义绿色制造过程。

三项内容是用制造系统工程的观点,综合分析产品生命周期从产品材料的生产到产品报废回收处理的全过程的各个环节的环境及资源问题。具体包括:绿色生产过程、绿色产品和绿色资源。其中,绿色生产过程是指对一般的工艺流程和废弃物所采用的措施,包括开发使用节省资源和良好环境的生产设备;放弃使用有机溶剂,采用机械技术清理金属表面;使用水基材料代替有毒的有机溶剂为机体的材料;减少制造过程中排放的污水等。开发制造工艺时,其组织结构、工艺流程以及设备都必须适应企业向"环境安全型"组织靠拢,以达到减少废弃物的目的。绿色产品主要是指资源消耗少,生产和使用中对环境污染小,并且便于回收利用的产品。绿色资源主要是指绿色原材料和绿色能源。绿色原材料主要是指来源丰富,便于充分利用,便于废弃物和产品报废后回收利用等的原材料。绿色能源,应尽可能使用贮存丰富、可再生的能源,并且应尽可能不产生环境污染问题。

企业通过采用生态工业和循环经济的生产经营模式,可以有效控制环境问题,不少企业的实践也证明了这一点。然而,这种理想模式的推进需要较长时间的尝试,企业一般无法独立处理其面临的所有环境问题。目前,企业主要采取两种途径:①通过企业自身在产品设计和生产过程的管理上创新,从源头上大量削减污染物。实际中主要采取绿色设计和清洁生产技术。②通过自营或接受环境保护企业的专业化服务,实现废弃物(特别是危险性废弃物)的处理及回收再利用。实际中主要有再制造和逆向物流等形式。

16.4.3　绿色设计

绿色设计(Design For Environment,DFE)是考虑环境影响的产品设计。与传统设计不同的是,DFE 从产品概念形成到生产制造、使用乃至废弃后的回收、重用及处理处置的各个阶段,考虑产品对环境的影响,从根本上防止资源浪费和环境污染。具体地讲,DFE 在设计时充分考虑产品的可拆卸性、可回收性、可维护性、可重复利用性等的基础上,保证产品应有的基本性能、使用寿命和质量等。

DFE 可以分为 4 个阶段,即产品结构设计、材料选择、产品环境性能设计与产品资源性能设计,每个阶段都从全生命周期的角度进行设计选择,并通过相关环节(如评价等)相互联系和进行信息交换。各阶段关系如图 16－7 所示。

图 16－7　绿色设计各阶段关系

无论是产品结构设计、材料选择、产品环境性能设计与产品资源性能设计,都要考虑产品的生产过程、使用过程和回收处理过程,并通过绿色程度综合评价判断产品是否达到了原始设计要求或相关标准。

1. 产品结构设计

产品的结构除满足普通产品的基本要求外，在 DFE 过程中主要考虑的是结构的易于拆卸与回收处理。良好的拆卸性能和回收性能是 DFE 的主要内容，拆卸是回收的前提，回收则是在产品淘汰废弃后以较为经济的方式实现重新使用。

产品的可拆卸性直接影响其回收和再利用，确保在拆卸作业对零部件没有伤害的情况，从产品系统中分离出来所期望的部件或零件，是产品拆卸设计的重要目标。

2. 材料选择

材料选择设计是将环境因素融入材料选择过程的设计方法。产品所使用的材料、连接方式、能源消耗、可循环利用以及产品的报废处理方式都对环境有显著影响，因此也是考虑环境问题的最主要因素。材料选择需要考虑多种因素，如工程需要、可制造性、性能、环境影响和费用等，但所有这些都必须与产品的可靠性、性能、可维修性以及环境的友好性相一致，使产品整个生命周期内的费用以及对环境的危害最小。

3. 产品环境性能设计

在产品设计初期，将其环境性能作为设计目标是 DFE 区别于传统设计的主要特点之一。有不同的环境性能，设计时应根据产品特点、使用环境与要求等分别予以满足。例如，对电冰箱而言，其环境性能主要表现在不用氯氟烃类的制冷剂和发泡剂，减少或消除酸洗、磷化过程中产生的环境污染物，降低能耗、减小噪声、减少所用材料种类等。

4. 产品资源性能设计

DFE 通过并行考虑产品生命周期的各个阶段，达到使产品的资源得到合理利用和配置的目的。其主要内容包括：①机电产品生产过程的资源消耗特性分析。主要强调制造过程中的资源消耗和成本问题。②产品生命周期的资源消耗分析。产品对资源的消耗不仅体现在制造阶段还体现在使用和回收阶段。例如，对机电产品的能耗，以及产品拆卸和回收时发生的能耗，DFE 强调产品生命周期内的资源消耗最低化。

5. DFE 评价

DFE 的最终结果是否满足预期的需求和目标，是否还有改进的潜力，如何改进等是 DFE 必须解决的问题。要对这些问题做出回答，需要根据国内和国际上的相关政策、规制和标准，以及企业的环境和资源意识进行 DFE 评价。DFE 评价是 DFE 的重要环节，对指导设计过程的进行和对设计方案的完善具有重要作用。

16.4.4 清洁生产

1. 清洁生产的概念

联合国环境规划署与环境规划中心的定义：清洁生产是指将综合预防的环境策略持续地应用于生产过程和产品中，以便减少对人类和环境的风险性。对生产过程而言，清洁生产包括节约原材料和能源，淘汰有毒原材料并在全部排放物和废物离开生产过程以前减少它的数量和毒性。对产品而言，清洁生产策略旨在减少产品在整个生产周期过程（包括从原料提炼到产品的最终处置)中对人类和环境的影响。清洁生产不包括末端治理技术，如空气污染控制、废水处理、固体废弃物焚烧或填埋，清洁生产通过应用专门技术，改进工艺技术和改变管理态度来实现。

《中华人民共和国清洁生产促进法》对清洁生产的定义：清洁生产是指不断采取改进设计、使用清洁的能源和原料、采用先进的工艺技术与设备、改善管理、综合利用等措施，从源头削减污染，提高资源利用效率，减少或者避免生产、服务和产品使用过程中污染物的产生和排放，以减轻或者消除对人类健康和环境的危害。

总之，清洁生产将资源与环境的考虑有机融入产品及其生产的全过程中，着眼于生产发展全过程中污染物产生的最小化，不仅注意生产过程自身，而且对产品(包括服务)从原材料的获取直至产品报废后的处理、处置整个生命周期过程中的环境影响统筹考虑，因而它对改善传统的粗放经营的生产模式具有重要意义。

2. 清洁生产的基本内容

清洁生产的内容十分丰富，其核心是将资源与环境的考虑有机地融入产品及其生产的全过程中。

清洁生产的重要内容之一是对生产过程实施污染预防的活动。由于不同行业、不同类型的企业情况千差万别，即使同一类型的部门、行业、企业，其产品、生产过程所面临的具体环境问题也不尽相同。因此，不存在一个统一的清洁生产技术方法措施。开展清洁生产需要针对每个企业产品及其生产过程的具体问题、具体情况进行实施。对于一个生产过程系统，实施清洁生产的基本途径可概括为以下 5 个主要方面。

1) 原材料(包括能源)有效使用和替代

原材料是工艺方案的出发点，它的合理选择是有效利用资源减少废物产生的关键因素。从原材料使用环节实施清洁生产的内容可包括以无毒、无害或少害原料替代有毒有害原料；改变原料配比或降低其使用量；保证或提高原料的质量，进行原料的加工以减少对产品的无用成分；采用二次资源或废物作为原料，替代稀有短缺资源的使用等。

2) 改革工艺和设备

工艺是从原材料到产品实现物质转化的基本软件。设备的选用是由工艺决定的，它是实现物料转化的基本硬件。通过改革工艺与设备方面实施清洁生产的主要内容可包括：简化流程、减少工序和所用设备；使工艺过程易于连续操作，减少开车、停车次数，保持生产过程的稳定性；提高单套设备的生产能力，装置大型化，强化生产过程；优化工艺条件(如温度、流量、压力、停留时间，搅拌强度，必要的预处理，工序的顺序等)；利用最新科技成果，开发新工艺、新设备，如采用无氰电镀或金属热处理工艺、逆流漂洗技术等。

3) 改进运行操作管理

除了技术、设备等物化因素外，生产活动离不开人的因素，这主要体现于运行操作和管理上。我国工业生产产生的污染，相当程度是由于生产过程中管理不善造成的。实践证明，规范操作、强化管理，往往可以通过较小的费用而提高资源能源利用效率，削减相当比例的污染。因此，国外在推行清洁生产时常把改进操作、加强管理作为一项最优先考虑的清洁生产措施，如合理安排生产计划；改进物料贮存方法、加强物料管理；消除物料的跑冒滴漏；保证设备完好等。

4）产品改革替代

产品制取是工业生产的基本目的。它既是生产过程的产出，又是生产过程的输入。因此，清洁产品是清洁的生产过程中的一项基本内容。它包括改革产品体系，产品报废的回用、再生，产品替代、再设计等方面。例如，无汞电池的设计制造、延长使用寿命或可拆卸产品的开发等。

5）生产系统内部循环利用

这里指一个企业生产过程中的废物循环回用。一般地，物料再循环是生产过程流程中常见的原则。物料的循环再利用的基本特征是不改变主体流程，仅将主体流程中的废物加以收集处理并再利用。这方面的内容通常包括将废物、废热回收作为能量利用；将流失的原料、产品回收，返回主体流程之中使用；将回收的废物分解处理成原料或原料成分，复用于生产流程中；组织闭路用水循环或一水多用等。

此外，在一定情况下，还可考虑将废物收集，作为企业自身或其他生产过程的原料，加工成其他产品。从清洁生产的优先序看，对于废物首先应将其尽可能消灭在自身生产过程中，使投入的资源能源充分利用，即实施上面所提出的前4种"源削减"技术措施。

为促进组织将单纯侧重污染末端治理的环境管理，转向基于污染预防的环境管理体系，应将清洁生产的推行与ISO 14000环境管理体系的实施有机结合起来。实施环境管理体系，承诺污染预防的原则就要将清洁生产纳入体系建设，积极采取清洁生产的对策措施，切实实现环境管理体系的预防效果。反之，清洁生产的有效开展与持续实施，也需要环境管理体系的组织和系统管理支持。

16.4.5 再制造与逆向物流

1. 再制造与逆向物流的基本内容

对于使用后或者废弃的产品，企业进行回收，形成了同一般物流相反的物流流向，即逆向物流（Reverse Logistics，RL）。回收的目的是再制造或再利用。因此，再制造与逆向物流是相辅相成的，逆向物流是再制造的基础。美国物流管理协会定义逆向物流为"以重新获得价值或有效处理各种废品为目的，无论是在运营上还是成本上高效地规划、实施和控制从消费点到生产点的原材料、过程库存、最终产品和相关信息流动的过程"。

逆向物流在本质上包含了物流定义中的所有活动，只不过它的运作方向与一般物流相反而已。简单地说，逆向物流是以重新获得价值或有效处理各种废品为目的，将物品从其最终消费点向前移动的过程。因此，逆向物流所包括的产品不仅指终端消费者所持有的产品，而且包括供应链环节——批发商和零售商所持有的库存。同样，逆向物流不仅仅指使用后的产品、可再利用的装运容器、回收的包装材料，还包括由于质量问题、季节性库存、过量库存、产品召回等原因所导致的回流物品的处置。企业所采取的回收和利用方式主要分为以下四种。

1）产品回收（重新使用）

对于那些可再使用的包装物和产品，经过检测和清洁等一些简单的处理后，就可以在收集后重新使用。这些包装物包括瓶子、托盘和其他一些容器。可再使用的产品包括二手书籍、服装和家具等。在产品回收中，这些回收的包装物和产品可以在原来的市场上被重新使用，也可以在二手市场上重新使用。

2）零部件回收（重新加工）

在经过收集和检测后，产品被拆卸开以获得其中有价值的零部件。这些零部件可以运用在新产品的装配上，也可以用来修理有瑕疵的产品。这种重新加工的方式保留了产品的主要性能，并力求将产品尽可能地利用到新产品中。这些零部件不仅可以用于同类产品的装配和修理，而且可以运用到不同产品上。这种回收方式的产品包括飞机引擎、汽车发动机、复印机和打印机等。

3）材料回收（循环利用）

材料回收将无法保留原产品或部件的原有功能，其目的是重新利用产品中的原材料。这些回收的原材料可以在原产品市场以外的领域得以利用。通常，产品先被碾碎，然后分离出原材料，再按照期望达到的材料质量水平进行必要的加工处理，最后这些原材料就可以被重新使用了。常见的回收材料包括建筑材料、金属碎片等。

4）能源回收（焚烧）

产品在焚烧时释放出的能量可以加以利用，这就是能源回收，如垃圾、煤泥焚烧发电等。

2. 再制造与逆向物流的主要过程

具体的产品回收过程主要包括五个组成部分，即收集、检测/挑选/分类、直接使用/再加工、报废处置和再分销。

1）收集

收集是指收回产品并对其进行物理上的移动，到达某一地点以等待进一步处理的所有相关活动，简单地说就是将产品从消费者手中收集到回收点的过程。在这一过程中，回收产品将与其他废弃物分离而进入逆向物流系统。

2）检测/挑选/分类

在这一阶段，产品经过检测以决定其回收方式，即对回收产品的再次可用性和如何使用做出决定。根据已计划好的回收方式，按照产品的质量状况和回收线路对产品进行分类。分类往往是整个过程中较为费时费力的，因此它成为逆向物流系统中的瓶颈。如果分类能够在整个过程中较早地完成，或者在产品收集阶段，产品具有标准化的外形或容量，那么分类过程的效率将大大地提高。同样，产品检测能够在较早的阶段完成，将节约一大笔的运输费。例如，在产品拆卸之前或之中进行质量检测，以决定产品是被废弃还是进行原材料重新利用，或其零部件投入重新加工。

3）直接使用/再加工

直接使用包括产品的重新使用、重新出售和重新分销。再加工意味着将已使用过的或存在各类其他问题的退回产品进行加工，从而转换成可再次使用的产品的生产过程，包括产品的修理、翻新、重新制造、同型装配、循环利用及焚烧和填埋。修理、翻新和重新制造都是在质量和技术上对产品进行升级，其区别仅仅在于这种升级的程度。其中修理是升级程度最小的，而重新制造是最大的。

（1）修理：是将产品恢复到工作状态。经过修理后的产品，质量会略逊于新产品。产品的修理包括修补破损零部件的调换，而这些操作都不涉及没有问题的零部件。修理涉及少量的产品拆卸和重新安装，因而这项操作可以在顾客处完成，也可以在生产厂商指定的修理中心完成。

（2）翻新：是将产品达到特定的质量水平，这一质量水平往往低于新产品的质量水平。产品先被拆卸为模块，所有关键模块经过检测进行修补和调换，最后合格的模块被装配到翻新产品中。有时，翻新是为了用技术上更为先进的模块调换产品中过时的模块以实现技术升级。军用及商用飞机就是翻新最好的例子。翻新使得飞机的质量得到改善，并延长了其使用寿命，当然这部分延长的使用寿命要比新飞机的平均使用寿命来得短。

（3）重新制造：是使产品达到新产品的质量水平。产品将被完全拆卸开，所有的模块和零部件都必须进行检测，破损或过时的零部件和模块将被新的零部件和模块替代，可以修复的零部件通过修补后做进一步的检测，合格的被装配到模块上进入新产品中。

重新制造同样也可以用于技术升级服务。一部使用后的机械工具可以通过升级变为全新质量和技术的产品，而其成本只有制造新产品的 $50\%\sim60\%$。宝马公司（BMW）已对其引擎、转换器等汽车中的高价值零部件实施重新制造了多年，这些重新制造的部件必须通过严格的检测才能成为公司的调换零部件。这些零部件与新产品中的零部件有着相同的质量和售后保证，但价格上要便宜 $30\%\sim50\%$。

（4）同型装配：是尽可能多地回收利用产品中可再使用的零部件，这些零部件将用于修理、翻新和重新制造其他产品的部件。同型装配的质量水平取决于这些零部件最后的使用过程，如用于重新制造的零部件质量要求将高于用于修理翻新的零部件。同型装配的过程包括有选择性地产品拆卸和对可再使用零部件的检测，而剩余的其他零部件将不再被使用。例如，美国 Aurora 公司主要从事集成电路的同型装配。他们从旧电脑上拆卸下所需要的零部件，在对其经过检测、整修、抛光后进行销售。

（5）循环利用：在循环利用中，产品和零部件原有的属性和功能将丢失，但其中的物质材料将被回收利用。如果这些回收材料的质量较高，则可用于原来产品的制造中，反之，则可以投入其他产品的制造。循环利用首先将产品拆卸成零部件，然后从这些零部件中分离出不同的材料种类。最后，分离出的材料被重新使用在新产品的生产制造中。循环利用已广泛应用于许多使用后产品的回收处理中。例如，在德国、英国和美国，废弃汽车中的金属材料都将被循环利用。

4）报废处置

报废处置表明产品由于技术或经济的原因不能被再次使用或利用，而被有控制、有计划地报废丢弃的过程。处置的方式有运送到指定地点进行填埋和焚烧。在产品检测分类阶段以及产品再加工的过程中，某些产品或零部件由于自身质量和性能上的原因无法再利用，因而被报废处置。

5）再分销

最后一个过程就是重新分销，它将处理后的产品返回潜在市场并进行物理上的转移，最终送到新用户的手中。这个过程包括销售（租赁、服务合同等）、运输和储存活动。在产品的重新分销及先前的各个回收过程之间都涉及一个重要的步骤，即运输。运输是逆向物流的一个重要的成本因素，特别是将回收产品从最终用户运送到第一层的处理地点时。由于所涉及的产品收集点为数众多，而每个收集点的产品数量又较少，从而造成运输费用的升高。如果所有的回收产品都必须在以上这些运输过程之间进行运送，而最终只有其中部分零部件得以重新利用，那么所耗费的运输成本也是很高的。因此，如果产品能够在临近收集点处进行拆卸或再加工，则将减少后续的运输量，最终使运输费用大幅度下降。

16.5　3D 打印技术

16.5.1　3D 打印技术的含义

3D 打印技术(3-Dimensional Printing Technology)，也称为加法制造、快速制造、快速成型，属于快速成型技术的一种，它是一种以计算机三维设计模型数字模型文件为基础，利用激光束、热熔喷嘴等方式将粉末状金属或塑料等可黏合材料，通过逐层堆叠累积的方式来构造物体的技术。过去常在模具制造、工业设计等领域被用于制造模型，现正逐渐用于一些产品(如髋关节或牙齿，或一些飞机零部件)的直接制造，特别是一些高价值应用，已经有使用这种技术打印而成的零部件，意味着 3D 打印这项技术的普及。

与传统制造业通过模具、车铣等机械加工方式对原材料进行定型、切削以最终生产成品不同，3D 打印将三维实体变为若干个二维平面，通过对材料处理并逐层叠加进行生产，大大降低了制造的复杂度。这种数字化制造模式直接从计算机图形数据中生成任何形状的零件，从而极大地缩短产品的研制周期，提高生产率和降低生产成本。

普通打印机可以打印计算机设计的平面物品，而 3D 打印机与普通打印机工作原理基本相同，只是打印材料有些不同，普通打印机的打印材料是墨水和纸张，而 3D 打印机内装有金属、陶瓷、塑料、砂等不同的"打印材料"，是实实在在的原材料，打印机与计算机连接后，通过电脑控制可以把"打印材料"一层层叠加起来，最终把计算机上的蓝图变成实物，如打印一个机器人，打印玩具车，打印各种模型，甚至是食物等。之所以通俗地称其为"打印机"是参照了普通打印机的技术原理，因为分层加工的过程与喷墨打印十分相似。这项打印技术称为 3D 立体打印技术。

3D 打印常用材料有尼龙玻纤、耐用性尼龙材料、石膏材料、铝材料、钛合金、不锈钢、镀银、镀金、橡胶类材料等。

16.5.2　3D 打印工作程序

1.软件建模

通过计算机软件建模，如果有现成的模型也可以，如动物模型、人物或者微缩建筑等。然后通过 SD 卡或 USB 优盘拷贝或者直接连接到 3D 打印机中，进行打印设置后，打印机就可以把它们打印出来。

3D 打印机和传统打印机基本一样，都是由控制组件、机械组件、打印头、耗材和介质等架构组成的，其打印原理也是一样的。3D 打印机主要是在打印前在电脑上设计了一个完整的三维立体模型，然后再进行打印输出。

3D 打印与激光成型技术一样，采用了分层加工、叠加成型来完成 3D 实体打印。每一层的打印过程分为两步，首先在需要成型的区域喷洒一层特殊胶水，胶水液滴本身很小，且不易扩散。然后是喷洒一层均匀的粉末，粉末遇到胶水会迅速固化黏结，而没有胶水的区域仍保持松散状态。这样在一层胶水一层粉末的交替下，实体模型将会被"打印"成型，打印完毕后只要扫除松散的粉末即可"刨"出模型，而剩余粉末还可循环利用。

2. 三维设计

3D 打印的设计过程是：先通过计算机软件建模，再将建成的三维模型"分区"成逐层的截面，即切片，从而指导打印机逐层打印。

设计软件和打印机之间协作的标准文件格式是 STL 文件格式。一个 STL 文件使用三角面来近似模拟物体的表面。三角面越小其生成的表面分辨率越高。PLY 是一种通过扫描产生的三维文件的扫描器，其生成的 VRML 或者 WRL 文件经常被用作全彩打印的输入文件。

3. 打印过程

打印机通过读取文件中的横截面信息，用液体状、粉状或片状的材料将这些截面逐层地打印出来，再将各层截面以各种方式黏合起来从而制造出一个实体。这种技术的特点在于其几乎可以造出任何形状的物品。

打印机打出的截面的厚度（即 Z 方向）以及平面方向即 $X-Y$ 方向的分辨率是以 dpi（像素每英寸）或者微米来计算的。一般的厚度为 100 微米，即 0.1 毫米，也有部分打印机如 Objet Connex 系列还有三维 Systems' ProJet 系列可以打印出 16 微米薄的一层。而平面方向则可以打印出与激光打印机相近的分辨率。打印出来的"墨水滴"的直径通常为 50～100 微米。用传统方法制造出一个模型通常需要数小时到数天，根据模型的尺寸以及复杂程度而定。而用 3D 打印的技术则可以将时间缩短为数个小时，当然是由打印机的性能以及模型的尺寸和复杂程度而定的。

传统的制造技术如注塑法可以用较低的成本大量制造聚合物产品，而三维打印技术则可以以更快、更有弹性以及更低成本的办法生产数量相对较少的产品。一个桌面尺寸的 3D 打印机就可以满足设计者或概念开发小组制造模型的需要。

4. 制作完成

3D 打印机的分辨率对大多数应用来说已经足够（在弯曲的表面可能会比较粗糙，如图像上可能存在锯齿），要获得更高分辨率的物品可以通过以下方法：先用当前的 3D 打印机打出稍大一点的物体，再稍微经过表面打磨即可得到表面光滑的"高分辨率"物品。

有些技术可以同时使用多种材料进行打印。有些技术在打印的过程中还会用到支撑物，如在打印出一些有倒挂状的物体时就需要用到一些易于除去的东西（如可溶的东西）作为支撑物。

16.5.3　3D 打印主要技术

3D 打印技术主要包括立体光固化成型(Stereolithigraphy Apparatus，SLA)、直接金属激光烧结(Direct Metal Laser Sintering，DMLS)、熔融沉积成型技术(Fused Deposition Modeling，FDM)、选择性激光烧结(Selective Laser Sintering，SLS)、3D 粉末粘接(Three Dimensional Printing and Gluing，3DP)、分层实体制造(Laminated Object Manufacturing，LOM)、立体平版印刷(stereolithography，SLA)、光硬化树脂(Photopolymer)、数字光处理(Digital Light Procession，DLP)、融化压模(Melted and Extrusion Modeling，MEM)、电子束熔化成型(Electron Beam Melting，EBM)、选择性热烧结(Selective Heat Sintering，SHS)、粉末层喷头 3D 打印(PP)等工艺，下面简要介绍几种主流技术。

1. SLA

SLA 是最早实用化的快速成型技术，也是研究最深入、技术最成熟、应用最广泛的快速成型技术之一。由查尔斯·赫尔于 1984 年获美国专利。1988 年美国 3D System 公司推出商品化样机 SLA-1，这是世界上第一台快速原型技术成型机。SLA 主要以光敏树脂为原料，通过计算机控制紫外光或者其他光源按照零件的各分层信息在液态的光敏树脂表面进行逐点扫描，被扫描区域的树脂薄层产生光聚合反应而固化，形成零件的一个薄层。一层固化完成后，工作台下移一个层厚的距离，然后在原先固化好的树脂表面再敷上一层新的液态树脂，直至得到三维实体模型。

SLA 优势在于成型速度快，原型精度高，自动化程度高，可成型任意复杂形状。其精度可以达到每层厚度 0.05～0.15 毫米，非常适合制作精度要求高、结构复杂的原型。主要用于制造多种模具、模型等；还可以在原料中通过加入其他成分，用 SLA 原型模代替熔模精密铸造中的蜡模。

SLA 的不足之处在于：①光敏树脂原料有一定毒性，操作人员使用时需要注意防护；②SLA 的原型在外观方面非常好，但是强度方面尚不能与真正的制成品相比，一般主要用于原型设计验证方面，然后通过一系列后续处理工序将快速原型转化为工业级产品；③SLA 技术的设备成本、维护成本和材料成本都远远高于 FDM，因此，基于 SLA 的 3D 打印机主要应用在专业领域。

2. FDM

熔融沉积又叫熔融沉积制造，同样是需要把 3D 的模型薄片化，但是成型的原理不一样。斯科特·克鲁姆普在 1988 年提出了 FDM 的思想，1992 年由美国 Stratasys 公司开发推出了第一台商业机型 3D-Modeler。FDM，就是把丝状热熔性材料用高温熔化成液态，然后通过一个带有微细喷嘴的三维喷头挤喷出一个个很小的球状颗粒，这些颗粒在喷出后立即固化，通过这些颗粒在立体空间的排列组合形成实物。这种技术成型精度更高、成型实物强度更高、可以彩色成型，但是成型后表面粗糙。

在 3D 打印技术中，FDM 的机械结构最简单，设计也最容易，制造成本、维护成本和材料成本也最低，但是桌面级的 FDM 打印机，由于出料结构简单，难以精确控制出料形态与成型效果，同时温度对于 FDM 成型效果影响非常大，而桌面级 FDM 3D 打印机通常都缺乏恒温设备，因此基于 FDM 的桌面级 3D 打印机的成品精度通常为 0.2～0.3 毫米，少数高端机型能够支持 0.1 毫米层厚，但是受温度影响非常大，成品效果依然不够稳定。此外，大部分 FDM 机型制作的产品边缘都有分层沉积产生的"台阶效应"，较难达到所见即所得的 3D 打印效果，所以在对精度要求较高的快速成型领域较少采用 FDM。

3. SLS

SLS 又称为粉末材料选择性激光烧结、激光选区烧结、粉末烧结，1986 年由美国得克萨斯州大学奥斯汀分校的研究生 C. R. Dechard 提出，1989 年研制成功，稍后组建了DTM 公司，于 1992 年开发了基于 SLS 的商业成型机。SLS 工艺是利用粉末状材料成型的。将材料粉末铺洒在已成型零件的上表面并刮平；用高强度的 CO_2 激光器在刚铺的新层上扫描出零件截面；材料粉末在高强度的激光照射下被烧结在一起，得到零件的截面，并与下面已成型的部分粘接；当一层截面烧结完后，铺上新的一层材料粉末，选择地烧结下层截面。

该方法工艺简单，不需要碾压和掩模步骤，可以直接生产复杂形状的原型、型模、三维共建或部件及工具，能广泛适应设计和变化；精度高，依赖于使用的材料种类和粒径、产品的几何形状和复杂程度。一般当零件的细节特征大于 0.5 毫米，就可以表达出来。能够达到共建整体范围内 ±(0.05～2.5) 毫米的公差。当粉末粒径为 0.1 毫米以下时，成型后的原型精度可达 ±1%。采用 SLS 工艺制造的实物比 SLA 工艺制品要结实得多，具有很好的强度和硬度等物理特性，通常被应用于铸造业制作结构功能件；使用热塑性塑料材料可以制作活动铰链之类的零件，材料利用率高，价格便宜，成本低；成型件表面多粉多孔，使用密封剂可以改善并强化零件；使用刷或吹的方法可以轻易地除去原型件上未烧结的粉末材料。

4. 3DP

3DP 技术由美国 MIT 开发成功，使用陶瓷粉末、金属粉末、塑料粉末等原料。3DP技术工作原理是，先铺一层粉末，然后使用喷嘴将黏合剂喷在需要成型的区域，让材料粉末粘接，形成零件截面，然后不断重复铺粉、喷涂、粘接的过程，层层叠加，获得最终打印出来的零件。

3DP 技术的优势在于成型速度快、无须支撑结构，而且能够输出彩色打印产品，这是其他技术都比较难以实现的。3DP 技术的典型设备是 3DS 旗下 zcorp 的 zprinter 系列，也是 3D 照相馆使用的设备，zprinter 的 z650 打印出来的产品最大可以输出 39 万色，色彩方面非常丰富，也是在色彩外观方面，打印产品最接近于成品的 3D 打印技术。

5. LOM

LOM 的工艺原理是根据零件分层几何信息切割箔材和纸等，将所获得的层片粘接成三维实体。其工艺过程是：首先铺上一层箔材，然后用 CO_2 激光器在计算机控制下切出本层轮廓，非零件部分全部切碎以便于去除。当本层完成后，再铺上一层箔材，用滚子碾压并加热，以固化黏结剂，使新铺上的一层牢固地粘接在已成型体上，再切割该层的轮廓，如此反复直到加工完毕，最后去除切碎部分以得到完整的零件。该工艺的特点是工作可靠，模型支撑性好，成本低，效率高。缺点是前、后处理费时费力，且不能制造中空结构件。

6. DMLS

DMLS 也称为金属直接表面烧结、激光熔覆。通过在基材表面添加熔覆材料，并利用高能密度的激光束使之与基材表面薄层一起熔凝的方法，在基层表面形成与其为冶金结合的添料熔覆层。

DMLS 模式在制造复杂组件方面具有更多的优势。DMLS 最大的应用之一是可设计异型冷却水路，达到最佳冷却效果，减少注入成型时间即交货时间并降低成本。DMLS 采用的是纯金属烧结，GPI 模型公司可提供的材料包括钴铬合金，不锈钢，工业钢，青铜合金，钛合金，镍铝合金。粉末平均粒径可低至 20 微米。高品质、精密、清洁的模型可在数小时内制作完成并在几天内运达客户。

其特点是激光熔覆层与基体为冶金结合，结合强度不低于原基体材料的95%；对基材的热影响较小，引起的变形也小；材料范围广泛，如镍基、钴基、铁基合金、碳化物复合材料等，可满足工件不同用途要求，兼顾心部性能与表面特性；熔覆层及其界面组织致密，晶粒细小，无孔洞，无夹杂裂纹等缺陷；可对局部磨损或损伤的大型设备贵重零部件、模具进行修复，延长使用寿命；熔覆工艺可控性好，易实现自动化控制；对损坏零部件，可实现高质量、快速修复，减少因故障停机时间，降低设备维护成本。

16.5.4　3D 打印技术应用领域与发展前景

1. 3D 打印的应用领域

3D 打印已经逐渐被航天航空、汽车、工业模具制造、医学等众多领域所接受；此外，3D 打印设备在个人消费市场的增长也日渐强劲。近几年来，全球 3D 打印行业的市场规模保持在25%～30%的平均增速，并有不断加速的趋势。在 3D 打印技术可以打印器官、汽车、飞机的今天，它还在创造无限的可能。著名杂志《经济学人》认为 3D 打印技术是一种新型生产方式，它能够促成新的工业革命，拥有广阔的市场前景。下面举例说明 3D 打印技术的典型应用。

1) 航空科技

通用电气公司研发中心的工程师用 3D 打印机成功打印出了航空发动机的重要零部件。与传统制造相比，这一技术将使该零件成本缩减30%、制造周期缩短40%。据称通用电气公司已经秘密研发 3D 打印技术 10 年之久了。

2) 医疗行业

将来外科医生们或许就可以在手术中现场利用打印设备打印出各种尺寸的骨骼用于临床使用。这种神奇的 3D 打印机已经被制造出来了，而用于替代真实人体骨骼的打印材料则正在紧锣密鼓地测试之中。在实验室测试中，这种骨骼替代打印材料已经被证明可以支持人体骨骼细胞在其中生长，并且其有效性也已经在老鼠和兔子身上得到了验证。未来数年内，打印出的质量更好的骨骼替代品或将帮助外科手术医师进行骨骼损伤的修复，用于牙医诊所，甚至帮助骨质疏松症患者恢复健康。

这种骨骼支架的主要材料成分是磷酸钙，其中还额外添加了硅和锌以便增强其强度。当它被植入人体内之后可以暂时起到骨骼的支撑作用，并在此过程中帮助正常骨骼细胞生长发育并由此修复之前的损伤，随后这种材料可以在人体内自然溶解。

3）文物行业

美国德雷塞尔大学的研究人员通过对化石进行 3D 扫描，利用 3D 打印技术做出了适合研究的 3D 模型，不但保留了原化石所有的外在特征，同时还做了比例缩减，更适合研究。

博物馆里常常会用很多复杂的替代品来保护原始作品不受环境或意外事件的伤害，同时复制品也能将艺术或文物的影响传递给更多更远的人。史密森尼博物馆就因为原始的托马斯·杰弗逊像要放在弗吉尼亚州展览，所以博物馆用了一个巨大的 3D 打印替代品放在了原来雕塑的位置。

4）建筑领域

在建筑业，工程师和设计师们已经接受了用 3D 打印机打印的建筑模型，这种方法快速、成本低、环保，同时制作精美，能节省大量材料，完全合乎设计者的要求。

DUS 公司的 3D 打印展览馆正在利用 3D 打印技术制作全球最大的 3D 打印房屋，该公司使用的名为 KamerMaker 的 3D 打印机高达 6 米，可安置在废弃集装箱内。Kamer-Maker 的功能与桌面 3D 打印机相似，可在连续层次中挤压出热塑料。

5）汽车行业

2013 年 11 月，世界上第一款完全通过 3D 打印技术制造的汽车诞生。这辆命名为 Ur-bee 2 的汽车是由设计公司 KOR Ecologic、RedEye On Demand 直接数字制造商及 3D 打印制造商 Stratsys 三家公司联合设计的。这款汽车拥有 3 个车轮，动力 7 马力(5KW)，并且采用后轮驱动方式。Urbee 2 的燃油效率非常高，如果驾驶它横穿美国，行驶 4 500 公里的距离，油耗一共只有 38 升。KOR Ecologic 的首席设计师兼老板吉姆·科尔表示："Urbee 2 超过 50% 的部分都是通过 3D 打印技术制造的，驾驶者能够看到和摸到的部分基本都是 3D 打印出来，并且打印的材料选择的是 ABS 塑料。"

2．3D 打印技术的发展限制因素

1）价格因素

3D 打印技术需要承担的花费是高昂的。大多数桌面级 3D 打印机的售价在 2 万元人民币左右。对于桌面级 3D 打印机来说，由于仅能打印塑料产品，因此使用范围非常有限，而且对于家庭用户来说，3D 打印机的使用成本仍然很高。因为在打印一个物品之前，人们必须会用 3D 建模，然后将数据转换成 3D 打印机能够读取的格式，最后再进行打印。

2）原材料

3D 打印与普通打印的主要区别在于打印材料。以色列的 Object 是掌握最多打印材料的公司。它已经实现了用 14 种基本材料混搭出 107 种材料，然而这些材料与自然界中的材料相比还相差甚远，而且这些材料的价格昂贵。

3）行业标准

目前，3D 打印机缺乏行业标准，同一个 3D 模型在不同的打印机上打印，所得到的结果是大不相同的。此外，打印原材料也缺乏标准。3D 打印机生产商所用的原料一致性太差，从形式到内容千差万别，这让材料生产商很难进入，研发成本和供货风险都很大，难以形成产业链。

4）健康危害

3D 打印技术日渐普及，应用于医学、建筑和军事等领域，甚至开始家用化。但该技术在逐渐被广泛应用的同时，危害也日趋暴露出来。家用 3D 打印机在室内运作时，会释放大量有毒超微细粒子(UFP)，影响人体健康。市面上的 3D 打印机首先将塑料加热，然后通过喷嘴喷出，造出设计模型。这过程类似工业生产，会释出有毒物质，微粒会在空中飘浮，容易被人吸入肺部甚至脑部，过度积聚可能会引发肺病、血液及神经系统疾病，甚至导致死亡。

3. 3D 打印技术发展前景

作为一种全新的制造方式，3D 打印的确正在给传统的制造工业带来深远的影响，3D 打印被业界誉为"第三次工业革命"的引领技术。相对于传统的机械加工，3D 打印具有以下突出特点：①原材料利用率提高，生产废料减少；②产品形状结构的设计自由度大幅提高，并且形状复杂度的提高几乎不会带来额外制造成本；③制造流程简化，制造的数字化程度和设备的通用性水平进一步上升。

与传统生产方式相比，3D 打印技术的确是重大变革，但目前和近中期还不具备推动第三次工业革命的本领，也不会是传统制造业的终结者。目前的 3D 打印技术在复杂构件、新产品开发、协同制造和实现创意方面较有优势，最理想的应用是在个性化或者定制化的领域。因此，近中期还不可能完全替代传统的制造技术，应该是优势互补。

3D 打印技术虽然也许会重振部分发达国家制造业竞争力，但是短期内还难以颠覆整个传统制造业模式。理由有三个方面：①3D 打印只是新的精密技术与信息化技术的融合，相比于机器化大生产，不是替代关系，而是平行和互补关系；②3D 打印原材料种类有限，决定了绝大多数产品打印不出来；③个性化打印成本极高，很难实现传统制造方式的大批量、低成本制造。

综合 3D 打印产业的技术特点和发展现状，未来行业发展趋势会存在以下特点。

(1) 3D 打印个人消费保持高速增长。随着"个人制造"的兴起，在个人消费领域，3D 打印行业预计仍会保持相对较高的增速，有助于拉动个人使用的桌面 3D 打印设备的需求，同时也会促进上游打印材料(主要以光敏树脂和塑料为主)的消费。

(2) 3D 打印金属材料应用程度不断加深。在工业消费领域，由于 3D 打印金属材料的不断发展，以及金属本身在工业制造中的广泛应用，前瞻预计，以激光金属烧结为主要成型技术的 3D 打印设备将会在未来工业领域的应用中获得相对较快的发展。中短期内，这一领域的应用仍会集中在产品设计和工具制造环节。

(3) 产业链上的专业分工会进一步深化。现阶段，主要的 3D 打印企业一般以材料供应、设备制造和打印服务的综合形式存在。这是由产业发展初期技术推广和市场规模的限制所致。长期来看，产业链的各环节会产生专业化的分离，专业材料供应商和打印企业会出现，产品设计服务会独立或向下游消费企业转移。3D 打印有望转化为一个真正意义上的工具平台。

本 章 小 结

先进制造技术是传统制造技术不断吸收机械、电子、信息、材料、能源和现代管理等方面的成果而产生的。本章介绍了先进制造技术和几种典型模式，分别对 CIMS、大规模定制、绿色制造和 3D 打印技术的产生背景、基本概念和特点、基本构成、实施程序、应用领域等进行了论述，为企业选择适合的先进制造技术提供了参考。

思 考 与 练 习

1. 现代企业面临的生产环境有什么特点？
2. 先进制造技术的概念是什么？
3. 何为 CIMS、大规模定制、绿色制造和 3D 打印技术？
4. 大规模定制实施步骤、实施策略以及制约因素是什么？
5. 简述绿色制造的主要内容。
6. 何为绿色设计？绿色设计通常包括哪些内容？
7. 什么是逆向物流？供应链中产品回收和再利用的方式有哪些？

服务器产业的大规模定制

自 20 世纪 90 年代以来，信息与通信产业作为全球最积极、最有生命力的新兴生产力的代表，正日益成为社会与经济发展的强大动力。"信息高速公路"等目标的提出，更成为世界各国早日跨上"信息快车"的最佳契机。在产业界围绕着这一目标所做的种种努力中，对服务器市场的开发和利用，无疑是眼下最有价值也是最亟待解决的课题。国内服务器市场竞争日趋激烈，而客户的个性化要求又越来越强，传统的大规模生产已经捉襟见肘，一种新的生产管理模式——大规模定制应运而生，并逐步成为国内服务器产业发展的新趋势。

随着更多厂商进入服务器产业和国际 IT 市场需求的下跌，国内的服务器市场竞争日益激烈，正逐步发展成为第二个 PC 市场。与此同时，随着国内各行业信息化应用的深入，用户对服务器的个性化需求增加，服务器市场上出现更多的多元化与细分化。面对越来越难以预测的市场，服务器厂商传统的大规模生产已与现代市场竞争越来越不适应。正是在这样的历史背景下，大规模定制在国内领先的 IA 服务器厂商宝德科技公司应运而生了，并开始逐步成为国内服务器产业发展的新趋势。

1. 个性化服务器市场新卖点

满足用户个性化几乎成为服务器厂商的共识。早在 2000 年，国内服务器厂商就纷纷针对用户的不同需求，推出文件服务器、E-mail 服务器、Web 应用服务器、负载均衡服务器、VPN 服务器、网络加速服务器、NAS 服务器等。各种面向用户不同应用需求并具备个性化功能的服务器产品，使个性化十足的功能服务器市场迅速增长并成为服务器市场最具活力和创新的市场。在 Intel 服务器建筑模块战略的推动下，功能服务器一度成为市场的主流。"以应用为本、为客户量身定做"为特征的个性化服务器无疑正成为服务器市场的新的增长点。

2. 大规模定制——服务器供需商业模式革命

相对于我们熟悉的规模化生产，大规模定制可以说是一种全新的生产模式。大规模定制是根据每个用户的特殊需求，用大规模生产的效益完成定制产品的生产，从而实现用户的个性化和大规模生产的有机结合。正因为综合了大规模生产和多品种生产的优点，能够同时达到产品的低成本和品种多样化的目的。如今，大规模定制已经从技术前沿变成行业发展的必然趋势，成为企业竞争的重要手段。

目前，国内服务器市场群雄并起，竞争已经日益白热化。服务器产品已经高度同质化，要在竞争中获得优势，国内服务器制造商能起到的作用只是转换生产方式，建立一种隐性的、面向顾客的、可重组的业务流程。因此，实行企业再造、流程重组几乎都成为 IBM、HP、浪潮、联想服务器厂商的工作重心。同时，由于大规模定制的生产方式通过采用通用化的设计和柔性制造技术，能够有效地降低定制产品的开发和生产成本，且大规模定制的产品都因用户的需求而生产，几乎没有库存，也没有产品老化、过期、变质、报废等现象，产品的迅速上市能够降低企业的营销成本。重要的是，在大规模定制生产方式下，服务器厂商是根据某一细分市场客户的要求，提供完全个性化定制的服务器产品，做到每一个客户都能买到自己称心如意的服务器产品。

3. 大规模定制离我们多远

随着 IA 技术的迅猛发展，基于开放架构和业界标准的 Intel 架构服务器已经被广泛应用于企业计算的各个领域，正逐渐成为服务器的新标准；而随着我国信息化进程的推进，国内用户对 IA 架构服务器的需求也越来越大。因此，如何在 IA 标准基础上针对用户需求实施大规模定制生产方式，在服务器产业里实质上已经成为争夺市场和发展空间的基础。目前，国内专业的 IA 服务器厂商宝德科技已经宣布在先前按需定制的基础上，开始在业内率先实施大规模定制的生产策略，从而被一些业内人士看作是国内服务器规模定制生产的一个历史性开端。

对国外品牌而言，戴尔凭借的是领先 PC 行业强大对手的两件法宝：现成部件和规模定制生产的高效率，它帮助戴尔在更加有利可图的服务器市场夺取份额，这已经使得 IBM、惠普等老牌服务器生产商开始竭力降低成本、提高效率，为顾客提供更经济的选择。戴尔公司以特有的模式经营计算机：为用户定制。确立价格与性能优势的竞争策略，采取直供计算机方式，省去中间环节。目前 IBM、惠普等国外服务器厂商已经在我国的深圳、上海等地投资建立工厂，大力扩大生产规模，推行本土化政策，实施低成本策略，以在占据高端产品市场的同时，抢夺服务器中低端产品市场。普遍的大规模定制生产已经离我们越来越近。

4. 与顾客结盟

制造服务器有不同方法。如果以服务器制造工程师为中心造服务器，工程师们整天想着怎样利用自己的技术，发明新东西把它造出来，然后看看有哪些人需要。而戴尔用自己的方法造服务器：第一步需要认识顾客；第二步了解他们的需求和好恶，要知道他们所在意的价格；第三步需要本公司能对他们业务效率的提升做些什么。戴尔最大的竞争优势在于了解顾客。他们一直在想，什么样的顾客才是最好的顾客？是最大的顾客吗？是购买力最强的顾客吗？是对本公司的服务要求最少的顾客吗？这些顾客果然是受欢迎的，但不是最好的顾客。最好的顾客应该是能够给戴尔公司以最大启发的顾客；能够使戴尔公司超越现有产品和服务，提供更大附加值的顾客。

问题与讨论：

（1）你认为国内服务器市场竞争的特点是什么？

（2）戴尔公司的"直销模式"是怎样产生的？戴尔公司是如何看待自己的顾客的？

参 考 文 献

［1］［日］门田安弘. 新丰田生产方式［M］. 2 版. 王瑞珠，等译. 石家庄：河北大学出版社，2006.

［2］艾宝俊．竞争成本论［M］．北京：中国社会科学出版社，2006．

［3］刘志峰．绿色设计方法、技术及其应用［M］．北京：国防工业出版社，2008．

［4］王长琼．逆向物流［M］．北京：中国物资出版社，2007．

［5］张天柱，石磊，贾小平．清洁生产导论［M］．北京：高等教育出版社，2006．

［6］http：//baike. baidu. com/

［7］http：//wenku. baidu. com/